STEFAN SCHNÖCKEL

„Negotiated Rulemaking“ in den USA und normvertretende Absprachen in Deutschland

Schriften zum Internationalen Recht

Band 152

„Negotiated Rulemaking“ in den USA und normvertretende Absprachen in Deutschland

Eine rechtsvergleichende Analyse kooperativen Verwaltungshandelns

Von

Stefan Schnöckel

Duncker & Humblot · Berlin

Die Juristische Fakultät der Universität Mannheim hat diese Arbeit
im Jahre 2004 als Dissertation angenommen.

Bibliografische Information Der Deutschen Bibliothek

Die Deutsche Bibliothek verzeichnet diese Publikation in
der Deutschen Nationalbibliografie; detaillierte bibliografische
Daten sind im Internet über <http://dnb.ddb.de> abrufbar.

Fremddatenübernahme: Berliner Buchdruckerei Union GmbH, Berlin
Druck: AZ Druck und Datentechnik GmbH, Kempten (Allgäu)
Printed in Germany

ISSN 0720-7646
ISBN 3-428-11843-X

Gedruckt auf alterungsbeständigem (säurefreiem) Papier
entsprechend ISO 9706 ♾

Internet: http://www.duncker-humblot.de

Danksagung

Meinem Doktorvater, Herrn Prof. Dr. Hans-Joachim Cremer, danke ich herzlich für sein Interesse an meiner Arbeit, seine Aufgeschlossenheit gegenüber dem von mir gewählten Thema und für viele Anregungen. Herrn Prof. Cass R. Sunstein an der University of Chicago sei für Hinweise zum amerikanischen Recht und zu seinen Regelungstechniken gedankt, und dem Deutschen Akademischen Austauschdienst (DAAD) gebührt Dank für die Förderung des Aufenthalts an der University of Chicago.

Karlsruhe, im März 2005 *Stefan Schnöckel*

Inhaltsverzeichnis

A. Einleitung

In jüngster Zeit haben Kooperationen zwischen Staat und Gesellschaft sowohl in den USA als auch in Deutschland viel Aufmerksamkeit erregt.

Für die USA sind besonders zu nennen das Projekt XL, die „Common Sense"-Initiative, das „Environmental Leadership"-Programm und das „Negotiated Rulemaking".[1, 2] Das Projekt XL soll einzelnen Betreibern emittierender Anlagen ermöglichen, von den häufig strengen Betriebsauflagen und gesetzlichen Anforderungen abzuweichen, um im Ergebnis mehr Umweltschutz zu geringeren Kosten zu erreichen;[3] es handelt sich hierbei um eine auf der Ebene des Vollzugs angesiedelte, individuell-konkrete Parallele zum „Negotiated Rulemaking".[4] Die „Common Sense"-Initiative ist dazu gedacht, Vertreter sechs bedeutender Industriebranchen an einen Tisch zu bringen, um mit ihnen die Chancen für die Verbesserung umweltrechtlicher Regelungen in ihren Sparten auszuloten. Und das „Environmental Leadership"-Programm soll der Identifizierung von Unternehmen dienen, die besonders ausgeklügelte und erfolgreiche Umweltschutzprogramme einsetzen; ihre Erfahrungen und ihr Wissen sollen für andere Unternehmen fruchtbar gemacht werden.[5] Die vorliegende Arbeit wird diese Formen kooperativen Verwal-

---

1 Die Schreibweise „Rulemaking" ist zwar ungewöhnlich, entspricht aber der Terminologie, die vom amerikanischen Gesetzgeber gewählt wurde (vgl. Anhang: „Negotiated Rulemaking Act"). Sie soll daher im Folgenden auch in dieser Arbeit verwendet werden.

2 „Negotiated Rulemaking" lässt sich ein wenig ungenau mit „Verordnungserlass durch Verhandlungen" oder „kooperative" bzw. „vereinbarte Verordnungsgebung" übersetzen; ungenau deshalb, weil zum einen das amerikanische „Rulemaking" auch den Bereich umfasst, der in Deutschland durch die Steuerungsinstrumente der Satzung und der Verwaltungsvorschrift abgedeckt wird, denn der amerikanische Federal Administrative Procedure Act definiert in § 551 (4) „rule" sehr umfassend als „the whole or a part of an agency statement of general or particular applicability and future effect designed to implement, interpret, or prescribe law or policy or describing the organization, procedure, or practice requirements of an agency and includes the approval or prescription for the future of rates, wages, corporate or financial structures or reorganizations thereof, prices, facilities, appliances, services or allowances therefor or of valuations, costs, or accounting, or practices bearing on any of the foregoing." Und zum anderen sind die vorgeschlagenen Übersetzungen nicht ganz präzise, weil das Verhandlungselement nicht – wie man zunächst annehmen könnte – in den traditionellen Prozess des „Rulemaking" eingebunden, sondern diesem vorgelagert ist. Indes wiegt zumindest der erste Einwand gegen die vorgeschlagenen Übersetzungen nicht schwer, denn alle hier behandelten Fälle betreffen Gebiete, die in Deutschland durch Verordnungen geregelt werden würden.

3 *Seidenfeld,* Empowering Stakeholders, S. 467; „XL" steht für „Excellence in Leadership".

4 *Freeman,* Private Role, S. 660.

5 *Spence / Gopalakrishnan,* S. 617 ff.

tungshandelns jedoch außen vor lassen und sich auf die Darstellung des „Negotiated Rulemaking" auf dem Gebiet des Umweltrechts beschränken. Das „Negotiated Rulemaking" war ursprünglich von großen Hoffnungen begleitet, ist inzwischen aber zumindest teilweise in die Kritik geraten.

Im deutschen Recht lässt sich eine ähnliche Entwicklung feststellen wie im amerikanischen: Auch hierzulande treten konsensuale Ansätze immer mehr in den Vordergrund. Man denke etwa an die individuellen Absprachen zwischen Behörden und Unternehmen beim Vollzug von Umweltgesetzen, beispielsweise bei der Sanierung von Altlasten, sowie an die normvertretenden Absprachen bzw. Selbstbeschränkungsabkommen.[6] Hier soll das Augenmerk lediglich auf letztere gerichtet werden, da man in ihnen ein Pendant zum „Negotiated Rulemaking" sehen kann. Kennzeichnend für die normvertretenden Absprachen ist, dass sich einzelne Unternehmen oder ganze Industriebranchen zu einem bestimmten Verhalten bereit erklären und der Staat im Gegenzug darauf verzichtet, eine generelle Regelung – in der Regel in Form einer Verordnung – zu erlassen. Auch hier geht es also, ähnlich wie beim „Negotiated Rulemaking", um Verhandlungslösungen bei der Verordnungsgebung. Wie das Umweltgutachten des Sachverständigenrats für Umweltfragen aus dem Jahr 1998 zeigt, sind die normersetzenden Absprachen heutzutage keine bloßen Randerscheinungen mehr. Seit Anfang der achtziger Jahre hat die deutsche Wirtschaft etwa 70 Selbstverpflichtungen abgegeben, und die Tendenz ist steigend. Hinzu kommen noch über 20 rein interne Selbstverpflichtungen, die nicht an die Bundesregierung gerichtet und von ihr auch nicht anerkannt worden sind.[7] Vor allem im Umweltrecht nimmt die Bedeutung der normersetzenden Absprachen zwischen Staat und Wirtschaft ständig zu.[8] Daneben sind diese Absprachen aber auch im Wirtschaftsrecht häufig anzutreffen.[9]

---

6 Die Begriffe „normvertretende Absprachen", „normersetzende Absprachen", „Selbstverpflichtungen" und „Selbstbeschränkungsabkommen" werden offenbar synonym verwendet. Daneben findet man manchmal auch die Ausdrücke „Gentlemen's Agreement", „Moral Suasion", „Branchenabkommen" und „informale Austauschabsprachen". S. *Scherer,* Rechtsprobleme, S. 1. Vgl. zur uneinheitlichen Terminologie ebenfalls *Faber,* Gesellschaftliche Selbstregulierungssysteme, S. 207 ff. Kritisch zu dem Begriff „Selbstverpflichtung" *Di Fabio,* Selbstverpflichtungen, S. 970: Seiner Meinung nach ist dieser Ausdruck paradox: Verpflichtung stehe für rechtliche Verbindlichkeit, gemeint sei aber in aller Regel Unverbindlichkeit. Das Präfixoid „Selbst" stehe für Freiwilligkeit und Autonomie, in Wirklichkeit sei die Selbstverpflichtung aber oft erzwungen.

7 Umweltgutachten 1998, S. 130. *Giebel,* Vereinbarungen, S. 270, nennt die Zahl von 80 bzw. über 100 Selbstverpflichtungen umweltschützenden Inhalts. Einen Überblick über die seit 1971 in Deutschland abgeschlossenen Selbstverpflichtungen geben auch *Schmelzer,* Ökonomische Aspekte, S. 207, und *Michael,* Rechtsetzende Gewalt, S. 47 ff. Weitere Angaben zur Anzahl der Selbstverpflichtungen im Umweltschutz finden sich bei *Faber,* Gesellschaftliche Selbstregulierungssysteme, S. 188 ff.

8 *Scherer,* Rechtsprobleme, S. 1.

9 Laut *Brohm,* Rechtsgrundsätze, S. 1025, finden sich Absprachen sowohl im Umweltrecht als auch im Wirtschaftsrecht. Hingegen beschreibt *Baudenbacher,* Kartellrechtliche und verfassungsrechtliche Aspekte, S. 689 ff., nur Beispiele aus dem Wirtschaftsrecht, von den

Den Schwerpunkt dieser Arbeiten bilden drei Untersuchungen: In *formeller* Hinsicht geht es um die beiden Fragen, warum die am Verhandlungsprozess in den USA beteiligten Umweltverbände mit dem Verhandlungsergebnis unweigerlich zufrieden zu sein scheinen, selbst wenn es Umweltinteressen zuwider läuft, und warum andere Interessenvertreter am Verhandlungstisch überhaupt nicht vertreten sind, obwohl ihrer Beteiligung keine rechtlichen Hindernisse entgegenstehen; dieser Teil der Arbeit befasst sich also mit Fragen der ausgewogenen Beteiligung verschiedener Gruppen am Verhandlungsverfahren, wobei das feinziselierte amerikanische Recht als Linse dient, durch die das weniger ausgefeilte deutsche Recht betrachtet wird. In *inhaltlicher* Hinsicht steht im Mittelpunkt der Beschäftigung die Analyse des Phänomens, dass sich einige deutsche Absprachen mit Dingen beschäftigen, die einer staatlichen Regelung entweder gar nicht oder doch nicht zweifelsfrei zugänglich sind. Absprachen haben daher in Deutschland offensichtlich noch andere Zwecke, als staatliche Regelungen zu ersetzen.

Die Arbeit beginnt mit der Darstellung der Gründe, die zur Kodifizierung des „Negotiated Rulemaking" im amerikanischen Recht geführt haben, sowie der Beschreibung des Verfahrensablaufs. Danach werden einige Auseinandersetzungen geschildert, zu denen die Einführung dieses Verfahrens im amerikanischen Recht geführt hat. Sodann werden die normersetzenden Absprachen, wie sie im deutschen Recht zu finden sind, auf ähnliche Weise beschrieben. Ziel dieser Gegenüberstellung ist es zum einen, deutlich zu machen, dass beiden Rechtsinstituten ein ähnliches Problembewusstsein und eine vergleichbare Motivation zugrunde liegen. Zum anderen soll klar werden, dass das amerikanische Recht einen viel ausgewogeneren Ansatz gewählt hat als das deutsche. Während beispielsweise in Deutschland die zuständige staatliche Stelle lediglich mit den betroffenen Wirtschaftsverbänden verhandelt, bemüht man sich auf amerikanischer Seite, eine ausgeglichene Interessenvertretung sicherzustellen, indem beispielsweise auch Umweltverbänden ein Platz am Verhandlungstisch eingeräumt wird.

Nun wäre es einfach, dies zum Anlass zu nehmen, das deutsche Modell als unzureichend legitimiert und unfair gegenüber nichtbeteiligten gesellschaftlichen Gruppen zu brandmarken. Dieser Ansatz soll hier indes zumindest nicht den Schwerpunkt der Darstellung bilden. Zwar wird unmittelbar im Anschluss an die Gegenüberstellung der Regelungen beispielhaft eine normersetzende Absprache geschildert werden, nämlich die Absprache zur Verringerung des Einsatzes von Einwegbehältnissen im Getränkehandel. Dieses Beispiel soll illustrieren, dass die zur Rechtfertigung der Unausgewogenheit des deutschen Ansatzes angeführten Gründe jedenfalls nicht notwendigerweise tragfähig sind und oftmals allzu unbekümmert geltend gemacht werden. Das Schwergewicht soll aber, wie gesagt, nicht auf eine Kritik des deutschen Ansatzes gelegt werden, sondern darauf zu zeigen, dass auch das dem ersten Anschein nach ausgewogene amerikanische System an erheblichen Defiziten leidet.

Abkommen zur Beschränkung des Mineralölangebots bis zu denjenigen zur Verhinderung „ruinöser" Wettbewerbspraktiken.

Zwei Bedenken sollen insoweit in den Vordergrund gerückt werden: Erstens soll dargetan werden, dass die in den Verhandlungskomitees vertretenen Umweltverbände nicht in der Lage sind, Umweltschutzgesichtspunkte wirksam zur Geltung zu bringen, und dass es nicht möglich ist, aus ihrer Zustimmung zu einer Verordnung den Schluss zu ziehen, dass diese Verordnung aus Sicht des Umweltschutzes vernünftig ist. Es gibt gute Gründe anzunehmen, *dass die Zustimmung aller Beteiligten zu einer Verordnung keineswegs bedeutet, dass diese Verordnung in der Tat für alle am Verhandlungstisch vertretenen Interessengruppen akzeptabel ist.* Die Beteiligten sind nämlich regelmäßig nicht in der Lage, die von ihnen ausgehandelte Verordnung auch nur einigermaßen objektiv zu bewerten. Zwar ist man intuitiv geneigt anzunehmen, dass die Teilnahme von Umweltschutzverbänden an den Verhandlungen die Funktion eines Frühwarnsystems erfüllen könnte: Geht ein Verordnungsentwurf zu Lasten von Umweltbelangen, so sollte man meinen, dass die Umweltverbände lautstark protestieren werden. Geben sie sich hingegen mit dem Verhandlungsergebnis zufrieden, so liegt es nahe zu vermuten, dass Umweltinteressen in der Verordnung hinreichende Berücksichtigung gefunden haben. Nicht an den Verhandlungen beteiligte Dritte, die ihrerseits am Umweltschutz interessiert sind, könnten sich dann die Mühe einer genaueren Untersuchung der Verordnung sparen und stattdessen einfach dem Urteil der beteiligten Naturschutzverbände vertrauen. Indes werden einige Beispiele aus dem amerikanischen Recht zeigen, dass Umweltverbände häufig offenbar nicht in der Lage sind, diese Funktion wahrzunehmen. In dieser Arbeit soll der Versuch unternommen werden, diesen beim ersten Zusehen überraschenden Befund zu begründen.

Zweitens besteht Anlass für die Befürchtung, *dass es Gruppen gibt, die aus strukturellen Gründen gar nicht mit am Verhandlungstisch sitzen können, selbst wenn ihnen rechtlich diese Möglichkeit eröffnet wird.* Ziel der Darstellung ist es zu zeigen, dass gerade sehr große Gruppen, denen keine ganz intensiven Interessen gemeinsam sind, mit diesem Problem zu kämpfen haben. Sie sind oft nicht in der Lage, sich zu organisieren. Folglich geht ein Verhandlungsprozess, der nur Vertreter organisierter Interessen einbezieht, zu ihren Lasten, indem ihre Interessen entweder nicht berücksichtigt oder ihnen sogar besondere Lasten auferlegt werden. Hier soll versucht werden, das Problem der überproportionalen Machtausübung durch gut organisierte Minderheiten anhand empirischer Befunde zu schildern,[10] es theoretisch zu erklären und sodann einen Vergleich mit dem parlamentarischen Abwägungsprozess anzustellen. Obgleich der parlamentarische Prozess seinerseits alles andere als fehlerlos ist, ist er doch unter diesem Gesichtspunkt dem hier in Rede stehenden Verhandlungsprozess überlegen. Insoweit dient die vorliegende Darstellung also auch dazu, Gefahren zu schildern, die mit der Verlagerung von Zuständigkeiten vom Parlament auf nicht direkt demokratisch verantwortliche Organe verbunden sind.

---

[10] An dieser Stelle soll also eine aus der Soziologie bekannte Vorgehensweise gewählt werden. s. *Rehbinder*, Rechtssoziologie, S. 5 f.

Zwischen diese beiden Themenkomplexe wird ein kurzer Vergleich mit dem traditionellen Verfahren des „Rulemaking“ eingeschoben. Dies geschieht nicht, um die Meinung zu vertreten, dass das traditionelle Verfahren dem Verhandlungsverfahren überlegen ist. Insoweit fehlt es nämlich schlicht an kontrollierten empirischen Untersuchungen. Vielmehr geht es darum zu zeigen, dass es jedenfalls keinen Grund für die Annahmen gibt, dass das Verhandlungsverfahren das mit ihm verbundene Versprechen einhalten wird, die Probleme des traditionellen Verordnungsgebungsverfahrens zu lösen. Im Gegenteil ist zu befürchten, dass es neue Probleme aufwerfen wird.

Während die soeben geschilderten Schwierigkeiten im amerikanischen Recht ihren Ausgangspunkt haben und sich im Wege eines Erst-Recht-Schlusses auf das bereits dem ersten Anschein nach unbefriedigende deutsche System übertragen lassen, soll im vorletzten Abschnitt der Blick von diesen Verfahrensfragen ab- und einer inhaltlichen Besonderheit einiger deutscher Absprachen zugewendet werden. Wenn man sich einige der in Deutschland getroffenen Absprachen anschaut, stellt man nämlich erstaunt fest, dass sie oftmals Dinge zum Gegenstand haben, die der Staat – jedenfalls im Wege der Verordnung – nicht ohne weiteres einseitig regeln könnte, beispielsweise weitergehende Beschränkungen für den Betrieb von Anlagen, die elektromagnetische Strahlen emittieren. Hier scheinen Absprachen angesichts von Forderungen der Öffentlichkeit nach staatlichem Tätigwerden die *Funktion eines Sicherheitsventils* einzunehmen: Es gibt Situationen, in denen in der Öffentlichkeit der Ruf nach staatlicher Tätigkeit laut wird. Dem Staat sind dann aber manchmal die Hände gebunden, weil für die Erregung der Öffentlichkeit objektiv kein Anlass besteht. In solchen Situationen wird offenbar gern zum Mittel der Selbstverpflichtung der betroffenen Industriebranchen gegriffen. In dieser Arbeit soll versucht werden, die Umstände genauer zu beleuchten, unter denen ein solches Vorgehen besonders nahe liegt, und die Funktion des Rechts als Schutzwall gegen Launen der Öffentlichkeit zu verdeutlichen.

Im letzten Abschnitt geht es darum, einige der bis dahin beschriebenen Probleme zu rekapitulieren und den – sicherlich kontroversen – Versuch zu unternehmen, sie mit Hilfe der Kosten-Nutzen-Analyse zu lösen. Dabei steht weniger die abstrakte Verteidigung der Kosten-Nutzen-Analyse und die Rechtfertigung ihrer theoretischen Grundlagen im Vordergrund. Sondern es soll ein Plädoyer für die Kosten-Nutzen-Analyse gehalten werden, das sich in erster Linie auf ihre wünschenswerten konkreten Auswirkungen stützt und die im Hintergrund stehenden komplexen theoretischen Fragen teilweise lediglich berührt. Gerade die in dieser Arbeit diskutierten Probleme – beispielsweise des überproportionalen Einflusses kleiner Interessengruppen oder der fehlgeleiteten Risikowahrnehmung – bieten nämlich die Möglichkeit, die Brauchbarkeit der Kosten-Nutzen-Analyse als eines pragmatischen Instruments zur Lösung konkreter Probleme zu verdeutlichen.

B. „Negotiated Rulemaking“ in den USA und normvertretende Absprachen in Deutschland: Gründe für ihre Entstehung und Darstellung ihrer rechtlichen Ausformung

I. Gründe für die Einführung des „Negotiated Rulemaking“ in den USA

Die Gründe für die Einführung des „Negotiated Rulemaking“ in den USA lagen zum einen in den Unzulänglichkeiten und Mängeln des traditionellen Verordnungsgebungsverfahrens (dazu unter 1.) und zum anderen in den Hoffnungen, zu denen das neue kooperative Verhandlungsverfahren Anlass gab (dazu unter 2.).

1. Mängel des traditionellen amerikanischen Verordnungsgebungsverfahrens

Die Einführung des „Negotiated Rulemaking“ in den USA ist eine Antwort auf die Defizite des herkömmlichen Verfahrens des Verordnungserlasses. In den achtziger Jahren waren sich Praxis und Lehre weitgehend darin einig, dass das hergebrachte Verfahren an einer Reihe von Problemen litt. Laut Philip Harter, dessen Aufsatz über das „Negotiated Rulemaking“ aus dem Jahr 1982 bahnbrechend für das neue Rechtsinstitut werden sollte, krankt das herkömmliche Verfahren des Verordnungserlasses daran, dass die an ihm Beteiligten dazu neigen, Extrempositionen einzunehmen.[1] Da sie davon ausgehen, dass sie im Laufe des Verfahrens in eine mittlere Position gedrängt werden, wollen sie sichergehen, dass ihre Anfangspositionen ihrem Anliegen so günstig sind wie nur irgend möglich. Aus demselben Grund werden selbst am Rande liegende Problemkreise zunächst einmal stark betont. Der Nachteil dieses Vorgehens liegt auf der Hand: Die zuständige Behörde tut sich schwer herauszufinden, welches die für die Beteiligten selbst bedeutsamen und zwischen ihnen tatsächlich umstrittenen Themen sind. Da es zu keinem persönlichen Kontakt zwischen den Beteiligten kommt, kann es passieren, dass bis

---

1 *Harter,* Negotiating Regulations, S. 19; *Freeman,* Collaborative Governance, S. 11 f.; *Funk/Seamon,* S. 180; *Jim Rossi,* Bargaining in the Shadow of Administrative Procedure: The Public Interest in Rulemaking Settlement, 51 Duke L.J. 1015 ff. (1022) (2001). Ebenso 52 FR (Federal Register) 4801; das „Federal Register“ erscheint täglich und enthält Informationen über die Tätigkeit der amerikanischen Bundesregierung, z. B. über Zusammenkünfte von Gremien oder über Vorschläge für Verwaltungsvorschriften und Verordnungen.

zum Ende des Verfahrens unklar bleibt, welche Punkte zwischen ihnen wirklich strittig sind und welche Bedeutung sie den von ihnen genannten Gesichtspunkten beimessen.

Hinzu kommt, dass das amerikanische Verordnungsverfahren einige Ähnlichkeiten mit dem zivilgerichtlichen Verfahren hat. Wie im Zivilverfahren stellen die Beteiligten auch im Verordnungsverfahren weder den anderen Beteiligten noch der Behörde gern Informationen zur Verfügung, da sie befürchten, dass diese Informationen später gegen sie selbst verwendet werden können. Und falls doch einmal Informationen herausgegeben werden, werden sie regelmäßig sehr einseitig dargestellt.[2] Zweifel und Bedenken fallen aus Angst, dass sie der eigenen Sache schaden könnten, unter den Tisch. Zudem werden Daten üblicherweise erst nach Beginn der Frist zur Verfügung gestellt, die für Stellungnahmen der Öffentlichkeit vorgesehen ist. Zu diesem Zeitpunkt ist indes häufig die geplante Regelung schon so weitgehend festgelegt, dass neue Informationen nur noch von geringem Wert sind. Die Behörde hat sich schon so stark auf ein bestimmtes Konzept versteift, dass sie nicht mehr in der Lage ist, das Problem frisch zu durchdenken.[3] Allein das Ermitteln der richtigen Tatsachengrundlage für eine neue Verordnung kann deshalb sehr schwierig sein.[4]

Zudem beschwerten sich fast alle Beteiligten über den zeitlichen und finanziellen Aufwand, der mit der Erarbeitung und dem Vollzug neuer Verordnungen verbunden war.[5] Seitens der Wirtschaft wurde vielfach moniert, dass die Behörden ihre sehr strengen Verordnungen in tatsächlicher Hinsicht nicht hinreichend begründeten und dass sie sich zu wenig mit Fragen nach der sinnvollsten Regelungstechnik auseinandersetzten. Verzögerungen beim Erlass von Verordnungen bedeuten aus Sicht der Wirtschaft zusätzliche Kosten,[6] da sie die für Investitionsentscheidungen abträglichen Phasen der Ungewissheit verlängern. Hingegen stellten sich die von einer Verordnung Begünstigten auf den Standpunkt, dass die Behörden zu viele Daten sammelten und nicht mit genügend Nachdruck handelten. Diese Gruppen machten außerdem geltend, dass Rechtsstreitigkeiten den Vollzug wichtiger Verordnungen über Gebühr verzögerten. Die Behörden selbst schließlich beklagten sich, dass das ganze Verfahren zu aufwendig und zu schwerfällig sei. Das Sammeln von Informationen und das Klären verschiedener Standpunkte verschlängen viel mehr Mittel als gerechtfertigt. Darüber hinaus seien sie als Behörden in ihrer Eigenständigkeit durch Verfahrensanforderungen übermäßig eingeschränkt worden, die ihnen vom Kongress, aber auch von den Gerichten auferlegt worden seien. Die Stellungnahmen der Öffentlichkeit beschäftigten sich in der Regel stär-

2 *Harter,* Negotiating Regulations, S. 21.

3 *Freeman,* Collaborative Governance, S. 13.

4 *Breyer,* Regulation, S. 109.

5 *Harter,* Negotiating Regulations, S. 24.

6 Vgl. zu dem Gesichtspunkt, dass Verzögerungen von Verwaltungsentscheidungen erhöhte Kosten für die Wirtschaft bedeuten, auch *Würtenberger,* Akzeptanz durch Verwaltungsverfahren, S. 257.

ker damit, den Verordnungsentwurf zu kritisieren, als neue, innovative Lösungsvorschläge zu unterbreiten.[7] Und Gerichten wurde die Fähigkeit abgesprochen, abschließend zu entscheiden, da sie nicht in der Lage seien, mit komplexen technischen Sachverhalten angemessen umzugehen.[8] Dies alles hatte zur Folge, dass die unterlegenen Beteiligten das Verordnungsgebungsverfahren oft als illegitim betrachteten und die Verordnungen nicht freiwillig befolgten.[9]

Zugleich führte das angebliche Legitimitätsdefizit des Behördenhandelns dazu, dass sowohl Kongress als auch Gerichte die von Verordnungen Betroffenen ermunterten und ermächtigten, gerichtliche Schritte gegen Verordnungen einzuleiten, beispielsweise indem sie die Anforderungen an die Klagebefugnis verringerten. In einer 1984 gehaltenen Rede schätzte der damalige Leiter der amerikanischen Bundesumweltbehörde EPA (Environmental Protection Agency),[10] dass gegen mehr als 80 % der von seiner Behörde erlassenen Verordnungen Rechtsmittel eingelegt und dass ungefähr 30 % der Verordnungen infolge gerichtlicher Verfahren erheblich verändert würden.[11] Dadurch stiegen in der Folgezeit Komplexität und Kosten der Verordnungen zusätzlich, und es verstrich noch mehr Zeit bis zu ihrer Umsetzung.[12]

2. Mit dem neuen Verhandlungsverfahren verbundene Hoffnungen

Vor dem Hintergrund der Unzufriedenheit aller Seiten mit dem herkömmlichen Verfahren der Verordnungsgebung weckte die Diskussion des neuen Verfahrens des „Negotiated Rulemaking“ große Hoffnungen. Besonders die Bundesumweltbehörde zeigte sich begeistert von den neuen Möglichkeiten.[13] Da jetzt die Vertreter der Betroffenen die entscheidenden Weichenstellungen vornehmen würden, war man vielerorts zuversichtlich, dass das Vertrauen der Öffentlichkeit in die Verordnungsgebung wiederhergestellt werden könnte. Die Beteiligten würden in die Lage versetzt, sich auf ihre wahren Interessen zu konzentrieren statt Extrempositionen einzunehmen.[14] Die Anzahl der zwischen den Beteiligten umstrittenen Punkte würde reduziert.[15] Durch das Einräumen eines Verhandlungsspielraums

---

[7] *Eisner,* Regulatory Negotiations, S. 371 f.

[8] *Susskind/McMahon,* S. 134.

[9] *Harter,* Negotiating Regulations, S. 22.

[10] Die Bundesumweltbehörde EPA ist für die Konkretisierung, Anwendung und Kontrolle der amerikanischen Bundesumweltgesetze zuständig.

[11] *Susskind/McMahon,* S. 134.

[12] *Susskind/McMahon,* S. 136.

[13] *Breyer u. a.,* Administrative Law, S. 737.

[14] *Harter,* Negotiating Regulations, S. 29.

[15] *Richard J. Pierce/Sidney A. Shapiro/Paul R. Verkuil,* Administrative Law and Process, 3. Aufl., New York 1999, § 6.6.6 f., S. 335; *Richard J. Pierce,* Administrative Law Treatise, 4. Aufl., New York u. a. 2002, § 7.14, S. 524.

würden die Beteiligten gezwungen, selbst zwischen Anliegen unterschiedlichen Gewichts zu unterscheiden, wohingegen die Behörde normalerweise nur raten könne, welchen Wert die Beteiligten verschiedenen Gesichtspunkten beimessen.[16] Und die Beteiligten würden bereit sein, sich nicht mehr nur mit den Hauptgesichtspunkten einer Verordnung, sondern auch mit ihren Details auseinanderzusetzen. All dies zusammengenommen sollte helfen, den mit der Verordnungsgebung verbundenen zeitlichen und finanziellen Aufwand zu verringern. Im Gegensatz zu dem herkömmlichen Verfahren, welches auch oft Treffen zwischen einzelnen Beteiligten und der Behörde mit sich brachte, sollten die neuartigen Verhandlungen nicht lediglich zu räumlichen Zusammenkünften, sondern zu einem inhaltlichen Konsens führen und auf diese Weise die Legitimität des ganzen Verfahrens wiederherstellen.

Sowohl die Behördenvertreter als auch die Vertreter der von Verordnungen betroffenen Industriebranchen gaben der Hoffnung Ausdruck, dass Verhandlungen zu kreativen und praktikablen Lösungen führen würden. Denn nicht bloß die Behörde, sondern alle Personen, die über Lösungsideen verfügen, würden am Verhandlungstisch Platz nehmen.[17] Die betroffenen Industriebranchen erwarteten außerdem, dass erfolgreiche Verhandlungen ihnen mehr Planungssicherheit geben würden. Die Gefahr der Veränderung des Verordnungsentwurfs zwischen dem Ende der Verhandlungen und der endgültigen Verkündung der Verordnung würde verringert. Dieser Gewinn an Planungssicherheit wäre besonders deshalb wertvoll, weil die Umsetzung neuer Vorgaben oft jahrelange, teure Vorausplanungen erforderlich macht.[18]

Da das gesamte Verfahren nicht mehr auf Konfrontation angelegt wäre, wäre jeder bereit, seine Überlegungen mit den anderen zu teilen. Dies würde die Feststellung der tatsächlichen Grundlagen einer neuen Verordnung erleichtern, und im Fall eines Konsenses könnte die Verordnungsbegründung weniger ausführlich ausfallen, als dies andernfalls erforderlich wäre. Zudem würde die Wahrscheinlichkeit des Eingreifens seitens der Gerichte und des Kongresses verringert. Die im Verhandlungswege erarbeiteten Verordnungen wären herkömmlichen Verordnungen überlegen, weil sie die Probleme zielgenauer in Angriff nähmen. Und selbst wenn die Suche nach einem Konsens scheiterte, würden die Differenzen zwischen den

---

16 Dies sieht auch *Breyer,* Regulation, S. 177, als großen Vorteil: „Members of all participating groups may be better off in part because the process requires the members of each group to order their own priorities. This internal ordering is important, for the individual members of each group, whether a union, a firm, or some other organisation, have different needs and objectives. The need to come to the bargaining table with a list of demands ranked in order of priority forces each group to consider not only whether it wants a specific objective – say, a health benefit – but also how much it wants the benefit in comparison to other objectives, such as higher pay or longer vacations".

17 *Breyer,* Regulation, S. 178; *Eisner,* Regulatory Negotiations, S. 372; *Freeman,* Collaborative Governance, S. 22–23; *Siegler,* Regulatory Negotiations, S. 1434. Ebenso 51 FR 4801.

18 *Siegler,* Regulatory Negotiations, S. 1435.

Beteiligten doch kleiner werden mit der Folge, dass die Palette möglicher Lösungen begrenzt würde. Soweit daher Meinungsverschiedenheiten zwischen den Beteiligten zumindest teilweise ausgeräumt oder gar volle Übereinstimmung erzielt würde, könnte die Behörde auf lange Sicht viel Aufwand sparen, da es zu weniger Rechtsstreitigkeiten käme und da die Verordnung leichter zu vollziehen wäre. Denn die Betroffenen würden den Inhalt der Verordnung kennen und wären mit ihm einverstanden.[19]

Die Verordnungsgebung könnte zudem beschleunigt werden.[20] Die für öffentliche Stellungnahmen vorgesehene Frist, die oftmals das in vielen Fachgesetzen vorgesehen Mindestmaß von 30 Tagen deutlich überschreitet, könnte erheblich verkürzt werden.[21] Es wurde nämlich erwartet, dass eine geringere Anzahl von Stellungnahmen die Behörde erreichen würde und dass diese Stellungnahmen zudem weniger kritisch wären.

Und schließlich könnten die Beteiligten aus den Verhandlungen auch etwas lernen. Sie wären eher in der Lage, die Position des anderen nachzuvollziehen, wodurch sich die Schärfe der Auseinandersetzung verminderte, und sie würden sich der Probleme bewusst werden, die mit dem Erarbeiten eines Verordnungstextes verbunden sind.[22] Auch die bei der Verordnungsgebung auftretenden inhaltlichen Auseinandersetzungen würden ihnen verständlicher werden.

Insgesamt schienen diese Aussichten so vielversprechend, dass der Kongress im Jahr 1990 den „Negotiated Rulemaking Act“ in Kraft setzte.

II. Der „Negotiated Rulemaking Act“

Der Inhalt des „Negotiated Rulemaking Act“, der in den im Anhang abgedruckten §§ 561 ff. des „Federal Administrative Procedure Act“ niedergelegt ist und den Gang des „Negotiated Rulemaking“ vorgibt, lässt sich wie folgt zusammenfassen: Zunächst hat der Leiter der zuständigen Behörde festzustellen, ob eine kooperative Verordnungsgebung im öffentlichen Interesse liegt. Ist das der Fall, so beginnt das „Negotiated Rulemaking“ mit der Einsetzung eines Verhandlungskomitees. Bei der Entscheidung, ob der Weg des „Negotiated Rulemaking“ beschritten werden soll, hat sich der Behördenleiter von bestimmten Kriterien leiten zu lassen. Dazu zählt u. a., dass die Zahl der Interessen, die von der ins Auge gefassten Verordnung erheblich betroffen werden, begrenzt ist sowie dass die Wahrscheinlichkeit groß ist, dass ein Verhandlungskomitee zusammengestellt werden kann, welches diese Interessen vertritt und welches gewillt ist, unter Beachtung der Grundsätze von

---

19 *Breyer,* Regulation, S. 178; *Freeman,* Collaborative Governance, S. 24.

20 51 FR 4801.

21 *Eisner,* Regulatory Negotiations, S. 373.

22 *Eisner,* Regulatory Negotiations, S. 373.

Treu und Glauben zu verhandeln und einen Konsens zu suchen. Zudem muss sich die Behörde bereit erklären, den im Verhandlungskomitee erzielten Konsens – soweit dies unter Beachtung ihrer Gesetzesbindung möglich ist – als Grundlage des Verordnungsentwurfs zu verwenden, welcher der Öffentlichkeit am Ende des Verfahrens zur Stellungnahme unterbreitet werden wird.[23] Die Behörde kann sich zur schnelleren Erledigung dieser Aufgaben eines sog. Einberufers („Convener“) bedienen.[24]

Entscheidet sich die Behörde, ein Verhandlungskomitee einzuberufen, so muss sie dies im „Federal Register“ bekannt machen. Die Bekanntmachung muss u. a. Folgendes enthalten: Die Beschreibung des Gegenstands der ins Auge gefassten Verordnung, die Aufzählung der Interessen, die durch die Verordnung voraussichtlich erheblich beeinträchtigt werden, und der Personen, welche diese Interessen vertreten sollen, den Vorschlag einer Tagesordnung für das Verhandlungskomitee sowie die Bitte um Stellungnahmen zu dem Vorschlag, überhaupt ein Verhandlungskomitee einzuberufen, und um Äußerungen zu der Zusammensetzung des Komitees.[25] Personen, die von der in Aussicht gestellten Verordnung erheblich betroffen sein werden, aber glauben, dass ihre Interessen von keinem der Teilnehmer an dem Verhandlungskomitee wirksam wahrgenommen werden, können sich selbst um die Teilnahme an den Verhandlungen bewerben oder eine andere Person als Verhandlungsteilnehmer nominieren.[26] Ihnen steht hierfür ein Zeitraum von mindestens 30 Tagen zur Verfügung.[27]

Im Lichte etwaiger Stellungnahmen entscheidet die Behörde dann, ob ein Verhandlungskomitee einberufen wird. Dabei berücksichtigt sie insbesondere, ob das Komitee in der Lage sein wird, alle von der zukünftigen Verordnung wesentlich betroffenen Interessen zu vertreten.[28] Die Größe des Verhandlungskomitees darf in

---

23 5 U.S.C. 563 (a). „U.S.C.“ steht für „United States Code“ und bezeichnet das Gesetzesblatt der Vereinigten Staaten.

24 5 U.S.C. 563 (b).

25 5 U.S.C. 564 (a).

26 5 U.S.C. 564 (b). An dieser Stelle sei darauf hingewiesen, dass das Recht auf Beteiligung an „Rulemakings“ in den USA im einfachen Gesetzesrecht und nicht etwa im „Due Process Clause“ des Verfassungsrechts wurzelt. In einer Reihe von Entscheidungen wurde festgestellt, dass der „Due Process Clause“ bei „Rulemakings“ keine verfahrensrechtlichen Schranken errichtet. So schrieb Justice Holmes in Bi-Metallic Investment Co. v. State Board of Equalization, 239 U.S. 441 (1915): „Where a rule of conduct applies to more than a few people it is impracticable that everyone should have a direct voice in its adoption. The constitution does not require all public acts to be done in a town meeting or an assembly of the whole. General statutes within the state power are passed that affect the person or property of individuals, sometimes to the point of ruin, without giving them a chance to be heard. Their rights are protected in the only way that they can be in a complex society, by their power, immediate or remote, over those who make the rule ... There must be a limit to individual argument in such matters if government is to go on.“

27 5 U.S.C. 564 (c).

28 5 U.S.C. 565 (a).

der Regel 25 Personen einschließlich mindestens eines Behördenmitarbeiters nicht übersteigen.[29]

Sobald es einberufen ist, soll sich das Verhandlungskomitee mit dem von der Behörde definierten Gegenstand der künftigen Verordnung befassen und versuchen, einen Konsens zu finden.[30] Der Vertreter der Behörde soll an den Beratungen und Entscheidungen des Komitees mit den gleichen Rechten und Pflichten teilnehmen wie jedes andere Mitglied des Komitees. Er soll befugt sein, die Behörde in dem Verhandlungskomitee in vollem Umfang zu vertreten.[31] Mit Zustimmung der anderen Beteiligten kann die Behörde auch einen Moderator („Facilitator") damit beauftragen, die Sitzungen des Komitees zu leiten und den Beteiligten behilflich zu sein.[32]

Falls das Verhandlungskomitee einen Konsens erzielt, soll es der Behörde einen Bericht samt einem Verordnungsentwurf übermitteln.[33] Von der Behörde wird sodann erwartet, dass sie diesen Vorschlag als Ausgangspunkt für das anschließende Verfahren der Bekanntmachung der Verordnung und der Einholung von Stellungnahmen verwendet.[34] Erzielt das Verhandlungskomitee keine Einigung, so kann es der Behörde eine Stellungnahme übermitteln, in welcher die Punkte beschrieben werden, hinsichtlich derer Übereinstimmung erreicht wurde.[35] Dadurch erhält die Behörde möglicherweise eine Entscheidungshilfe, wenn sie vor der Aufgabe steht, den Inhalt der zukünftigen Verordnung festzulegen.

Sobald das Verhandlungskomitee seine Arbeit beendet hat, setzt das normale Verordnungsgebungsverfahren ein, d. h. die Behörde macht einen Verordnungsvorschlag bekannt (hat das Verhandlungskomitee einen Konsens erzielt, so sollte dies der Vorschlag des Komitees sein) und gibt Interessenten die Möglichkeit zur Stellungnahme. Danach entscheidet sie über den Wortlaut der endgültigen Verordnung, welchen sie zusammen mit einer Begründung und der Angabe der mit der Verordnung verfolgten Ziele verkündet.[36] Das „Negotiated Rulemaking" lässt sich daher am ehesten als Beratungsprozess beschreiben, der dem herkömmlichen Verfahren der Verordnungsgebung vorgeschaltet ist.

Üblicherweise steht es im Ermessen der zuständigen Behörde, welchen Weg der Verordnungsgebung sie beschreiten möchte. Manchmal schreiben Fachgesetze aber auch die kooperative Verordnungsgebung vor. Beispielsweise sind das Erziehungsministerium, das Gesundheitsministerium, das Ministerium für urbane

---

29 5 U.S.C. 565 (b).

30 5 U.S.C. 566 (a).

31 5 U.S.C. 566 (b).

32 5 U.S.C. 566 (c), (d).

33 5 U.S.C. 566 (f).

34 5 U.S.C. 563 (a) (7).

35 5 U.S.C. 566 (f).

36 5 U.S.C. 553.

Entwicklung, das Innenministerium sowie die Kernkraftkommission zumindest zum Teil solchen Fachgesetzen unterworfen.[37]

Zwei zusätzliche Punkte verdienen Beachtung: Erstens sind Behördenentscheidungen, die sich auf die Einberufung, die Unterstützung und die Aufhebung eines Verhandlungskomitees beziehen, nicht gerichtlich überprüfbar. Die letztendlich verkündete Verordnung selbst ist jedoch voll gerichtlich kontrollierbar. Obgleich sie das Ergebnis eines Verhandlungsprozesses ist, ist sie an denselben Maßstäben zu messen wie sonstige Verordnungen.[38]

Zweitens haben die Mitglieder eines Verhandlungskomitees zwar grundsätzlich die ihnen durch die Teilnahme entstehenden Kosten selbst zu tragen. Wenn ein Teilnehmer aber glaubhaft macht, dass er über keine ausreichenden Mittel verfügt, und wenn die Behörde der Überzeugung ist, dass die Teilnahme dieser Person notwendig ist, um eine angemessene Interessenvertretung sicherzustellen, so kann die Behörde finanzielle Hilfe leisten, etwa in Form des Ersatzes von Reisekosten, der Festsetzung einer finanziellen Entschädigung für die aufgewendete Zeit und der Erstattung von Kosten, die auf die Inanspruchnahme technischer Hilfe zurückzuführen sind.[39] Durch diese Bestimmung soll gewährleistet werden, dass niemand, dessen Teilnahme an den Verhandlungen wertvoll wäre, allein aus finanziellen Gründen abgeschreckt wird. Einmal mehr zeigt sich hier, in welch starkem Maße sich der amerikanische Gesetzgeber beim Erlass des „Negotiated Rulemaking Act“ dem Gedanken der ausgewogenen Vertretung aller betroffenen Interessen verpflichtet fühlte.

III. Die Auswirkungen des „Negotiated Rulemaking Act“

Ob das Gesetz über die Verordnungsgebung durch Verhandlungen die mit seiner Verabschiedung verbundenen Erwartungen erfüllt hat, ist sehr streitig. Etliche Behörden – insbesondere die Bundesumweltbehörde und das Verkehrsministerium[40] – waren zu Anfang angesichts der neuen Möglichkeiten sehr enthusiastisch.[41] In der Lehre war das Echo von vornherein geteilt. Während einige – namentlich Philip Harter – die kooperative Verordnungsgebung nach wie vor als geeignetes Mittel betrachten, um den Defiziten der herkömmlichen Verordnungsgebung zu begegnen,[42] sind andere desillusioniert. Der Streit entzündet sich dabei in erster Linie an der Frage, ob durch die kooperative Verordnungsgebung tatsächlich Verfahren verkürzt und Rechtsstreitigkeiten vermieden werden (dazu unter 1.). Im Anschluss an

37 *Coglianese,* Assessing Consensus, S. 1268 Fn. 75.

38 5 U.S.C. 570.

39 5 U.S.C. 568 (c).

40 *Funk,* Bargaining Toward the New Millennium, S. 1354.

41 *Breyer u. a.,* Administrative Law, S. 737.

42 *Harter,* Assessing the Assessors.

die Darstellung dieser Auseinandersetzung soll geschildert werden, wie die Wirtschaftsverbände auf das neue Verfahren reagiert haben (dazu unter 2.) und warum spieltheoretische Überlegungen Anlass geben, mit Verhandlungsverfahren wie den hier in Rede stehenden keine allzu großen Hoffnungen zu verknüpfen (dazu unter 3.).

1. Verkürzt das „Negotiated Rulemaking" Verordnungsgebungsverfahren und hilft es, Rechtsstreitigkeiten zu vermeiden?

Besonders leidenschaftlich wurde die Frage diskutiert, ob das „Negotiated Rulemaking" tatsächlich zur Verkürzung der Dauer der Verordnungsgebungsverfahren führt und ob es dazu beiträgt, Rechtsstreitigkeiten zu vermeiden. *Abstrakt* betrachtet ist die Antwort auf diese Fragen zumindest nicht offensichtlich. Auf der einen Seite könnte man annehmen, dass Verhandlungen die Zufriedenheit mit der letztlich in Kraft tretenden Verordnung erhöhen und dadurch die Wahrscheinlichkeit gerichtlicher Auseinandersetzungen sowie Vollzugsprobleme vermindern. Der mit Verhandlungen verbundene Lernprozess könnte zudem dazu beisteuern, Verständnis für die Position der anderen Beteiligten zu entwickeln. Es könnte aber auch der gegenteilige Effekt eintreten: Da der Informationsstand aller Beteiligten zunimmt und da mit der Frage, wer am Verhandlungstisch Platz nehmen darf, ein zusätzlicher Streitpunkt geschaffen wird, werden im Vergleich zum herkömmlichen Verfahren neue Probleme geschaffen oder doch zumindest den Beteiligten aufgrund zusätzlicher Informationen erstmals zu Bewusstsein gebracht. Zwar gibt es keine Möglichkeit, die Frage nach der Teilnahme an den Verhandlungen gerichtlich überprüfen zu lassen (APA § 570). Gleichwohl können solche Auseinandersetzungen zur Unzufriedenheit führen. Mithin wäre es auch denkbar, dass die Verordnungsgebung im Verhandlungswege zu zusätzlichen gerichtlichen Auseinandersetzungen und zu Verfahrensverzögerungen Anlass gäbe.[43] Die Frage, welchen Einfluss die kooperative Verordnungsgebung auf die Dauer der Verordnungsgebungsverfahren und auf die Wahrscheinlichkeit gerichtlicher Auseinandersetzungen hat, kann daher nur auf der Grundlage *empirischer* Untersuchungen beantwortet werden.

Nach Durchführung solcher Untersuchungen ist Cary Coglianese zu dem Ergebnis gekommen, dass das „Negotiated Rulemaking" sowohl im Hinblick auf die Verfahrensdauer als auch hinsichtlich der Wahrscheinlichkeit gerichtlicher Auseinandersetzungen ein Fehlschlag war.[44] Nach seinen Berechnungen beträgt die Dauer der kooperativen Verordnungsgebung von dem Zeitpunkt, zu dem die Behörde ihre Absicht bekannt gibt, ein Verhandlungskomitee einzusetzen, bis zur endgültigen Verkündung der Verordnung durchschnittlich etwas weniger als zweieinhalb Jahre. Von den 35 im Verhandlungswege erarbeiteten Verordnungen, die

---

43 *Langbein/Kerwin,* S. 599 ff.

44 *Coglianese,* Assessing Consensus.

letztlich auch tatsächlich verkündet wurden, nahm die kürzeste nur etwa ein halbes Jahr in Anspruch, nämlich die Zugbrückenverordnung für den Chicago River (179 Tage). Am anderen Ende der Skala befindet sich die Verordnung zum Schutz von Landarbeitern vor Pestiziden: Die Fertigstellung dieser Verordnung – welche nicht einmal auf einem Konsens der Beteiligten beruhte, da eine Gruppe die Verhandlungen im Streit verließ – dauerte 2.528 Tage bzw. nahezu sieben Jahre. Die durchschnittliche Dauer für den Erlass einer „Negotiated Rule“ belief sich auf 835 Tage, der Median lag bei 651 Tagen bzw. etwas mehr als 1 Jahren.[45] Der durchschnittlich von der Bundesumweltbehörde für die Aushandlung ihrer zwölf im Verhandlungswege erarbeiteten Verordnungen in Anspruch genommene Zeitraum betrug *2,8 Jahre* (1013 Tage).[46] Sodann verglich Coglianese diese Ergebnisse mit der Dauer von herkömmlichen Verordnungsgebungsverfahren. Er stützte sich hierbei auf Daten, die sich in einer Studie von Kerwin und Furlong zur Verordnungsgebung der Bundesumweltbehörde EPA finden. Nach dieser Studie nahmen herkömmliche Verordnungsgebungsverfahren bei der Bundesumweltbehörde durchschnittlich *3,0 Jahre* (1108 Tage) in Anspruch.[47] Folglich kam Coglianese zu dem Ergebnis, dass die Verordnungsgebung im Verhandlungswege keine nennenswerte Zeitersparnis mit sich bringt.

Seine Einschätzung der Eignung des neuen Verhandlungsverfahrens, zur Vermeidung von Rechtsstreitigkeiten beizutragen, war ähnlich ernüchternd. Nach seinen Untersuchungen führten die von der Bundesumweltbehörde im herkömmlichen Verfahren erarbeiteten Verordnungen zu deutlich weniger Rechtsstreitigkeiten als gemeinhin angenommen. Es zeigte sich, dass nur 26 % der traditionellen Verordnungen Gegenstand von Rechtsstreitigkeiten waren. Coglianese kam zu diesem Ergebnis aufgrund einer Durchsuchung des „Federal Register“ mit Hilfe eines computergestützten Verfahrens. Dabei ließ er Verordnungen unberücksichtigt, die andere Verordnungen lediglich in Details veränderten oder bloße Klarstellungen enthielten, da davon auszugehen ist, dass diese Art von Verordnungen selten vor Gericht angegriffen wird. Ihre Einbeziehung hätte daher die Prozentzahl erheblich nach unten drücken können. Und auch wenn der Anteil der Rechtsstreitigkeiten für einige bedeutende, auf der Grundlage zweier wichtiger Umweltgesetze, nämlich des Clean Air Act und des Resource Conservation and Recovery Act (RCRA) erlassene Verordnungen mit 35 % überdurchschnittlich war, war er doch viel niedriger als zuvor angenommen. Was die im Verhandlungswege erarbeiteten Verordnungen betrifft, so ergab die Sichtung der Prozessliste des für Verwaltungsstreitsachen sehr häufig zuständigen Bundesberufungsgerichts in Washington D.C., dass

45 *Coglianese,* Assessing Consensus, S. 1279 – 1280. Der Median bzw. Zentralwert ist der Wert einer der Größe nach geordneten Menge, der „in der Mitte liegt“, d. h. der ebenso viele kleinere Werte unter sich wie größere Werte über sich hat (50 %-Punkt). Im Gegensatz zum Durchschnitt, der durch extrem hohe oder extrem niedrige Werte stark beeinflusst werden kann, ist der Median ziemlich robust. s. *Hanemann,* Valuing the Environment, S. 25.

46 *Coglianese,* Assessing Consensus, S. 1283.

47 *Coglianese,* Assessing Consensus, S. 1282.

mindestens sechs der zwölf Verordnungen der Bundesumweltbehörde, die auf dem Verhandlungswege zustande gekommen sind, also 50 %, den Gegenstand von Rechtsstreitigkeiten bildeten.[48] Mithin folgerte Coglianese, dass das „Negotiated Rulemaking" auch im Hinblick auf die Vermeidung von Rechtsstreitigkeiten kein taugliches Mittel ist.

Philip Harter beantwortete diese entmutigenden Befunde mit dem Vorwurf, dass Coglianeses Untersuchungen voller Fehler seien.[49] Nach Harters Meinung hätte Coglianese Verordnungen, deren Aushandlung zwar versucht worden sei, bei denen dieser Versuch aber fehlgeschlagen sei, nicht in seine Betrachtung einbeziehen sollen. Die Verordnung, auf die dieser Vorwurf Harters in erster Linie gemünzt ist, ist die Verordnung zum Schutz der Landarbeiter vor Pestiziden. Und dies ist gerade diejenige Verordnung, welche die längste Zeit in Anspruch nahm, weshalb ihre Einbeziehung auch die Berechnung der Durchschnittszeiten erheblich beeinflusste. Außerdem hat Coglianese nach Harters Ansicht viele Verordnungen ohnehin unter einem falschen Blickwinkel betrachtet. Wenn es der zuständigen Behörde nämlich in einem Verfahren gar nicht wesentlich um die Verkündung einer Verordnung gehe, sondern sie andere Ziele verfolge, müsse die Erreichung dieser anderen Ziele den Beurteilungsmaßstab bilden.

Harter stimmt mit Coglianese auch im Hinblick auf die Frage nach der Wahrscheinlichkeit von Rechtsstreitigkeiten nicht überein. Seiner Meinung nach hätte Coglianese stärker danach unterscheiden müssen, ob eine Verordnung im wesentlichen in der Form verkündet worden sei, wie es dem Konsens des Verhandlungskomitees entsprochen habe, oder ob sie von der Behörde aufgrund öffentlicher Stellungnahmen erheblich geändert worden sei. Zudem müsse berücksichtigt werden, dass einige Klagen nur erhoben würden, um eine stärkere Position gegenüber der Behörde zu erlangen, wenn es um das Aushandeln von Details nach Verkündung der Verordnung gehe. Darüber hinaus ist Harter der Ansicht, dass die Befürworter des „Negotiated Rulemaking" sich von diesem Verfahren Vorteile erhofften, die über eine bloße Zeitersparnis und die Verringerung der Wahrscheinlichkeit von gerichtlichen Auseinandersetzungen hinausgingen.[50] Es sei ihnen darum gegangen, durch direkte Verhandlungen zwischen den Beteiligten als einer Form repräsentativer Demokratie zu besseren Verordnungen mit größerer Akzeptanz zu gelangen. Diese Vorteile sollten aufgrund der Teilnahme der Betroffenen eintreten. Denn letztere brächten häufig ein hohes Maß praktischen Verständnisses und fachlicher Kompetenz mit an den Verhandlungstisch, welches zur Erarbeitung von Verordnungen benutzt werden könnte, die auf besseren Informationen beruhten und passgenauer auf die zu regelnden Situationen zugeschnitten wären. Dadurch würden die Verordnungen wirksamer und leichter vollziehbar.[51] Vor diesem Hintergrund

---

48 *Coglianese,* Assessing Consensus, S. 1299–1301.

49 *Harter,* Assessing the Assessors, passim.

50 *Harter,* Assessing the Assessors, S. 40.

51 *Harter,* Assessing the Assessors, S. 54.

betrachtet Harter die kooperative Verordnungsgebung als erfolgreiche Neuerung, selbst wenn sie im Hinblick auf die Verkürzung des Verordnungsgebungsverfahrens und die Verhinderung von Rechtsstreitigkeiten den Erwartungen nicht voll gerecht geworden sein sollte. In seiner Erwiderung machte sich Coglianese diese Einschätzung natürlich nicht zu eigen.[52]

2. Die Bewertung des „Negotiated Rulemaking" durch die Wirtschaftsverbände

Etwas andere Kritikpunkte sind von den *betroffenen Industrieverbänden* in den Vordergrund gerückt worden. Aus ihrer Sicht ist das „Negotiated Rulemaking" oft schwierig und mühsam.[53] Die Schwierigkeit beruht aus Sicht der Wirtschaftsverbände vor allem darauf, dass Verhandlungen gleichzeitig auf verschiedenen Ebenen geführt werden müssen. Eine dieser Ebenen ist das Verhandlungskomitee zur Ausarbeitung der neuen Verordnung, eine andere die Verhandlungsführung innerhalb des Verbandes. Denn die Verbandsmitglieder sind regelmäßig Wettbewerber, deren Position im Wettbewerb durch die zu verhandelnden Verordnungen erheblich beeinflusst werden kann. Daher zögern sie oft, den Vertretern ihres Verbandes im Verhandlungskomitee einen großen Handlungsspielraum zu gewähren. Vielmehr verlangen sie von ihren Vertretern, dass sie sich ständig mit ihnen abstimmen. Dadurch wird der gesamte Verhandlungsprozess aus Sicht der Wirtschaftsverbände sehr komplex.[54] Zudem verursacht der mit dem Verhandlungsverfahren verbundene höhere Zeitaufwand seinerseits Kosten. Denn sowohl auf der Stufe der Wirtschaftsverbände als auch auf derjenigen der Mitgliedsunternehmen müssen sich viele leitende Angestellte häufig für lange Besprechungen bereithalten.

Einige Wirtschaftsverbände zeigten sich darüber hinaus enttäuscht von der Art und Weise, wie die Bundesumweltbehörde EPA mit einem von den Verhandlungsbeteiligten erzielten Konsens umgeht. So scheue sich die Bundesumweltbehörde teilweise nicht, die in mühsamen Verhandlungen von einer Seite erzielten Vorteile im nachhinein ohne großes Aufhebens zunichte zu machen. Es stellte sich heraus, dass die Zunahme an Rechtssicherheit durch das „Negotiated Rulemaking" viel geringer war als zunächst angenommen.[55]

Hinzu kommt, dass – zumindest aus Sicht der Wirtschaftsverbände – die mit einer Beteiligung an Verhandlungen verbundenen Kosten auf Seiten der Industrie höher sind als auf Seiten der anderen Beteiligten.[56] Die Wirtschaftsverbände müs-

---

52 *Coglianese,* Assessing the Advocacy of Negotiated Rulemaking.

53 *Siegler,* Regulatory Negotiations, S. 1429 ff.

54 *Siegler,* Regulatory Negotiations, S. 1431.

55 *Siegler,* Regulatory Negotiations, S. 1435.

56 *Rappoport/Cooney,* S. 641.

sen oft die anderen Beteiligten über die von ihren Mitgliedern angewendeten Produktions- und Verteilungstechniken informieren und zudem statistische Ergebnisse verständlich aufbereiten, obwohl sie niemals sicher sein können, dass diese Informationen nicht außerhalb der Verhandlungen gegen sie verwendet werden.[57] Wenn die Verhandlungen fehlschlagen sollten, würden die anderen Beteiligten äußerst unangenehme Prozessgegner sein. Denn zum einen wäre der Informationsvorsprung, welcher der Wirtschaft in Rechtsstreitigkeiten üblicherweise zukommt, geschrumpft, und zum anderen könnte die Behörde mit Hilfe der von der Wirtschaft bereitgestellten Erkenntnisse eine nahezu unangreifbare Begründung für die neue Verordnung ersinnen.[58]

Kurz gesagt sind die betroffenen Industriebranchen der Meinung, dass die mit einer Verhandlung von Verordnungen verbundenen Kosten den Nutzen weit übersteigen können und dass es den Behörden zu einfach gemacht wird, sich von Kompromissen der Beteiligten zu lösen.[59]

3. Spieltheoretische Überlegungen

Mithin ist die kooperative Verordnungsgebung zumindest aus Sicht mancher den mit ihr verbundenen Erwartungen nicht ganz gerecht geworden. Der Grund dafür könnte nach Meinung von David B. Spence und Lekha Gopalakrishnan in Folgendem liegen:[60] Nach traditioneller mikroökonomischer Theorie gewährleisten Verhandlungen, dass alle verfügbaren sog. „postive-sum changes" vom Status quo verwirklicht werden. „Positive-sum changes" sind Veränderungen, welche einer Gruppe nützen, ohne einer anderen zu schaden. Sie führen mithin zu einem Pareto-effizienteren Ergebnis.[61] Spence und Gopalakrishnan machen nun geltend, dass diese Theorie bei Verhandlungen zwischen der Wirtschaft und Umweltschutzver-

57 *Siegler*, Regulatory Negotiations, S. 1435.

58 *Rappoport/Cooney*, S. 628.

59 *Siegler*, Regulatory Negotiations, S. 1436.

60 *Spence/Gopalakrishnan*, S. 599 ff.

61 Nach dem *Pareto-Kriterium* ist eine Maßnahme dann wohlfahrtssteigernd, wenn durch sie mindestens ein Wirtschaftssubjekt besser gestellt wird, ohne dass sich die Position eines anderen verschlechtert. Üblicherweise wird dem Pareto-Kriterium das *Kaldor/Hicks-Kriterium* gegenüber gestellt. Nach Kaldor/Hicks liegt eine gesamtkollektive Wohlfahrtssteigerung vor, wenn durch eine Maßnahme zwar die Position einiger verschlechtert wird, es den Begünstigten in der Ergebnissituation aber möglich ist, die Benachteiligten aus ihrem Nutzenzuwachs zu entschädigen und selbst noch einen Überschuss zurückzubehalten. Dabei ist es unerheblich, ob die Kompensation der Benachteiligten tatsächlich stattfindet. Allein die Kompensationsmöglichkeit genügt, um das Kaldor/Hicks-Kriterium zu erfüllen. Wird die Entschädigung nämlich tatsächlich gezahlt, so reduziert sich das Kaldor/Hicks- auf das Pareto-Kriterium, da dann alle Beteiligten besser gestellt sind. Man kann daher bei Erfüllung des Kaldor/Hicks-Kriteriums auch von einer potentiellen Pareto-Verbesserung sprechen. s. zum Ganzen *Fritsch*, Ökonomische Ansätze, S. 44 ff.; *Klauer*, Nachhaltigkeit, S. 62, 79 ff.; *Marggraf/Streb*, S. 106 f.; *Tribe*, Policy Science, S. 70 f.

bänden nicht gilt, dass also Verbesserungen, welche der Wirtschaft nützen und den Umweltverbänden zumindest nicht schaden, häufig nicht vorgenommen werden. Der Grund dafür ist nach Meinung dieser Autoren *spieltheoretischer Natur:* Spieler in einem Zwei-Personen-Spiel verzichten erfahrungsgemäß oft auf eindeutige Pareto-Verbesserungen, wenn sie glauben, dass die vorgeschlagene Verteilung der Gewinne ihnen zwar nicht schadet, aber gleichwohl „unfair" ist. Die Spieler erkennen nämlich, dass sie die Macht haben, die Gewinnmöglichkeiten der anderen Seite zu vereiteln, dass sie also mögliche Abweichungen vom Status quo verhindern können. Daher versuchen sie, dieses Machtpotential zu nutzen, um den Gegenspieler zu möglichst weitgehenden Zugeständnissen zu bewegen.[62] Wenn ein Spieler glaubt, dass das Angebot des anderen unvernünftig oder unfair ist, dann kann es sein, dass er dieses Angebot ablehnt, selbst wenn es eine Pareto-Verbesserung mit sich bringen würde.

Auf die hier in Rede stehenden umweltschützenden Regelungen angewendet bedeutet dies, dass Umweltverbände sich oft gegen Veränderungen vom Status quo, die beiden Seiten nützen, aussprechen werden – etwa gegen neue Produktionsmethoden, welche die mit der Einhaltung von Grenzwerten verbundenen Kosten, zugleich aber auch die Emissionen senken –, wenn sie der Ansicht sind, dass die Wirtschaft noch nicht genug getan hat, um der Umweltverschmutzung entgegenzuwirken, oder wenn sie glauben, dass Umweltverschmutzung an sich unmoralisch ist. Sie werden daher versuchen, bei der Zustimmung zu Pareto-Verbesserungen von der Wirtschaft im Gegenzug so viele Zugeständnisse wie möglich zu erlangen. Aus diesem Grund bevorzugen manche Umweltverbände ineffiziente Umweltschutzgesetze gegenüber effizienten.[63] Denn nur erstere eröffnen die Möglichkeit, im nachhinein weitere Umweltverbesserungen im Tausch gegen Kostensenkungen zu vereinbaren.

IV. Vergleichbarkeit von amerikanischem „Negotiated Rulemaking" und deutschen normvertretenden Absprachen

Ob diese spieltheoretischen Bedenken zutreffend sind, soll hier nicht näher erörtert werden. Ebensowenig soll versucht werden, die Stichhaltigkeit der von Coglianese, den Wirtschaftsverbänden und anderen gegen das „Negotiated Rulemaking" vorgebrachten Einwände zu überprüfen. Vielmehr soll zunächst einmal das *deutsche System* der normvertretenden Absprachen erklärt und dem amerikanischen System der kooperativen Verordnungsgebung gegenübergestellt werden.

62 Dies entspricht der sog. kompetitiven Handlungsorientierung, die dadurch gekennzeichnet ist, dass die Akteure nicht nur die Realisierung eigener Interessen anstreben, sondern zugleich die Interessendurchsetzung der Interaktionspartner beschneiden wollen. s. *Benz,* Kooperative Verwaltung, S. 135.

63 *Spence/Gopalakrishnan,* S. 629–632.

Es wird sich zeigen, dass die mit dem herkömmlichen Verfahren der Verordnungsgebung verbundenen Probleme in beiden Ländern ähnlich beurteilt werden. So wird etwa sowohl in Deutschland als auch in den USA das traditionelle Verordnungsgebungsverfahren als zeitraubend und innovativen Lösungen gegenüber wenig aufgeschlossen betrachtet. Wegen dieser *ähnlichen Ausgangslage* könnte sich diese Problematik durchaus zum *Rechtsvergleich* eignen, der – richtig verstanden – ein *Problemvergleich* ist. In der Rechtsvergleichung ist nämlich seit langem anerkannt, dass vergleichbar nur diejenigen Regeln sind, die in verschiedenen Rechtsordnungen dieselbe Funktion erfüllen, d. h. den gleichen als problematisch empfundenen Lebenssachverhalt oder Interessenkonflikt ordnen wollen.[64] Für besonders fruchtbar wird die Rechtsvergleichung vor allem auf denjenigen Gebieten des öffentlichen Rechts gehalten, die sehr „technisch" sind, was insbesondere auf weite Teile des modernen Verwaltungsrechts zutrifft.[65] Zudem wird darauf hingewiesen, dass sich das *Umweltverwaltungsrecht als Referenzgebiet* speziell eignet, da in ihm – unterstützt durch die „Katalysatorwirkung" des Kooperationsprinzips – der Wandel staatlicher Handlungsformen in besonderer Weise Niederschlag gefunden hat.[66]

Vor diesem Hintergrund sollte es in der Tat möglich sein, das amerikanische „Negotiated Rulemaking" mit den deutschen normersetzenden Absprachen zu vergleichen: Zwar unterscheiden sich die normvertretenden Absprachen vom „Negotiated Rulemaking" dadurch, dass ihr Verfahren nicht gesetzlich geregelt ist und dass sie – wie unter VI. 1. noch genauer ausgeführt werden wird – nicht in verbindliche Regelungen münden. Beide Vorgehensweisen reagieren jedoch auf ähnliche Probleme, die jeweils mit dem traditionellen Verfahren der Normsetzung verbunden sind, und beide spielen sich in bundesstaatlich gegliederten Industriegesell-

---

64 *Konrad Zweigert/Hein Kötz,* Einführung in die Rechtsvergleichung, 3. Aufl., Tübingen 1996, S. 11; ebenso *Max Rheinstein,* Einführung in die Rechtsvergleichung, 2. Aufl., München 1987, S. 26. Letzterer führt auf S. 25 f. aus: „Dass das Recht Mittel der sozialen Organisation und Steuerung ist und nicht etwa ein von der gesellschaftlichen Entwicklung völlig unabhängiges Phänomen, das seinen Wert in sich selbst hat, kann heute als Gemeinplatz gelten. Der Tragweite dieser Einsicht ist man sich jedoch vielfach noch nicht bewusst. Sie stellt die Rechtswissenschaft vor die Aufgabe, die Funktion jeder Rechtsnorm und jedes Rechtsinstituts im gesellschaftlichen Zusammenhang zu untersuchen. Sie bedeutet ferner, dass nichts im Recht als gegeben hingenommen werden kann, sondern jede Norm und jedes Rechtsinstitut ihre Existenz in doppelter Hinsicht rechtfertigen müssen: Es stellt sich für sie nicht nur die Frage, welche Funktion sie in der gegenwärtigen Gesellschaft haben, sondern auch, ob sie diese Funktion adäquat erfüllen, oder ob eine andere Norm der Funktion besser dienen würde ... Wie oben gezeigt wurde, stellt die moderne Industriegesellschaft fast überall ähnliche Grundprobleme, mag es auch im einzelnen nicht unerhebliche Unterschiede geben. Nur diese Parallelität der Problemstellung erlaubt es, für die Frage nach der funktionellen Adäquanz einer rechtlichen Regelung die in anderen Ländern getroffenen Regelungen unmittelbar heranzuziehen."

65 *Rudolf Bernhardt,* Eigenheiten und Ziele der Rechtsvergleichung im öffentlichen Recht, ZaöRV 1964 (Band 24), 431 ff. (437).

66 *Schulte,* Schlichtes Verwaltungshandeln, S. 83.

schaften ab, die der Beteiligung ihrer Bürger an staatlichen Entscheidungsprozessen einen zumindest nicht ganz unerheblichen Wert beilegen. Trotz dieser verwandten Ausgangslage weisen allerdings die in Deutschland und den USA gewählten Lösungen erhebliche Unterschiede auf.

V. Gründe für normvertretende Absprachen in Deutschland

Die in Deutschland anzutreffenden „normvertretende Absprachen“ zwischen Staat und Wirtschaft bestehen im Kern aus der Zusage von Verbänden oder einzelnen Unternehmen, zur Lösung von Umweltproblemen durch bestimmte freiwillige Maßnahmen beizutragen, und aus dem Versprechen des Staates, mit Rücksicht auf diese freiwilligen Maßnahmen einstweilen von Regelungen durch Gesetz, Rechtsverordnung oder Satzung abzusehen,[67] wobei im Umweltschutzbereich allerdings bislang nur Absprachen bekannt geworden sind, die an die Stelle von Rechtsverordnungen getreten sind.[68] Der vorläufige Normsetzungsverzicht muss nicht immer in einer ausdrücklichen Erklärung des Staates in Erscheinung treten; er kann sich auch aus den Gesamtumständen der Verhandlungen ergeben.[69]

Inhaltlich beruhen die meisten Absprachen auf dem *Tauschprinzip.*[70] Das heißt: Zwischen Leistung und Gegenleistung der Absprachepartner besteht ein Verhältnis wechselseitiger Abhängigkeit, wobei unter „Leistung“ jede von der Gegenseite erstrebte Verhaltensweise eines Absprachepartners zu verstehen ist, also auch das Unterlassen bestimmter Handlungen.[71] Die Leistung nicht-staatlicher Akteure besteht in der Erhaltung oder Herbeiführung eines bestimmten, umweltpolitisch erwünschten Zustands.[72] Als Gegenleistung verzichten staatliche Stellen vorerst auf den Einsatz von Zwangsmaßnahmen und stellen u. U. wirtschaftliche oder sonstige Vorteile in Aussicht, wie z. B. eine großzügige Förderung von Forschungs- und Entwicklungsvorhaben.[73]

---

67 *Bohne,* Informales Verwaltungshandeln, S. 361.

68 *Scherer,* Rechtsprobleme, S. 2. Der sog. Atomkonsens ist insoweit eine Ausnahme, als von vornherein beabsichtigt war, seinen Inhalt später in einer Novelle zum AtomG festzuschreiben. Da er also von Anfang an als Vorläufer einer gesetzlichen Regelung gedacht war, handelte es sich bei ihm nicht um eine normvertretende, sondern um eine normvorbereitende Absprache.

69 *Bohne,* Informales Verwaltungshandeln, S. 361; *Oebbecke,* Staatliche Mitwirkung, S. 794.

70 *Baudenbacher,* Kartellrechtliche und verfassungsrechtliche Aspekte, S. 691; *Bohne,* Informales Verwaltungshandeln, S. 344; *Helberg,* Normabwendende Selbstverpflichtungen, S. 45; *Murswiek,* Freiheit und Freiwilligkeit, S. 988. Allgemein zur Kooperation als Tauschgeschäft: *Benz,* Kooperative Verwaltung, S. 84 f. Kritisch zum angeblichen Tauschcharakter von Absprachen *Faber,* Gesellschaftliche Selbstregulierungssysteme, S. 221 ff.

71 *Bohne,* Absprachen S. 271.

72 *Bohne,* Absprachen, S. 271.

1. Vorzüge von Absprachen

Von den Beteiligten werden solche Absprachen aus vielerlei Gründen für vorteilhaft gehalten:[74] Zum einen können sie dazu dienen, die Komplexität einer Problemstellung zu reduzieren.[75] Umweltpolitische Entscheidungssituationen sind regelmäßig durch hohe Komplexität gekennzeichnet, da naturwissenschaftliche, technische, medizinische, wirtschaftliche, soziale und rechtliche Probleme aufs engste miteinander verknüpft sind. Ausreichende Informationen über alle erheblichen Problemaspekte sind in einer Entscheidungssituation kaum erreichbar, künftige Entwicklungen nur ungenau abschätzbar. Einseitige staatliche Regelungen bergen daher stets die Gefahr, dass sie zu einer Fülle unerwünschter Nebenwirkungen führen.[76] In dieser Situation bieten einvernehmliche Problemlösungen den Vorteil, dass beide Seiten häufig *Informationen* einbringen, über welche die Gegenseite von sich aus nicht verfügt hätte.[77] Durch den erhöhten Informationsstand der Beteiligten kann die Zielgenauigkeit der Regelung erhöht werden.[78]

Zum anderen ermöglichen dieses Mehr an Informationen und der persönliche Kontakt während der Verhandlungen die *Prüfung eigener Präferenzen*[79] sowie den Einblick in die Interessenlage und den Entscheidungshintergrund der anderen Seite. Dadurch fällt es leichter, deren zukünftiges Verhalten abzuschätzen und sich darauf einzustellen.[80] D. h. die *Komplexitätsreduzierung* betrifft nicht nur die derzeitige Situation, sondern auch zukünftige Entwicklungen.

Darüber hinaus tragen Absprachen dazu bei, Konflikte zwischen den Beteiligten zu vermeiden, beizulegen oder zu vermindern.[81] Zwar lässt sich Umweltpolitik

---

73 *Bohne,* Absprachen, S. 271; *Wolf,* Normvertretende Diskurse, S. 144 f. So geschehen im Fall der im Abschnitt C. zu erörternden Absprache über Getränkeverpackungen.

74 Eine konzise Zusammenfassung der Vor- und Nachteile von Selbstverpflichtungen findet sich bei *Faber,* Gesellschaftliche Selbstregulierungssysteme, S. 226 ff.

75 *Bohne,* Absprachen, S. 273; *Grewlich,* Umweltschutz, S. 55; *Voigt,* Kooperativer Staat, S. 63; *Wolf,* Normvertretende Diskurse, S. 141 f.

76 *Bohne,* Absprachen, S. 273.

77 *Bohne,* Absprachen, S. 274; *Brohm,* Rechtsgrundsätze, S. 1026; *Dempfle,* Normvertretende Absprachen, S. 28 f.; *Grewlich,* Umweltschutz, S. 55; *Kloepfer,* Umweltrecht, § 5 Rn. 216; *Leitzke,* Normersetzender Vertrag, S. 364. Ebenso im Hinblick auf Kooperation im Allgemeinen: *Benz,* Kooperative Verwaltung, S. 27; *Dauber,* Möglichkeiten und Grenzen, S. 80 f.; *Wolfgang Hoffmann-Riem,* Verhandlungslösungen und Mittlereinsatz im Bereich der Vewaltung; Eine rechtsvergleichende Einführung, in: Ders. / Eberhard Schmidt-Aßmann (Hrsg.), Konfliktbewältigung durch Verhandlungen, Band I, Baden-Baden 1990, 13 ff. (16); *Schmidt-Aßmann,* Verwaltungsrecht als Ordnungsidee, 1. Kap. Rn. 48; *Voigt,* Kooperativer Staat, S. 63.

78 *Grewlich,* Umweltschutz, S. 55.

79 *Benz,* Kooperative Verwaltung, S. 60.

80 *Bohne,* Absprachen, S. 274.

81 *Bohne,* Absprachen, S. 274; *Brohm,* Rechtsgrundsätze, S. 1026; *Dauber,* Möglichkeiten und Grenzen, S. 80.

nicht betreiben, ohne mit verschiedenen Interessengruppen in Konflikt zu geraten. Wird sie aber nach dem Motto „Viel Feind', viel Ehr'" betrieben, so droht sie sich zu verzetteln und in wirkungslosen Aktionismus abzugleiten.[82] Absprachen können wegen ihres Konfliktminderungspotentials dazu beitragen, knappe Ressourcen zu schonen und eine Fokussierung begrenzter Energien auf wichtige Probleme zu ermöglichen.

Außerdem wird vielfach geltend gemacht, dass Absprachen im Allgemeinen Aufwand und Kosten minderten.[83] Sie sollen eine *schnellere Problemlösung* ermöglichen als das traditionelle Mittel des Verordnungserlasses.[84] Sie trügen zur Verwaltungsvereinfachung bei und ersparten Aufwand und Kosten für ein förmliches Rechtssetzungsverfahren. Indes beschränke sich die *Kostenersparnis* nicht auf den Bereich des Erlasses von Rechtsnormen, sondern erfasse auch deren Vollzug. Wenngleich die Einhaltung von Absprachen ebenfalls überwacht werden müsse, sei dies doch weniger verwaltungsaufwendig als der Vollzug von Rechtsvorschriften.[85] Dies lasse sich damit begründen, dass sich die Beteiligten zur Einhaltung freiwillig getroffener Absprachen eher verpflichtet fühlten als zur Einhaltung von Rechtsnormen.[86] Daneben könne die Folgebereitschaft der Betrof-

---

[82] *Bohne,* Absprachen, S. 274.

[83] *Bohne,* Absprachen, S. 274 f.; *Schmelzer,* Ökonomische Aspekte, S. 209; insoweit zweifelnd, allerdings ohne dies zu begründen: *Scherer,* Rechtsprobleme, S. 3. Allgemein zum Sparen von Kosten durch Kooperation: *Benz,* Kooperative Verwaltung, S. 27; *Dauber,* Möglichkeiten und Grenzen, S. 80; *Leitzke,* Normersetzender Vertrag, S. 364; *Schulze-Fielitz,* Kooperatives Recht, S. 240.

[84] *Baudenbacher,* Kartellrechtliche und verfassungsrechtliche Aspekte, S. 692; *Siegfried Breier,* Umweltschutzkooperation zwischen Staat und Wirtschaft auf dem Prüfstand. Eine Untersuchung am Beispiel der Erklärung der deutschen Wirtschaft zur Klimavorsorge, ZfU 1997, 131 ff. (134); *Brohm,* Rechtsgrundsätze, S. 1026; *Frenz,* Selbstverpflichtungen, S. 61; *Helberg,* Normabwendende Selbstverpflichtungen, S. 63; *Kaiser,* Industrielle Absprachen, S. 588; *Leitzke,* Normersetzender Vertrag, S. 364; *Schmelzer,* Ökonomische Aspekte, S. 210.

[85] *Baudenbacher,* Kartellrechtliche und verfassungsrechtliche Aspekte, S. 692; *Bohne,* Absprachen, S. 275; *Dempfle,* Normvertretende Absprachen, S. 40 ff.; *Frenz,* Selbstverpflichtungen, S. 62: *Grewlich,* Umweltschutz, S. 55; *Murswiek,* Freiheit und Freiwilligkeit, S. 988. Allgemein zur Vollzugserleichterung durch Kooperation: *Dauber,* Möglichkeiten und Grenzen, S. 81; *Kloepfer,* Umweltrecht, § 4 Rn. 46; *Lamb,* Kooperative Gesetzeskonkretisierung, S. 202.

[86] *Frenz,* Selbstverpflichtungen, S. 59; *Oebbecke,* Staatliche Mitwirkung, S. 794. Das ist umso erstaunlicher, als Absprachen nicht rechtsverbindlich sind (dazu sogleich unter VI. 1.), wohingegen bei Verstoß gegen Rechtsnormen vielfältige Sanktionsmöglichkeiten bis hin zum strafrechtlichen Vorgehen offen stehen können. Falls dieser Befund tatsächlich korrekt sein sollte, kann das nur darauf beruhen, dass die Beteiligten nach dem Motto „Ein Mann, ein Wort" handeln und sich deshalb moralisch an ihre unverbindlichen Zusagen gebunden fühlen, oder aber dass es wirkungsvolle soziale Sanktionsmechanismen gibt. Die Ausführungen von *Wolf,* Normvertretende Diskurse, S. 143, deuten an, dass soziale Kontrollen in der Tat eine große Rolle spielen könnten. *Schmelzer,* Ökonomische Aspekte, S. 208, 211, betont, dass entscheidend nicht die Verbindlichkeit der Absprachen sei, sondern die Anreize, mit denen sie verknüpft sind, und führt dann aus, dass die Verbände oft in der Lage seien, moralischen Druck auf ihre Mitglieder auszuüben.

fenen für die bereits oben angesprochene Zielgenauigkeit der Absprachen von Bedeutung sein.[87]

Zudem habe man es in der Umweltpolitik oft mit raschen wissenschaftlichen, technologischen und wirtschaftlichen Veränderungen zu tun.[88] Hier böten Absprachen aufgrund ihrer *Flexibilität* Vorteile gegenüber dem traditionellen Handlungsinstrumentarium des Staates. Während rechtsförmliche Entscheidungen in Gestalt von Verträgen oder Rechtsnormen nur nach Erfüllung bestimmter inhaltlicher oder verfahrensmäßiger Voraussetzungen abgeändert werden könnten, ließen sich Absprachen zumindest ohne rechtliche Schwierigkeiten neuen Entwicklungen anpassen oder gegebenenfalls ganz aufheben.[89] Außerdem böten sie der Wirtschaft die Chance, frei von staatlichen Vorgaben innovative, neue und marktgerechtere Problemlösungen zu entwickeln.[90]

2. Schattenseiten der Absprachen

Allerdings sind die mit den Absprachen verbundenen Vorteile für den Staat in der Regel nicht umsonst zu haben, sondern es ist ein *Preis* zu entrichten.[91] Dieser Preis besteht nicht nur in dem Verzicht auf die rechtliche Normierung bestimmter Verhaltenspflichten, sondern auch in inhaltlichen oder zeitlichen Abstrichen an umweltpolitischen Forderungen.[92] Zwar wäre es theoretisch denkbar, dass die Wirtschaftsverbände und Unternehmen bereit wären, Absprachen zu treffen, einfach um die Rigidität staatlicher Regelungen zu vermeiden, auf zukünftige Entwicklungen flexibel reagieren zu können und um zumindest bei begrenzten Verstößen auf Nachsicht rechnen zu können. Denn es erscheint kaum realistisch, dass der Staat auf begrenzte Verstöße gegen Absprachen mit einer Absage an die einvernehmlich getroffene Regelung und dem Erlass einer Rechtsnorm reagieren

87 *Baudenbacher,* Kartellrechtliche und verfassungsrechtliche Aspekte, S. 692.

88 Vgl. etwa *Hoffmann-Riem,* Reform des Verwaltungsrechts, S. 445.

89 *Baudenbacher,* Kartellrechtliche und verfassungsrechtliche Aspekte, S. 692; *Benz,* Kooperative Verwaltung, S. 61; *Bohne,* Absprachen, S. 274; *Brohm,* Rechtsgrundsätze, S. 1026; *Dauber,* Möglichkeiten und Grenzen, S. 81; *Dempfle,* Normvertretende Absprachen, S. 40 ff.; *Grewlich,* Umweltschutz, S. 55; *Kloepfer,* Umweltrecht, § 5 Rn. 216; *Leitzke,* Normersetzender Vertrag, S. 364; *Michael,* Rechtsetzende Gewalt, S. 224 ff.; *Oebbecke,* Staatliche Mitwirkung, S. 794; *Schmelzer,* Ökonomische Aspekte, S. 209; *Voigt,* Kooperativer Staat, S. 62; *von Zezschwitz,* Wirtschaftsrechtliche Lenkungstechniken, S. 501. *Oebbecke* weist darauf hin, dass dieser Aspekt manchmal allerdings auch das Zustandekommen einer Vereinbarung erschweren kann, weil einige Unternehmen die größere Dispositionssicherheit einer gesetzlichen Regelung vorzögen. s. *Oebbecke,* Staatliche Mitwirkung, S. 794. Vor dem Hintergrund der oben wiedergegebenen Kritik der amerikanischen Industrie an der mangelnden Planungssicherheit des „Negotiated Rulemaking" erscheint diese Einschätzung *Oebbeckes* plausibel.

90 *Brohm,* Rechtsgrundsätze, S. 1026; *Dauber,* Möglichkeiten und Grenzen, S. 81.

91 *Bohne,* Absprachen, S. 275.

92 *Bohne,* Absprachen, S. 275. Dazu auch *Helberg,* Normabwendende Selbstverpflichtungen, S. 78 f., m. w. N.

wird.[93] Tatsächlich reichen diese Vorteile für sich genommen aber offenbar nicht aus, um die Wirtschaftsverbände zum Eingehen einer Absprache zu bewegen, sondern der Staat muss auch inhaltliche Abstriche an dem an sich für umweltpolitisch wünschenswert Gehaltenen hinnehmen.

Zudem besteht die *Gefahr*, dass Absprachen schlicht nicht eingehalten werden. Denn während auf Verträgen oder Rechtsnormen beruhende Verhaltenspflichten notfalls mit den Mitteln der Verwaltungsvollstreckung oder der Klage und anschließender Zwangsvollstreckung durchgesetzt werden können, sind dem Staat bei Absprachen wegen ihrer Unverbindlichkeit die Hände gebunden. Daher ist zu befürchten, dass Absprachen von wirtschaftlichen Akteuren manchmal zum Verschleppen notwendiger umweltpolitischer Maßnahmen missbraucht werden.[94]

Hinzu kommt, dass der häufige Einsatz von Absprachen eine Eigendynamik entfalten kann, indem eine zunehmende *Interessenverflechtung von Staat und Wirtschaft* in der Umweltpolitik entsteht und es auf diese Weise für den Staat immer schwieriger wird, notwendige umweltpolitische Maßnahmen einseitig zu treffen und in der Öffentlichkeit zu rechtfertigen. Entscheidet sich der Staat dann einmal, auf eigene Faust zu handeln, sieht er sich leicht dem Vorwurf der Bürokratisierung und der Freiheitsfeindlichkeit ausgesetzt.[95] Am Ende einer solchen Entwicklung kann Kooperation in Kollaboration umschlagen.[96] Außerdem wird gegen die Verwendung von Absprachen ins Feld geführt, dass durch die Kooperation von Staat und Wirtschaft rechtsstaatliche Handlungsformen und Verfahren ausgehöhlt und umgangen werden können und dass der Rechtsschutz nicht beteiligter Drittbetroffener zu kurz kommen könne.[97] Diese Bedenken gäben Anlass, von dem Mittel der Absprache nicht allzu großzügig Gebrauch zu machen.

---

93 Dazu Genaueres im Abschnitt D. über kognitive Dissonanzen.

94 *Bohne*, Absprachen, S. 275; *Dauber*, Möglichkeiten und Grenzen, S. 82; *Leitzke*, Normersetzender Vertrag, S. 365; *Michael*, Rechtsetzende Gewalt, S. 218 f.; *Schmelzer*, Ökonomische Aspekte, S. 217; *Schulze-Fielitz*, Kooperatives Recht, S. 240 f.

95 *Bohne*, Absprachen, S. 275. *Helberg*, Normabwendende Selbstverpflichtungen, S. 83.

96 *Bohne*, Absprachen, S. 275; *Dempfle*, Normvertretende Absprachen, S. 43 ff.; *Murswiek*, Freiheit und Freiwilligkeit, S. 988. Auch *Schmidt-Aßmann*, Verwaltungsrecht als Ordnungsidee, 6. Kap. Rn. 62 betont, dass der Kooperation eine Eigendynamik und eine Konzentration auf den Interessenausgleich innewohne, welche dazu tendieren könne, externe Bindungen abzustreifen und Drittinteressen auszublenden. Damit zusammen hänge die Gefahr der übermäßigen Einschnürung der Verwaltung, die ihr auf spätere Situationsveränderungen nur schwer zu reagieren gestatte. Ebenso *Arthur Benz*, Verhandlungen, Verträge und Absprachen in der öffentlichen Verwaltung, Die Verwaltung 1990, 83 ff. (92): Wurde einmal Kooperation und Kompromissbereitschaft signalisiert, so sei ein Übergehen auf Konfliktstrategien kaum mehr möglich.

97 *Brohm*, Rechtsgrundsätze, S. 1027; *Dauber*, Möglichkeiten und Grenzen, S. 83.

3. Absprachen beim Gesetzesvollzug

Schließlich sei an dieser Stelle noch darauf hingewiesen, dass Absprachen in einem anderen öffentlich-rechtlichen Bereich gang und gäbe sind und offenbar bereits im 19. Jahrhundert ganz selbstverständlich waren,[98] nämlich im Bereich des *Gesetzesvollzugs.*[99] Es geht dabei entweder darum, dass bei Genehmigungs- und Planfeststellungsverfahren vor Antragstellung oder Planeinreichung intensive Vorverhandlungen zwischen Behörde und Vorhabenträger über alle Voraussetzungen der Vorhabenverwirklichung stattfinden bzw. dass die Behörde vor Erlass des Genehmigungsbescheids oder des Planfeststellungsbeschlusses dem Antragsteller einen unterschriftsreifen Entwurf der Entscheidung oder eine Liste mit den ausformulierten Nebenbestimmungen zur Stellungnahme und mit der Bitte auf Rechtsmittelverzicht zuleitet.[100] Oder es geht um Situationen, in denen für die Betreiber von industriellen Anlagen, Abwasserbehandlungsanlagen und Abfallbeseitigungsanlagen das Risiko besteht, mit einer polizeilichen Verfügung belegt zu werden, weil die Anlagen nicht den gesetzlichen Vorschriften entsprechen oder hieran zumindest begründete Zweifel bestehen. Gegenstand der Verhandlungen sind dann in erster Linie die vom Betreiber durchzuführenden Umweltschutzmaßnahmen (sog. Sanierungsabsprachen). Das Verhandlungsergebnis ist regelmäßig eine Absprache, in der sich der Betreiber zu bestimmten Maßnahmen bereit erklärt und die Behörde vorerst auf den Einsatz staatlichen Zwangs verzichtet und ggf. andere Vorteile in Aussicht stellt.[101]

Absprachen im Bereich des Gesetzesvollzugs werden in der Regel schriftlich niedergelegt, beispielsweise in Form des Austausches von Aktenvermerken.[102] Gleichwohl sind sie unverbindlich.[103] Sie sind *keine Verwaltungsakte,* weil sie keine Regelungen enthalten (§ 35 VwVfG), also keine auf Setzung einer Rechtsfolge gerichteten Anordnungen.[104] Denn mit Rücksicht beispielsweise auf die Bereitschaft des Betreibers, Sanierungsmaßnahmen freiwillig durchzuführen, sieht die Behörde von einer hoheitlichen Regelung der Rechtslage gerade ab.[105] Trotz des Konsenses, auf dem sie beruhen, sind diese Absprachen aber auch *keine Verwaltungsverträge.*[106] Sie sind rechtlich unverbindlich, da die Beteiligten bei Abschluss der Absprache keinen Erklärungswillen besitzen. Die Behörde will sich

---

98 *Thomas Ellwein,* Kooperatives Verwaltungshandeln im 19. Jahrhundert, in: Nicolai Dose / Rüdiger Voigt (Hrsg.), Kooperatives Recht, Baden-Baden 1996, S. 43 ff.

99 *Bohne,* Absprachen, S. 277; *Helberg,* Normabwendende Selbstverpflichtungen, S. 46 ff.; *Scherer,* Rechtsprobleme, S. 2.

100 *Bohne,* Informales Verwaltungshandeln, S. 347; *Scherer,* Rechtsprobleme, S. 2.

101 *Bohne,* Absprachen, S. 277.

102 *Bohne,* Absprachen, S. 277.

103 *Bohne,* Absprachen, S. 277; *ders.,* Informales Verwaltungshandeln, S. 354–355.

104 *Maurer,* Allgemeines Verwaltungsrecht, § 9 II 1 Rn. 6.

105 *Bohne,* Absprachen, S. 277.

106 *Bohne,* Informales Verwaltungshandeln, S. 354.

nicht vertraglich binden, um in der Lage zu bleiben, weitergehende Maßnahmen anordnen zu können. Der Betreiber will keine Verpflichtung eingehen, um sich bei Verschlechterung seiner wirtschaftlichen Lage notfalls der Durchführung der abgesprochenen Maßnahmen entziehen zu können.[107]

Mithin beschränken sich Absprachen im Gesetzesvollzug auf rein tatsächliche Wirkungen.[108]

VI. Die rechtliche Bewertung der normvertretenden Absprachen

Normvertretenden Absprachen sind gesetzlich nicht geregelt. Aus diesem Grund ist hierzulande vieles umstritten, das in den USA vom Gesetzgeber festgelegt und damit der rechtswissenschaftlichen Debatte entzogen wurde. Im Folgenden sollen einige der Streitfragen, die sich um normvertretende Absprachen ranken, genauer untersucht werden. Ziel ist es, den Standpunkt dieser Absprachen in unserem Rechtssystem etwas genauer zu bestimmen und Unterschiede zu dem amerikanischen Verfahren der vereinbarten Verordnungsgebung zu erkennen. Zu diesem Zweck werden zunächst Bindungswirkung (dazu unter 1.) und Rechtsfolgen eines Verstoßes gegen Absprachen erläutert (dazu unter 2.). Sodann geht es um die private Seite der Absprachen, nämlich um ihre Vereinbarkeit mit dem Wettbewerbsrecht (dazu unter 3.), bevor der Blick schließlich auf den staatlichen Mitwirkungsakt gelenkt wird (dazu unter 4.)

1. Bindungswirkung

Normvertretende Absprachen werden heute nicht mehr grundsätzlich für unzulässig gehalten.[109] Nach Meinung mancher sind sie sogar zwischenzeitlich vom Gesetzgeber anerkannt worden, weil im Abfallgesetz zeitweise vorgesehen war, dass die Bundesregierung vor Erlass einer Verordnung zunächst einmal Zielvorgaben festzusetzen hatte. Erst wenn diese nicht erreicht wurden, sollte zum Mittel der einseitigen Verordnung gegriffen werden können (§ 14 II AbfG).[110]

---

107 *Bohne*, Absprachen, S. 277.

108 *Bohne*, Absprachen, S. 277.

109 Anders noch *Ernst Forsthoff*, Lehrbuch des Verwaltungsrechts, Allgemeiner Teil, 10. Aufl., München 1973, S. 278: „Entscheidend ist vielmehr, dass sich die Partner in Ansehnung des vertraglich zu regelnden Sachverhalts koordinieren. Diese Koordination liegt, mit bindender Wirkung für die Zukunft, in der Tatsache des Vertragsabschlusses selbst. Damit ist zugleich eine Grenze für die Anwendbarkeit der Vertragsfigur bezeichnet. Die Koordinierung ist unzulässig, wo sie sich aus der Natur der staatlichen Funktionen verbietet. So sind z. B. Verträge, Abreden und bindende Zusagen über die Handhabung der gesetzgebenden Gewalt unter allen Umständen nichtig.“

110 s. dazu *Brohm*, Rechtsgrundsätze, S. 1027. Heutzutage ist die sog. Zielfestlegung z. B. noch in § 25 KrW-/AbfG vorgesehen. Der Professorenentwurf zum Allgemeinen Teil eines

Ähnlich wie das gentlemen's agreement in der Außenpolitik können sie mündlich oder schriftlich geschlossen werden,[111] wobei es der Regelfall ist, dass die betroffenen Unternehmen oder Wirtschaftsverbände in einem Schreiben die freiwillige Durchführung bestimmter Maßnahmen zusagen und die Behörde diese Selbstverpflichtung dann in einer amtlichen Erklärung begrüßt und gleichzeitig die Absicht bekundet, ihrerseits auf die rechtliche Regelung der Sachfragen vorerst zu verzichten.[112] Nach hM sind normersetzende Absprachen – ebenso wie Absprachen beim Gesetzesvollzug[113] – *unverbindlich,*[114] ja die rechtliche Unverbindlichkeit soll sogar ihr charakteristisches Merkmal sein.[115] Den Beteiligten

---

Umweltgesetzbuches sah vor, dass staatliche Behörden nur tätig werden sollten, soweit ein hinreichender Schutz der Umwelt nicht durch die Bürger erfolgen könne, wobei insbesondere die Möglichkeit von Vereinbarungen zum Schutz der Umwelt zu berücksichtigen sei (§ 6 I UGB-AT, ProfE). Zudem sollte in Form eines Subsidiaritätsprinzips vorgeschrieben werden, dass gegenüber Verboten und Geboten solche Maßnahmen einen Vorrang haben sollten, die dem Bürger Möglichkeiten eigenverantwortlicher Entscheidung beließen, wenn dadurch ein gleichwertiger Schutz der Umwelt erreicht würde und die Betroffenen nicht stärker belastet würden (§ 6 III UGB-AT, ProfE).

111 *Bohne,* Absprachen, S. 266; *Michael,* Rechtsetzende Gewalt, S. 36. Zu beachten ist, dass selbst der völkerrechtliche Vertrag nicht der Schriftform bedarf. So können beispielsweise die Feldherren einander bekämpfender Armeen per Handschlag ein Waffenstillstandsabkommen vereinbaren. Zur Formfreiheit im Völkerrecht vgl. nur *Georg Dahn/Jost Delbrück/Rüdiger Wolfrum,* Völkerrecht, Band I/3, 2. Aufl., Berlin 2002, S. 541 ff.

112 *Brohm,* Rechtsgrundsätze, S. 1026.

113 Vgl. dazu bereits oben bei Fn. 103.

114 *J. Becker,* Informales Verwaltungshandeln, S. 1007 f.; *Bohne,* Absprachen, S. 272; *Brohm,* Rechtsgrundsätze, S. 1029; *Dempfle,* Normvertretende Absprachen, S. 48; *Faber,* Gesellschaftliche Selbstregulierungssysteme, S. 212 f.; *Giebel,* Vereinbarungen, S. 272 f.; *Grewlich,* Umweltschutz, S. 55; *Helberg,* Normabwendende Selbstverpflichtungen, S. 57; *Kloepfer,* Umweltrecht, § 5 Rn. 206; *Michael,* Rechtsetzende Gewalt, S. 24; *Murswiek,* Freiheit und Freiwilligkeit, S. 988; *Oebbecke,* Staatliche Mitwirkung, S. 794; *Wolf,* Normvertretende Diskurse, S. 142.

Scherer, Rechtsprobleme, S. 3, will dies so pauschal nicht gelten lassen, sondern prüfen, ob aus Sicht eines objektiven Dritten ein Rechtsbindungswille vorliegt. Dabei möchte er – wie *Medicus,* Bürgerliches Recht, Rn. 366 – einen „bunten Strauß von Indizien" heranziehen. Zu welchem Ergebnis dieser Prüfungsmaßstab führt, sagt *Scherer* allerdings nicht. Sein Rückgriff auf das Beispiel des Normsetzungsvertrages über den Erlass eines gemeindlichen Bebauungsplanes lässt jedoch erahnen, dass er dazu neigt, den Rechtsbindungswillen zu bejahen. Auch *Di Fabio,* Vertrag statt Gesetz?, S. 343, ist skeptisch gegenüber pauschalen Lösungen und möchte für die Beantwortung der Frage nach der Verbindlichkeit normvertretender Absprachen auf den Parteiwillen im Einzelfall abstellen.

Für rechtsverbindlich gehalten wird teilweise der sog. „Umweltpakt Bayern". Ihm liege eine formelle Vereinbarung zugrunde. s. Umweltgutachten 1998, S. 132. Anlass zu Bedenken an der angeblichen Verbindlichkeit des Umweltpakts gibt allerdings dessen Wortlaut. Immer wieder ist nämlich von „Kooperation" und „Freiwilligkeit" die Rede. Die im Pakt definierten Ziele sollen lediglich „angestrebt" werden. Vor diesem Hintergrund kann man durchaus bezweifeln, ob der Umweltpakt tatsächlich verbindlich ist.

Eine Regelung für verbindliche normersetzende Verträge enthielt der UGB-KomE in § 36. Vgl. dazu *Leitzke,* Normersetzender Vertrag, S. 361 ff.

115 *Bohne,* Absprachen, S. 266, 272; *ders.,* Informales Verwaltungshandeln, S. 361.

fehlt bei Abschluss der Absprache der „Rechtsfolgewille", der Voraussetzung für das Zustandekommen von Verträgen ist.[116] In der rechtlichen Unverbindlichkeit und damit in der gerichtlichen Nichteinklagbarkeit liegt gerade der besondere Wert der Absprachen für die Beteiligten.[117] So können sich Wirtschaftsverbände und Unternehmen jederzeit von ihren Zusagen lösen, wenn eine Verschlechterung der Wirtschaftslage eintritt. In gleicher Weise ist der Staat rechtlich nicht gehindert, aus umweltpolitischen Gründen nachträglich einseitige Zwangsmaßnahmen zu ergreifen.[118]

Die Bindungswirkung der Absprachen ist folglich allein politischer, nicht rechtlicher Natur. Werden Absprachen nicht eingehalten, so gibt es keine rechtliche Möglichkeit, ihre Erfüllung zu erwirken.[119] Nach überwiegender Ansicht kommen bei Rechtswidrigkeit der Absprache allenfalls *Schadensersatzansprüche* in Betracht[120] sowie möglicherweise Unterlassungsansprüche vor Eingehen der Absprache und – unter der Voraussetzung andauernder Rechtsbeeinträchtigung – Folgenbeseitigungsansprüche nach ihrem Abschluss.[121] Gleichwohl sei die Bindungswirkung keineswegs gering einzuschätzen, da den Absprachepartnern vielfältige

---

116 So *Bohne,* Absprachen, S. 272; *ders.,* Informales Verwaltungshandeln, S. 361. Die hier von *Bohne* gewählte Terminologie ist allerdings etwas unorthodox. Üblicherweise bezeichnet der Begriff „Rechtsfolgewille" bzw. „Geschäftswille" den Willen, eine bestimmte Rechtsfolge herbeizuführen, also einen bestimmten Vertrag zu schließen oder ein Geschäft mit einem bestimmten Inhalt zu tätigen. Im vorliegenden Fall wollen die Beteiligten jedoch nicht nur keinen Vertrag eines bestimmten Inhalts schließen, sondern sie wollen überhaupt keine rechtlich erheblichen Erklärungen abgeben. Fehlt aber bereits das Bewusstsein, etwas rechtlich Erhebliches zu erklären, so spricht man normalerweise davon, dass der Betroffene ohne „Erklärungsbewusstsein" bzw. „Erklärungswillen" handelt. s. *Dieter Medicus,* Allgemeiner Teil des BGB, 8. Aufl., Heidelberg 2002, § 40 III 1, Rn. 605; *Hans-Joachim Musielak,* Grundkurs BGB, 4. Aufl., München 1994, § 2 II c, Rn. 46. Mithin ist es angemessener, hier von fehlendem Erklärungsbewusstsein zu reden.

117 *Bohne,* Absprachen, S. 272.

118 *J. Becker,* Informales Verwaltungshandeln, S. 1007 f.; *Bohne,* Absprachen, S. 272; *ders.,* Informales Verwaltungshandeln, S. 361; *Oebbecke,* Staatliche Mitwirkung, S. 794–795.

119 *Bohne,* Absprachen, S. 266, 278 f.; *ders.,* Informales Verwaltungshandeln, S. 361; a.A. *Scherer,* Rechtsprobleme, S. 5–6; *Scherer* nimmt an, dass die Beteiligten mit Rechtsbindungswillen handeln, und kommt deshalb zu dem Ergebnis, dass das gesamte Spektrum vertraglicher Ansprüche zur Verfügung stehe. Auch der Normgeber sei an seine Pflicht zur Unterlassung der Normsetzung gebunden. Indes würden die bedenklichsten Folgen einer generellen Verpflichtung zur Normsetzungsabstinenz durch die Kündigungsmöglichkeit des § 60 I VwVfG gemildert. Inwieweit eine Kündigung nach § 60 VwVfG Schadensersatzansprüche auslöst und auf welche Anspruchsgrundlage sie gegebenenfalls gestützt werden können, ist infolge der bewussten Nichtregelung im VwVfG nach wie vor umstritten. Vgl. nur *Kopp/Ramsauer,* § 60 Rn. 22 f.

120 *Bohne,* Absprachen, S. 279; *Brohm,* Rechtsgrundsätze, S. 1029; *Dempfle,* Normvertretende Absprachen, S. 78 ff.

121 Dazu allgemein *Udo Di Fabio,* System der Handlungsformen und Fehlerfolgenlehre, in: Kathrin Becker-Schwarze / Wolfgang Köck / Thomas Kupka / Matthias von Schwanenflügel (Hrsg.), Wandel der Handlungsformen im Öffentlichen Recht, Bremen 1991, 47 ff. (53 f.).

Möglichkeiten zur Verfügung stünden, der Gegenseite bei einem Bruch der Absprachen politisch-soziale Nachteile zuzufügen.[122]

2. Schadensersatzansprüche bei Verstoß gegen Absprachen?

Ob tatsächlich jemals Schadensersatzansprüche der Absprachepartner gegeben sein werden, ist m. E. zumindest zweifelhaft. Mögliche *Anspruchsgrundlagen* sind zum einen der Amtshaftungsanspruch (Art. 34 GG, § 839 BGB) und zum anderen ein Anspruch wegen Verschuldens bei Vertragsverhandlungen (§ 311 II BGB). Des weiteren ist an die Möglichkeit einer Umdeutung zu denken.

a) Amtshaftung

Was den *Amtshaftungsanspruch* betrifft, so ist die Verletzung einer drittgerichteten Amtspflicht Voraussetzung der Haftung. Es müsste sich also eine Norm finden lassen, die verwaltungsintern verbindlich ist und den Schutz der von einer Absprache betroffenen Unternehmen – also der Absprachepartner – bezweckt. Dabei kann es sich um ein Gesetz handeln, das sowohl im Innen- als auch im Außenverhältnis maßgeblich ist, es kann sich aber auch um eine Vorschrift handeln, die allein im Innenverhältnis der Verwaltung gilt. Nicht in Betracht kommt lediglich eine Amtspflichtverletzung infolge eines Verstoßes gegen die Absprache selbst, denn die Absprache ist – wie soeben dargelegt – weder im Innen- noch im Außenverhältnis verbindlich. Verletzt werden könnte eine bindende Vorschrift sowohl beim Abschluss einer normvertretenden Absprache als auch bei ihrer Durchführung. So könnten beispielsweise beim Abschluss von Absprachen Amtspflichten aufgrund von Umweltgesetzen bestehen. Indes sind diese Gesetze im Hinblick auf die betroffene Industrie in der Regel nicht drittgerichtet. Sie dienen dem Schutz der Allgemeinheit und der von Umweltverschmutzungen besonders Betroffenen, nicht jedoch dem Schutz der Industrie vor allzu strengen umweltbezogenen Verhaltenspflichten. Aus Umweltgesetzen werden sich daher kaum drittgerichtete Amtspflichten zugunsten von Unternehmen ergeben. Etwas anderes könnte jedoch bei der Verletzung von Amtspflichten gelten, die in Grundrechten wurzeln, beispielsweise im Recht am eingerichteten und ausgeübten Gewerbebetrieb. Hier ließe sich die Drittgerichtetheit der entsprechenden Amtspflicht grundsätzlich zwar durchaus bejahen. Indes besteht im vorliegenden Fall das Problem, dass die *Amtshaftung bei Rechtssetzungsakten* nur äußerst selten bejaht wird, weil man davon ausgeht, dass der Gesetzgeber im Allgemeininteresse und nicht im Interesse bestimmter Personenkreise tätig wird.[123] Besonders bei rechtswidrigen Verordnungen wird eine

---

122 *Bohne,* Absprachen, S. 272.

123 Dazu *Michael,* Rechtsetzende Gewalt, S. 649; *Rüfner,* Öffentlich-rechtliche Schadensersatzleistungen, S. 706.

Haftung von der Rechtsprechung bisher abgelehnt.[124] *Wenn es aber bei der Normsetzung keine Amtshaftungsansprüche gibt, dann lässt sich jedenfalls nicht ohne weiteres erkennen, warum das bei normersetzenden Absprachen anders sein soll.* Denn der Verordnungsgeber glaubt ja gerade, durch eine Absprache die gleichen, wenn nicht sogar größere Wirkungen erzielen zu können als durch eine Verordnung. Die Absprache ist also das funktionelle Äquivalent der Verordnung, weshalb eine haftungsrechtliche Ungleichbehandlung einer besonderen Begründung bedürfte.

---

124 Der BGH (Urt. v. 29. März 1971, BGHZ 56, 40 ff. [46]) hat in einem Fall, der die Verordnungsgebung zum Gegenstand hatte, folgende grundlegende Ausführungen gemacht: „Alle Amtspflichten der öffentlichen Amtsträger dienen in erster Linie dem Interesse der Allgemeinheit an einem geordneten Gemeinwesen. Soweit sich die Amtsplichten darin erschöpfen, diesem Allgemeininteresse zu dienen, und noch keine besonderen Beziehungen zwischen diesen Amtspflichten und bestimmten Personen oder Personengruppen in dem zuvor aufgezeigten Sinne bestehen, kommen sonach bei Verletzung dieser Amtspflichten Schadensersatzansprüche für außenstehende Dritte nicht in Betracht. Um derartige Amtspflichten handelt es sich insbesondere im allgemeinen bei den Pflichten, die für die dafür Verantwortlichen im Rahmen der Gesetzgebungsaufgaben bestehen. Gesetze und Verordnungen enthalten durchweg generelle und abstrakte Regeln, und dementsprechend nimmt der Gesetzgeber – bei Tätigwerden und Untätigbleiben – in der Regel ausschließlich Aufgaben gegenüber der Allgemeinheit wahr, denen die Richtung auf bestimmte Personen oder Personenkreise mangelt … Nur ausnahmsweise – etwa bei so genannten Maßnahme- oder Einzelfallgesetzen – kann etwas anderes in Betracht kommen und können Belange bestimmter einzelner unmittelbar berührt werden, so dass sie als ‚Dritte' im Sinne des § 839 BGB angesehen werden können." Im vorliegenden Fall geht es jedoch nicht um den Ersatz eines Einzelfallgesetzes durch eine Absprache. Vielmehr sollen Absprachen typischerweise an die Stelle von Verordnungen treten, durch die eine Vielzahl verschiedener Sachverhalte hätte geregelt werden sollen. Mithin ist die im Urteil des BGH benannte Ausnahme vom Grundsatz der fehlenden Drittgerichtetheit legislativen Handelns hier nicht einschlägig.

Der derzeitige Stand der Rechtsprechung wird von *Maurer,* Allgemeines Verwaltungsrecht, § 25 Rn. 51, denn auch wie folgt zusammengefasst: „Die Rechtsprechung ist zurückhaltend. Der BGH bejaht inzwischen, was praktisch von erheblicher Bedeutung ist, die Haftung für rechtswidrige Bebauungspläne, die gem. § 10 BauGB als Satzung ergehen; ferner hält er eine Haftung für verfassungswidrige Maßnahme- und Einzelfallgesetze für möglich; im übrigen lehnt er aber eine Haftung für rechtswidrige Rechtsnormen (formelle Gesetze, Rechtsverordnungen) ab." Ähnlicher Ansicht wie der BGH ist z. B. *Ossenbühl,* Staatshaftungsrecht, S. 104 ff., der die Amtshaftung ebenfalls auf die Fälle beschränken möchte, in denen zwischen Hoheitsträger und Geschädigtem eine individualisierte Beziehung besteht. Daran fehle es jedoch bei der Gesetzgebung. Zudem habe an den Gesetzgeber als Schadensverursacher bei der Normierung der Amtshaftung niemand gedacht. Ihn kurzerhand kraft richterrechtlicher Rechtsschöpfung in den Kreis der potentiellen Schädiger einzubeziehen, würde die methodisch zulässigen Grenzen der Gesetzesanwendung und Gesetzesinterpretation überschreiten. Kritisch zur Ablehnung der Haftung für rechtswidrige Rechtsnormen beispielsweise *Maurer,* Allgemeines Verwaltungsrecht, § 25 Rn. 51 ff. sowie *ders.*, Staatshaftung im europäischen Kontext, in: Carsten Thomas Ebenroth / Dieter Hesselberger / Manfred Eberhard Rinne (Hrsg.), Verantwortung und Gestaltung, Festschrift für Karlheinz Boujong zum 65. Geburtstag, München 1996, 591 ff. (602 f.) m. w. N., unter Hinweis darauf, dass es für die Frage nach der Drittrichtung der Amtspflicht nicht auf die zu erlassende Rechtsnorm, sondern auf die bei Erlass der Rechtsnorm zu beachtenden höherrangigen Rechtsvorschriften ankommt. Allerdings gesteht auch *Maurer* ein, dass die Amtshaftung auf das Fehlverhalten eines Beamten gegenüber einem oder einigen Bürgern zugeschnitten ist und zumindest für verfassungswidrige Gesetze mit großer Breitenwirkung nicht richtig passt.

Und selbst wenn eine drittgerichtete Amtspflicht, beispielsweise bei der Durchführung von Absprachen, verletzt worden sein sollte, wird der Amtshaftungsanspruch auf weitere Hindernisse stoßen: Ein Verschulden des Staates wird sich häufig nicht nachweisen lassen, und wenn der Nachweis doch einmal gelingt, werden sich die betroffenen Unternehmen ein hohes Maß an Mitverschulden entgegenhalten lassen müssen. Denn schließlich haben sie den Inhalt der Absprache, gegen deren Durchführung sie sich nun wehren, mit ausgehandelt.[125] Mithin wird sich in vielen Fällen der Amtshaftungsanspruch kaum bejahen lassen.[126] In Betracht kommt er daher wohl in erster Linie dann, wenn der Staat sich widersprüchlich verhält und gegen das Verbot des venire contra factum proprium verstößt, etwa indem er sich ohne sachlichen Grund von einer Absprache abwendet.[127] In allen anderen Fällen wird sich der Amtshaftungsanspruch hingegen nur selten bejahen lassen.

b) Verschulden bei Vertragsverhandlungen

Wird die Haftung auf ein *Verschulden bei Vertragsverhandlungen* (culpa in contrahendo) gestützt, so ergeben sich ebenfalls Probleme. Zwar ist anerkannt, dass eine solche Haftung im Rahmen sog. verwaltungsrechtlicher Schuldverhältnisse in Betracht kommt[128] und dass diese Schuldverhältnisse durch das enge Verhältnis zwischen Verwaltung und Bürger gekennzeichnet sind,[129] weshalb die Anwendung

125 *Faber,* Gesellschaftliche Selbstregulierungssysteme, S. 241, weist darauf hin, dass es bei positiver Kenntnis der an der Selbstverpflichtung beteiligten Wirtschaft von der Rechtswidrigkeit der Absprache an der adäquaten Kausalität der Amtspflichtverletzung für die Vermögensdispositionen der Wirtschaft fehle.

126 s. zur Amtshaftung im Allgemeinen und zur Drittgerichtetheit gesetzgeberischen Handelns im Besonderen *Maurer,* Allgemeines Verwaltungsrecht, § 25, insb. V. 2, Rn. 51 ff.

127 *Faber,* Gesellschaftliche Selbstregulierungssysteme, S. 238. Ähnlich *Di Fabio,* Selbstverpflichtungen, S. 971, nach dessen Meinung sekundärrechtliche Ansprüche wegen enttäuschten Vertrauens zumindest dann in Betracht kommen, wenn sich der Staat rasch und ohne rechtfertigende sachliche Gründe wieder von einer Absprache löst. Zur Pflicht des Staates zu konsequentem Verhalten hat der BGH (Urt. v. 20. 9. 1984, NVwZ 1986, 245 [246], unter Berufung auf BGH, NJW 1960, 2334) die folgenden Ausführungen gemacht: „Wenn eine Behörde durch ihre Maßnahmen einen Tatbestand geschaffen hat, mit dessen Bestand die von der Maßnahme Betroffenen nach Lage der Dinge rechnen dürfen, kann sich mithin daraus die Amtspflicht für die Behörde ergeben, künftig auf diesen einmal geschaffenen Tatbestand Rücksicht zu nehmen und ihr späteres Verhalten darauf einzurichten. Die Behörde muss daher – falls nicht ausnahmsweise besondere aus der Sache sich ergebende Gründe etwas anderes rechtfertigen – alle im Widerspruch zu dem früheren Verhalten stehenden Maßnahmen unterlassen, wenn ein Betroffener auf der Grundlage des früher geschaffenen Tatbestandes im Rahmen vernünftiger Erwägungen bestimmte Dispositionen getroffen hat und Treu und Glauben den Schutz des Vertrauens erheischen, das der betroffene Bürger in die Beständigkeit der behördlichen Maßnahmen gesetzt hat. Mit anderen Worten ist die Behörde insoweit zu einem ‚konsequenten Verhalten' verpflichtet." Ebenso BGH, Urt. v. 22. 6. 1989, NVwZ-RR 1989, 600 (601).

128 Wolff / Bachof / Stober / *Kluth,* S. 572.

dieser Rechtsfigur auf den vorliegenden Fall zumindest nicht von vornherein ausgeschlossen ist.[130] Zudem ist eine Haftung wegen Verschuldens bei Vertragsverhandlungen grundsätzlich auch dann möglich, wenn kein verbindlicher Vertrag zustande kommt[131] bzw. wenn nur eine Naturalobligation entsteht.[132] Hier indes ist noch nicht einmal die Entstehung einer Naturalobligation bezweckt. Es geht um eine Vereinbarung, die nach dem Willen der Parteien überhaupt keine rechtlichen, sondern nur faktische Wirkungen erzeugen soll. Ob das Rechtsinstitut der c.i.c. hier weiterhilft, ist daher äußerst zweifelhaft.[133] Hinzu kommt, dass sich auch im Rahmen der c.i.c. die Verschuldensfrage stellt, deren Beantwortung – wie schon bei der Amtshaftung – oft zu Lasten der betroffenen Unternehmen ausfallen wird. Häufig wird deshalb weder ein Amtshaftungsanspruch noch ein Anspruch wegen Verschuldens bei Vertragsverhandlungen gegeben sein.

c) Umdeutung

Zwar hat die Rechtsprechung in manchen Fällen eine unwirksame Rechtssetzungsverpflichtung der Verwaltung – im konkreten Fall: die Verpflichtung zum Erlass eines Bebauungsplans – in eine Entschädigungszusage umgedeutet.[134] Denn obgleich das VwVfG eine *Umdeutung* nur für fehlerhafte Verwaltungsakte vorsieht (vgl. § 47 VwVfG), spricht für die Möglichkeit der Ausdehnung dieser Interpretationsmethode, dass die Umdeutung ein allgemeiner Rechtsgrundsatz ist (vgl. § 140 BGB).[135] Voraussetzung der Umdeutung ist aber, dass das Ersatzgeschäft in seinen rechtlichen Wirkungen nicht weiter reicht als das unwirksame Geschäft.[136]

---

129 *Maurer,* Allgemeines Verwaltungsrecht, § 28 Rn. 2; *Rüfner,* Öffentlich-rechtliche Schadensersatzleistungen, S. 762 f. Letzterer weist darauf hin, dass in den Einzelheiten noch viel Unklarheit bestehe und dass die Rechtsprechung sich kasuistisch vorangetastet habe, ohne den Begriff des verwaltungsrechtlichen Schuldverhältnisses eindeutig abzugrenzen. Ähnlich Wolff / Bachof / Stober / *Kluth,* S. 566 ff.

130 AA *Faber,* Gesellschaftliche Selbstregulierungssysteme, S. 237, nach deren Auffassung eine Haftung aus c.i.c. nicht in Betracht kommt, da es an einem verwaltungsrechtlichen Schuldverhältnis fehle.

131 RGZ 78, 329 ff. – Linoleumrolle.

132 Laut BGH, Urt. v. 8. Juli 1957, BGHZ 25, 124 ff. (Ehemakler) sind bei Naturalobligationen lediglich Erfüllungsansprüche sowie Ansprüche auf Schadensersatz wegen Nichterfüllung ausgeschlossen. Dazu auch *Medicus,* Bürgerliches Recht, Rn. 42.

133 Ähnlich *Faber,* Gesellschaftliche Selbstregulierungssysteme, S. 238. Gemäß Palandt / *Heinrichs,* § 311 Rn. 186, ist ein bloßer sozialer Kontakt für die Haftung nicht ausreichend – was sich im Übrigen schon aus dem Wortlaut des § 311 II Nr. 3 BGB ergibt, der von „geschäftlichen Kontakten" spricht.

134 BGH, Urt. v. 22. November 1979, BGHZ 76, 16 (24 ff.) = NJW 1980, 826 (828) zur Verpflichtung einer Gemeinde, einen Bebauungsplan zu erlassen.

135 *Di Fabio,* Vertrag statt Gesetz?, S. 344.

136 So Palandt / *Heinrichs,* § 140 Rn. 6, unter Hinweis darauf, dass es sich bei dem Ersatzgeschäft allerdings um ein aliud handeln darf.

Geht man davon aus, dass die Ziele eines kooperativen Umweltschutzes im Wesentlichen erhalten bleiben und lediglich die kooperative Komponente wegfällt, so lässt sich dieses Erfordernis möglicherweise bejahen.[137] Man könnte sich allerdings zumindest ebenso gut auf den Standpunkt stellen, dass es hier – im Gegensatz zu den von der Rechtsprechung bisher behandelten Fällen – um die Verpflichtung zum Unterlassen der Normsetzung geht und dass ein Aufwendungsersatzanspruch im Verhältnis zu diesem Unterlassungsanspruch in eine ganz andere Richtung geht und die Ziele der ursprünglichen Vereinbarung gerade nicht erreicht. Denn wenn der Staat einseitig handeln kann und nur die Aufwendungen ersetzen muss, dann ist aus Sicht der privaten Parteien das Ziel der ursprünglichen Absprache, nämlich das Stillhalten des Staates zu erreichen, verfehlt worden. Darüber hinaus ist zu beachten, dass hier von vornherein keine wirksame Pflicht zur Rechtssetzung bzw. zum Unterlassen einer solchen gewollt war, weshalb der Fall der normersetzenden Absprachen anders liegt als derjenige der unwirksamen Pflicht zum Erlass eines Bebauungsplans, wie er der zitierten Rechtsprechung zugrunde lag. Deshalb wird man auch im Wege einer Umdeutung nicht unbedingt dem Ziel einer Entschädigungszahlung näher kommen.

Die Beantwortung der Frage nach Schadensersatzansprüchen bzw. Entschädigungszahlungen ist daher recht kompliziert. Indes bedeutet das etwaige Fehlen solcher Ansprüche nicht, dass die Verwaltung beim Abschluss von Absprachen überhaupt keinen Bindungen unterliegt. Vielmehr sind die staatlichen Organe auch bei schlichtem Hoheitshandeln, also bei Realakten, die nicht auf die Begründung einer Rechtsfolge gerichtet sind, zur Einhaltung des Rechts verpflichtet;[138] die faktischen Auswirkungen der Absprachen dürfen nicht gegen Rechtsnormen verstoßen (Art. 20 III GG).[139] Lediglich die Folgen des Verstoßes gegen Bindungen sind schwierig zu beurteilen und möglicherweise aus Sicht der beteiligten Privaten unbefriedigend. Die Bindung der staatlichen Organe an Gesetz und Recht bleibt davon aber unberührt. Einige dieser Beschränkungen, denen der Staat beim Abschluss normersetzender Absprachen unterliegt, sollen im Folgenden etwas genauer skizziert werden.

3. Normvertretende Absprachen und das Wettbewerbsrecht

Den Anfang soll eines der am lebhaftesten diskutierten Themen machen, das hier aber nur kurz angesprochen werden soll, nämlich die Frage nach der Vereinbarkeit von Absprachen mit dem Wettbewerbs- und Kartellrecht.

---

137 So *Di Fabio,* Vertrag statt Gesetz?, S. 344.

138 *Brohm,* Rechtsgrundsätze, S. 1029; *Oebbecke,* Staatliche Mitwirkung, S. 797.

139 *Bohne,* Absprachen, S. 278. Auf die Frage, ob der Staat auch für unverbindliche Absprachen eine Ermächtigung durch Gesetz gebraucht, wird alsbald unter 4. a) eingegangen werden.

a) Grundsätzliche Überlegungen zur Vereinbarkeit von Absprachen und Wettbewerbsrecht

Bei unbefangener Betrachtung erscheinen die Absprachen unter diesem Gesichtspunkt nicht unbedenklich. Denn Kern der Absprachen ist die *Koordinierung des Verhaltens verschiedener Unternehmen.* Dies führt insoweit zu einer Beschränkung des Wettbewerbs, als zuvor bereits praktizierte oder zumindest in Aussicht genommene Verhaltensweisen aufgrund der Absprache unterlassen werden müssen. Es ist gerade Zweck der Absprachen, den Verhaltensspielraum der Unternehmen im Wettbewerb zu beschränken, indem ihnen beispielsweise die Verwendung bestimmter Stoffe bei der Produktion ihrer Güter untersagt wird. So wurde im Fall der Asbestzement-Absprache die Verwendung von Asbest bei der Herstellung von Zement verwehrt, weshalb nun statt des Asbests teurere Ersatzstoffe verwendet werden müssen, um den Zement biege- und druckfest zu machen. Die Folge sind ineffiziente Verhaltensweisen. Denn die Konsumenten werden veranlasst, ein Produkt zu kaufen, dessen Herstellung teurer ist als die Herstellung des nunmehr aufgrund von Absprachen nicht mehr erhältlichen Produkts und das sie weniger schätzen als das zuvor angebotene Produkt.[140] *Die Nachfrage wird also künstlich von einem günstigeren Produkt auf ein teureres umgelenkt.*[141] Diese Entwicklung ist regelmäßig sozial unerwünscht, da sie zu einer Fehlallokation knapper Ressourcen führt. Es werden Produktionsmittel für die Herstellung von Gütern eingesetzt, die mit anderen Mitteln günstiger hergestellt werden könnten. Mit anderen Worten, es werden in der Regel Ressourcen verschwendet. Graphisch lässt sich das, wenn man der Einfachheit halber von horizontal verlaufenden Angebotskurven ausgeht (Gleiches gilt aber auch bei ansteigender Angebotskurve), wie in folgender Graphik dargestellen.

Verringert sich das Angebot und steigen die Preise – in unserem Zement-Beispiel wegen der Verwendung teurerer Zusatzstoffe als des Asbests – so schrumpft der Bereich zwischen Nachfragekurve, Y-Achse und Angebotskurve. Dieser Bereich repräsentiert die Summe, welche die Verbraucher über den Marktpreis hinaus

---

140 War das nunmehr aufgrund einer Absprache nicht mehr erhältliche Produkt ohnehin teurer als ein gleichwertiges Produkt, so wäre es gar nicht erst nachgefragt worden und es hätte keine Notwendigkeit bestanden, eine Absprache zu treffen. Diese Notwendigkeit besteht nur, wenn das durch die Absprache betroffene Produkt das günstigste am Markt erhältliche Erzeugnis war. Ein Beispiel mag dies verdeutlichen: Wären Getränke in Einwegbehältnissen ohnehin teurer als Getränke in Mehrwegbehältnissen, so hätte es keiner Absprache bedurft, um den Absatz ersterer einzudämmen. Lediglich die aus Sicht der Konsumenten bestehende Preisdifferenz – die beispielsweise auch darauf zurückzuführen sein kann, dass der Rücktransport von Leergut zum Getränkehandel mit Mühen verbunden ist – ist für die Nachfrage nach Einwegbehältern verantwortlich.

141 *Breyer,* Regulation, S. 16. *Bork,* Antitrust Paradox, S. 98 ff., führt aus: „This is the mechanism by which restriction of output, made possible by monopolistic merger or cartel or any other means of controlling the market, creates a misallocation of resources and thereby makes society poorer. The evil of monopoly, then, is not higher prices or smaller production (though these are its concomitants) but misallocated resources, or allocation inefficiency."

zahlen würden, um ein bestimmtes Gut zu erhalten (sog. „Consumer's Surplus" bzw. Konsumentenrente). Wird dieser Bereich kleiner, so hat dies zwei Folgen: Einmal wird Einkommen von den Verbrauchern zugunsten der Hersteller umverteilt (dargestellt durch das schraffierte Rechteck). Zweitens geht der durch das Dreieck (zwischen Nachfragekurve, q, q′ und p) veranschaulichte Wert verloren (sog. „Dead-weight Loss" bzw. *Nettowohlfahrtsverlust*). Letzteres ist der eigentliche Schaden, den das wettbewerbsbeschränkende Verhalten anrichtet.[142]

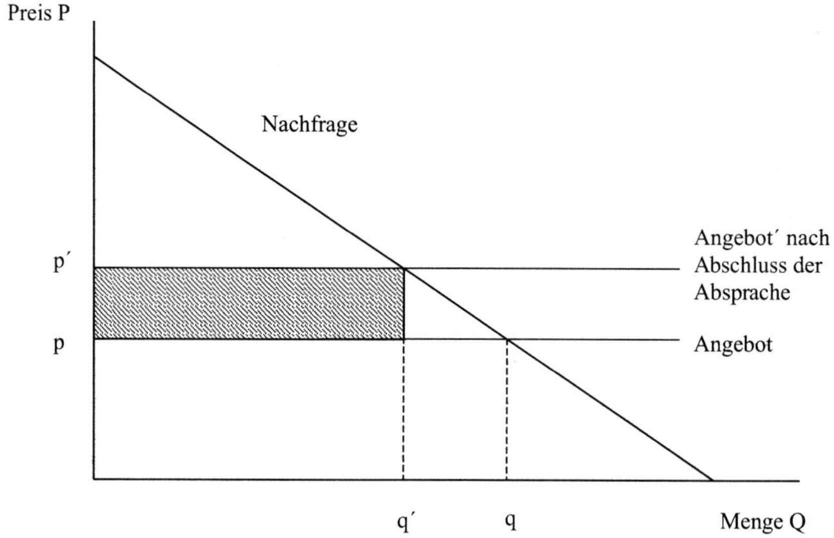

An dieser Stelle ist allerdings eine Einschränkung zu machen: Diese Überlegungen gelten nur, wenn die Preise für die Produktion eines Gutes auch die mit der Produktion verbundenen sozialen Kosten widerspiegeln. Es wird später noch genauer darauf einzugehen sein, dass dies gerade im Umweltrecht vielfach nicht der Fall ist. Dort besteht häufig das Problem, dass sich Umweltschäden, die infolge der Herstellung eines Produkts eintreten, nicht in den Kosten der Produktion niederschlagen. Da dieses Problem aber von den hier in Rede stehenden Wettbewerbsfragen zu trennen ist, soll an dieser Stelle unterstellt werden, dass bei der Produktion eines Gutes keine über die Produktionskosten hinausgehenden sozialen Kosten entstehen.

Unter diesen Voraussetzungen sind Absprachen nur dann unschädlich, wenn der Markteintritt anderer, nicht an die Absprache gebundener Anbieter sehr leicht möglich ist.[143] Diese würden nämlich das infolge der Absprache zurückgegangene

142 *Bork,* Antitrust Paradox, S. 107 ff. Auch *Bunte,* Kartellrecht, S. 28, sieht den Schaden von Kartellen darin, dass keine optimale Faktorallokation mehr stattfindet und dadurch Wohlfahrtsverluste entstehen.

143 Die Wichtigkeit des ungehinderten Marktzutritts betont z. B. *Emmerich,* Kartellrecht, S. 11.

Angebot eines bestimmten Produktes dazu nutzen, dieses Produkt – also beispielsweise Zement mit dem Zusatzstoff Asbest – nunmehr selbst herzustellen, um die nach wie vor bestehende Nachfrage zu befriedigen. Gäbe es also solche potentiellen, nicht an die Absprache gebundenen Anbieter, so wäre eine Absprache aus ökonomischer Sicht unbedenklich, weil wirkungslos.[144] Ist der Markteintritt anderer Anbieter hingegen nicht ohne Hindernisse und nicht kurzfristig möglich, so wird die Absprache die soeben geschilderte schädliche Wirkung entfalten, indem sie die Nachfrage von günstigeren auf teurere Produkte umlenkt.[145] Diese intuitiv einleuchtende Überlegung sollte den Kern der wettbewerbsrechtlichen Bedenken gegen normvertretende Absprachen ausmachen.

Dem könnte man allerdings entgegenhalten, dass *die Unternehmen im Wege der Absprachen lediglich von sich aus tun, was ihnen andernfalls der Staat beispielsweise durch Verordnungen vorschreiben würde.* Die mit Hilfe einer Absprache untersagten unternehmerischen Maßnahmen würden vom Staat verboten werden, wenn sich die Unternehmen nicht freiwillig absprächen. Mithin sind Absprachen nach diesem Argumentationsansatz jedenfalls dann unbedenklich, wenn sie an die Stelle einer ebenso beschränkenden staatlichen Regelung treten.[146] Anlass zu Bedenken geben dann nur diejenigen Absprachen, deren Inhalt gar keiner staatlichen Regelung zugänglich ist.[147]

b) Die rechtswissenschaftliche Diskussion dieses Themas

Ein Blick auf die rechtswissenschaftliche Diskussion zeigt jedoch, dass sie inhaltlich nicht notwendigerweise entlang der skizzierten Linien verläuft. Unstreitig dürfte der Ausgangspunkt sein, dass nämlich normvertretende Absprachen vom Wortlaut des § 1 GWB erfasst sind, sei es, weil sie Vereinbarungen zwischen miteinander im Wettbewerb stehenden Unternehmen darstellen, sei es, weil es sich bei ihnen um aufeinander abgestimmte Verhaltensweisen handelt.[148] Zudem entspricht

---

144 *Bork,* Antitrust Paradox, S. 311, formuliert diesen Befund wie folgt: „If entry were instantaneous, market forces would break up cartels before a typist in the Antitrust Division could rap out a form complaint. Antitrust is valuable because in some cases it can achieve results more rapidly than can market forces."

145 Auch das Bundeskartellamt ist gegenüber Absprachen grundsätzlich kritisch eingestellt. Seiner Meinung nach weisen Absprachen die gleiche Regelungsdichte auf wie Gesetze und enthalten zudem oft Vereinbarungen zulasten Dritter. Vgl. BKartA, TB 1995/96, S. 40.

146 Im Grundsatz ist nämlich unstreitig, dass die hoheitliche Tätigkeit des Staates – also beispielsweise die Verordnungsgebung – vom Anwendungsbereich des GWB ausgeklammert ist. Vgl. nur *Emmerich,* Kartellrecht, S. 17; *Faber,* Gesellschaftliche Selbstregulierungssysteme, S. 336.

147 Kritisch gegenüber dieser Prämisse allerdings *Michael,* Rechtsetzende Gewalt, S. 523 f.

148 Für ersteres Immenga/Mestmäcker/*Zimmer,* § 1 Rdn. 94. Nach *Zimmers* Ansicht stellen auch gentlemen's agreements, die nur tatsächliche Bindungen entfalten, Vereinbarungen iSd. GWB dar, da entscheidend weniger sei, ob ein Verhalten tatsächliche oder rechtliche Bindungen auslöse, sondern allein, ob es wettbewerbsbeschränkende Folgen habe. Ebenso

es allgemeiner Meinung, dass mit diesen Absprachen eine Einschränkung des Wettbewerbs iSd. § 1 GWB bezweckt wird, denn eine Einschränkung des Wettbewerbs kann auch in einer nur graduellen Beeinträchtigung der Wettbewerbsfreiheit bestehen. So können sich die Beteiligten durch den Abschluss der Vereinbarung nur im Hinblick auf den Einsatz bestimmter Wettbewerbsparameter (z. B. den Preis) oder nur in bestimmten Grenzen (z. B. nur in Bezug auf ihr Verhalten gegenüber bestimmten Kunden) binden.[149] Sodann gehen die Meinungen jedoch weit auseinander, und die soeben genannten, intuitiv zugänglichen Argumente scheinen kaum mehr eine Rolle zu spielen. Vielmehr dient als dogmatischer Ausgangspunkt regelmäßig die Frage, ob die Absprachen dem Zivilrecht oder dem öffentlichen Recht zuzuordnen sind. Ist ersteres der Fall, so findet das GWB Anwendung und die Absprachen werden für kartellrechtlich bedenklich (§ 1 GWB), verschiedentlich auch für genehmigungspflichtig gehalten (§ 8 GWB).[150] Mögliche Lösungen bestehen dann z. B. darin, den Tatbestand des § 1 GWB einschränkend zu interpretieren oder den Anwendungsbereich des Kartellgesetzes im Wege der Güterabwägung zu beschränken, da das Recht auf freie wirtschaftliche Betätigung seine Grenze an der Sicherheit übergeordneter Güter finden müsse.[151] Werden die Absprachen hingegen dem öffentlichen Recht zugeordnet, so findet

---

Bunte, Kartellrecht, S. 58, und *Emmerich,* Kartellrecht, S. 36. Auch nach der – diese Differenzierung allerdings nicht aufgreifenden – Meinung von *Kaiser,* Industrielle Absprachen, S. 588, fallen die normvertretenden Absprachen in den Geltungsbereich des GWB.

149 Immenga / Mestmäcker / *Zimmer,* GWB, § 1 Rdn. 196.

150 *Baudenbacher,* Kartellrechtliche und verfassungsrechtliche Aspekte, S. 693 m. w. N. Für eine Anwendung des § 8 GWB auf die sog. Selbstbeschränkungsabkommen – aber nicht auf die normvertretenden Absprachen (dazu sogleich) – etwa *Scherer,* Rechtsprobleme, S. 5. Seiner Ansicht nach ist die Güterabwägung zwischen wettbewerbspolitischen und sonstigen, etwa umweltpolitischen Zielen in dem von § 8 GWB vorgesehenen, formalisierten Verfahren der ministeriellen Ausnahmegenehmigung vorzunehmen. Ebenso *Kloepfer,* Umweltschutz als Kartellprivileg?, S. 788 ff., *ders.*, Umweltrecht, § 4 Rn. 262, und Immenga / Mestmäcker / *Zimmer,* GWB, § 1 Rdn. 307, 314 f.; nach *Zimmers* Ansicht stellt § 1 GWB ein allgemeines Verbot dar, dessen Durchbrechung nur in den gesetzlich gem. §§ 2 ff. GWB vorgesehenen Fällen zulässig sei.

Anders will *Scherer* aber für normvertretende Absprachen entscheiden. Sie befinden sich nach seiner Meinung außerhalb des Anwendungsbereichs des Kartellrechts. Dies ergebe sich daraus, dass es an einem Wettbewerbsverhältnis zwischen dem kontrahierenden Normgeber einerseits und dem jeweiligen Wirtschaftsverband bzw. den einzelnen Unternehmen andererseits fehle. s. *Scherer,* Rechtsprobleme, S. 5.

Nach der Neufassung des GWB bietet § 7 GWB die Möglichkeit, umweltrechtliche Belange – zumindest im Rahmen der Kreislaufwirtschaft – stärker als bisher zu berücksichtigen. s. *Faber,* Gesellschaftliche Selbstregulierungssysteme, S. 348 ff.; *Frenz,* Selbstverpflichtungen, S. 375 ff.; *Michael,* Rechtsetzende Gewalt, S. 588 ff.

151 Dazu *Brohm,* Rechtsgrundsätze, S. 1028 – 1029; *Baudenbacher,* Kartellrechtliche und verfassungsrechtliche Aspekte, S. 693; *Faber,* Gesellschaftliche Selbstregulierungssysteme, S. 339 ff.; *Giebel,* Vereinbarungen, S. 305 f.; *Helberg,* Normabwendende Selbstverpflichtungen, S. 258 ff.; *Kaiser,* Industrielle Absprachen, S. 588; *Kloepfer,* Umweltschutz als Kartellprivileg?, S. 784 ff.; *Michael,* Rechtsetzende Gewalt, S. 549 ff. Dezidiert gegen eine Güterabwägung spricht sich nunmehr das Bundeskartellamt aus. Vgl. BKartA, TB 1995 / 96, S. 39.

nach vielfach vertretener Meinung das Kartellrecht keine Anwendung, und die Absprachen sind kartellrechtlich unbedenklich.[152]

Ob diese besonders im öffentlich-rechtlichen Schrifttum vertretene Differenzierung nach der Zuordnung der Absprachen zum öffentlichen Recht bzw. zum Privatrecht sinnvoll ist, ist m. E. durchaus zweifelhaft.[153] Denn sie deckt sich nicht mit der oben angeführten Begründung für die Schädlichkeit wettbewerbswidrigen Verhaltens und für seine potentielle Rechtfertigung. Keine Rolle scheint bei dieser Unterscheidung nämlich zu spielen, ob die Absprachen inhaltlich nichts anderes vorschreiben, als der Staat andernfalls einseitig vorgegeben hätte. So lassen sich beispielsweise Fälle denken, in denen eine Absprache dem öffentlichen Recht zugeordnet wird, weil sie auf staatliche Veranlassung zustande gekommen ist, in denen aber gleichwohl ein einseitiges staatliches Handeln nicht möglich gewesen wäre. Dass solche Fälle nicht rein hypothetisch sind, zeigen die Selbstverpflichtungen der Mobilfunkbetreiber und der Kinderbekleidungsindustrie, die Gegenstand des Abschnitts F. dieser Arbeit sein werden. Hier eine Anwendung des Kartellrechts unter alleiniger Berufung auf den öffentlich-rechtlichen Charakter der Absprache auszuschließen, scheint sachlich kaum angemessen. Denn aus Sicht der betroffenen Konsumenten ist es gleichgültig, ob der Staat an der Vereinbarung des wettbewerbsbeschränkenden Verhaltens mitgewirkt hat oder nicht. Entscheidend ist allein, ob der Staat damit ein mögliches einseitiges Vorgehen ersetzt hat. Vor diesem Hintergrund mutet die Fixierung auf die Frage nach dem Rechtscharakter der Absprachen allzu formalistisch an. Hinzu kommt, dass – wie sogleich deutlich werden wird – die Beantwortung der Frage nach dem Rechtscharakter heillos umstritten ist.[154] Folglich wirkt die Ausrichtung der rechtswissenschaftlichen Diskussion nicht bloß sachlich ungerechtfertigt, sondern auch äußerst unpraktisch, da sie zu Grenzziehungen zwingt, die sich nur schwer handhaben lassen.

c) Die Frage nach der Zuordnung der Absprachen zum öffentlichen Recht bzw. zum Privatrecht

Was nämlich die nun schon mehrfach angesprochene und auch in anderen Zusammenhängen, etwa bei der Frage nach dem Grundrechtsschutz, bedeutsame Zuordnung der Absprachen zum öffentlichen Recht bzw. zum Privatrecht angeht, so sind die Meinungen alles andere als einheitlich: Teils wird vertreten, dass normvertretende Absprachen öffentlich-rechtlicher Natur seien, weil ihr Gegenstand die

---

152 *Baudenbacher,* Kartellrechtliche und verfassungsrechtliche Aspekte, S. 694; *Grewlich,* Umweltschutz, S. 56. Vgl. dazu auch *Giebel,* Vereinbarungen, S. 305 m. w. N.

153 Ablehnend gegenüber dem Versuch, die Frage nach dem öffentlich-rechtlichen Charakter der Absprachen als Prüfstein zu verwenden, äußert sich auch *Michael,* Rechtsetzende Gewalt, S. 522.

154 Auch *Giebel,* Vereinbarungen, S. 289, meint, dass sich im Hinblick auf die Frage nach der Zuordnung der Absprachen zum öffentlichen Recht bzw. zum Privatrecht noch keine einheitlichen Überzeugungen ausgebildet haben.

Ausübung des exekutiven Rechtssetzungsermessens betreffe. Da die Berechtigung, Gesetze zu erlassen, ausschließlich dem Staat als solchem zugewiesen sei, müsse auch der in dem unverbindlichen Verzicht auf den Erlass einer Verordnung liegende Realakt dem öffentlichen Recht zugeordnet werden.[155] Man könne sogar Momente eines Über-Unterordnungsverhältnisses erkennen, denn die staatliche Mitwirkung sei für die anderen Beteiligten nur von Belang, weil mit dem Gesetzgebungsrecht des Staates ein solches Verhältnis bestehe.[156]

Diese Zuordnung zum öffentlichen Recht soll nach einer Meinung nicht nur für das Verhältnis zwischen dem Staat und dem beteiligten Verband gelten, sondern auch für die Verhaltensabstimmung der Verbandmitglieder untereinander. Letztere seien je nach Lage des Einzelfalles entweder selbst Absprachepartner des Staates – unmittelbar oder aufgrund entsprechender Anwendung der BGB-Vertretungsregeln (§§ 164, 167)[157] –, oder aber die Verbandsmitglieder übernähmen öffentlich-rechtliche „Pflichten" des Verbandes, so dass ihr Abspracheverhältnis untereinander ebenfalls öffentlich-rechtlichen Charakter besitze.[158] Selbst wenn der Staat nur die Rolle des Initiators spiele, sei die Verhaltensabstimmung zwischen den Privaten doch auf die Anwendung öffentlicher Gewalt bezogen und durch den Einsatz staatlicher Druckmittel geprägt. Solange die Koordinierungsmaßnahmen zwischen den Privaten noch durch den Zweck des Selbstbeschränkungsabkommens gedeckt seien, bleibe das GWB unanwendbar.[159]

Nach anderer Ansicht ist hier, wie bei den sonstigen Formen zuordnungsneutralen Verwaltungshandelns (Realakt, Vertrag), nach dem Bezug auf Normen des öffentlichen Rechts zu entscheiden. Dabei sei auf den Gesamtcharakter der Absprache abzustellen. Wenn sie dazu diene, eine öffentlich-rechtliche Norm – etwa eine Verordnung nach § 14 AbfG a. F. – zu ersetzen, dann betreffe sie einen Gegenstand des öffentlichen Rechts und sei damit öffentlich-rechtlich.[160]

Der *überzeugendste Ansatz* scheint zu sein, zunächst einmal zwei Beziehungsverhältnisse zu trennen: das vertikale zwischen Staat und Wirtschaftsunternehmen

---

155 *Oebbecke,* Staatliche Mitwirkung, S. 795.

156 *Oebbecke,* Staatliche Mitwirkung, S. 795.

157 Dieser Fall der Vertretung der Verbandmitglieder durch ihren Verband ist laut *Brohm* allerdings selten. In der Regel veranlassen die Wirtschaftsverbände ihre Mitglieder über das Vereinsrecht zu einem bestimmten Verhalten. s. *Brohm,* Rechtsgrundsätze, S. 1026. Vgl. zum Verhältnis zwischen dem Verband und seinen Mitgliedern auch *Frenz,* Selbstverpflichtungen, S. 201.

158 *Bohne,* Informales Verwaltungshandeln, S. 362.

159 *Baudenbacher,* Kartellrechtliche und verfassungsrechtliche Aspekte, S. 694–695.

160 *Scherer,* Rechtsprobleme, S. 3. Ähnlich *Dempfle,* Normvertretende Absprachen, S. 62, der dafür plädiert, Absprachen nicht in ein Verhältnis zwischen Privaten einerseits und zwischen dem Staat und Privaten andererseits aufzuspalten, sondern mit Hilfe der Kategorie des Rechtsverhältnisses als dynamische, mehrdimensionale Einheit zu betrachten. Da die Absprache einem öffentlichen Zweck diene und einseitiges hoheitliches Handeln ersetze, seien alle ihre Bestandteile einschließlich des Vollzugs dem öffentlichen Recht zuzuordnen.

oder Wirtschaftsverbänden und das horizontale zwischen den Wirtschaftsverbänden und ihren Mitgliedern oder zwischen den einzelnen Mitbewerbern am Markt selbst.[161] Sodann ist nach der Art der Absprache zu unterscheiden: Staatlich inspirierte vertikale Absprachen sind nach dem öffentlichen Recht zu beurteilen. In diesen Fällen nimmt der Staat, etwa durch Drohungen mit dem Erlass von Verordnungen, lenkenden Einfluss auf das Verhalten der Wirtschaft. Da der Einsatz dieser Machtmittel dem Privatmann versagt ist, handeln die Behörden hier in hoheitlicher Eigenschaft, und das öffentliche Recht kommt zur Anwendung.[162] Eine Überprüfung der Zulässigkeit dieser Absprachen nach dem Kartellgesetz hat zu unterbleiben. Denn ebenso wenig wie das Kartellrecht zur Anwendung käme, wenn der Inhalt der Absprache in einer Verordnung festgelegt wäre, kann des Kartellrecht zur Anwendung kommen, wenn andere Formen hoheitlichen Handelns zur Verwirklichung des Gesetzeszwecks verwendet werden.[163] Dies gilt im Übrigen auch für den Bereich des europäischen Kartellrechts. Der EuGH geht in seiner Rechtsprechung davon aus, dass Art. 81, 82 EG-Vertrag keine Anwendung finden, soweit der Staat Wirtschaftslenkung durch Gesetze betreibt.[164]

Anders ist hingegen nach Meinung Brohms für staatlich inspirierte horizontale Absprachen zu entscheiden, die dadurch gekennzeichnet sind, dass zwischen Behörde und Wirtschaftsverband getroffene Absprachen über das private Vereinsrecht und/oder durch wettbewerbsbeschränkende Vereinbarungen zwischen den Wirtschaftsunternehmen umgesetzt werden: Diese horizontalen Ausführungshandlungen seien dem Privatrecht zuzuordnen.[165] Insoweit ergäben sich keine Unterschiede zu sonstigen Rechtsgeschäften, die zur Erfüllung öffentlich-rechtlicher

---

161 *Brohm,* Rechtsgrundsätze, S. 1026; *Michael,* Rechtsetzende Gewalt, S. 35 ff.; *von Zezschwitz,* Wirtschaftliche Lenkungstechniken, S. 502. Ähnlich *Faber,* Gesellschaftliche Selbstregulierungssysteme, S. 230 ff., die allerdings eine vertikale und zwei horizontale Ebenen unterscheidet, wobei eine der horizontalen Ebenen zwischen dem sich verpflichtenden Verband und den Verbandsmitgliedern verläuft und eine andere zwischen den sich verpflichtenden Verbänden bzw. Unternehmen. M. E. kann man in dieser Zweiteilung eine Parallele zur sog. Zweistufentheorie sehen. Gegen die Trennung zwischen vertikalem und horizontalem Verhältnis spricht sich z. B. *Helberg,* Normabwendende Selbstverpflichtungen, S. 55, aus, u. a. weil er Abgrenzungsschwierigkeiten befürchtet.

162 *Brohm,* Rechtsgrundsätze, S. 1027; *Grewlich,* Umweltschutz, S. 56. *von Zezschwitz,* Wirtschaftliche Lenkungstechniken, S. 502 weist darauf hin, dass die Zuordnung hier unwesentlich sei: Auch bei privatrechtlicher Qualifikation des Verhältnisses zum Staat lägen keine fiskalischen Hilfsgeschäfte vor, sondern verwaltungsprivatrechtliche Verpflichtungen, die den üblichen staatsrechtlichen Kompetenz- und Grundrechtsbindungen unterlägen.

163 *Brohm,* Rechtsgrundsätze, S. 1027–1028.

164 EuGH Duphar Rs 238/82, Slg. 1984, 523, Leitsatz 5; *Brohm,* Rechtsgrundsätze, S. 1027 Fn. 14; *Bunte,* Kartellrecht, S. 37; *Frenz,* Selbstverpflichtungen, S. 299; *Grewlich,* Umweltschutz, S. 56–57. Der Frage nach der Vereinbarkeit von Selbstverpflichtungen mit europarechtlichen Vorgaben soll hier nicht weiter nachgegangen werden. Ausführlich dazu *Faber,* Gesellschaftliche Selbstregulierungssysteme, S. 353 ff.; *Michael,* Rechtsetzende Gewalt, S. 497 ff. Ebenso wenig sollen die Empfehlungen der EG-Kommission über Umweltvereinbarungen näher betrachtet werden. Dazu *Grewlich,* Umweltschutz, S. 55 Fn. 6.

165 *Brohm,* Rechtsgrundsätze, S. 1028.

Pflichten eingegangen werden. Dies bedeute allerdings nicht zugleich, dass auch das Kartellrecht zur Anwendung komme. Wäre dies nämlich der Fall, so könnte der Bundeswirtschaftsminister mit Hilfe des Instruments der Ausnahmegenehmigung (§ 8 GWB) über die Zulässigkeit sehr vieler wirtschaftslenkender Maßnahmen entscheiden. Das aber widerspräche der Tatsache, dass diese Wirtschaftslenkungsmaßnahmen spezialgesetzlich in Form besonderer Ermächtigungsgrundlagen einer anderen Behörde zugewiesen seien, wobei sich diese Zuweisung auf den gesamten von ihr erfassten Sachbereich erstrecke. Mithin erfasse sie nicht nur Verordnungen, sondern auch Absprachen, welche an die Stelle von Verordnungen träten.[166] Daher unterstünden die horizontalen Ausführungshandlungen zwar dem Privatrecht, das Kartellrecht finde auf sie aber keine Anwendung. Um gleichwohl einen inhaltlichen Verstoß gegen das Kartellrecht zu vermeiden, wird teilweise vorgeschlagen, diejenige Behörde in die Pflicht zu nehmen, welche die normvertretende Absprache aushandelt, und es ihr aufzuerlegen, die Vereinbarkeit der Absprache mit dem materiellen Kartellrecht sicherzustellen.[167]

Dieser Ansatz ist m. E. zwar gegenüber den zuvor genannten vorzugswürdig, er krankt aber an zwei Dingen: Einmal werden durch das Erstrecken des Kartellprivilegs von den Absprachen auf die mit ihnen verbundenen Ausführungshandlungen die eingangs vorgenommenen Differenzierungen zwischen den verschiedenen Ebenen wieder verwischt. Denn wenn auch die Ausführungshandlungen unter das Kartellprivileg fallen, wird der Wert der Unterscheidung zwischen vertikalem und horizontalem Verhältnis zumindest eingeschränkt. Und zweitens verläuft die Differenzierung nicht entlang derjenigen Linien, welche nach den oben gemachten Ausführungen in sachlicher Hinsicht für die Anwendung des Kartellrechts maßgeblich sein sollten.

4. Der staatliche Mitwirkungsakt

Nachdem im Rahmen des Wettbewerbsrechts die private Seite der Absprachen und die Frage nach ihrer Durchführung durch die betroffenen Wirtschaftsverbände und Unternehmen im Mittelpunkt stand, soll nun ein Blick auf die staatliche Seite derselben Medaille geworfen werden. Auch insoweit wird üblicherweise nicht sämtliches staatliches Handeln über einen Leisten geschlagen, sondern wie folgt unterschieden: Sog. *echte Normsetzungsverträge,* die eine Verpflichtung zum Erlass, zur Änderung oder zur Aufhebung von Rechtsnormen enthalten, sind nach hM wegen Umgehung des Normsetzungsverfahrens *unzulässig*. Für die vertragliche Verpflichtung zum Erlass eines Bebauungsplans hat das BVerwG – vor In-Kraft-Treten des § 2 III BauGB – ausgeführt:

---

166 *Brohm,* Rechtsgrundsätze, S. 1028; *Grewlich,* Umweltschutz, S. 57, unter Hinweis auf das Staatsziel Umweltschutz nach Art. 20 a GG und auf den Grundsatz der gewaltenteiligen Ämterorganisation.

167 *Grewlich,* Umweltschutz, S. 57–58. In diese Richtung wohl auch *Di Fabio,* Selbstverpflichtungen, S. 973 f.

„Die Entscheidung über den Erlass (und damit auch über die Änderung) eines Bebauungsplans wird durch das Bundesbaugesetz in ein bestimmtes, mit zahlreichen Sicherungen ausgestattetes (Rechtssetzungs-)Verfahren verwiesen, um so zu gewährleisten, dass die weitgehend in die planerische Gestaltungsfreiheit der Gemeinde gestellte Bebauungsplanung den rechtsstaatlichen (Minimal-)Anforderungen einer angemessenen Abwägung und eines hinreichend durchschaubaren Verfahrensgangs gerecht wird. Damit lässt sich die Begründung eines diese Regelung notwendig mehr oder weniger unterlaufenden vertraglichen Anspruchs auf Bebauungsplanung nicht vereinigen.“[168]

Zudem legt das BVerwG dar, dass der vertragliche Zwang zur Normsetzung nicht mit Stellung und Funktion des Ortsgesetzgebers vereinbar sei. Der Bebauungsplan werde als Satzung beschlossen (§ 10 I BauGB), und die aus demokratischen Wahlen hervorgegangene zuständige Vertretungskörperschaft (Gemeinderat) habe über die Vorlage der Gemeindeverwaltung frei und unvoreingenommen zu entscheiden. Beabsichtigte Maßnahmen des Gesetzgebers könnten nicht rechtswirksam Gegenstand von den Gesetzgeber bindenden Vereinbarungen sein. Nach hM gelten diese Grundsätze entsprechend für Absprachen, die staatliche Zusagen zum Erlass bestimmter Rechtsnormen enthalten.[169]

Indes beschränken sich die hier in Rede stehenden Absprachen im Hinblick auf die staatliche Seite auf die Beibehaltung des Status quo, nämlich auf die Zusage

168 BVerwG, Urt. v. 29. Mai 1981, DÖV 1981, 878 (879) unter Hinweis auf ein Urteil v. 1. 2. 1980.

169 *Bohne,* Informales Verwaltungshandeln, S. 362; *Frenz,* Selbstverpflichtungen, S. 175; *Giebel,* Vereinbarungen, S. 302; *Kloepfer,* Umweltrecht, § 5 Rn. 205; *Oebbecke,* Staatliche Mitwirkung, S. 795; *Scherer,* Rechtsprobleme, S. 4 (m. w N., auch zur Rspr). Laut *Di Fabio,* Vertrag statt Gesetz?, S. 343 f. ist eine vertragliche Verfügung über parlamentarische Gesetzgebungsbefugnisse nicht möglich, weil sie mit der Stellung des Parlaments als besonderem Vertretungsorgan des Volkes und seiner daraus folgenden besonderen Souveränität im Ensemble der Staatsgewaltselemente (Art. 20 III GG) kollidierte. Zudem verstieße eine verbindliche Verfügung über Gesetzgebungsrechte gegen die verfassungsrechtliche Auffassung, dass ein neugewähltes Parlament nicht von vorhergehenden rechtlich (wohl aber faktisch) gebunden werden könnte (Grundsatz der parlamentarischen Diskontinuität).

Diese Argumente bezögen sich aber nur auf das Parlament als besonderes Vertretungsorgan und seien auf die Verordnungsgebung nicht übertragbar, weil die Vorrangstellung nur dem Organ, nicht aber der Funktion Rechtssetzung zukomme. Ein vertragliches Dispositionsverbot im Hinblick auf das Verordnungsrecht könne aus dem Vorrang des Gesetzgebungsrechts nicht abgeleitet werden, denn durch einen Vertrag über das Verordnungsrecht würde der parlamentarische Gesetzgeber nicht gebunden. *Di Fabio* ist aber der Ansicht, dass der vertragliche Verzicht auf den Verordnungserlass ohne Bindungswirkung wäre, weil die Bindungswirkung dem Rangverhältnis zwischen Norm und Einzelakt zuwiderliefe. Gemeint ist damit wohl Folgendes: Nach Ansicht *Di Fabios* ist die Absprache im Verhältnis zur Verordnung die rangniedrigere Rechtsquelle, und als solche kann sie im Verhältnis zur höherrangigen Rechtsquelle der Verordnung keine Bindungswirkung entfalten.

Gegen diese Sichtweise wendet sich *Scherer,* Rechtsprobleme, S. 6 mit folgendem Argument: Wenn man anerkenne, dass sich der Normgeber vertraglich zur Unterlassung der Normsetzung verpflichten könne, dann sei damit auch konzediert, dass die Freiheit des Normgebers durch einfaches Verwaltungshandeln einschränkbar sei. Die Entscheidungsfreiheit des Normgebers sei durch § 60 VwVfG ausreichend geschützt.

des Staates, vorerst keine Rechtsverordnungen zu erlassen. Das *auf ein Unterlassen gerichtete Versprechen* lässt die demokratischen und rechtsstaatlichen Sicherungen des Normsetzungsverfahrens unberührt. Der Normgeber wird in seiner Entscheidungsfreiheit inhaltlich nicht präjudiziert. Im Unterschied zu echten Normsetzungsverträgen haben Absprachen nicht den Norminhalt zum Gegenstand, sondern lediglich die Normsetzungsinitiative, die im Vorfeld des formalisierten Verordnungsverfahrens angesiedelt ist.[170] Da der Erlass von Rechtsverordnungen im Ermessen der Bundesregierung steht, sind Absprachen dieses Inhalts (sog. unechte Normsetzungsverträge) nach hM grundsätzlich zulässig.[171] Im Einzelnen gilt Folgendes:

a) Ermächtigungsgrundlage

(1) Erfordernis einer Ermächtigungsgrundlage im Verhältnis zu den an der Absprache Beteiligten

Zwar greifen normvertretende Absprachen wegen ihres fehlenden Rechtsnormcharakters nicht regelnd in den Schutzbereich von Grundrechten ein. Sie werden daher nicht vom *klassischen* Eingriffsbegriff erfasst, der für das Bejahen eines Eingriffs einen finalen, unmittelbaren Rechtsakt verlangt, der mit Befehl und Zwang angeordnet bzw. durchgesetzt wird.[172] Indes ist der *moderne* Eingriffsbegriff umfassender. Er erstreckt sich auch auf faktische Eingriffe – zumindest sofern sie entweder final oder schwerwiegend sind –,[173] die durchaus auch von normvertreten-

---

170 *Scherer,* Rechtsprobleme, S. 3–4.

171 *Bohne,* Informales Verwaltungshandeln, S. 362; *Dempfle,* Normvertretende Absprachen, S. 49; *Giebel,* Vereinbarungen, S. 302; *Kloepfer,* Umweltrecht, § 5 Rn. 205; *Scherer,* Rechtsprobleme, S. 4–5. Kritisch zu dieser Differenzierung zwischen echten und unechten Normsetzungsverträgen, die allein auf das für Verordnungen ohnehin nicht sehr bedeutende Rechssetzungsverfahren abstellt, *Brohm,* Rechtsgrundsätze, S. 1029. Auch der VGH Kassel (Beschl. v. 6. März 1985, NVwZ 1985, 839 [840]) hat Zweifel geäußert, ob sich eine Gemeinde vertraglich zur Nichtplanung im Rahmen des Baugesetzbuchs verpflichten kann, diese Frage im Ergebnis aber offen gelassen. Begründet hat der VGH Kassel seine Zweifel vor allem mit dem Hinweis auf den möglichen Widerspruch zur kommunalen Selbstverwaltungsgarantie (Art. 28 II GG) und zu dem mit zahlreichen Sicherungen ausgestatteten Rechtssetzungsverfahren nach dem BauGB. Das BVerwG hat in einem obiter dictum (DÖV 1981, 878 [879]) ebenfalls die Auffassung vertreten, dass die Verwaltung das Nichttätigwerden des gemeindlichen Gesetzgebers nicht verbindlich vereinbaren könne. Auf die hier in Rede stehenden Fälle haben diese Entscheidungen indes aus zwei Gründen keine Auswirkungen: Einmal geht es hier nicht darum, dass die Verwaltung den Gesetzgeber binden würde. Vielmehr bindet die Verwaltung nur sich selbst. Dem Gesetzgeber bleibt es unbenommen, tätig zu werden, sollte er dies für nötig erachten. Zweitens sind die normvertretenden Absprachen ohnehin unverbindlich. Es handelt sich hier also um kein Verbot des Normerlasses, wie es der Entscheidung des VGH Kassel zugrunde lag. Denn aus den oben genannten Gründen entfalten die normersetzenden Absprachen keine rechtlichen, sondern nur faktische Bindungswirkungen.

172 *Pieroth/Schlink,* Rn. 238.

173 *Baudenbacher,* Kartellrechtliche und verfassungsrechtliche Aspekte, S. 696; *Brohm,* Rechtsgrundsätze, S. 1032; *Dempfle,* Normvertretende Absprachen, S. 101; *Faber,* Gesellschaftliche Selbstregulierungssysteme, S. 302 f.; *Grewlich,* Umweltschutz, S. 58; *von*

den Absprachen ausgehen können, falls es den Betroffenen unmöglich ist, sich dem staatlichen Zugriff ohne ernsthafte Nachteile zu entziehen.[174] Mithin ist das Erfordernis einer gesetzlichen Ermächtigungsgrundlage nicht bereits dadurch ausgeschlossen, dass hier kein Eingriff vorläge.[175]

Allerdings wird das Erfordernis einer Ermächtigungsgrundlage für Absprachen vielfach mit dem kurzen Hinweis verneint, die Freiwilligkeit der Einigung schließe einen Grundrechtseingriff im Hinblick auf die an der Absprache Beteiligten aus (zu der Situation Drittbetroffener siehe sogleich unter (2)). Angesprochen ist damit wohl – „wohl", weil dies selten ausdrücklich gesagt wird – das Thema des *Grundrechtsverzichts*[176] bzw. des Einverständnisses des Betroffenen mit einem staatlichen Eingriff in den Schutzbereich eines Grundrechts (weil ein Totalverzicht auf ein Grundrecht als Ganzes allgemein für unzulässig erachtet wird).[177] Denn gerade im Bereich der für unsere Zwecke besonders bedeutsamen Grundrechte der Berufsfreiheit (Art. 12 GG) und der Eigentumsfreiheit (Art. 14 I GG) ist die Möglichkeit eines Grundrechtsverzichts weitgehend unstreitig.[178] Daneben wird vorgebracht,

---

Zezschwitz, Wirtschaftliche Lenkungstechniken, S. 503. In den Worten des BVerwG (E 71, 183 [190] – Transparenzliste): „In die so geschützte freie unternehmerische Betätigung der Klägerin als Arzneimittelherstellerin greift die Veröffentlichung der Transparenzlisten mit Qualitätssicherungsmerkmalen als Akt staatlicher Wirtschaftslenkung ein. Dabei sind unter Wirtschaftslenkung ohne Rücksicht auf ihre Rechtsform alle staatlichen Maßnahmen zu verstehen, durch die auf den wirtschaftlichen Prozess eingewirkt werden soll, um einen wirtschafts-, sozial- oder gesellschaftspolitisch erwünschten Zustand oder Ablauf des Wirtschaftslebens herzustellen oder zu erhalten ... Eine solche Maßnahme liegt hier vor. Denn die Veröffentlichung einer Transparenzliste mit Wirksamkeits- und – was vorliegend entscheidend ist – Qualitätssicherungsangaben soll zu spürbaren Veränderungen der Marktbedingungen für Arzneimittel führen." Gegen diese Rechtsprechung wendet sich *Schulte,* Schlichtes Verwaltungshandeln, S. 93 f., nach dessen Meinung das Merkmal der Finalität ungeeignet ist, weil es auf rein pragmatischen Erwägungen beruhe und grundgesetzlich nicht abzusichern sei, da das GG die Grundrechte in Abhängigkeit von dem zu schützenden Rechtsgut und nicht in Abhängigkeit von irgendeinem Charakteristikum der beeinträchtigenden staatlichen Maßnahme formuliere. Vgl. zur Diskussion um den Eingriffsbegriff auch *Giebel,* Vereinbarungen, S. 299 m. w. N., *Helberg,* Normabwendende Selbstverpflichtungen, S. 189 ff., sowie *Hans-Joachim Cremer,* Der Schutz vor den Auslandsfolgen aufenthaltsbeendender Maßnahmen. Zugleich ein Beitrag zur Bestimmung der Reichweite grundrechtlicher Verantwortung für die Folgewirkungen deutscher Hoheitsakte, Baden-Baden 1994, S. 167 ff. (m. w. N., insb. zu den Erweiterungen des Begriffs des Grundrechtseingriffs).

174 *Oebbecke,* Staatliche Mitwirkung, S. 798. Ausführlich zum Eingriffsbegriff auch *Michael,* Rechtsetzende Gewalt, S. 337 ff.

175 Auch die Einschränkung des Schutzbereichs von Grundrechten aus ökologischen Gründen, wie sie zuweilen vorgeschlagen wurde, ist abzulehnen, weil sonst die differenzierte Schrankensystematik ausgehebelt würde. Vgl. *Faber,* Gesellschaftliche Selbstregulierungssysteme, S. 292 ff.

176 Dazu *Oebbecke,* Staatliche Mitwirkung, S. 799. Zur Frage der Freiwilligkeit eines etwaigen Grundrechtsverzichts *Michael,* Rechtsetzende Gewalt, S. 329 ff.

177 Vgl. nur *Pietzcker,* Grundrechtsverzicht, S. 530 f.

178 *Faber,* Gesellschaftliche Selbstregulierungssysteme, S. 305 ff.; *Pieroth/Schlink,* Rn. 137 ff.; *Pietzcker,* Grundrechtsverzicht, S. 544 f. Letzterer weist darauf hin, dass die

dass die Lehre vom Gesetzesvorbehalt nicht gelte, wenn – wie bei den Beteiligten einer rechtlich unverbindlichen Absprache – eine Bindung jederzeit ohne rechtliche Folgen abgestreift werden könne.[179]

Diesem Ansatz wird jedoch von Brohm entgegengehalten, dass der Gesetzesvorbehalt zwei Komponenten habe: ein *rechtsstaatliche,* insofern Eingriffe in den Rechtskreis des Bürgers einer Ermächtigung bedürften, und eine *demokratische,* wonach das Parlament alle politisch bedeutsamen Entscheidungen zu treffen habe (sog. Wesentlichkeitstheorie).[180] Nach der Rspr. des BVerfG ist der Gesetzgeber verpflichtet, im Bereich der Grundrechtsausübung Wesentliches selbst zu entscheiden. In den Worten des BVerfG:

> „Heute ist es ständige Rechtsprechung, dass der Gesetzgeber verpflichtet ist, – losgelöst vom Merkmal des ‚Eingriffs' – in grundlegenden normativen Bereichen, zumal im Bereich der Grundrechtsausübung, soweit diese staatlicher Regelung zugänglich ist, alle wesentlichen Entscheidungen selbst zu treffen."[181]

Besonderheit der vertragsnahen Grundrechte der Art. 12 und 14 GG darin besteht, dass Grundrechtsverwirklichung und Verfügung über grundrechtsgeschützte Positionen hier in besonders weitem Umfang zusammenfallen. Ausführlich zum Grundrechtsverzicht *Gerhard Robbers,* Der Grundrechtsverzicht, Zum Grundsatz ‚volenti non fit iniuria' im Verfassungsrecht, JuS 1985, 925 ff. mit Nachweisen sowohl zur Rechtsprechung, die dem Grundrechtsverzicht grundsätzlich aufgeschlossen gegenüber steht, als auch zum Schrifttum, das die Möglichkeit des Grundrechtsverzichts teilweise gänzlich verneint, sie teilweise aber auch in großem Umfang anerkennt.

179 *Oebbecke,* Staatliche Mitwirkung, S. 799; *Baudenbacher,* Kartellrechtliche und verfassungsrechtliche Aspekte, S. 697. Mir scheint dieses Argument dogmatisch eher zu der Frage zu gehören, ob überhaupt ein Eingriff vorliegt. Ist ein Ausweichen ohne weiteres zumutbar, wird man sich schwer tun, von einem Eingriff zu reden.

Baudenbacher stellt zudem darauf ab, dass der Staat in Fällen normvertretender Absprachen lediglich über eine ohnehin bestehende Rechtslage informiert. Das ist m.E. indes kaum überzeugend. Wenn der Staat für den Fall des Scheiterns einer Absprache eine schärfere gesetzliche Regelung in Aussicht stellt, so geht dies über eine bloße Information hinaus. Denn die in Aussicht gestellte gesetzliche Regelung besteht ja nicht unabhängig von der staatlichen Tätigkeit, so dass der Staat gleichsam als neutraler Dritter über ihren Inhalt informieren könnte. Vielmehr hängt ihr Gehalt davon ab, was die staatlichen Entscheidungsträger für angemessen halten. Mithin gleicht diese Situation eher derjenigen einer Drohung als einer bloßen Information. So im Ergebnis auch *von Zezschwitz,* Wirtschaftliche Lenkungstechniken, S. 503. Darüber hinaus weist *von Zezschwitz,* Wirtschaftliche Lenkungstechniken, S. 504 darauf hin, dass Selbstbeschränkungsabkommen der für Gesetze gem. Art. 19 I 2 GG notwendigen Allgemeinheit entbehrten. Publizität und Kontinuität des Gesetzes verhinderten selbst bei wenigen Adressaten, dass die Betroffenen dem hintergründigen Druck oder dem Entzug des Wohlwollens der gesetzesfreien Verwaltung überantwortet würden.

180 Zu diesen zwei Komponenten des Gesetzesvorbehalts auch *Helberg,* Normabwendende Selbstverpflichtungen, S. 184 ff. m. w. N.

181 BVerfG, Urt. v. 8. August 1978, BVerfGE 49, 89 (126) – „Schneller Brüter" in Kalkar; ebenso BVerfGE 61, 260 (275); E 88, 103 (116). Laut *Lübbe-Wolff,* Verfassungsrechtliche Fragen, S. 238, nimmt der Grad demokratischer Legitimation mit zunehmender Länge der Legitimationskette ab. So sei die Verordnung schwächer demokratisch legitimiert als das Gesetz, und zwar nicht nur wegen der Mehrgliedrigkeit der Legitimationskette, sondern auch wegen der im Vergleich zum Gesetzgebungsverfahren abgeschwächten Wirksamkeit einer

Mit dieser Pflicht des Gesetzgebers dürften auch Absprachen nicht in Konflikt geraten, indem sie „wesentliche" Regelungen dem Parlament entzögen.[182] Während die Einwilligung der Betroffenen möglicherweise das Erfordernis eines Gesetzesvorbehalts aufgrund der erstgenannten Komponente ausschließe, berühre sie jedenfalls den auf demokratischen Überlegungen ruhenden Gesetzesvorbehalt nicht. Die Grenzziehung zwischen den Wirkungsbereichen der Exekutive und der Legislative in der Umweltpolitik könne nicht von den Willenserklärungen einzelner Grundrechtsbetroffener abhängen.[183]

Soweit allerdings spezialgesetzliche Ermächtigungsnormen die Befugnis zum Erlass einer Rechtsverordnung enthielten, sei der Normgeber auch dann zum Abschluss normersetzender Absprachen befugt, wenn die Ermächtigungsgrundlage dies nicht ausdrücklich, wie § 14 Abs. 1 S. 1 und 2 AbfG a. F., nahe lege. Wo die Verwaltung ermächtigt sei, ein Problem imperativ zu regeln, habe sie grundsätzlich auch die Befugnis zu einer einvernehmlichen Regelung,[184] d h. die *einvernehmliche Regelung* wird – m. E. zu Recht – als *minus* und nicht als aliud im Verhältnis zur imperativ-einseitigen Regelung gesehen. In diesen Fällen habe das Parlament die wesentlichen Entscheidungen selbst getroffen und den Wirkungsbereich der Verwaltung abgesteckt.

Erheblich werden diese Fragen vor allem, wenn es keine gesetzliche Ermächtigungsgrundlage gibt, wenn also die Absprachen einen Bereich betreffen, der ein-

---

zentralen demokratischen Institution, nämlich der Opposition, und eines zentralen demokratischen Verfahrensprinzips, nämlich der Publizität. Wenn aber Legitimation graduelle Unterschiede aufweise, dann müssten wesentliche Entscheidungen in der am unmittelbarsten und stärksten demokratisch legitimierten Form des Gesetzes fallen.

Kritisch zur Wesentlichkeitstheorie und zum Vorbehalt des Gesetzes aus historischer Sicht z. B. *Michael Kloepfer,* Wesentlichkeitstheorie als Begründung oder Grenze des Gesetzesvorbehalts?, in: Hermann Hill (Hrsg.), Zustand und Perspektiven der Gesetzgebung, Berlin 1989, 187 ff. (188 ff.): Der Vorbehalt des Gesetzes sei entstanden aufgrund des Konflikts zwischen monarchischer Exekutive und demokratischem Parlament. In einer parlamentarisch-demokratischen Republik müsse er eine andere Funktion haben, nämlich lediglich die Abgrenzung der Kompetenzen des demokratisch unmittelbar legitimierten Parlaments von der mittelbar demokratisch legitimierten Exekutive. Dieser Gegensatz sei aber politisch lange nicht so scharf wie der zwischen ursprünglich allmächtiger monarchischer Exekutive und demokratischer Legislative; dies schon gar nicht in der politischen Wirklichkeit der modernen Parteiendemokratie mit zahlreichen funktionellen Verbindungen zwischen Parlament und Regierung und mit einem einheitlichen politischen Lager von Regierung und Regierungsfraktion. Heute diene die Wesentlichkeitstheorie dazu, die Entscheidungsfreiheit des parlamentarischen Gesetzgebers über Rechtssetzungsdelegationen einzuschränken. Das Gericht werde zum Vormund des Gesetzgebers und die Wesentlichkeitstheorie schütze das Parlament vor sich selbst. Ähnlich *von Arnim,* Gemeinwohl, S. 255 f., 372.

182 *Brohm,* Rechtsgrundsätze, S. 1029; *Schulte,* Schlichtes Verwaltungshandeln, S. 138. Kritisch dazu *Michael,* Rechtsetzende Gewalt, S. 492 ff.

183 *Brohm,* Rechtsgrundsätze, S. 1032 – 1033; *Grewlich,* Umweltschutz, S. 59.

184 *Brohm,* Rechtsgrundsätze, S. 1033 – 1034; *Frenz,* Selbstverpflichtungen, S. 191; *Grewlich,* Umweltschutz, S. 59; *Michael,* Rechtsetzende Gewalt, S. 365; *Scherer,* Rechtsprobleme, S. 5.

seitig-imperativer Regelung seitens des Staates nicht ohne weiteres zugänglich ist. Dies trifft beispielsweise auf die im Abschnitt F. zu behandelnden Absprachen über Kinderbekleidung und über den Schutz vor elektromagnetischen Feldern zu. Rechtfertigen lassen sich solche Absprachen nämlich wohl nur, wenn man einen Grundrechtseingriff verneint, sei es, weil die betroffenen Unternehmen auf ihre Grundrechtspositionen verzichtet haben, sei es, weil sie den Wirkungen der Absprachen ohne weiteres ausweichen können. Folgt man jedoch Brohms Ansicht, so muss man diese Rechtfertigungsversuche verwerfen, zumindest soweit der durch die Wesentlichkeitstheorie bestimmte Regelungsbereich des parlamentarischen Gesetzgebers betroffen ist.[185]

(2) Erfordernis einer Ermächtigungsgrundlage im Verhältnis zu Dritten

Was den Eingriff in die Rechte *Dritter* betrifft, so wird häufig vertreten, dass diese der Abmachung analog § 58 VwVfG zustimmen müssten.[186] Allerdings bedürfe die Zustimmungserklärung Drittbetroffener wegen des informalen Charakters der Absprachen nicht der Schriftform.[187] Da jedoch der Anwendungsbereich des Zustimmungserfordernisses in diesen Fällen nur schwer abzugrenzen ist – denn jede marktintervenierende Absprache führt zwangsläufig zu wirtschaftliche Nachteilen für manche Personen – wird teilweise geltend gemacht, dass die „Rechte" im Sinne des § 58 I VwVfG in diesen Fällen auf Eigentumsrechte im Sinne des Art. 14 GG zu beschränken seien.[188] Mithin sei eine bloße Verringerung von Marktchancen nicht ausreichend. Vielmehr sei zu verlangen, dass die Absprache Herstellung, Verwendung oder Inverkehrbringen umweltgefährdender Produkte oder die Vornahme sonstiger umweltgefährdender Handlungen beschränke, die für den Fortbestand des Gewerbebetriebes oder für die wirtschaftliche Existenz des Dritten nicht ersetzbare Voraussetzung seien.[189] Setze der Staat in solchen Fällen trotz fehlender Zustimmung des Dritten die Absprache um, so mache er sich schadensersatzpflichtig.[190]

Demgegenüber meint Brohm auf der Grundlage seines oben dargestellten Ansatzes, dass die Verordnungsermächtigung eine ausreichende gesetzliche Grundlage nicht nur hinsichtlich der Beteiligten, sondern auch hinsichtlich der Rechtsstellung

185 *Brohm,* Rechtsgrundsätze, S. 1034.

186 *Helberg,* Normabwendende Selbstverpflichtungen, S. 246. Dazu auch *Brohm,* Rechtsgrundsätze, S. 1032 m. w. N.

187 *Bohne,* Informales Verwaltungshandeln, S. 367.

188 Im Allgemeinen genügt im Rahmen des § 58 VwVfG jedes subjektive öffentliche Recht eines Dritten, welches durch den abgeschlossenen Vertrag in rechtlich relevanter Weise beeinträchtigt wird. s. *Kopp/Ramsauer,* § 58 Rn. 5.

189 *Bohne,* Informales Verwaltungshandeln, S. 368.

190 *Bohne,* Informales Verwaltungshandeln, S. 368.

Drittbetroffener sei, weshalb es deren Zustimmung analog § 58 VwVfG nicht bedürfe.[191]

Verdeutlicht sei die Bedeutung dieser Meinungsverschiedenheit an folgendem Beispiel: Die Asbestabsprache, welche den Asbestgehalt in Zementprodukten stark beschränkte, führte bei dem einzigen Lieferanten des Asbestrohstoffs – der selbst an der Absprache gar nicht beteiligt war – zu erheblichen Umsatzeinbußen. Hingegen hatten die Zementhersteller die Möglichkeit, auf Ersatzprodukte auszuweichen. Mithin könnte diese Absprache einen mittelbaren faktischen Eingriff in das Recht des Asbestlieferanten am eingerichteten und ausgeübten Gewerbebetrieb darstellt haben und in ihren wirtschaftlichen Folgen einer ordnungsrechtlichen Herstellungs- und Lieferbeschränkung durch Rechtsverordnung gleichgekommen sein.[192] Wenn man der Meinung Brohms folgt, war die Absprache aber trotzdem gerechtfertigt, weil die Voraussetzungen für den Erlass einer Rechtsverordnung nach dem BImSchG bzw. dem Chemikaliengesetz vorlagen (§ 35 I BImSchG bzw. § 17 I Nr. 1 ChemG), und eine solche Verordnung durchaus hätte strenger ausfallen können als die Absprache.[193]

Gegen diese Argumentation wird nun teilweise eingewandt, dass der Staat den Weg rechtmäßigen Handelns auf gesetzlicher Grundlage beschreiten müsse, wenn ihm dieser offen stehe. Er könne nicht unter Hinweis auf die Möglichkeit, dasselbe Ziel zu erreichen, einen anderen Weg einschlagen, für den eine gesetzliche Grundlage fehle. Auf Verordnungen könnten die Betroffenen im Vorfeld Einfluss nehmen und sie genössen einen im Vergleich zu der informellen Vereinbarung erhöhten Dispositionsschutz. Aus diesem Grund könne man bei der Frage, ob der Gesetzesvorbehalt beachtet sei, von der Form des staatlichen Eingreifens nicht absehen.[194] Die informelle Absprache wird nach dieser Ansicht also nicht lediglich als minus, sondern als aliud im Verhältnis zur Verordnung betrachtet,[195] so dass im Fall der Asbestabsprache eine Grundrechtsverletzung vorlag.

---

191 *Brohm,* Rechtsgrundsätze, S. 1034.

192 *Bohne,* Informales Verwaltungshandeln, S. 367; *Helberg,* Normabwendende Selbstverpflichtungen, S. 205; *Oebbecke,* Staatliche Mitwirkung, S. 797.

193 *Bohne,* Informales Verwaltungshandeln, S. 367.

194 *Oebbecke,* Staatliche Mitwirkung, S. 798.

195 So z. B. *Helberg,* Normabwendende Selbstverpflichtungen, S. 212 f. Gegen diese Sichtweise wohl *Di Fabio,* Vertrag statt Gesetz?, S. 343: Wenn es dem exekutiven wie dem parlamentarischen Gesetzgeber freistehe, eine Norm zu erlassen, er also die Wahl habe zwischen Untätigkeit und allgemeinverbindlicher Regelung, könne er innerhalb des zwischen beiden Polen liegenden Raumes auch oberhalb der Untätigkeit und unterhalb der Allgemeinverbindlichkeit handeln. Aus diesem legislativen Gestaltungsspielraum bezögen gesetzesabwendende Absprachen ihre Legitimität.

Hingegen ist *Dempfle,* Normvertretende Absprachen, S. 104, der Meinung, dass eine Verordnungsermächtigung nicht als gesetzliche Grundlage für normvertretende Absprachen dienen könne, da die Ausnahmeregelung des Art. 80 GG, welche die Zulässigkeit von Verordnungen regele, nicht analogiefähig sei. M. E. ist die Richtigkeit dieser Argumentation aber zweifelhaft. Eher als auf die Interpretation des Art. 80 GG sollte es hier darauf ankommen,

Ob dies der richtige Ansatz ist und ob es überhaupt vernünftigerweise auf diese begriffliche Unterscheidung zwischen minus und aliud ankommen kann, lässt sich abstrakt kaum sagen, zumal die Frage, ob nicht nur der Inhalt, sondern auch die Form staatlichen Handelns von der Lehre vom Gesetzesvorbehalt erfasst wird, kaum geklärt ist.[196] M. E. sollte man zweierlei nicht aus dem Auge verlieren: Zum einen sind die Betroffenen auch in Fällen gesetzesvertretender Absprachen nicht völlig schutzlos. Denn gegen rechtlich unzulässige Maßnahmen steht der gleiche Rechtsschutz offen wie gegen sonstige Realakte der Verwaltung. So können die durch staatliches Handeln in ihren Grundrechten Verletzten beispielsweise verwaltungsgerichtliche Feststellungs- oder Leistungsklagen erheben und nach Erschöpfung des Rechtswegs Verfassungsbeschwerde einreichen. Und gegen Konkurrenten, die sich kartellrechtswidrig verhalten, können sie die Rechtsbehelfe des GWB benutzen, also beispielsweise Klage nach § 33 GWB erheben oder einen Antrag auf staatliches Einschreiten nach § 54 GWB stellen. Zum anderen sollte man die Wirksamkeit der verfahrensrechtlichen Sicherungen, die im Verordnungsverfahren eingreifen, nicht überschätzen. Die Beteiligungsrechte sind auf bestimmte Gruppen beschränkt, und wie viel bzw. wenig sie selbst für diese Gruppen wert sind, wird noch zu erörtern sein. Es erscheint nicht gerade wahrscheinlich, dass der einzige Lieferant des Asbestrohstoffs seine Interessen im Verfahren der Verordnungsgebung hätte durchsetzen können und nur aufgrund der Tatsache, dass eine Absprache getroffen wurde, Schaden genommen hat. Zwar begünstigen die Beteiligungsrechte des Verordnungsverfahrens in der Tat kleine, gut organisierte Gesellschaftskreise. Der einzige Asbesthersteller dürfte aber – besonders im Verhältnis zum Kreis der Zementhersteller – auch im Verordnungsverfahren ein zu geringes Gewicht gehabt haben. Daher sind ihm dadurch, dass hier der Weg der Absprache und nicht der Verordnung beschritten wurde, wohl keine für das Ergebnis des Verfahrens wichtigen Rechte verloren gegangen.[197]

b) Zuständigkeit

Da auch für Realakte die Zuständigkeitsordnung gilt und Realakte unzuständiger Stellen rechtswidrig sind,[198] stellt sich die Frage, wer für die hier in Rede stehen-

---

ob die einfachgesetzliche Ermächtigung zum Erlass einer Verordnung auch das Eingehen einer Absprache deckt. Genaueres zum Verhältnis zwischen kooperativer Verordnungsgebung und Art. 80 GG wird im letzten Abschnitt unter G. I. ausgeführt werden.

196 *Maurer,* Allgemeines Verwaltungsrecht, § 10 I. 2 Rn. 5, erörtert diese Frage im Hinblick auf die Handlungsform des Verwaltungsakts.

197 Der Grund dafür, dass sich diese und ähnliche Probleme ergeben und einer dogmatisch einwandfreien Lösung kaum zugänglich sind, dürfte letztlich darin liegen, dass die rechtsstaatlichen Schutzmechanismen für kooperative Handlungsformen ursprünglich nicht gedacht waren. s. *Schmidt-Aßmann,* Verwaltungsrecht als Ordnungsidee, 1. Kap. Rn. 45.

198 *Oebbecke,* Staatliche Mitwirkung, S. 795; *Schulte,* Schlichtes Verwaltungshandeln, S. 147 f.

den Absprachen zuständig ist. In Betracht kommt sowohl die Zuweisung an die Exekutive – was durch den Realaktcharakter der Vereinbarung nahegelegt wird[199] – als auch die Zuweisung an die Legislative. Wäre ersteres der Fall, so wären in der Regel die Länder zuständig. Hingegen hätte die Zuweisung an die Legislative regelmäßig die Bundeszuständigkeit zur Folge.

Ausschlaggebend für die Beantwortung dieser Frage dürfte sein, dass die Ankündigung des Staates, untätig zu bleiben und keine gesetzgeberischen Maßnahmen zu ergreifen, Wirkungen nur zu entfalten vermag, wenn hinter ihr eine *Legislativzuständigkeit* steht.[200] Würde man die Länder aufgrund ihrer Exekutivzuständigkeit auch für den Bereich der Absprachen für zuständig halten, so bestünde das Problem, dass sie von dieser Zuständigkeit keinen effektiven Gebrauch machen könnten, da sie den Beteiligten nicht glaubhaft mit dem Ergreifen gesetzgeberischer Maßnahmen drohen könnten. Faktische Absprachen anstelle der Regelung durch Rechtsverordnung können deshalb nur von dem Verband veranlasst werden, der ihren Inhalt auch einseitig normativ festlegen könnte.[201] Dogmatisch betrachtet kann man hier von einer Annexkompetenz zur Gesetzgebungszuständigkeit sprechen.[202] Der Fall liegt ähnlich wie bei der Zusage im allgemeinen Verwaltungsrecht: Die Zuständigkeit für die Zusage muss, soll dieses Institut sinnvoll sein, bei derselben Stelle liegen wie die Zuständigkeit für den Gegenstand der Zusage.[203]

Diese Lösung bereitet bei Verordnungen keine Schwierigkeiten. Hingegen ist bei der Frage nach der Verbandskompetenz für Absprachen, die an die Stelle von Parlamentsgesetzen treten, zu beachten, dass eine Bundeszuständigkeit für Gegenstände der konkurrierenden Gesetzgebung nur in Betracht kommt, wenn das Bedürfnis nach bundesgesetzlicher Regelung (Art. 72 I GG) rechtsfehlerfrei bejaht werden kann. Eine Sperrwirkung zu Lasten der Landesgesetzgebung kommt der Mitwirkung des Bundes an gesetzesabwendenden Vereinbarungen über Gegenstände der konkurrierenden Gesetzgebung im Übrigen keinesfalls zu; der Bund will sein Gesetzgebungsrecht hier ja gerade nicht ausüben.[204]

---

199 So *Di Fabio,* Selbstverpflichtungen, S. 972, unter Hinweis darauf, dass es hier im Ausgangspunkt um informales und mithin exekutives Handeln gehe.

200 *Oebbecke,* Staatliche Mitwirkung, S. 795.

201 *Brohm,* Rechtsgrundsätze, S. 1029; *Helberg,* Normabwendende Selbstverpflichtungen, S. 90; *Oebbecke,* Staatliche Mitwirkung, S. 795.

202 So *Oebbecke,* Staatliche Mitwirkung, S. 795; ebenso *Schulte,* Schlichtes Verwaltungshandeln, S. 148, der darauf hinweist, dass normersetzende Absprachen dazu dienen sollen, die mit der ausdrücklichen Zuweisung eines Gegenstands verbundenen Absichten möglichst nachhaltig und langfristig zu verwirklichen. Daher sei die Annahme eines engen, unlösbaren Zusammenhangs der Sachbereiche möglich. Hingegen spricht *Dempfle,* Normvertretende Absprachen, S. 129, von einer Kompetenz kraft Natur der Sache.

203 Vgl. § 38 I VwVfG und *Oebbecke,* Staatliche Mitwirkung, S. 795.

204 *Oebbecke,* Staatliche Mitwirkung, S. 796; *Schulte,* Schlichtes Verwaltungshandeln, S. 149. AA *Dempfle,* Normvertretende Absprachen, S. 130, der hier eine Sperrwirkung wegen des Grundsatzes bundesfreundlichen Verhaltens annimmt. Auch *Faber,* Gesellschaftliche Selbstregulierungssysteme, S. 258, bejaht die Sperrwirkung zu Lasten der Länder.

Was die Organkompetenz betrifft, so liegt sie bei denjenigen Stellen, die ihre Mitwirkung an der Gesetzgebung von eigenen politischen Entscheidungen abhängig machen dürfen, also einen politischen Entscheidungsspielraum haben.[205] Da die Bundesregierung und die Bundesminister keine Gesetzgebungskompetenz, sondern allenfalls begrenzte Mitwirkungsrechte bei der Gesetzgebung besitzen, könnten sich Absprachen auch nur auf diese Initiativrechte beziehen.[206] Des gleichen könnten auch Bundestag und Bundesrat im Rahmen ihrer Initiativrechte Absprachen treffen.[207] Da indes die überwiegende Mehrheit der Absprachen den Verordnungserlass betrifft, haben Fragen der Organkompetenz kaum praktische Bedeutung, denn beim Verordnungserlass sind die Kompetenzen in der Regel bei einer Stelle gebündelt.

c) Verfahrensanforderungen

Es fragt sich, ob und inwieweit das Absprachevefahren an die einschlägigen Vorschriften für den Erlass von Rechtsverordnungen nach der Geschäftsordnung der Bundesregierung (GOBReg.) und nach der gemeinsamen Geschäftsordnung der Bundesministerien (GGO) gebunden ist und ob der Absprachеabschluss der Zustimmung des Bundesrates bedarf, wenn eine solche Zustimmung für den Erlass einer Rechtsverordnung erforderlich wäre.

(1) Anwendbarkeit der Geschäftsordnungen der Bundesregierung und der Bundesministerien auf Absprachen

Was die zuerst aufgeworfenen Frage betrifft, so schreiben die genannten *Geschäftsordnungen* vor, dass alle Entwürfe von Rechtsverordnungen, welche von der Bundesregierung zu erlassen sind, und alle Entwürfe von Rechtsverordnungen, die von allgemeinpolitischer Bedeutung sind, dem Bundeskabinett vorzulegen sind (§ 15 I b, c GOBReg, § 62 III GGO).[208] Auf diese Weise wird die grundgesetzlich

---

205 *Oebbecke,* Staatliche Mitwirkung, S. 796.

206 *Brohm,* Rechtsgrundsätze, S. 1029.

207 Allerdings würden diese Organe bei dem Abschluss von Absprachen oft auf praktische Probleme stoßen, da sie nicht hierarchisch organisiert sind und daher bei Verhandlungen auch nicht ohne weiteres durch einzelne Repräsentanten nach außen vertreten werden können. s. *Benz,* Kooperative Verwaltung, S. 32.

208 § 15 I GOBReg lautet: „Der Bundesregierung sind zur Beratung und Beschlussfassung zu unterbreiten alle Angelegenheiten von allgemeiner innen- oder außenpolitischer, wirtschaftlicher, sozialer, finanzieller oder kultureller Bedeutung, insbesondere ... b) alle Entwürfe von Verordnungen der Bundesregierung, c) sonstige Verordnungsentwürfe, wenn sie von besonderer politischer Bedeutung sind, ..."

§ 62 III GGO: „Die Vorschriften über die Kabinettvorlage ... gelten entsprechend, 1. wenn die Rechtsverordnung durch die Bundesregierung erlassen wird, 2. diese von allgemein-politischer Bedeutung ist oder 3. Meinungsverschiedenheiten zwischen den beteiligten Bundesministerien bestehen."

vorgesehene Richtlinienkompetenz des Bundeskanzlers konkretisiert und die Einheitlichkeit der Politik der Bundesregierung gesichert (Art. 65 GG).

Viele der in Umweltschutzgesetzen enthaltenen Verordnungsermächtigungen richten sich an die Bundesregierung. Soweit sie einzelne Bundesministerien ermächtigen, dürfte es sich oft um allgemeinpolitisch bedeutsame Angelegenheiten handeln. Denn im Hintergrund stehen häufig ökologische und ökonomische Konflikte, deren Entscheidung im Einzelfall der Gesetzgeber u. a. wegen der naturwissenschaftlich-technischen Komplexität der Materie an die Exekutive delegiert hat.[209] Da die GOBReg und die GGO ihrem Wortlaut nach nur auf Rechtsverordnungen anwendbar sind und hier bewusst keine Rechtsverordnungen erlassen werden, stellt sich die Frage, ob man diese Verfahrensvorschriften im Wege der teleologischen Extension auf normvertretende Absprachen anwenden soll. Überwiegend wird dies bejaht, weil andernfalls externe Bündnisse zwischen einzelnen Bundesministerien und Wirtschaftsverbänden – und nicht der Bundeskanzler – die Richtlinien der Politik bestimmen würden. Da solch ein Ergebnis dem Grundgesetz zuwider liefe (Art. 65 S. 1 GG), sei der federführende Bundesminister verpflichtet, das Bundeskabinett vor Abschluss einer normvertretenden Absprache durch Kabinettsvorlage über die mit der Wirtschaft erzielte Problemlösung zu unterrichten.[210] Indes sei eine förmliche Beschlussfassung der Bundesregierung in keinem Fall erforderlich, denn der Bundeskanzler und die Bundesminister, deren Aufgaben durch die Absprache berührt würden, erhielten durch die Unterrichtung Gelegenheit, auf Änderungen des Abspracheinhalts oder auf die Vorlage eines Verordnungsentwurfs zu dringen.[211] Hingegen ist nach anderer und m. E. vorzugswürdiger Ansicht eine Beschlussfassung stets erforderlich. Ist das Kabinett nämlich einmal mit einer Sache befasst, kann es auch gleich einen Beschluss fassen,[212] zumal die Beschlussfassung im Kabinett wenig aufwendig und daher fast ohne Flexibilitätsverluste möglich ist.

(2) Erforderlichkeit der Zustimmung des Bundesrats

Was die Frage nach der Erforderlichkeit der *Zustimmung des Bundesrates* anbelangt, so wird darauf hingewiesen, dass Absprachen die den Bundesländern obliegenden Gesetzesvollzugsaufgaben nicht berühren. Mithin erscheint die teleologische Extension des zunächst einmal auf Rechtsverordnungen begrenzten Zustimmungsrechts nicht angängig.[213] Allerdings wird dieses Ergebnis teilweise mit

209 *Bohne,* Informales Verwaltungshandeln, S. 363.

210 *Bohne,* Informales Verwaltungshandeln, S. 363–364; *Faber,* Gesellschaftliche Selbstregulierungssysteme, S. 263 f.

211 *Bohne,* Informales Verwaltungshandeln, S. 364.

212 *Brohm,* Rechtsgrundsätze, S. 1030.

213 *Bohne,* Informales Verwaltungshandeln, S. 364; *Brohm,* Rechtsgrundsätze, S. 1030; aA *Dempfle,* Normvertretende Absprachen, S. 133, und *Michael,* Rechtsetzende Gewalt,

einem Vorbehalt versehen: Grundsätzlich liege die Regelungskompetenz beim Bund und die Vollzugskompetenz bei den Ländern; diese Gewaltenbalance könne aber durch umfangreiche Absprachen gestört werden, da bei einer Absprache der Vollzug durch die Landesverwaltung entfalle. Daher müsse der Bundesrat aus Gründen des bundesfreundlichen Verhaltens über verordnungsvertretende Absprachen zumindest informiert werden, damit er über sein Gesetzesinitiativrecht u. U. seine Vollzugskompetenz zurückerlangen könne.[214] Zudem sei der Bund aus dem gleichen Grund verpflichtet, Rücksicht auf die Länder zu nehmen und notwendige Kontrollen soweit möglich ihnen zu überlassen.[215]

(3) Entsprechende Anwendung sonstiger Beteiligungsvorschriften?

Von einer weitergehenden rechtlichen Formalisierung des Entscheidungsverfahrens, insbesondere von einer entsprechenden Anwendung der Beteiligungsvorschriften (§§ 47 f., 62 II GGO)[216] ist nach überwiegender Meinung abzusehen.[217]

S. 442 ff. *Faber*, Gesellschaftliche Selbstregulierungssysteme, S. 262, bejaht die Zustimmungspflicht des Bundesrates, wenn die Einhaltung einer Selbstverpflichtung durch die Bundesländer überprüft werden muss.

214 *Brohm*, Rechtsgrundsätze, S. 1030 unter Hinweis auf Art. 53 GG, der Ausdruck des Prinzips des bundesfreundlichen Verhaltens sei. Generell zum Gedanken der Kompetenzkompensation *Helberg*, Normabwendende Selbstverpflichtungen, S. 93 ff. m. w. N., sowie zur Frage des Zustimmungsrechts des Bundesrats *ders.*, S. 105 f. m. w. N. Ablehnend gegenüber *Helbergs* Ausführungen *Michael*, Rechtsetzende Gewalt, S. 419 f.

215 *Oebbecke*, Staatliche Mitwirkung, S. 796.

216 § 47 GGO lautet: „(1) Der Entwurf einer Gesetzesvorlage ist Ländern, kommunalen Spitzenverbänden und den Vertretungen der Länder beim Bund möglichst frühzeitig zuzuleiten, wenn ihre Belange berührt sind. Ist in wesentlichen Punkten mit der abweichenden Meinung eines beteiligten Bundesministeriums zu rechnen, hat die Zuleitung nur im Einvernehmen mit diesem zu erfolgen. Soll das Vorhaben vertraulich behandelt werden, ist dies zu vermerken.

(2) Das Kanzleramt ist über die Beteiligung zu unterrichten. Bei Gesetzesentwürfen von besonderer politischer Bedeutung muss seine Zustimmung eingeholt werden.

(3) Für eine rechtzeitige Beteiligung von Zentral- und Gesamtverbänden sowie von Fachkreisen, die auf Bundesebene bestehen, gelten die Absätze 1 und 2 entsprechend. Zeitpunkt, Umfang und Auswahl bleiben, soweit keine Sondervorschriften bestehen, dem Ermessen des federführenden Bundesministeriums überlassen ...“

§ 48 GGO: „(1) Sollen die Presse sowie andere amtlich nicht beteiligte Stellen oder sonstige Personen Gesetzesentwürfe aus den Bundesministerien erhalten, bevor die Bundesregierung sie beschlossen hat, bestimmt das federführende Bundesministerium, bei grundsätzlicher politischer Bedeutung das Bundeskanzleramt, in welcher Form dies geschehen soll.

(2) Wird ein Gesetzesentwurf den Ländern, den beteiligten Fachkreisen oder Verbänden bzw. Dritten im Sinne des Absatz 1 zugeleitet, so ist er den Geschäftsstellen der Fraktionen des Deutschen Bundestages, dem Bundesrat und auf Wunsch Mitgliedern des Deutschen Bundestages und des Bundesrates zur Kenntnis zu geben ...

§ 62 II GGO: „Für Entwürfe von Rechtsverordnungen gelten die Bestimmungen über die Vorbereitung und Fassung der Gesetzesentwürfe (§§ 42, 43 Abs. 1 Nr. 5 bis 9, §§ 44 bis 50 und § 61) entsprechend ...“

Denn weitergehende Formalisierungen würden das Absprachеinstrument seiner Flexibilität berauben und zudem in der Sache lediglich dazu führen, dass die Verhandlungen in einen offiziellen, für alle Beteiligten zugänglichen, und in einen informellen, dem federführenden Minister vorbehaltenen Teil gespalten würden.[218] Gleiches gelte für *Mitwirkungsbestimmungen* zugunsten gesellschaftlicher Gruppen (vgl. etwa §§ 60 KrW-/AbfG; 17 ChemG; [7, 43, 48 iVm.] 51 BImSchG): Zwar treffe der Zweck dieser Bestimmungen, nämlich die Problemerkenntnis der Behörde zu erweitern, die verschiedenen, oft widerstreitenden Interessen zu prüfen und die Akzeptanz der behördlichen Anordnungen bei der Bevölkerung zu sichern,[219] auch auf normersetzende Absprachen zu.[220] Allerdings würde ihre Anwendung auf solche Absprachen diese weitgehend ihrer Flexibilität

---

217 So z. B. *Di Fabio,* Selbstverpflichtungen, S. 972, unter Berufung darauf, dass die Beteiligung aller möglicher interessierter Verbände klare Regelungen und Verantwortungszurechnungen erschwere. Hingegen plädiert *Faber,* Gesellschaftliche Selbstregulierungssysteme, S. 261, für eine entsprechende Anwendung der Beteiligungsvorschriften, selbst wenn dadurch Flexibilität und Schnelligkeit verloren gingen. *Schulte,* Schlichtes Verwaltungshandeln, S. 106, ist der Ansicht, dass zum Gebot der Rechtsanwendungsgleichheit der Grundsatz der Verfahrenschancengleichheit bzw. der Anspruch auf gleiche Verfahrensteilhabe hinzutritt. Der allgemeine Gleichheitssatz verlange von den Behörden, wesentlich Gleiches auch verfahrensrechtlich gleich zu behandeln. Nach dieser Auffassung müssten also an einer Absprache wohl schon aus verfassungsrechtlichen Gründen neben der Industrie auch andere Gruppen beteiligt werden. Dagegen lässt sich m. E. zweierlei einwenden: Einmal ist zumindest nicht offensichtlich, dass die beteiligten Verbände – z. B. Wirtschaftsverbände – und die nichtbeteiligten Verbände – z. B. Naturschutzverbände – wesentlich gleich sind. Während das Einverständnis der Wirtschaft für den Erfolg der hier in Rede stehenden Absprachen zwingend erforderlich ist, da die Absprachen ohne ihre Mithilfe nicht umgesetzt werden können, lässt sich Gleiches von den Naturschutzverbänden nicht sagen. Sie haben eine völlig andere Funktion: Sie sollen Informationen beisteuern und auf die Beachtung von Umweltinteressen dringen. Hinzu kommt, dass es sachliche Gründe für eine Ungleichbehandlung geben könnte, etwa den nach überwiegender Meinung bei Beteiligung der Umweltverbände drohenden Verlust an Flexibilität. Vgl. zur Wichtigkeit der Sicherung von Verfahrenschancengleichheit auch *Hoffmann-Riem,* Reform des Verwaltungsrechts, S. 437.

218 *Bohne,* Informales Verwaltungshandeln, S. 364. Dies ist ein Argumentationstopos, der ständig gegen eine Formalisierung vorgebracht wird: Es wird immer darauf hingewiesen, dass dann eine Verlagerung in noch nicht formalisierte Bereiche stattfinden würde. s. *Benz,* Kooperative Verwaltung, S. 325; *Brohm,* Rechtsgrundsätze, S. 1030; *Dauber,* Möglichkeiten und Grenzen, S. 86; *Hoffmann-Riem,* Reform des Verwaltungsrechts, S. 433.

219 Zu diesen Zwecken der Beteiligung gesellschaftlicher Gruppen *Denninger,* Verfassungsrechtliche Anforderungen, S. 55; *Lamb,* Kooperative Gesetzeskonkretisierung, S. 156 f.; *Maurer,* Allgemeines Verwaltungsrecht, § 13 Rn. 11; *Schneider,* Gesetzgebung, S. 181. Bei der Durchführung der Anhörung hat das federführende Ministerium einen weiten Ermessensspielraum. Laut *Denninger,* Verfassungsrechtliche Anforderungen, S. 41 f. ist Zweck der genannten Regelungen zum einen, den in Fachkreisen und Verbänden gebündelten Sachverstand fruchtbar zu machen, zum anderen aber auch, den Gesetzesentwurf „verbandsfest" zu machen, indem fachkreis- und verbandspolitische Sonderinteressen schon früh in die Überlegungen einbezogen werden.

220 Deshalb für eine analoge Anwendung dieser Vorschriften *Di Fabio,* Vertrag oder Gesetz?, S. 345.

und ihres Beschleunigungseffekts berauben.[221] Gerade in dem Ausschluss anderer Interessengruppen und der kritischen Öffentlichkeit könne ein Aspekt liegen, der das Zustandekommen von Absprachen erheblich erleichtere.[222] Zudem bestünde wiederum die Gefahr, dass sich die Beteiligten einfach auf ein noch weiter vorgelagertes, nach wie vor nicht formalisiertes Vorfeld zurückziehen würden.[223]

In rein rechtlicher Hinsicht lässt sich gegen die analoge Anwendung der Mitwirkungsbestimmungen zugunsten gesellschaftlicher Gruppen einwenden, dass es hier ohnehin nicht um Mitentscheidungs-, sondern nur um Anhörungsrechte der betroffenen Gruppen geht.[224] Da sich die Mitwirkungsmöglichkeit der Verbände und der „beteiligten Kreise" weniger aus einer eigenen individualrechtlichen Betroffenheit als aus einer politischen und fachlich bedingten Position ergibt, kann sie auch durch andere Formen der Einwirkung wahrgenommen werden, beispielsweise durch eine kritisch begleitenden Kontrolle der Umsetzung der Absprachen.[225] Die zuletzt genannte Kontrollfunktion kann allerdings nur dann wirksam ausgeübt werden, wenn den Absprachen ein gewisses Maß an Transparenz eignet. Angesprochen sind damit Fragen der Veröffentlichung.

d) Veröffentlichung des Absprachewortlauts

Zwar wird in der Regel der wesentliche Inhalt normvertretender Absprachen in Pressemitteilungen der Öffentlichkeit bekannt gemacht. Außer den unmittelbar Beteiligten kennt aber häufig niemand den genauen Wortlaut der Absprachen. Daher kann auch niemand überprüfen, ob die von der Regierung oder den Wirtschaftsverbänden als Erfolge dargestellten neuen Entwicklungen dem Text der Vereinbarungen entsprechen.[226]

Aus diesem Grunde wird die derzeitige Veröffentlichungspraxis vielfach als Verstoß gegen das Rechtsstaatsprinzip (Art. 20 GG) bzw. gegen das sich aus dem

---

221 *Brohm,* Rechtsgrundsätze, S. 1030; *Grewlich,* Umweltschutz, S. 59; Umweltgutachten 1998, S. 146. Der Sachverständigenrat für Umweltfragen plädiert allerdings dafür, gesellschaftlichen Gruppen, soweit möglich, Gelegenheit zur Stellungnahme zu geben. s. Umweltgutachten 1998, S. 146, 150. Ähnlich *Faber,* Gesellschaftliche Selbstregulierungssysteme, S. 265; *Helberg,* Normabwendende Selbstverpflichtungen, S. 240 f. Auch laut *Benz,* Kooperative Vewaltung, S. 318 f., wäre eine umfassende Beteiligung wünschenswert, sie ginge jedoch stark zu Lasten der Einigungschancen. *Michael,* Rechtsetzende Gewalt, S. 484, spricht sich ebenfalls gegen die analoge Anwendung der Vorschriften über die Anhörung der beteiligten Kreise aus.

222 *Oebbecke,* Staatliche Mitwirkung, S. 794.

223 *Brohm,* Rechtsgrundsätze, S. 1030.

224 *Brohm,* Rechtsgrundsätze, S. 1031.

225 *Brohm,* Rechtsgrundsätze, S. 1031.

226 *Bohne,* Informales Verwaltungshandeln, S. 364.

Rechtsstaatsprinzip ergebende Publikationsgebot kritisiert.[227] Zwar dient dieses Gebot traditionell in erster Linie der Kundgabe verbindlicher Verhaltenspflichten und damit der Geltungskraft der Norm und der Rechtssicherheit der Betroffenen.[228] Es hängt also unmittelbar mit der Allgemeinverbindlichkeit der Rechtssätze zusammen. Im modernen Rechtsstaat hat das Publikationsgebot jedoch auch eine Kontrollfunktion übernommen.[229] Denn ohne Kenntnis des Absprachewortlauts sind Bundestag und Öffentlichkeit nicht in der Lage zu prüfen, ob der in der Verordnungsermächtigung liegende Gesetzesauftrag von der Bundesregierung ordnungsgemäß wahrgenommen worden ist.[230] Parlamentarische Anfragen gehen ins Leere, weil man ohne genaue Kenntnis des Abspracheinhalts nicht präzise genug fragen kann.[231] Da niemand genau weiß, was Regierung und Wirtschaft vereinbart haben, besteht die Gefahr, dass Absprachen als Alibi für umweltpolitische Untätigkeit missbraucht werden.[232] Hinzu kommt, dass die oben erwähnten gesellschaftlichen Gruppen, die im Verordnungsgebungsverfahren häufig mitwirken, ihrer Kontrollfunktion nur nachkommen können, wenn sie von den normersetzenden Absprachen auch Kenntnis erlangen. Gleiches gilt für den Individualrechtsschutz: Durch Absprachen betroffene Dritte können die Chancen gerichtlichen Rechtsschutzes nur abschätzen, wenn sie um die Ursachen ihrer Beeinträchtigung wissen.[233] Daher wird geltend gemacht, dass sich aus dem Grundgesetz (Art. 20 I und II GG) für die Bundesregierung die Rechtspflicht ergibt, den Wortlaut normvertretender Absprachen in geeigneter Weise zu veröffentlichen, z. B. im Bundesanzeiger oder im Gemeinsamen Ministerialblatt.[234]

227 *Brohm,* Rechtsgrundsätze, S. 1031; *Dempfle,* Normvertretende Absprachen, S. 139; *Schulte,* Schlichtes Verwaltungshandeln, S. 147; aA *Michael,* Rechtsetzende Gewalt, S. 480 ff., der allerdings in der Regel eine Veröffentlichungspflicht aufgrund der Vorschriften des GWB (insb. § 11 II Nr. 2 und 3 GWB) annimmt. *Giebel,* Vereinbarungen, S. 284 f., spricht sich zumindest aus verfassungspolitischer Sicht für die Publikationspflicht aus. Ähnlich *Helberg,* Normabwendende Selbstverpflichtungen, S. 218. Zum Problem der mangelnden Transparenz kooperativen Verhaltens im Allgemeinen vgl. auch *Dauber,* Möglichkeiten und Grenzen, S. 83 f. Bemerkenswert ist, dass für das den Absprachen verwandte Instrument der Zielfestlegungen nach dem KrW-/AbfG die Veröffentlichung im Bundesanzeiger vorgeschrieben ist (vgl. § 25 I 2 KrW-/AbfG).

228 *Brohm,* Rechtsgrundsätze, S. 1031.

229 *Brohm,* Rechtsgrundsätze, S. 1031.

230 Kritisch zur Kontrolle durch die Öffentlichkeit *Schmidt-Aßmann,* Verwaltungsrecht als Ordnungsidee, 6. Kap. Rn. 123, da die öffentliche Aufmerksamkeit Politikfelder und einzelne Angelegenheiten oft eher zufällig besetze und in der Nachhaltigkeit unberechenbar sei. Es bestehe die Gefahr, dass die Öffentlichkeit zu einem Vehikel einseitiger Interessenselektion werde.

231 *Bohne,* Informales Verwaltungshandeln, S. 364–365; *Brohm,* Rechtsgrundsätze, S. 1031.

232 *Bohne,* Informales Verwaltungshandeln, S. 365.

233 *Brohm,* Rechtsgrundsätze, S. 1031.

234 *Bohne,* Informales Verwaltungshandeln, S. 365. Auch für Satzungen, aber nicht für Verwaltungsvorschriften, besteht nach allgemeiner Meinung wegen des Rechtsstaats-

e) Gesetzgebungspflichten

Die Ankündigung, von dem Recht zur Gesetzgebung bzw. zum Erlass einer Verordnung keinen Gebrauch machen zu wollen, ist jedenfalls dann rechtswidrig, wenn eine entgegenstehende Handlungspflicht besteht.[235] Für den hier allein relevanten Bereich des Verordnungserlasses bedeutet dies, dass eine gesetzesabwendende Absprache nicht getroffen werden darf, wenn sich eine Pflicht zum Erlass der Verordnung ausdrücklich aus der Ermächtigungsgrundlage ergibt oder wenn es gilt, eine Richtlinie der EU umzusetzen. Daneben sind Fälle denkbar, in denen zwar die Ermächtigungsgrundlage schweigt, das zugrunde liegende Gesetz sich aber ohne konkretisierende Verordnung nicht sinnvoll vollziehen lässt. Auch in solchen Konstellationen schrumpft das Verordnungsermessen und es besteht die Pflicht zum Erlass einer Verordnung,[236] sofern nicht die Absprache ebenso gut diejenigen Probleme in Angriff nimmt, die ansonsten einer Regelung durch Verordnung bedurft hätten. Zudem kann der Staat aufgrund grundrechtlicher Schutzpflichten gehalten sein, eine Verordnung zu erlassen.[237] Indes dürften solche Fälle in den hier in Rede stehenden Gebieten kaum vorkommen.[238]

f) Zwecktauglichkeit

Teilweise wird vertreten, dass aus dem Auftragscharakter der Umweltschutzgesetze für die Exekutive das Gebot folge, bei der Ausübung des Verordnungs-

---

prinzips eine ungeschriebene Pflicht zur öffentlichen Bekanntmachung, wenn eine einfachgesetzliche Vorschrift fehlt. s. *Eberhard Schmidt-Aßmann,* Kommunalrecht, Rn. 97, in: Eberhard Schmidt-Aßmann (Hrsg.), Besonderes Verwaltungsrecht, 10. Aufl., Berlin u. a. 1995; BVerfG, Beschl. v. 22. November 1983, BVerfGE 65, 283 (291).

235 Vgl. allgemein zum Problem des Verstoßes von Absprachen gegen Normsetzungspflichten *Giebel,* Vereinbarungen, S. 293 ff.

236 Vgl. BVerfG, Beschl. v. 30 November 1988, BVerfGE 79, 174 (193 f.) zu §§ 41 ff. BImSchG. In dieser Entscheidung interpretiert das BVerfG die §§ 41 ff. BImSchG dahingehend, dass sie dem Verordnungsgeber nicht nur eine Ermächtigung, sondern auch einen Regelungsauftrag erteilen. Dazu auch *Schneider,* Gesetzgebung, S. 174.

237 Das BVerfG bejaht die Verletzung grundrechtlicher Schutzpflichten, wenn die öffentliche Gewalt Schutzvorkehrungen überhaupt nicht getroffen hat oder wenn die getroffenen Regelungen und Maßnahmen gänzlich ungeeignet oder völlig unzulänglich sind, das Schutzziel zu erreichen. Vgl. nur BVerfG, Beschl. v. 29. Oktober 1987, BVerfGE 77, 170 (215), oder BVerfG, Beschl. v. 17. Februar 1997, NJW 1997, 2509 (2509) – elektromagnetische Felder. Allerdings ist zu beachten, dass die Grundrechte nicht nur Schutzpflichten begründen, sondern dass entgegenstehende Grundrechte den Schutzpflichten auch Grenzen setzen. Allgemein zur Regelungspflicht aufgrund grundrechtlicher Schutzpflichten *Faber,* Gesellschaftliche Selbstregulierungssysteme, S. 275 ff. Aus Art. 20 a GG ergibt sich zwar keine Pflicht zum Einsatz von Selbstverpflichtungen, er steht ihrer Verwendung aber auch nicht entgegen. s. *Faber,* Gesellschaftliche Selbstregulierungssysteme, S. 243 ff.

238 *Grewlich,* Umweltschutz, S. 59; *Oebbecke,* Staatliche Mitwirkung, S. 797. Dazu auch *Helberg,* Normabwendende Selbstverpflichtungen, S. 123 ff. m. w. N.

ermessens keine Maßnahmen zu wählen, die zur Verwirklichung der gesetzlichen Ziele nach den vorhandenen praktischen Erfahrungen offensichtlich untauglich seien. Zwar enthielten die Umweltschutzgesetze nur eine Ermächtigung und keine Verpflichtung. Wenn die Exekutive jedoch zur Erhaltung oder Verbesserung des Umweltzustands tätig werde, müsse dies in zwecktauglicher Weise geschehen.[239] Dies sei nur der Fall, wenn bei Abschluss der Absprachen begründete Aussicht auf ihre freiwillige Einhaltung durch die Wirtschaft bestehe. In tatsächlicher Hinsicht setze das voraus, dass die Zahl der betroffenen Unternehmen überschaubar sei (ca. 10).[240] Verankern lässt sich diese Forderung nach Zwecktauglichkeit im Verhältnismäßigkeitsprinzip: Sofern Absprachen Grundrechtsbeeinträchtigungen mit sich bringen, müssen sie verhältnismäßig sein. Im Verhältnismäßigkeitsprinzip enthalten ist das Gebot der Zwecktauglichkeit und das Verbot sachwidriger Koppelung, wie es für Verträge in § 56 VwVfG normiert ist.[241]

5. Zwischenergebnis zum deutschen Recht

Es ist auffällig, dass offenbar viele mit den normvertretenden Absprachen zusammenhängende Rechtsprobleme weitgehend ungeklärt und die an ihre Rechtmäßigkeit zu stellenden Anforderungen im Allgemeinen umstritten sind. Zudem zeigt der Blick auf das Wettbewerbsrecht, dass die rechtswissenschaftliche Diskussion teilweise nicht eng genug mit den zugrunde liegenden Sachfragen verknüpft ist.

Was die hier besonders interessierenden Beteiligungsrechte betrifft, so werden sie in der Regel äußerst zurückhaltend gehandhabt: Weder die in der Geschäftsordnung der Bundesministerien noch die in einzelnen Fachgesetzen für die Verordnungsgebung vorgesehenen Beteiligungs- und Mitwirkungsrechte zugunsten verschiedener gesellschaftlicher Gruppen sollen nach hM auf normvertretende Absprachen anwendbar sein. Dies entspricht der deutschen Praxis, die eine Beteiligung anderer Gruppen als der betroffenen Wirtschaftsverbände und Unternehmen bei Absprachen nicht kennt.

---

239 *Bohne,* Informales Verwaltungshandeln, S. 365.

240 *Bohne,* Informales Verwaltungshandeln, S. 366. Vgl. dazu die im amerikanischen Administrative Procedure Act § 565 (b) genannte Zahl von höchstens 25 Teilnehmern eines Verhandlungskomitees.

241 *Brohm,* Rechtsgrundsätze, S. 1034; *Oebbecke,* Staatliche Mitwirkung, S. 799.

VII. Vorläufiger Vergleich des amerikanischen „Negotiated Rulemaking“ mit den deutschen normvertretenden Absprachen

Vergleicht man nun das amerikanische „Negotiated Rulemaking“ mit den deutschen normersetzenden Absprachen unter dem eingangs erwähnten Blickwinkel der Verfahrensbeteiligung, so bemerkt man sofort erhebliche Unterschiede. Während das amerikanische Gesetz sehr detaillierte Regelungen bereithält, welche die ausgewogene Zusammensetzung des Verhandlungskomitees gewährleisten sollen, ist etwas Vergleichbares in Deutschland offenbar überhaupt nicht üblich. Hierzulande wird nicht einmal der Versuch unternommen, die wirksame Vertretung aller betroffenen Gruppen zu sichern, sondern der Staat beschränkt sich von vornherein darauf, allein mit den betroffenen Wirtschaftsverbänden bzw. Unternehmen zu verhandeln. Im deutschen rechtswissenschaftlichen Schrifttum wird dieser Zustand zwar nicht als wünschenswert dargestellt. Es herrscht aber die Meinung vor, dass dieses Manko hinzunehmen sei, da andernfalls ein Verlust an Flexibilität und Innovationsfähigkeit drohe. Zudem würde die Beteiligung zusätzlicher Gruppen an den normvertretenden Absprachen die mit ihnen angeblich verbundene Zeitersparnis zunichte machen.

C. Die abfallwirtschaftliche Absprache aus dem Jahr 1977 als Beispiel für normvertretende Absprachen in Deutschland – Zugleich eine Einführung in die ökonomische Analyse der Regulierung umweltverschmutzenden Verhaltens

Um die Richtigkeit der soeben geäußerten Einschätzung etwas besser beurteilen zu können, soll im Folgenden (unter I.) eine normvertretende Absprache geschildert werden, deren Gegenstand in jüngster Zeit wieder viel Beachtung gefunden hat, nämlich eine Absprache zur Beschränkung der Verwendung und des Inverkehrbringens von Einwegbehältern.[1] Anhand dieses Beispiels soll gezeigt werden, dass die Berufung auf die angebliche Innovationsfreudigkeit, Zeitersparnis und Flexibilität normvertretender Absprachen nicht notwendigerweise tragfähig ist. Es geht hier allerdings nicht darum, die von den Befürwortern der Absprachen ins Feld geführten Behauptungen methodisch einwandfrei zu widerlegen. Das ist schon aufgrund des Mangels an empirischem Material nicht möglich. Denn da die meisten Absprachen nicht veröffentlicht werden und da die Art und Weise ihres Zustandekommens häufig wenig transparent ist, lassen sie sich auch nicht in empirischer Hinsicht systematisch aufarbeiten. Die Schilderung dieses Beispiels dient – wie auch die Schilderung der Beispiele in den folgenden Abschnitten – lediglich als Fundgrube, in der sich bestimmte Zusammenhänge entdecken lassen, die dann im Lichte theoretischer Erkenntnisse erweitert werden können.[2]

Da der Schwerpunkt dieses Teils der Arbeit – wie bereits in der Einleitung erwähnt – nicht auf einer Kritik des deutschen, sondern auf einer kritischen Hinterfragung des scheinbar sehr ausgewogenen amerikanischen Systems liegt, ist das Ziel der Schilderung dieses Beispiels aus dem deutschen Recht bescheiden: Zum einen soll die Gelegenheit genutzt werden, anhand einer der ganz wenigen, durch die Veröffentlichungen Eberhard Bohnes, eines Beamten im Bundesinnenministerium, gut dokumentierten Absprachen das Zustandekommen und die Wirkungsweise dieser Regelungsform zu beleuchten. Zum anderen soll dargelegt werden,

---

[1] Vgl. zur aktuellen Diskussion um das auf der Grundlage der Verpackungsverordnung eingeführte Zwangspfand *Arndt/Fischer,* S. 1909 ff.; *Koch/Reese,* S. 1420 ff., sowie – zur Rolle des Umweltrats in den Gerichtsverfahren – *Werner Hoppe,* Quo vadis Umweltrat?, NJW 2003, 1775 ff.

[2] Zu dieser methodischen Vorgehensweise *Hubert Treiber,* Kooperatives Verwaltungshandeln der Gewerbeaufsicht (Fabrikinspektion) des 19. Jahrhunderts, in: Nicolai Dose / Rüdiger Voigt (Hrsg.), Kooperatives Recht, Baden-Baden 1995, 65 ff. (65).

dass der reflexhafte Hinweis auf Zeitersparnis, Innovationsfähigkeit und Flexibilität mangels auch nur irgendeiner empirischen Grundlage kaum haltbar ist. Wie später im Zusammenhang mit der Kritik an dem amerikanischen System zu zeigen sein wird, gibt es sogar gute Gründe anzunehmen, dass die Absprachen besonders unflexibel sind. Stellt man sich also auf den Standpunkt, dass Mitwirkungsrechte gesellschaftlicher Gruppen an sich wünschenswert sind und nur aus besonderen Gründen vernachlässigt werden dürfen, so sollte man sich nach neuen Begründungen umsehen. Wo diese ihren Ausgangspunkt nehmen könnten, soll im Verlauf dieser Arbeit anhand des amerikanischen Rechts herausgearbeitet werden.

Und schließlich möge mit Hilfe dieses Beispiels aus dem deutschen Umweltrecht eine grundsätzliche Frage zumindest berührt werden, nämlich die Frage, *warum die Regelung umweltverschmutzenden Verhaltens überhaupt sinnvoll ist* (dazu unter II.), welche Regelungstechniken zur Verfügung stehen und wo ihre besonderen Stärken und Schwächen liegen (dazu unter III. und IV.). Es geht hier also darum, einige Fundamente des Umweltrechts, die in deutschen Lehrbüchern zu diesem Thema vielfach nur wenig Berücksichtigung finden,[3] kurz zu erörtern.

I. Zustandekommen und Inhalt der abfallwirtschaftlichen Absprache

Im Jahr 1977 wurde eine Absprache getroffen, um die Benutzung von Einwegbehältern zu verringern. Hintergrund dieser Regelung war, dass Verpackungsabfälle mit rund 4 Millionen Tonnen den wichtigsten Teil am Hausmüllaufkommen darstellen (22 %)[4] und dass die Herstellung von Verpackungen in beträchtlichem Maße Rohstoffe und Energie verbraucht. Getränkeverpackungen kommt dabei eine Schlüsselstellung zu. Während bis 1978 noch über 80 % der Erfrischungsgetränke und über 90 % des Mineralwassers und des Biers in Mehrwegflaschen abgefüllt wurden,[5] gab es danach zunehmend Bestrebungen, Getränke in Einwegbehältnissen (Kunststoffflaschen, Metalldosen) auf den Markt zu bringen.[6] Denn Einwegflaschen sind organisatorisch leichter zu handhaben als Mehrwegbehältnisse, da keine Vorkehrungen für den Rückfluss und die Reinigung des Leerguts getroffen

---

3 Eine Ausnahme bildet insoweit allerdings die Neuauflage des Lehrbuchs von *Sparwasser u. a.* Vgl. *Sparwasser u. a.*, § 2 Rn. 113 ff.

4 Insgesamt machen Einwegbehälter für Getränke in den OECD-Ländern zwischen 2 und 12 % des Feststoffabfalls aus. s. *Bohm*, Deposit-Refund Systems, S. 103.

5 Vgl. Antwort der Bundesregierung auf die große Anfrage der Fraktionen der SPD und FDP, BT-Drs. 8 / 3713, S. 40.

6 *Bohne*, Absprachen, S. 267. Von 1970 bis zum Ende der 80er Jahre ging der Mehrweganteil für Getränke von 90 % auf nahe 70 % zurück. s. *Versteyl*, PET-Verordnung, S. 126). Ein ähnlicher Trend ließ sich in den USA bereits früher feststellen. Dort ist zwischen 1963 und 1973 der Anteil der Mehrwegflaschen bei Bier von 46 % auf 12 % und bei alkoholfreien Getränken von 89 % auf 38 % gesunken. s. *Bohm*, Deposit-Refund Systems, S. 103.

werden müssen.[7] Die Beseitigungskosten für das steigende Abfallaufkommen belasten Industrie und Handel nicht, sondern sind von den Verbrauchern und beseitigungspflichtigen Körperschaften zu tragen.[8]

Die Bundesregierung hätte in dieser Situation die Möglichkeit gehabt, auf der Grundlage des damaligen § 14 AbfG (heute § 23 KrW / AbfG) durch Rechtsverordnung Einwegbehältnisse generell zu verbieten. Stattdessen entschloss sie sich, mit Industrie und Handel fünf Absprachen zu treffen. Beteiligte an diesen Absprachen waren auf staatlicher Seite der Bundesminister des Innern, das Umweltbundesamt und mehrere andere Bundesministerien. Auf Seiten der Wirtschaft waren beteiligt die Spitzenverbände der Getränke-, Verpackungs-, Glas- und Stahlindustrie (Weißblech), die Spitzenverbände des Getränkehandels und der Schrottwirtschaft sowie einzelne Großunternehmen der Getränke- und Stahlindustrie. Da der Bereich Weißblech zu den einträglichsten Geschäften der deutschen Stahlindustrie gehört, würde sie durch die Beschränkung oder gar das völlige Verbot von Getränkedosen empfindlich getroffen.[9]

Die Getränkeindustrie hatte Interesse daran, die mit einer Verordnung verbundenen Unsicherheiten und Produktionsumstellungen zu vermeiden. Der Staat seinerseits wollte auf der einen Seite aus umweltpolitischen Gründen das Abfallaufkommen aus Einwegbehältnissen zumindest begrenzen und zugleich Energieeinsparungen erzielen, auf der anderen Seite aber auch Handelshemmnisse sowie Arbeitsplatzverluste nach Möglichkeit vermeiden.[10]

Nach mehrjährigen Verhandlungen einigte man sich auf folgende Absprache:[11] Die Getränkeindustrie sagte zu, das Mehrwegbehältersystem beizubehalten. Die Zunahme von Einwegbehältnissen sollte auf den Wachstumsanteil des Getränkemarkts beschränkt bleiben und nicht auf Kosten von Mehrwegflaschen gehen. Die Pfanderhebung sollte vereinheitlicht werden. Die Hersteller von Erfrischungsgetränken und die Verpackungsindustrie versprachen, keine großvolumigen Kunststoffeinwegflaschen für Erfrischungsgetränke auf den Markt zu bringen. Die Hohlglasindustrie verpflichtete sich, das Gewicht des Abfallaufkommens aus Flaschenglas nicht zu erhöhen und die Menge des verwerteten Einweg-Altglases um rund 50 % zu steigern. Die Stahlindustrie garantierte den Trägern der Abfallbeseitigung, den gesamten aus dem Hausmüll aussortierten Weißblechschrott zu marktkonformen Bedingungen abzunehmen.[12]

Im Gegenzug versprach die Bundesregierung, von der Verordnungsermächtigung des § 14 AbfG keinen Gebrauch zu machen. Außerdem stellte sie eine groß-

---

7 *Bohne,* Absprachen, S. 267.

8 *Bohne,* Absprachen, S. 268.

9 *Bohne,* Absprachen, S. 269.

10 *Bohne,* Absprachen, S. 269.

11 Der wesentliche Inhalt dieser Absprache wird auch in BT-Drs. 8/3713, S. 39, wiedergegeben. Dort wird diese Absprache mit dem Attribut „beispielgebend" versehen.

12 *Bohne,* Absprachen, S. 269–270.

zügige Förderung von abfallwirtschaftlichen Forschungs- und Entwicklungsvorhaben in Aussicht.[13]

Die Absprachen wurden in einem Sitzungsprotokoll festgehalten, das anlässlich einer Anhörung der Verbände und Unternehmen erstellt wurde. Da der Bundesminister des Innern den beteiligten Verbänden und Unternehmen immer wieder mit der Anwendung des § 14 AbfG drohte und ihnen so die Risiken vor Augen führte, die mit dem Bruch ihrer Zusagen verbunden wären, wurden etliche Zusagen weitgehend eingehalten. Nicht eingehalten wurde aber die zentrale Zusage, keine Einwegbehältnisse auf Kosten von Mehrwegbehältnissen auf den Markt zu bringen. Nach einem Stillstand im Jahr 1978[14] ging der Mehrweganteil an Getränkeflaschen im Jahr 1979 weiter zurück.[15] Insgesamt gesehen hat sich der Marktanteil von Einwegbehältnissen von 1972 bis 1982 auf etwa das Doppelte gesteigert.[16] Da die Beibehaltung des Mehrwegbehältersystems den Kern der Absprache bildete, kann man die Absprache mit Fug und Recht als Misserfolg bezeichnen.[17] Der Grund für das Scheitern der Absprache wird teilweise darin gesehen, dass die Begrenzung des Marktanteils von Einwegbehältnissen für Industrie und Handel nicht die Erhaltung eines akzeptablen Status quo bedeutete, sondern den Verzicht auf Gewinne. Zudem wird darauf hingewiesen, dass der Kreis der betroffenen Unternehmen zu groß war, als dass durch politische Einflussnahme wirksam auf die Einhaltung der Zusagen hätte hingewirkt werden können.[18]

Was die Frage der Verfahrensbeteiligung angeht, so ist besonders die Abwesenheit zweier Gruppen auffällig, nämlich der Verbraucher und der Träger der Abfallentsorgung. Letztere wurden hier möglicherweise von den Bundesministerien hinreichend vertreten, worauf insbesondere die Tatsache hindeutet, dass ihnen die Abnahme von Weißblechschrott ausdrücklich zugesagt wurde. Hingegen ist im Hinblick auf die Verbraucher eine ähnlich wohlwollende Interpretation nicht möglich. Offenbar besteht auf Seiten der Verbraucher die Neigung, lieber Einweg- als Mehrwegflaschen zu kaufen. Das mag am geringeren Preis der Einwegflaschen liegen, es mag auch daran liegen, dass viele Verbraucher den mit dem Rücktransport des Leerguts verbundenen Aufwand scheuen.[19] Aus staatlicher Sicht war dieses Verbraucherverhalten offenbar unerwünscht und sollte geändert werden, wobei die zentrale Frage war, welcher Regelungsmechanismus zur Herbeiführung der erwünschten Ergebnisse am besten geeignet wäre. Da die Verbraucher von einer

---

13 *Bohne,* Absprachen, S. 270.

14 BT-Drs. 8/3713, S. 40.

15 *Bohne,* Absprachen, S. 271.

16 *Bohne,* Informales Verwaltungshandeln, S. 366.

17 *Bohne,* Informales Verwaltungshandeln, S. 366; *Brohm,* Rechtsgrundsätze, S. 1026; *Giebel,* Vereinbarungen, S. 274.

18 *Bohne,* Informales Verwaltungshandeln, S. 366. Dieser Gesichtspunkt wird weiter unten genauer erörtert werden.

19 Letzteres ist nach Meinung von *Koch/Reese,* S. 1424, der entscheidende Gesichtspunkt.

Neuregelung also unmittelbar berührt werden sollten, wäre ihre Beteiligung sinnvoll gewesen.[20]

II. Von der Absprache zu lösende Probleme

Bevor man sich nun Gedanken macht, wie der Staat auf das aus seiner Sicht offenbar unerwünschte Verbraucherverhalten richtigerweise hätte reagieren sollen, ist zunächst einmal präziser herauszuarbeiten, welche Probleme im Einzelnen durch die zunehmende Verwendung von Einwegbehältern entstehen und ob sie sich unter einem übergreifenden Gesichtspunkt zusammenfassen lassen.

1. Probleme aufgrund der Produktion und Entsorgung von Einwegbehältnissen

Bei genauerer Betrachtung zeigt sich, dass diese Probleme verschiedener Art sein können: Zum einen kann es sein, dass aus Sicht des Staates die Marktpreise für bestimmte Rohstoffe, die bei der Produktion von Einwegbehältern verbraucht werden, schlicht zu niedrig sind, sei es, weil die zukünftige Nachfrage unterschätzt wird, sei es, weil die Vorräte überschätzt werden, oder sei es, weil der Staat aus politischen Gründen die Preise künstlich auf einem zu niedrigen Niveau hält.[21] Ist dies der Fall, so kann der Staat ein Interesse daran haben, die Nachfrage nach bestimmten Rohstoffen zu verringern.[22] Dieser Gesichtspunkt kann besonders auf Metalle zutreffen, deren Herstellung aus Altmetallen viel weniger energieintensiv ist als die Herstellung aus Rohmaterialien, beispielsweise als die Gewinnung von Aluminium aus Bauxit.[23]

Zum anderen können Probleme bei der Entsorgung von Einwegbehältnissen entstehen: Es kann sein, dass Einwegbehältnisse vielfach überhaupt nicht ordnungsgemäß entsorgt, sondern einfach in die freie Landschaft geworfen werden, sowie dass die Menge des gesamten Hausmülls schlicht als zu hoch empfunden wird.[24] In diesen Fällen werden von den Verwendern von Einwegbehältnissen Kosten verursacht, welche sie jedenfalls nicht in vollem Umfang selbst tragen: Beim achtlosen Zurücklassen von Müll in der freien Landschaft entstehen insoweit Kosten, als dieser Müll in der Regel von staatlichen Stellen aufgehoben und entsorgt wer-

---

20 Welche Probleme bei dem Versuch der tatsächlichen Beteiligung der Verbraucher möglicherweise aufgetreten wären, soll erst im Abschnitt E. erörtert werden.

21 *Bohm,* Deposit-Refund Systems, S. 43, 47.

22 Die Einsparung von Energie und Rohstoffen wird auch in BT-Drs. 8/3713, S. 38, als Ziel der Umweltpolitik der Bundesregierung genannt.

23 *Bohm,* Deposit-Refund Systems, S. 47; *Godush,* Hidden Value, S. 858.

24 *Bohm,* Deposit-Refund Systems, S. 45; *Godush,* Hidden Value, S. 855.

den muss. Zudem können sich Menschen und Tiere an weggeworfenen Gegenständen – etwa an Glasscherben – verletzen,[25] und Erholungssuchende können durch herumliegenden Müll daran gehindert werden, die Landschaft zu genießen. Was die Zunahme der Gesamtmüllmenge betrifft, so können Kosten u. a. daher rühren, dass die Landschaft durch Müllhalden verschandelt und ihr Erholungswert beeinträchtigt wird. Darüber hinaus ist es möglich, dass die für die Müllentsorgung erhobenen Gebühren einfach nicht die wahren Kosten der Entsorgung widerspiegeln, also beispielsweise diejenigen Kosten, die durch Luft- und Grundwasserverschmutzung infolge von Müllverbrennung oder Deponierung oder durch zunehmenden Landverbrauch entstehen. Zudem könnte es sein, dass Abfallgebühren nicht hinreichend auf die Eigenheiten bestimmter Produkte zugeschnitten sind. Indem nur eine pauschale Gebühr erhoben wird, wird für den Konsumenten nicht hinreichend deutlich, welche der von ihm gekauften Produkte besondere Probleme bei der Müllentsorgung verursachen.[26]

2. Externe Effekte und Marktversagen

Allen diesen potentiellen Problemen ist – wie bereits angeklungen – gemeinsam, *dass Kosten entstehen, die von den Verursachern jedenfalls nicht vollständig selbst getragen, sondern Dritten aufgebürdet werden (sog. Externalitäten),* weil für Umweltgüter entweder gar keine Marktpreise existieren oder aber die Marktpreise die mit der Verwendung des Umweltgutes verbundenen volkswirtschaftlichen Kosten nicht in der richtigen Höhe wiedergeben.[27] Das hat zur Folge, dass der Preismecha-

---

25 So wird etwa berichtet, dass in Massachusetts die Anzahl der Verletzungen von Kindern durch Glasscherben nach Inkrafttreten eines Pfandsystems für Getränkebehälter um 60 % gesunken ist. Und auch Bauern haben offenbar unter Glasscherben zu leiden: Ihre Geräte werden beschädigt und das Getreide wird bei der Ernte verunreinigt. s. *Carlson,* Recycling Norms, S. 1267 Fn. 144.

26 s. zu dem letztgenannten Aspekt *Bohm,* Deposit-Refund Systems, S. 105.

27 *Anderson u. a.,* S. 3–4; *Bonus,* Öffentliche Güter, S. 85; *Klauer,* Nachhaltigkeit, S. 69; *Marggraf/Streb,* S. 32. Zu den externen Kosten auch *Driesen,* Societal Cost, S. 553; *Murswiek,* Freiheit und Freiwilligkeit, S. 992. *Dicke/Hartung,* S. 9, definieren externe Kosten als all jene Kosten einer wirtschaftlichen Aktivität (Verbrauch oder Produktion von Gütern), die nicht vom Verursacher, sondern von Dritten getragen werden.

Im Allgemeinen hängt die Fähigkeit des Marktes, für eine effiziente Allokation knapper Ressourcen zu sorgen, von vier Voraussetzungen ab: 1. Die einzelnen Produktions- und Konsumeinheiten müssen im Vergleich zur Größe des Gesamtmarktes klein sein (andernfalls entstehen Monopole). 2. Alle Marktbeteiligten müssen über vollständige Preisinformationen verfügen. 3. Es dürfen keine Externalitäten auftreten, d. h. die Tätigkeiten eines allein Handelnden dürfen nicht die Kosten oder den Nutzen eines anderen beeinflussen. 4. Es dürfen keine Schranken für den Zugang zu gewinnbringenden Aktivitäten und den Austritt aus nicht gewinnbringenden bestehen. s. *Anderson u. a.,* S. 22; ähnlich *Klauer,* Nachhaltigkeit, S. 68 f.

In dem hier behandelten Fall ist zumindest die dritte Bedingung nicht erfüllt. Nicht ganz unbedenklich sind deshalb die Ausführungen von *Kloepfer,* Umweltschutz als Kartellprivi-

nismus, der sonst für die effiziente Allokation von Ressourcen sorgt, nicht funktioniert. Die Verursacher der genannten Umweltprobleme wälzen zumindest einen Teil der Kosten auf Dritte bzw. auf die Allgemeinheit ab, indem beispielsweise Steuermittel, die andernfalls für andere Zwecke zur Verfügung stünden, für das Wegräumen von Abfall aus der freien Landschaft aufgewendet werden müssen. Zwar wird ein Teil dieser Steuerlast von denjenigen Personen getragen, die ihre Einwegflaschen achtlos fortwerfen. Der Großteil der Steuerlast wird aber von anderen geschultert. Ähnliches gilt für das Problem der Verschandelung der Landschaft durch herumliegende Einwegbehältnisse bzw. durch Müllhalden: Beides wird möglicherweise auch von den Verursachern dieser Probleme als störend empfunden, aber eben nicht nur von ihnen, sondern auch von einer Vielzahl anderer Leute.

Entsprechend liegen die Dinge bei der Produktion von Einwegbehältnissen: Da auch die Produzenten einen Teil der Produktionskosten bzw. der von der Produktion typischerweise hervorgerufenen Folgekosten – etwa in Form der zunehmenden Verschandelung der freien Natur durch weggeworfene Einwegbehälter oder des Anwachsens der Müllberge – anderen aufbürden können, sind sie in der Lage, die Preise ihrer Produkte künstlich niedrig zu halten. Folglich werden zu viele umweltschädliche Produkte hergestellt. Die Nachfrage wird von Produkten, die geringe externe Kosten verursachen, weggelenkt und auf Produkte hingesteuert, die insgesamt zwar höhere Kosten nach sich ziehen, deren Preise aber nur einen Teil dieser Kosten widerspiegeln, da ein anderer Teil der Kosten in Externalitäten besteht.[28]

Da dieses Problem der externen Effekte keineswegs auf den hier zur Diskussion stehenden Fall beschränkt, sondern geradezu charakteristisch für das gesamte Um-

---

leg?, S. 782. Zwar weist auch *Kloepfer* auf das Problem der externen Effekte hin, er benutzt diesen Befund dann aber, um den angeblichen grundsätzlichen Widerspruch zwischen Umweltschutz und Wettbewerb zu beklagen. Nach der hier vertretenen Auffassung müsste solch ein Widerspruch indes gar nicht bestehen. Er wird erst durch das Problem der externen Effekte geschaffen. Gäbe es sie nicht, so ließen sich Wettbewerb und Umweltschutz vereinbaren. Die von *Kloepfer* festgestellte Unvereinbarkeit besteht also nur zwischen verfälschtem Wettbewerb und Umweltschutz.

28 *Breyer,* Regulation, S. 23, erläutert dieses Problem anhand des folgenden Beispiels: „Like the regulation of natural monopoly, the regulation of spillover costs is justified by the desirability of avoiding economic waste. Suppose a factory can produce sugar either through production method A or production method B. Method A costs 9 cents per unit of production but sends black smoke billowing throughout the neighbourhood to the annoyance of neighbors for miles around. Method B costs 10 cents per unit of production and produces no smoke at all. The profit maximizing factory owner adopts A although, if those injured by the smoke would willingly pay more than 1 cent (per pound of sugar) to be rid of it, method A is socially more expensive. Then B, not A, should be chosen, because its total social costs – including costs of harm inflicted – are lower. As long as the affected public prefers reduced pollution to its noisome effects, it should bribe the producer to choose method B. Where the public prefers reduced pollution yet finds no practical way to bribe the producer, too many of society's resources are attracted (by lower prices not reflecting the cost of pollution) into polluting processes and products, and too few are attracted into pollution-free products and processes. Government intervention arguably is required to help eliminate this waste." Ebenso *Siebert,* Economics, S. 17 f.

weltrecht ist, soll es im Folgenden etwas genauer beleuchtet werden.[29] Es zeigt die Grenzen eines laissez-faire-Ansatzes und eines unbegrenzten Vertrauens in die „unsichtbare Hand des Marktes“ (Adam Smith)[30] auf. Zwar ist grundsätzlich eine Marktordnung zu bevorzugen. Denn sie verhindert die Verschwendung von Ressourcen, weil sowohl Verbraucher als auch Hersteller Kosten und Nutzen ständig gegeneinander abwägen und das Ergebnis der Abwägung in Form von Angebot und Nachfrage zum Ausdruck bringen. Dadurch wird Effizienz erreicht, und es wird gewährleistet, dass Neuerungen in der sozial erwünschten Richtung verlaufen. Es entsteht nicht die Notwendigkeit, Informationen zentral zu sammeln.[31]

Indes *versagt der Marktmechanismus,* wie soeben gesehen, in manchen Situationen. Die Typologie dieses Versagens sei anhand des folgenden, mittlerweile klassischen Beispiels verdeutlicht: Ein Schäfer weidet – ebenso wie die anderen Schäfer seines Dorfes – seine Tiere auf der Allmende. Zunächst weiden so viele Tiere auf der Grasfläche, dass eine Überweidung knapp verhindert werden kann. Verhält der Schäfer sich rational, so wird er versuchen, seinen Gewinn zu maximieren, und sich fragen, welchen Nutzen es ihm bringen würde, ein weiteres Tier seiner Herde hinzuzufügen. Dieser Nutzen hätte zwei Komponenten, eine positive und eine

---

29 *Breyer u. a.,* S. 420; laut *Ackerman/Hassler,* S. 18, ist dies das zentrale Problem des Umweltrechts: „After all, the whole point of environmental regulation is to force producers to bear the social costs of their enterprise.“ Ebenso im Ergebnis *Wolfgang Hoffmann-Riem,* Umweltschutz zwischen staatlicher Regulierungsverantwortung und unternehmerischer Eigeninitiative – Zur amerikanischen Diskussion um die Reform der Umweltschutzinstrumente, Wirtschaft und Verwaltung 1983, 120 ff. (124 m. w. N.), nach dessen Meinung Umweltbelastungen im Marktsystem nicht automatisch ausgeschaltet werden können.

Hingegen entstehen nach der vom Nobelpreisträger *Ronald Coase* entwickelten Ansicht Umweltprobleme nicht aufgrund von Externalitäten, sondern aufgrund von zu hohen *Transaktionskosten,* die Verhandlungen zwischen „Opfern“ und „Verursachern“ der Umweltverschmutzung verhindern. (Die Begriffe „Opfer“ und „Verursacher“ werden hier in Anführungszeichen gesetzt, weil sie nach Ansicht von *Coase* oftmals austauschbar sind.) Vgl. zu dieser Ansicht sogleich unter III.

30 *Adam Smith,* An Inquiry into the Nature and Causes of the Wealth of Nations (1776), Ausgabe London 1964, Bd. 1 S. 400.

31 Zu den Vorzügen der Marktordnung vgl. *Breyer,* Regulation, S. 186: „In summary they (i. e. the virtues of the competitive marketplace, S. S.) include the market's tendency to minimize economic waste by allowing for continuous individual balancing of economic costs and benefits by consumers and producers, the carrot-and-stick incentive the market provides for greater efficiency in production methods, and the incentives it provides for innovation and the channelling of innovation into socially desirable directions. In achieving these ends, competitive markets reduce the need for the central collection of information. Price signals allow producers and consumers to adapt quickly to change. The impersonality of the decision-making process in competitive markets prevents those injured in the process (because, for example, their goods are no longer in demand) from obstructing change ... Thus one should hesitate to adopt a classical regulatory system and to risk losing advantages of the competitive marketplace, unless one has the compensating certainty that the regulatory system can successfully achieve its aims.“ Ähnlich *Bonus,* Öffentliche Güter, S. 80; *Klauer,* Nachhaltigkeit, S. 68; *Marggraf/Streb,* S. 31 f. Auch die Bundesregierung befürwortet in BT-Drs. 8/3713, S. 38, den Einsatz marktwirtschaftlicher Elemente in der Abfallwirtschaft.

negative: In positiver Hinsicht könnte der Schäfer von einem zusätzlichen Tier Wolle, Fleisch etc. gewinnen. In negativer Hinsicht würde die Allmende überweidet, so dass den Tieren nicht mehr das optimale Maß an Futter zur Verfügung stehen würde. Allerdings würde dieser negative Effekt von allen Schäfern gemeinsam getragen, wohingegen der positive Effekt dem hier in Rede stehenden Schäfer allein gebühren würde. Mithin wird sich der rationale Hirte entscheiden, seiner Herde ein weiteres Tier hinzuzufügen. Und da alle anderen Schäfer dieselbe Entscheidung treffen werden, wird ein aus individueller Sicht rationales Verhalten aus gesamtgesellschaftlicher Sicht zu irrationalen Ergebnissen führen.[32]

Dasselbe *Dilemma* ergibt sich unter umgekehrten Vorzeichen bei der Umweltverschmutzung. Nur besteht das Problem hier nicht darin, dass jemand etwas aus der Allmende herausnimmt, sondern ihr etwas hinzufügt, beispielsweise Müll oder Abgase. Wiederum wird der rationale Entscheider erkennen, dass er durch das achtlose Wegwerfen von Müll oder den Ausstoß ungereinigter Abgase Kosten sparen und die negativen Folgen seines Verhaltens auf die gesamte Bevölkerung verteilen kann.[33]

Während man dem erstgenannten Problem, also der Überweidung der Allmende, mit der Gewährung von Eigentumsrechten begegnen kann, muss im letztgenannten Fall – wenn man von der Möglichkeit des Handels mit Emissionszertifikaten absieht – auf andere Mechanismen zurückgegriffen werden. Eine mögliche Reaktion besteht im Ergreifen von Maßnahmen des Ordnungsrechts, wie beispielsweise der Beschränkung des Inverkehrbringens von Einwegbehältern, eine andere besteht darin, eine Absprache gleichen Inhalts zu treffen. Daneben gibt es aber noch eine Vielzahl weiterer Reaktionsmöglichkeiten, wie etwa den Rückgriff auf Mechanismen des Privatrechts, die Einführung von Abgaben bzw. eines Dosenpfands usw. Klar ist zunächst einmal nur, dass man den Dingen nicht einfach ihren Lauf lassen darf, sondern irgendein Regelungsinstrument heranziehen muss.

3. Maßstäbe für die Beurteilung verschiedener Regelungsinstrumente

Bevor die Vor- und Nachteile der einzelnen Regelungsinstrumente dargestellt werden, seien an dieser Stelle zwei Überlegungen vorausgeschickt, die zugleich als Maßstab bei der Beurteilung verschiedener Regelungsmechanismen dienen können: Zum einen gilt es bei der Wahl zwischen verschiedenen Regelungsinstrumenten stets im Auge zu behalten, dass die hier in Rede stehenden Probleme *niemals völlig isoliert* auftauchen. Vielmehr sind sie Teil eines umfassenderen Systems. Bei jedem Lösungsvorschlag ist deshalb zu berücksichtigen, inwiefern er be-

[32] *Hardin,* Tragedy of the Commons, S. 1244. Dazu auch *von Arnim,* Gemeinwohl, S. 119 f.; *Rose,* Rethinking Environmental Controls, S. 3, und *Fritsch,* Ökonomische Ansätze, S. 82, 91 ff., Letzterer mit einer spieltheoretischen Erklärung.

[33] *Hardin,* Tragedy of the Commons, S. 1245; *Anderson u. a.,* S. 21 ff.

absichtigte, aber auch unbeabsichtigte Folgewirkungen auslöst. Um dies an einem einfachen Beispiel zu erläutern: Wenn die Sicherheitsvorkehrungen an Flughäfen verschärft werden, um terroristischen Anschlägen zu begegnen, wird die Benutzung von Flugzeugen unbequemer und teurer. Einige Passagiere werden deshalb auf andere Verkehrsmittel, u. a. auf Kraftfahrzeuge ausweichen. Da das Autofahren jedoch nach wie vor mit viel größeren Risiken verbunden ist als das Fliegen, könnte es sein, dass die Verschärfung der Sicherheitsmaßnahmen an Flughäfen unter dem Strich zum Verlust von Menschenleben führt.[34] Daher ist entscheidend, dass man nicht nur die unmittelbaren, sondern auch weiter entfernte, mittelbare Folgen einer Regelung in den Blick bekommt.[35]

Zum anderen sollte man bedenken, dass die zur Verfügung stehenden *Ressourcen begrenzt* sind. Dies bedeutet – und das dürfte kaum kontrovers sein –, dass bei der Wahl zwischen mehreren Mitteln, die alle ein angepeiltes Ziel zu erreichen vermögen, demjenigen der Vorzug gebührt, das die geringsten Kosten verursacht. Dieser Grundsatz beansprucht nicht etwa deshalb Geltung, weil das Sparen von Geld ein Zweck an sich ist. Sondern zugrunde liegt die Überlegung, dass Geld, welches überflüssigerweise für eine bestimmte Maßnahme ausgegeben wurde, für andere Maßnahmen – beispielsweise für die Verbesserung des Bildungssystems, der Forschung oder der Infrastruktur – nicht mehr zur Verfügung steht.[36] Mithin sollte sich eine Regelung im vorliegenden Fall an zwei Grundsätzen orientieren: zum einen sollte sie effizient sein, also nicht unnötig hohe Kosten verursachen, und zum anderen sollte sie fair sein, also verhindern, dass einige Personen die mit ihrem Verhalten verbundenen Kosten einfach anderen aufbürden. Diese Grundsätze sollen im Folgenden für die Analyse der möglichen Reaktionen, die angesichts der durch Einwegbehälter hervorgerufenen Umweltprobleme zur Verfügung stehen, maßgeblich sein.

III. Tauglichkeit privatrechtlichen Vorgehens

Prinzipiell besteht die Wahl zwischen zwei Regelungsregimen, nämlich dem privatrechtlichen auf der einen Seite und dem öffentlich-rechtlichen auf der an-

---

34 „... it is important to see that social problems never exist in isolation. Risks are part of systems. For that reason, any effort to solve a single problem will have a range of consequences, some of them likely unintended“, *Sunstein,* Cost-Benefit State, S. ix–x.

35 Zur Erreichung dieses Ziels können ökonomische Analysen Wichtiges beitragen, denn sie helfen, sämtliche Konsequenzen einer Entscheidung zu sehen. s. *Richard A. Posner,* Values and Consequences: An Introduction to Economic Analysis of Law, in: Eric A. Posner (Hrsg.), Chicago Lectures in Law and Economics, New York 2000, S. 189 ff.

36 In den Worten von *David Pearce,* Cost-Benefit Analysis and Environmental Policy, 14 Oxford Review of Economic Policy 84 ff. (96 f.) (1998): „Yet environmental conservation is not costless and any cost is a forgone benefit, since the resources that make up cost could have been used elsewhere. In turn, forgone benefits embrace potential rights or obligations: perhaps the right to a livelihood, the right to work, the right to healthcare, etc.“

deren.[37] Im Privatrecht wäre etwa daran zu denken, dass die Opfer achtlos weggeworfener Einwegcontainer die Verursacher dieser Störung zivilrechtlich in Anspruch nehmen könnten. Wenn leere Bierbüchsen auf ihr Grundstück geworfen werden, könnten die Opfer beispielsweise Unterlassung verlangen (§ 1004 BGB) oder sich auf das Deliktsrecht stützen, um Schadensersatzansprüche geltend zu machen (§ 823 I; § 823 II iVm. § 1004 BGB). Indes liegen die Schwächen dieses Lösungsansatzes auf der Hand: Der Schaden bzw. die Eigentumsbeeinträchtigung wird für die einzelnen Opfer oftmals so gering sein, dass sich das zivilrechtliche Vorgehen nicht lohnt, zumal es im deutschen Recht keine Schadensersatzzahlungen mit Strafcharakter („Punitive Damages") gibt. Zudem werden die Opfer häufig auf Probleme stoßen, wenn es um den Kausalitätsnachweis geht.[38] So wird es beispielsweise oft schwer fallen, die unmittelbaren Täter ausfindig zu machen. Und ein Vorgehen gegen die mittelbar verantwortlichen Produzenten wird Zurechnungsprobleme aufwerfen. Daher ist damit zu rechnen, dass dieser Ansatz zu keiner spürbaren Eindämmung des Problems führen würde.[39]

Gleiches gilt für den ebenfalls dem Privatrecht zuzurechnenden Vorschlag, dass die Opfer den Störern einfach einen Geldbetrag zahlen sollen, damit diese die Störung unterlassen. Zwar ist dieser Vorschlag weniger extravagant, als er beim ersten Zusehen anmuten mag. So ist er z. B. dann praktikabel, wenn die jeweiligen Rechte klar definiert sind und es nur sehr wenige Störer und sehr wenige Opfer gibt, wenn die *Transaktionskosten* also gering sind.[40] In solchen Fällen ist es unter Effizienzgesichtspunkten gleichgültig, ob man den Umweltverschmutzern ein Recht auf umweltverschmutzendes Verhalten oder den Opfern der Umweltverschmutzung einen Anspruch auf Unterlassung gewährt: Wird nämlich dem umweltverschmutzenden Verhalten, beispielsweise der Produktion bestimmter Güter, ein höherer Wert beigemessen als den Schäden, welche die Opfer erleiden, so wird das umweltverschmutzende Verhalten fortgesetzt werden, selbst wenn die Opfer einen Anspruch auf Unterlassung haben; die Umweltverschmutzer werden lediglich Zahlungen an die Opfer leisten, damit diese ihren Anspruch nicht geltend machen. Ist umgekehrt die Beeinträchtigung der Opfer größer als der Wert des umweltverschmutzenden Verhaltens, so wird dieses Verhalten unterbleiben, selbst

---

37 Außen vor bleiben soll hier die Möglichkeit der Verhaltensbeeinflussung durch sog. Sozialnormen, also durch Regeln, die nicht rechtlich verbindlich sind. Zu den Sozialnormen s. *Carlson,* Recycling Norms, S. 1231 ff.; *Rose,* Rethinking Environmental Controls, S. 30 f.

38 Diese Probleme sind etwa im Bereich der Luftverschmutzung, wo eine Vielzahl von Umweltverschmutzern zusammenwirkt, natürlich noch viel gravierender.

39 s. zu diesen Problemen *Richard Posner,* Economic Analysis of Law, § 13.1.

40 Der Begriff „Transaktionskosten" bezeichnet den Verzehr knapper Ressourcen, der mit einer Transaktion verbunden ist: Der Vertragspartner muss gefunden (Suchkosten), alternative Möglichkeiten müssen auf ihre Vorteilhaftigkeit überprüft sowie Informationen über die Eigenschaften des Vertragsgegenstands und die Zuverlässigkeit des Vertragspartners eingeholt (Informationskosten) und die genauen Bedingungen im einzelnen ausgehandelt (Verhandlungskosten) werden. Auch das Risiko, die Einhaltung eines Vertrages auf dem Gerichtsweg einklagen zu müssen, gehört zu den Transaktionskosten. s. *Dicke/Hartung,* S. 11.

wenn den Opfern kein Unterlassungsanspruch zusteht, denn sie werden die Umweltverschmutzer durch eine Zahlung zur Einstellung ihrer Tätigkeit bewegen.[41] Mithin ist das Ergebnis unter der Bedingung niedriger Transaktionskosten – hier symbolisiert durch die geringe Zahl der Beteiligten – unabhängig davon, wer das Recht auf Umweltverschmutzung bzw. auf Unterlassung derselben hat. Es wird immer zu einer effizienten Allokation knapper Ressourcen kommen. Bedeutung hat die Zuweisung der Rechte nur für die Vermögensverhältnisse der Beteiligten (sog. *Coase-Theorem*).[42]

In unserem Fall der Umweltprobleme, die von Einwegbehältern hervorgerufen werden, sind jedoch die Transaktionskosten sehr hoch: Die Störer sind in der Regel nicht bekannt, ihre Ermittlung ist schwierig und kostenträchtig, und die Opfer sind zu zahlreich, als dass sie sich wirksam und kostengünstig zusammenschließen könnten, um Zahlungen vorzunehmen.[43] Für jedes Opfer besteht der Anreiz, sich nicht an etwaigen Zahlungen zu beteiligen, sondern als Trittbrettfahrer von der Zahlung anderer zu profitieren. Daher sollte man hier auf eine Lösung des Problems im Wege der Zahlung der Opfer an die Störer nicht vertrauen.[44]

IV. Brauchbarkeit öffentlich-rechtlicher Instrumente

1. Informationspflichten

Auch die in anderen Zusammenhängen beliebte Pflicht zur Information[45] – man denke etwa an Informationen über schädliche Nebenwirkungen von Arzneimitteln –

---

[41] Allerdings funktioniert diese Lösung regelmäßig nur für kurze Zeit. Langfristig schafft die Zahlung der Opfer an die Umweltverschmutzer zu große Anreize, umweltverschmutzende Tätigkeiten auszuüben. s. *Viscusi,* Risk Equity, S. 846 Fn. 8.

[42] s. dazu mit vielen Beispielen *Coase,* Problem of Social Cost, S. 1 ff. Vgl. zum Coase-Theorem auch *Schmelzer,* Ökonomische Aspekte, S. 209; *Siebert,* Economics, S. 97 ff.

[43] Vgl. zum Problem der Transaktionskosten auch *Breyer,* Regulation, S. 24: „The answer to this question (why not let people bargain privately to abate pollution? S. S.) is that bargaining is not costless. Thus the residents may suffer the pollution despite a willingness to pay more than 1 cent per pound to avoid it, simply because it is too difficult for them to band together. As the number of people increases, communication becomes more expensive, bargaining becomes more complicated, and a clear consensus is harder to obtain.“ Der Gesichtspunkt der Organisationsprobleme großer Gruppen wird weiter unten im Abschnitt E. nochmals aufgegriffen und vertieft werden.

[44] *Anderson u. a.,* Environmental Improvement, S. 29.

[45] *Breyer,* Regulation, S. 161 ff. Zu beachten ist, dass die Information durch öffentliche Stellen trotz ihrer Beliebtheit alles andere als ein Allheilmittel ist. Sie bringt eine ganze Reihe von Problemen mit sich, von denen hier nur vier genannt seien: 1. Informationen durch die Regierung können als unglaubwürdig gelten, weil allgemein bekannt ist, dass das Regierungshandeln von vielerlei Erwägungen beeinflusst ist, unter denen das Allgemeinwohl nicht notwendigerweise die dominierende ist; 2. Die Zunahme der Informationstätigkeit staatlicher Stellen kann zur Verminderung der Informationstätigkeit von Seiten Privater führen; 3. Die Fähigkeit der Betroffenen, Informationen aufzunehmen, ist begrenzt. Das kann zur Folge

ist hier nicht vielversprechend. Das Auferlegen einer Informationspflicht würde nämlich bedeuten, dass die Hersteller beispielsweise auf die Folgen des achtlosen Wegwerfens von Einwegbehältern oder auf den Landschaftsverbrauch durch Müllhalden hinzuweisen hätten. Die Untauglichkeit dieses Vorgehens liegt offen zu Tage: Einwegbehälter werden ja regelmäßig nicht aus Unwissenheit falsch entsorgt, sondern aus Rücksichtslosigkeit. Den Tätern fehlen nicht die nötigen Informationen, sondern es fehlen ihnen die Anreize, ihr Verhalten zu verändern. Daher wird eine Pflicht zur stärkeren Aufklärung der Bevölkerung kaum zum Ziel führen.

2. Verbot der nicht ordnungsgemäßen Entsorgung von Einwegbehältern

Ein imperativ-ordnungsrechtliches Vorgehen ist grundsätzlich in zwei Varianten denkbar: Zum einen in Form des Verbots der nicht ordnungsgemäßen Entsorgung von Einwegbehältern. Dieses Verbot müsste zumindest bußgeldbewehrt sein und würde sich von vornherein nur gegen das Problem der Verschmutzung der Landschaft richten. Es würde nicht weiterhelfen, wenn bereits die Produktion von Einwegbehältern – etwa wegen des mit ihr verbundenen Energieaufwands – unerwünscht ist. Zum anderen könnte die Produktion von Einwegbehältern schlicht verboten werden (dazu unter 3.). Solch ein Verbot läge nahe, wenn aus den genannten Gründen die Herstellung als solche unterbunden werden soll.

Die Belegung des achtlosen Wegwerfens von Einwegbehältern mit einem Bußgeld ist bereits seit längerem Bestandteil des geltenden Rechts (§§ 42, 54 I Nr. 5 StrG BW; daneben finden sich entsprechende Verbote in vielen Verordnungen der Ortspolizeibehörden). Offenbar hat dies aber kaum zu Verhaltensänderungen geführt. Das dürfte daran liegen, dass die *Aufklärungsquote sehr gering* ist. Verursacher dieser Art von Umweltverschmutzung werden sehr selten von den Behörden dingfest gemacht, was natürlich auch damit zusammenhängt, dass diese Vollzugsaufgabe bei den Behörden regelmäßig keine Priorität genießt. Um trotz geringer Aufklärungsquote einen ausreichenden Abschreckungseffekt zu erzielen, müsste das angedrohte Bußgeld ganz empfindliche Höhen erreichen. Sehr hohe Bußgelder sind aber ihrerseits nicht umsonst zu haben. So ist es beispielsweise vorteilhaft, trotz geringer Aufklärungsquoten nicht ausschließlich sehr hohe Bußgelder vor-

---

haben, dass sie aufgrund staatlicher Informationstätigkeit nunmehr zwar über ein bestimmtes Problem besser informiert sind, gleichzeitig aber die Bereitschaft schwindet, Informationen über ein anderes, ebenso wichtiges Problem entgegenzunehmen; 4. Staatliche Informationstätigkeit über bestimmte Gefahren kann die Betroffenen zu dem Schluss verleiten, dass andere Gefahren nicht so wichtig sind, da der Staat über sie sonst ebenfalls informieren würde. s. *Richard Posner,* Definition, Justification, and Comment, S. 1164, sowie *Viscusi,* Risk Equity, S. 853. Letzterer weist darauf hin, dass staatliche Warnungen gegenüber Warnungen Privater aber zumindest insoweit vorteilhaft sind, als sie die Einheitlichkeit und Vergleichbarkeit der Warnungen gewährleisten können.

zusehen, sondern eine große Bandbreite von verschiedenen Bußgeldern für verschiedene Ordnungswidrigkeiten zur Verfügung zu stellen, damit potentielle Täter einen Anreiz haben, gravierende Verstöße durch weniger schlimme zu ersetzen. Andernfalls besteht nämlich die Gefahr, dass der Täter zwischen Ordnungswidrigkeiten von ganz unterschiedlicher Sozialschädlichkeit indifferent ist. Zudem können sehr hohe Bußgelder wegen der finanziellen Situation der Täter oft nicht beigetrieben werden, und Ersatzfreiheitsstrafen sind ihrerseits mit hohen Kosten verbunden.[46] Aus diesen Gründen lässt sich die geringe Aufklärungsquote nicht ohne weiteres durch sehr hohe Bußgelder kompensieren.

3. Verbot der Produktion bzw. des Inverkehrbringens von Einwegbehältern

Das Verbot der Produktion bzw. des Inverkehrbringens von Einwegbehältern ist ebenfalls nicht unproblematisch. Es leidet an ähnlichen Defiziten wie jedes andere ordnungsrechtliche Vorgehen, das konkrete Maßnahmen zum Schutz der Umwelt – beispielsweise den Einbau bestimmter Filter zur Reinigung von Abgasen – oder konkrete Grenzwerte vorschreibt: Es ist zwar theoretisch geeignet, optimale Resultate zu erzielen. Es setzt aber voraus, dass die zuständige Behörde über ungeheuer viele Informationen verfügt.[47] Es besteht in diesen Situationen nämlich stets die Gefahr, dass die Kosten eines Verbots seinen Nutzen deutlich in den Schatten stellen. So ist es beispielsweise möglich, dass ein Verbot lediglich zu geringen Umweltverbesserungen führt und gleichzeitig erhebliche Kosten zur Folge hat, indem z. B. Betriebe ganz schließen oder infolge gestiegener Kosten zumindest ihre Produktion drosseln müssen, was beides zu einem Anstieg der Arbeitslosigkeit und zu einer Verringerung des Einkommens der Gesamtbevölkerung führt. Wenn die Behörde ein solch ineffizientes Ergebnis vermeiden will, muss sie sowohl die Kosten als auch den Nutzen eines Verbots kennen.[48] Indes werden ihr diese Informationen

---

46 *Richard Posner,* Economic Analysis of Law, § 7.2.

47 „The major problem with standards-based regulatory programs is not that they in theory are incapable of achieving cost-effective or economically efficient results, but that in practice they could do so only at enormous administrative costs", *Anderson u. a.,* S. 12; ebenso *Ackerman/Stewart,* S. 1335 ff., die auf eine Fülle weiterer Nachteile von Grenzwerten hinweisen, etwa darauf, dass sie neue Anlagen benachteiligen und die Innovationskraft lähmen.

48 *Richard Posner,* Economic Analysis of Law, § 13.5: „Although it is easy to see why the agency would prefer to fix an emission standard without regard to costs and benefits, it really is not feasible to banish such considerations. For when enforcement of the standard is attempted, the firm or industry will argue that the cost of compliance is prohibitive – meaning disproportionate to the benefits from reduced pollution. Such an argument cannot be ignored unless society wants to reduce pollution far below efficient levels. And more than efficiency is at stake. Even if abating pollution is not so costly that a plant can no longer operate economically, the limitation will raise the plant's costs; and the owner probably will respond by cutting output. This will lead to a reduction in employment and a fall in workers' incomes." Auch nach Meinung von *Zimmermann,* Öko-Steuern, S. 242, krankt das Ord-

in vielen Fällen nicht zur Verfügung stehen. Besonders was die Kostenseite betrifft, wird die Behörde oft nur unzureichend informiert sein. Denn für die Berechnung der Kosten ist eine genaue Kenntnis der betrieblichen Produktionsabläufe unabdingbar, und über dieses Wissen verfügen regelmäßig nur die Unternehmen selbst.[49] Zwar könnte sich die Behörde bei den Unternehmen erkundigen. Letztere haben aber einen starken Anreiz, ihre Kosten zu übertreiben. Denn je höher die Kosten sind, welche durch eine Neuregelung verursacht werden, desto größer ist die Wahrscheinlichkeit, dass die Behörde die Neuregelung unterlassen wird. Aus diesen Gründen ist der Einsatz von Verboten mit Vorsicht zu handhaben, zumal er unproduktive Umgehungsstrategien veranlassen kann.[50] Unentbehrlich ist er nur dort, wo es gilt, Emissionen völlig zu verhindern, weil andernfalls die Risiken für die Öffentlichkeit zu groß wären.[51] Zudem sind Grenzwerte bzw. Verbote nötig, wenn es darauf ankommt, in Zukunft ein ganz bestimmtes Schadstoffniveau nicht zu überschreiten. Abgaben können eine so punktgenaue Zielerreichung niemals gewährleisten.[52]

---

nungsrecht daran, dass es die Vermeidungskosten der Emittenten nicht ausreichend berücksichtigt.

Genaueres zur Kosten-Nutzen-Analyse wird weiter unten im Abschnitt G. IV. ausgeführt werden. Hier sei nur angemerkt, dass die zur Bekämpfung der Umweltverschmutzung aufgewendeten Kosten alles andere als unerheblich sind. Dies zeigt eine amerikanische Studie aus dem Jahr 1991, nach der in den USA von der Bundesumweltbehörde im Jahr 1990 zwar nur $ 5,5 Milliarden ausgegeben wurden, um die Umweltverschmutzung zu bekämpfen. Die Gesamtkosten, die zur Verringerung von Umweltbelastungen aufgewendet wurden, beliefen sich aber auf $ 115 Milliarden. s. *Leslie Roberts,* Costs of a Clean Environment, 251 Science 1182 (1991). Erfasst wurden von dieser Studie lediglich direkte Kosten für Umweltschutzmaßnahmen, die dem Staat, aber auch Privaten entstehen. Seit Beginn der 70er Jahre sind diese Kosten – sowohl was ihre absolute Größe als auch was ihren Anteil am Bruttoinlandsprodukt betrifft – stetig gestiegen. Allerdings haben die Steigerungsraten in den letzten Jahren abgenommen. s. im Einzelnen zu dieser Studie mit einer genauen Aufschlüsselung der Kosten für die Reinhaltung der verschiedenen Umweltmedien *Alan Carlin/Paul F. Scodari/Don H. Garner,* Environmental Investments: The Costs of Cleaning Up, 34 Environment 12 ff. (1992).

Angesichts dieser für den Umweltschutz ausgegebenen Summen scheint es legitim zu fragen, welche Kosten im Einzelfall mit Umweltverbesserungen verbunden sind. Denn schließlich ließe sich dieses Geld auch anders einsetzen, beispielsweise für Bildung, Bekämpfung von Krankheiten etc. Dass solche Gedanken auch dem deutschen Gesetzgeber nicht ganz fremd sind, zeigen etwa § 14 S. 2 BImSchG, der auf die wirtschaftliche Vertretbarkeit abstellt, und § 17 II 1 BImSchG.

49 *Ackerman/Stewart,* S. 1343; *Breyer,* Regulation, S. 266; *Siebert,* Economics, S. 127. Diese Bedenken klingen auch bei *Schmelzer,* Ökonomische Aspekte, S. 209, an.

50 *Dicke/Hartung,* S. 94. Laut *Siebert,* Economics, S. 132, leiden alle regulatorischen Vorgehensweisen daran, dass sie nicht zu Knappheitspreisen für die Nutzung der Umwelt führen. So werde beispielsweise eine Genehmigung für umweltverschmutzendes Verhalten entweder gratis erteilt oder aber sie sei gar nicht, d. h. also nur zu unendlich hohen Kosten zu erhalten.

51 *Anderson u. a.,* S. 148; *Sacksofsky,* Abgabenrecht, S. 2623.

52 „An administrator operating a tax system, and firms operating within it, know fairly well what ceiling the system has placed on their costs. They will have to pay the tax multiplied by their actual emissions. Insofar as they curtail emissions, they will pay less. Yet with-

4. Abgaben

a) Vorzüge von Abgaben

Die Benutzung von Abgaben zur Lösung umweltrechtlicher Probleme bietet jedoch unter dem Gesichtspunkt der informationellen Anforderungen, denen die zuständige Behörde genügen muss, Vorteile.[53] Zwar verlangen auch Abgaben von der Behörde nicht wenig: Die Höhe der Abgabe muss nämlich so bemessen sein, dass sie dem infolge der Umweltverschmutzung zu erwartenden Schaden entspricht.[54] Die von der Abgabe betroffenen Unternehmen vergleichen dann die Abgabenlast mit denjenigen Kosten, die zur Verminderung der Umweltbelastung notwendig sind. Wenn sich die Umweltbelastungen zu geringeren Kosten vermindern lassen, beschreiten die Unternehmen diesen Weg und erhalten zudem einen Anreiz, nach kostengünstigen Umweltschutzmethoden zu suchen.[55] Sollte sich indes herausstellen, dass sich die Umweltbelastungen nicht kostengünstig vermindern lassen, so werden die Unternehmen lieber die Abgabe zahlen. *Mithin wird die Suche nach effizienten Möglichkeiten der Umweltschonung, welche bei dem ordnungsrechtlichen Ansatz dem Staat obliegt, auf die Unternehmen abgewälzt.* Da diese in der Regel über bessere Informationen im Hinblick auf die Kosten ihrer Produktionsprozesse verfügen, ist die Verlagerung der Informationslast vernünftig.[56] Im

---

out knowing the individual cost schedules, technology, and demand facing every firm, no one can be certain in advance to what extent firms will curtail emissions or choose to pay the tax. The cost-ceiling is known; the future pollution level is not", *Breyer,* Regulation, S. 273. Auch nach Meinung von *Kloepfer,* Umweltschutz durch Abgaben, S. 596, sind Abgaben bei akuter Umweltnot nicht geeignet.

53 Konzise zu den Vor- und Nachteilen von Umweltabgaben sowie zu den verschiedenen Abgabentypen etwa *Voßkuhle,* Grundkurs Umweltrecht, S. 115 ff.

54 *Anderson u. a.,* S. 5, 30; *Kloepfer,* Umweltschutz durch Abgaben, S. 593. Hilfsweise wird vorgeschlagen, dass man sich auch an den zu erwartenden Kosten der Umweltschutzmaßnahmen für die Unternehmen orientieren könne. s. *Anderson u. a.,* S. 174 f. Meines Erachtens ist dieser Vorschlag weniger gut, da er den entscheidenden Vorteil der Abgaben im Vergleich zu anderen Lenkungsinstrumenten verkennt. Dieser Vorteil liegt nämlich darin, dass sich die zuständige Behörde im Fall der Erhebung von Abgaben nur um den durch die Umweltverschmutzung verursachten Schaden kümmern muss und die Frage nach den Kosten für die Unternehmen völlig ausblenden kann. Problematisch ist es deshalb auch, dem Vorschlag *F. Kirchhofs,* Leistungsfähigkeit, S. 233 f., zu folgen und Umweltnutzungsabgaben sowohl an dem Vorteil auszurichten, den Unternehmen aus der Nutzung von Umweltressourcen ziehen, als auch an den von ihnen verursachten externen Kosten. Denn beide Maßstäbe werden vielfach unterschiedliche Abgabenhöhen nahe legen.

55 *Kloepfer,* Umweltschutz durch Abgaben, S. 596; *Sacksofsky,* Abgabenrecht, S. 2624 f.

56 Zu den Vorteilen von Abgabensystemen vgl. *Anderson u. a.,* S. 10: „Charge systems are a cost-effective means of achieving environmental quality goals because, with charges, each source decides how much to control on the basis of its own control costs. Thus, sources whose costs of control are high will control less; those with low costs will control more. The logical net result is that the average cost of control per unit of pollutant would be lower than it would be under regulatory schemes that do not allow this type of private decision making to take place. With charges, the cost of environmental cleanup is less for the overall econ-

Ergebnis werden genau diejenigen Unternehmen ihre Produktion schädlicher Güter drosseln, die dies am günstigsten bewerkstelligen können; ihnen wird ein Anreiz geboten, Möglichkeiten der Minderung von Umweltbelastungen auch tatsächlich auszuschöpfen und über dasjenige hinauszugehen, was man bei der Festsetzung von Grenzwerten von ihnen erwarten würde,[57] wohingegen andere Unternehmen, für die Belastungsminderungen unverhältnismäßig teuer sind, lieber die Abgabe zahlen werden als ihren Ausstoß zu verringern. Und die Behörde kann sich der vergleichsweise einfachen Aufgabe widmen, das Ausmaß der Umweltverschmutzung zu messen. Mithin werden durch ein Abgabensystem die gleichen Vorteile, die sich auch mit Hilfe von Grenzwerten erreichen lassen, zu geringeren Kosten erreicht.[58, 59]

---

omy." Im Hinblick auf die Verteilung von Informationslasten fügen *Anderson u. a.* hinzu: „Data on the abatement alternatives open to a polluter, of course, are best known to the polluter himself in most cases, or at least to the subcontractor hired by him. It is difficult for an outsider to an industry to know what the real possibilities are, because there are often few outsiders doing research into abatement or employing full-scale abatement techniques. Then, too, even if he performs the research, or depends upon a control technology subindustry, the polluter has every incentive not to share this information with a regulatory agency, for then the agency will augment the standards to reduce discharges further, or be less hesitant about cracking down on violators. There is little incentive to perform research which serves in the end to increase a company's capital outlays, with no increase in profits", *Anderson u. a.,* S. 13 f.

57 *Sacksofsky,* Abgabenrecht, S. 2624 f.; *Zimmermann,* Öko-Steuern, S. 242.

58 Schätzungen zufolge kosten Emissionsreduzierungen mit Hilfe von Grenzwerten ungefähr 3 bis 10 mal soviel wie Emissionsminderungen mit Hilfe von Mechanismen, die einen Anreiz geben, Emissionen dort zu senken, wo es am kostengünstigsten möglich ist. s. *Breyer,* Regulation, S. 264. Auch *Ackerman/Stewart,* S. 1337 ff., berichten von sehr hohen Einsparmöglichkeiten aufgrund von Regelungssystemen, die mit ökonomischen Anreizen arbeiten.

59 Nicht eingegangen werden soll hier auf die im deutschen steuerrechtlichen Schrifttum sehr ausführlich diskutierte Frage, ob aus steuerrechtlicher Sicht die Verhaltenslenkung durch Umweltabgaben anstelle des Ordnungsrechts überhaupt sinnvoll ist und welche Abgabenarten gegebenenfalls zu umweltrechtlichen Lenkungszwecken eingesetzt werden können. Weitgehend unstreitig ist dabei der Ausgangspunkt, dass nämlich ökologische Gesichtspunkte auch im Abgabenrecht berücksichtigt werden können. So kann z. B. nach der Definition der Abgabenordnung bei Steuern die Erzielung von Einnahmen bloßer Nebenzweck sein (§ 3 I HS 2 AO). Umstritten ist jedoch, ob dem Bund oder den Ländern die Verbandskompetenz zur Erfindung von „Öko-Steuern" zusteht, wem etwaige Erträge aus diesen Steuern gebühren und ob es nicht prinzipiell besser wäre, ökologische Zielsetzungen mit Hilfe von Sonderabgaben oder Verleihungsgebühren statt mit Steuern zu verfolgen. Vgl. aus dem sehr umfangreichen Schrifttum zu diesen Fragen nur *F. Kirchhof,* Leistungsfähigkeit, S. 233 ff; *Lerke Osterloh,* „Öko-Steuern" und verfassungsrechtlicher Steuerbegriff. Alte Fragen zum staatlichen Steuererfindungsrecht – neu gestellt, NVwZ 1991, 823 ff.; *Sacksofsky,* Abgabenrecht, S. 2619 ff.; *Peter Selmer/Carsten Brodersen,* Die Verfolgung ökonomischer, ökologischer und anderer öffentlicher Zwecke durch Instrumente des Abgabenrechts – Verfassungsrechtliche Grundfragen, DVBl. 2000, 1153 ff.; *Zitzelsberger,* Umwelt und Besteuerung, S. 1769 ff. Hier sei lediglich auf einen Punkt hingewiesen, der in der steuerrechtlichen Debatte immer wieder auftaucht: Gegen Ökosteuern wird stets ins Feld geführt, dass sie idealiter zur Minderung des Steueraufkommens oder gar zum völligen Ertragsausfall tendierten, da sie darauf angelegt seien, Umweltbelastungen möglichst zu vermeiden. Insoweit liefen sie dem Ziel der Staatsfinanzierung zuwider (s. *F. Kirchhof,* Leistungsfähigkeit, S. 236; *Zitzelsberger,*

In unserem Fall könnte man entweder die Unternehmen oder die Verbraucher mit einer Abgabe auf Einwegbehälter belasten. Da die Unternehmen versuchen würden, ihre Belastung an die Verbraucher weiterzugeben, wäre der Effekt in beiden Fällen der gleiche: Einwegbehälter würden teurer und die Verbraucher würden sich fragen, ob ihnen die mit Einwegbehältern verbundenen Annehmlichkeiten den Aufpreis wert sind. Da nur die Verbraucher den genauen Wert dieser Annehmlichkeiten kennen, zeigt sich auch hier der Vorteil eines Abgabensystems. Zudem ist zu bedenken, dass Hersteller von Einwegbehältern im Wettbewerb stehen mit Herstellern bzw. Verwendern von Mehrwegbehältern. Werden nun Einwegbehälter mit einer Abgabe belegt, die ihrer Umweltschädlichkeit entspricht, so erhalten ihre Hersteller einen Anreiz, möglichst umweltfreundliche Behältnisse herzustellen und auf ihre Kunden dahingehend einzuwirken, dass diese die „wilde Entsorgung" unterlassen.

Darüber hinaus bietet das Abgabensystem weitere strukturelle Vorzüge: Während für Unternehmen bei einem ordnungsrechtlichen System oft ein Anreiz besteht, die Befolgung neuer Grenzwerte hinauszuzögern und der Behörde mit einer Klageerhebung zu drohen, um die Verhandlungsbereitschaft der Behörde zu steigern, zahlen sich solche Verzögerungstaktiken bei einem Abgabensystem nicht aus: Wenn ein Unternehmen von günstigen Möglichkeiten, die Umweltbelastung zu reduzieren, keinen Gebrauch macht, muss es einfach weiterhin hohe Abgaben entrichten. Denn dass ein gerichtliches Verfahren mit einem Urteil endet, welchem zufolge das Unternehmen überhaupt keine Abgaben zahlen muss, ist höchst unwahrscheinlich.[60] Daher kann ein Unternehmen auch unter Hinweis auf eine Klageerhebung keinen großen Druck auf die Behörde ausüben. Die unternehmerischen Energien werden also durch das Abgabensystem vom unerwünschten Nachdenken über Ausweichstrategien umgelenkt auf das Ersinnen möglichst kostengünstiger Umweltschutzmaßnahmen.

Zudem sind Abgaben den Grenzwerten und Verboten beim Vollzug überlegen.[61] Zwar muss die Behörde die Umweltbelastung messen, um die Abgabenlast berech-

---

Umwelt und Besteuerung, S. 1171 ff.). Bei dieser Argumentation wird indes übersehen, dass es zumindest nach der in dieser Arbeit zugrunde gelegten Argumentation nicht Zweck von Umweltabgaben ist, Umweltbelastungen völlig zu vermeiden. Sondern Ziel dieser Abgaben ist es lediglich, ineffiziente Umweltnutzungen zu beenden, also Umweltnutzungen, deren Kosten ihren Nutzen übersteigen. Daher droht nur dann ein Ertragsausfall, wenn es keine Nutzungsarten gibt, die sich unter Kosten-Nutzen Gesichtspunkten lohnen. Das dürfte jedoch nur äußerst selten der Fall sein. In der Regel bleiben zumindest einige Umweltbelastungen auch bei Internalisierung ihrer Kosten lukrativ. Mithin sind Umweltabgaben nach dem hier vertretenen Ansatz durchaus mit dem Ziel der Staatsfinanzierung in Einklang zu bringen. Ebenso *Sacksofsky*, Abgabenrecht, S. 2620 f.; *Zimmermann*, Öko-Steuern, S. 252; Letzterer bezeichnet die Ansicht, dass Umweltabgaben die Eigenart hätten, zu einem Aufkommen von null zu tendieren, als „verbreitetes Missverständnis". Er ist sogar der Meinung, dass Umweltabgaben gerade deshalb bedenklich seien, weil sie zu einem erheblichen zusätzlichen Steueraufkommen und damit zu einer Erhöhung des Staatsanteils führen würden.

60 *Anderson u. a.*, S. 16–17 ; *Breyer*, Regulation, S. 267 f., 274.

61 *Breyer*, Regulation, S. 272.

nen zu können. Im Gegensatz zu Grenzwerten entfällt aber die Notwendigkeit, sich Gedanken über mögliche Reaktionen auf die Überschreitung von Grenzwerten machen zu müssen. Die Behörde kann einfach die Abgaben entsprechend dem Ausmaß der Belastung festsetzen. Hingegen muss sie im Fall der Überschreitung von Grenzwerten ihr weiteres Vorgehen genau überlegen und sich beispielsweise fragen, wie aufwendig der behördliche Vollzug sein wird und ob das Ergebnis der Maßnahmen in einem vernünftigen Verhältnis zu ihren Kosten stehen wird.

Abgaben sind namentlich dort lohnend, wo durch die Umweltverschmutzung verursachte Schäden gleichmäßig linear ansteigen, die Kosten für Umweltschutzmaßnahmen hingegen ab einem bestimmten Punkt sprunghaft zunehmen. In solchen Fällen ist auch bei einer leicht fehlerhaften Festsetzung des Abgabenniveaus gewährleistet, dass infolge dieses Fehlers weder die Verschmutzung erheblich ansteigt noch den Unternehmen untragbare Kosten aufgebürdet werden. Das Abgabensystem ist also fehlerfreundlicher als andere Regelungssysteme.[62]

b) Bedenken

Allerdings ist der Einsatz von Abgaben zur Lösung von Umweltproblemen kein Allheilmittel. Vielmehr bringt auch dieses Instrument etliche *Probleme* mit sich: Erstens helfen Abgaben dort nicht weiter, wo nicht die unmittelbaren Verursacher, sondern die Opfer der Umweltverschmutzung diejenigen sind, welche die Auswirkungen der Verschmutzung am günstigsten vermeiden könnten, etwa durch den Einbau besonders isolierender Fenster gegen Lärmemissionen oder durch den Umzug in ein anderes Wohngebiet. In solchen Fällen veranlassen Abgaben den Umweltverschmutzer, für die Verringerung der Verschmutzung Ausgaben bis zur Höhe möglicher Abgabeneinsparungen zu tätigen, obgleich die Opfer der Verschmutzung dasselbe Ziel vielleicht viel billiger erreichen könnten.[63] Zwar ließe sich diesem Problem in der Weise begegnen, dass man die Opfer der Umweltverschmutzung ebenfalls besteuert. Es wäre nicht einmal nötig, sie direkt mit der Abgabe zu belegen. Vielmehr würde es ausreichen, die hypothetische Abgabenlast der Opfer von derjenigen der Verursacher der Verschmutzung abzuziehen, um sicherzustellen, dass die Umweltverbesserungsmaßnahmen von demjenigen vorgenommen werden, der dazu am günstigsten in der Lage ist. Solch ein Vorgehen hätte einen ähnlichen Effekt wie die Berücksichtigung des Mitverschuldens bei der Gefährdungshaftung. Indes besteht die Schwierigkeit, dass sich die richtige Abgaben-

---

62 Etwas anderes gilt allerdings im umgekehrten Fall, wenn also die Kosten für Emissionsminderungsmaßnahmen langsam und gleichmäßig ansteigen, die durch die Emissionen verursachten Schäden hingegen an einem bestimmten Punkt sprunghaft zunehmen: In einem solchen Fall ist es wichtig, dass dieses bestimmte Emissionsniveau nicht überschritten wird, und das lässt sich mit Hilfe von Abgaben nicht hinreichend sicherstellen. s. *Breyer,* Regulation, S. 273.

63 *Coase,* Problem of Social Cost, S. 41; *Richard Posner,* Economic Analysis of Law, § 13.5.

belastung der Opfer kaum berechnen lässt. Und solange das nicht möglich ist, ist weiterhin zu befürchten, dass eine Abgabe zu einseitig auf Maßnahmen seitens der Verursacher der Umweltverschmutzung fixiert ist.[64]

Ein ähnliches Problem würde sich bei der Landschaftsverschmutzung durch Einwegbehälter zeigen: Hier würde durch die Belastung der Produzenten oder der Verbraucher mit Abgaben in Höhe der durch die Einwegbehälter verursachten Kosten auf die Verbraucher kein Druck ausgeübt, ihr Verhalten bei der Entsorgung zu verändern. Aus ihrer Sicht würde sich einfach der Getränkepreis erhöhen und der Getränkeverbrauch würde dementsprechend zurückgehen.[65] Zielgenauere Lenkungseffekte ließen sich indes nicht erreichen.

Zweitens sind Abgaben oft von allzu ungenauem Zuschnitt. Um erfolgreich zu sein, müssten Umweltschutzmaßnahmen zunächst einmal zwischen verschiedenen Schadstoffen differenzieren. Sodann müsste man – wenn irgend möglich – berücksichtigen, dass Schadstoffe in unterschiedlichen Regionen eines Landes von unterschiedlicher Schädlichkeit sein können.[66] So mag in einem Landesteil der auch nur geringe Anstieg der Schadstoffkonzentration ganz erhebliche Folgen für das Ökosystem haben, während dieselbe Veränderung in einem anderen Landesteil keine Rolle spielen würde. Und schließlich gälte es in Rechnung zu stellen, dass die sozialen Kosten nicht notwendigerweise linear mit dem Grad der Verschmutzung ansteigen. Das dann entstehende Problem mag folgendes Beispiel verdeutlichen: Angenommen 10 Unternehmen stoßen je 100 Einheiten eines Schadstoffes aus, was zu Sozialkosten von insgesamt € 1.000 führt. Nehmen wir weiter an, dass – wie es zunächst vernünftig erscheint – eine Abgabe in Höhe von € 1 pro Verschmutzungseinheit festgesetzt würde und dass es jedem Unternehmen möglich wäre, seinen Schadstoffausstoß für € 10 um 15 % zu senken, dass aber jede weitere Schadstoffreduzierung mit unerschwinglichen Kosten verbunden wäre. Die Folge wäre, dass die Unternehmen in der geschilderten Fallkonstellation ihren Schadstoffausstoß um 15 % reduzieren würden, denn diese Maßnahme würde sie zwar je € 10 kosten, zugleich aber € 15 Abgaben einsparen. Die Schwierigkeit besteht nun darin, dass dies nicht unbedingt einen Gesamtnutzen in Höhe von € 150 mit sich bringt. Es könnte nämlich beispielsweise sein, dass die gesamten Schäden allein durch den Ausstoß der ersten oder der letzten 50 Einheiten des Schadstoffs ausgelöst würden. Im ersten Fall, wenn also die Schäden allein durch den Ausstoß der ersten 50 Schadstoffeinheiten verursacht würden, gäbe die Abgabe einen Anreiz, zu viel für den Umweltschutz zu tun, und im zweiten Fall würde sie zu Aktivitäten Anlass geben, die für sich genommen noch keinen Nutzen bringen. Nur eine Abgabe, die sich nicht an den durchschnittlichen, sondern an den *Grenzkosten* der

---

64 *Richard Posner,* Economic Analysis of Law, § 13.5.

65 *Anderson u. a.,* S. 70–71; *Bohm,* Deposit-Refund Systems, S. 113. *Arndt/Fischer,* S. 1913 plädieren deshalb dafür, eine etwaige Verpackungsabgabe mit einem sog. „buy-back"-System zu kombinieren, um einen Anreiz zur Verpackungsrückgabe zu schaffen.

66 *Ackerman/Stewart,* S. 1350 f.; *Breyer,* Regulation, S. 276.

Verschmutzung orientiert, könnte mit diesem Problem fertig werden. Allerdings würde sie daran scheitern, dass für ihre Festsetzung und ihren Vollzug schlicht zu viele Informationen nötig wären.[67] Wenn schon das Verbot von Schadstoffen und die Festsetzung von Grenzwerten aus Gründen des Informationsbedarfs auf Bedenken stoßen, so werden die bei der Erstellung einer solchen Abgabentabelle zu gewärtigenden Informationsanforderungen erst recht überfordern.

Drittens besteht folgende Schwierigkeit: Wenn man – wie im soeben geschilderten Beispiel geschehen – davon ausgeht, dass es Umweltverschmutzungen gibt, die aus Kostengründen in Kauf zu nehmen sind, beispielsweise weil es völlig saubere Luft und völlig sauberes Wasser noch nie gegeben hat und weil die Erreichung dieser Ziele zu teuer wäre, bzw. wenn man annimmt, dass eine gewisse Umweltbelastung sogar erwünscht sein kann, wenn nämlich der Zusammenhang zwischen Dosis und Wirkung nicht linear, sondern U-förmig verläuft, so dass eine geringe Schadstoffbelastung besser ist als gar keine Schadstoffbelastung,[68] dann wird sich die Wirkung einer Abgabe häufig darin erschöpfen, Unternehmen stärker zu belasten, ohne dass sich direkte positive Auswirkungen auf die Umwelt ergeben. Denn wenn beispielsweise die Verringerung des Schadstoffausstoßes für die Unternehmen einfach zu teuer ist, werden sie ihr Verhalten nicht ändern. In diesen Fällen würde eine Umweltabgabe eher einer Gewerbesteuer als einem umweltrechtlichen Lenkungsinstrument gleichen.[69] Darüber hinaus können Abgaben sogar Fehlwirkungen erzeugen, wenn sie beispielsweise als von der Produktionsmenge unabhängige Pauschbeträge erhoben werden. Denn dann haben Unternehmen einen Anreiz, ihre Produktion auszuweiten, um die Abgabenbelastung pro Produktionseinheit zu senken.

Ein anderer, häufig erhobener Einwand gegen Umweltabgaben ist hingegen nicht korrekt: Dieser Einwand lautet, dass Abgaben eine Lizenz zum Verschmutzen seien. Wenn ein Unternehmen nur bereit sei, genug zu zahlen, könne es wei-

---

67 „The correct tax would be one that was equal to the marginal rather than average social cost of the particular form of pollution and would thus vary with the level of pollution. But the quantity of information required to devise such a tax schedule would be staggering", *Richard Posner,* Economic Analysis of Law, § 13.5.

68 Genaueres zu dem Zusammenhang zwischen der Dosis eines Schadstoffs und seiner toxikologischen Wirkung findet sich bei *Edward J. Calabrese / Linda A. Baldwin,* Toxicology rethinks its central belief. Hormesis demands a reappraisal of the way risks are assessed, 421 Nature 691 (2003). Teilweise wird hingegen argumentiert, dass jegliche Umweltverschmutzung zu vermeiden sei. Zur Begründung beruft man sich beispielsweise darauf, dass die Tolerierung eines gewissen Maßes an Umweltverschmutzung unweigerlich dazu führe, dass das Umweltbewusstsein insgesamt Schaden nehme. Am Ende einer Entwicklung, die Umweltverschmutzung in engen Grenzen erlaube, gelänge man zu einem Punkt, an dem Umweltverschmutzung überhaupt nicht mehr als Problem angesehen würde. s. zu dieser Argumentation *Rose,* Environmental Lessons, S. 1036; ähnliche Befürchtungen scheint – zumindest früher – auch *Sunstein* gehabt zu haben. s. *Sunstein,* Incommensurability, S. 850 (allgemein zum schädlichen Einfluss eines marktwirtschaftlichen Vorgehens auf die manchmal wünschenswerte Stigmatisierung bestimmter Verhaltensweisen).

69 *Richard Posner,* Economic Analysis of Law, § 13.5.

terhin die Umwelt verschmutzen.[70] Bei dieser Argumentation wird indes verkannt, dass der rational handelnde Unternehmer die Umweltbelastung reduzieren wird, wenn dies weniger kostet als die Bezahlung der Abgabe.[71] Eben auf diesem Anreizmechanismus beruht ja die Abgabe. Zudem wird oftmals nicht ausreichend berücksichtigt, dass man auch Grenzwerte als eine Lizenz zum Verschmutzen betrachten kann. Denn auch sie erlauben ein gewisses Maß an Umweltverschmutzung.

Trotz aller Bedenken haben Abgaben den großen, bereits oben erwähnten Vorteil, dass sich die zuständige Behörde darauf beschränken kann, die Höhe der Schäden abzuschätzen, die durch die Verschmutzung verursacht werden. Sie ist der Pflicht enthoben, auch die unternehmerischen Kosten von Grenzwerten oder Verboten zu berücksichtigen; diese Aufgabe wird von den Unternehmen selbst übernommen. Mit anderen Worten, die Behörde muss sich nur mit dem Nutzen einer Regelung beschäftigen und kann die Kosten vernachlässigen.[72] Aus Gründen des geringeren Informationsbedarfs sind daher Abgaben gegenüber Verboten und Grenzwerten vorzuziehen.

5. Dosenpfand

Was schließlich die Einführung eines Dosenpfandes angeht, also eines Systems, bei dem der Kunde beim Kauf von Einwegbehältern einen bestimmter Betrag zahlt, den er bei ihrer Rückgabe zurückerhält, so unterscheidet sich dieses System insoweit von einem Abgabensystem, als die beim Kauf von Einwegbehältern auferlegte Belastung später wieder rückgängig gemacht werden kann. Von Subventionen unterscheidet sich das Pfandsystem durch seine Aufkommensneutralität. Der Staat ist nicht gezwungen, die Steuerlast zu erhöhen, um das Dosenpfand einzuführen. Letztlich lässt sich das Dosenpfand – zumindest aus ökonomischer Sicht – als eine Kombination aus Steuer und Subvention verstehen: Der Konsument wird

---

70 So ist z. B. *F. Kirchhof,* Leistungsfähigkeit, S. 234 f., der Meinung, dass Umweltnutzungsabgaben die Nutzung der Umwelt zum Luxus für Reiche machten und dass ihr Lenkungsbefehl mangels rechtlicher Verbindlichkeit missachtet werden könne.

71 *Anderson u. a.,* S. 152; *Sacksofsky,* Abgabenrecht, S. 2623. Ernster zu nehmen sind diese Bedenken möglicherweise, wenn es um den Handel mit Emissionsrechten geht. Durch die Rede von „Rechten" könnten nämlich in der Tat die Möglichkeiten beschnitten werden, an die moralische Pflicht der Verantwortlichen zum Umweltschutz zu appellieren. Die Verantwortlichen könnten sich dann nämlich häufig einfach auf ihr „Recht" zur Umweltverschmutzung berufen. s. *Rose,* Rethinking Environmental Controls, S. 34.

72 „The tax approach does have one great advantage over the other regulatory approaches, however: It does not require the agency to measure the costs of compliance with the pollution control criteria embodied in the tax rates (provided distributive effects are ignored); the agency need only estimate the benefits of reducing pollution. This makes it less likely that the tax will be set at an erroneous level than that an emission standard will be ... To put this differently, emission standards require cost-benefit analysis; pollution taxes require only benefit analysis", *Richard Posner,* Economic Analysis of Law, § 13.5.

belastet, wenn er einen Einwegbehälter kauft, und entlastet, wenn er ihn bei der zuständigen Stelle wieder abgibt.[73]

a) Nutzen des Dosenpfands

Durch das Dosenpfand werden dem Konsumenten, der seine Einwegbehälter achtlos wegwirft, zwar Kosten auferlegt, die nicht notwendigerweise einem anderen zugute kommen. Denn es ist denkbar, dass dieses Geld einfach für den mit der Durchführung des Dosenpfandsystems verbundenen Verwaltungsaufwand benötigt wird. Indes ist nicht zu erwarten, dass der mit dem Dosenpfand verbundene Verwaltungsaufwand höher ist als derjenige anderer Systeme, beispielsweise der Überwachung eines Verbots. Zudem wird es Fälle geben, in denen die Kosten, die dem achtlos seine Einwegbehälter wegwerfenden Konsumenten auferlegt werden, durchaus unmittelbar einem anderen zugute kommen, wenn nämlich ein anderer die weggeworfenen Behälter aufhebt und an Stelle des ursprünglichen Käufers zur Verkaufsstelle zurückbringt.[74] Das Dosenpfandsystem kann dazu beitragen, ein Gewerbe entstehen zu lassen, das sich auf eben diese Tätigkeiten spezialisiert und der Verschandelung der Landschaft durch weggeworfene Einwegbehälter entgegenwirkt. Die Angehörigen dieses Gewerbes werden typischerweise entweder Personen sein, für die der Zeitaufwand, der mit der Rückgabe der Einwegbehälter verbunden ist, weniger Kosten verursacht als für die Personen, welche die Einwegbehälter wegwerfen, d. h. die Angehörigen dieses Gewerbes könnten Personen mit geringen Opportunitätskosten sein. Oder es wird sich bei ihnen um Leute handeln, die aufgrund ihrer Spezialisierung Kosten sparen können.[75] Auf diese Weise könnte das Dosenpfandsystem eine Einkommensumverteilung von den besser gestellten Personen, die Dosen wegwerfen, zu den sozial schwächeren Bevölkerungsschichten, die Dosen einsammeln, zur Folge haben.[76]

Aus Sicht des Staates hat das Pfandsystem im Vergleich zu Verboten zudem Vorteile bei der Verteilung der Beweislast: Während der Staat die Übertretung von Verboten durch den Verbraucher nachzuweisen hat, muss bei einem Pfandsystem

---

73 So zumindest *Bohm,* Deposit-Refund Systems, S. 2: „A deposit-refund system is essentially a combination of a tax and a subsidy. To attain objectives in areas such as environmental, conservation, and consumer policy, a refund (subsidy) is offered to consumers or producers, or both, in order to stimulate activities that otherwise would not have been undertaken or to guide existing activities in time and space.“ Rechtlich betrachtet kann man das Dosenpfand zumindest dann dem Ordnungsrecht – verstanden als die Steuerung menschlichen Verhaltens durch Befehl und Zwang – zurechnen, wenn seine Einführung auf einer staatlichen Anordnung beruht.

74 *Bohm,* Deposit-Refund Systems, S. 6; *Carlson,* Recycling Norms, S. 1294.

75 *Bohm,* Deposit-Refund Systems, S. 59.

76 *Bohm,* Deposit-Refund Systems, S. 7 – 8. Ein paar grundsätzliche Ausführungen zu den Vor- und Nachteilen der Einkommensumverteilung werden im Abschnitt E. II. gemacht werden.

der Verbraucher darlegen und gegebenenfalls beweisen, dass er die leeren Einwegbehälter ordnungsgemäß zurückgegeben hat.

Sinnvoll kann das Dosenpfand u. a. dann sein, wenn die Wiederverwertung und die Rückgabe von Einwegbehältern zwar an sich lukrativ sind, wenn ein solches System aber auf die Teilnahme vieler Verbraucher angewiesen ist. In solchen Fällen kann das Pfandsystem dazu beitragen, dass eine wirtschaftlich sinnvolle Lösung überhaupt auf die Beine gestellt wird und nicht infolge der in einer Übergangsperiode zu gewärtigenden Schwierigkeiten ganz unterbleibt.[77]

b) *Einwände*

Einwenden lässt sich gegen das Dosenpfand vor allem, dass selten der Versuch unternommen wird, die Kosten, die durch das Wegwerfen von Einwegbehältern verursacht werden, denjenigen Kosten gegenüberzustellen, die für den Verbraucher bei der Lagerung und dem Rücktransport leerer Einwegbehälter entstehen.[78] Sind letztere geringer als erstere, so ist ein Dosenpfandsystem prinzipiell wünschenswert. Man muss dann allerdings darauf achten, dass die Pfandhöhe nicht zu niedrig bemessen ist. Andernfalls würden viele Konsumenten es vorziehen, weiterhin die Umwelt zu verschmutzen und ihre Pfandzahlung einzubüßen, als die Kosten der Lagerung und des Rücktransports der leeren Behälter auf sich zu nehmen.[79] Auf

---

[77] *Bohm*, Deposit-Refund Systems, S. 47–48.

[78] „The basic problem with the scheme is that no effort is ever made to estimate the cost of litter and relate that to the level of the tax (deposit). This omission may be due to the fact that the proponents of the tax regard it as costless because the customer has only to return the container to get his money back. But this reasoning ignores nonpecuniary costs", *Richard Posner*, Economic Analysis of Law, § 13.6. Neben den Verbrauchern entstehen natürlich auch den Herstellern und Vertreibern Kosten durch die Einführung eines Pfandsystems. Diese Kosten könnten jedoch dadurch gedeckt werden, dass voraussichtlich nicht alle Einwegbehälter zurückgegeben werden und deshalb ein Teil der Pfandeinnahmen bei den Händlern verbleiben wird. s. *Koch/Reese*, S. 1425. Ob etwaige Pfandüberschüsse vernünftigerweise den Händlern oder dem Staat zugute kommen sollten, wird sogleich erörtert werden.

[79] Dieses Problem scheint derzeit in Deutschland zu bestehen: Gegenwärtig landen rund 80 % der Einwegverpackungen trotz Dosenpfandes auf dem Müll. s. Badische Neueste Nachrichten, 18. 8. 2003, S. 2. Nach den soeben gemachten Ausführungen deutet dies darauf hin, dass das Pfand höher sein müsste. Für viele Käufer lohnen sich Rücktransport und Lagerung der Dosen offenbar noch nicht.

Allerdings ist auch zu bedenken, dass viele Leute ihre Getränkepackungen zur Verkaufsstelle zurückbringen, obwohl es sich für sie unter monetären Gesichtspunkten nicht lohnt. Die Erklärung für dieses Verhalten könnte u. a. darin bestehen, dass sie die vom Verkäufer einbehaltene Pfandzahlung weiterhin als ihr Eigentum betrachten und seiner Rückerlangung daher hohen Wert beimessen. Sie schätzen diese Rückzahlung viel höher, als sie eine vergleichbar hohe Zahlung in Form beispielsweise einer Belohnung für die Rückgabe von Einwegbehältern ohne vorherige Pfandzahlung schätzen würden. Es gibt nämlich vielfältige Beweise dafür, dass man Gegenstände, die man hat, viel mehr schätzt als Gegenstände, die man erlangen möchte (sog. „Endowment Effect"; allgemein gesprochen besteht der „Endowment Effect" darin, dass Individuen „out of pocket costs", also Barauslagen, wesentlich höher

der anderen Seite darf das Pfand aber auch nicht zu hoch ausfallen. Sonst besteht nämlich die Gefahr, dass das allzu großzügig bemessene Dosenpfand Dritten einen Anreiz bietet, Einwegbehälter herzustellen, nur um Pfandrückzahlungen zu erreichen.[80] Denn wenn sich solche Behältnisse – ohne Inhalt – zu Kosten weit unterhalb der Höhe des Pfandbetrags herstellen ließen, bestünde ein Ansporn, sie nur für die Zwecke der Erlangung von Pfandzahlungen nachzumachen. Indes würde ein solches Vorgehen, jedenfalls wenn es in großem Stil betrieben würde, vermutlich rasch aufgedeckt werden.

Darüber hinaus stellt sich die Frage, ob etwaige Pfandüberschüsse dem Staat oder den Produzenten zugute kommen sollten.[81] Ersteres hätte den Nachteil, dass es möglicherweise einen erhöhten Verwaltungsaufwand nach sich ziehen würde. Bei letzterem bestünde die Gefahr, dass die Produzenten vielleicht einen Anreiz hätten, den Kunden die Rückgabe von Einwegbehältern künstlich zu erschweren.[82] Denn dann hätten sie die Möglichkeit, die als Pfand gezahlten Beträge zu behalten. Zumindest wenn diese Beträge im Verhältnis zum Wert der zurückgegebenen Einwegbehälter recht hoch wären, wäre das lukrativ. Auch dieser Gesichtspunkt spricht also dagegen, sehr hohe Pfandbeträge festzusetzen.

Was schließlich die empirischen Befunde betrifft, so lässt sich belegen, dass das Dosenpfand zumindest im Hinblick auf die Verschandelung der Landschaft durch achtlos weggeworfenen Müll erhebliche Verbesserungen bringen kann.[83] In einem

---

ansetzen als die nach traditioneller ökonomischer Theorie ihnen gleichstehenden Opportunitätskosten. s. *Römer,* Kontingenter Bewertungsansatz, S. 435). s. *Carlson,* Recycling Norms, S. 1294.

80 *Bohm,* Deposit-Refund Systems, S. 60–61.

81 In den USA ist die Lage uneinheitlich: In einigen der Einzelstaaten, die ein Pfandsystem eingeführt haben, darf die Getränkeindustrie etwaige Pfandüberschüsse behalten, in anderen müssen Überschüsse an den Staat abgeführt werden. s. *Godush,* Hidden Value, S. 859.

82 *Bohm,* Deposit-Refund Systems, S. 115.

83 Diesen Vorteil der Pfandsysteme betonen auch *Arndt/Fischer,* S. 1912, sowie die Umweltgutachten 2000 und 2002. Ansonsten stehen beide Umweltgutachten Pfandsystemen für Einwegverpackungen aber kritisch gegenüber. Vgl. Umweltgutachten 2000, S. 371 ff.; Umweltgutachten 2002, S. 411. Ihrer Ansicht nach böten sie den Vertreibern einen Anreiz zur Ausdehnung des Einwegabsatzes, weil diese mit nicht eingelösten Pfandgeldern ihre Kosten decken könnten (nur: dass nicht eingelöste Pfandgelder den Vertreibern zustehen, versteht sich nicht von selbst; es wären auch andere gesetzliche Regelungen denkbar). Zwei separate Rücknahmesysteme für Ein- und Mehrwegverpackungen seien oft aus Platzgründen nicht machbar. Zudem würde die Zwangsbepfandung in den Augen der Verbraucher den Unterschied zwischen Ein- und Mehrweg verwischen und bereits vorhandene Kapazitäten des Dualen Systems Deutschland entwerten. Aus diesen Gründen wenden sich beide Umweltgutachten gegen das Pfand und plädieren für eine Abgabe auf Einwegbehälter.

Ob diese Einwände der Umweltgutachten gegen Pfandsysteme stichhaltig sind und ob Abgaben wirklich den Pfandsystemen überlegen sind, soll hier nicht weiter geklärt werden, zumal auch die Umweltgutachten nicht verraten, wie man mit Hilfe von Abgaben der „wilden Entsorgung“ Herr werden könnte. Festzuhalten bleibt allerdings, dass sich sämtliche Umweltgutachten dezidiert gegen diejenige Art von mengenmäßigen Beschränkungen aussprechen, wie sie in der hier in Rede stehenden Absprache vereinbart wurde.

Fall verringerte sich die Anzahl der am Straßenrand liegengelassenen Einwegbehälter um ungefähr zwei Drittel.[84] Zudem führte der durch ein Pfandsystem angestoßene Wechsel von Einweg- zu Mehrwegbehältern zu großen Energieeinsparungen.[85]

V. Bewertung der abfallrechtlichen Absprache

Überträgt man diese Erkenntnisse auf die oben geschilderte abfallrechtliche Absprache, die den Anteil von Einwegbehältern am gesamten Getränkeumsatz verringern sollte, so fällt Verschiedenes auf: Zunächst einmal steht die Behauptung, mit normersetzenden Absprachen sei eine *Zeitersparnis* verbunden, offenbar auf tönernen Füßen. Die Verständigung auf die hier in Rede stehende Absprache hat mehrere Jahre gedauert, wobei die unmittelbar für die Absprache bedeutsamen Verhandlungen ca. 1 Jahre in Anspruch nahmen.[86] Das scheint im Vergleich zur üblichen Dauer der Verordnungsgebung jedenfalls kein besonders kurzer Zeitraum zu sein. Zwar sind für andere normvertretende Absprachen keine Zahlen erhältlich, da diese Regelungsform – wie bereits oben geschildert – vom Licht der Öffentlichkeit weitgehend abgeschottet ist. Die mit der abfallrechtlichen Absprache gemachten Erfahrungen stimmen jedoch skeptisch gegenüber Versuchen, den Ausschluss verschiedener gesellschaftlicher Gruppen vom Verhandlungsprozess damit zu rechtfertigen, dass andernfalls die durch Selbstverpflichtungen ermöglichte Zeitersparnis auf dem Spiel stehe.[87]

Ähnlich misstrauisch sollte man gegenüber dem Hinweis auf die angebliche *Innovationskraft* normvertretender Absprachen sein.[88] Die hier beschriebene abfallrechtliche Absprache zeigt, dass Absprachen zumindest nicht stets ein Hort in-

---

[84] *Bohm,* Deposit-Refund Systems, S. 110; *Anderson u. a.,* S. 70. Auch *Godush,* Hidden Value, S. 867, berichtet, dass sich diese Art der Abfallentsorgung nach amerikanischen Studien um bis zu 80 % verringern könnte.

[85] *Anderson u. a.,* S. 70.

[86] *Bohne,* Absprachen, S. 270.

[87] Zweifelnd äußert sich auch der Sachverständigenrat für Umweltfragen, nach dessen Angabe zumindest bei komplexen Selbstverpflichtungen mit einer langen Verhandlungsdauer zu rechnen ist. s. Umweltgutachten 1998, S. 136. Ebenso *Helberg,* Normabwendende Selbstverpflichtungen, S. 64 (unter Berufung auf mehrere Beispiele) sowie *Leitzke,* Normersetzender Vertrag, S. 365. *Michael,* Rechtsetzende Gewalt, S. 221, 225 f., gibt zu bedenken, dass auch die Verordnungsgebung sehr rasch vonstatten gehen und mit ihrer Hilfe flexibel reagiert werden kann – zumindest sofern nicht die Zustimmung des Bundesrats (Art. 80 II GG) erforderlich ist. Auch *von Zezschwitz,* Wirtschaftliche Lenkungstechniken, S. 501, ist der Meinung, dass der Gesetzgeber in der Lage sei, schneller zu handeln als oftmals angenommen, und dass er in eilbedürftigen Fällen durchaus binnen kürzester Frist beraten und entscheiden könne. Ähnlich *Wolf,* Normvertretende Diskurse, S. 141.

[88] Milde skeptisch ebenfalls Umweltgutachten 1998, S. 139. Ähnlich *Helberg,* Normabwendende Selbstverpflichtungen, S. 75.

novativer Experimente sind: Man begnügte sich mit dem Versuch, mit Hilfe eines ziemlich hausbackenen Mittels, nämlich der Verständigung auf eine mengenmäßige Begrenzung, der Einwegproblematik Herr zu werden. Dieser Versuch ist all den oben skizzierten Bedenken ausgesetzt, denen Verbote, Grenzwerte und mengenmäßige Beschränkungen begegnen. Namentlich müssen sich die Befürworter dieser Absprache fragen lassen, woher sie die nötigen Informationen nehmen, um einschätzen zu können, dass die Kosten der Absprache in einem vernünftigen Verhältnis zu ihrem Nutzen stehen. Zwar könnte man im vorliegenden Fall entgegnen, dass die Wirtschaft keiner Absprache zugestimmt hätte, die mit exorbitanten Kosten verbunden ist. Aber zum einen stand im Hintergrund ja immerhin die Drohung mit dem Erlass einer Verordnung, die noch strenger hätte ausfallen können. Daher könnte die Wirtschaft durchaus bereit gewesen sein, im Rahmen der Absprache erhebliche Kosten zu tragen. Und zum anderen wäre es denkbar, dass die Kosten der Absprache zwar absolut gesehen nicht hoch sind, gleichwohl aber ihren Nutzen deutlich überwiegen. Ganz von der Hand zu weisen ist dieser Verdacht nicht: Wenn eines der Hauptprobleme der Verwendung von Einwegbehältern tatsächlich darin besteht, dass die Landschaft durch achtlos weggeworfene Behälter verschmutzt wird, dann ist nicht ohne weiteres ersichtlich, wie man dieses Problems dadurch Herr werden will, dass man das Wachstum des Einwegbehälteranteils beschränkt. Zwar kann man auf diese Weise verhindern, dass sich die Situation weiter verschlimmert. Von der Lösung des Problems ist man aber auch bei buchstabengetreuer Durchführung der Absprache noch weit entfernt.

Es drängt sich daher der Verdacht auf, dass bei Abschluss dieser Absprache ihre Kosten und ihr Nutzen überhaupt nicht ins Blickfeld der Beteiligten getreten sind. Man hat offenbar einfach aus der hohlen Hand einen Kompromiss gewählt, mit dem beide Seiten glaubten leben zu können. Dass dieser Kompromiss jemals zur Lösung des Abfallproblems geeignet war, darf man aus den genannten Gründen bezweifeln. Mit Sicherheit aber lässt sich sagen, dass er nicht innovativ war. Eine innovative Absprache hätte sich zumindest auch mit dem Verhalten der Verbraucher beschäftigen und versuchen müssen, ihre Abfallentsorgungsgewohnheiten zu steuern. Nach den vorstehenden Ausführungen hätte sich dafür beispielsweise ein Pfandsystem angeboten.

Ob sich der Befund verallgemeinern lässt, dass es Absprachen entgegen den Beteuerungen ihrer Befürworter oft an Innovationskraft mangelt, ist wiederum wegen der mangelnden Publizität von Absprachen nur schwer zu beurteilen. Nimmt man aber die Absprachen, die ihrem wesentlichen Inhalt nach bekannt sind, als Richtschnur, so scheinen sie sich im Allgemeinen mit dem Einsatz traditioneller Lenkungsmittel zu begnügen. Namentlich Verbote und Grenzwerte bzw. mengenmäßige Beschränkungen kommen ständig zum Einsatz, wohingegen mit *ökonomischen Anreizen* kaum gearbeitet wird. Die Vorteile ökonomischer Instrumente werden offenbar unterschätzt und die Nachteile der traditionellen Lenkungsmittel nicht hinreichend wahrgenommen. Mithin scheint es kaum gerechtfertigt, den Absprachen Innovationskraft zuzuschreiben.

Und auch mit der den Absprachen angeblich eigenen hohen *Flexibilität* ist es augenscheinlich nicht weit her. Man kann hier durchaus eine Parallele zum Gebrauch des Flexibilitätsarguments in einem anderen umweltrechtlichen Zusammenhang sehen, nämlich bei den Verwaltungsvorschriften: Es wird immer wieder betont, dass Verwaltungsvorschriften nötig seien, da sie flexibler seien als Parlamentsgesetze. Indes steht diese Behauptung im Widerspruch zu der Tatsache, dass beispielsweise die TA-Lärm beständiger ist als so manche Rechtsnorm und teilweise auch angesichts offenbarer Novellierungsbedürftigkeit nicht geändert wurde.[89] Wären Absprachen tatsächlich so flexibel, wie ihre Befürworter glauben, und wäre es möglich, sie rasch veränderten Umständen anzupassen, so hätte man bei der abfallrechtlichen Absprache eine Anpassung erwarten dürfen. Es wurde nämlich sehr bald nach Abschluss der Absprache klar, dass der Anteil der Einwegbehältnisse weiter zunahm und dass die Absprache zu einem Fehlschlag zu werden drohte. Gleichwohl geschah zunächst nichts, der Staat blieb schlicht untätig. Und als man befürchten musste, dass das Abfallproblem aus dem Ruder laufen würde, griff man nicht etwa zum Mittel der Verordnung, sondern man traf eine neue Absprache, die aber wiederum scheiterte.[90] Dass sich dieses Verhalten möglicherweise erklären lässt, soll erst später genauer erörtert werden.

Hier sei lediglich festgehalten, dass zumindest manche Absprachen den mit dem Mittel der Absprache verbundenen Versprechungen der Zeitersparnis, Innovationskraft und Flexibilität nicht gerecht zu werden vermögen. Auf wie viele Absprachen dieser Befund zutrifft, lässt sich angesichts fehlender empirischer Daten nicht sagen. Man könnte nun zwar noch weitere gesetzesvertretende Absprachen untersuchen, um die Behauptung zu untermauern, dass Absprachen häufig lange Zeit beanspruchen, wenig flexibel sind und dass es ihnen an Innovationskraft mangelt, und man könnte sodann das deutsche System einer eingehenden Kritik unterziehen. Wegen fehlender empirischer Daten könnte man aber – wie gesagt – nie zu methodisch voll befriedigenden Ergebnissen kommen. *Es soll deshalb hier genügen, die im deutschen Recht traditionell geltend gemachten Begründungen für die fehlende Beteiligung Dritter am Abschluss normvertretender Absprachen zumindest in Zweifel gezogen zu haben.* Nachdem offenbar auch die Befürworter von Absprachen davon ausgehen, dass eine solche Beteiligung grundsätzlich wünschenswert ist und nur in begründeten Fällen unterbleiben darf, wäre es ihre Aufgabe, überzeugendere Argumente für den Ausschluss Dritter vorzutragen.[91] Denn

---

89 *Sparwasser u. a.*, § 10 Rn. 312 f. Ebenso *Kunert*, Normkonkretisierung, S. 1022, nach dessen Ansicht das Erarbeiten von Grenzwerten, technischen Regeln usw. in Form von Verwaltungsvorschriften häufig nicht weniger mühsam und zeitaufwendig ist als das Verabschieden eines Gesetzes oder der Erlass einer Verordnung.

90 Die abfallwirtschaftliche Absprache von 1977 wurde 1982 nachgebessert. Erst 1988 wurde die PET-VO erlassen, 1991 dann die VerpackV.

91 Auch wenn die Argumente der Absprachebefürworter nicht im strengen Sinne falsifiziert werden können, können die hier vorgenommenen Erwägungen doch zu einer Beweislastumkehr im untechnischen Sinne führen. D. h. wer immer das Gegenteil behauptet, sollte dies durch empirische Untersuchungen belegen. Dazu *Rehbinder*, Rechtssoziologie, S. 25.

nach der Schilderung dieses Beispiels lässt sich immerhin sagen, dass die reflexhafte Berufung auf die angeblichen Vorteile der Absprachen die mangelnde Beteiligung fast aller betroffenen Interessen – mit Ausnahme der Wirtschaft – nicht rechtfertigen kann. Will man die fehlende Verfahrensteilhabe gesellschaftlicher Gruppen verteidigen, so muss man sich nach einer anderen Begründung umsehen. Wo eine neue Begründung für eine zurückhaltende Handhabung von Beteiligungsrechten ihren Ausgangspunkt nehmen könnte, wird bei der nun folgenden Untersuchung des auf eine ausgewogene Interessenvertretung bedachten amerikanischen Rechts angedeutet werden.

Kurz gesagt wird die Betrachtung des amerikanischen Rechts zwei Dinge zeigen: Einmal, dass auch eine Beteiligung beispielsweise von Umweltverbänden keine Gewähr dafür bietet, dass Umweltinteressen tatsächlich hinreichend berücksichtigt werden (dazu unter D.). Und zweitens, dass der Gedanke der Interessenvertretung grundsätzlichen Bedenken begegnet, da manchen Interessen aus strukturellen Gründen keine wirksame Vertretung möglich ist (dazu unter E.).

Abschließend sei zu der deutschen abfallrechtlichen Absprache nur noch Folgendes angemerkt: Möglicherweise war diese Absprache aufgrund der zu großen Anzahl der Teilnehmer von vornherein zum Scheitern verurteilt.[92] Da Absprachen ja keine rechtliche Bindungswirkung entfalten, ist der Staat auf den Einsatz politischen und sozialen Drucks angewiesen. Und dieser Druck lässt sich auf eine große Gruppe schlechter ausüben als auf eine kleine Gruppe. Zudem war für alle Getränkeunternehmen die Produktion von Einwegbehältnissen offenbar lukrativ. Es bestand daher für sie der starke Anreiz, entweder mit der Reduzierung des eigenen Einwegbehälteranteils zuzuwarten und sich darauf zu verlassen, dass andere die notwendigen Maßnahmen treffen werden. Oder sogar die Einhaltung der Absprache seitens ihrer Konkurrenten dazu zu nutzen, selbst mehr zu produzieren, um in die Marktlücke vorzustoßen, die durch den Rückzug der Konkurrenten entsteht. Beide Verhaltensweisen sind durchaus wahrscheinlich, denn die Konkurrenten haben keine rechtliche Handhabe gegen Trittbrettfahrer, und zur Ausübung sozialen Drucks ist der Kreis der Beteiligten vermutlich einfach zu groß. Die Vorstände und Geschäftsführer der Getränkeunternehmen werden sich gegenseitig nicht so gut kennen, dass sie allein aufgrund ihrer persönlichen Beziehungen den Verlockungen des Trittbrettfahrens wirksam begegnen könnten. Aus diesem Grund war hier das Mittel der Absprache vermutlich von vornherein zur Verringerung des Einwegbehälteranteils ungeeignet.[93]

---

92 *Bohne,* Informales Verwaltungshandeln, S. 366. Auch *Giebel,* Vereinbarungen, S. 275, merkt an, dass Absprachen in der Regel durch überschaubare Marktstrukturen gefördert werden.

93 Es ist deshalb wohl auch kein Zufall, dass der jeweils für das Abfallgesetz zuständige Minister über eineinhalb Jahrzehnte vergeblich versucht hat, mit Hilfe von Absprachen den Einsatz von Mehrwegbehältern zu forcieren. Nachdem sämtliche Absprachen gescheitert waren, sah sich letztlich doch der Verordnungsgeber zum Handeln gezwungen. s. *Versteyl,* PET-Verordnung, S. 127.

D. Die Interessenvertretung im amerikanischen „Negotiated Rulemaking“, insb. die Frage nach dem Nutzen der Beteiligung von Umweltverbänden

I. Einleitung

Wie die Schilderung des „Negotiated Rulemaking“ gezeigt hat, ist das amerikanische System viel ausgewogener als das deutsche und in einem viel höheren Grad auf die Vertretung aller erheblich betroffenen Interessen bedacht. Die Behörde hat von sich aus ein Verhandlungskomitee zusammenzustellen, in dem alle wesentlich betroffenen Interessen vertreten sind. Darüber hinaus haben Personen, deren Interessen von der Behörde nicht ausreichend berücksichtigt worden sind, die Möglichkeit, sich um einen Platz am Verhandlungstisch zu bewerben. Man sollte daher meinen, dass das amerikanische System – zumindest unter diesem Gesichtspunkt – nahezu perfekt ist. Ist nicht die Beteiligung beispielsweise von Umweltgruppen am Verhandlungskomitee die beste Garantie dafür, dass Umweltschutzgesichtspunkte eine angemessene Berücksichtigung finden? Könnte man nicht erwarten, dass sie sich jeder Lösung widersetzen werden, welche Umweltinteressen zuwider läuft? Man ist geneigt, diese Fragen mit „ja“ zu beantworten.[1] Für alle am Umweltschutz Interessierten scheint in der Tat die Teilnahme gleichgesinnter Personen am Verhandlungsprozess die einfache und effiziente Wahrnehmung ihrer Interessen zu gewährleisten. Denn falls Umweltinteressen mit Füßen getreten werden, werden sich die beteiligten Umweltgruppen einem Konsens verweigern, und wenn Umweltinteressen hinreichende Beachtung finden, werden sie ihre Zustimmung erteilen. Am Umweltschutz ebenfalls interessierte Dritte könnten deshalb glauben, dass sie sich eine genauere Untersuchung des Verhandlungsergebnisses sparen und einfach auf das Urteil der beteiligten Umweltgruppen verlassen können.

Wie im Folgenden darzustellen sein wird, ist diese Einschätzung indes kaum haltbar. *Umweltverbände neigen systematisch dazu, die Ergebnisse von Verhandlungen, an denen sie selbst beteiligt waren, zu optimistisch einzuschätzen.* Sie sind häufig mit Verhandlungsergebnissen zufrieden, die Umweltinteressen weniger berücksichtigen, als dies im zugrunde liegenden Gesetz vorgesehen ist, also mit Verhandlungsergebnissen, die nicht bloß Umweltinteressen missachten, sondern dies auch noch auf gesetzeswidrige Weise tun.

---

1 Ähnlich beispielsweise *Würtenberger*, Akzeptanz durch Verwaltungsverfahren, S. 263, nach dessen Ansicht die Akzeptanz seitens der Entscheidungsbetroffenen ein kaum widerlegbares Indiz für Gemeinwohloptimierung und sachliche Richtigkeit ist.

Zur genaueren Begründung dieser Behauptung soll wie folgt vorgegangen werden: Zunächst einmal sollen drei verschiedene amerikanische Verordnungen, die im Wege der Verhandlung zustande gekommen sind, genauer untersucht werden, nämlich die Koksofen-, die Holzmöbel- und die Holzofenverordnung (dazu unter II.). Obwohl die Beschreibung des amerikanischen „Negotiated Rulemaking Act" ergeben hat, dass „Negotiated Rules" denselben Maßstäben genügen müssen wie Verordnungen, die auf herkömmlichem Wege zustande gekommen sind, d. h. obwohl auch vereinbarte Verordnungen in vollem Umfang dem Vorrang des Gesetzes unterliegen, zeigen die drei genannten Verordnungen die Tendenz, gesetzliche Vorgaben zu missachten.[2] Dies äußert sich etwa darin, dass das Umweltschutzniveau nicht das vom Clean Air Act vorgesehene Maß erreicht und dass das im Clean Air Act verkörperte öffentliche Interesse außer Acht gelassen wird. Obschon die hier erörterten Verordnungen zufällig ausgewählt wurden, soll nicht behauptet werden, dass sie deshalb unbedingt repräsentativ für den Prozess der kooperativen Verordnungsgebung sind.[3] Noch soll geltend gemacht werden, dass die kooperative Verordnungsgebung bei der Einhaltung gesetzlicher Vorgaben schlechter abschneidet als die herkömmliche Verordnungsgebung. Denn insoweit fehlt es schlicht an zuverlässigen Studien. Die einzigen vertrauenswürdigen Studien, die auf diesem Gebiet durchgeführt wurden, betreffen die Dauer des Verordnungsgebungsverfahrens, die Wahrscheinlichkeit von Rechtsstreitigkeiten[4] sowie die Zufriedenheit der Teilnehmer an Verhandlungskomitees im Vergleich mit der Zufriedenheit derjenigen, die an herkömmlichen Verordnungsgebungverfahren beteiligt waren.[5] Hingegen gibt es keine Studien, die sich mit der Häufigkeit der Abweichung von gesetzlichen Vorgaben bei „Negotiated Rules" beschäftigen und die auf diese Weise gefundenen Werte mit denjenigen für herkömmliche Verordnungen vergleichen. Daher kann insoweit auch keine konkrete Behauptung aufgestellt werden. Es geht hier lediglich darum zu zeigen, dass „Negotiated Rules" in der Tat häufig den Vorrang des Gesetzes vernachlässigen. Bewusst offen bleiben soll die Frage, ob dies bei der kooperativen Verordnungsgebung weniger oft oder häufiger geschieht als bei traditionellen Verordnungen.

---

2 Nur am Rande sei auf Folgendes hingewiesen. Was das kooperative Verwaltungshandeln im Allgemeinen, also vor allem individuell-konkrete Absprachen betrifft, so zeigen auch die wenigen Beschreibungen aus der deutschen Praxis die Tendenz der Verwaltung, zwar nicht selbst rechtswidrig zu handeln, aber doch zumindest rechtswidriges Handeln Privater zu dulden. s. *Peter Arnold,* Die Arbeit mit öffentlich-rechtlichen Verträgen im Umweltschutz beim Regierungspräsidium Stuttgart, VerwArch. 80 (1989), 125 ff., sowie *Manfred Bulling,* Kooperatives Verwaltungshandeln (Vorverhandlungen, Arrangements, Agreements und Verträge) in der Verwaltungspraxis, DÖV 1989, 277 ff.

3 Zur Zufallsauswahl („Random Sample") als Mittel der Rechtstatsachenforschung s. *Rehbinder,* Rechtssoziologie, S. 58.

4 *Coglianese,* Assessing Consensus.

5 *Freeman/Langbein,* S. 60 ff. Dieser Aufsatz basiert auf einer empirischen Untersuchung von *Laura Langbein* und *Cornelius Kerwin.* Ein Teil der Untersuchungsergebnisse wurde veröffentlicht als: *Langbein/Kerwin.*

Das Ergebnis der Untersuchung einzelner „Negotiated Rules“ auf ihre Abweichung von gesetzlichen Vorgaben soll dann die Grundlage für die Erörterung des wichtigsten Aspekts dieses Abschnitts bilden, nämlich für die Beantwortung der bereits oben angesprochenen Frage, warum die Zufriedenheit der Verhandlungsbeteiligten mit den Verhandlungsergebnissen wenig darüber aussagt, ob diese Ergebnisse objektiv betrachtet wirklich vernünftig sind. Zwar ist man – wie gesagt – intuitiv geneigt anzunehmen, dass die am Verhandlungskomitee beteiligten Umweltverbände einer Verordnung, welche Umweltinteressen missachtet, nicht zustimmen werden. Wie die Beispiele offenbaren werden, ist diese intuitive Annahme aber nicht richtig. Die Zufriedenheit der Verhandlungsteilnehmer scheint vielmehr weitgehend unabhängig vom Inhalt der ausgehandelten Verordnung zu sein. Umweltverbände äußern sich oftmals zustimmend zu Verordnungen, die Umweltinteressen vernachlässigen. Hier soll der Versuch unternommen werden, diesen überraschenden Befund mit Hilfe sozialpsychologischer Erkenntnisse zu erklären (dazu unter III.). Ein besonderes Augenmerk gilt insoweit der Theorie der kognitiven Dissonanz (unter III. 3.), aber auch der sog. Hawthorne-Effekt verdient es, zumindest kurz angesprochen zu werden (unter III. 4.). Am Ende dieses Abschnitts steht dann zum einen der Vergleich zwischen „Negotiated Rulemaking“ und traditionellem „Notice-and-Comment Rulemaking“ (dazu unter IV.), zum anderen geht es um die Übertragbarkeit der hier gewonnenen Ergebnisse auf das deutsche Recht, wobei insbesondere die Frage nach erweiterten Beteiligungsmöglichkeiten für Umweltverbände eine Rolle spielt (dazu unter V.).

II. Beispiele für „Negotiated Rules“

Die hier ausgewählten Verordnungen werden zeigen, dass die Vernachlässigung von Umweltinteressen und die Verletzung gesetzlicher Vorgaben durch „Negotiated Rules“ offenbar häufig folgende Formen annehmen: Keine der Verordnungen schafft es, das im Clean Air Act vorgesehene Maß an Emissionsminderungen zu erreichen. Regelmäßig sind die von den kooperativen Verordnungen gemachten Vorgaben viel großzügiger als die im Clean Air Act festgesetzten. Beispielsweise orientieren sich die Verordnungen entgegen den Vorschriften des Clean Air Act nicht daran, welches der höchste erreichbare Grad an Emissionsminderungen ist, sondern nehmen unterschiedliche andere Standards zum Maßstab. Zudem sorgen die „Negotiated Rules“ häufig dafür, dass alte Technologien länger verwendet werden dürfen, als dies gesetzlich vorgesehen ist. Und Altanlagen werden bevorzugt behandelt, indem beispielsweise der Begriff „neue Anlage“ enger definiert wird als vom Clean Air Act vorgesehen oder indem Veränderungen bereits bestehender Anlagen vom Anwendungsbereich der neuen Verordnung ausgenommen werden.

1. Die Koksofenverordnung („Coke Oven Emissions Rule“)

Bei der Koksofenverordnung lassen sich alle genannten Defizite finden.

Koksöfen werden gebraucht, um Kohle in Koks umzuwandeln, der für die Stahlproduktion gebraucht wird. Sie stoßen eine Reihe von gefährlichen Schadstoffen aus, darunter Benzol, Phenol, Toluol und polyaromatische Kohlenwasserstoffe. Der Ausstoß dieser Schadstoffe kann gem. § 112 CAA (Clean Air Act) geregelt werden.[6] Bereits aus diesem Grund konnte die Bundesumweltbehörde EPA also tätig werden. Hinzu kam noch, dass Schätzungen der Bundesumweltbehörde ergaben, dass das Krebsrisiko für die diesen Schadstoffen ausgesetzten Personen bei 1 / 100 liegt,[7] d. h. ein Ausmaß erreicht, welches üblicherweise Anlass zu staatlichem Tätigwerden gibt.[8] Daher rief die Bundesumweltbehörde zu Beginn des Jahres 1992 ein „Negotiated Rulemaking Committee“ zusammen, um die Möglichkeiten des Vorgehens im Wege einer Verordnung auszuloten. Dieses Verhandlungskomitee bestand aus Vertretern der Stahlindustrie, der Gewerkschaften, der Einzelstaaten sowie einiger Umweltverbände. Nach ein paar Verhandlungsrunden einigte sich das Komitee auf eine Verordnung, die von der Behörde im Dezember 1992 förmlich vorgeschlagen und im Oktober 1993 endgültig bekannt gemacht wurde.

a) Die Missachtung des Vorrangs des Gesetzes durch die Koksofenverordnung und ihr Beitrag zur Beibehaltung alter Technologien

Gemäß § 112 des CAA ist der Leiter der Bundesumweltbehörde aufgefordert, im Wege der Verordnung Emissionsgrenzwerte für Koksöfen auf der Grundlage der technisch größtmöglichen Reduzierung des Ausstoßes gefährlicher Schadstoffe festzusetzen. Dabei hat er die Kosten der Emissionsreduzierung sowie etwaige Umweltverbesserungen in anderen Medien als der Luft zu berücksichtigen.[9] So-

6 42 U.S.C. § 7412.

7 *Caldart / Ashford,* S. 149.

8 Die EPA wird erfahrungsgemäß oft bereits tätig, wenn ein Risiko von 1 / 1.000.000 festgestellt wird, strikte Vorgaben sind jedoch selten. Verpflichtend ist beispielsweise die Sanierung von Deponien, in denen Gefahrstoffe lagern, wenn das Krebsrisiko 1 / 10.000 beträgt. s. *Viscusi,* Risk Equity, S. 863. Ansonsten lassen sich kaum Regelmäßigkeiten erkennen. So befinden sich laut *Breyer,* Breaking the Vicious Circle, S. 25 ff., die von der EPA tatsächlich regulierten Risiken auf einer sehr großen Skala, die von 6.300 / 1.000.000 (Standards for Radionuclides in Uranium Mines) bis < 1 / 1.000.000 (Municipal Solid Waste Landfill Standards; Hazardous Waste Listing for Wood Preserving Chemicals) reicht. *Breyers* Skala geht zurück auf Zahlen, die von Ökonomen des Office of Mangament and Budget (OMB), und zwar in erster Linie von *John Morrall,* berechnet wurden. s. *Heinzerling,* Regulatory Costs, S. 1986 f., mit einer sehr ausführlichen Kritik dieser Zahlen.

9 42 U.S.C. § 7412 (d)(2): „Emission standards promulgated under this subsection and applicable to new or existing sources of hazardous air pollutants shall require the maximum degree of reduction in emissions of the hazardous air pollutants subject to this section (in-

dann werden im CAA die Grenzwerte genannt, denen die Koksöfen mindestens gerecht werden müssen.

Ausdrücklich schreibt der CAA vor, dass bei der Festsetzung der Grenzwerte für neue Koksöfen die sog. „Jewell design Thompson non-recovery coke oven batteries" maßgeblich sein sollen. Diese Koksöfen zeichnen sich offenbar durch ihre besonders geringen Emissionen aus. Der Leiter der Bundesumweltbehörde soll sie deshalb nach den Vorgaben des CAA auf ihre Möglichkeiten untersuchen, Emissionen zu reduzieren und zugleich hochwertigen Koks zu produzieren.[10]

8 Jahre nach In-Kraft-Treten der ersten, allein auf das technisch Machbare abstellenden Grenzwerte („Technology-based Standards") können gegebenenfalls neue, stärker gesundheitsorientierte Grenzwerte eingreifen („Health-based Standards").[11] Der CAA schreibt insoweit vor, dass – wenn der Kongress untätig geblieben ist – der Leiter der Bundesumweltbehörde diese neuen Grenzwerte festsetzen soll, wenn dies erforderlich ist, um die Gesundheit der Öffentlichkeit mit großer Sicherheit zu schützen oder um nachteilige Umweltauswirkungen zu verhindern.[12]

Allerdings eröffnet der CAA auch die Möglichkeit, die Verkündung gesundheitsorientierter Grenzwerte zu vermeiden, wenn die Koksöfen spätestens am 1. Januar 1998 Grenzwerte einhalten, die vor dem 31. Dezember 1992 bekannt gemacht wurden. Diese spätestens Ende 1992 bekanntzumachenden Grenzwerte sollen die geringst mögliche Emissionsrate widerspiegeln. Der Begriff der geringst möglichen Emissionsrate wird gesetzlich dahingehend definiert, dass es sich um

---

cluding a prohibition on such emissions, where achievable) that the Administrator, taking into consideration the cost of achieving such emission reduction, and any non-air quality health and environmental impacts and energy requirements, determines is achievable for new or existing sources in the category or subcategory to which such emission standard applies, ..." Im Folgenden werden die gesetzlichen Ermächtigungsgrundlagen in der Regel wörtlich in den Fußnoten zitiert werden, nicht jedoch die auf ihnen fußenden Verordnungen, da letztere oft zu umfangreich sind.

10 42 U.S.C. § 7412 (d)(8)(A)(ii): „Not later than December 31, 1992, the Administrator shall promulgate regulations establishing emission standards under paragraph (2) and (3) of this subsection for coke oven batteries. In establishing such standards, the Administrator shall evaluate – ... (ii) as a basis for emission standards under this subsection for new coke oven batteries that begin construction after the date of proposal of such standards, the Jewell design Thompson non-recovery coke oven batteries and other non-recovery coke oven technologies, and other appropriate emission control and coke production technologies, as to their effectiveness in reducing coke oven emissions and their capability for production of steel quality coke."

11 Zur Unterscheidung zwischen diesen Standards vgl. *Driesen,* Societal Cost, S. 554.

12 42 U.S.C. § 7412 (f)(2)(A): „If Congress does not act on any recommendation submitted under paragraph (1), the Administrator shall, within 8 years after promulgation of standards for each category or subcategory of sources pursuant to subsection (d) of this section, promulgate standards for such category or subcategory if promulgation of such standards is required in order to provide an ample margin of safety to protect public health in accordance with this section ... or to prevent, taking into consideration costs, energy, safety, and other relevant factors, an adverse environmental effect."

die strengste Emissionsbegrenzung handelt, die von einer Klasse oder Kategorie emittierender Anlagen ohne Rücksicht auf die Kosten tatsächlich erreicht wird. Keinesfalls soll die Emissionsbegrenzung mehr erlauben als 3 % leckende Türen, 1 % leckende Koksofendeckel, 4 % leckende Abzüge und 16 Sekunden sichtbare Emissionen pro Beschickung.[13]

Im hier vorliegenden Fall orientieren sich die vom Verhandlungskomitee für 1998 und 2010 festgesetzten Grenzwerte, welche die Anwendung der gesundheitsorientierten Standards vermeiden sollen, indes nicht an der geringst möglichen Emissionsrate. Die im Verhandlungswege erarbeitete Verordnung sieht vor, dass ab Januar 1998 im Durchschnitt zwischen 3,8 und 4,3 % leckende Koksofentüren, 0,4 % leckende Deckel und 2,5 % leckende Abzüge erlaubt sein sollen;[14] und ab Januar 2010 sollen die Grenzwerte kaum strenger sein: Erlaubt sind dann zwischen 3,3 % und 4,0 % leckende Türen.[15] Diese Grenzwerte liegen erheblich höher als die geringst mögliche Emissionsrate, die tatsächlich ohne Rücksicht auf die Kosten erreicht werden kann. Der am umweltfreundlichsten arbeitende Koksofen, den es in den USA zur Zeit des Verordnungsgebungsverfahrens gab, war die bereits erwähnte Jewell Smokeless Plant in Vansant, Virginia. In diesem Ofen wurde die sog. „Non-Recovery“ Technologie eingesetzt, während sämtliche ältere Öfen die sog. „By-Product Recovery“ Technologie verwendeten. Mit Hilfe der „Non-Recovery“ Technologie können die Emissionen auf 0,0 % leckende Koksofentüren begrenzt werden, und Abzüge und Koksofendeckel, die lecken könnten, sind bei dieser Technik gar nicht erst vorgesehen.[16] Der Kongress hat diese Vorteile der „Non-Recovery“ Technologie klar gesehen und deshalb vom Leiter der Bundesumweltbehörde verlangt, die Leistungen der Jewell Smokeless Plant und anderer Koksöfen, welche die „Non-Recovery“ Technologie einsetzen, auszuwerten um festzustellen, wie effektiv sie bei der Reduzierung von Emissionen sind.[17] Gleichwohl hat das zur Verordnungsgebung berufene Verhandlungskomitee die Grenzwerte für die Jahre 1998 und 2010 auf Grundlage der „By-Product Recovery“ Technologie statt auf Grundlage der viel umweltfreundlicheren „Non-Recovery“

---

13 42 U.S.C. § 7412 (i)(8)(B)(i): „Not later than December 31, 1992, the Administrator shall promulgate emission limitations for coke oven emissions from coke oven batteries. Notwithstanding paragraph (3) of this subsection, the compliance date for such emission limitations for existing coke oven batteries shall be January 1, 1998. Such emission limitations shall reflect the lowest achievable emission rate as defined in section 7501 of this title for a coke oven battery that is rebuilt or a replacement at a coke oven plant for an existing battery. Such emission limitations shall be no less stringent than – (I) 3 per centum leaking doors …; (II) 1 per centum leaking lids; (III) 4 per centum leaking offtakes; and (IV) 16 seconds visible emissions per charge with an exclusion for emissions during the period after the closing of self-sealing oven doors …“

14 40 C.F.R. § 63.304 (b)(2). C.F.R. steht für Code of Federal Regulations und bezeichnet die Sammlung der „Rules“ der Bundesbehörden.

15 40 C.F.R. § 63.304 (b)(3).

16 *Caldart/Ashford,* S. 153.

17 42 U.S.C. 7412 (d)(8)(A).

Technologie festgesetzt. Mithin spiegeln diese Grenzwerte auch nicht die geringst mögliche Emissionsrate wider. Sie orientieren sich lediglich an den Emissionen der „By-Product Recovery" Öfen, und selbst vor diesem Hintergrund sind sie nicht besonders streng. Wie Inspektionen der Bundesumweltbehörde EPA zeigten, die 6 Monate nach In-Kraft-Treten der „Negotiated Rule" im Jahr 1993 durchgeführt wurden, gelang es den meisten Öfen schon damals ohne weiteres, die erst für 1998 vorgesehenen Grenzwerte einzuhalten, und einige Öfen waren sogar bereits in der Lage, Lecks bei den Türen auf 1 bis 2 % zu begrenzen. Mithin lagen die Emissionen bei möglichst umweltschonendem Betrieb, auch wenn man die alte Technologie zugrunde legte, deutlich unter den für 1998 vorgesehenen Grenzwerten. Im Jahr 1997 konnten dann die meisten Öfen die Grenzwerte für 1998 laufend einhalten, und ungefähr drei von fünf Öfen waren sogar in der Lage, Maximalwerte (im Unterschied zu den von der Verordnung vorgesehenen Durchschnittswerten) von weniger als 2 % leckenden Türen zu erzielen.[18]

Zudem ist die von der „Negotiated Rule" vorgesehene Bestimmung der Grenzwerte auf der Grundlage eines 30-tägigen Durchschnitts[19] auch isoliert betrachtet problematisch. Erlaubt sie es doch, die gesetzlichen Grenzwerte zeitweise zu überschreiten, solange sie nur zu anderen Zeiten unterschritten werden, so dass im 30-tägigen Durchschnitt die Grenzwerte eingehalten werden. Diese Orientierung an Durchschnittswerten könnte durchaus weniger gesundheitsschützend sein als die im CAA vorgesehenen Grenzwerte, die von einer Berechnung auf der Grundlage eines 30-tägigen Durchschnitts nichts sagen. Ist man nämlich auch nur für kurze Zeit sehr hohen Dosen krebserregender Substanzen ausgesetzt, so kann dies deutlich schädlicher sein, als wenn man für längere Zeit geringeren Dosen ausgesetzt ist. Möglicherweise wird daher die erhöhte Gesundheitsgefährdung an Tagen mit hohen Emissionen nicht durch die niedrigere Gefährdung an Tagen mit unterdurchschnittlichen Emissionen kompensiert.[20]

b) Zu enge Definition des Begriffs „Neue Anlage" („New Source")

Der Begriff „Neue Anlage" wird im CAA definiert als ortsfeste Anlage, deren Errichtung oder Wiederaufbau begonnen wird, nachdem zum ersten Mal Verordnungen in Kraft getreten sind, die Grenzwerte für einen solchen Anlagentyp festlegen.[21] Das Verhandlungskomitee hat nun allerdings für den Geltungsbereich seiner Verordnung eine Definition des Begriffs „Neue Anlage" gewählt, die sich mit

18 *Caldart/Ashford,* S. 154.

19 40 C.F.R. § 63.309 (d); dazu auch *Caldart/Ashford,* S. 152.

20 *Caldart/Ashford,* S. 153.

21 42 U.S.C. § 7412 (a)(4): „The term „new source" means a stationary source the construction or reconstruction of which is commenced after the Administrator first proposes regulations under this section establishing an emission standard applicable to such source."

der im CAA gegebenen Definition nicht vereinbaren lässt. Die Verordnung sieht nämlich vor, dass die Vorschriften für „Neue Anlagen" für alle diejenigen neuen oder wiederaufgebauten Anlagen, die Teil einer bereits bestehenden Anlage sind, nur gelten, wenn diese neuen Anlagen die Gesamtkapazität der Anlage erhöhen.[22] Da der CAA das Erfordernis der erhöhten Gesamtkapazität nicht enthält, schränkt die Verordnung den Anwendungsbereich von Vorschriften, die auf „Neue Anlagen" Anwendung finden, über Gebühr ein.

c) Zu frühe Überprüfung der Grenzwerte

Der CAA schreibt vor, dass der Leiter der Bundesumweltbehörde vor dem 1 Januar 2007 die Grenzwerte überprüfen und gegebenenfalls überarbeiten soll, damit sie die geringst mögliche Emissionsrate widerspiegeln. Die Einhaltung der überarbeiteten Grenzwerte soll dann vom 1. Januar 2010 an verbindlich sein.[23]

Auch dieser Verpflichtung ist die Bundesumweltbehörde nicht nachgekommen. Indem das zur Verordnungsgebung berufene Verhandlungskomitee die Grenzwerte, die im Jahr 2010 erreicht werden sollen, bereits 1992 festgesetzt hat, hat es zu früh gehandelt. Zwar könnte man argumentieren, dass die Festsetzung der Grenzwerte im Jahr 1992 mit dem Wortlaut des CAA vereinbar ist, denn schließlich erfolgte die Festsetzung vor dem 1. Januar 2007. Diese zeitige Festsetzung widerspricht jedoch dem Sinn und Zweck der Vorgaben des CAA, der darin besteht, der Verwaltung die Möglichkeit zu geben, neue technologische Entwicklungen zu berücksichtigen und ihnen die Emissionsgrenzwerte anzupassen. Diese Möglichkeit hat die Bundesumweltbehörde in den Wind geschlagen, indem das von ihr eingesetzte Verhandlungskomitee die Grenzwerte schon zu einer Zeit festgesetzt hat, als sich zukünftige technische Entwicklungen noch nicht vorhersehen ließen. Wie die Erfindung des Katalysators zeigt, können sich in einem Zeitraum von 15 Jahren erhebliche technische Entwicklungen abspielen. Was das Verhandlungskomitee in diesem Fall getan hat, ist das Gleiche, als wenn es Emissionsgrenzwerte für Kraftfahrzeuge, die im Jahr 1983 gelten sollen, bereits im Jahr 1968 festgesetzt und sich auf diese Weise selbst der Möglichkeit beraubt hätte, auf neue technische Entwicklungen zu antworten.

d) Ergebnis

Es hat sich gezeigt, dass die durch Verhandlungen vereinbarte Verordnung die gesetzlichen Vorgaben in vielfacher Hinsicht verfehlt hat. Das Verhandlungs-

---

22 40 C.F.R. 63.300 (b).

23 42 U.S.C. § 7412 (i)(8)(C): „Not later than January 1, 2007, the Administrator shall review the emission limitations promulgated under subparagraph (B) and revise, as necessary, such emission limitations to reflect the lowest achievable emission rate as defined in section 7501 of this title at the time for a coke oven battery that is rebuilt or a replacement at a coke oven plant for an existing battery."

komitee war offensichtlich damit zufrieden, den Status quo zu erhalten. Der vom Clean Air Act ausgehende Anstoß in Richtung Technologieverbesserung wurde völlig außer Acht gelassen. Offensichtlich stand das Verhandlungskomitee jeglichen Grenzwerten feindselig gegenüber, welche die alte „By-Product Recovery“ Technologie vom Markt verdrängt und die neue „Non-Recovery“ Technologie beflügelt hätten, obwohl gerade das der Plan des parlamentarischen Gesetzgebers war. Die neue „Non-Recovery“ Technologie sollte den Maßstab für die Zukunft abgeben. Da die neuen Grenzwerte nicht nur für neue, sondern auch für bereits bestehende Anlagen gelten sollten (CAA § 112 (i)(8)(B)(i)), gab es auch keinen Grund zu befürchten, dass alte Anlagen besonders lange betrieben werden würden, nur um strengen neuen Grenzwerten auszuweichen.

Während also der CAA zumindest langfristig erhebliche Emissionsreduzierungen bei Koksöfen anpeilte, durchkreuzt die im Verhandlungswege vereinbarte Verordnung diesen Zweck. Sie behält einfach den Status quo für die nächsten 20 Jahre bei. Dadurch dient sie den kurzfristigen Interessen der Koksindustrie, bzw. genauer gesagt den kurzfristigen Interessen desjenigen Teils der Koksindustrie, der die alte „By-Product Recovery“ Technologie verwendet. Sie schadet aber den Unternehmen, welche die neue „Non-Recovery“ Technologie einsetzen. Ihnen werden nämlich die Vorteile genommen, die ihnen der CAA gewähren wollte. Entgegen den Intentionen des CAA werden ihre Wettbewerber weiter in der Lage sein, ihre Kosten in Form größerer Luftverschmutzung zu externalisieren und auf diese Weise einen Wettbewerbsvorteil gegenüber den Unternehmen zu behalten, die ihre Kosten nicht auf die Allgemeinheit überwälzen. Durch die laxen Vorgaben der neuen Verordnung werden sowohl Umwelt als auch Allgemeinheit geschädigt, indem sie weiterhin Emissionen von Koksöfen ausgesetzt sind, die durch eine neue Technologie vermieden werden könnten.

Obwohl Umweltverbände in dem Verhandlungskomitee vertreten waren, waren sie offenbar nicht in der Lage, Umweltbelangen ausreichend Gewicht zu geben. Besonders beunruhigend ist, dass die Umweltverbände an sich eine starke Verhandlungsposition hatten. Sie mussten lediglich darauf achten, dass die gesetzlichen Vorgaben eingehalten wurden. Aber trotz dieser starken Ausgangssituation konnten sie sich gegenüber anderen Interessengruppen augenscheinlich nicht behaupten.

Ob die Arbeiter in den Unternehmen, welche die alte Technologie verwenden, durch die neue Verordnung geschädigt werden oder ob sie ihnen nützt, ist schwer zu sagen. Auf der einen Seite kann die neue Verordnung ihnen helfen, ihren Arbeitsplatz zu behalten, denn die Umstellung auf die „Non-Recovery“ Technologie könnte ihr Unternehmen entweder in die Insolvenz treiben, wenn diese Umstellung sich nämlich trotz Berücksichtigung der Umstellungskosten bei Festsetzung der Grenzwerte nicht rechnet, etwa weil dem in Rede stehenden Unternehmen überdurchschnittliche Kosten entstehen oder weil die Kosten bei Festsetzung der Grenzwerte zwar beachtet wurden, man im Ergebnis aber anderen Gesichtspunkten den Vorrang einräumte. Oder die Umstellung könnte trotz Fortbestands des Unternehmens zum Arbeitsplatzverlust führen, weil in „Non-Recovery“ Koksöfen typischerweise weniger Arbeiter beschäftigt sind als in „By-Product Recovery“ Öfen. Hingegen führte die Pflicht, nur geringfügig strengere Grenzwerte einzuhalten, sogar zur Schaffung neuer Arbeitsplätze,[24] und Arbeitsplätze haben positive Gesundheitsauswirkungen, da Personen mit höherem Einkommen im Durchschnitt gesünder sind als Personen mit geringerem Einkommen.[25] Andererseits bleiben die Arbeiter aber wegen der Beibehaltung der alten Technologie weiterhin recht hohen Krebsrisiken ausgesetzt, nämlich Risiken von 1 / 100. Da die neuen Grenzwerte auf 30-tägigen Durchschnittswerten fußen, ist aus den genannten Gründen nicht anzunehmen, dass das Krebsrisiko bald erheblich sinken wird. Mithin könnte es sein, dass die neue Verordnung im kurzfristigen, aber nicht im langfristigen Interesse der Arbeitnehmer derjenigen Unternehmen liegt, welche die alte Technologie verwenden. Die Dinge könnten allerdings auch ganz anders liegen: Vielleicht sind die Arbeiter in den Koksöfen gegenüber einem etwaigen Arbeitsplatzverlust indifferent, weil ihnen andere Beschäftigungsmöglichkeiten offen stehen, und vielleicht nehmen sie das erhöhte Krebsrisiko bewusst in Kauf, weil es durch eine höhere Entlohnung kompensiert wird. Ob die neue Verordnung im Interesse der Arbeiter ist, lässt sich daher nicht mit Sicherheit sagen.

2. Die Holzmöbelverordnung („Standards for Hazardous Air Pollutant Emissions from Wood Furniture Manufacturing Operations“)

Die folgende Untersuchung der Holzmöbelverordnung wird zeigen, dass die Missachtung des Gesetzmäßigkeitsprinzips, wie sie bei der Koksofenverordnung festzustellen war, keinesfalls atypisch ist. Denn auch bei der Holzmöbelverordnung stößt man wieder auf etliche Gesetzesverletzungen.

Zur Entstehungsgeschichte dieser Verordnung ist lediglich Folgendes anzumerken: Nach ein paar Vorbereitungstreffen rief die Bundesumweltbehörde EPA im Jahr 1993 ein Verhandlungskomitee zusammen, um das Problem der Erzeugung sog. HAP („Hazardous Air Pollutant“)-Emissionen bei der Herstellung von Möbeln in Angriff zu nehmen. Das Verhandlungskomitee umfasste Teilnehmer der Möbelindustrie, verschiedener Umweltgruppen und einzelstaatlicher Behörden, die mit Umweltproblemen befasst sind. Auf der Grundlage der Empfehlungen dieses Komitees machte die Bundesumweltbehörde im Dezember 1994 einen Verordnungsvorschlag öffentlich bekannt,[26] der mit der später in Kraft getretenen Verordnung in allen hier interessierenden Belangen identisch war.[27]

---

24 *Caldart/Ashford,* S. 157.

25 Vgl. dazu z. B. *Breyer u. a.,* S. 387 m. w. N.; *Lazarus,* Pursuing „Environmental Justice“, S. 800 Fn. 45.

26 59 FR 62652.

27 60 FR 62930.

a) Verletzung von CAA § 112 (d) durch zu großzügige Grenzwerte für bereits bestehende Anlagen und durch die Weigerung, Unterkategorien festzulegen

Die Ermächtigungsgrundlage für diese Verordnung findet sich in CAA § 112 (d). Danach ist der Leiter der Bundesumweltbehörde verpflichtet, Verordnungen in Kraft zu setzen, die Grenzwerte für alle Kategorien und Subkategorien bedeutender HAP-Emissionsquellen festlegen. Dabei kann die Behörde zwischen verschiedenen Klassen, Typen und Größen von Quellen innerhalb einzelner Kategorien und Unterkategorien unterscheiden.[28] In diesem Fall hätte es sich angeboten, Unterkategorien zu bilden, und zwar entweder auf der Grundlage der verschiedenen Herstellungsprozesse, die in der holzverarbeitenden Industrie zur Anwendung kommen (z. B. Kleben, Waschen, Polieren etc.), oder entsprechend der Einteilung der holzverarbeitenden Industrie in verschiedene Produktionszweige (z. B. Produktion von Küchenmöbeln, Büromöbeln, Wohnmöbeln etc.). Das Verhandlungskomitee gelangte jedoch zu dem Schluss, dass die Bildung von Subkategorien mehr Nach- als Vorteile hätte. Statt durch die Bildung von Unterkategorien versuchte man den Unterschieden zwischen den einzelnen Segmenten der Industrie dadurch Rechnung zu tragen, dass man die Einhaltung der neuen Grenzwerte mit verschiedenen Techniken zuließ.[29]

Dieser etwas holzschnittartige Ansatz, der sich nicht um die Verschiedenheit der Herstellungsprozesse kümmerte, führte zu erheblichen Problemen als es darum ging, konkrete Grenzwerte festzusetzen. Der Clean Air Act sieht nämlich vor, dass die Grenzwerte für bestehende Anlagen nicht weniger streng sein dürfen als die durchschnittliche Emissionsbegrenzung, die von den umweltschonendsten 12 % der bestehenden Anlagen bereits erreicht wird (CAA § 112 (d)(3)(A)).[30] Da die Bundesumweltbehörde hier über Emissionsinformationen von 91 bedeutenden Anlagen verfügte, musste der Grenzwert auf der Grundlage der Emissionen der besten 11 Anlagen errechnet werden. Dabei tauchte aber das Problem auf, dass unter diesen 11 Anlagen ein bestimmter Herstellungsprozess überrepräsentiert sein könnte, beispielsweise das Kleben oder das Polieren. Das Verhandlungskomitee war be-

---

28 42 U.S.C. § 7412 (d)(1): „The Administrator shall promulgate regulations establishing emission standards for each category or subcategory of major sources and area sources of hazardous air pollutants listed for regulation pursuant to subsection (c) of this section in accordance with the schedules provided in subsections (c) and (e) of this section. The Administrator may distinguish among classes, types, and sizes of sources within a category or subcategory in establishing such standards except that, there shall be no delay in the compliance date for any standard ...“

29 59 FR 62655.

30 42 U.S.C. 7412 (d)(3)(A): „Emission standards promulgated under this subsection for existing sources in a category or subcategory may be less stringent than standards for new sources in the same category but shall not be less stringent, and may be more stringent than – (A) the average emission limitation achieved by the best performing 12 percent of the existing sources (for which the Administrator has emission information) ...“

sonders darüber beunruhigt, dass ein kleines Industriesegment die Mehrheit derjenigen Anlagen ausmachen könnte, die in die Berechnungsgrundlage aufzunehmen waren. Daher entschloss man sich, alle Industriesegmente entsprechend ihrem Anteil an der Gesamtindustrie in die Berechnungsgrundlage einzubeziehen. Das hatte zur Folge, dass die 11 in die Berechnungsgrundlage aufzunehmenden Anlagen 4 Küchenmöbel-, 5 Wohnmöbel-, 1 Büromöbel- und 1 Fernsehschrankhersteller umfassten.[31]

Die Vertreter der Industrie äußerten zudem die Besorgnis, dass in der Berechnungsgrundlage Anlagen mit Emissionsfiltern und sonstigen technischen Kontrollgeräten überproportional vertreten seien. Von den dort erfassten Anlagen hätten nämlich 5 % Emissionsfilter, wohingegen insgesamt nicht mehr als 1 % der Anlagen mit Kontrollgeräten ausgestattet seien. Das Verhandlungskomitee nahm sich auch dieser Bedenken an und beschloss, dass in die Berechnungsgrundlage nur 1 Anlage statt der zuvor vorgesehenen 4 Anlagen mit Emissionsfiltern Eingang finden sollte.[32]

Dieser Ansatz ist in zweifacher Weise fragwürdig. Erstens verträgt sich die Beschränkung der Berechnungsgrundlage auf nur eine Anlage mit Emissionsfilter schlecht mit den Vorgaben des Clean Air Act, der ausdrücklich auf die umweltschonendsten 12 % der bestehenden Anlagen abstellt (CAA § 112 (d)(3)(A)). Das Gesetz fragt nicht danach, warum diese Anlagen umweltschonend arbeiten. Es kommt allein darauf an, dass sie die Umwelt weniger verschmutzen als andere Anlagen. Ob dies auf Emissionsfiltern, besonderen Arbeitsabläufen oder der Konstruktion der Anlage beruht, ist gleichgültig. Wie der Vergleich mit den Anforderungen zeigt, die an neue Anlagen gestellt werden, ist die Angst unbegründet, die Messlatte für alte Anlagen könne zu hoch liegen. Denn während sich der Grenzwert bei neuen Anlagen nach den Werten der umweltfreundlichsten Anlage richtet (CAA § 112 (d)(3)),[33] also allein auf die eine beste Anlage abstellt, wird der Wert für die bestehenden Anlagen auf der Grundlage der besten 12 % der bestehenden Anlagen ermittelt. Wenn also nur eine einzige bestehende Anlage eine möglicherweise sehr effektive, zugleich aber auch sehr teure Emissionsbegrenzungstechnologie einsetzt, so wird von den anderen bestehenden Anlagen nicht erwartet, dass sie gleichziehen. Vielmehr würde diese eine herausragende Anlage lediglich einen kleinen Teil der 12 % der Anlagen umfassenden Berechnungsgrundlage ausmachen. Wenn andererseits aber 12 % der bestehenden Anlagen eine sehr effektive Kontrolltechnik verwenden, wird auch von den restlichen Anlagen erwartet, dass sie diese Technik einsetzen. Der Kongress nahm vermutlich an, dass sich niemals so viele Anlagenbetreiber zum Einsatz einer bestimmten Technik bereit gefunden

31 59 FR 62666.

32 59 FR 62666.

33 42 U.S.C. 7412 (d)(3): „The maximum degree of reduction in emissions that is deemed achievable for new sources in a category or subcategory shall not be less stringent than the emission control that is achieved in practice by the best controlled similar source, as determined by the Administrator.“

hätten, wenn ihr Einsatz ökonomisch unvertretbar wäre. Indem man auf die besten 12 % und nicht auf eine einzige beste Anlage abstellte, wollte man sicher gehen, dass vom Rest der Anlagen nichts Unmögliches verlangt würde.

Mithin wurde der Befürchtung der Industrie, dass Emissionsfilter bei den in der Berechnungsgrundlage vertretenen Anlagen überrepräsentiert seien, schon vom Kongress Rechnung getragen. Bewusst wurde für bestehende Anlagen lediglich auf die besten 12 % der Anlagen und nicht auf die beste Anlage abgestellt. Wenn nun aber auch aus diesen 12 % der Anlagen ein Teil herausgenommen wird, weil er angeblich zu umweltschonend arbeitet, dann werden die gesetzgeberischen Ziele allzu sehr verwässert. Wäre der Ansatz des Verhandlungskomitees richtig, so müsste der CAA Grenzwerte auf der Grundlage der durchschnittlichen Emissionswerte bestehender Anlagen fordern. Das ist indes nicht der Fall. Das Verhandlungskomitee hat daher die gesetzlichen Vorgaben verletzt, als es Anlagen mit Emissionsfiltern aus der Berechnungsgrundlage herausnahm.

Der zweite Grund für die Fehlerhaftigkeit des Ansatzes des Verhandlungskomitees hängt mit der Weigerung zusammen, Unterkategorien zu bilden. Indem zunächst alle Industriesegmente zusammengefasst wurden, dann aber bei der Frage nach den besten 12 % der bestehenden Anlagen versucht wurde danach zu differenzieren, welchem Teil der Industrie diese Anlagen angehören, berechnete man wahrscheinlich Grenzwerte, die für einen Teil der Industrie zu lax und für einen anderen zu streng waren. Die Tatsache, dass überhaupt so großer Wert darauf gelegt wurde, dass die Berechnungsgrundlage repräsentativ für die gesamte Industrie ist, deutet darauf hin, dass es zwischen den einzelnen Industriesegmenten erhebliche Unterschiede gibt. Mithin waren die letztendlich erarbeiteten einheitlichen Grenzwerte vermutlich für denjenigen Teil der Industrie, der viele Emissionen erzeugt, sehr streng, für einen anderen Teil, der emissionsarm arbeitet, aber recht großzügig. Letzterer erhielt keinen Anreiz, seine Emissionen zu reduzieren, selbst wenn das kaum etwas kosten würde. Und der erstgenannte Teil der Industrie wird zu erheblichen, möglicherweise kostspieligen Umweltschutzmaßnahmen gezwungen, auch wenn er für seine Verhältnisse vielleicht schon sehr umweltschonend arbeitet. Dieser Probleme hätten sich leicht durch die Bildung von Unterkategorien vermeiden lassen. Hätte sich das Verhandlungskomitee auf Unterkategorien verständigt, so hätte es nicht alle Anlagen über einen viel zu breiten Leisten schlagen müssen, was zur Folge hatte, dass die festgelegte Grenzwerte wahrscheinlich viel zu undifferenziert sind, als dass sie auch nur annähernd die größten Emissionsminderungen zu gegebenen Kosten erreichen könnten.

Hinzu kommt, dass diese Vorgehensweise des Verhandlungskomitees im Widerspruch zu § 112 (d)(3)(A) CAA stehen könnte. Zwar stellt es der Clean Air Act ausdrücklich frei, ob Unterkategorien aufgestellt werden oder nicht. Die hier vom Verhandlungskomitee gewählte Lösung scheint aber nicht vorgesehen zu sein. Was das Verhandlungskomitee nämlich im Ergebnis getan hat, ist Folgendes: Es hat sich geweigert, offiziell Unterkategorien festzulegen, zugleich aber Unterkategorien benutzt, als es darum ging, die Grenzwerte nach CAA § 112 (d)(3)(A) aufzustellen. Das ist indes nicht rechtmäßig: Wenn von der Möglichkeit, Unterkategorien zu bilden, kein Gebrauch gemacht wird, können sie nicht später bei der Festsetzung der Grenzwerte durch die Hintertür eingeführt werden. Vielmehr ist nach den Vorgaben des CAA (§ 112 (d)(3)(A)) einfach auf die durchschnittlichen Emissionen der besten 12 % der bestehenden Anlagen abzustellen. Will man nicht alle Anlagen einheitlich behandeln, so muss man Unterkategorien bilden. Die hier vom Verhandlungskomitee gewählte Lösung ist sicherlich nicht das, was der Kongress vor Augen hatte, als er sowohl die Bildung von Unterkategorien als auch die Orientierung an den besten 12 % der bestehenden Anlagen vorsah.

b) Verletzung von CAA § 112 (d)(3) durch die Grenzwerte für neue Anlagen

Für neue Anlagen gilt CAA § 112 (d)(3). Danach dürfen die Grenzwerte für neue Anlagen nicht großzügiger sein als die Emissionswerte, die in der Praxis von der am umweltschonendsten arbeitenden Anlage erreicht werden. Wiederum entschied sich das Verhandlungskomitee zu einer Vorgehensweise, die der soeben geschilderten für bereits bestehende Anlagen gleicht, d. h. zu einer sehr unorthodoxen Mischung aus der Weigerung, offiziell Unterkategorien zu bilden, und der Einführung von Unterkategorien durch die Hintertür. Auch für die neuen Anlagen wurde der Grenzwert nämlich wieder so berechnet, dass sich in ihm die gewichteten Werte der besten Anlagen aus den verschiedenen Industriesegmenten widerspiegeln.[34]

Erneut hat man davon abgesehen, offiziell Unterkategorien festzulegen, gleichwohl aber bei der Berechnung der Grenzwerte im Stillen Unterkategorien zugrunde gelegt. Dadurch ist man zu einem Wert gelangt, der abermals für einige Industriesegmente zu streng und für andere zu lax sein wird. Einige Segmente werden gezwungen, sehr kostspielige Emissionsminderungsmaßnahmen zu treffen, während andere weiterproduzieren können wie bisher, auch wenn Emissionsminderungen für sie günstig zu haben wären.

Darüber hinaus begegnet das Vorgehen des Verhandlungskomitees wiederum dem Bedenken, dass der CAA ausdrücklich die Orientierung an der umweltschonendsten Anlage fordert und nicht die Orientierung an dem gewichteten Durchschnitt verschiedener umweltschonender Anlagen. Scheint einem dies zu streng, weil in einer Branche ganz verschiedene Produktionsweisen verwendet werden, so muss man eben Unterkategorien bilden. Letztlich betreibt das Verhandlungskomitee hier eine Form des Rosinenpickens, die vom CAA nicht vorgesehen ist: Es weigert sich, offiziell Unterkategorien festzulegen, will aber trotzdem die Vorteile von Unterkategorien nutzen, wenn es an das Festsetzen von Grenzwerten geht. Das ist vom Gesetz aber gerade nicht vorgesehen.

---

[34] 59 FR 62667.

c) Ergebnis

Wiederum lässt sich – wie schon im Fall der Koksofenverordnung – beobachten, wie der vom Clean Air Act ausgehende Antrieb in Richtung technologischer Verbesserung vom Verhandlungskomitee konterkariert wird. Verhandlungskomitees scheint es ein Anliegen zu sein, der Industrie so wenige Veränderungen wie irgend möglich zuzumuten, selbst wenn das bedeutet, dass gesetzliche Vorgaben missachtet werden müssen. Aus Sicht der Industrie ist das Bestreben natürlich verständlich, wenig Geld für Veränderungen auszugeben, wenn dieselben Produkte auch mit der bisherigen Technologie hergestellt werden können. Es ist aber fraglich, ob man Personen mit so ausgeprägten eigenen Interessen dann damit betrauen sollte, Verordnungen auszuhandeln, zumal dies offenbar zu Ergebnissen führt, die sich mit den gesetzgeberischen Zielen nicht vereinbaren lassen. Auch die Beteiligung der Umweltgruppen konnte dieses Ergebnis augenscheinlich wiederum nicht verhindern. Vielmehr haben auch sie letztlich der Verordnung zugestimmt.

Als letztes Beispiel für die Tendenz ausgehandelter Verordnungen, gesetzliche Bindungen abzustreifen, sei hier die Holzofenverordnung vorgestellt. Diese Verordnung schneidet unter den hier erheblichen Aspekten wohl noch schlechter ab als die beiden zuvor besprochenen.

3. Die Holzofenverordnung („Woodstoves Rule“)

Mitte der 80er Jahre stellte die Bundesumweltbehörde EPA fest, dass Holzöfen Luftverschmutzungen, welche die Gesundheit der Allgemeinheit bedrohen, wo nicht allein erzeugen, so doch zumindest in bedeutsamem Umfang fördern. Als Reaktion auf Klagen des Staates New York und des Natural Resources Defense Council erklärte sich die Bundesumweltbehörde bereit, dieses Problem in Form einer Verordnung in Angriff zu nehmen, welche am 31. Januar 1988 fertig gestellt sein sollte. Die Behörde setzte daraufhin ein Verhandlungskomitee ein (damals noch auf der Grundlage des Federal Advisory Committee Act), das sich im August 1988 auf alle wesentlichen Regelungen der Verordnung einigte.[35]

Die Verordnung findet ihre Ermächtigungsgrundlage in CAA § 111. Diese Vorschrift des Clean Air Act gibt der Bundesumweltbehörde die Befugnis, Mindestanforderungen (sog. „Standards of Performance“) für neue ortsfeste Anlagen festzusetzen.[36] Ein „Standard of Performance“ ist gesetzlich definiert als diejenige Emissionsbegrenzung, die bei Einsatz des besten Systems der Emissionsreduzierung, welches sich in der Praxis bewährt hat, erreichbar ist. Dabei sind sowohl die

---

[35] 52 FR 4997.

[36] 42 U.S.C. 7411 (b)(B): „Within one year after the inclusion of a category of stationary sources in a list under subparagraph (A), the Administrator shall publish proposed regulations, establishing Federal standards of performance for new sources within such category...“

Kosten als auch sonstige positive Umweltauswirkungen – neben der Verbesserung der Luftqualität – zu berücksichtigen (CAA § 111 (a)(1)).[37] Das Verhandlungskomitee entschied, dass die Verordnung zwei Phasen haben sollte: Holzöfen, die bereits im Juli 1988 hergestellt oder im Juli 1990 verkauft wurden, sollten weniger strengen Anforderungen genügen müssen als später hergestellte bzw. verkaufte Holzöfen. Außerdem wurde beschlossen, dass es verschiedene Standards geben sollte für Holzöfen mit Katalysatortechnik einerseits und für emissionsarme Holzöfen ohne Katalysatortechnik andererseits. Und es wurde festgelegt, dass die Veränderung eines bestehenden Holzofens nicht ausreichen sollte, um die neuen Grenzwerte auf diesen Holzofen anzuwenden.[38]

a) Zu kleiner Anwendungsbereich der Verordnung aufgrund zu enger Definition des Begriffs der Veränderung („Modification“)

Eine Veränderung wird im Clean Air Act definiert als eine physische Änderung oder eine Änderung des Betriebs einer ortsfesten Anlage, welche den Schadstoffausstoß der Anlage erhöht oder zum Ausstoß eines Schadstoffes führt, der vorher nicht ausgestoßen wurde (CAA § 111 (a)(4)).[39]

Mit dieser Definition verträgt es sich schlecht, dass die neue Verordnung jegliche Veränderungen von ihrem Anwendungsbereich ausnimmt. Da nach den Vorschriften des CAA der Begriff „neue Anlage“ („New Source“) jede ortsfeste Anlage umfasst, deren Konstruktion oder Veränderung nach Veröffentlichung einer einschlägigen Verordnung begonnen wurde (CAA § 111 (a)(2))[40] und da sich die Behörde hier ausdrücklich auf die Ermächtigung stützt, Anforderungen an neue Anlagen zu stellen, kann sie nicht einfach Veränderungen abweichend vom Gesetz definieren. Die in der Ermächtigungsgrundlage enthaltenen Definitionen stehen nicht zur Disposition der Behörde. Das Verhandlungskomitee hätte deshalb nicht eine eigene, von den gesetzlichen Vorgaben abweichende Definition des Begriffs der Veränderung wählen dürfen.

---

37 42 U.S.C. 7411 (a)(1): „The term „standard of performance“ means a standard for emissions of air pollutants which reflects the degree of emission limitation achievable through the application of the best system of emission reduction which (taking into account the cost of achieving such reduction and any nonair quality health and environmental impact and energy requirements) the Administrator determines has been adequately demonstrated.“

38 52 FR 4995.

39 42 U.S.C. 7411 (a)(4): „The term „modification“ means any physical change in, or change in the method of operation of, a stationary source which increases the amount of any air pollutant emitted by such source or which results in the emission of any air pollutant not previously emitted.“

40 42 U.S.C. 7411 (a)(2): „The term „new source“ means any stationary source, the construction or modification of which is commenced after the publication of regulations (or, if earlier, proposed regulations) prescribing a standard of performance under this section which will be applicable to such source.“

b) Verletzung des Clean Air Act (CAA § 111 (a)(1)) durch unterschiedliche Anforderungen an Holzöfen mit und ohne Katalysatoren

Nach den Berechnungen der Bundesumweltbehörde stößt ein typischer konventioneller Holzofen zwischen 60 und 70 Gramm Feststoffe pro Stunde aus. Dieses Schadstoffproblem lässt sich auf die ungenügende Mischung von Luft und Brennstoffen, schlechte Belüftung und die hohe Konzentration unverbrannten Materials in den Abgasen zurückführen. Gelöst werden könnte es durch den Einsatz von Methoden der vollständigeren Verbrennung im Allgemeinen und der Zweitverbrennung im Besonderen. In Frage kommen insbesondere Veränderungen des Feuerungsraums und der Luftzufuhr sowie der Gebrauch von Katalysatoren.[41] Bei einem Katalysator handelt es sich um eine Substanz, welche chemische Reaktionen bei einer gegebenen Temperatur ermöglicht oder beschleunigt, ohne selbst durch die Reaktionen verändert zu werden. Im Fall der Holzöfen dient der Katalysator der Zweitverbrennung; er fungiert also als Rauch-Nachbrenner. Kohlenwasserstoffe und Kohlenstoffmonoxid, die im Rauch eines Holzofens enthalten sind, werden unschädlich gemacht, wenn sie den Katalysator passieren. Typischerweise werden Katalysatoren im Feuerungsraum oberhalb der primären Verbrennungszone eingebaut, wo ständig hohe Temperaturen herrschen, sie aber nicht durch Flammen beschädigt werden können. Holzöfen, welche die Emissionen ohne den Einsatz von Katalysatoren begrenzen, werden als emissionsarme Holzöfen ohne Katalysatortechnik bezeichnet („Combustion-Modified Heaters“ bzw. „Non-Catalytic Low-Emitting Heaters“). Diese Holzöfen benutzen veränderte Verbrennungsprozesse, um die vollständige Verbrennung des Holzes zu erreichen und auf diese Weise die Emissionen zu verringern. Dazu zählen z. B. kleinere Feuerungsräume, Schutzschirme und die Zufuhr vorgewärmter Luft.[42] Holzöfen mit Katalysatoren bzw. emissionsarme Holzöfen ohne Katalysatoren würden infolge der neuen Verordnung etwa 82 % bzw. – im Fall der Holzöfen ohne Katalysatoren – 72 % weniger Schadstoffe ausstoßen als konventionelle Holzöfen, wobei der reduzierte Ausstoß von Feststoffen auch die Verringerung des Ausstoßes an Kohlenstoffmonoxid und an polyzyklischen organischen Substanzen mit sich bringt. Letztere sind besonders gefährlich, da es sich bei ihnen um krebserregenden Verbindungen handelt.[43]

Obwohl Holzöfen mit Katalysator also anfangs größere Emissionsminderungen erreichen als andere Öfen, unterstellte die Bundesumweltbehörde, dass die Wirkung des Katalysators im Laufe der Zeit abnehmen würde. Daher käme der Gesamtausstoß eines Ofens mit Katalysator demjenigen eines emissionsarmen Ofens ohne Katalysator gleich, wenn man die Emissionen während des gesamten „Lebens“ des Ofens berücksichtige.[44] Die Bundesumweltbehörde berechnete, dass

---

41 52 FR 4998.

42 52 FR 5005.

43 52 FR 4997.

44 52 FR 4996.

Holzöfen mit Katalysator ungefähr $ 200 und emissionsarme Holzöfen ohne Katalysator ungefähr $ 120 teurer sein würden als herkömmliche Holzöfen. Diese Preissteigerungen würden jedoch dadurch wettgemacht werden, dass die neuen Öfen weniger Brennholz und weniger Schornsteinreinigungen benötigten als konventionelle Öfen. Die Bundesumweltbehörde nahm an, dass die neue Verordnung aufgrund dieser Vorteile insgesamt zu Einsparungen in Höhe von $ 29 Millionen führen könnte.[45]

Zudem ging sie davon aus, dass sowohl die in Holzöfen mit Katalysator als auch die in emissionsarmen Holzöfen ohne Katalysator eingesetzte Technik anfällig für Manipulationen, aber auch für Verschlechterungen und Defekte sei, die ohne bewusste Einwirkung eintreten. Studien, welche die Leistungen von Katalysatoren über einen langen Zeitraum messen, gab es zum Zeitpunkt der Verhandlungen indes noch nicht. Die einzigen greifbaren Studien zeigten, dass einzelne Elemente des Katalysators besonders während der ersten Heizperiode häufig Schaden nahmen, und zwar entweder aufgrund zu großer Hitze oder aufgrund physischer Einwirkung. Allerdings glaubte man, dass die Häufigkeit dieser Schäden mit zunehmender Nutzungsdauer abnehmen würde, da die Benutzer lernen würden, sie zu vermeiden. Deshalb ging das Verhandlungskomitee davon aus, dass die Wirksamkeit von Katalysatoren auf lange Sicht von der Aufklärung der Verbraucher sowie davon abhänge, dass die Katalysatorhersteller Garantieerklärungen abgäben.[46] Folglich erlegte es den Hersteller auf, in der Bedienungsanleitung darüber zu informieren, wie die Verbraucher die Leistungsfähigkeit des Katalysators erhalten können, wie sich feststellen lässt, wann ein Katalysator ersetzt werden muss, wie ein neuer Katalysator einzubauen ist etc.[47]

Aber obwohl die Katalysatoren also aus den genannten Gründen langfristig in der Lage sind, die Emissionen stärker zu senken als emissionsarme Öfen ohne Katalysator und obwohl die Verbraucher einen wirtschaftlichen Anreiz haben, auf das ordnungsgemäße Funktionieren der Katalysatoren in ihren Öfen zu achten, da sich nur dann Brennholz und Reinigungskosten sparen lassen, entschied sich das mit dem Erarbeiten der Verordnung betraute Verhandlungskomitee, verschiedene Grenzwerte für Holzöfen mit und ohne Katalysator aufzustellen. Dabei stützte sich das Komitee – wie gesagt – auf die Annahme, dass die Emissionen über die Lebenszeit der Holzöfen gerechnet in beiden Fällen in etwa gleich wären. Zugleich gab es aber zu, dass diese Annahme nicht das Ergebnis genauer Berechnungen war, sondern weitgehend auf Vermutungen basierte. Zur Begründung seines Vorgehens führte es u. a. an, dass die Festsetzung eines Grenzwerts, der nur von Holzöfen mit Katalysator erreicht werden könnte, schädlich für die Forschung und Entwicklung auf dem Gebiet der Emissionsminderungen ohne Katalysatortechnik sein würde.[48]

45 52 FR 4997.

46 52 FR 5006.

47 52 FR 5007.

48 52 FR 5006.

Bedenkt man die dem Verhandlungskomitee zugänglichen Fakten und subsumiert sie unter die Vorschriften des Clean Air Act, so ist dieses Ergebnis überraschend. Denn der CAA erklärt zum Maßstab für die Festsetzung der Grenzwerte diejenige Emissionsbegrenzung, die bei Einsatz des besten Systems der Emissionsreduzierung, welches sich in der Praxis bewährt hat, erreichbar ist (CAA § 111 (a)(1)). Und die Befunde der Bundesumweltbehörde zeigen, dass Holzöfen mit Katalysator prinzipiell Holzöfen ohne Katalysator überlegen sind. Die im Verhandlungskomitee geäußerten Zweifel an der langfristigen Wirksamkeit der Katalysatoren sind hauptsächlich hypothetischer Natur. Die meisten Ergebnisse der von der Bundesumweltbehörde durchgeführten Untersuchungen deuten an, dass Verschlechterungen des Katalysators durch Veränderungen der Ofenkonstruktion und durch vernünftige Wartungsmaßnahmen begegnet werden kann. Zwar kann die Durchführung von Wartungsmaßnahmen wegen der großen Zahl der Holzöfen nicht hoheitlich überwacht werden. Das ist aber auch gar nicht nötig, denn wegen der möglichen Einsparungen an Brennholz und Reinigungskosten haben die Verbraucher selbst einen starken Anreiz, regelmäßig Wartungsarbeiten durchzuführen. Zudem hat es den Anschein, als ob die fortschrittlichen emissionsarmen Holzöfen ohne Katalysator unter ähnlichen Wartungsproblemen leiden. Vor diesem Hintergrund ist kaum zu verstehen, warum das Verhandlungskomitee nicht der Katalysatortechnik den Vorzug vor anderen Emissionsminderungstechniken gegeben hat. Die Wartungsprobleme hätten sich durch Aufklärung der Verbraucher aller Wahrscheinlichkeit nach vermeiden lassen. Und was die Bedenken betrifft, dass bei einseitiger Bevorzugung der Katalysatortechnik die Forschung und Entwicklung auf anderen Gebieten der Emissionsminderung zum Erliegen gekommen wäre, so hätte man diesem Problem beispielsweise dadurch begegnen können, dass man die Grenzwerte so festsetzt, dass sie nicht allein durch den Einsatz eines Katalysators eingehalten werden können, sondern dass zusätzlich noch andere Emissionsminderungstechniken zum Einsatz gebracht werden müssen. Dann wäre es den Produzenten nicht möglich, sich nur auf die Katalysatortechnik zu stützen. Vielmehr wären sie gezwungen, auch die Entwicklung anderer Techniken der Emissionsminderung voranzutreiben. Aus Sicht des Umweltschutzes wäre solch ein zweigleisiges Vorgehen wünschenswert. Denn Katalysatoren können zwar den Schadstoffausstoß verringern, sie können aber nicht alle Schadstoffe beseitigen. Beispielsweise bleibt der Ausstoß von Kohlenstoffdioxid, das für die Erderwärmung mit verantwortlich gemacht wird, vom Einbau eines Katalysators unberührt. Aus diesem Grunde wäre eine Kombination aus Katalysatortechnik und anderen Techniken der Emissionsminderung vorteilhaft, und es ist nicht recht ersichtlich, warum das Verhandlungskomitee nicht Grenzwerte festgelegt hat, die nur durch die Kombination verschiedener Techniken erreichbar sind.

c) Rechtswidrige Begünstigung kleiner Hersteller

Ebenso schwer einzusehen ist, warum das Verhandlungskomitee für kleine Hersteller eine Ausnahmeregelung getroffen hat. Es gestand ihnen nämlich zu, die neuen Grenzwerte erst ein Jahr später einzuhalten als die übrigen Hersteller.[49] Zwei Gründe wurden für diese Ausnahmeregelung genannt:[50] Zum einen wollte man verhindern, dass die Behörden sämtliche Öfen verschiedener Hersteller innerhalb einer sehr kurzen Frist hätten prüfen müssen, so dass es zu Engpässen bei den Tests hätte kommen können. Zum anderen wollte die Bundesumweltbehörde den kleinen Herstellern zusätzliche Zeit geben, um neue Bauarten zu erproben, die Forschung voranzutreiben und die Finanzierung neuer Produktionsmethoden zu sichern, die wegen der neuen Grenzwerte nötig werden würden. Man nahm an, dass es den kleinen Herstellern am schwersten fallen würde, die neuen Grenzwerte einzuhalten, da sie über weniger technischen Sachverstand verfügen und nicht so leicht Zugang zu den Kapitalmärkten haben wie die großen Hersteller.

Obschon diese Erwägungen plausibel sind, stellt sich doch die Frage, ob sie sich mit den Vorgaben des Clean Air Act vereinbaren lassen. Der CAA erwähnt in der hier einschlägigen Vorschrift des § 111 an keiner Stelle die Möglichkeit der verzögerten Einhaltung der Grenzwerte durch einige Hersteller. Im Gegenteil, Mindestanforderungen an neue Anlagen sind innerhalb eines Jahres aufzustellen, nachdem Anlagen dieses Typs in eine bestimmte Liste aufgenommen worden sind (CAA § 111 (b)(1)(B)). Diese strengen Fristen wären jedoch überflüssig, wenn die Bundesumweltbehörde einigen Herstellern einfach deshalb erlauben könnte, die Grenzwerte erst später einzuhalten, weil diese Hersteller Probleme mit der Einhaltung der Grenzwerte haben. So wurde denn auch bereits gerichtlich festgestellt, dass ein zweigeteilter Zeitplan für die Einhaltung neuer Standards, der zwischen verschiedenen Berufsgruppen differenziert, nur zulässig ist, wenn er dazu beiträgt, die Ziele des CAA zu verwirklichen.[51] Andernfalls muss ein einheitlicher Zeitplan gewählt werden. Im vorliegenden Fall ist Ziel des CAA, die Emissionen von Anlagen zu reduzieren, von denen erwartet werden kann, dass sie die öffentliche Gesundheit oder Wohlfahrt gefährden (CAA § 111 (b)).[52] Es ist nicht ersichtlich, inwieweit die verzögerte Einhaltung der neuen Grenzwerte durch kleine Hersteller bei der Erreichung dieses Ziels hilft, und die Bundesumweltbehörde nennt auch keine tragfähigen Gründe. Daher ist der hier gewählte zweigeteilte Zeitplan rechtswidrig. Erklären lässt er sich vermutlich durch die starke Verhandlungsposition der

---

49 40 CFR 60.530 (d).

50 52 FR 5000.

51 Chemical Manufacturers Association v. EPA, 217 F. 3d 861 (D.C. Cir. 2000).

52 42 U.S.C. 7411 (b)(1)(A): „The Administrator shall, within 90 days after December 31, 1970, publish (and from time to time thereafter shall revise) a list of categories of stationary sources. He shall include a category of sources in such list if in his judgment it causes, or contributes significantly to, air pollution which may reasonably be anticipated to endanger public health or welfare.“

kleinen Hersteller in dem Verhandlungskomitee. Da ungefähr 70 % aller Hersteller als kleine Hersteller gelten,[53] war es ihnen wahrscheinlich möglich, diesen Vorteil im Austausch dafür zu erlangen, dass sie an anderer Stelle nachgegeben haben. Wieder verliefen die Verhandlungen also zum Nachteil derjenigen Werte, die durch das ermächtigende Gesetz geschützt werden sollten.

d) Verschiedenes

Zusätzlich zu den genannten Punkten sind noch eine ganze Reihe weiterer Vorschriften der Holzofenverordnung kritisiert worden. So hat William Funk auf der Grundlage systematischer und gesetzesgeschichtlicher Argumente darauf hingewiesen, dass mit dem Begriff „ortsfeste Anlage“ („Stationary Source“) in CAA § 111 (a)(3)[54] nur industrielle und kommerzielle Anlagen gemeint sind und keine von Verbrauchern verwendeten Produkte.[55] Mit Hilfe derselben Auslegungsmethoden kommt er zu dem Ergebnis, dass CAA § 111 es der Bundesumweltbehörde nicht erlaubt, den Verkauf von Gütern an Verbraucher derart zu beschränken, wie es hier geschehen ist. Die Behörde dürfe nur den Gebrauch ortsfester Anlagen, aber nicht den Handel mit ihnen regeln.[56]

4. Ergebnis

Alle drei „Negotiated Rules“ zeigen die beunruhigende Tendenz, *gesetzliche Vorgaben zu missachten, alte Technologien gegenüber neuen zu bevorzugen und den vom Clean Air Act ausgehenden Anstoß in Richtung Technologieverbesserung zu dämpfen oder sogar völlig abzufangen.* Selbst wenn man die Tatsache außer Acht lässt, dass der Verstoß gegen den Vorrang des Gesetzes die Legitimität des Verwaltungshandelns in Frage stellt,[57] und wenn man sich allein auf eine um die Legitimität des Verwaltungshandelns unbekümmerte rechtspolitische Perspektive beschränkt, bleibt dieser Befund alarmierend, denn er scheint zu einem Umweltschutzniveau zu führen, das unterhalb des gesetzlich vorgesehenen liegt und die gesetzlich vorgesehene Internalisierung von Kosten verhindert. Das in den gesetzlichen Zielen zum Ausdruck kommende öffentliche Interesse an der Verminderung von Externalitäten wird missachtet. Langfristige Gesundheits- und Umweltinteressen werden kurzfristigen wirtschaftlichen Interessen geopfert, z. B. den Interessen derjenigen Industrien, die alte Technologien benutzen, oder den Interessen der Ar-

53 52 FR 5000.

54 42 U.S.C. 7411 (a)(3): „The term „stationary source“ means any building, structure, facility, or installation which emits or may emit any air pollutant ...“

55 *Funk,* When Smoke Gets In Your Eyes, S. 70.

56 *Funk,* When Smoke Gets in Your Eyes, S. 84.

57 *Stewart,* Reformation, S. 1673.

beiter, die einen Arbeitsplatz haben und noch nicht krank sind. Und obwohl Umweltverbände an den Verordnungsgebungsverfahren beteiligt waren, waren sie offenbar nicht in der Lage, Umweltbelange wirksam zu vertreten. Dieses Ergebnis gibt bereits für sich genommen Anlass zur Besorgnis. Noch beunruhigender wird es aber dadurch, dass die Umweltverbände offenbar *nicht einmal bemerkten,* dass die Ergebnisse der „Negotiated Rulemakings" den von ihnen vertretenen Interessen schaden.

III. Warum sind Teilnehmer an Verhandlungskomitees mit Verordnungen zufrieden, die den von ihnen vertretenen Interessen zuwiderlaufen?

Obgleich man erwarten würde, dass die an Verhandlungskomitees beteiligten Vertreter von Umweltverbänden über die Ergebnisse der hier in Rede stehenden „Negotiated Rules" bestürzt sein würden, scheint dies nicht der Fall gewesen zu sein. Am Ende des Koksofen-Verordnungsgebungsverfahrens zeigten sich alle Teilnehmer, also sowohl die Vertreter der Gewerkschaften als auch diejenigen der Industrie, der einzelstaatlichen Regierungen und der Umweltverbände mit dem Ergebnis des Verfahrens zufrieden. Ein Vertreter der Bundesumweltbehörde EPA äußerte die Auffassung, dass die vereinbarte Verordnung zu größeren Emissionsreduzierungen führen würde als durch eine im traditionellen Verfahren erarbeitete Verordnung hätten erreicht werden können und dass es der Behörde auf einmalige Weise gelungen sei, durch die neue Verordnung komplexe technische und wirtschaftliche Probleme zu lösen.[58]

Ähnlich überraschend wie die Zustimmung der Umweltverbände zur Koksofenverordnung ist ihr Einverständnis mit der Holzmöbelverordnung: Zwar enthält diese Verordnung einiges, was sie auch für Umweltverbände attraktiv macht.[59]

---

[58] *Caldart/Ashford,* S. 150 f.

[59] Diese Verordnung umfasst nämlich einige Regelungen, die nicht sehr viel kosten, aber gleichwohl unter dem Gesichtspunkt des Umweltschutzes sehr nützlich sein können, etwa Vorschriften über die Lagerung und den Transport von gefährlichen Schadstoffen: Herkömmlicherweise sind bei diesen Tätigkeiten viele Schadstoffe in die Umwelt gelangt. Das Verhandlungskomitee hat nun herausgefunden, dass sich dies auf sehr einfache und billige Art und Weise dadurch vermeiden lässt, dass man die Behälter abdeckt, in denen die gefährlichen Schadstoffe gelagert werden. Außerdem hat das Verhandlungskomitee einen Inspektions- und Wartungsplan auf die Beine gestellt, mit dessen Hilfe Lecks und schadhafte Gerätschaften leichter entdeckt werden sollen. Dieser Plan soll darüber hinaus die sog. Übertragungseffizienz beim Lackieren erhöhen, d. h. den Anteil des Lacks, der tatsächlich auf die Möbelstücke aufgetragen und nicht an ihnen vorbei gesprüht wird. Die am Möbelstück vorbei gesprühte Farbe setzt nämlich beim Trocknen Schadstoffe frei, die sich kaum abfangen lassen. Das Verhandlungskomitee stellte fest, dass nach fast allen verfügbaren Daten konventionelle Sprühpistolen die am wenigsten effiziente Methode der Farbauftragung sind. Deshalb schlug es vor, ihren Einsatz stark einzuschränken. Und schließlich entschloss sich das Verhandlungskomitee, von der Industrie Berichte zu verlangen, in denen der Einfluss der neuen Verord-

Aufgrund ihrer mannigfaltigen Mängel ist es aber alles andere als offensichtlich, dass die Umweltverbände mit ihr zufrieden sein sollten. Selbiges gilt für die Holzofenverordnung. Auch diese Verordnung wurde vom Konsens aller Teilnehmer des Verhandlungskomitees getragen,[60] einschließlich des Natural Resources Defense Council und der Consumer Federation of America. Alle Beteiligten schienen zu meinen, dass sie an einigen Stellen verloren, dafür aber an anderen gewonnen hätten.

Bedenkt man die Mängel der geschilderten Verordnungen, so ist beim ersten Zusehen nicht recht verständlich, warum die Teilnehmer an den Verhandlungskomitees einen Konsens erzielten. Man hätte annehmen sollen, dass zumindest die Umweltverbände, in jedem der Fälle aber auch noch mindestens eine andere im Verhandlungskomitee vertretene Gruppe mit der „Negotiated Rule“ unzufrieden gewesen wären. Dies war aber offenbar nicht so, und eine von Langbein und Kerwin durchgeführte Studie[61] (dazu unter 1.) legt nahe, dass man Unzufriedenheit der Beteiligten auch gar nicht hätte erwarten sollen. Denn diese Studie offenbart ihrerseits viele bei erstem Zusehen erstaunliche Ergebnisse (dazu unter 2.), die sich jedoch mit Hilfe der Theorie der kognitiven Dissonanz (dazu unter 3.) und des Hawthorne-Effekts (dazu unter 4.) begreiflich machen lassen.

1. Empirische Untersuchungen

Die einzige empirische Untersuchung auf diesem Gebiet stammt – wie gesagt – von Langbein und Kerwin. Im Rahmen dieser Studie wurden mehr als 100 Teilnehmer an Verfahren kooperativer Verordnungsgebung telefonisch befragt. Diese Personen repräsentierten den Querschnitt verschiedener Interessengruppen, die an zumindest einem von acht „Negotiated Rulemakings“ der Bundesumweltbehörde EPA teilgenommen hatten. Ihnen wurde eine Reihe ergebnisoffener Fragen gestellt, um ihre Sicht des Verhandlungsprozesses und ihre Entscheidung, an den Verhandlungen überhaupt teilzunehmen, zu beleuchten.[62] Es zeigte sich, dass die Teilnahme denjenigen leicht fiel, für die viel auf dem Spiel stand und / oder die glaubten, über erhebliche Ressourcen und Sachkenntnis zu verfügen. Hingegen taten sich Gruppen, die nur über begrenzte Mittel verfügten oder den Verhandlungsprozess noch nicht kannten und ihm deshalb misstrauten, mit der Teilnahmeent-

---

nung auf die Emission gefährlicher Schadstoffe dargestellt werden soll und Informationen über bereits eingesetzte Techniken gesammelt sowie über neue Techniken verbreitet werden sollen. Durch den Bericht soll insbesondere gewährleistet werden, dass nicht an Stelle der bisher verwendeten gefährlichen Schadstoffe in Zukunft noch gefährlichere Stoffe eingesetzt werden und dass die Entwicklung neuer, weniger umweltbelastender Technologien nicht unbemerkt bleibt.

60 *Funk*, When Smoke Gets In Your Eyes, S. 89.

61 *Freeman / Langbein*. Dieser Aufsatz beruht – wie bereits oben ausgeführt – auf empirischen Studien, die von Laura Langbein und Cornelius Kerwin durchgeführt wurden.

62 *Freeman / Langbein*, S. 79.

scheidung schwer. So gaben z. B. 42 % der Teilnehmer, die von Umweltverbänden entsandt wurden, an, dass ihnen die Entscheidung zur Teilnahme schwergefallen sei, wohingegen nur 23 % der Wirtschaftsverbandsteilnehmer diese Antwort gaben. Sämtliche Teilnehmer bemerkten, dass der erfolgreiche Abschluss der Verhandlungen umso wichtiger wurde, je länger und härter das Verhandlungskomitee arbeitete und je mehr persönliche und berufliche Beziehungen zu den anderen Teilnehmern aufgebaut wurden. Zudem machten sie geltend, während der Verhandlungen eine Menge gelernt zu haben, und zwar sowohl was die technischen und wissenschaftlichen Grundlagen der neuen Verordnung als auch was die Standpunkte der anderen Parteien und die Gründe für diese Standpunkte betraf.[63] Im Hinblick auf die zur wirksamen Beteiligung nötigen Informationen scheinen deutliche Unterschiede zwischen den verschiedenen Teilnehmern zu bestehen. Während sich die Bundesumweltbehörde und die großen Wirtschaftsverbände auf ihre eigenen Daten und Kenntnisse stützen konnten, mussten kleinere Verbände in der Regel auf fremde Informationsquellen zurückgreifen. Letztere beschwerten sich auch am häufigsten über die Qualität der ihnen zugänglichen Informationen.

Auf die Frage nach ihrem Einfluss auf die Verhandlungen antworteten ungefähr zwei Drittel der Teilnehmer, dass sie erheblichen Einfluss auf das Ergebnis gehabt hätten. Die Aussage, keinen bzw. allenfalls geringen Einfluss auf die Verhandlungen gehabt zu haben, hörte man am häufigsten von Umweltgruppen und den Vertretern kleiner Unternehmen, nämlich von 41 % der Umweltgruppen und 33 % der kleinen Unternehmen. Andere Gruppen gaben diese Aussage viel seltener zu Protokoll: Nur 8 % der Wirtschaftsverbände, 4 % der Vertreter von Einzelstaaten und 18 % der Repräsentanten der Bundesumweltbehörde glaubten, keinen oder nur geringen Einfluss ausgeübt zu haben. Fast die gleichen Unterschiede zeigen sich allerdings auch bei konventionellen Verordnungsgebungsverfahren, wenn diese Gruppen nach ihrem Einfluss auf etwaige Veränderungen zwischen ursprünglich vorgeschlagener und letztendlich verkündeter Verordnung gefragt werden.[64]

Als es darum ging anzugeben, ob andere Teilnehmer übermäßigen Einfluss auf die Verhandlungen ausgeübt hätten, gaben 27 % an, dass es solche Einflüsse gab, 48 % waren der Meinung, dass es zwar übermäßige Beteiligung seitens bestimmter Gruppen gab, dass man diese Beteiligung aber nicht mit Einfluss gleichsetzen könne, und die restlichen 25 % sahen gar keine Hinweise auf übermäßigen Einfluss. Auch diese Zahlen stimmen weitgehend mit denen überein, die für konventionelle Verordnungsgebungsverfahren ermittelt wurden.[65] Die Gruppen, denen am häufigsten überproportionale Einflussnahme zur Last gelegt wurde, waren Wirtschaftsverbände (27 %), die Bundesumweltbehörde (26 %), Umweltgruppen (17 %) und einzelstaatliche Behörden (11 %). Berücksichtigt man, dass sowohl die Bundesumweltbehörde als auch viele einzelstaatliche Behörden zumindest auch

63 *Freeman/Langbein,* S. 84–88.

64 *Freeman/Langbein,* S. 95.

65 *Freeman/Langbein,* S. 115.

Umweltschutzgesichtspunkten Rechnung zu tragen haben, so scheint der Vorwurf überproportionaler Einflussnahme Behörden, Wirtschaftsverbände und Umweltgruppen ungefähr in gleichem Ausmaß zu treffen.[66]

Hingegen klafften die Angaben bei der Frage nach dem Kostenaufwand, der mit der Teilnahme an Verhandlungen verbunden ist, weit auseinander. Sie reichten von 40 Stunden bis 40.000 Stunden bei der Arbeitszeit und von $ 0 bis $ 1 Million bei den monetären Ausgaben. Für das Sammeln von Informationen und weitergehende Forschungen gaben die Einzelstaaten (durchschnittlich $ 2.260) und die Umweltverbände am wenigsten und die großen Wirtschaftsverbände am meisten aus (durchschnittlich $ 432.000). Die Einzelstaaten und die Umweltverbände investierten auch am wenigsten in rechtliche und sonstige Beratung, während die Bundesumweltbehörde und die großen Wirtschaftsverbände am meisten investierten. Als sodann nicht nach den absoluten, sondern nach den relativen Zahlen gefragt wurde, zeigte sich allerdings, dass die Umweltverbände bei weitem die größte Last tragen. Denn sie wendeten 50 % ihrer gesamten verfügbaren Mittel für die Teilnahme an Verhandlungen auf.[67] Trotzdem stellten sich 78 % von ihnen auf den Standpunkt, dass der Nutzen der Teilnahme die Kosten überwiege, 7 % meinten, dass Kosten und Nutzen in etwa gleich seien, und nur 15 % glaubten, dass die Kosten höher seien als der Nutzen.[68]

Im zweiten Teil ihrer Studie verglichen Kerwin und Langbein die kooperative mit der konventionellen Verordnungsgebung.[69] Sie fanden heraus, dass Teilnehmer an „Negotiated Rulemakings“ mit der letztendlich in Kraft getretenen Verordnung zufriedener waren als Teilnehmer an herkömmlichen Verordnungsgebungsverfahren, und zwar unabhängig von der Art der Verordnung, der Einschätzung des Nutzens der Verordnung und der Verbandszugehörigkeit.[70] Als sie diejenigen, die sich über übermäßigen Einfluss anderer Teilnehmer beschwert hatten, fragten, ob sie glaubten, dass sich dieser Einfluss in der Verordnung widerspiegele, gaben 55 % der Teilnehmer an „Negotiated Rulemakings“ an, dass der Einfluss auf das Verfahren beschränkt gewesen wäre, wohingegen nur 13 % der Teilnehmer an konventionellen Verordnungsgebungsverfahren an eine solche Beschränkung des Einflusses glaubten. Als Grund für überproportionalen Einfluss wiesen 63 % der Teilnehmer an herkömmlichen Verordnungsgebungsverfahren, aber nur 30 % der Teilnehmer an Verhandlungsverfahren auf die zentrale Rolle der Bundesumweltbehörde hin.

---

66 *Freeman / Langbein,* S. 96.

67 *Freeman / Langbein,* S. 100 f. Es entspricht allgemeiner Meinung, dass das „Negotiated Rulemaking“ ein sehr intensiver Verhandlungsprozess ist, der einen ganz erheblichen Aufwand sowohl seitens der Behörde als auch seitens der privaten Teilnehmer fordert. s. *Seidenfeld,* Empowering Stakeholders, S. 457; *Freeman,* Collaborative Governance, S. 76.

68 *Freeman / Langbein,* S. 101.

69 Dies ist derjenige Teil der Studie, der auch unter dem Titel *Langbein / Kerwin,* Regulatory Negotiation versus Conventional Rulemaking, in einer Form veröffentlicht worden ist, die sich in erster Linie an Leser mit statistischen Kenntnissen wendet.

70 *Freeman / Langbein,* S. 110.

Die Teilnehmer an kooperativen Verfahren gaben die Schuld in der Regel eher anderen Verhandlungsteilnehmern, die während der Sitzungen besonders aktiv und gut vernehmbar agiert hätten.[71]

Was die Kosten der Teilnahme anlangte, so gaben die Teilnehmer an den Verfahren der kooperativen Verordnungsgebung einen deutlich größeren Arbeitsaufwand zu Protokoll, und zwar etwa 2000 Stunden oder 1 Personenjahr mehr als die Teilnehmer an konventionellen Verordnungsgebungsverfahren. Dieser Unterschied ist aber in erster Linie darauf zurückzuführen, dass die Bundesumweltbehörde, die ja auch zu den Teilnehmern zählt, in die kooperativen Verordnungsgebungsverfahren viel mehr investierte als in die traditionellen Verfahren. Lässt man die Bundesumweltbehörde außer Betracht, so waren die Unterschiede nicht mehr so erheblich. Ein gewichtiger Unterschied allerdings blieb bestehen: Im Verhältnis zu den ihnen insgesamt zur Verfügung stehenden Ressourcen gaben die Teilnehmer an Verhandlungsverfahren ungefähr doppelt so viel aus wie die Teilnehmer an konventionellen Verfahren.

Auf die Frage, was ihnen gefallen bzw. nicht gefallen habe, führten 30 % der Teilnehmer an Verhandlungsverfahren irgendeinen Kostenaspekt an (sei es der Zeitaufwand oder der monetäre Aufwand), wohingegen nur 9 % der Teilnehmer an herkömmlichen Verfahren diese Angabe machten. Letztere beschwerten sich zumeist über die Rolle der Bundesumweltbehörde oder über die Qualität der Verordnung.[72]

Auf der Grundlage dieser empirischen Untersuchungen kommen Freeman und Langbein zu dem Ergebnis, dass Teilnehmer an Verhandlungsverfahren diese als deutlich aufwendiger betrachten als konventionelle Verfahren, und dass kleine, schlecht ausgestattete Gruppen überproportionale Kosten tragen. Diese Gruppen klagen auch am häufigsten über Informationsdefizite. Wenn es um die Qualität des „Negotiated Rulemaking" ging, zeigten sich Umweltgruppen und kleine Unternehmen stets am wenigsten begeistert. Zudem wiesen Freeman und Langbein darauf hin, dass in den meisten Verhandlungskomitees weder ein Vertreter der durchschnittlichen Konsumenten noch ein Vertreter der durchschnittlichen Wähler zugegen war.[73]

2. Überraschende Ergebnisse der empirischen Untersuchungen

Etliche dieser empirischen Ergebnisse sind bei erstem Zusehen überraschend. Beispielsweise sind viele Teilnehmer an Verhandlungen der Ansicht, dass bestimmte andere Teilnehmer – abgesehen von der Bundesumweltbehörde – sich überproportional beteiligen. Nun würde man annehmen, dass sich diese über-

---

71 *Freeman/Langbein,* S. 115, 116.

72 *Freeman/Langbein,* S. 120.

73 *Freeman/Langbein,* S. 123–124.

proportionale Beteiligung auch in irgendeiner Weise im Ergebnis des Verhandlungsprozesses widerspiegelt. Die meisten Teilnehmer glauben indes, dass das nicht so ist. Aus ihrer Sicht hat die überproportionale Beteiligung keinen Einfluss auf das Ergebnis.

Unerwartet ist auch, dass sich die meisten Teilnehmer über die hohen Kosten des „Negotiated Rulemaking“ beschwerten. Im Verhältnis zu ihrem Gesamtbudget berichteten die Umweltgruppen von enorm hohen Investitionen in die Verhandlungsverfahren in Höhe von 50 %. Wiederum ist man geneigt zu glauben, dass dieser Aufwand zu Unzufriedenheit mit dem Verhandlungsprozess führt. Die Ergebnisse der Untersuchung belegen jedoch das Gegenteil: *Die überwiegende Mehrheit glaubt, dass sie erheblichen Einfluss auf die Verordnung hatte und dass der Nutzen des Verfahrens die Kosten überwiegt oder ihnen zumindest gleichkommt.*

Dass diese Einschätzungen die Wirklichkeit korrekt wiedergeben, erscheint unwahrscheinlich. Denn den meisten Verordnungen liegen keine sog. „Win-Win“-Situationen zugrunde, also Situationen, in denen alle Teilnehmer gewinnen können. Vielmehr geht es in Verordnungen meistens darum, den Handlungsspielraum einer Seite zugunsten einer anderen zu beschränken. Daher ist es unwahrscheinlich, dass alle Beteiligten die Verordnung erheblich beeinflussen und ein Ergebnis herbeiführen können, das aus ihrer Sicht mehr nützt als es gekostet hat.

Um das konkrete Beispiel der Koksofenverordnung zu nehmen: Wie kommt es, dass die Umweltgruppen – im Einklang mit der Kerwin / Langbein Studie – mit dem Ergebnis zufrieden waren? Wenn man bedenkt, dass sie aufgrund des Verhandlungsprozesses weniger Umweltschutz erhalten haben, als sie nach der Gesetzeslage beanspruchen konnten, hätten sie auf das Verhandlungsergebnis an sich verstimmt reagieren müssen. Die Emissionsgrenzwerte für Koksöfen wurden so großzügig festgesetzt, dass Umweltverbände eigentlich sehr verärgert hätten sein müssen. Sie hatten viel Geld in die Verhandlung einer Verordnung investiert, die noch nicht einmal das gesetzlich vorgegebene Schutzniveau erreicht. Und trotzdem waren sie mit dem Verhandlungsergebnis zufrieden.

Ähnlich schwer zu verstehen ist, warum die Bundesumweltbehörde EPA mit dem Ergebnis des Koksofenverhandlungsverfahrens zufrieden war. Wie die empirischen Studien zeigen, investiert die Bundesumweltbehörde in der Regel sehr viel in die Verhandlungen, und alles, was sie in diesem Fall erhalten hat, war eine Verordnung, die dem Vorrang des Gesetzes widersprach. Es erscheint zudem unwahrscheinlich, dass die „Negotiated Rule“ eine große Hilfe beim Vollzug sein wird. Der Clean Air Act enthielt nämlich bereits so konkrete Vorgaben, welche Emissionsbegrenzungen zu welchem Zeitpunkt erreicht sein müssen, dass die Bundesumweltbehörde nicht einmal für sich in Anspruch nehmen kann, im Wege der Verordnung ein unbestimmtes und vages Gesetz konkretisiert zu haben. Gleichwohl zeigte sich auch die Bundesumweltbehörde mit der neuen Verordnung zufrieden.

Ähnlich unerwartet ist die Reaktion der Teilnehmer auf die beiden anderen im Verhandlungswege vereinbarten Verordnungen, also die Holzmöbel- und die Holzofenverordnung: Stets hätte man im vorhinein erwartet, dass die Umweltverbände gegen die vorgeschlagene Verordnung Widerstand leisten würden. Merkwürdigerweise blieb dieser Widerstand aber aus, ja die Umweltverbände waren mit den Verhandlungsergebnissen sogar einverstanden.

3. Die Theorie der kognitiven Dissonanz

a) Beschreibung

Die überzeugendste Erklärung für diese scheinbaren Widersprüche ist eine psychologische.[74] Sie beruht auf der Theorie der kognitiven Dissonanz, die in den 50er Jahren von Leon Festinger entwickelt wurde.[75] Zur damaligen Zeit wurde die empirische Psychologie in den USA von der sog. „Reward-Reinforcement" Theorie dominiert. Nach dieser Theorie muss es für jede menschliche (oder tierische) Handlung einen Grund geben, und dieser Grund muss in einer Belohnung für die Handlung liegen, also darin, dass man für die Handlung entweder etwas Positives erhält, wie z. B. Essen, Geld oder Anerkennung, oder dass etwas Belastendes entfernt wird, wie z. B. Schmerz oder Furcht.[76] Vor dem Hintergrund dieser Theorie kam der Ansatz Festingers einer Revolution in der Sozialpsychologie gleich. Die Faszination dieses neuen Ansatzes ging u. a. davon aus, dass er – im Gegensatz zur „Reward-Reinforcement" Theorie, die sich im Wesentlichen mit unseren alltäglichen Erfahrungen deckt – Vorhersagen erlaubte, die nicht offensichtlich waren.[77]

Festingers Theorie der kognitiven Dissonanz, die sich zu einer der robustesten, einflussreichsten und kontroversesten Theorien in der Geschichte der Sozialpsychologie entwickelte,[78] beruht auf der Annahme, dass die Menschen nach *Konsistenz zwischen ihren Wahrnehmungen, ihren Einstellungen und ihrem Verhalten streben.*[79] Die Theorie der kognitiven Dissonanz bezeichnet zwei Wahrnehmungen dann als dissonant, wenn das Gegenstück zu der einen aus der anderen folgen würde, d. h. x und y sind dissonant, wenn nicht x aus y folgen würde.[80] Dabei ist zu

---

74 *Coglianese,* Assessing the Advocacy of Negotiated Rulemaking, S. 435.

75 *Festinger,* Cognitive Dissonance.

76 „In those days, the overwhelming trend in all of American empirical psychology was ‚Let's find the reinforcer.' If a person (or a rat) does something, there must be a reason, and that reason has to be the gaining of an identifiable reward, such as food, money, or praise, or the removing of a noxious state of affairs, such as pain, fear, or anxiety", *Aronson,* Dissonance, Hypocrisy, and the Self-Concept, S. 104.

77 *Aronson,* Dissonance, Hypocrisy, and the Self-Concept, S. 121.

78 *Cooper/Carlsmith.*

79 Eintrag „Cognitive Dissonance", in: Bonnie Strickland (Hrsg.), Gale Encyclopedia of Psychology, Detroit 2001.

80 So die Definition von *Festinger,* Cognitive Dissonance, S. 13: „Let us consider two elements which exist in a person's cognition and which are relevant to one another ... These two elements are in a dissonant relation if, considering these two alone, the obverse of one

beachten, dass die Meinungen und Einstellungen eines Menschen sich in der Regel zu Gruppen zusammenfassen lassen, die in sich konsistent sind. Auch zwischen dem, was jemand weiß oder glaubt, und dem, was er tut, besteht üblicherweise Konsistenz. *Jede Inkonsistenz erzeugt psychisches Unbehagen.*[81] Dieses Unbehagen wird sodann den Betroffenen motivieren, die Dissonanz zu verringern und Konsonanz herzustellen.[82] Zudem wird er versuchen, Situationen und Informationen zu vermeiden, welche die Dissonanz vergrößern könnten.[83] Dissonanz kann in einer Reihe von Situationen auftreten, beispielsweise wenn Neues passiert oder wenn neue Informationen auftauchen, welche eine Dissonanz mit bereits vorhandenem Wissen, Meinungen oder Wahrnehmungen auslösen. Und selbst wenn keine neuen Ereignisse eintreten und es auch keine neuen Informationen gibt, lässt sich Dissonanz täglich beobachten. Nur in den wenigsten Situationen kann man Widersprüche zwischen Meinungen und Verhaltensweisen völlig vermeiden. So erwähnt Festinger die Beispiele des Landwirts, der stets die Republikaner wählt, aber die Einstellung dieser Partei zu Agrarsubventionen nicht teilt, und des Autokäufers, der die Sparsamkeit des einen Modells, aber das Design des anderen bevorzugt.[84]

Die Größe der Dissonanz ist eine Funktion der Wichtigkeit ihrer Elemente. Je wichtiger die Elemente, desto größer wird die Dissonanz ausfallen.[85] Dissonanz

---

element would follow from the other. To state it a bit more formally, x and y are dissonant if not-x follows from y. Thus, for example, if a person knew there were only friends in his vicinity and also felt afraid, there would be a dissonant relation between these two cognitive elements.“

81 „The basic background of the theory consists of the notion that the human organism tries to establish internal harmony, consistency, or congruity among his opinions, attitudes, knowledge, and values. That is, there is a drive toward consonance among cognitions“, *Festinger,* Cognitive Dissonance, S. 260.

82 *Festinger,* Cognitive Dissonance, S. 2, nennt folgende Strategien zur Verringerung von Dissonanz: „Only rarely, if ever, are they (i.e. exceptions to consistencies, S. S.) accepted psychologically as inconsistencies by the person involved. Usually more or less successful attempts are made to rationalize them. Thus, the person who continues to smoke, knowing that it is bad for his health, may also feel (a) he enjoys smoking so much it is worth it; (b) the chances of his health suffering are not as serious as some would make out; (c) he can't always avoid every possible dangerous contingency and still live; and (d) perhaps even if he stopped smoking he would put on weight which is equally bad for his health. So, continuing to smoke is, after all, consistent with his ideas about smoking.“

83 *Festinger,* Cognitive Dissonance, S. 1 – 3.

84 *Festinger,* Cognitive Dissonance, S. 4 – 5.

85 Vgl. zur Abhängigkeit der Dissonanz von der Wichtigkeit ihrer Elemente *Festinger,* Cognitive Dissonance, S. 16: „One obvious determinant of the magnitude of dissonance lies in the characteristics of the elements between which the relation of dissonance holds. If two elements are dissonant with one another, the magnitude of the dissonance will be a function of the importance of the elements. The more these elements are important to, or valued by, the person, the greater will be the magnitude of a dissonant relation between them. Thus, for example, if a person gives ten cents to a beggar, knowing full well that the beggar is not really in need, the dissonance which exists between these two elements is rather weak. Neither of the two cogni-

lässt sich auf verschiedene Arten verringern: Besteht die Dissonanz zwischen einem Wahrnehmungselement und einem Verhaltenselement, so kann die Dissonanz durch eine Verhaltensänderung beseitigt werden. Diese Methode der Dissonanzverminderung lässt sich oft beobachten. So hören beispielsweise viele Leute auf zu rauchen, wenn sie feststellen, dass es ihrer Gesundheit erheblich schadet. Indes kann es sehr schwierig sein, das Verhalten zu ändern, oder eine Verhaltensänderung kann dazu führen, dass zwar einige Dissonanzen verringert werden, dafür aber neue entstehen. In solchen Situationen lässt sich manchmal auch das Wahrnehmungselement verändern, indem nämlich die Wirklichkeit, mit der die Wahrnehmung korrespondiert, umgestaltet wird. Oft ist es aber unmöglich, die Wirklichkeit zu verändern. Dann bleibt nur der Ausweg, das Wahrnehmungselement zu ändern, obwohl die Wirklichkeit gleich bleibt. Besonders häufig geschieht dies, wenn man für die neue Wahrnehmung der unveränderten Wirklichkeit Unterstützung durch andere finden kann.[86] Andernfalls kann es sehr schwer fallen, das mit der Wirklichkeit korrespondierende Wahrnehmungselement zu ändern.[87] Ist die kognitive Dissonanz hoch und zeigen sich sowohl die Wirklichkeit als auch die korrespondierenden Wahrnehmungselemente veränderungsresistent, so kann es helfen, neue kognitive Elemente hinzuzufügen. Wenn beispielsweise Dissonanz besteht zwischen kognitiven Elementen, welche die Auswirkungen des Rauchens betreffen, und einem Verhaltenselement, also beispielsweise der Tatsache, dass der Betroffene nicht aufhört zu rauchen, kann die Dissonanz dadurch reduziert werden, dass neue kognitive Elemente hinzugefügt werden, die sich mit dem Rauchen vertragen. So kann der Betroffene beispielsweise die Wahrnehmung hinzufügen, dass sich die Gefahren des Rauchens im Vergleich zu den Gefahren des Autofahrens vernachlässigen lassen.[88] Eine andere Strategie kann darin bestehen, sich selbst gegenüber, aber auch gegenüber anderen zuzugeben, dass eine bestimmte Entscheidung falsch war, und dass man sich anders entscheiden würde, wenn man noch einmal die Wahl hätte. Indem man sich psychologisch von einer bestimmten Handlung trennt, kann man die Dissonanz erheblich reduzieren.[89]

---

tive elements involved is very important or very consequential to the person. A much greater dissonance is involved, for example, if a student does not study for a very important examination, knowing that his present fund of information is probably inadequate for the examination. In this case the elements that are dissonant with each other are more important to the person, and the magnitude of the dissonance will be correspondingly greater."

86 *Festinger*, Cognitive Dissonance, S. 19–21.

87 „The first and foremost source of resistance to change for any cognitive element is the responsiveness of such elements to reality. If one sees that the grass is green, it is very difficult to think it is not so", *Festinger*, Cognitive Dissonance, S. 24 f.

88 *Festinger*, Cognitive Dissonance, S. 22.

89 „It would still be possible to reduce the dissonance by what also amounts to adding a new cognitive element, but of a different kind. He can admit to himself, and to others, that he was wrong to purchase the car and that if he had to do it over again, he would buy a different kind. This process of divorcing himself psychologically from the action can and does materially reduce the dissonance. Sometimes, however, the resistances against this are quite strong", *Festinger*, Cognitive Dissonance, S. 29; ebenso S. 43 f.

Diese Ansichten Festingers werden heutzutage weitgehend geteilt.[90] Besonders die Einschätzung, dass es infolge von Dissonanzen zu Wahrnehmungsveränderungen kommen kann und dass diese Veränderungen auf einem psychologischen Unbehagen beruhen, ist nahezu unumstritten. Nach wie vor umstritten ist lediglich die Frage nach der Natur der Motivation, die den durch Dissonanz ausgelösten Veränderungen zugrunde liegt.[91] Indes kann diese Frage hier auf sich beruhen, da sie in dieser Arbeit keine Rolle spielt.

b) Anwendung der Theorie der kognitiven Dissonanz auf das „Negotiated Rulemaking“

Bei der Koksofenverordnung hat sich gezeigt, dass das Verhandlungsverfahren bestimmten Gruppen schadete, und zwar besonders den Umweltverbänden, die in den Verhandlungen noch nicht einmal das vom Clean Air Act gesetzlich vorgeschriebene Umweltschutzniveau durchsetzen konnten. Aber auch die Bundesumweltbehörde EPA, die Gewerkschaften und Teile der Koksindustrie hätten mit dem Ergebnis des Verhandlungsverfahrens an sich nicht glücklich sein können, denn ihre Interessen wurden zumindest teilweise außer Acht gelassen. Trotzdem stimmten sie alle der neuen Verordnung zu. Selbiges gilt für die beiden anderen „Negotiated Rules“, die ebenfalls merkwürdigerweise die Zustimmung aller Beteiligten fanden.

Vor diesem Hintergrund liegt die Annahme nahe, dass dies etwas damit zu tun haben muss, dass alle Teilnehmer viel in den Verhandlungsprozess investieren. Nachdem sie so hart für bestimmte Ergebnisse gearbeitet haben, werden sich die

---

90 Auch von *Rehbinder,* Rechtssoziologie, S. 122 f., wird die Theorie der kognitiven Dissonanz als empirisch abgesichert bezeichnet.

91 *Eddie Harmon-Jones / Judson Mills,* An Introduction to Cognitive Dissonance Theory and an Overview of Current Perspectives of the Theory, in: Eddie Harmon-Jones / Judson Mills (Hrsg.), Cognitive Dissonance. Progress on a Pivotal Theory in Social Psychology, Washington DC 1999, S. 15; *Cooper / Carlsmith.* Die Selbstwahrnehmungstheorie („Self-Perception Theory“), die manchmal der Lehre von der kognitiven Dissonanz gegenüber gestellt worden ist, betrifft die Ableitung von Verhaltensveranlagungen aus dem Verhalten. Nach Meinung ihrer Befürworter lernen Menschen ihre Einstellungen und Veranlagungen zumindest teilweise dadurch kennen, dass sie sie aus Beobachtungen ihres eigenen Verhaltens und / oder der Umstände ableiten, unter denen dieses Verhalten auftaucht. Indes stehen die Lehre von der kognitiven Dissonanz und die Selbstwahrnehmungstheorie richtig gesehen nicht in einem Verhältnis der Konkurrenz, sondern sie ergänzen einander. Beide Theorien haben ihren je eigenen Anwendungsbereich: Stimmt das Verhalten mit den Einstellungen überein, so findet die Selbstwahrnehmungstheorie Anwendung. Weicht das Verhalten aber von den Einstellungen ab, so ist auf die Lehre von der kognitiven Dissonanz zurückzugreifen. s. *Russel H. Fazio / Mark P. Zanna / Joel Cooper,* Dissonance and Self-Perception: An Integrative View of Each Theory's Proper Domain of Application, 13 Journal of Experimental Social Psychology 464 ff. (1977). Da es in unserem Fall um Verhalten geht, das von den zugrundeliegenden Einstellungen abweicht, ist nur die Theorie der kognitiven Dissonanz heranzuziehen, und die Selbstwahrnehmungstheorie kann außer Betracht bleiben.

Teilnehmer sehr schwer tun einzugestehen, dass ihre Bemühungen umsonst waren. Intuitiv scheint es wahrscheinlich, dass sie versucht sein werden, dem Verhandlungsprozess zumindest etwas Positives abzugewinnen, um den mit der Teilnahme verbundenen Arbeitsaufwand und die monetären Aufwendungen zu rechtfertigen. Sie werden nicht ohne weiteres bereit sein, die Verhandlungen für gescheitert zu erklären.

c) Empirische Untersuchung zum Einfluss der Initiation auf die Wertschätzung einer Gruppe

Bestätigt wird diese intuitive Einschätzung durch empirische Untersuchungen aus den späten 50er Jahren. Elliot Aronson und Judson Mills führten damals eine Studie durch, um herauszufinden, ob Leute, die viel Ärger oder Mühen auf sich nehmen, um etwas zu erreichen, das Erreichte höher schätzen als Leute, die das gleiche mit minimalem Aufwand erlangen.[92] Als Untersuchungsgegenstand diente ihnen die Aufnahme eines neuen Mitglieds in eine Diskussionsgruppe.

Auf der Grundlage der kognitiven Dissonanztheorie würde man die folgende Vorhersage machen: Egal wie reizvoll eine bestimmte Gruppe ist, sie ist so gut wie nie völlig makellos, d. h. es gibt immer Aspekte, die man weniger schätzt. Wenn man sich nun einem unangenehmen Initiationsritus unterzogen hat, um Teil der Gruppe zu werden, so besteht eine Dissonanz zwischen der Erkenntnis, dass die Gruppe gewisse Unzulänglichkeiten hat, und der Tatsache, dass man unerfreuliche Erfahrungen auf sich genommen hat, um Mitglied der Gruppe zu werden. Diese Dissonanz lässt sich auf zwei Arten reduzieren: Man kann den Versuch machen, sich selbst davon zu überzeugen, dass die Initiation nicht belastend war, oder man kann die positiven Aspekte der Gruppe übertreiben und ihre negativen ausblenden. Je unangenehmer die Initiation jedoch war, desto schwieriger wird es, sich selbst zu überzeugen, dass sie doch nicht so schlimm war. Deshalb wird eine Person, die eine sehr belastende Initiation hinter sich hat, dazu neigen, die Dissonanz dadurch zu verringern, dass sie die positiven Aspekte der Gruppe übertreibt.[93]

Für ihr Experiment bedienten sich Aronson und Mills einer Anzahl von Freiwilligen, die an Diskussionen einer Gruppe teilnehmen wollten. Sie wurden nach dem Zufallsprinzip in drei Kategorien eingeteilt: Angehörige der ersten Kategorie waren gezwungen, sehr peinliche Texte laut vorzulesen, bevor man ihnen gestattete, der Gruppe beizutreten. In der zweiten Kategorie musste vor Beitritt zur Gruppe ebenfalls ein Text laut vorgelesen werden, dieser Text war aber nicht sehr unangenehm. Und Freiwillige, die der dritten Kategorie zugelost worden waren, konnten sich der Gruppe ohne weiteres anschließen. Sodann wurde jedem der neuen Gruppenmitglieder ein Tonband vorgespielt, bei dem es sich angeblich um eine gerade im Verlauf befindliche Diskussion derjenigen Gruppe handelte, welcher der Pro-

---

92 *Aronson/Mills,* S. 177 ff.

93 *Aronson/Mills,* S. 177.

band soeben beigetreten war. Danach wurden die Testpersonen aufgefordert, diese Diskussion zu bewerten. Ihnen wurde zudem mitgeteilt, dass die anderen Gruppenmitglieder keinerlei Initiation durchlaufen mussten, sondern dass es sich bei der Initiation um ein neues Verfahren handele. Dieser Hinweis sollte verhindern, dass sich die Probanden aufgrund des Gefühls, mit den Gruppenmitgliedern ein unangenehmes Erlebnis gemeinsam zu haben, zu sehr mit ihnen identifizierten.

Allen Testpersonen wurde dasselbe Tonband vorgespielt. Es enthielt eine Diskussion dreier Studentinnen, die absichtlich so langweilig und banal wie möglich gestaltet wurde, um bei den Probanden der ersten Kategorie eine möglichst große Dissonanz hervorzurufen. Die Diskutanten sprachen auf trockene und stockende Art und Weise über das Sexualverhalten der niederen Tiere, widersprachen sich selbst und den anderen „versehentlich“, zogen irrige Schlussfolgerungen, begannen Sätze, die sie nie beendeten, drucksten herum und führten eine der wertlosesten und uninteressantesten Diskussionen, die man sich vorstellen kann.

Es zeigte sich, dass die Probanden in der ersten Kategorie sowohl die Diskussion als auch die Diskutanten viel höher bewerteten als die Probanden in der zweiten und der dritten Kategorie. Zwischen den Testpersonen der zweiten und der dritten Kategorie gab es kaum Unterschiede, was wohl daran lag, dass die Initiation der Testpersonen der zweiten Kategorie so wenig unangenehm war, dass sie keine erhebliche Investition in die Gruppe darstellte. Mithin wurde bei diesen Testpersonen wahrscheinlich gar keine Dissonanz hervorgerufen. Sollte doch eine geringe Dissonanz eingetreten sein, so hätte es näher gelegen, diese dadurch zu verringern, dass man die Wahrnehmung der Initiation verändert als dass man die Diskussion verzerrt wahrnimmt.[94] Hingegen war es den Teilnehmern der ersten Kategorie offenbar nicht möglich, ihre Initiation im Nachhinein einfach als doch nicht so unangenehm wahrzunehmen.

Die Resultate dieses Experiments bestätigten folglich die Hypothese, dass *Personen, die eine belastende Initiation auf sich nehmen, um Mitglied einer Gruppe zu werden, dadurch ihre Wertschätzung für die Gruppe erhöhen.* Oder, anders und etwas lebhafter ausgedrückt: Durch die Hölle zu gehen, nur um Mitglied einer langweiligen Diskussionsgruppe zu werden, verträgt sich schlecht mit der Selbstwahrnehmung, ein kluger und vernünftiger Mensch zu sein, der kluge und vernünftige Entscheidungen trifft, und erzeugt deshalb Dissonanzen.[95]

---

94 *Aronson/Mills,* S. 178–180.

95 Vgl. die sehr einprägsame Formulierung von *Aronson,* Dissonance, Hypocrisy, and the Self-Concept, S. 112: „To reduce that dissonance, ... one must convince oneself that ... the task was, in fact, a rather interesting activity ... In the Aronson and Mills experiment, going through hell and high water to gain admission to a boring discussion group was dissonant with one's self-concept as a smart and reasonable person, who makes smart and reasonable decisions.“ Diese Interpretation scheint typisch für *Aronson* zu sein, der die Bedeutung des Selbst bei der Anwendung der Theorie der kognitiven Dissonanz betont. Während *Festinger* vermutlich sagen würde, dass die Dissonanz in dem Experiment aus der Inkonsistenz zwischen den Gedanken „Die Diskussion war langweilig“ und „Ich habe einiges auf mich

d) Übertragung der Ergebnisse des Initiationsexperiments auf das „Negotiated Rulemaking"

In den hier geschilderten Fällen des „Negotiated Rulemaking" scheinen sich ähnliche Prozesse abgespielt zu haben. Die Kerwin/Langbein Studie hat gezeigt, dass 42% der Umweltverbände die Entscheidung schwer gefallen ist, sich an den Verhandlungen zu beteiligen. Die sodann für die Verhandlungen aufgewendeten Mittel betrugen 50% der gesamten Mittel, die ihnen zur Verfügung standen. Gleichwohl waren die Verhandlungsergebnisse unter Umweltschutzgesichtspunkten unbefriedigend. Im Vergleich zu den von der gesetzlichen Ermächtigungsgrundlage vorgegebenen Grenzwerten wurden keine Gewinne erzielt, ja die durch Verhandlungen erarbeiteten Verordnungen blieben sogar hinter den gesetzlichen Vorgaben zurück. Dadurch muss es bei den von den Umweltgruppen entsandten Verhandlungsteilnehmern zu hoher kognitiver Dissonanz gekommen sein. Ihre hohen Ausgaben lassen sich nur schwer damit vereinbaren, dass sie solch magere Ergebnisse erzielt haben. Dies gilt umso mehr, als der Grad der Dissonanz in hohem Maß von der Wichtigkeit der zugrunde liegenden Entscheidungen abhängt. Da in diesen Fällen die Entscheidung, an den Verhandlungen teilzunehmen, wegen ihrer finanziellen Auswirkungen sehr wichtig war, wird die durch die Verhandlungsergebnisse erzeugte Dissonanz ziemlich hoch gewesen sein, zumal die Dissonanztheorie die stärksten Vorhersagen macht, wenn ein wichtiges Element der Selbstwahrnehmung bedroht ist, typischerweise also, wenn jemand eine Verhalten an den Tag legt, das mit der eigenen Selbstwahrnehmung inkonsistent ist.[96] Man kann sich leicht vorstellen, dass sich finanziell nicht gerade üppig ausgestattete Umweltverbände die Entscheidung, 50% ihrer Mittel einzusetzen, nicht gerade leicht machen werden. Die Personen, die diese Entscheidungen treffen, werden von sich selbst annehmen, dass sie fähig sind, Entscheidungen zu fällen, die im besten Interesse des Verbandes liegen und keine Verschwendung von Ressourcen darstellen. Sie werden von ihrer Kompetenz überzeugt sein, wichtige Entscheidungen korrekt treffen zu können. Daher wird es für sie umso schmerzlicher sein, zugeben zu müssen, dass der von ihnen beschlossene Einsatz erheblicher Mittel vergeblich war.

Die Dissonanzen werden zusätzlich dadurch erhöht werden, dass der äußere Druck zur Teilnahme an den Verhandlungen gering ist, weshalb das persönliche

---

genommen, um ihr zuhören zu können", herrührte, schlägt *Aronson* vor, dass die Dissonanz durch Inkonsistenz zwischen der Selbstwahrnehmung („Ich bin eine vernünftige Person, die kluge Entscheidungen trifft") und der Wahrnehmung des eigenen Verhaltens entsteht („Ich habe Belastungen auf mich genommen, nur um einer langweiligen Diskussion zuhören zu können"). s. *Elliot Aronson,* Cognitive Dissonance, in: Alan E. Kadzin (Hrsg.), Encyclopedia of Psychology, Oxford 2001; *Cooper/Carlsmith,* S. 124.

96 „... dissonance theory makes its strongest predictions when an important element of the self-concept is threatened, typically when a person performs a behaviour that is inconsistent with his or her sense of the self", *Aronson,* Dissonance, Hypocrisy, and the Self-Concept, S. 110.

Engagement, das in der Mitwirkungsentscheidung zum Ausdruck kommt, umso schwerer wiegt.[97] Niemand wird gezwungen, an einem „Negotiated Rulemaking“ teilzunehmen, und es gibt auch keine unmittelbare Belohnung. Daher setzt die Teilnahmeentscheidung sorgfältige Abwägungen voraus, und eine positive Entscheidung bringt viel persönliche Verantwortung der Entscheidenden mit sich.

Stellt sich dann heraus, dass das Verhandlungsverfahren in eine Richtung läuft, mit der die Vertreter der Umweltverbände an sich nicht einverstanden sein können, so sind ihnen aus den genannten Gründen einige der üblichen Möglichkeiten der Dissonanzreduzierung verschlossen: Sie können nicht leugnen, viel in die Verhandlungen investiert zu haben. Denn das entsprechende kognitive Element ist zu eng mit der Wirklichkeit verknüpft. Die Investitionen in die Verhandlungen sind so hoch, dass sie nicht ernsthaft in Abrede gestellt werden können. Daher kommen die Umweltschützer nicht um die Erkenntnis herum, dass sie viele Mittel in ein Verordnungsgebungsverfahren gesteckt haben, das sich im Ergebnis als ziemlich fehlerhaft dargestellt hat. Nun wäre es zwar grundsätzlich möglich, darauf so zu reagieren, dass man zugibt, einen Fehler gemacht zu haben. Die Umweltverbände könnten eingestehen, dass es von vornherein ein Fehler war, an den Verhandlungen teilzunehmen, oder dass zwar die Entscheidung zur Verhandlungsteilnahme richtig, der Mitteleinsatz aber übertrieben war. Beides würde jedoch bedeuten, dass sie zugeben müssten, eine falsche Entscheidung getroffen zu haben. Zwar fällt manchen Leuten ein solches Eingeständnis leicht, den meisten aber fällt es schwer, und den Vertretern der Umweltverbände würde es wahrscheinlich besonders schwer fallen, denn Entscheidungen, die für ihre Organisationen so wichtig sind wie die hier in Rede stehenden, werden normalerweise sorgfältig bedacht. Ihre möglichen Weiterungen werden erforscht und Kosten und Nutzen gegeneinander abgewogen. Daher müssten die Entscheidungsträger in den Umweltgruppen zugeben, dass sie ihre Entscheidungen entweder nicht sorgfältig bedacht haben und es beispielsweise unterlassen haben, den wahrscheinlichen Verlauf der Verhandlungen im Vorhinein zu durchdenken. Oder sie müssten bekennen, dass sie die Entscheidung zur Teilnahme an den Verhandlungen zwar sorgfältig vorbereitet haben, dass sie in den Verhandlungen aber übervorteilt wurden. Beides wird ihnen nicht behagen.

Deshalb wählten die Umweltverbände einen anderen Weg, der dem in dem Initiationsexperiment aufgezeigten gleicht: Sie leugneten einfach, dass die ausgehandelten Verordnungen ihren Interessen zuwiderliefen und stellten sich auf den Standpunkt, dass die kooperativen Verordnungsgebungen Erfolge gewesen seien. Auf diese Weise rechtfertigten sie ihre Ausgaben. Indem sie abstritten, dass die Verhandlungen Misserfolge waren, reduzierten sie ihre kognitive Dissonanz. Des Weiteren verminderten sie die Dissonanz dadurch, dass sie geltend machten, in den Verhandlungen viel gelernt zu haben. Wenn man sich auf einen Wissenszuwachs

97 „... the greater the personal commitment or self-involvement implied by the action and the smaller the external justification for that action, the greater the dissonance and, therefore, the more powerful the need for self-justification“, *Aronson,* Dissonance, Hypocrisy, and the Self-Concept, S. 112.

berufen kann, scheinen die Investitionen in den Verhandlungsprozess nicht umsonst gewesen zu sein. Im Gegenteil, man kann behaupten, in Zukunft gegen die Fährnisse der Verhandlungen besser gewappnet zu sein als in der Vergangenheit, weshalb sich das große Engagement gelohnt habe. Mithin lässt sich die kognitive Dissonanz sowohl dadurch verringern, dass man das Ergebnis der Verhandlungen schönfärbt, als auch dadurch, dass man für sich zusätzliche Gewinne in Anspruch nimmt, die über das nackte Verhandlungsergebnis hinausgehen.

Ein ähnlicher Weg scheint im Übrigen auch von der Bundesumweltbehörde EPA eingeschlagen worden zu sein. Normalerweise könnte sie nämlich mit den Ergebnissen dieser „Negotiated Rulemakings" ebenfalls nicht zufrieden sein. Denn ein Grund, warum die Behörde an den Verhandlungen teilnimmt, ist ja gerade, dass sie ein Auge darauf haben soll, dass der Vorrang des Gesetzes beachtet wird. Wenn nun aber der Vorrang des Gesetzes so oft verletzt wird wie in diesen Fällen, dann sollte die Behörde normalerweise von den Verhandlungsergebnissen enttäuscht sein. Wiederum ist allerdings zu bedenken, dass die Behörden üblicherweise sehr viel in die „Negotiated Rulemakings" investieren, in absoluten Zahlen gemessen wahrscheinlich mehr als jeder andere Teilnehmer. Das mag jedenfalls teilweise erklären, warum die Bundesumweltbehörde nicht bereit ist zuzugeben, dass die Verhandlungen Misserfolge waren. Stattdessen setzt sie die gleichen Strategien zur Reduzierung der kognitiven Dissonanz ein wie die Umweltgruppen.

Und noch für ein weiteres Phänomen könnte die Lehre von der kognitiven Dissonanz eine Erklärung bereithalten, nämlich für die Tatsache, dass Umweltverbände Verordnungen, die durch Verhandlungen zustande gekommen sind, nur sehr selten gerichtlich angreifen. Lediglich eine von sechs Klagen gegen „Negotiated Rules" wird von ihnen eingereicht.[98] Bei genauerer Betrachtung zeigt sich nämlich, dass diejenigen Umweltgruppen, die sonst sehr häufig den Rechtsweg beschreiten,[99] nämlich etwa Natural Resources Defense Council (NRDC), Environmental Defense Fund oder Sierra Club, auch oft an Verhandlungen beteiligt sind. Würden sie gegen die Verhandlungsergebnisse klagen, so müssten sie zugleich zugeben, dass sie sich in den Verhandlungen nicht durchsetzen konnten. Aus den genannten Gründen wird ihnen dieses Eingeständnis nicht leicht fallen.

Es scheint daher in der Tat so zu sein, dass die *großen Investitionen, welche die Teilnahme am „Negotiated Rulemaking" verlangt, die meisten Gruppen dazu verleiten, die Verhandlungsergebnisse in einem allzu positiven Licht zu sehen.* Zudem scheinen diese Investitionen dazu zu führen, dass *andere Gewinne, die mit den Verhandlungen verbunden sind, wie etwa neue Informationen, sehr hoch bewertet werden,* auch wenn diese Informationen auf anderen Wegen billiger hätten erlangt werden können. Die Theorie der kognitiven Dissonanz bietet daher eine plausible

98 *Seidenfeld,* Empowering Stakeholders, S. 452.

99 Vgl. dazu, welche Gruppen dies in erster Linie sind, *Irma S. Russel,* The Role of Public Opinion, Public Interest Groups, and Political Parties in Creating and Implementing Environmental Policy, 23 ELR 10665 ff. (10669) (1993).

Erklärung für einen Befund, der bei erstem Zusehen überraschend ist, nämlich dafür, dass Gruppen, die durch den Verhandlungsprozess fast nichts gewinnen, den Verhandlungsprozess trotzdem sehr wohlwollend beurteilen und sich auf den Standpunkt stellen, dass sein Nutzen höher ist als seine Kosten.[100]

e) Kognitive Dissonanz und die deutschen normvertretenden Absprachen

Auch für eine Besonderheit der oben geschilderten abfallrechtlichen normvertretenden Absprache könnte die Lehre von der kognitiven Dissonanz eine Erklärung liefern. Wie oben gezeigt wurde, war diese Absprache bereits vom Ansatz her nicht gerade innovativ, und ihre Durchführung ist dann – zumindest im Hinblick auf die Reduzierung der Verwendung von Einwegbehältern – fehlgeschlagen. Deshalb hätte es an sich aus Sicht des Staates nahe liegen sollen, sich alsbald von der Absprache zu lösen und nach neuen Möglichkeiten zu suchen, die Probleme der zu häufigen Verwendung und unsachgemäßen Entsorgung von Einwegbehältern in den Griff zu bekommen. Dies ist indes nicht geschehen. Vielmehr hat man sehr lange Zeit an der offensichtlich fehlgeschlagenen Absprache festgehalten.

Dieses dem ersten Anschein nach erstaunliche Ergebnis lässt sich nun ebenfalls mit Hilfe der Lehre von der kognitiven Dissonanz besser verstehen. Man hatte nämlich von Seiten des Staates ziemlich viel in das Zustandekommen dieser Absprache investiert. Die Absprache war die Frucht jahrelanger Verhandlungen. Würde man sich nun rasch von ihr lösen, so müsste man zugeben, dass diese Aufwendungen vergebens waren. Man müsste eingestehen, dass man viele Ressourcen auf ein Projekt verwendet hat, das diesen Einsatz nicht rechtfertigte. Ein solches Eingeständnis würde jedoch zum Konflikt mit der Selbstwahrnehmung der beteiligten Stellen führen. Sie werden sich zugute halten wollen, das Umweltproblem im vorhinein analysiert und sodann eine Absprache getroffen zu haben, die alternativen Verordnungsentwürfen überlegen war. Da man sich einen Irrtum nur ungern eingesteht, sich das Spannungsverhältnis zwischen den mageren Ergebnissen der Absprache und den mit ihrem Abschluss verbundenen Kosten aber nicht aus der Welt schaffen lässt, besteht eine Lösungsmöglichkeit darin, sich einfach auf den Standpunkt zu stellen, die Absprache sei doch ein Erfolg. Diese Haltung führte dann dazu, dass an der Absprache über Gebühr festgehalten und sogar noch eine weitere abfallrechtliche Absprache getroffen wurde. Auch für dieses deutsche Problem bietet die Theorie der kognitiven Dissonanz mithin eine Erklärungsmöglichkeit.

---

100 Die Theorie der kognitiven Dissonanz hilft ebenfalls zu erklären, warum die zuständige Behörde sich selten dazu durchringt, eine gegenüber dem Verhandlungsergebnis veränderte Verordnung öffentlich bekanntzumachen: Die Bekanntmachung einer abweichenden Verordnung würde nämlich das Eingeständnis enthalten, dass der Verhandlungsprozess zumindest teilweise zu unverwertbaren Ergebnissen geführt hat und mithin überflüssig war.

4. Der Hawthorne-Effekt

Eine andere Erklärung für das zunächst überraschende Einverständnis der Umweltgruppen mit den Ergebnissen der „Negotiated Rulemakings" könnte der sog. Hawthorne-Effekt bereithalten.[101] Dieser Effekt, der einen Meilenstein in der Organisationspsychologie darstellt[102] und Anlass zu mehr Forschungen gegeben hat als jedes andere Experiment oder jede andere Theorie in der industriellen Soziologie oder Psychologie,[103] ist nach der Fabrik benannt, in der er zuerst entdeckt und untersucht wurde. Coglianese beschreibt ihn dahingehend, dass es bei ihm um künstliche Produktivitätssteigerungen gehe, die allein auf die Teilnahme an einem Experiment zurückzuführen seien. Dies ist jedoch nur eine mögliche Interpretation des Hawthorne-Experiments.[104] Eine andere Interpretation lautet, dass Leistungssteigerungen das Ergebnis der besonderen Aufmerksamkeit der Unternehmensleitung sind[105] und dass Veränderungen der äußeren Arbeitsbedingungen für sich genommen nicht ausreichen, um Leistungssteigerungen zu erklären.[106]

Das Hawthorne-Experiment lief wie folgt ab: Eine kleine Gruppe von fünf Arbeiterinnen wurde von den anderen Beschäftigten getrennt, um herauszufinden, wie Veränderungen ihrer Arbeitsbedingungen ihre Produktivität beeinflussen würden. Diese Veränderungen bestanden in veränderten Lichtverhältnissen, Arbeits-

---

101 *Coglianese,* Assessing the Advocacy of Negotiated Rulemaking, S. 436 f. Die erstmalige Beschreibung des Hawthorne-Effekts findet sich in *Roethlisberger / Dickson.*

102 *Benson,* Hawthorne Effect.

103 *Adair,* Reconsideration, S. 334.

104 *Gary D. Gottfredson,* The Hawthorne Misunderstanding (and How to Get the Hawthorne Effect in Action Research), 33 Journal of Research in Crime and Delinquency 28 ff. (1996) bezeichnet dieses Verständnis des Hawthorne-Effekts sogar als das Hawthorne Missverständnis. Nach Durchsicht mehrer Studien, die sich mit dem Hawthorne-Effekt befassen, kommt *Gottfredson* zu dem Ergebnis, dass die Tatsache allein, dass die Forscher ihren Probanden Aufmerksamkeit widmen, nicht erklären kann, warum sich die Leistungen der Probanden verbessern. Seiner Meinung nach resultieren bessere Leistungen jedenfalls teilweise aus Rückkoppelungs- und Verstärkungseffekten unter Bedingungen, unter denen eine Leistungsverbesserung durch Lernen möglich ist und die Arbeiter sich das Ziel der Leistungssteigerung selbst zu eigen machen. Mit anderen Worten, nach *Gottfredsons* Meinung werden Lerneffekte üblicherweise zu wenig berücksichtigt. s. *Gottfredson,* S. 29, 36 f., 46.
Ähnlich skeptisch äußert sich auch *Adair:* Seiner Meinung nach ist die Beschreibung des Hawthorne-Effekts in zeitgenössischen Lehrbüchern äußerst widersprüchlich. Von den 15 Lehrbüchern, die *Adair* zu Rate zog, beschrieb nicht eines den Ablauf des Hawthorne-Experiments korrekt. Auch *Adair* kam nach Auswertung mehrerer Studien zu dem Hawthorne-Effekt zu dem Ergebnis, dass es nicht ausreichend Beweise gab, um den Hawthorne-Effekt allein der Neuigkeit des Experiments, der besonderen Aufmerksamkeit der Forscher oder der bloßen Teilnahme zuzuschreiben. Es gab allerdings Beweise dafür, dass die Probanden versuchten, ein bestimmtes Ziel des Experiments zu auszumachen und den an sie gerichteten Erwartungen in der Situation des Experiments gerecht zu werden. s. *Adair,* Reconsideration, S. 335, 339.

105 *John G. Adair,* Hawthorne Effect, in: Alan E. Kadzin (Hrsg.), Encyclopedia of Psychology, Oxford 2000.

106 *Benson,* Hawthorne Effect.

zeiten, Pausen und Entlohnungssystemen. Überraschend war nun, dass – egal welche Veränderung vorgenommen wurde – die Produktivität der Arbeiterinnen ständig zunahm und stets höher war als die Produktivität der anderen Beschäftigten.[107] Coglianese führt dies zum einen auf die hohe Arbeitsmoral der Probandinnen infolge ihrer Teilnahme an dem Experiment und zum anderen darauf zurück, dass diese wussten, dass sie beobachtet wurden. Sodann macht Coglianese geltend, dass auch das „Negotiated Rulemaking“ eine Neuheit darstelle. Folglich ständen seine Teilnehmer allein deshalb dem Verhandlungsprozess positiv gegenüber, weil sie wüssten, dass sie an einem experimentellen Verordnungsgebungsverfahren mitwirkten.[108]

Indes ist nicht ganz klar, ob die Teilnehmer das „Negotiated Rulemaking“ tatsächlich als Experiment empfinden. Es könnte durchaus sein, dass dieses Gefühl verloren gegangen ist, als der „Negotiated Rulemaking Act“ in Kraft trat. Dadurch hat der Gesetzgeber nämlich anerkannt, dass das Experiment der kooperativen Verordnungsgebung erfolgreich war und dass die Experimentierphase beendet ist. Zwar mag man die kooperative Verordnungsgebung vor dem Inkrafttreten dieses Gesetzes möglicherweise als Experiment bezeichnen, nach seiner Verkündung wird es aber schwierig, diese Einschätzung beizubehalten. Es ist kaum plausibel, dass Verhandlungsteilnehmer, welche die Teilnahme an Verhandlungen und an Verwaltungsverfahren gewohnt sind, allein dadurch positiv gestimmt werden, dass das „Negotiated Rulemaking“ noch nicht lange gesetzlich anerkannt ist. Die Zufriedenheit der Mitglieder von Verhandlungskomitees allein mit der Neuigkeit dieses Verfahrens zu erklären, mutet deshalb gewagt an.

Hinzu kommt, dass die Verhandlungsteilnehmer – anders als die Probandinnen in dem Hawthorne-Experiment – nicht unter Beobachtung stehen. Die Arbeiterinnen in den Hawthorne-Werken wurden genau überwacht. In ihrem Testraum befand sich stets ein Beobachter,[109] der normalerweise von ein oder zwei weiteren Personen unterstützt wurde.[110] Der Arbeitsertrag der Arbeiterinnen wurde gemessen, ihre Gespräche und ihr Verhalten aufgezeichnet, sämtliche Ereignisse schriftlich festgehalten, Temperatur und Feuchtigkeit in dem Testraum wurden notiert und die Arbeiterinnen wurden regelmäßig untersucht.[111] Intuitiv scheint es viel wahrscheinlicher, dass sich unter solchen Bedingungen das Gefühl einstellt, an einem Experiment teilzunehmen, als dass ein ähnliches Gefühl unter den Teilnehmern eines „Negotiated Rulemaking“ um sich greift.

---

107 *Roethlisberger/Dickson,* S. 75–79.

108 *Coglianese,* Assessing the Advocacy of Negotiated Rulemaking, S. 437. Die Einschätzung, dass das „Negotiated Rulemaking“ eine Neuheit unter den Verwaltungsverfahren darstelle, wird auch von dem Bundesberufungsgericht für den 7. Bezirk betont. s. USA Group Loan Services v. Riley, 83 F. 3d 708 (714) (7th Cir. 1996).

109 *Roethlisberger/Dickson,* S. 22.

110 *Roethlisberger/Dickson,* S. 180.

111 *Roethlisberger/Dickson,* S. 24–28.

Im Übrigen ist bemerkenswert, dass die von Coglianese gegebene Erklärung für die Ergebnisse des Hawthorne-Experiments von derjenigen der Forscher abweicht, die das Experiment durchführten. Während Coglianese die gestiegene Produktivität allein auf die Tatsache zurückführt, dass die Arbeiterinnen das Gefühl hatten, an einem Experiment teilzunehmen, stellten die Forscher zunächst einmal einfach fest, dass sich Arbeitsmoral und Produktivität der Arbeiterinnen besserten. Die Zusammenarbeit der Probandinnen beschränkte sich nicht mehr auf die bloße räumliche Nähe. Vielmehr waren sie zu Mitgliedern eines „Teams" geworden. Ihre gemeinsamen Freizeitaktivitäten nahmen zu und die Gespräche im Testraum wurden freundschaftlicher. Die Arbeiterinnen begannen, einander zu helfen, wenn es der Gruppe als Ganzes nützte. Sie fühlten sich durch ein Gefühl der Loyalität verbunden.[112] Diese Resultate des Hawthorne-Experiments waren für die Forscher selbst überraschend. Niemand hatte damit gerechnet, dass der Arbeitsertrag unabhängig von Veränderungen der Pausen und der Arbeitszeiten ansteigen würde. Ebenso unerwartet kamen die Verbesserungen der Arbeitsmoral und der Einstellung der Testpersonen.[113] Die Forscher stellten eine Reihe von Hypothesen auf, um diese Ergebnisse zu erklären. Unter anderem versuchten sie, die Veränderungen mit Folgendem zu erklären: Verbesserte räumliche Arbeitsbedingungen im Testraum im Vergleich zum vorherigen Arbeitsumfeld, Vermeidung von Erschöpfung durch Pausen und kürzere Arbeitszeiten, Verringerung der Monotonie der Arbeit durch Pausen und kürzere Arbeitszeiten, größere Arbeitsanreize durch ein modifiziertes Entlohnungssystem und Veränderung der Kontrolle über die Arbeiterinnen.[114] Diese Hypothesen wurden sodann eine nach der anderen überprüft. Bald wurde klar, dass Erschöpfung, Pausen, räumliche Arbeitsbedingungen, sich wiederholende Arbeitsabläufe und finanzielle Anreize nicht so wichtig waren, wie es zunächst den Anschein gehabt hatte. Isoliert betrachtet übten sie keinen besonderen Einfluss aus. Ihre Wichtigkeit beruhte vielmehr auf ihrem sozialen Umfeld. Glaubten die Arbeiterinnen beispielsweise, dass Pausen als verschleiertes Mittel eingeführt wurden, um die Arbeit zu beschleunigen, sträubten sie sich dagegen und standen ihnen feindselig gegenüber. Hatten sie jedoch das Gefühl, dass die neuen Pausen Aus-

---

112 Diese Veränderungen beschreiben *Roethlisberger/Dickson,* S. 86, wie folgt: „A change in morale had also been observed. No longer were the girls isolated individuals, working together only in the sense of an actual physical proximity. They had become participating members of a working group with all the psychological and social implications peculiar to such a group ... a growing amount of social activity developed among the test room girls outside of working hours and outside of the plant. The conversation in the test room became more socialized ... the girls began to help each other out for the common good of the group. They had become bound together by common sentiments and feelings of loyalty."

113 „In many respects these results were puzzling to the investigators, for they were not what they had expected. The general upward trend in output independent of any particular change in rest pauses or shorter working hours was astonishing. The improvement in mental attitude throughout the first two years of the experiment was also perplexing. Neither of these developments could be related to the kind of working day in any simple one-one correlation", *Roethlisberger/Dickson,* S. 86.

114 *Roethlisberger/Dickson,* S. 87–89.

druck eines ehrlichen Interesses der Unternehmensleitung an ihrem Wohlbefinden und ihrer Gesundheit waren und wurde diese Einschätzung durch das gesamte soziale Umfeld bestätigt, so reagierten sie positiv und ihre Arbeitsmoral stieg.

Folglich wurde die Hypothese aufgegeben, dass die schlichte Veränderung der Arbeitsumstände sich unabhängig von der Einstellung der Arbeiterinnen zu dieser Veränderung unmittelbar in der Steigerung des Arbeitsertrags widerspiegeln würde.[115] Es stellte sich vielmehr heraus, dass die Einstellung der Arbeiterinnen von herausragender Bedeutung war. Alle Versuche, Veränderungen der äußeren Umstände in Beziehung zu Veränderungen des Arbeitsertrags zu setzen, ohne dabei Veränderungen in der Einstellung der Arbeiterinnen in Rechnung zu stellen, schlugen fehl.[116] Und die Einstellung der Arbeiterinnen schien wiederum eng mit der Art und Weise ihrer Überwachung zusammenzuhängen. Im Laufe des Experiments kam es zur Verlagerung der Kontrolle von den üblichen betrieblichen Kontrollorganen auf die Forscher. Im Gegensatz zu ersteren berieten letztere mit den Arbeiterinnen über anstehende Veränderungen und sahen von der Einführung einiger bereits ins Auge gefasster Neuerungen ab, weil sie auf den Widerstand der Arbeiterinnen stießen. Die Arbeiterinnen wurden nach ihren Reaktionen auf Umgestaltungen der Arbeitsbedingungen gefragt, es wurde ihnen erlaubt, sich während der Arbeitszeit zu unterhalten, ihrem Wohlbefinden und ihrer Gesundheit wurde ein hoher Stellenwert eingeräumt und ihre Meinungen, Ängste und Befürchtungen wurden ernst genommen. Die Forscher pflegten zu den Arbeiterinnen eine Beziehung, die ein geschäftiger Aufseher in einer großen Unternehmensabteilung schon allein aus Zeitmangel nicht hätte entwickeln können.[117] Wie sich herausstellte, war diese *Veränderung in der Beziehung zwischen Arbeiterinnen und aufsichtsführenden Personen und die damit einhergehende Veränderung der Einstellung der Arbeiterinnen der wichtigste Faktor bei der Beeinflussung der Produktivität der Arbeiterinnen.*

Obwohl dieses Ergebnis sich nicht mit der Erklärung von Coglianese verträgt, dass allein der experimentelle Charakter für die Produktivitätssteigerung verantwortlich war, ist es möglicherweise sogar besser geeignet, die Zufriedenheit der Verhandlungsteilnehmer mit dem „Negotiated Rulemaking" zu erklären. Die Resultate des Hawthorne-Experiments geben nämlich Anlass zu der Erwartung, dass die Teilnehmer eines „Negotiated Rulemaking" mit dem Verfahren zufriedener sein werden als die Teilnehmer an herkömmlichen Verordnungsgebungsverfahren.

115 *Roethlisberger/Dickson,* S. 570–577.

116 Zur Bedeutung der Arbeitshaltung vgl. *Roethlisberger/Dickson,* S. 185 f.: „What impressed management most, however, were the stores of latent energy and productive co-operation which clearly could be obtained from its working force under the right conditions. And among the factors making for these conditions the attitudes of the employees stood out as being of predominant importance. All attempts to relate the experimentally introduced changes to the operators' performance, apart from their effect upon the operators' attitudes, had been inconclusive."

117 *Roethlisberger/Dickson,* S. 181.

Schließlich zeichnen sich traditionelle Verwaltungsverfahren dadurch aus, dass das Verhältnis zwischen Behörden und beteiligten Bürgern ein wenig den ursprünglichen Arbeitsbedingungen im Hawthorne-Werk gleicht. Die Strukturen sind hierarchisch und die Behörde spielt die Rolle der Überwachungsperson. Sie spricht mit den anderen Teilnehmern nicht auf gleicher Augenhöhe, sondern als Übergeordnete. Hingegen wird bei der kooperativen Verordnungsgebung die hierarchische Struktur aufgegeben und die Behörde wird zu einer Verhandlungsteilnehmerin unter anderen. Obwohl es letztlich allein Aufgabe der Behörde ist zu entscheiden, ob sie das Verhandlungsergebnis öffentlich bekannt machen will, wird der Verhandlungsprozess selbst nicht von der Behörde kontrolliert. Im Gegenteil, um einen Konsens zu erzielen, müssen die Bedenken aller Beteiligten berücksichtigt werden. Ähnlich wie in dem Hawthorne-Experiment hat jeder Beteiligte die Möglichkeit, seine Bedenken zu äußern, und die anderen werden diese Bedenken ernst nehmen, schon allein um die spätere Einigung nicht zu gefährden. Vor dem Hintergrund des Hawthorne-Experiments ist zu erwarten, dass diese Atmosphäre zu größerer Zufriedenheit der Beteiligten führt.

Mithin kann das Ersetzen der hierarchischen Strukturen des herkömmlichen Verordnungsverfahrens durch die auf Ebenbürtigkeit von Behörde und anderen Teilnehmern angelegten Strukturen des „Negotiated Rulemaking" ebenfalls dazu beitragen, dass die Beteiligten mit dem Verhandlungsverfahren selbst dann zufrieden sind, wenn die Verhandlungsergebnisse ihren Interessen zuwiderlaufen. Denn es könnte sein, dass sich die Beteiligten in den Verhandlungsverfahren einfach viel wohler fühlen als in den traditionellen Verfahren.

IV. Vergleich zwischen „Negotiated Rulemaking" und traditionellem „Notice-and-Comment Rulemaking"

Nachdem versucht wurde herauszuarbeiten, warum Teilnehmer an Verfahren der kooperativen Verordnungsgebung häufig unabhängig von den Ergebnissen des Verfahrens zufriedener sein werden als Teilnehmer an herkömmlichen Verfahren, soll es nun um die Frage gehen, ob die traditionellen Verfahren besser sind als das neuartige Verhandlungsverfahren. Denn bisher wurde ja nur gezeigt, dass auch das Verhandlungsverfahren Schwächen hat. Über seine relative Güte im Verhältnis zum traditionellen Verfahren ist damit aber noch nichts ausgesagt.

Indes sei gleich zu Beginn bemerkt, dass solch ein Vergleich auch nur schwer möglich ist. Es gibt keine kontrollierten Studien, die den Inhalt von „Negotiated Rules" mit dem Inhalt traditioneller Verordnungen vergleichen. Daher kann das Ziel des hier anstehenden Vergleichs auch nur sehr *bescheiden* sein: Es geht im Folgenden nicht darum zu zeigen, dass das traditionelle Verfahren besser ist als das Verhandlungsverfahren, sondern es soll lediglich behauptet werden, dass *das traditionelle Verfahren zwar viele Mängel haben mag, dass das Verhandlungsverfahren aber jedenfalls keine Abhilfe schafft.*

1. Das traditionelle amerikanische Verordnungsgebungsverfahren

Auch zu der Zeit, als es nur das herkömmliche Verordnungsgebungsverfahren gab, ist den amerikanischen Behörden zur Last gelegt worden, dass sie gesetzliche Aufträge nicht nachdrücklich genug umgesetzt und sich nicht schützend vor das öffentliche Interesse gestellt hätten. Ihnen wurde vorgeworfen, das öffentliche Interesse zugunsten der privaten Interessen der zu regulierenden Unternehmen untergraben und den Interessen gut organisierter Interessengruppen regelmäßig den Vorzug vor diffusen, schlecht organisierten Interessen gegeben zu haben, beispielsweise vor denjenigen der Verbraucher, der Umweltschützer oder der Armen. Unter der Geltung des traditionellen Modells der Verordnungsgebung wurde zudem oft bemängelt, dass die Behörden von den in ihren Zuständigkeitsbereich fallenden Unternehmen „gefangen genommen“ worden seien (sog. „Capture“-Theorie).[118] Einer der Gründe für das enge Verhältnis zwischen Verwaltung und zu regulierenden Unternehmen war, dass die Behörden in hohem Maß auf die Informationen angewiesen waren, die ihnen von den zu regulierenden Unternehmen zur Verfügung gestellt wurden.[119] Zudem üben bürokratische Mechanismen Druck auf Behörden aus, sich den Positionen der zu regulierenden Unternehmen zu fügen. Denn es kann einer Behörde sehr schwer fallen, in ständiger Opposition zur Industrie zu arbeiten, wenn die Industrie einerseits sehr gute Dienste leisten kann, falls man ihr einen Gefallen tut, andererseits aber der Behörde auch erhebliche Kosten auferlegen kann, wenn die Behörde sich sträubt.

Als Folge dieser Angst vor der Gefangennahme der Behörden durch die zu regulierenden Unternehmen entwickelte sich in den 60er und 70er Jahren der Trend, Verwaltungsverfahren stärker der Bürgerbeteiligung zu öffnen.[120] Mit dem Zusammenbruch des Glaubens an das neutrale Expertentum der Behörden wuchs im Verwaltungsrecht die Erkenntnis, dass man den mutmaßlichen Begünstigten einer Regelung Zugang zu denjenigen Verwaltungsverfahren verschaffen muss, mit deren Hilfe ihre Interessen geschützt werden sollen.[121] Die Ermächtigung von Gruppen, die das öffentliche Interesse vertreten, kann helfen zu verhindern, dass sich Behörden durch allzu enge Kooperation mit den zu regulierenden Unternehmen vereinnahmen lassen. Erlaubt man den Vertretern öffentlicher Interessen, an Verwaltungsverfahren mit den gleichen Rechten wie die zu regulierenden Unternehmen teilzunehmen, so erschwert man es letzteren, die Behörden allein für ihre Interessen zu benutzen. Denn nun müsste es ihnen gelingen, zusätzlich zu den Behörden auch noch die Vertreter der anderen Interessengruppen für ihre Zwecke zu instrumentalisieren.[122]

---

118 *Stewart,* Reformation, S. 1682–1685.

119 *Breyer,* Regulation, S. 349.

120 *Farina,* Consent, 1027 f.

121 *Seidenfeld,* Empowering Stakeholders, S. 414.

122 *Seidenfeld,* Empowering Stakeholders, S. 421.

Darüber hinaus reagierte das traditionelle Verwaltungsrecht auf die Gefahr der Unterminierung des öffentlichen Interesses, indem es in größerem Umfang als zuvor die gerichtliche Überprüfung von Verwaltungsentscheidungen erlaubte, die Anzahl derjenigen Interessen vergrößerte, die auf der Grundlage des verfassungsrechtlichen „Due-Process-Clause“ ein Recht auf Anhörung haben, und die Anforderungen an die Klagebefugnis senkte.[123] Zudem zwingt der seit der damaligen Zeit immer stärker in den Vordergrund rückende sog. „Hard Look“, den die Gerichte auf behördliche Entscheidungen werfen, die Behörden dazu, alle erheblichen Faktoren sorgfältig zu bedenken, bevor sie eine Entscheidung treffen. Der „Hard Look“ hält die Behörde davon ab, ohne Umschweife kurzfristigem politischem Druck nachzugeben und sich auf Kooperationen einzulassen, die das Interesse derjenigen ignorieren, die ohne politische Macht sind.[124]

2. Einordnung des neuen „Negotiated Rulemaking“ in das herkömmliche, auf Ausgewogenheit bedachte System

Die Frage ist nun, wie das „Negotiated Rulemaking“ in dieses Bild eines auf ausgewogene Interessenvertretung bedachten Verwaltungsrechts passt. Einerseits könnte man argumentieren, dass es lediglich die ohnehin im Vorfeld des traditionellen Verordnungsverfahrens stattfindenden Kontakte formalisiert und auf diese Weise Bereiche, die zuvor „Insidern“ vorbehalten waren, für Außenstehende öffnet.[125] Es ist indes nicht ohne weiteres klar, dass diese Argumentation richtig ist. Denn bei formellen Verordnungsverfahren[126] verbietet § 557 (d) APA sog. ex-parte-Kontakte, d. h. Kontakte zwischen einem Behördenmitarbeiter und einer betroffenen Person, die nicht zur Behörde gehört, zumindest sofern diese Kontakte nicht aus den Behördenakten hervorgehen.[127] Bei den informellen sog. „Notice-and-Comment“ Verfahren ist die Lage zwar im Ausgangspunkt etwas anders. Nach dem traditionellen Verständnis dieses Verfahrens gab es kein Verbot von Partei-

---

123 *Stewart,* Reformation, S. 1713–1716, 1777.

124 *Mark Seidenfeld,* Demystifying Deossification: Rethinking Recent Proposals to Modify Judicial Review of Notice and Comment Rulemaking, 75 Tex. L. Rev. 483 ff. (521) (1997).

125 *Farina,* Consent, S. 1031.

126 Das amerikanische Verwaltungsrecht unterscheidet zwischen formellen, sog. „on-the-record rulemakings“ und informellen, sog. „notice-and-comment rulemakings“.

127 APA § 557 (d) lautet: „(1) In any agency proceeding which is subject to subsection (a) of this section (d. h. in formellen Verfahren, S. S.) ... (A) no interested person outside the agency shall make or knowingly cause to be made to any member of the body comprising the agency, administrative law judge, or other employee who is or may reasonably be expected to be involved in the decisional process of the proceeding, an ex parte communication relevant to the merits of the proceeding; (B) no member of the body comprising the agency, administrative law judge, or other employee who is or may reasonably be expected to be involved in the decisional process of the proceeding, shall make or knowingly cause to be made to any interested person outside the agency an ex parte communication relevant to the merits of the proceeding ...“

kontakten und es war nicht erforderlich, etwaige Kontakte in die Akten aufzunehmen. Dies war die natürliche Folge der damals herrschenden Auffassung, welche die verordnungsgebende Verwaltung wie ein Gesetzgebungsorgan behandelte: Ebenso wie Abgeordnete nicht davon abgehalten werden, informell mit den betroffenen Bürgern über Gesetzesvorhaben zu diskutieren, ja es sogar begrüßt wird, wenn sie von außen Informationen und Rückkopplung erhalten, sollte es auch den Verwaltungsangestellten nicht verwehrt sein, informell mit den Betroffenen zu beraten.[128] Dieses pluralistische Verständnis der Verwaltungstätigkeit ist jedoch später zugunsten der Auffassung aufgegeben worden, dass es vor allem Aufgabe der Verwaltung sei, das öffentliche Interesse zu identifizieren und durchzusetzen.[129] So entschied denn auch das in Washington D.C. ansässige Bundesberufungsgericht im Jahr 1977, dass es den Behörden verboten sei, einseitig mit Betroffenen zu kommunizieren, wenn die Einleitung des Verordnungsgebungsverfahrens bereits öffentlich bekannt gemacht ist.[130] Obschon zweifelhaft ist, ob diese Entscheidung noch immer geltendes Recht ist, suchen die meisten Behörden heutzutage, sog. ex-parte-Kontakte zu vermeiden. Oft bringen diese Kontakte nämlich – wenn auch manchmal zu Unrecht – den Anschein der Korruption mit sich. Zudem muss die Behörde in der Lage sein, in etwaigen Gerichtsverfahren ihre Verordnung allein auf der Grundlage der offiziellen Akten zu verteidigen, so dass sie auch aus diesem Grund ein Interesse daran hat, alle wichtigen Informationen offiziell entgegenzunehmen. Folglich haben viele Behörden sich entschlossen, das Verbot oder zumindest die Begrenzung der sog. ex-parte-Kommunikationen in ihre internen Verwaltungsvorschriften aufzunehmen, wodurch solchen Kontakten auch in informellen Verfahren ein Riegel vorgeschoben ist.[131] Daher sind informelle Kontakte mit den Behörden jetzt in der Regel nur noch eingeschränkt möglich. Zu dieser Beschränkung informeller Einflüsse in den traditionellen Verordnungsgebungsverfahren passt, dass nach den oben wiedergegebenen empirischen Daten von den Beteiligten überproportionaler Einfluss seitens anderer Beteiligter – abgesehen von der Bundesumweltbehörde EPA – eher im Verfahren des „Negotiated Rulemaking“ als im traditionellen Verfahren beklagt wird. *Das Verhandlungsverfahren scheint also nicht nur ohnehin bestehende Einflüsse an das Licht der Öffentlichkeit zu bringen, sondern zu zusätzlichen Einflussnahmen Anlass zu geben,* da die ohnehin bestehenden Kontakte aus den soeben genannten Gründen zumeist nicht sehr umfangreich sind.

Das traditionelle Verfahren und das kooperative Verfahren unterscheiden sich auch dadurch, dass im traditionellen Verfahren während der Periode, die für öffentliche Stellungnahmen zum Verordnungsentwurf vorgesehen ist, nur geringer Druck

---

128 *Sunstein,* Interest Groups, S. 31, 63.

129 *Sunstein,* Interest Groups, S. 63 – 64.

130 Home Box Office v. Federal Communications Commission, 657 F. 2d 9 ff. (D.C. Cir. 1977).

131 *Funk/Seamon,* S. 184.

besteht, eine Einigung zu erzielen. Die Behörde kann Personen, die mit ihrer Entscheidung nicht einverstanden sind, einfach auf die Möglichkeit verweisen, den Rechtsweg zu beschreiten. Da es Beweise dafür gibt, *dass es gerade die Bemühungen der Behörde um einen Konsens sind, welche sie veranlassen, den Vorrang des Gesetzes zu missachten,* kann das Fehlen von Konsensdruck sehr vorteilhaft sein.[132] Ist das Hauptziel der Behörde nämlich der Konsens, so wird sie vielleicht für die Verordnung nicht dieselbe Verantwortung verspüren wie im traditionellen Verfahren. Die Behörde könnte sich sagen, dass die Verordnung eher ein von den Beteiligten weitgehend autonom erzieltes Verhandlungsergebnis darstellt als dass sie ihre eigene Vorstellung vom öffentlichen Interesse verkörpert.[133] Im Lichte der oben anhand der Beispielsfälle geschilderten Tendenz der Behörden, den Vorrang des Gesetzes bei Verhandlungsverfahren zu missachten, scheint der ursprüngliche, aber vom „Negotiated Rulemaking Act“ nicht aufgegriffene Vorschlag Philip Harters, dass die Gerichte die Einigung der Beteiligten akzeptieren sollten, solange sie nicht evident gesetzwidrig sei, vorausschauend gewesen zu sein.[134] Denn in der Tat tun sich die Behörden offenbar sehr schwer, in Verhandlungsverfahren den üblichen gerichtlichen Anforderungen an behördliches Handeln zu genügen. Aus den oben genannten Gründen sollte dieses Problem aber nicht dadurch gelöst werden, dass man den Behörden größere Beurteilungsspielräume einräumt, sondern dadurch, dass man seitens der Gerichte gerade besonders genau auf die Einhaltung der gesetzlichen Vorgaben achtet.

Obgleich es also Anlass zu Zweifeln gibt, dass die Behörden in den herkömmlichen Verordnungsgebungsverfahren stets das öffentliche Interesse kraftvoll genug vertreten,[135] ist anzunehmen, dass das „Negotiated Rulemaking“ insoweit sicherlich keinen Fortschritt bedeutet. Vielmehr werden sich – wenn man den Beispielsfällen vertrauen darf – wahrscheinlich diejenigen Probleme verschärfen, die mit Verwaltungsentscheidungen verbunden sind, welche sich zu sehr an Partikularinteressen orientieren. Wird die Behörde zu einem bloßen Teilnehmer eines Verhandlungsprozesses gemacht, so scheint das einen schädlichen Einfluss auf die Wahrnehmung der Interessen zu haben, die normalerweise nach Maßgabe des ermächtigenden Gesetzes geschützt werden müssten.

---

132 *Funk,* Bargaining Toward the New Millennium, S. 1376.

133 *Funk,* Bargaining Toward the New Millennium, S. 1386.

134 *Harter,* Negotiating Regulations, S. 104.

135 Zur Aufgabe der Behörde, das öffentliche Interesse aktiv wahrzunehmen, machte ein Bundesberufungsgericht einmal folgende recht einprägsame Bemerkung: „The agency's role doesn't permit it to act as an umpire blandly calling balls and strikes for adversaries appearing before it; the right of the public must receive active and affirmative protection,“ Scenic Hudson Preservation Conference v. Federal Power Commission, 354 F. 2d 608 (620) (2nd Cir. 1965).

V. Übertragung der Ergebnisse dieses Abschnitts auf das deutsche Recht und auf die Frage nach erweiterten Beteiligungsmöglichkeiten für Umweltverbände

Überträgt man die im vorhergehenden Abschnitt mit Hilfe sozialpsychologischer Erkenntnisse herausgearbeiteten Ergebnisse auf das deutsche Recht, so stellt sich Ernüchterung ein: Während es zunächst so schien, als ob die Beteiligung von Umweltverbänden am Aushandeln von Verordnungen oder Absprachen gewährleisten würde, dass Umweltinteressen ausreichend berücksichtigt werden, ist aufgrund der nun gewonnenen Erkenntnisse Skepsis angebracht. Es hat den Anschein, als ob die Einschätzung, dass die Beteiligung von Umweltverbänden an sich wünschenswert, aber nicht praktikabel sei, nicht zutrifft. Stattdessen drängt sich der Verdacht auf, dass die Beteiligung nicht einmal wünschenswert ist, *da die stärkere Einbindung von Umweltverbänden im Ergebnis zum Nachteil der von ihnen vertretenen Interessen ausschlagen kann.* Durch die Teilnahme an den Verhandlungen verlieren sie die Fähigkeit, das Verhandlungsergebnis unbefangen zu betrachten. Die Umweltverbände könnten daher gut daran tun, nicht auf die stärkere Beteiligung ihrer Vertreter an normvertretenden Absprachen zu drängen, sondern lieber darauf hinzuwirken, dass die normvertretenden Absprachen veröffentlicht und ihre Auswirkungen kontinuierlich überprüft werden. Dann könnten sie sich unbefangen mit den Absprachen auseinandersetzen und gegebenenfalls die Öffentlichkeit mobilisieren oder den Staat zu einseitiger Tätigkeit drängen, beispielsweise in Form des Erlasses von Verordnungen. Obwohl es kontraintuitiv scheint, ist die Teilnahme am Entscheidungsverfahren selbst möglicherweise gar nicht erstrebenswert. Denn sie kann zum Verlust an Objektivität führen, ohne dass dies durch die Möglichkeit der Umweltverbände kompensiert würde, die Verhandlungsergebnisse in ihrem Sinne zu beeinflussen.

Ob diese Bedenken nicht nur für Verhandlungsverfahren, sondern auch für das traditionelle Verfahren der Verordnungsgebung und die dort vielfach vorgesehene Anhörung beteiligter Kreise (vgl. §§ 51 BImSchG, 60 KrW-/AbfG) gelten, soll hier nicht näher untersucht werden, da andernfalls der Rahmen dieser Arbeit gesprengt würde. Nötig wäre es, genauer herauszuarbeiten, in welcher Form die beteiligten Kreise in das Verfahren der Verordnungsgebung eingebunden sind, wie viel Aufwand mit dieser Beteiligung verbunden ist und wie sie die Verfahrensergebnisse einschätzen. Ob sich dann ein ähnliches Bild ergeben würde wie bei der kooperativen Verordnungsgebung, lässt sich nur schwer vorhersagen. Immerhin ist es denkbar, dass die bloße Anhörung zu geringerer Einbindung in den Prozess der Verordnungsgebung und zu schwächerer Identifikation mit dessen Ergebnissen führt als die Teilnahme an echten Verhandlungsprozessen. Nach der schlichten Anhörung könnte die distanzierte Betrachtung des Verfahrensergebnisses daher leichter fallen. Anders lägen die Dinge aber beispielsweise, wenn auch die Anhörung einen erheblichen Ressourceneinsatz von den Umweltverbänden erforderte. Wie es sich tatsächlich verhält, muss hier offen bleiben. Festzuhalten bleibt aber, dass die

Beteiligung an Verhandlungen aus Sicht der Naturschutzverbände nicht unbedingt der Königsweg ist.

Und noch ein zweiter Punkt sei zumindest kurz angesprochen, nämlich die Frage, inwieweit offizielle Verhandlungen lediglich dazu führen, dass ohnehin bestehende inoffizielle Kontakte in offizielle Beratungen umgewandelt werden. Auch in Deutschland scheint es nämlich so zu sein, dass die Ministerialverwaltungen die betroffenen Verbände in der Regel bereits zu einem sehr frühen Zeitpunkt konsultieren, und zwar nachdem die politische Führung den Auftrag zur Problembearbeitung erteilt hat oder nachdem entsprechende Initiativen von der Verwaltung selbst ausgegangen sind. Referentenentwürfe sind häufig das Ergebnis längerer ressortinterner Beratungen, Absprachen mit anderen Ressorts und ersten Gesprächen mit Verbandsexperten.[136] Besonders wahrscheinlich ist eine solche Konfliktvermeidungsstrategie im Sinne vorab erzielter Konsense mit den Hauptbetroffenen unter den einschlägigen Interessengruppen und erst späterer Hinzuziehung sonstiger Interessengruppen zum Zwecke der Stabilisierung des bereits gefundenen Kompromisses, wenn die geplante Maßnahme aus Sicht eines Verbandes von vitaler Bedeutung für die Interessen seiner Mitglieder ist und er über eine gewichtige Verhandlungsposition verfügt.[137] Vor diesem Hintergrund könnte man in der Tat annehmen, dass offizielle Verhandlungen lediglich ohnehin bestehende informelle Kontakte formalisieren.

Aber auch hier mahnen die Ergebnisse des amerikanischen Rechts zur Vorsicht. Sie legen nahe, dass echte Verhandlungslösungen über die bloße Formalisierung des ohnehin Stattfindenden hinausgehen, die Einflussnahme seitens kleiner Gruppen also nicht lediglich institutionalisieren, sondern sogar noch verstärken. Mit anderen Worten, offizielle Verhandlungen segnen nicht nur bereits bestehende Ungleichgewichte ab, sondern vergrößern sie zusätzlich. Mag auch dieser letzte Punkt kontrovers sein, so wird man doch aufgrund der zum amerikanischen Recht gewonnenen Erkenntnisse auch für Deutschland sagen können, dass offizielle Verhandlungen – selbst wenn sie nicht dezidiert schädlich sind – zumindest auch nicht geeignet sind, bereits bestehende Probleme und Ungleichgewichte zu beseitigen.

---

136 *Weber*, Interessengruppen, S. 268.

137 *Weber*, Interessengruppen, S. 270.

E. Verfahrensbeteiligung und Probleme kollektiven Handelns

Während im vorherigen Abschnitt die Probleme derjenigen Gruppen im Mittelpunkt standen, die am Verhandlungsverfahren teilnehmen, aber gleichwohl nicht in der Lage sind, das Verhandlungsergebnis zu beeinflussen oder auch nur nüchtern zu bewerten, geht es nun um Gruppen, denen noch nicht einmal die Beteiligung am Verhandlungsverfahren möglich ist. Es soll die These entwickelt und begründet werden, *dass sich die kooperative Verordnungsgebung regelmäßig zum Nachteil bestimmter schlecht organisierter Gruppen auswirkt.* Gut organisierte Gruppen können am Verhandlungstisch Platz nehmen, wohingegen schlecht organisierte Gruppen außen vor bleiben müssen. Das Bedenkliche an dieser Situation ist, dass die schlecht organisierten Gruppen keineswegs solche sind, die ohnehin lediglich für marginale Interessen eintreten. Wäre dies der Fall, so wäre ihre fehlende Berücksichtigung kaum der Rede wert. Oft handelt es sich bei ihnen jedoch um Gruppen, welche die Interessen sehr breiter Bevölkerungsschichten verfechten müssten. Es geht im Folgenden also nicht um Probleme des Minderheitenschutzes, sondern um das intuitiv zunächst einmal viel weniger einleuchtende Thema, *dass im Verhandlungsprozess möglicherweise die unzureichend organisierte Mehrheit vor Entscheidungen von Minderheiten geschützt werden muss.* Es soll dargelegt werden, dass solche Organisationsprobleme sehr großer Gruppen alles andere als atypisch sind und dass es strukturelle Gründe für diese Defizite gibt (dazu unter II. 2. bis II. 4.).

Des weiteren soll gezeigt werden, dass diese Probleme für das Aushandeln von Verordnungen charakteristisch sind und im Gesetzgebungsverfahren zumindest nicht mit der gleichen Schärfe zu Tage treten. Zwar haben auch im Gesetzgebungsverfahren gut organisierte Minderheiten Vorteile gegenüber schlecht organisierten Mehrheiten. Diese Vorteile werden jedoch durch die spezifische Zusammensetzung der Gesetzgebungsorgane wenigstens teilweise wettgemacht. In diesem zweiten Teil der Argumentation gilt es also darzulegen, warum der Gesetzgebungsprozess dem Prozess des Aushandelns von Verordnungen möglicherweise überlegen ist. Der Schwerpunkt liegt hier daher nicht – wie am Ende des vorherigen Abschnitts – auf dem Vergleich des traditionellen Modells des Verordnungserlasses mit dem neueren Modell der kooperativen Verordnungsgebung (s. dazu D. IV.), sondern auf der *Gegenüberstellung von Gesetzgebungsverfahren und „Negotiated Rulemaking“* (dazu unter II. 5. und II. 6.).

Zugleich soll die im deutschen Schrifttum immer wieder anzutreffende und bei erstem Zusehen durchaus einleuchtende These kritisch betrachtet werden, dass die

Verlagerung von Kompetenzen vom Parlament auf Behörden zum Verlust an Rechtsstaatlichkeit, demokratischer Legitimation und verfahrensmäßigem Schutz der Grundrechte führe, dass dieser Verlust aber kompensiert werden könne, indem Transparenz und offene Diskussion auch auf Behördenebene gesichert werden und indem die einseitige Bestimmung von Norminhalten durch Repräsentanten einzelner Sonderinteressen durch die pluralistische Zusammensetzung der jeweiligen Arbeitsgremien verhindert werde[1] – etwa durch die Beteiligung von Naturschutzverbänden (§ 58 BNatSchG).[2] Bereits der vorhergehende Abschnitt hat gezeigt, dass beispielsweise die Beteiligung von Umweltgruppen nicht notwendigerweise

---

1 *Lübbe-Wolff,* Verfassungsrechtliche Fragen, S. 243. Ähnlich *Denninger,* Verfassungsrechtliche Anforderungen, S. 169 f.: Wenn sich der parlamentarische Gesetzgeber wegen der Kompliziertheit der technisch-ökologischen Sachverhalte und Messmethoden und wegen des raschen Erkenntnisfortschritts außer Stande sehe, konkrete Risikoeinschätzungen mit entsprechenden Grenzwerten selbst sachgerecht vorzunehmen, obwohl dies von der Grundrechtsfunktion her an sich seine Aufgabe wäre, so müsse er auf substituierender Stufe der exekutivischen Willensbildung durch Verordnung oder Verwaltungsvorschrift dafür Sorge tragen, dass dort entsprechende Vorkehrungen zur Sicherung auf „Gemeinwohlrichtigkeit" getroffen werden. Auf S. 247 führt *Denninger* dann aus, dass dies nur im Wege der Verbandsbeteiligung geschehen könne, da diese auf der Ebene der Setzung allgemeiner Regeln der Individualbeteiligung bei Einzelfallentscheidungen entspreche.

Auch *Lamb,* Kooperative Gesetzeskonkretisierung, S. 263 ist der Meinung, dass die Verlagerung wichtiger Entscheidungen auf untergesetzliche Ebene zu Abstrichen an den Erfordernissen der demokratischen Legitimation der Gesetzeskonkretisierung, der Bestimmtheit und des Wesentlichkeitsgrundsatzes führe und durch Verfahrensregeln kompensiert werden müsse. Ebenso UGB-AT, ProfE, S. 472, 477: Das Beteiligungsrecht soll die Objektivität und Neutralität der zu erlassenden Regelungen durch die Ermöglichung breiter Interessenrepräsentation und die Einbringung von Sachverstand verfahrensrechtlich gewährleisten. Daher würden Anforderungen an die Zusammensetzung beteiligter Kreise gestellt, die die obligatorische Vertretung von Umweltinteressen und die ausgewogene Zusammensetzung sicherstellen sollen. Ähnlich *Pietzcker,* Mittlergestütztes Entscheiden, S. 266, der darauf hinweist, dass die Entscheidungsprozesse in Gremien immer ein Element des Aushandelns enthielten und dass es daher darauf ankomme, das Spektrum der geltend gemachten Gesichtspunkte und der wissenschaftlichen Standpunkte zu verbreitern.

2 Die Verbandsbeteiligung soll – wie bereits oben im Abschnitt B. VI. 4. c) erörtert – der Problemerhellung, Informationsbeschaffung und -verarbeitung sowie u. U. der Entwicklung von Problemlösungsalternativen dienen; die Unterentwicklung der Artikulationschancen konkreter Umweltinteressen soll kompensiert werden. s. *Schmidt,* Umweltrecht, § 6 Rn. 54. Das UGB-AT, ProfE erweitert die derzeitigen Möglichkeiten der Verbandsbeteiligung (vgl. § 123 UGB-AT, ProfE) und erstreckt sie auf die Vorbereitung bundesrechtlich vorgesehener Verordnungen und anderer im Rang unter dem Gesetz stehender Rechtsvorschriften zum Schutz der Umwelt in bestimmten Gebieten. Zur Begründung wird ausgeführt, dass durch die Verbandsbeteiligung für die Behörde eine breite Informations- und Bewertungsgrundlage geschaffen werden solle, da die Verbände aufgrund ihres Sachverstands, ihrer Erfahrung und ihres besonderen Interesses am Umweltschutz den behördlichen Prozess wirksam unterstützen könnten. s. UGB-AT, ProfE, S. 446. Auch die Autoren des UGB-AT, ProfE sehen allerdings das Problem der personellen und sachlichen Legitimation der Verbände, denn die Organisation eines Umweltschutzverbands beruhe auf freier Körperschaftsbildung und müsse keineswegs repräsentativ für die Gesamtbevölkerung sein, weshalb es sich bei den Verbänden letztlich um „selbsternannte Hüter" des Gemeinwohls handele. s. UGB-AT, ProfE, S. 449.

zu den gewünschten Erfolgen führt. In diesem Abschnitt soll nun verdeutlicht werden, dass anderen Gruppen aus strukturellen Gründen noch nicht einmal diese – wenngleich wenig wirksame – Beteiligung möglich ist. Sie bleiben bei Entscheidungen, deren Beteiligungsmöglichkeiten auf dem Gedanken der Gruppenrepräsentanz fußen, schlicht außen vor. Sollte es tatsächlich in erheblichem Umfang Gruppen geben, die sich nicht wirksam organisieren können, so ließe sich die Ansicht nur schwer aufrechterhalten, dass der Verlust an Legitimation, zu dem die Verlagerung von Entscheidungen auf die Ebene von Behörden führt, durch die Beteiligung verschiedener gesellschaftlicher Gruppen in den Entscheidungsgremien kompensiert werden kann.

I. Beispiele

Vor der Auseinandersetzung mit diesen abstrakten Ideen sei jedoch anhand zweier Beispiele aus dem amerikanischen Recht in die Problematik eingeführt. Beide Beispielsfälle sollen illustrieren, dass großen Gruppen von Betroffenen am Verhandlungstisch häufig kein Platz eingeräumt wird, weil sie nur schlecht organisiert sind. Im Anschluss an die Schilderung der Beispielsfälle sollen dann theoretische Überlegungen zu den genannten Problemen angestellt und auf die Beispielsfälle angewendet werden.

1. „Grand Canyon Visibility Rule"

Die „Grand Canyon Visibility Rule" befasst sich mit dem Problem der teilweise *geringen Sichtweiten* im Grand Canyon Nationalpark. Nach der Schilderung ihrer Entstehung und der für sie maßgeblichen gesetzlichen Grundlagen (dazu unter a)) soll (unter b)) eine kurze Einführung in die ökonomische Bewertung natürlicher Ressourcen gegeben werden. Denn zum einen spielten diese Bewertungsfragen bei der Entstehung der hier in Rede stehenden Verordnung eine erhebliche Rolle, und zum anderen erleichtern sie das Verständnis der später (unter G. IV.) zu erörternden Kosten-Nutzen-Analyse, die ohne die Möglichkeit der monetären Bewertung von Naturgütern gar nicht denkbar wäre. Sodann werden das Ergebnis der Verordnungsverhandlungen (dazu unter c)), die Gründe für das Erreichen eines Kompromisses (dazu unter d)) und die Besonderheiten der Vereinbarung (dazu unter e)) erörtert.

a) Entstehungsgeschichte und gesetzliche Grundlagen

Zu Beginn der 90er Jahre entschloss sich die amerikanische Bundesumweltbehörde EPA, das Problem der teilweise geringen Sichtweiten im Grand Canyon in Angriff zu nehmen. Sie verlangte im Wege der Verordnung von der Navajo Generating Station (NGS) die Verringerung der SO_2 Emissionen um 90 %. Die NGS ist ein zwischen 1974 und 1976 errichtetes Kohlekraftwerk, das ungefähr 19 km von der nordöstlichen Grenze des Grand Canyon entfernt liegt.[3] Die Verordnung begrenzt die SO_2 Emissionen des Kraftwerks auf 0,10 Pfund pro 1 Million Britische Wärmeeinheiten (lb / MMBtu [pounds per million British thermal units];[4] dies entspricht 42 ng / J [Nanogramm pro Joule]). Dadurch soll im Winter im Grand Canyon die Sicht um 7 % verbessert werden. Die geschätzten Kosten dieser Maßnahme belaufen sich auf Anfangsinvestitionen von $ 430 Millionen sowie jährliche Kosten von $ 89,6 Millionen.

Diese Verordnung der Bundesumweltbehörde beruht auf einer Ermächtigungsgrundlage im Clean Air Act. Der CAA erklärt seit 1977 die Verhinderung künftiger und die Beseitigung bestehender Beeinträchtigungen der Sichtweiten in bestimmten Gebieten – zu denen auch der Grand Canyon zählt – zu Zielen nationaler Umweltpolitik, sofern diese Beeinträchtigungen auf menschliche Tätigkeiten zurückzuführen sind (CAA § 169A (a)(1)).[5] Zugleich wird die Bundesumweltbehörde aufgefordert und ermächtigt, Verordnungen zu erlassen, die sicherstellen, dass auf dem Weg zu diesem Ziel angemessene Fortschritte gemacht werden (CAA § 169A (a)(4)).[6] Das sollte u. a. in der Form geschehen, dass die Staaten, in denen sich die im CAA genannten Gebiete befinden und die primär für die Durchführung des CAA zuständig sind, von der Bundesumweltbehörde verpflichtet werden, ihre CAA-Ausführungsbestimmungen dahingehend anzupassen, dass angemessene Fortschritte bei der Behebung von Beeinträchtigungen der Sichtweiten gemacht werden (CAA § 169A (b)(2)).[7] Dabei können die Einzelstaaten verschiedene Maßnahmen benutzen, beispielsweise die Begrenzung von Emissionen oder Terminpläne für die Befolgung von bundesrechtlichen Vorgaben vorschreiben. Vorgesehen ist insbesondere, dass alle Emissionsquellen, die auf vorhersehbare Weise zur Beeinträchtigung der Sichtweiten beitragen, zu dem frühest möglichen Zeitpunkt so gut wie möglich nachgerüstet werden sollen (CAA § 169A

---

3 56 FR 50172.

4 Die Britische Wärmeeinheit dient als Maß für die Menge an Energie, welche bei der Verbrennung von Kohle freigesetzt wird. s. *Ackerman / Hassler*, S. 17 Fn. 10.

5 42 U.S.C. § 7491 (a)(1) [CAA § 169A] lautet: „Congress hereby declares as a national goal the prevention of any future, and the remedying of any existing, impairment of visibility in mandatory class I Federal areas which impairment results from manmade air pollution."

6 42 U.S.C. § 7491 (a)(4): „Not later than 24 months after August 7, 1977, and after notice and public hearing, the Administrator shall promulgate regulations to assure (A) reasonable progress toward meeting the national goal specified in paragraph (1), and (B) compliance with the requirements of this section."

7 42 U.S.C. § 7491 (b): „Regulations under subsection (a)(4) of this section shall – ... (2) require each applicable implementation plan for a state in which any area listed by the Administrator under subsection (a)(2) of this section is located ... to contain such emission limits, schedules of compliance and other measures as may be necessary to make reasonable progress toward meeting the national goal specified in subsection (a) of this section ..."

(b)(2)(A)).[8] Zudem sollen die Staaten eine Langzeitstrategie zur Erreichung größerer Sichtweiten entwickeln (CAA § 169A (b)(2)(B)).[9] Kommt ein Einzelstaat diesen Verpflichtungen nicht nach, so ist die Bundesumweltbehörde gehalten, ihrerseits Durchführungsbestimmungen zu erlassen, um die Erreichung der genannten Ziele zu gewährleisten (CAA § 110 (c)(1)).[10]

---

8 42 U.S.C. § 7491 (b)(2)(A): „(State regulations shall include) ... a requirement that each major stationary source which is in existence on August 7, 1977, but which has not been in operation for more than fifteen years as of such date, and which, as determined by the State ... emits any air pollutant which may reasonably be anticipated to cause or contribute to any impairment of visibility in any such area, shall procure, install, and operate, as expeditiously as practicable (and maintain thereafter) the best available retrofit technology, as determined by the State ... for controlling emissions from such source for the purpose of eliminating or reducing any such impairment ..." Die beste erhältliche Nachrüstungstechnik („best available retrofit technology") wird in CAA § 169A (g)(2) und in einer Bundesverordnung definiert als diejenige Emissionsbegrenzung, die sich durch die Anwendung des besten Emissionsminderungssystems erreichen lässt. Dabei müssen in jedem Einzelfall u. a. die verfügbare Technik, ihre Kosten, die Auswirkungen auf den Energieverbrauch und auf die Umwelt mit Ausnahme der Luft sowie der Grad der Verbesserung der Sichtweiten infolge des Einsatzes dieser Technik berücksichtigt werden (40 C.F.R. § 51.301 (c)).

9 42 U.S.C. § 7491 (b)(2)(B): „(State regulations shall include) ... a long term (ten to fifteen years) strategy for making reasonable progress toward meeting the national goal specified in subsection (a) of this section."

10 42 U.S.C. § 7410 (c)(1): „The Administrator shall promulgate a Federal implementation plan at any time within 2 years after the Administrator – (A) finds that a state has failed to make a required submission or finds that the plan or plan revision submitted by the state does not satisfy the minimum criteria established under subsection ... or (B) disapproves a State implementation plan submission in whole or in part, unless the State corrects the deficiency, and the Administrator approves the plan or plan revision, before the Administrator promulgates such Federal implementation plan."

Hintergrund dieser und ähnlicher amerikanischer Vorschriften ist die historisch bedingte Furcht, die Einzelstaaten seien bei der Gesetzesanwendung weniger streng, als es der Gesetzeszweck erfordert. Oft fehlt es ihnen sowohl an Mitteln als auch am politischen Willen, Umweltprobleme in den Griff zu bekommen. Deshalb werden – zumindest im Umweltrecht – in der Regel nationale Standards aufgestellt. Dabei entsteht allerdings das Problem, dass der Bund die Gliedstaaten nicht zwingen kann, diese Standards auch umzusetzen. Denn nach der Rechtsprechung des amerikanischen Supreme Court stehen dem sowohl Amendment X als auch die nach der amerikanischen Verfassung begrenzten Kompetenzen des Bundes entgegen (s. Hodel v. Virginia Surface Mining & Reclamations Assn., Inc., 452 U.S. 264 [1981]; New York v. United States, 505 U.S. 144 [1992]). Die Folge ist ein sog. kooperativer Föderalismus: Der Bund setzt Standards, und die Einzelstaaten können sodann wählen, ob sie diese selbst ausführen oder die Ausführung den Bundesbehörden – also im Umweltrecht üblicherweise der EPA – überlassen wollen. Diese aus deutscher Sicht zunächst ungewohnt anmutende Konstruktion fußt letztlich auf Überlegungen zur politischen Verantwortlichkeit: Könnten die Einzelstaaten zur Ausführung von Bundesgesetzen gezwungen werden, so bestünde die Gefahr, dass der durch den Vollzug der oftmals unpopulären Bundesgesetze erregte Unmut der Bürger die Einzelstaaten und nicht den eigentlich verantwortlichen Bund treffen würde. Wenn der Bund bestimmte Aufgaben für wichtig hält, soll er seine Verantwortlichkeit auch nach außen dokumentieren und sich beim Vollzug nicht hinter den Einzelstaaten verstecken dürfen.

Dieser Argumentation lässt sich zwar entgegenhalten, dass ihr ein wenig schmeichelhaftes Bild von den Fähigkeiten der Bürger zugrunde liegt, vordergründige politische Manöver zu

Gestützt auf die oben genannte Ermächtigungsgrundlage des CAA (§ 169A (a)(4)) erließ die Bundesumweltbehörde im Jahr 1980 Verordnungen zur Regelung der Sichtverhältnisse. Diese Verordnungen sollten phasenweise in Kraft treten, wobei die erste Phase sich mit Behinderungen der Sichtverhältnisse befasste, die auf eine einzige oder auf eine nur kleine Gruppe bereits bestehender ortsfester Einrichtungen zurückzuführen waren (40 C.F.R. 51.300-.307). Behinderungen durch diffusere Quellen blieben zunächst einmal außen vor.[11] Die Verordnungen verpflichteten die Einzelstaaten, Emissionsquellen zu identifizieren, von denen erwartet werden konnte, dass sie zu Sichtbehinderungen beitrugen (40 C.F.R. § 51.302(c)(4)(i)). Sobald eine solche Emissionsquelle identifiziert wurde, war der betroffene Einzelstaat gehalten, die erforderlichen Maßnahmen zu ergreifen, um angemessene Fortschritte bei der Beseitigung der Sichtbehinderungen zu erzielen. Das bedeutete in der Regel, dass Grenzwerte auf der Grundlage der besten erhältlichen Nachrüstungstechnik bestimmt werden mussten (40 C.F.R. § 51.302 (c)(1)).

Zudem waren die Einzelstaaten verpflichtet, den genannten Verordnungen der Bundesumweltbehörde durch neue Ausführungsbestimmungen Folge zu leisten. Indes kamen die meisten Einzelstaaten einschließlich Arizonas – wo sich der Grand Canyon befindet – dieser Verpflichtung nicht nach. Nachdem die Untätigkeit der Einzelstaaten zu einer Klage gegen die Bundesumweltbehörde geführt hatte, beschloss letztere, an Stelle der Einzelstaaten Verordnungsgebungsverfahren einzuleiten (CAA § 110 (c)(1)). Zunächst einmal stellte sie das Bestehen von Sichtbeeinträchtigungen in bestimmten Gebieten fest und erklärte die NGS zur wahrscheinlichen Ursache der Sichtbeeinträchtigungen im Grand Canyon.[12] Sodann führte der National Park Service eine Studie durch, um die genauen Ursachen für die Sichtbeeinträchtigungen im Winter festzustellen. Das Ergebnis dieser Studie war, dass die NGS für die Sichtprobleme zumindest mitverantwortlich war; etwa 70 % der Sulfate im Grand Canyon ließen sich auf dieses Kraftwerk zurückführen. Daraufhin wies die Bundesumweltbehörde im Jahr 1987 die Ausführungsbestimmungen verschiedener Staaten einschließlich Arizonas wegen fehlender Übereinstimmung mit den Sichtweitenverordnungen zurück und machte 1989 auf der Grundlage der Studie des National Park Service die NGS für einige Sichtbeeinträchtigungen im Winter offiziell verantwortlich (40 C.F.R. § 52). Nachdem bei der Bundesumweltbehörde Eingaben gemacht worden waren, in denen die Studie des National Park Service sowohl hinsichtlich ihrer Methode als auch hinsichtlich ihres Ergebnisses kritisiert worden war, beauftragte die Bundesumweltbehörde EPA die nationale Wissenschaftsakademie, die Studie des National Park Service zu überprüfen. Das Ergebnis der Überprüfung war, dass die NGS zumindest manch-

---

durchschauen und zu erkennen, wer letztlich für bestimmte Maßnahmen verantwortlich ist. Ohne weiteres von der Hand zu weisen ist sie aber nicht, zumal man realistischerweise nicht erwarten kann, dass sich jeder Bürger mit den Einzelheiten der staatlichen Kompetenzverteilung auskennt.

11 45 FR 80086.

12 56 FR 5173.

mal erheblich zum Dunst im Grand Canyon beitrage, eine genaue quantitative Analyse aber nicht möglich sei.[13] Die EPA selbst ging danach davon aus, dass sich die Sichtweiten um durchschnittlich etwa 7 % verbessern würden, wenn man die SO_2-Emissionen des Kraftwerks verminderte.[14] Daraufhin gaben die Kraftwerkbetreiber ihrerseits eine Studie in Auftrag, die zu der Schlussfolgerung kam, dass allenfalls eine Verbesserung der Sichtweiten um 2 % zu erwarten sei.

Obwohl die NGS also nach allgemeiner Meinung jedenfalls keinen großen Einfluss auf die Sichtweiten im Grand Canyon hatte, entschloss sich die Bundesumweltbehörde, einen Verordnungsentwurf zu erstellen, der die Reduzierung der Emissionen der NGS zum Gegenstand haben sollte. Dabei stellte die EPA ausdrücklich fest, dass sie sich bei ihrem Vorgehen nicht nur auf eine einzige analytische Methode stützte, sondern auf eine Gesamtschau verschiedener Techniken und Daten, die vom National Park Service zusammengestellt worden waren.[15] In ihrem Entwurf vom Februar 1991 diskutierte die Bundesumweltbehörde vier verschiedene Regelungsmöglichkeiten, nämlich die Begrenzung der SO_2 Emissionen auf 0,50 lb / MMBtu, die Begrenzung auf 0,30 lb / MMBtu, die Begrenzung auf 0,10 lb / MMBtu sowie die Möglichkeit, den Kraftwerksbetreibern Raum für Experimente zu geben. Die EPA entschied sich im Ergebnis dafür, eine 70prozentige Verringerung der SO_2 Emissionen auf 0,30 lb / MMBtu zu fordern.[16] Als Bemessungsgrundlage sollte ein 30-Tage-Durchschnitt dienen. Die Gesamtkosten für diese Emissionsverringerung, die schrittweise zwischen 1995 und 1999 vollzogen werden sollte, wurden auf $ 245,9 Millionen bis $ 401 Millionen geschätzt.[17]

b) Einführung in die ökonomische Bewertung natürlicher Ressourcen

Sodann bemühte sich die Bundesumweltschutzbehörde, auch den Nutzen der Emissionsverringerung zu beziffern. Zu diesem Zweck führte sie Meinungsumfragen durch. Es zeigte sich, dass über 80 % der Besucher des Grand Canyon große Sichtweiten als überaus wichtig empfanden. Sodann wurde versucht, diese Einschätzung der Touristen auch monetär zu erfassen, also als Geldwert auszudrücken, damit ein Vergleich mit den oben genannten Kosten der Emissionsminderung möglich wäre.[18] Während man üblicherweise zur Bestimmung des Geldwerts eines

---

13 56 FR 5173.

14 56 FR 50172.

15 56 FR 50172.

16 56 FR 5173.

17 56 FR 50172.

18 Die monetäre Bewertung natürlicher Ressourcen ist zudem wichtig, wenn man – wie oben vorgeschlagen – die Kosten umweltverschmutzenden Verhaltens internalisieren oder die Haftung für die Verursachung von Umweltschäden wirksam gestalten will. Obwohl das beim ersten Zusehen überraschend sein mag, dient diese Methode also auch den Zielen des Um-

Guts auf seinen Marktwert abstellen kann, *fehlt es bei natürlichen Ressourcen häufig an einem Marktwert;*[19] Sichtweiten werden nicht auf dem freien Markt gehandelt. Zwar ist der Zutritt zu Nationalparks teilweise kostenpflichtig. Diese Gebühr spiegelt aber nicht den Marktwert der Parkbenutzung wider. Vielmehr ist ihre Höhe so berechnet, dass möglichst breiten Bevölkerungsschichten der Zugang zum staatlichen Naturerbe ermöglicht wird. Mithin stellt die Eintrittsgebühr keinen geeigneten Maßstab für die Beurteilung des Marktwerts eines Nationalparks dar.[20] Darüber hinaus besteht das Problem, dass sich der Wert natürlicher Ressourcen vielfach nicht in ihrem Marktwert erschöpft, sondern diesen übersteigen kann. Selbst wenn sich der Markwert feststellen ließe, darf man bei natürlichen Ressourcen daher nicht allein auf ihn abzustellen.[21]

Folglich muss statt des tatsächlichen Marktwerts auf eine andere Methode zurückgegriffen werden, um den Wert natürlicher Ressourcen zu bestimmen. Die am häufigsten benutzte Methode ist die sog. *„Contingent Valuation Method"*.[22] Sie beruht auf dem Versuch, mit Hilfe hypothetischer Märkte die Zahlungsbereitschaft der Bevölkerung für Umweltgüter zu ermitteln, so dass den Umweltgütern sog. Schattenpreise („Shadow Prices") zugeordnet werden können.[23] Zu diesem Zweck

---

weltschutzes. s. *Cross,* Natural Resource Damage Valuation, S. 272; *Hanemann,* Valuing the Environment, S. 19. Wäre die ökonomische Bewertung natürlicher Ressourcen an der Tagesordnung, so verlöre der Naturschutz nach Meinung von *Marggraf/Streb,* S. 253, zwar seinen Charakter als „gute Tat", er gewänne aber an Einfluss.

Im Übrigen spielt – wie bereits gesagt – die monetäre Bewertung natürlicher Ressourcen im Rahmen der weiter unten genauer darzustellenden Kosten-Nutzen-Analyse eine bedeutende Rolle. Die Diskussion dieses Themas dient daher auch der Vorbereitung auf die Auseinandersetzung mit der Kosten-Nutzen-Analyse.

19 Das liegt daran, dass es sich bei vielen – aber nicht allen – natürlichen Ressourcen um öffentliche Güter handelt (Genaueres zum Begriff des öffentlichen Guts unter II. 4.), und für öffentliche Güter gibt es typischerweise keinen Markt. s. *Hanemann,* Valuing the Environment, S. 19; *Murswiek,* Freiheit und Freiwilligkeit, S. 991.

20 Ebenso *Cross,* Natural Resource Damage Valuation, S. 336.

21 Ohio v. Department of Interior, 880 F.2d 432 (D.C. Cir. 1989).

22 Zu deutsch „Kontingente Bewertungsmethode". Der Name dieser Methode erklärt sich daher, dass die Bewertung abhängig ist von („contingent upon") der Ausgestaltung hypothetischer Märkte. s. *Marggraf/Streb,* S. 208. Allgemein zur Kontingenten Bewertungsmethode *Klauer,* Nachhaltigkeit, S. 108 ff.

23 Die Ermittlung der Zahlungsbereitschaft ist bei allen Gütern, auch solchen, die auf dem Markt gehandelt werden, der übliche Weg, um die ihnen entgegengebrachte Wertschätzung zu erforschen. Allerdings ist das Abstellen auf die Zahlungsbereitschaft stets mit einigen Schwierigkeiten verbunden, von denen hier nur die folgenden genannt seien: Erstens kann die Zahlungsbereitschaft durch falsche oder mangelnde Informationen beeinflusst sein. Zweitens darf man Zahlungsbereitschaft nicht mit dem Nutzen gleichsetzen, den die Betroffenen aus den fraglichen Gegenständen ziehen würden. So ist beispielsweise die Zahlungsbereitschaft armer Personen geringer als diejenige reicher, einfach weil erstere arm und letztere reich sind, und nicht etwa, weil arme Personen einen geringeren Nutzen ziehen würden als reiche. Und drittens führt die Abhängigkeit der Zahlungsbereitschaft von der Zahlungsfähigkeit dazu, dass staatliche Maßnahmen, die auf die Zahlungsbereitschaft abstellen, in besonderem Maße reichen und zahlungskräftigen Bevölkerungsschichten zugute kommen (vgl. zur

müssen Interviews mit zufällig ausgewählten Personen geführt werden. In den Interviews wird dann entweder direkt gefragt, wie viel der jeweilige Gesprächspartner für die Erhaltung einer natürlichen Ressource zu zahlen bereit wäre, oder es wird ein Preis vorgegeben und der Befragte muss sagen, ob dieser Preis seinen Vorstellungen entspricht.[24] Es liegt auf der Hand, dass diese Bewertungsmethode keineswegs allgemeine Zustimmung findet. Überraschend ist allenfalls die Stoßrichtung der Kritik: Es sind in der Regel nicht etwa die Umweltverbände, die sich dagegen wehren, dass der Wert natürlicher Ressourcen in Geld ausgedrückt wird. Sondern kritisiert wird die „Contingent Valuation Method" vor allem seitens der betroffenen Industrien, weil sie zu viel zu hohen Werten führe.[25] Da die Befragten nicht tatsächlich zahlen müssten, spiegelten ihre Angaben weniger ihre Zahlungsbereitschaft als vielmehr ihre jeweiligen Vorlieben wider.[26] Die Methode sei mit-

---

Abhängigkeit der Zahlungsbereitschaft von der Zahlungsfähigkeit auch *Farber/Hemmersbaugh,* S. 274). s. zum Ganzen *Sunstein,* Cognition and Cost-Benefit Analysis, S. 1089 f., sowie zum Gesichtspunkt der ungeläuterten Vorlieben, die sich in einer entsprechenden Zahlungsbereitschaft widerspiegeln, *Nussbaum,* The Costs of Tragedy, S. 1028 f.

Trotz dieser Schwierigkeiten scheint es kein nachvollziehbareres und rationaleres Mittel zur Bemessung von Wertschätzungen zu geben als die Erforschung der Zahlungsbereitschaft. Verbesserungen lassen sich aber beispielsweise dadurch erzielen, dass man sich bemüht, die Zahlungsbereitschaft nicht nur als einen absoluten Wert anzugeben, sondern in ihre Bestandteile aufzuschlüsseln. Dann kann man z. B. leichter feststellen, ob die Zahlungsbereitschaft auf Fehlinformationen beruht.

24 Letzteres ist wohl die bessere Methode. Denn wenn man im täglichen Leben Güter erwerben will, kann man meistens nicht verhandeln, sondern man kann nur einen vorgegebenen Preis entweder annehmen oder ablehnen. Daher entspricht das Vorgeben von Preisen eher den Alltagserfahrungen. s. *Hanemann,* Valuing the Environment, S. 23; *Römer,* Kontingenter Bewertungsansatz, S. 428.

25 *Frank,* Cost-Benefit Analysis, S. 918.

26 Nur: Ökonomen stellen, anders als Buchhalter, stets auf die bloße Zahlungsbereitschaft ab und nicht auf tatsächliche Zahlungen. s. *Richard Posner,* Economic Analysis of Law, § 1.2.

Ganz unberechtigt ist diese Kritik an der „Contingent Valuation Method" aber trotzdem nicht. Das Problem bei der Bemessung der Zahlungsbereitschaft beispielsweise für die Existenz einer natürlichen Ressource besteht nämlich tatsächlich darin, dass hier nach einer bloßen Einstellung gefragt wird, die sich nicht im Verhalten niederschlägt. Wegen der mangelnden Anbindung an das tatsächliche Verhalten können die Angaben deshalb unzuverlässig sein.

Sie können in Einzelfällen allerdings auch zutreffender sein als Angaben, die aus dem Marktverhalten abgeleitet werden. Folgendes Beispiel mag dies verdeutlichen: Wenn jemand über das Problem der Luftverschmutzung aufrichtig besorgt und bereit ist, für ihre Verhinderung zu zahlen, gleichwohl aber sein eigenes luftverschmutzendes Verhalten nicht ändert, weil er glaubt, durch seine Verhaltensänderung ohnehin keinen erheblichen Beitrag zur Umweltverbesserung leisten zu können, dann ist es klüger, nach seiner Einstellung als nach seinem Verhalten zu fragen. Hier bietet also die Einstellung einen zuverlässigeren Maßstab als das Verhalten. s. *Cross,* Natural Resource Damage Valuation, S. 282, 289 (jeweils zur Unzuverlässigkeit der „Contingent Valuation Method"), S. 315 f. (zur Frage, ob die innere Einstellungen oder das äußere Verhalten der richtige Maßstab ist; dazu auch sehr ausführlich und unter Berücksichtigung einander widersprechender empirischer Ergebnisse *Vernon L. Smith,* Rational Choice: The Contrast between Economics and Psychology, 99 Journal of Political Economy 877 ff. [882 ff.] [1991]). Kritisch zu den sog. „Revealed

hin nicht geeignet, das hypothetische Marktverhalten zu eruieren. Zudem können die Ergebnisse leicht manipuliert werden. So ist beispielsweise erwiesen, dass man viel höhere Werte erhält, wenn man isoliert nach der Zahlungsbereitschaft für eine bestimmte natürliche Ressource fragt, als wenn man diese Frage mit anderen Fragen, beispielsweise nach der Zahlungsbereitschaft für die Verhinderung von Krankheiten, verbindet. Sobald der Zusammenhang mit anderen Problemen hergestellt wird, die ebenfalls Aufmerksamkeit verdienen, sinkt die Zahlungsbereitschaft für die Erhaltung natürlicher Ressourcen typischerweise erheblich. Zusätzliche Probleme wirft die Tatsache auf, dass die Zahlungsbereitschaft viel höher ist, wenn es darum geht, einen Schaden zu verhindern, als wenn es darum geht, einen bereits eingetretenen Schaden zu beseitigen.[27, 28]

Gleichwohl wird die „Contingent Valuation Method" derzeit in den USA ständig verwendet, zumal sie von dem in Verwaltungssachen maßgeblichen Bundesberu-

---

Preferences", also den Vorlieben, die sich im Verhalten niederschlagen, auch *Kuran/Sunstein,* S. 740.

Das Vertrauen in die Zuverlässigkeit allein des Markverhaltens ist daher nicht stets gerechtfertigt, zumal die Ableitung von Präferenzen aus dem Marktverhalten immer auf Extrapolationen beruht, die ihrerseits auf nicht beobachtbaren Hilfsannahmen fußen (s. *Hanemann,* Valuing the Environment, S. 36). Zudem ist zu bedenken, dass sich die Verlässlichkeit der „Contingent Valuation" durch Wiederholungen erhöhen lässt und dass die Ergebnisse der „Contingent Valuation" oft recht nah an den Ergebnissen sind, die man durch andere indirekte Methoden der Wertermittlung erhält, beispielsweise durch das Abstellen auf die Reisekosten, die in Kauf genommen werden, um zu Nationalparks zu gelangen. s. *Hanemann,* Valuing the Environment, S. 29 f.; *Klauer,* Nachhaltigkeit, S. 117. (Im Gegensatz zur „Contingent Valuation" haben die indirekten Methoden allerdings den Nachteil, dass sie nutzungsunabhängige Komponenten der Wertschätzung nicht erfassen können. s. *Klauer,* Nachhaltigkeit, S. 102 f.; *Römer,* Kontingenter Bewertungsansatz, S. 417.) Auch strategisches Verhalten der Befragten scheint – entgegen anfänglichen Befürchtungen – kein erheblich störender Faktor zu sein. s. *Römer,* Kontingenter Bewertungsansatz, S. 418. Die „Contingent Valuation" ist mithin wohl verlässlicher, als oft angenommen wird – zumindest sofern sie sorgfältig durchgeführt wird. So auch *Römer,* Kontingenter Bewertungsansatz, S. 440 ff.

27 *Frank,* Cost-Benefit Analysis, S. 918. Dieses Phänomen wird häufig dahingehend umschrieben, dass die „willingness to accept" (d. h. die Kompensationsforderung) die „willingness to pay" (d. h. die Zahlungsbereitschaft) regelmäßig um ein Vielfaches übersteigt. s. *Cross,* Natural Resource Damage Valuation, S. 318. Sehr ausführlich zu der Frage, wann auf die „willingness to accept" und wann auf die „willingness to pay" abzustellen ist, *Markovits,* Duncan's Do Nots, S. 1178 ff. Zur Erklärung der oft großen Unterschiede zwischen Zahlungsbereitschaft und Kompensationsforderung vgl. auch *Römer,* Kontingenter Bewertungsansatz, S. 432 ff.

28 Namentlich die Ermittlung der Zahlungsbereitschaft für die bloße Existenz von Umweltgütern – unabhängig von ihrer Benutzung durch die Befragten – wird scharf kritisiert. So machen *Adler/Eric Posner,* Distorted Preferences, S. 1126 ff., geltend, dass die Methode der „Contingent Valuation" eine rein umweltrechtliche Anomalie ist. Niemand komme auf die Idee, dass die Food and Drug Administration bei der Zulassung von Medikamenten die Meinung der „Christian Scientists" berücksichtigen müsse, nach deren Ansicht der Einsatz kommerziell hergestellter Medikamente stets abzulehnen ist, die also möglicherweise bereit wären, Zahlungen zu leisten, um die bloße Existenz dieser Medikamente zu verhindern. Ebenso wenig müsse der US Postal Service in Rechnung stellen, dass es Personen gibt, die daran

fungsgericht für zulässig gehalten wird.[29] Das Gericht wies in seiner Grundsatzentscheidung darauf hin, dass die gegen diese Bewertungsmethode vorgetragenen Bedenken zwar im Einzelfall berechtigt sein mögen, dass man ihnen aber durch eine verfeinerte Fragetechnik Rechnung tragen könne.[30] Und in der Tat sind grundsätzliche Bedenken gegen die „Contingent Valuation Method“ nicht angebracht, denn schließlich unterscheidet sich ihr methodischer Ansatz nicht von sonstigen Bewertungsmethoden. Stets gilt es, die Zahlungsbereitschaft der Betroffenen zu ermitteln. Die Probleme der „Contingent Valuation Method“ liegen nicht in ihrer grundsätzlichen Ausrichtung, sondern in ihrer konkreten Anwendung,[31] genauer gesagt darin, dass sie dazu zwingt, sich über den monetären Wert von Dingen Gedanken zu machen, die normalerweise nicht an monetären Maßstäben gemessen werden.[32]

Im vorliegenden Fall ergab die Untersuchung mit Hilfe der „Contingent Valuation Method“, dass der durchschnittliche amerikanische Haushalt im Jahr 1995 bereit war, für die Verbesserung der Sichtweiten, die z. B. mit der Emissionsbegrenzung auf 0,10 lbs / MMBtu verbunden sein würde, pro Jahr zwischen $ 1,30 und $ 2,50 zu zahlen. Umgerechnet auf einen Zeitraum von 30 Jahren bedeutete das eine Zahlungsbereitschaft der amerikanischen Bevölkerung von $ 5,3 Milliarden bis zu $ 7,4 Milliarden, selbst wenn man für die zukünftige Zahlungsbereitschaft einen Abschlag von jährlich 10 % zugrunde legt. Im einzelnen setzte sich die Zahlungsbereitschaft wie folgt zusammen: Zu 31 % stellte sie einen sog. Optionspreis dar, d. h. eine Summe, die man zu zahlen bereit ist, um bei eigenen jetzigen oder zukünftigen Besuchen des Grand Canyon gute Sichtweiten zu ge-

---

Anstoß nehmen, dass sich unter den täglich ausgelieferten Postsendungen auch pornographisches Material befindet, die also bereit wären, für eine Beseitigung dieses Zustands zu zahlen. Gleichwohl glichen diese beiden Fälle demjenigen der „contingent valuation“ – jedenfalls soweit letztere die Zahlungsbereitschaft im Hinblick auf die bloße Existenz von Umweltgütern berücksichtige: In jedem der Fälle gehe es darum, dass im Grunde desinteressierte Dritte zahlungsbereit seien. Man kann deshalb einwenden, dass diese Zahlungsbereitschaft keinen hinreichenden Bezug zum wirtschaftlichen Wohlergehen aufweise. Letztlich komme es den hier in Rede stehenden Personen nämlich nicht darauf an, einem Umweltgut einen bestimmten Wert beizumessen, sondern die Verletzung einer moralischen Verpflichtung zu verhindern, und die moralische Werthaltigkeit einer staatlichen Maßnahme habe wiederum mit der Zahlungsbereitschaft nichts zu tun.

29 Ohio v. Department of Interior, 880 F.2d 432 (D.C. Cir. 1989).

30 Ausführlich zu verschiedenen Umfragetechniken *Hanemann,* Valuing the Environment, S. 21.

31 „People can love wild animals or wilderness and want them to be preserved without either feeling a moral commitment to them or wanting to meet them, as it were. The enjoyment of these things is a type of consumption activity that is distinguishable from keeping pets or a garden only by the greater difficulty of measuring the value of the enjoyment. There is no difference in principle, and hence no paradox, in asserting that a person's utility would be reduced more by the extinction of the striped cheetah than by a flood that damaged the person's carpet“, *Richard Posner,* Definition, Justification, and Comment, S. 1168 f.

32 Ähnlich *Rose,* Environmental Lessons, S. 1031.

nießen.[33] Zu 38 % fußte die Zahlungsbereitschaft auf dem sog. Vermächtniswert („bequest value“). Damit ist die Bereitschaft gemeint, Zahlungen zu leisten, damit andere Leute Freude an gestiegenen Sichtweiten im Grand Canyon haben können. Und zu weiteren 31 % ging die Zahlungsbereitschaft auf den sog. Existenzwert zurück, d. h. auf das Bestreben, größere Sichtweiten im Grand Canyon zu gewährleisten, selbst wenn dieser Nationalpark von niemandem besucht würde. Auf der Grundlage dieser Berechnungen kam die EPA dann zu dem Ergebnis, dass der Nutzen der Neuregelung gegenüber den Kosten überwiegen würde.[34]

c) Ergebnis der Verordnungsverhandlungen

Nachdem 9 Wochen lang die Möglichkeit bestanden hatte, sich zu dem Verordnungsentwurf der EPA zu äußern, kam es zu einem Treffen zwischen Mitarbeitern der Bundesumweltbehörde, den Kraftwerkbetreibern, Beauftragten des Staates Arizona und einigen Umweltverbänden. Ziel war es, eine Lösung zu finden, die stärker umweltschützend und zugleich kostengünstiger sein sollte als der Verordnungsentwurf, der – wie oben dargestellt – eine Emissionsreduzierung um 70 % auf 0,30 lb / MMBtu vorsah. Die Beteiligten einigten sich schließlich nach zweimonatigen intensiven Verhandlungen auf die Reduzierung der SO_2 Emissionen um 90 % auf 0,10 lb / MMBtu. Dieser Wert soll im Durchschnitt eines gesamten Jahres und nicht nur im 30-Tage-Durchschnitt erreicht werden, d. h. es sind nunmehr größere saisonale Schwankungen zulässig; entscheidend ist lediglich, dass der Jahresdurchschnitt gering ist. Die Emissionsreduzierung sollte stufenweise zwischen 1997 und 1999 vorgenommen werden.[35] Eine Schätzung seitens der Beteiligten ergab, dass dieser Vorschlag etwa $ 80 Millionen billiger ist als derjenige der EPA, wobei von den Beteiligten die Kosten für den EPA-Vorschlag allerdings auch auf $ 510 Mil-

---

33 Die Terminologie ist sehr uneinheitlich (vgl. zu Fragen der Terminologie auch *Klauer,* Nachhaltigkeit, S. 111 f.). So schlägt z. B. *Cross,* Natural Resource Damage Valuation, S. 281 ff. folgende Dreiteilung vor: 1. „Use Value“, d. h. der Wert einer natürlichen Ressource für die Personen, die sie benutzen. Dabei kann die Nutzung konsumtiver (z. B. Angeln) oder nicht-konsumtiver Art sein (z. B. Beobachtung von wildlebenden Tieren). 2. „Existence Value“, d. h. der Wert einer natürlichen Ressource unabhängig von ihrer Nutzung. So kann man beispielsweise die Existenz eines Nationalparks und die Möglichkeit seiner Nutzung schätzen, selbst wenn man ihn noch nie besucht hat und auch nicht in unmittelbarer Zukunft zu besuchen beabsichtigt; man schätzt einfach die Option, dass entweder man selbst oder die eigenen Nachfahren ihn nutzen können. 3. „Intrinsic Value“, d. h. der innere Wert einer natürlichen Ressource völlig losgelöst von menschlichen Bedürfnissen. Dieser Wert, der als nichtanthropozentrischer Wert bei ökonomischen Ansätzen nicht berücksichtigt werden kann (vgl. *Marggraf/Streb,* S. 241), wird vor allem von den sog. „deep ecologists“ betont.

Gegen die Untergliederung der nutzungsunabhängigen Werte in Existenz- und Vermächtniswerte wenden sich z. B. *Marggraf/Streb,* S. 185, mit dem Argument, dass es auch sonst auf die Motive der Wertschätzung nicht ankomme.

34 56 FR 5173.

35 56 FR 50172.

lionen beziffert wurden.[36] Ein Teil der Kosten kann möglicherweise durch den Handel mit Emissionserlaubnissen gedeckt werden. Für einen durchschnittlichen Elektrizitätskunden bedeutet der neue Vorschlag, dass seine monatliche Stromrechnung um $ 1,57 bis $ 1,72 steigt; für Landwirte, die Elektrizität benötigen, um ihre Felder zu bewässern, haben die neuen Umweltschutzmaßnahmen einen Preisanstieg von 1,4 Cents pro Gallone zur Folge.[37] Nach Angaben eines Bewässerungsbezirks bedeutet diese zunächst gering anmutende Verteuerung indes für eine durchschnittliche Bauernfamilie eine Zunahme der Wasserkosten um 7 bis 10 % bzw. Zusatzkosten von ca. $ 10.000 pro Jahr. EPA machte angesichts dieser hohen Zusatzbelastungen zum einen geltend, dass die zusätzlichen Wasserkosten weniger als 2 % der Gesamtbetriebskosten ausmachten. Zum anderen sei die Wasserversorgung in den betroffenen Gebieten ohnehin stark subventioniert. Wenn es in Zukunft zu einer Kürzung dieser Subventionen komme – womit zu rechnen sei –, dann werde der Anteil dieses Preisanstiegs an den Gesamtkosten noch geringer ausfallen.[38]

Nachdem die Öffentlichkeit Gelegenheit gehabt hatte, sich zu dem neuen Entwurf zu äußern, wurde er der letztendlich in Kraft getretenen Verordnung zugrunde gelegt. Die Bundesumweltbehörde sah davon ab, eine bestimmte Emissionsminderungstechnik vorzuschreiben.[39]

Die Klage einiger Bewässerungsbezirke („Irrigation Districts") gegen die Verordnung blieb erfolglos. Die Bewässerungsbezirke beziehen von der NGS Strom, den sie zum Pumpen von Wasser benötigen. Sie glaubten sich dadurch beschwert, dass sie im Ergebnis die gestiegenen Preise der Energieerzeugung zu tragen hätten, und machten geltend, dass die Bundesumweltbehörde zum Erlass der Verordnung nicht ermächtigt gewesen sei und dass die Verordnung inhaltlich willkürlich sei. Die Klage wurde jedoch abgewiesen.[40] In seiner Begründung legte das Gericht dar, dass die Bundesumweltbehörde nach dem Wortlaut der gesetzlichen Ermächtigungsgrundlage nicht verpflichtet gewesen sei, einen allgemeinen Zusammenhang zwischen bestimmten Emissionen und damit einhergehenden bestimmten Sichtbeeinträchtigungen darzutun. Vielmehr habe die Bundesumweltbehörde die Befugnis gehabt, ihre Regelung auf denjenigen Teil der Sichtbeeinträchtigungen zu beschränken, der sich vernünftigerweise auf das Kraftwerk zurückführen lasse,[41] d. h. die EPA durfte den Regelungsgegenstand weitgehend selbst bestimmen. Da sie hier anstelle des an sich zuständigen Einzelstaates tätig geworden sei, habe sie von allen Befugnissen Gebrauch machen dürfen, die sonst dem Einzelstaat zur

36 56 FR 50172.

37 Eine Gallone sind etwa 3,79 Liter.

38 56 FR 50172.

39 56 FR 50172.

40 Central Arizona Water Conservation District v. EPA, 990 F.2d 1531 (9th Cir. 1993).

41 Central Arizona Water Conservation District v. EPA, 990 F.2d 1531, 1541 (9th Cir. 1993).

Verfügung stünden. Was den Einwand betraf, dass die Verordnung aller Wahrscheinlichkeit nach trotz hoher Kosten die Sichtweiten allenfalls geringfügig verbessern werde, stellte sich das Gericht auf den Standpunkt, dass die Verordnung gleichwohl im Sinne der Ermächtigungsgrundlage zu angemessenen Fortschritten auf dem Weg zu größeren Sichtweiten führen könne. Das Gericht prüfte insoweit lediglich, ob die Behörde alle erheblichen Gesichtspunkte berücksichtigt und ein Ergebnis erzielt habe, das zumindest nicht eindeutig fehlerhaft sei. Im vorliegenden Fall konnte das Gericht keine Fehler feststellen, zumal die Behörde sich auf einem Gebiet bewegt habe, das an den Grenzen wissenschaftlicher Erkenntnis angesiedelt sei. In solchen Fällen sei die Behördenentscheidung zu respektieren, sofern mehrdeutige Beweise von der Behörde in vernünftiger Weise gewürdigt worden seien.[42]

d) Gründe für das Erreichen eines Kompromisses in den Verhandlungen

Der maßgebliche Grund dafür, dass die Beteiligten an den Verhandlungen, also die Kraftwerksbetreiber, die Umweltverbände und die Repräsentanten der Bundesumweltbehörde sowie der einzelstaatlichen Behörden sich auf einen Kompromiss einigen konnten, ist darin zu sehen, dass es sich hier nicht nur objektiv, sondern auch aus Sicht aller Beteiligten um eine „win-win"-Situation handelte: Die Umweltschützer waren mit dem ursprünglichen Vorschlag der EPA nicht vollständig zufrieden; sie legten großen Wert darauf, die Emissionen um 90 % zu reduzieren, da sie diesem Wert symbolische Bedeutung beimaßen. Die Kraftwerksbetreiber hatten die Hoffnung, die Verordnung auf gerichtlichem Wege zu Fall bringen zu können, schon sehr früh aufgegeben und strebten nun danach, die Kosten gegenüber dem ursprünglichen Vorschlag zu reduzieren.[43] Und auch die Bundesumweltbehörde war an einem Kompromiss interessiert, denn ihr anfänglicher Vorschlag war auf den Widerstand etlicher anderer Behörden gestoßen, die insbesondere geltend machten, dass das Vorgehen der EPA in wissenschaftlicher Hinsicht auf tönernen Füßen stehe.[44]

Vor diesem Hintergrund nimmt es nicht Wunder, dass sich die Verhandlungsbeteiligten auf einen Kompromiss einigen konnten. Dabei war der entscheidende

---

42 Central Arizona Water Conservation District v. EPA, 990 F.2d 1531, 1543, 1545 (9th Cir. 1993).

43 Wie die oben genannte Entscheidung zeigt, sind die Bundesgerichte in der Regel bereit, der Einschätzung der Behörden zu folgen, insbesondere wenn es gilt, widersprüchliches Beweismaterial zu würdigen. Diese Haltung der Bundesgerichte wurde maßgeblich durch die Chevron Entscheidung des Supreme Court beeinflusst, nach der die Interpretation eines mehrdeutigen Gesetzestextes durch die Behörden von den Gerichten hinzunehmen ist, solange sie sich im Rahmen des Vernünftigen („reasonable") hält. s. Chevron USA, Inc. v. Natural Resources Defense Council, Inc. 467 US 837 (1984).

44 *Rappoport / Cooney*, S. 632 – 633.

Faktor die Festlegung der Bemessungsgrundlage. Während der ursprüngliche Vorschlag der EPA von der Berechnung der Emissionswerte auf der Grundlage eines 30-tägigen Durchschnitts ausging, einigte man sich in den Verhandlungen darauf, den jährlichen Durchschnitt zugrunde zu legen. Dadurch senkte man die Kosten erheblich, denn nach dem neuen Vorschlag konnte auf den Einbau von Ersatzluftreinigungsanlagen verzichtet werden. Hingegen wäre nach dem anfänglichen Vorschlag ihr Einbau notwendig gewesen, damit bei einer Überlastung oder einem Defekt der in erster Linie zur Reinigung vorgesehenen Anlagen Vorsorge getroffen wäre. Obgleich die Bundesumweltbehörde Emissionsmessungen auf der Grundlage des jährlichen Durchschnitts zuvor stets abgelehnt hatte, war sie im vorliegenden Fall einverstanden. Um keinen Präzedenzfall zu schaffen, hielt sie aber ausdrücklich fest, dass diese Bemessungsgrundlage nur dann angewandt werden könne, wenn es um den Schutz ästhetischer Werte gehe, nicht jedoch, wenn die menschliche Gesundheit auf dem Spiel stehe.[45]

e) Besonderheiten der Vereinbarung

Auffällig an dieser „Negotiated Rule“ ist zweierlei: Die Eigenart des zu regelnden Problems und die Zusammensetzung des Kreises der Beteiligten.

(1) Das Problem der geringen Sichtweiten

Was die Eigenart des zu regelnden Problems angeht, so ist auffallend, dass sich die Angelegenheit der angeblich geringen Sichtweiten im Grand Canyon im Vergleich zu anderen Problemen nicht besonders dringlich ausnimmt. Zum einen sind nämlich die Sichtweiten im Westen der USA, wo sich der Grand Canyon befindet, ungefähr um den Faktor 10 besser als die Sichtweiten im Osten der USA.[46] Tatsächlich gehörten die Sichtweiten im Grand Canyon im Verhältnis zu anderen Nationalparks sogar zu den besten; sie hatten sich seit 1970 ständig verbessert, so dass kaum Regelungsbedarf bestand. Und zum anderen sind die Beeinträchtigungen der Sichtweiten im Sommer am schlimmsten, wenn Westwind herrscht und die Emissionen aus dem Großraum Los Angeles in den Grand Canyon Nationalpark geweht werden. Bei Westwind hat jedoch die im Osten des Grand Canyon gelegene NGS keinen Einfluss auf die Sichtweiten. Die NGS beeinflusst die Sichtweiten allenfalls im Winter, wenn es zu Inversionswetterlagen kommt. Im Winter sind die Sichtweiten jedoch ohnehin regelmäßig gut.[47]

---

45 *Rappoport/Cooney*, S. 634–635.

46 Laut *Ackerman/Hassler*, S. 75 beträgt die höchste mögliche Sichtweite bei völlig klarer Luft etwa 200 Meilen. Die durchschnittliche Sichtweite im Südwesten der USA beläuft sich auf 65 bis 80 Meilen, während die Sichtweiten im Osten der USA oft unter 10 Meilen liegen.

47 *Rappoport/Cooney*, S. 630.

Vor diesem Hintergrund ist es schwer verständlich, warum die Bundesumweltbehörde überhaupt tätig werden wollte. Erklären lässt sich das nur damit, dass der Grand Canyon ein Nationalsymbol ist und dass es dem National Park Service gelang, der gesamten Diskussion seinen Stempel aufzudrücken, indem er in seiner Studie die NGS in erheblichem Umfang für die Beeinträchtigung der Sichtweiten im Winter verantwortlich machte. Nachdem dieses Ergebnis von der Presse aufgegriffen worden war, fielen spätere Bedenken der nationalen Wissenschaftsakademie und anderer Institutionen nicht mehr auf fruchtbaren Boden.[48] Die öffentliche Meinung klammerte sich an das Bild des durch Luftverschmutzung bedrohten nationalen Naturerbes und vergaß dabei völlig, dass diese Verschmutzung zur Hauptreisezeit, also im Sommer, am schlimmsten ist, zu dieser Zeit aber mit dem hier geregelten Problem nichts zu tun hat. Die Vermutung liegt deshalb nahe, dass man seitens der Behörde nicht untätig sein wollte und sich einfach den am leichtesten zu fassenden Mitschuldigen herauspickte. Zwar hätte man sich auch entschließen können, andere Emissionsquellen ins Visier zu nehmen, beispielsweise die Abgaserzeugung im Großraum Los Angeles. Dann wäre jedoch mit größeren politischen Widerständen zu rechnen gewesen. Zudem hätte man sich mit dem Problem auseinandersetzen müssen, dass sich der Löwenanteil der Sichtbehinderungen nicht auf einen konkret festzustellenden Verursacher zurückführen lässt, sondern aus diffusen Quellen stammt.

Das hier zu beobachtende Phänomen, das später noch genauer dargestellt werden wird,[49] nennt sich *Verfügbarkeitsheuristik („Availability Heuristic")*. Es bezeichnet die empirisch vielfach nachgewiesene Tatsache, dass die Wahrnehmung eines Schadensereignisses in hohem Grade davon abhängt, welche und wie viele Informationen über dieses Ereignis zur Verfügung stehen. Entscheidend ist insbesondere, ob sich lebhafte Bilder des Schadenseintritts aus dem Stegreif aus dem Gedächtnis abrufen lassen. Ist das der Fall, so wird die Wahrscheinlichkeit des Schadenseintritts in der Regel deutlich überschätzt. Im vorliegenden Fall lässt sich die Einschränkung der Sicht im Grand Canyon durch Luftverschmutzung sehr plastisch darstellen, und der National Park Service hat auch tatsächlich entsprechende Bilder in Umlauf gebracht. Da zudem kein Vergleich mit anderen Umweltrisiken vorgenommen wurde, wurde die Dringlichkeit des Problems voraussichtlich überschätzt. Die Bedrohung des nationalen Naturerbes stand der Öffentlichkeit so deutlich vor Augen, dass gehandelt werden musste, und da andere Verursacher der Luftverschmutzung kaum greifbar waren, hat man sich kurzerhand an die NGS gehalten.

Die rationale Diskussion dieses Umweltproblems wurde vermutlich zusätzlich dadurch erschwert, dass die Öffentlichkeit üblicherweise nach einem *binären Muster* urteilt:[50] Entweder die Sicht im Grand Canyon wird als beeinträchtigt oder als

---

48 *Rappoport/Cooney*, S. 631.

49 s. Abschnitt F. II. 2.

50 Genaueres zu dieser Merkwürdigkeit menschlichen Beurteilens ebenfalls weiter unten im Abschnitt F. I.

frei empfunden; Zwischenstufen gibt es nicht. Übersehen wird dabei, dass die Sicht aufgrund der Vielzahl natürlicher und menschlicher Emissionsquellen nie ganz frei ist, und dass man gut daran getan hätte, das vorliegende Problem auf der Grundlage der ohnehin gegebenen Hintergrundwerte zu beurteilen. Dann hätte sich nämlich gezeigt, dass es hier allenfalls um graduelle Verbesserungen gehen kann, die sich zudem in einem Gebiet und zu einer Jahreszeit bemerkbar machen werden, die an sich keine Regelungspriorität genießen sollten.

Mithin liegt der Grund dafür, dass hier überhaupt eine Regelung getroffen wurde, weniger in der Dringlichkeit des Problems als in Art und Weise, wie dieses Problem wahrgenommen wurde.

(2) Die Zusammensetzung des Kreises der Verhandlungsteilnehmer

Bei der Zusammensetzung des Kreises der Verhandlungsteilnehmer ist eines besonders hervorzuheben: Die *Abwesenheit von Repräsentanten der Stromkunden.* Vieles spricht dafür, dass ein Großteil der Kosten der Umweltschutzmaßnahmen direkt an sie weitergegeben wurde. So beruht die oben geschilderte Klage der Bewässerungsbezirke auf den gestiegenen Kosten für die Bewässerung landwirtschaftlich genutzter Felder, und auch die EPA ging bei ihren Berechnungen offenbar davon aus, dass die gestiegenen Kosten auf die Stromkunden abgewälzt werden könnten.

Zunächst stellt sich daher die Frage, warum es den Kraftwerksbetreibern überhaupt möglich sein sollte, die gestiegenen Kosten ihren Kunden aufzubürden. Denn schließlich tun sich Unternehmen, die im Wettbewerb stehen, doch üblicherweise schwer, höhere Kosten an ihre Kunden weiterzugeben.

Indes besteht hier die Besonderheit, dass die Kraftwerkbetreiber Monopolisten sind, und zwar entweder aufgrund der Regulierung des Strommarktes, die den Stromverbrauchern die Möglichkeit nimmt, zwischen verschiedenen Stromanbietern auszuwählen, oder aufgrund der Tatsache, dass die Kraftwerksbetreiber ein natürliches Monopol innehaben. Ein natürliches Monopol entsteht, wenn die durchschnittlichen Kosten eines Produzenten mit zunehmendem Produktionsumfang sinken, so dass ein großes Unternehmen die Nachfrage günstiger befriedigen kann als zwei kleine. Das ist insbesondere dann der Fall, wenn die fixen Kosten der Unternehmen sehr hoch sind.[51] Ein häufig genanntes Beispiel für natürliche Monopole sind gerade die Elektrizitätsunternehmen: Ihre fixen Kosten für die Erzeugung von Energie und die Bereitstellung des Stromleitungsnetzes sind sehr hoch, und die Größe des Marktes ist dadurch beschränkt, dass die Kosten für den Transport von Elektrizität über lange Entfernungen ebenfalls beträchtlich sind.

---

[51] *Breyer,* Regulation, S. 15; *Breyer u. a.,* S. 5, 261; *Richard Posner,* Economic Analysis of Law, § 12.1.

Zudem ist die Nachfrage nach Elektrizität insoweit unelastisch, als es den Verbrauchern unmöglich ist, auf ein gleichwertiges Produkt eines anderen Produzenten auszuweichen;[52] andere, der Elektrizität gleichwertige Produkte gibt es nicht. Gäbe es sie, so bestünde vollständiger Wettbewerb, und die Konsumenten würden bei jeder Preissteigerung auf ein aus ihrer Sicht gleichwertiges, nunmehr aber billigeres Produkt umsatteln.

Dies bedeutet nun allerdings auch nicht, dass es den Kraftwerkbetreibern ohne weiteres möglich ist, ihre gestiegenen Kosten auf die Konsumenten zu überwälzen, und dass sie deshalb Steigerungen ihrer Kosten gleichgültig gegenüber stehen. Denn zum einen ist die Nachfrage aus dem genannten Grund zwar nicht völlig elastisch, sie ist aber auch nicht gänzlich unelastisch. Den Konsumenten bleibt nämlich regelmäßig die Möglichkeit, auf Steigerungen der Strompreise mit Energieeinsparungen zu reagieren.

Und zum anderen kann der Monopolist zwar auf einen Anstieg der Kosten dergestalt reagieren, dass er den Preis seines Produktes erhöht. Gleichwohl ist er aber Kostensteigerungen gegenüber nicht indifferent, denn Preiserhöhungen führen dazu, dass die Erlöse des Monopolisten sinken. Dies sei anhand der folgenden Graphik erläutert:

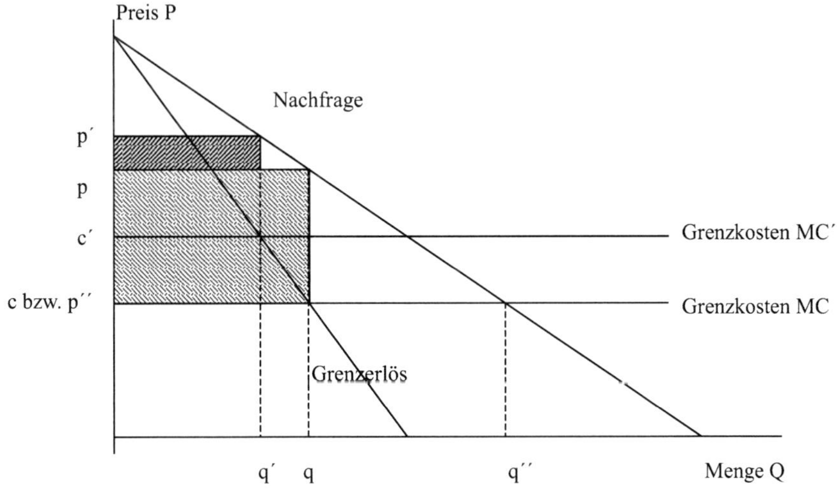

In einem Markt mit vollständiger Konkurrenz würde genau die Menge q'' des Gutes (also beispielsweise des Gutes „Strom“) produziert werden, weil sich an die-

52 Die Nachfragefunktion wird dann als unelastisch bezeichnet, wenn ein Produkt aus Sicht der Konsumenten nicht leicht durch ein anderes, ihm in Funktion und Preis vergleichbares (sog. Substitut) ersetzt werden kann und wenn den Konsumenten auch keine anderen alternativen Nutzungsmöglichkeiten ihres Geldes offen stehen, von denen sie bei Preissteigerungen Gebrauch machen können. s. *Richard Posner,* Economic Analysis of Law, § 10.6.

sem Punkt Nachfragekurve und Grenzkosten MC („Marginal Cost") schneiden.[53] D. h. der Erlös aus dem Verkauf des Gutes würde gerade seine Kosten decken. Hingegen wird ein Monopolist die Menge q produzieren. Denn für ihn kommt es auf den Punkt an, an dem der Grenzerlös den Grenzkosten entspricht, weil an diesem Punkt der Erlös des Monopolisten am größten ist.[54] Der Gewinn des Monopolisten ergibt sich dann aus der Differenz zwischen pq und cq. Mithin führt ein Monopol insoweit zu Ineffizienz, als der Monopolpreis den Preis übersteigt, der bei vollständiger Konkurrenz verlangt werden würde. Denn insoweit werden einige Kunden Produkte anderer Hersteller anstelle der Produkte des Monopolisten kaufen, obwohl diese anderen Produkte in der Herstellung teurer sind.

Ändern sich nun allerdings die Produktionskosten, so bleibt davon auch das Verhalten des Monopolisten nicht unberührt. Denn wenn die Kosten wie im vorliegenden Fall von MC auf MC′ steigen, wird der Monopolist den Preis von p auf p′ erhöhen. Das bedeutet zugleich, dass der Gesamterlös des Monopolisten sinkt, denn der Gesamterlös ergibt sich nun aus der Differenz zwischen p′q′ minus c′q′ statt wie bisher aus pq minus cq, und das den früheren Erlös darstellende Rechteck zwischen p, c, q und der y-Achse ist größer als das den neuen Erlös darstellende Rechteck zwischen p′, c′, q′ und der y-Achse. Dieses Ergebnis beruht nicht auf Besonderheiten dieser Graphik, sondern gilt allgemein.[55]

Daher bestehen auch für Monopolisten Anreize, Kostensteigerungen zu vermeiden.

Im vorliegenden Fall entschieden sich die Kraftwerksbetreiber trotz der – wenngleich geringen – Elastizität der Nachfrage dafür, die erhöhten Kosten unmittelbar an ihre Kunden weiterzugeben. Dem ersten Anschein nach könnte dies damit zusammenhängen, dass für die Mehrzahl der Kunden der Preisanstieg zu gering ist, als dass er bemerkt würde oder gar Verhaltensänderungen rechtfertigen könnte.[56] Indes würde dieses Argument, wenn es denn zuträfe, auf alle geringfügigen Preisänderungen anwendbar sein. Da sich aber empirisch belegen lässt, dass auch minimale Veränderungen der Preise die Nachfrage beeinflussen – beispielsweise weil es eben doch stets einige Konsumenten gibt, die Preisänderungen bemerken und ihr Verhalten anpassen[57] – ist eine plausiblere Erklärung für diese Handlungsweise

---

53 Vgl. etwa *Emmerich*, Kartellrecht, S. 5.

54 *Emmerich*, Kartellrecht, S. 5; *Siebert*, Economics, S. 109.

55 s. zum Ganzen *Bork*, Antitrust Paradox, S. 99 ff.; *Richard Posner*, Economic Analysis of Law, § 9.1 – 9.3; *Siebert*, Economics, S. 108 f.

56 Was die Landwirte angeht, so ist der Preisanstieg absolut gesehen zwar erheblich. Im Verhältnis zu ihren anderen Ausgaben nimmt er sich aber nicht so bedeutend aus, dass er auf jeden Fall Anlass zur Änderung des Konsumverhaltens geben würde.

57 Nämlich diejenigen Konsumenten, die bei dem bisherigen Preis einen Nutzen aus dem Gut zogen, der die Kosten nur ganz geringfügig überschritt oder ihnen sogar genau entsprach. Kommt es zu Preiserhöhungen, und seien sie auch minimal, so werden diese Konsumenten davon absehen, das Gut weiterhin nachzufragen. Mithin sinkt die Gesamtnachfrage nach dem Gut.

der Kraftwerkbetreiber zu suchen. Sie besteht darin, dass zwar die Nachfrage nach elektrischem Strom in Folge höherer Preise zurückgeht. Die Kraftwerkbetreiber nehmen dies aber in Kauf, da eine Internalisierung der gestiegenen Kosten ihre Gewinne stärker beeinträchtigen würde als das geringfügige Sinken der Nachfrage und der damit einhergehende Erlösrückgang. Dies bedeutet zugleich, dass steigende Kosten zwar auch den Interessen der Kraftwerksbetreiber zuwiderlaufen, von ihrem Umfang her aber weniger zu Lasten der Kraftwerksbetreiber als zu Lasten der Energiekonsumenten gehen dürften. Denn der Anteil der gestiegenen Kosten, den die Kraftwerksbetreiber in Form geringerer Erlöse zu schultern haben, ist wohl geringer als der Anteil, den die Energieverbraucher in Form höherer Stromrechnungen tragen müssen.

Mithin sind die Energiekonsumenten die Hauptleidtragenden der Verbesserung der Sichtweiten im Grand Canyon. Ob dies ein vernünftiges Ergebnis ist, kann man bezweifeln. Zwar ist es aus den im Abschnitt C. genannten Gründen grundsätzlich begrüßenswert, wenn die mit der Energieerzeugung verbundenen Kosten an die Kunden weitergegeben oder von den Energieerzeugern selbst getragen statt auf Dritte in Form stärkerer Umweltverschmutzung abgewälzt werden; der vorliegende Fall scheint jedoch geradezu willkürlich ausgewählt. Üblicherweise werden die Kosten der Energieerzeugung oder des Energieverbrauchs nämlich nicht internalisiert, selbst wenn die Beeinträchtigungen von Umweltgütern viel gravierender sind. Es ist deshalb nicht recht ersichtlich, warum gerade hier die Kosten für eine Umweltschutzmaßnahme von zweifelhaftem Nutzen internalisiert wurden, während man in anderen Fällen trotz erheblicher externer Kosten keine Anstrengungen zur Internalisierung unternahm.

Letztlich kann diese Frage jedoch offen bleiben, da es – zumindest an dieser Stelle – in erster Linie um die Untersuchung der Beteiligungsmöglichkeiten gesellschaftlicher Gruppen gehen soll. Und dafür war vor allem wichtig herauszuarbeiten, dass auch unter Monopolbedingungen Kostensteigerungen zu Preissteigerungen führen und dass daher die Energieverbraucher die Hauptleidtragenden der neuen Regelung sind, weshalb einem Repräsentanten ihrer Belange unter dem Gesichtspunkt der fairen Vertretung aller betroffenen Interessen ein Platz am Verhandlungstisch gebührt hätte. Dieser Platz wurde den Energiekonsumenten jedoch nicht eingeräumt, und es wurde offenbar auch nie ein Gedanke daran verschwendet. Ohne eine Vertretung dieser wichtigen Gruppe gleicht das Aushandeln der Verordnung indes einem von der Rechtsordnung missbilligten Vertrag zu Lasten Dritter.[58]

---

[58] Zur Unzulässigkeit von Verträgen zu Lasten Dritter s. Palandt/*Heinrichs*, Einf. vor § 328 Rn. 10. Zur Klarstellung sei angemerkt, dass es sich hier natürlich nicht um einen Vertrag zu Lasten Dritter im technischen Sinne handelt. Denn durch die Vereinbarung der am „Negotiated Rulemaking" Beteiligten wird nicht unmittelbar die Pflicht der Konsumenten begründet, höhere Strompreise zu zahlen. Es steigen zunächst einmal lediglich die Produktionskosten, und diese Kostensteigerungen werden dann aufgrund privatautonomer Entscheidung der Energieerzeuger an die Konsumenten weitergegeben. Zudem steht es den Konsumenten stets frei, ihren Stromverbrauch zu verringern. Das Bild vom Vertrag zu Lasten

Im Folgenden soll die bereits eingangs erwähnte These vertieft werden, dass der Grund für die fehlende Berücksichtigung dieser Gruppe jedenfalls auch in ihrer mangelnden Organisationsfähigkeit liegt. Weil die Gruppe der Energieverbraucher sehr groß und der Nutzen einer Organisation für den einzelnen Verbraucher sehr gering ist,[59] hat diese Gruppe mit Problemen kollektiven Handelns zu kämpfen. Da es nämlich Energiekonzernen regelmäßig nicht erlaubt ist, ihre Preise je nach Kunden zu differenzieren, besteht die Gefahr, *dass nicht organisierte Personen sich etwaige Erfolge organisierter Personen kostenlos zunutze machen („Free Rider"-Problem).* Daher sind die Anreize, eine Organisation der Energieverbraucher zu bilden, sehr gering. Ohne Organisation lässt sich jedoch die Vertretung im „Negotiated Rulemaking" kaum bewerkstelligen. Auf den folgenden Seiten soll daher – sowohl aus empirischer als auch aus theoretischer Sicht – zum einen dargelegt werden, welche Gruppen typischerweise mit Organisationsproblemen konfrontiert sind, so dass sich ihre Interessenvertretung bei der Verhandlung von Verordnungen schwierig gestaltet. Zum anderen soll der Frage nachgegangen werden, ob große, aber schlecht organisierte Gruppen im Gesetzgebungsverfahren bessere Möglichkeiten haben, Gehör zu finden.

Zuvor sei allerdings ein weiterer, bereits oben angesprochener Beispielsfall aus dem amerikanischen Recht nochmals kurz aufgegriffen werden, um die genannten Probleme zu verdeutlichen, und zwar die Holzofenverordnung. Auch in diesem Fall lässt sich nämlich bei genauerer Betrachtung feststellen, dass wichtige Interessen bei den Verhandlungen nicht vertreten waren.

2. Holzofenverordnung („Woodstoves Rule")

Oben wurden bereits einzelne Aspekte der Holzofenverordnung angesprochen, die Anlass zu der Befürchtung gaben, dass diese Verordnung in mehrfacher Hinsicht rechtswidrig sein könnte.[60] Es wurde beispielsweise darauf hingewiesen, dass verschiedene Standards für Öfen mit und ohne Katalysatoren festgesetzt wurden, dass eine Kennzeichnungspflicht für Holzöfen eingeführt wurde und dass in die Verordnung eine Ausnahmeregelung zugunsten von Herstellern aufgenommen wurde, die nur in geringem Umfang Holzöfen produzieren. Im Folgenden soll das Augenmerk einem anderen Gesichtspunkt der Holzofenverordnung gelten, nämlich der unzureichenden Vertretung der Verbraucher im Verhandlungsverfahren.

Nach Berechnungen der Bundesumweltbehörde EPA wird – wie bereits gesagt – die neue Verordnung zu einem Preisanstieg für Holzöfen führen, der bei etwa $ 200

Dritter soll daher lediglich verdeutlichen, dass man es hier mit einer Regelung zu tun hat, deren Folgen von den Beteiligten des Regelungsverfahrens zu großen Teilen auf Unbeteiligte abgewälzt werden.

59 Man sollte sich an dieser Stelle in Erinnerung zu rufen, dass es hier um Kosten geht, die sich pro Haushalt auf monatlich weniger als durchschnittlich $ 2,– belaufen. s. o.

60 Vgl. D. II. 3.

für Holzöfen mit Katalysator und bei etwa $ 120 für Holzöfen ohne Katalysator liegen wird. Angesichts dieser erheblichen Folgen für die Verbraucher hätte man sich deren angemessene Repräsentation am Verhandlungstisch gewünscht. Zwar haben die „Consumers' Union" und die „Consumer Federation of America" an den Verhandlungen teilgenommen. Es ist indes zweifelhaft, ob dadurch die angemessene Vertretung der betroffenen Verbraucher sichergestellt war. Anlass zu Bedenken gibt vor allem die Tatsache, dass der typische Benutzer von Holzöfen in den USA sich wahrscheinlich stark von dem typischen Mitglied der genannten Organisationen unterscheidet. Während die Mitglieder der Verbraucherorganisationen regelmäßig der Mittelschicht angehören und über eine gute Ausbildung verfügen, werden Holzöfen in den USA in erster Linie von der relativ armen Landbevölkerung genutzt.[61] Da sich diese Bevölkerungsschichten andere Heizungssysteme nicht leisten können oder aber keinen Zugang zu der erforderlichen Infrastruktur in Form beispielsweise von Gasleitungen haben, brauchen sie Holzöfen, und die Preisanstiege, die aufgrund der neuen Verordnung zu gewärtigen sind, stellen für sie ganz erhebliche Zusatzbelastungen dar.

Dass solche Gesichtspunkte auch im Prozess der Verordnungsgebung durchaus berücksichtigt werden können, zeigt das Beispiel des amerikanischen Energieministeriums, welches eine Studie in Auftrag gab, um die Folgen der Reduzierung des Bleigehalts im Benzin auf Minderheiten und auf sozial schlechter gestellte Haushalte abzuschätzen.[62] Im vorliegenden Fall ist etwas Vergleichbares indes nicht geschehen. Dieses Defizit verlangt nach einer Erklärung. Daher soll im Folgenden dargelegt werden, warum mit der Vertretung der typischen Verwender von Holzöfen sowie der Vertretung der durchschnittlichen Energiekonsumenten am Verhandlungstisch nicht zu rechnen war und *warum ihre Interessen im parlamentarischen Verfahren vielleicht berücksichtigt worden wären.* Erst am Schluss der Betrachtungen soll kurz auf die Frage eingegangen werden, ob die stärkere Berücksichtigung der Interessen der Holzofenbenutzer hier das Ergebnis des „Negotiated Rulemaking" vernünftigerweise hätte beeinflussen sollen.

II. Unterschiede zwischen parlamentarischer Gesetzgebung und kooperativer Verordnungsgebung

Den Ausgangspunkt der Überlegungen soll eine Einschätzung bilden, die bei erstem Zusehen keineswegs fern liegt: Mit verschiedenen Interessenvertretern besetzte Verhandlungskomitees könnten doch im Vergleich zu traditionellen Gesetzgebungsorganen an sich die besseren Gesetzgeber sein. Sie sind mit der zu regelnden Materie vertraut und können daher möglicherweise Bereiche erkennen, in denen besonders leicht große Erfolge zu erzielen sind. Und sie verfügen über ein

61 *Funk,* When Smoke Gets in Your Eyes, S. 95.

62 *Lazarus,* Pursuing „Environmental Justice", S. 848.

Ausmaß an Spezialwissen, das den Gesetzgebungsorganen typischerweise nicht zur Verfügung steht und das den Verhandlungskomitees helfen könnte, auf den jeweiligen Sachverhalt zugeschnittene Lösungen zu finden. Man könnte daher geneigt sein, die Verhandlungskomitees in einem durchaus positiven Licht zu sehen und sich dafür stark zu machen, ihnen im Verhältnis zum Gesetzgeber mehr Kompetenzen als bisher zuzusprechen.

Anlass zu Bedenken gibt aber zunächst einmal die Tatsache, dass viele Verhandlungsergebnisse offenbar dem geltenden Recht zuwiderlaufen (s. o.). Insoweit ließe sich allerdings einwenden, dass dies weniger gegen die Verhandlungen als vielmehr gegen das geltende Recht spreche. Denn es ist ja nicht von vornherein ausgeschlossen, dass die Verhandlungsergebnisse inhaltlich ausgewogener sind als das geltende Recht, eben weil die Teilnehmer mit der Materie besser vertraut sind als der Gesetzgeber. Wäre dies der Fall, so wäre die Berufung auf die Rechtswidrigkeit der Verhandlungsergebnisse jedenfalls dann kein durchschlagendes Argument, wenn es um die rechtspolitische Frage nach der Zweckmäßigkeit von Zuständigkeitsverteilungen geht. Im Folgenden sei deshalb der Versuch unternommen darzulegen, warum ausgehandelte Verordnungen nicht nur rechtswidrig, sondern häufig auch in spezifischer Weise unausgewogen und daher dem Gesetzgebungsprozess unterlegen sind. Ziel der Darlegung ist es also zu begründen, weshalb der Verhandlungsprozess an den Problemen mangelnder Repräsentation leidet, die anhand der Beispielsfälle illustriert wurden, und weshalb diese Probleme im Gesetzgebungsprozess zumindest nicht mit gleicher Intensität auftreten. Die Erörterung beginnt aber mit der Schilderung einer Geistesströmung, nämlich des *Pluralismus,* welche den Gesetzgebungsprozess in einem ähnlichen Licht sieht wie jeden anderen Verhandlungsprozess. Wäre dies zutreffend, so bestünde kein Anlass, dem Gesetzgebungsprozess gegenüber dem Prozess des Aushandelns von Verordnungen den Vorrang einzuräumen.

1. Pluralismus

Nach einer vielfach vertretenen Auffassung gibt es kein „objektives“ öffentliches Interesse.[63] Vielmehr sei alles gesetzgeberische Handeln das Ergebnis von Absprachen zwischen Interessengruppen.[64] Der Wettbewerb zwischen verschiede-

---

[63] Dazu *Stewart,* Reformation, 1682–1683, 1712, 1714–1715.

[64] Die Ausdrücke „Interessengruppen“, „Pressure-groups“ und „Lobbies“ werden in der Literatur in der Regel synonym verwendet. s. *von Beyme,* Interessengruppen, S. 10. Auf S. 12 definiert *von Beyme* den Interessenverband im Anschluss an *Max Weber* wie folgt: Verband sei eine nach außen regulierend beschränkte oder geschlossene soziale Ordnung dann, wenn die Innehaltung ihrer Ordnung garantiert werde durch das eigene auf deren Durchführung eingestellte Verhalten bestimmter Menschen. Im Fall des Interessenverbandes komme noch das Streben hinzu, Einfluss auf politische Entscheidungen zu nehmen. *von Alemann,* Organisierte Interessen, S. 30, gibt folgende Definition: Organisierte Interessen sind freiwillig gebildete, soziale Einheiten mit bestimmten Zielen und arbeitsteiliger Gliederung (Organisation), die individuelle, materielle und ideelle Interessen ihrer Mitglieder im Sinne von Bedürfnis-

nen Interessengruppen bestimme das System der Steuern, Subventionen und anderer politischer Vergünstigungen. Die Möglichkeit verschiedener Gruppen, politisch Einfluss zu nehmen, sei nicht durch den politischen Prozess vorgegeben und somit statisch, sondern könne erweitert werden, beispielsweise durch die Aufwendung von Geld und Zeit in Wahlkämpfen, durch politische Werbung und durch andere Mittel der politischen Druckerzeugung.[65] Nach dieser Auffassung machen die Gesetzgebungsorgane folglich nichts anderes, als den von den verschiedenen Interessengruppen erzielten Kompromissen Gesetzeskraft beizulegen.[66]

Dies muss nun nicht notwendigerweise schlecht sein, und in der Tat ist das Verhalten politischer Interessengruppen oftmals mit Wohlgefallen betrachtet worden. Es ist darauf hingewiesen worden, dass sich verschiedene Interessengruppen grundsätzlich die Waage halten, so dass das Ergebnis ihres Wettstreits keine von ihnen über Gebühr begünstigt und zum Schaden des Restes der Gesellschaft ausschlägt. Den Ursprung dieser Geisteshaltung, die politische Lobbyarbeit als wenn nicht gar nützlich, so doch zumindest unschädlich ansieht, präzise zu benennen, ist nicht ganz einfach. Immerhin lässt sich aber sagen, dass der sog. Pluralismus ein geistiges Klima erzeugt hat, in dem solche Ansichten auf fruchtbaren Boden fielen. Der Pluralismus ist eine politische Theorie, die auf dem Standpunkt steht, dass private Vereinigungen jedweder Art eine größere Rolle in der Gesellschaft spielen sollten und dass es nicht Sache des Staates sei, unbeschränkte Kontrolle über die Vielzahl dieser privaten Vereinigungen auszuüben.[67] Dahinter stand in den USA und Großbritannien die Auffassung, dass die Gesetzgebungskörperschaften schwerfällig und reformunfähig seien, da sie von Karrierepolitikern kontrolliert würden, die Neuerungsbestrebungen feindselig gegenüber stünden. In dieser Situation könnten die notwendigen Reformen auf dem Weg zu einer gerechten und vernünftigen ökonomischen Ordnung nur von Interessengruppen durchgesetzt werden.[68] Abgelehnt

---

sen, Nutzen und Rechtfertigungen zu verwirklichen suchen. Sie tun dies innerhalb der sozialen Einheit (wie ein kleiner Sportverein) und/oder gegenüber anderen Gruppen, Organisationen und Institutionen (wie ein großer Sportverband). Ähnlich *von Arnim,* Gemeinwohl, S. 134, der des weiteren unterstreicht, dass es Kennzeichen des Interessenverbandes sei, keine Regierungsverantwortlichkeit anzustreben.

65 *Gary Becker,* Competition among Pressure Groups, S. 372. Nach *Rehbinder,* Rechtssoziologie, S. 223, ist das wichtigste Mittel der Machtausübung heute Organisation. Ebenso *von Arnim,* Gemeinwohl, S. 159; *von Beyme,* Interessengruppen, S. 105; *Weber,* Interessengruppen, S. 217.

66 *Funk,* Bargaining Toward the New Millennium, S. 1384.

67 „It would be difficult to trace exactly the development of the view that pressure groups are generally beneficial, or at least benign. But one type of thinking that has probably helped create an intellectual climate favourable to the growth of this view is that known as „pluralism" ... It is the political philosophy which argues that private associations of all kinds, and especially labor unions, churches, and cooperatives, should have a larger constitutional role in society, and that the state should not have an unlimited control over the plurality of these private associations", *Olson,* The Logic of Collective Action, S. 111.

68 Vgl. zur Motivation der Befürworter des Pluralismus *Olson,* The Logic of Collective Action, S. 115: „The basis for Commons' thinking was the view that the market mechanisms

wurden von den Anhängern des Pluralismus in den USA und Großbritannien insbesondere idealistische Lösungsansätze, denen die Tendenz eigen sei, den Begriff des Gemeinwohls vom Entscheidungsprozess zu lösen und an überzeitlichen Werten zu orientieren. Das bringe die Gefahr mit sich, dass die Definition des Gemeinwohls einer herrschenden Elite überlassen werde, auf deren höhere Einsicht man vertraue.[69]

In Deutschland hatte der vor allem von Ernst Fraenkel geprägte sog. Neo-Pluralismus eine etwas andere Stoßrichtung: Zwar kritisierte auch er das herkömmliche parlamentarische System, da die deutschen Parteien zu doktrinär, zu starr und zu wenig interessiert an den empirischen Grundlagen ihrer Entscheidungen seien.[70] In der Hauptsache aber verstand der deutsche Neo-Pluralismus sich zum einen als Gegenentwurf zu einer radikalen Spielart des Pluralismus, die den Staat lediglich als einen Verband unter anderen sah und folglich den staatlichen Souveränitätsanspruch verneinte; hiergegen hielt der Neo-Pluralismus an der staatlichen Souveränität stets fest.[71] Zum anderen ging es ihm um die Abwehr totalitärer Bestrebungen. Denn jeder totalitäre Staat sei dadurch gekennzeichnet, dass er die Aktivitäten sämtlicher Verbände beende und sich selbst für die Definition des Gemeinwohls zuständig erkläre, da er a priori wisse, was das Gemeinwohl sei.[72] Die Vertreter des Pluralismus meinten demgegenüber, dass es besser sei, wenn verschiedene Verbände und Interessengruppen in Wettbewerb träten.[73] In Fraenkels Worten:

---

did not of themselves bring about fair results to the different groups in the economy, and the conviction that this unfairness was due to disparities in the bargaining power of these different groups. These disparities would not be removed by collective action promoted by the government unless pressure groups forced through the necessary reforms, since machine politicians and men of wealth controlled the legislatures. Those pressure groups were to Commons virtually an indispensable means for the achievement of a just and rational economic order."

69 *von Beyme,* Interessengruppen, S. 18.

70 *Fraenkel,* Deutschland und die westlichen Demokratien, S. 40 ff. *Fraenkel* macht zu den deutschen Parlamenten folgende Bemerkung: „Die deutschen Parlamente haben sich gegen den Versuch der Regierung, ihnen den Kontakt mit Außenseitern unmöglich zu machen, kaum gewehrt. Sollten sie instinktmäßig empfunden haben, dass, je intensiver sie sich mit der empirischen Grundlage einer jeden Gesetzesvorlage beschäftigten, je sorgfältiger sie sich bemühten, durch Zeugen- und Sachverständigenvernehmungen sich mit den Fakten vertraut zu machen, deren Regelung eine Gesetzesvorlage bezweckt, desto offenkundiger in Erscheinung trat, dass ihr Anspruch, einen vorgegebenen Gemeinschaftswillen zu repräsentieren, ein Luftschloss war?", *Fraenkel,* Deutschland und die westlichen Demokratien, S. 42.

71 *Fraenkel,* Deutschland und die westlichen Demokratien, S. 304 f., 323. Dazu auch *von Alemann,* Organisierte Interessen, S. 38 f.

72 *Fraenkel,* Deutschland und die westlichen Demokratien, S. 62, 285, 307; *von Arnim,* Gemeinwohl, S. 5. Hingegen vertritt *Hans-Martin Pawlowski,* Einführung in die Juristische Methodenlehre, 2. Aufl., Heidelberg 2000, S. 8 einen engeren, allein auf die Religionsfreiheit zugeschnittenen Pluralismusbegriff. Er versteht unter einem pluralistischen Staat einen solchen, der alle Glaubensrichtungen nicht nur duldet, sondern als gleichberechtigt anerkennt.

73 *Fraenkel,* Deutschland und die westlichen Demokratien, S. 65 f. Dazu auch S. 42 f. sowie (kritisch) *von Arnim,* Gemeinwohl, S. 149 f. Ähnliche Überlegungen klingen auch in

„Der grundlegende Unterschied zwischen den westlichen Demokratien und den totalitären Staaten ist darin zu finden, dass die ersteren sich zutrauen, mit Hilfe regulativer Ideen eine pluralistische Gesellschaft zusammenzuhalten, während die letzteren von der Schwäche einer jedweden regulativen Idee so tief überzeugt sind, dass sie keinen anderen Weg sehen, als den pluralistischen Charakter der Gesellschaft aufzuheben ... Die westlichen Demokratien lehnen es ab, die Träger kollektiver Interessen gleichzuschalten oder auszuschalten, weil sie darauf vertrauen, dass das Gemeinwohl nicht trotz der Betätigung, sondern geradezu dank der Mitwirkung von Interessenverbänden zustande zu kommen vermag."[74]

Die Resultante des Drucks der verschiedenen Interessengruppen und ihrer jeweiligen Vorlieben sollte also nach Meinung der Vertreter des Neo-Pluralismus a posteriori der allein gültige Maßstab für das Regierungshandeln sein.[75] Und nicht nur sollte sie der allein gültige, sondern sie sollte auch ein zuverlässiger und in der Regel gerechter Maßstab sein. Denn der Einfluss verschiedener Gruppen stünde in proportionalem Verhältnis zu ihrer Größe. *Die größeren, dem Allgemeininteresse näher stehenden Gruppen würden sich in der Regel gegenüber den kleineren, nur Teilinteressen widerspiegelnden Gruppen durchsetzen.* Und wenn letztere doch einmal die Oberhand gewinnen sollten, so würden sich die bisher nur latent vorhandenen Gruppen organisieren und die lediglich Teilinteressen repräsentierenden Gruppen bekämpfen.[76] Wenn z. B. ein auf Veranlassung der inländischen Wirt-

---

einigen Entscheidungen des BVerfG an. Vgl. etwa BVerfG, Urt. v. 17. August 1956, BVerfGE 5, 85 (135 f. – Verbot der KPD): „Ein Staat, der seine verfassungsrechtliche Ordnung als freiheitlich-demokratisch bezeichnet und sie damit in die große verfassungsgeschichtliche Entwicklungslinie der liberalen rechtsstaatlichen Demokratie einordnet, muss aus dem Grundrecht der Freiheit der Meinungsäußerung ein grundsätzliches Recht der freien politischen Betätigung und damit auch der freien Bildung politischer Parteien entwickeln, wie in Art. 21 Abs. 1 Satz 2 GG geschehen ist. Denn es ist eine der Grundanschauungen der freiheitlichen Demokratie, dass nur die ständige geistige Auseinandersetzung zwischen den einander begegnenden sozialen Kräften und Interessen, den politischen Ideen und damit auch den sie vertretenden politischen Parteien der richtige Weg zur Bildung des Staatswillens ist – nicht im dem Sinne, dass er immer objektiv richtige Ergebnisse liefere, denn dieser Weg ist a process of trial and error (I. B. Talmon), aber doch so, dass er durch die ständige gegenseitige Kontrolle und Kritik die beste Gewähr für eine (relativ) richtige politische Linie als Resultante und Ausgleich zwischen den im Staat wirksamen politischen Kräften gibt."

Verwandt, wenn auch nicht gleichzusetzen mit dieser Auffassung ist die Einschätzung, dass die Abgeordneten selbst Vertreter von Partikularinteressen sind und dass sich aus ihrem Zusammenspiel ein angemessener Ausgleich ergibt. Dazu kritisch *von Arnim,* Einfluss von Interessengruppen, S. 88 f.; *ders.*, Gemeinwohl, S. 396 ff.

74 *Fraenkel,* Deutschland und die westlichen Demokratien, S. 62, 65 f.

75 Vgl. nur *Fraenkel,* Deutschland und die westlichen Demokratien, S. 34, 300.

76 *Seidenfeld,* Empowering Stakeholders, 415; *Olson,* The Logic of Collective Action, S. 123. Man unterscheidet im Allgemeinen zwischen manifesten und latenten Interessen, wobei das Unterscheidungsmerkmal zwischen beiden Kategorien in der unterschiedlich intensiven Verhaltensdisposition liegt. In Deutschland wurden diese beiden Begriffe wohl von *Ralf Dahrendorf* eingeführt. s. *Weber,* Interessengruppen, S. 32. Erstmals erwähnt und klar herausgearbeitet wurden sie jedoch in *David B. Trumans* Buch „The Governmental Process", in dem er zwischen wirklichen Interessengruppen („existing interest groups") und latenten Interessengruppen („potential interest groups") differenziert. Letztere unterscheiden sich von den

schaft eingeführter Zolltarif exzessiv sei, so würden die Konsumenten eine Lobbyorganisation bilden, um dem entgegenzutreten.[77]

Interessanterweise ähnelt diese Auffassung derjenigen, die von dem späteren amerikanischen Präsidenten James Madison in den sog. Federalist Papers vertreten wurde. Die Federalist Papers sind Zeitungsaufsätze, die unter Pseudonymen in der Zeit von 1787 bis 1788 geschrieben wurden, um die Verabschiedung der amerikanischen Bundesverfassung voranzutreiben.[78] In der Nr. 10 dieser Aufsätze definiert Madison Parteiungen bzw. „Factions" als eine Anzahl von Bürgern, die durch ein gemeinsames Interesse vereinigt würden, welches den Rechten anderer Bürger oder dem Allgemeininteresse zuwider laufe.[79] Nach Madisons Ansicht seien Minderheitenfaktionen kein Anlass zur Besorgnis, da sie von der Mehrheit im Zaum gehalten würden.[80] Anlass zur Besorgnis böten allein Faktionen, die eine Mehrheit der Bevölkerung hinter sich hätten.[81]

---

wirklichen Interessengruppen dadurch, dass die betreffenden Individuen zwar bestimmte Einstellungen gemeinsam haben, aber noch nicht interagieren. s. *Weber,* Interessengruppen, S. 45. Vgl. zum Konzept der latenten Gruppen auch *von Arnim,* Gemeinwohl, S. 149.

77 *Olson,* The Logic of Collective Action, S. 124 f.

78 *Clinton Rossiter,* Introduction, in: Alexander Hamilton / John Jay / James Madison, The Federalist Papers, Ausgabe New York 1961, S. viii.

79 „By a faction I understand a number of citizens, whether amounting to a majority or minority of the whole, who are united and actuated by some common impulse of passion, or of interest, adverse to the rights of other citizens, or to the permanent and aggregate interests of the community", Federalist Papers, S. 78.

80 „If a faction consists of less than a majority, relief is supplied by the republican principle, which enables the majority to defeat its sinister views by regular vote. It may clog the administration, it may convulse the society; but it will be unable to execute and mask its violence under the forms of the constitution. When a majority is included in a faction, the form of popular government, on the other hand, enables it to sacrifice to its ruling passion or interest both the public good and the rights of other citizens", Federalist Papers, S. 80.

81 Noch einen Schritt weiter als der Pluralismus geht die sog. *„public choice"-Theorie.* Nach ihrer Ansicht sind sämtliche Verwaltungsentscheidungen das Ergebnis des Drucks von Interessengruppen, der auf Verwaltungsangestellte ausgeübt wird, die ihrerseits ihre Eigeninteressen fördern wollen, beispielsweise indem sie danach streben, ihren Einfluss zu vergrößern, die Sicherheit ihres Arbeitsplatzes zu erhöhen etc. Daher werden Verwaltungsentscheidungen als Resultat des Appells an die Vorlieben des jeweiligen Verwaltungsangestellten gesehen; Verwaltungsangestellte werden als Personen betrachtet, die rational ihren eigenen Nutzen maximieren wollen; und Interessengruppen werden als Einheiten wahrgenommen, die versuchen zu gewährleisten, dass die von ihnen im Gesetzgebungsverfahren erzielten Erfolge von der Verwaltung auch tatsächlich umgesetzt werden. s. *Freeman,* Private Role, S. 561 – 562. Da es im vorliegenden Fall darum geht, auf Verwaltungsebene eine Verhandlungslösung zu erreichen und nicht lediglich ein auf gesetzlicher Ebene erzieltes Verhandlungsergebnis umzusetzen, wirken sich die Unterschiede zwischen den Meinungen der Anhänger des Pluralismus und derjenigen der Verfechter der „public choice"-Theorie kaum aus. Beide betrachten Verwaltungshandeln als das Ergebnis der Einflussnahme verschiedener Interessengruppen.

2. Von Interessengruppen vertretene Interessen

Indes wird diese optimistische Sichtweise der Vertreter des Pluralismus durch das politische Leben der Gegenwart und jüngsten Vergangenheit desavouiert.[82] Mehrheitsfaktionen können Minderheitsfaktionen nicht im Zaum halten, weil Interessengruppen regelmäßig nicht die Mehrheit repräsentieren, sondern nur ein sehr schmales Spektrum aller Interessen, die in der Gesamtbevölkerung vorhanden sind. Der von den Interessengruppen abgedeckte Bereich ist bei weitem nicht universell. *Der mit Abstand am stärksten und am schlagkräftigsten organisierte Gesellschaftsbereich ist die Wirtschaft.*[83]

Was die USA betrifft, so gehören mehr als drei Viertel der Organisationen, die ihr eigenes Büro in Washington haben oder in Washington ansässige Berater oder Rechtsbeistände mit ihrer Vertretung beauftragen, der Wirtschaft an. Diese überproportionale Repräsentanz der Wirtschaft schlägt zum Nachteil besonders von zwei Gruppen aus: von Gruppen, die breit angelegte, öffentliche Interessen vertreten, und von Gruppen, die sich der schlechter gestellten Teile der Gesellschaft annehmen.[84] Bürgerrechtsgruppen und Wohlfahrtsverbände gibt es zwar, doch ist

---

82 *Olson,* The Logic of Collective Action, S. 123. Die folgenden Ausführungen beschränken sich auf eine rein prozedurale Kritik des pluralistischen Ansatzes, welche die menschlichen Präferenzen als gegeben hinnimmt. Außen vor bleibt die Frage, ob die sog. republikanische Auffassung richtig ist, nach der man nicht davon ausgehen sollte, dass Präferenzen unveränderlich und prä-politisch sind (wie es der pluralistischen Meinung entspricht, die befürchtet, dass ein bewusstes Einflussnehmen auf menschliche Präferenzen das Tor zur Tyrannei öffnet), sondern durch den politischen Prozess entwickelt und geformt wurden. Daher sollte es nach republikanischer Auffassung auch erlaubt sein, bewusst auf sie einzuwirken, da vorgefundene Präferenzen verwerflich (man denke etwa an Diskriminierungen wegen der Rasse oder des Geschlechts) oder das Produkt verzerrender Umstände sein können. Beispielsweise lehnen manche Menschen bestimmte Dinge ab, nicht weil sie diese Dinge nicht mögen, sondern einfach weil sie glauben, dass sie ohnehin nicht erreichbar sind – das Phänomen der sog. angepassten Präferenzen („adaptive preferences"). Da Präferenzen folglich nicht autonom bestünden, ist es nach dieser Ansicht die richtig verstandene Aufgabe der Politik, ihre Auswahl und ihre Gestalt zu beeinflussen, und nicht, sie schlicht als gegeben hinzunehmen und umzusetzen. s. *Sunstein,* Interest Groups, S. 31, 82; *ders.,* Beyond the Republican Revival, 97 Yale L.J. 1539 ff. (1543 – 1544) (1988).

83 „When lists of these organizations (in the pressure system, S. S.) are examined, the fact that strikes the student most forcibly is that the system is very small. The range of organized, identifiable, known groups is amazingly narrow; there is nothing even remotely universal about it ... the business community is by a wide margin the most highly organized segment of society", *Schattschneider,* The Semisovereign People, S. 30; *Olson,* The Logic of Collective Action, S. 141 – 142. In den Federalist Papers Nr. 10 macht *Madison* die Bemerkung, dass die am weitesten verbreitete und dauerhafteste Quelle von Faktionsbildungen die ungleiche Verteilung von Eigentum sei. In *Madisons* Worten: „A landed interest, a manufacturing interest, a mercantile interest, a moneyed interest, with many lesser interests, grow up of necessity in civilized nations, and divide them into different classes, actuated by different sentiments and views. The regulation of these various and interfering interests forms the principal task of modern legislation, and involves the spirit of party and faction in the necessary and ordinary operations of the government", Federalist Papers, S. 79.

ihre Anzahl gering, und ihre tatsächliche Mitgliederzahl ist im Verhältnis zur potentiellen Mitgliederzahl klein. Zudem leiden sie darunter, dass ihre Mitglieder und ihr Führungspersonal fast durchweg zugunsten von Personen tätig sind, deren Armut oder deren Minderheitenstatus sie nicht teilen. Obwohl die Anzahl der Gruppen, welche breit gestreute Anliegen oder die sozial Benachteiligten vertreten, in den letzten Jahrzehnten stark zugenommen hat, ist die Wirtschaft nach wie vor dominierend.[85] Die erheblichste Veränderung in jüngster Zeit war die Zunahme der Organisationen, welche die freien Berufe vertreten, und der Rückgang der Vertretung der Gewerkschaften. Trotz des Emporkommens neuer Gruppen, welche vormals unterrepräsentierte Bevölkerungsschichten vertreten, scheint das System der Interessengruppen in Washington noch mehr Schlagseite bekommen zu haben, als es ohnehin schon hatte. Wenn man die Gesamtzahl aller Organisationen zugrunde legt, die in der amerikanischen Bundeshauptstadt in irgendeiner Form vertreten sind, hat sich der Anteil der Wirtschaft zwischen 1960 und 1980 von 57 % auf 72 % erhöht. Hingegen hat sich der Anteil von Bürgergruppen von 9 % auf 5 % verringert, und der Anteil der Gewerkschaften ist erdrutschartig von 11 % auf 2 % gesunken.[86]

In Deutschland liegen die Dinge ähnlich: Auch hierzulande ist die Wirtschaft am stärksten organisiert. So beträgt der Organisationsgrad des BDA etwa 80 %, derjenige des BDI ca. 90 %.[87] Besonders hoch ist der Organisationsgrad der Bau-

---

84 So die Beobachtung von *Lehman Schlozman/Tierney*, S. 68: „Whether one considers all the organizations having a Washington presence or just those having their own Washington offices, it is clear that *Schattschneider's* observations two decades ago about the shape of the Washington pressure community are apt today. Taken as a whole, the pressure community is heavily weighted in favor of business organizations: 70 percent of all organizations having a Washington presence and 52 percent of those having their own offices represent business. The overrepresentation of business interests takes place at the expense of two other kinds of organizations: groups representing broad public interests and groups representing the less advantaged." Für die Zwecke ihrer Studie griffen *Kay Lehman Schlozman* und *John Tierney* zum einen auf Berichte von Journalisten und auf Informationen zurück, die bereits von anderen gesammelt worden waren, etwa von der Bundeswahlkommission. Zum anderen sammelten sie aber auch eigene Daten, indem sie 175 in Washington ansässige Vertreter von auf der Bundesebene politisch aktiven Interessengruppen befragten und Daten der über 6000 privaten Organisationen und der annähernd 3000 politischen Aktionskomitees auswerteten, die im Jahr 1980 in Washington tätig waren. s. *Lehman Schlozman/Tierney*, S. xii.

85 „... civil rights and social welfare groups are very few in number; what is more, they have very few members considering the large size of their potential constituencies. With a limited number of exceptions, groups representing minorities and the poor are not large, mass-membership, voluntary associations. Membership groups representing the poor are almost invariably advocacy groups whose members and leaders are active on behalf of others whose poverty and minority status they do not share", *Lehman Schlozman/Tierney*, S. 47.

86 *Lehman Schlozman/Tierney*, S. 47, 68, 75–78.

87 *von Beyme*, Interessengruppen, S. 72. *von Alemann*, Organisierte Interessen, S. 76 gibt den Organisationsgrad des BDI sogar mit 95 % an. Die „Bundesvereinigung der Dt. Arbeitgeberverbände" (BDA) vertritt die Arbeitgeberinteressen ihrer Mitglieder und tritt somit als tarifpolitischer Gegenspieler der Gewerkschaften auf. Im Gegensatz dazu versteht sich der

ern: 1977 waren im Deutschen Bauern Verband (DBV) 1 Million Mitglieder organisiert, was einem Organisationsgrad von über 90 % entsprach. Standesfurcht der einzelnen Bauern sowie die Sonderstellung der Landwirtschaft in der Industriegesellschaft werden als wichtigste Gründe für diesen außerordentlich hohen Organisationsgrad genannt, der noch durch die bei den Landwirten besonders stark entwickelte Bereitschaft gefördert wird, an Verbandsveranstaltungen teilzunehmen sowie die vielgestaltigen Dienstleistungen des Verbandes in Anspruch zu nehmen.[88] Hingegen ist der Organisationsgrad der Arbeitnehmer deutlich geringer. Nur 38 % aller Arbeitnehmer sind gewerkschaftlich organisiert, 31 % im DGB und die übrigen 7 % im Deutschen Beamtenbund, der Deutschen Angestellten-Gewerkschaft, dem Christlichen Gewerkschaftsbund und der Gewerkschaft der Polizei.[89] Besonders niedrig ist mit rund 20 % der Organisationsgrad der Angestellten.[90]

Was die Verbraucherverbände angeht, die ja eine sehr große Anzahl potentieller Mitglieder haben, so fehlt es ihnen an jeglichen Voraussetzungen, die Verbände mächtig machen – am hochspezialisierten, großen bürokratischen Apparat,[91] an Drohmitteln wie Streik oder Zurückhaltung bei Investitionen und schließlich an Unterstützung durch die Verbraucher selbst.[92] Ähnliches gilt für andere Verbände mit einer sehr großen Anzahl potentieller Mitglieder. So beläuft sich die Mitgliederzahl der Interessengemeinschaft der Lohnsteuerzahler e.V. nur auf 100. Das Präsidium des Bundes der Steuerzahler e.V. hat zwar immerhin 224.305 Mitglieder; im Verhältnis zur Gesamtzahl der Steuerzahler bedeutet aber auch das einen Organisationsgrad von deutlich weniger als 1 %.[93] Sehr viele Mitglieder hat zwar bspw. der Deutsche Sportbund als Dachverband von insgesamt 80 Organisationen, die rund 40.000 Turn- und Sportvereine mit über 12 Millionen Mitgliedern umfassen.[94] Wie noch genauer auszuführen sein wird, besteht hier allerdings die Besonderheit, dass für diese Verbände die Interessenvertretung gegenüber Regierung und Parlament nur ein Nebenprodukt der sonstigen Tätigkeiten ist. Wohl kaum jemand entscheidet sich vor allem deshalb, Mitglied eines Sportvereins zu werden, um auf diese Weise die Interessenvertretung der Sportler in der Politik zu unterstützen.

„Bundesverband der Dt. Industrie“ (BDI) als Interessenvertretung nicht sämtlicher, sondern lediglich der industriellen Unternehmen. s. *von Alemann,* Organisierte Interessen, S. 75.

Insgesamt geben laut *Weber,* Interessengruppen, S. 221, 40 % der Wirtschafts- und Arbeitgeberverbände einen Organisationsgrad von 90 % und mehr an.

88 *Weber,* Interessengruppen, S. 125. Auch zu Beginn der 80er Jahre lag der Organisationsgrad der Bauern laut *von Alemann,* Organisierte Interessen, S. 103, noch bei 90 %.

89 *Weber,* Interessengruppen, S. 113.

90 *Weber,* Interessengruppen, S. 117.

91 Nach Angaben von *Weber,* Interessengruppen, S. 134, verfügte die Zentrale der Arbeitsgemeinschaft der Verbraucherverbände (AGV) nur über 17 Leute einschließlich der Putzfrau.

92 *Weber,* Interessengruppen, S. 132.

93 *Weber,* Interessengruppen, S. 137.

94 *Weber,* Interessengruppen, S. 150. *von Alemann,* Organisierte Interessen, S. 61, nennt für den Anfang der 80er Jahre sogar die Mitgliedszahl von 18 Millionen.

Der Grund für den Beitritt zu Sportvereinen ist vielmehr in der Regel die Freude an gemeinsamer sportlicher Betätigung. Gleiches gilt für andere sehr große Verbände, etwa den ADAC:[95] Auch hier beruht die Mitgliedschaft normalerweise nicht darauf, dass man die verkehrspolitischen Ziele des ADAC unterstützen will, sondern darauf, dass man die Möglichkeit haben möchte, beispielsweise die Pannenhilfe, die Reiseangebote oder die Versicherungsleistungen des ADAC zu nutzen. Ähnlich liegen die Dinge beim Deutschen Mieterbund (DMB), der nach eigenen Angaben 1985 1,1 Million Mitglieder hatte: Er präsentiert sich den Mietern nicht als politische Interessenorganisation, sondern als Dienstleistungsunternehmen, das Rechtsschutz und Mieterberatung anbietet.[96] Deshalb taugen die zuletzt genannten großen Verbände auch nicht als Beweis für die These, dass großen Gruppen die Vertretung ihrer Interessen im politischen Prozess gelingen kann und dass sie ein Gegengewicht zu gut organisierten Partikularinteressen bilden können, sondern es bleibt bei der eingangs aufgestellten Behauptung: Auch in Deutschland findet man kaum große Gruppen, welche die Interessen breiter Bevölkerungsschichten vertreten und sich allein zu dem Zweck organisieren, den politischen Prozess zu beeinflussen.

3. Soziale Stellung der typischen Verbandsmitglieder

Verstärkt wird das Problem der ungleichen Vertretung verschiedener Interessen durch die organisierten Interessengruppen noch dadurch, *dass das gesamte System der Interessengruppen, selbst wenn es sich nicht ausdrücklich der Sache der Besserverdienenden verschrieben hat, doch stets von eben diesen Personen geprägt wird.* Es gibt etliche Beweise dafür, dass die Teilnahme an Freiwilligenorganisationen eng mit einem gehobenen sozialen und wirtschaftlichen Status korreliert. In den höheren Gesellschaftsschichten ist die Partizipationsquote viel höher als in anderen Schichten. Selbst Nicht-Wirtschaftsorganisationen sind von den höheren Gesellschaftsschichten geprägt.[97] Schattschneider hat diesen Befund sehr lebendig dahingehend beschrieben, dass das Problem an dem pluralistischen Himmel sei, dass der himmlische Chor mit einem starken Oberklassenakzent singe.[98] Ebenso

95 Der ADAC hatte zu Beginn der 80er Jahre 7,5 Millionen Mitglieder. s. *von Alemann,* Organisierte Interessen, S. 16.

96 *von Alemann,* Organisierte Interessen, S. 110 f.

97 Dies wurde besonders von *Schattschneider* immer wieder hervorgehoben. Vgl. etwa *Schattschneider,* The Semisovereign People, S. 32: „Broadly, the pressure system has an upper-class bias. There is overwhelming evidence that participation in voluntary organizations is related to upper social and economic status; the rate of participation is much higher in the upper strata than it is elsewhere … The bias of the system is shown by the fact that even non-business organisations reflect an upper-class tendency."

98 „The vice of the groupist theory is that it conceals the most significant aspects of the system. The flaw in the pluralist heaven is that the heavenly chorus sings with a strong upper class accent", *Schattschneider,* The Semisovereign People, S. 34 – 35.

wie die historischen Reformbewegungen in den USA von der Mittelschicht und der oberen Mittelschicht beherrscht wurden – etwa die Bewegung gegen die Sklaverei („abolitionism“) oder die Abstinenzlerbewegung („temperance movement“) – so bilden diese Schichten auch das Rückgrat der heutigen Bewegungen, die sich dem Allgemeinwohl verschrieben haben.[99]

Die Teilnahme an Gruppen und Verbänden gleich welcher Art ist nämlich bei weitem nicht selbstverständlich: In den USA sind nur etwa 40 % der Bevölkerung Mitglieder einer nicht-gewerkschaftlichen Organisation, und nur eine knappe Mehrheit, nämlich 52 %, gehören entweder einer Gewerkschaft oder einer sonstigen Organisation an. Die Annahme, der typische Amerikaner sei ein „Vereinsmeier“, ist mithin ein Mythos.[100] Die für Deutschland erhältlichen Zahlen sind ähnlich: Zwar stieg die Organisationsquote zwischen 1953 und 1979 von 53 % auf 57 %. Das ist jedoch hauptsächlich auf das Aufholen der Frauen zurückzuführen.[101]

Zudem ist die Mitgliedschaft innerhalb der Bevölkerung nicht gleichmäßig verteilt. Vielmehr sind Angehörige der Oberschicht viel eher geneigt, Mitglieder von Organisationen zu werden, als Angehörige niedrigerer sozialer Schichten. Was die USA angeht, so sind nur etwa 10 % derjenigen, die lediglich über einen Grundschulabschluss verfügen, Organisationsmitglieder, wohingegen 74 % der Graduierten zu Organisationsmitgliedern zählen. Des weiteren beträgt der Mitgliederanteil 63 % bei denjenigen, die in freien oder technischen Berufen tätig sind, aber nur 13 % unter den Arbeitern.[102] Ob auch in Deutschland die Gruppenmitgliedschaft abhängig ist von Einkommen, Beschäftigung und anderen Indizes des sozialen Status, ließ sich noch 1980 mangels empirischer Daten nicht sagen.[103] 1985 wurde dann aber eine Studie durchgeführt, die bestätigte, dass auch hierzulande mit dem Schulniveau der Organisationsgrad steigt. So ist die Organisationszugehörigkeit bei Personen mit Hauptschulbildung ungefähr 20 % geringer als bei Personen mit gehobenem Schulniveau. Lediglich die Sportvereinsmitgliedschaft der Erwachsenen scheint vom Ausbildungsstand unabhängig zu sein.[104] Zugleich zeigt diese

---

99 *Lehman Schlozman / Tierney,* S. 32 – 33.

100 „This traditional theory is called into question by the empirical research which shows that the average person does not in fact typically belong to large voluntary associations and that the allegation that the typical American is a „joiner“ is largely a myth“, *Olson,* The Logic of Collective Action, S. 20. Dass der Durchschnittsamerikaner ein „Joiner“ sei, glaubte schon *Tocqueville* herausgefunden zu haben: „Les Américains de tous les ages, de toutes les conditions, de tous les esprits, s'unissent sans cesse“, zitiert in: *Von Beyme,* Interessengruppen, S. 108.

101 Zu beachten ist allerdings, dass bei der hier zugrunde liegenden Untersuchung Großverbände wie der ADAC nicht berücksichtigt wurden und dass daher Mitgliedschaft in Vereinen zunächst einmal Mitgliedschaft in Sportvereinen als den bei weitem dominierenden Organisationen bedeutet. s. *von Alemann,* Organisierte Interessen, S. 62 f.

102 *Lehman Schlozman / Tierney,* S. 60 – 61.

103 *von Beyme,* Interessengruppen, S. 112.

104 *von Alemann,* Organisierte Interessen, S. 64 f. Ähnlich im Ergebnis, wenn auch ohne Bezug auf empirische Daten, *von Arnim,* Einfluss von Interessengruppen, S. 96 f.; *ders.,*

Studie, dass neue soziale Bewegungen – trotz ihrer Prominenz in der öffentlichen Diskussion – in der realen Organisationsdichte der Bevölkerung weit hinter dem traditionellen Vereinswesen zurückbleiben.[105]

Mithin stellt das System der Interessengruppen das politische Instrument nur eines Teils der Gesellschaft dar. Wie bereits unter 2. gezeigt, ist die Politik der Interessengruppen regelmäßig die Politik kleiner Gruppen.[106] Trotz des Emporkommens neuer Organisationen sind Gruppen, welche die gemeinsamen Interessen großer Bevölkerungsteile vertreten, nach wie vor recht unbedeutend.[107] Empirisch gesehen verfügen relativ kleine Gruppen oftmals selbst dann über eine Organisation, wenn ihr alleiniges Ziel darin besteht, die Politik zu beeinflussen. Hingegen lassen sich große Gruppen allein zu diesem Zweck kaum organisieren; die oben geschilderten Beispiele – etwa dasjenige des ADAC – haben gezeigt, dass für sie die Einflussnahme auf politische Entscheidungen regelmäßig nur Nebenzweck ist. *Folglich kann das Ergebnis des politischen Wettstreits zwischen diesen verschiedenen Gruppen nicht symmetrisch sein, sondern muss kleine Gruppen überproportional bevorzugen und große Gruppen strukturell benachteiligen.*[108]

4. Bei der Organisation von Gruppen auftretende Probleme kollektiven Handelns

Auf den folgenden Seiten soll der Versuch unternommen werden, diese empirischen Befunde theoretisch zu erklären, wobei ein besonderes Augenmerk ökonomischen Begründungsansätzen gilt (sog. Neue Politische Ökonomie).[109] Aus-

Gemeinwohl, S. 162. In dem Beitrag zum Einfluss von Interessengruppen meint *von Arnim* allerdings, dass es trotzdem ausreichend sei, wenn jeder die gleichen Partizipationschancen habe. Mir ist das zweifelhaft: Wenn man von vornherein weiß, dass sich bestimmte Bevölkerungsschichten stärker organisieren als andere, wirkt der Hinweis darauf, dass sich die anderen ja auch organisieren könnten, nicht voll überzeugend. Denn auch wenn keine rechtlichen Organisationshindernisse bestehen, so gibt es doch offenbar faktische Erschwernisse.

105 *von Alemann,* Organisierte Interessen, S. 67.

106 „Pressure Politics is essentially the politics of small groups", *Schattschneider,* The Semisovereign People, S. 34.

107 *Lehman Schlozman/Tierney,* S. 82; *von Alemann,* Organisierte Interessen, S. 191.

108 Vgl. *Olson,* The Logic of Collective Action, S. 127: „The distinction between the privileged and the intermediate groups, on the one hand, and the latent group, on the other, also damages the pluralistic view that any outrageous demands of one pressure group will be counterbalanced by the demands of other groups, so that the outcome will be reasonably just and satisfactory ... the outcome of the political struggle among various groups in society will not be symmetrical. Practical politicians and journalists have long understood that small ‚special interest' groups, the ‚vested interests', have disproportionate power."

109 Sämtliche ökonomische Begründungsversuche gehen zurück auf die bahnbrechenden Überlegungen *Mancur Olsons* in seinem Buch „The Logic of Collective Action". Sie sind als bewusster Gegenentwurf zum Pluralismus gedacht. In den Worten von *Schroeder,* Political Origins, S. 35: „When The Logic of Collective Action first appeared in 1965, the whole idea

gangspunkt der Überlegungen ist daher kein idealistisches Menschenbild, sondern – wie übrigens auch von den Vertretern des Pluralismus befürwortet[110] – die Annahme, dass jedes Individuum bestrebt ist, seine Eigeninteressen zu verfolgen und seinen *individuellen Nutzen zu maximieren.*[111] Legt man dies zugrunde, so lässt sich folgenden These aufstellen: Selbst wenn sich alle Individuen in einer großen Gruppe rational und eigennützig verhielten und selbst wenn es ihnen nützen würde, als Gruppe zusammenzuarbeiten, um ihr gemeinsames Interesse oder ihr gemeinsames Ziel zu erreichen, werden sie dennoch nicht freiwillig kooperieren.[112] Hingegen kann es bei kleinen Gruppen durchaus sein, dass der gemeinsame Zweck freiwillig unterstützt wird. Allerdings wird in den meisten Fällen diese Unterstützung aufhören, bevor der aus Sicht der Gesamtgruppe optimale Grad erreicht ist.[113]

a) Kollektivgüter und große Gruppen

Der Grund für diesen Unterschied zwischen großen und kleinen Gruppen besteht darin, dass alle Gruppen regelmäßig für die gemeinsamen Interessen ihrer Mitglieder und nicht für deren Individualinteressen arbeiten. Es gehört zum Wesen einer Organisation, dass sie einen unteilbaren, generellen Nutzen, also ein Kollektivgut erzeugt. Geht es lediglich darum, dass jemand ein Gut erhalten will, welches kein Kollektivgut, sondern ein privates bzw. Individualgut ist, bedarf es regelmäßig keiner besonderen Organisation. Vielmehr kann er sich mit diesem Gut auf dem freien Markt selbst versorgen. Hingegen ist es normalerweise die spezifische Funktion von Organisationen, kollektive oder öffentliche Güter bereitzustellen. *Kollektivgüter oder öffentliche Güter* sind Güter, die durch zwei Merkmale gekennzeichnet sind: Niemand kann von ihrer Nutzung ausgeschlossen werden (sie sind *„nonexclusionary"*, d. h. das sog. Ausschlussprinzip gilt nicht) und ihr Nutzen ist unabhängig davon, wie viele Personen sie in Anspruch nehmen (sie sind *„nonrivalrous"*, d. h. der Konsum ist nicht rivalisierend); wenn also A etwas von dem Kollektivgut konsumiert, verbleibt trotzdem nicht weniger als zuvor für B und C,

---

that large group collective action was a problem requiring explanation amounted to a frontal assault on the then-prevalent pluralist approach to the politics of groups." Andere als ökonomische Begründungsversuche, wie etwa die neomarxistische Pluralismuskritik (dazu *von Beyme,* Interessengruppen, S. 30 ff.) oder die Systemtheorie (dazu *Weber,* Interessengruppen, S. 49 ff.; *von Alemann,* Organisierte Interessen, S. 39 ff.), sollen hier bewusst ausgeklammert werden.

110 *Fraenkel,* Deutschland und die westlichen Demokratien, S. 314.

111 Zu beachten ist aber, dass der individuelle Nutzen nicht nur durch eigennütziges Verhalten, sondern auch durch Handeln zugunsten anderer Menschen, zukünftiger Generationen oder zugunsten der Umwelt maximiert werden kann. s. *Pearce,*Cost-Benefit Analysis, S. 96. Vgl. grundlegend zur Rechtfertigung des Utilitarismus und des Abstellens auf individuelle Präferenzen *John C. Harsanyi,* Morality and the theory of rational behaviour, in: Amartya Sen / Bernard Williams (Hrsg.), Utilitarianism and Beyond, Cambridge u. a. 1982, S. 39 ff.

112 *Olson,* The Logic of Collective Action, S. 2; *Stewart,* Reformation, S. 1686.

113 *Olson,* The Logic of Collective Action, S. 3.

Überfüllungsprobleme gibt es nicht.[114] Zugleich liegt in der Tatsache, dass ein Kollektivgut, welches von einer Person in einer Gruppe konsumiert wird, nicht ohne unzumutbaren Aufwand den anderen Gruppenmitgliedern vorenthalten werden kann, das Problem von Gruppen; denn diejenigen, welche für das öffentliche oder Kollektivgut nicht bezahlen, können trotzdem nicht von seiner Nutzung abgehalten werden. Hingegen wäre es möglich, die Nutzung auf Zahlungswillige zu beschränken, wenn es sich um ein Nicht-Kollektivgut handelte. Ebensowenig wie der Staat sich auf freiwillige Zahlungen seiner Bürger oder auf den Verkauf seiner Leistungen auf dem freien Markt verlassen kann, können sich daher große Gruppen auf diese Einnahmequellen stützen. Könnte der Staat nicht beispielsweise zur Finanzierung der Landesverteidigung Steuern erheben, so würde vermutlich kein Bürger einen Beitrag zu diesem Zweck leisten. Denn die Landesverteidigung kommt allen zugute, gleichgültig ob sie gezahlt haben oder nicht. Mithin hätte kein Bürger einen Anreiz, dafür zu zahlen. Vielmehr würden fast alle versuchen, das Ergebnis der Zahlungen anderer kostenlos in Anspruch zu nehmen. Aus diesem Grunde können sich große Organisationen, die ähnlich wie Staaten öffentliche Güter zur Verfügung stellen, nur am Leben erhalten, wenn sie entweder Sanktionsmöglichkeiten haben oder wenn sie besondere, von dem Kollektivgut verschiedene Leistungen bereitstellen können, um ihre Mitglieder zu veranlassen, die mit der Organisation verbundenen Lasten zu tragen. Denn das individuelle Mitglied einer großen Organisation ist in einer ähnlichen Lage wie der Steuerzahler in einem Staat: Seine eigenen Bemühungen haben kaum einen Einfluss auf den Zustand der Organisation als Ganzes, und es kann von anderen herbeigeführte etwaige Verbesserungen unabhängig davon in Anspruch nehmen, ob es dazu beigetragen hat oder nicht.[115]

---

114 *Breyer u. a.,* S. 7; *Carlson,* Recycling Norms, S. 1247 Fn. 43; *Klauer,* Nachhaltigkeit, S. 69; *Siebert,* Economics, S. 8. *Bonus,* Öffentliche Güter, S. 82, bezeichnet Güter mit diesen Eigenschaften als „reine" öffentliche Güter. Ähnlich *Klauer,* Nachhaltigkeit, S. 97 Fn. 3, der darauf hinweist, dass die meisten Güter weder reine öffentliche noch reine private Güter sind, sich die für die Reinformen gefundenen Ergebnisse aber auch auf die Mischformen übertragen lassen. Vgl. zum Problem der Kollektivgüter auch *Murswiek,* Freiheit und Freiwilligkeit, S. 991. Das im Folgenden zu beschreibende Problem der Kollektivgüter ähnelt der oben geschilderten Tragik der Allmende, ist mit ihr aber nicht identisch. Denn wie das Beispiel der von der Dorfgemeinschaft gemeinsam genutzten Weide zeigt, können von der Allmende andere ausgeschlossen werden. Zudem ist sie nur begrenzt nutzbar. Es ist nicht gleichgültig, ob eine Person mehr oder weniger sie nutzt. Aus diesen Gründen ist die Allmende kein Kollektivgut; so bezeichnet z. B. *Rose,* Rethinking Environmental Controls, S. 6 die Allmende als „Congestible Resource", um auf das Problem der Überfüllung hinzuweisen (ähnlich *Siebert,* Economics, S. 61, der von „Common-Property Resource" spricht und empfiehlt, diese klar vom öffentlichen Gut zu trennen). Trotz dieser Unterschiede sind die Probleme kollektiven Handelns aber in beiden Fällen ähnlich. s. *Carlson,* Recycling Norms, S. 1244 Fn. 33.

115 Zum Problem der Kollektivgüter und der Anreize zum Trittbrettfahren vgl. *Olson,* The Logic of Collective Action, S. 15 f.: „And just as the state cannot support itself by voluntary contributions, or by selling its basic services on the market, neither can other large organizations support themselves without providing some sanction, or some attraction distinct from the public good itself, that will lead individuals to help bear the burden of maintaining the

Will man diesen Befund in den Begriffen der *Spieltheorie* ausdrücken, so lässt sich sagen, dass ein *Gefangenendilemma* besteht: Jeder Spieler verhält sich individuell gesehen rational, wenn er sich vor einer Beitragsleistung drückt. Obwohl allen durch Kooperation besser gedient wäre – denn nur durch Kooperation lässt sich das begehrte Kollektivgut erzeugen – wird sich nach der Spieltheorie jeder vor den Kosten der Kooperation drücken, der den durch Kooperation erzeugten Mehrwert erhalten kann, ohne selbst diese Kosten zu tragen. Und wenn jeder glaubt, dass die anderen sich aufgrund derselben Logik genauso verhalten werden, so dass erst gar kein Kollektivgut erzeugt wird, hat ebenfalls niemand einen Anreiz zu kooperieren. D. h. wenn die anderen kooperieren, braucht man nicht zu kooperieren, um an den Früchten der Kooperation teilzuhaben. Und wenn die anderen nicht kooperieren, ist eine Kooperation aus Sicht des Einzelnen ebenfalls nicht sinnvoll, da ohnehin kein Mehrwert erzeugt werden wird. Die rationale Strategie besteht also darin, nicht zu kooperieren, unabhängig davon, was die anderen machen.[116] Und die anderen werden, wenn auch sie sich rational verhalten, demselben Verhaltensmuster folgen und ebenfalls nicht kooperieren.[117]

Bestätigt wird diese These durch die oben wiedergegebenen empirischen Befunde, nach denen der Durchschnittsbürger typischerweise nicht großen, auf Freiwilligkeit beruhenden Organisationen angehört. Nur bestimmte kleine Gruppen können sich mit Kollektivgütern versorgen ohne auf Zwang oder andere positive Anreize als das Kollektivgut selbst zurückgreifen zu müssen. Denn nur in einigen kleinen Gruppen übertrifft zuweilen aus Sicht jedes Mitglied oder zumindest aus

organization. The individual member of the typical large organization is in a position analogous to that of the firm in a perfectly competitive market, or the tax payer in the state: his own efforts will not have a noticeable effect on the situation of his organization, and he can enjoy any improvements brought about by others whether or not he has worked in support of his organization"; ebenso *von Arnim,* Gemeinwohl, S. 118; *Gary Becker,* Competition among Pressure Groups, S. 392.

116 Dies ist das sog. *Nash-Gleichgewicht,* welches eintritt, wenn – unter der Voraussetzung, dass das Verhalten des anderen Spielers vorgegeben ist – kein Spieler Anlass hat, seine Strategie zu ändern. Mit anderen Worten, die Strategie eines jeden Spielers ist die bestmögliche Antwort auf die Strategien des anderen. s. *Douglas G. Baird/Robert H. Gertner/Randal C. Picker,* Game Theory and the Law, Cambridge, Mass. 1994, S. 21.

117 *Bonus,* Öffentliche Güter, S. 77 f.; *Carlson,* Recycling Norms, S. 1243; *Fritsch,* Ökonomische Ansätze, S. 89 f.; *Eric A. Posner,* The Regulation of Groups: The Influence of Legal and Nonlegal Sanctions on Collective Action, 63 U. Chi. L. Rev. 133 ff. (138) (1996). Hingegen sieht *Wolfgang Benkert,* Umweltschutz als kollektive Aufgabe – Einige Beobachtungen aus der umweltpolitischen Diskussion der letzten Jahre, NuR 1987, 337 ff. (337 f.), nur eine Seite der Medaille, nämlich diejenige, dass jemand nicht handelt, weil er glaubt, andere würden handeln und er könne als Trittbrettfahrer ohne eigenen Beitrag von deren Verhalten profitieren. Er übersieht dabei die Situation, dass jemand nicht handelt, weil er glaubt, die anderen würden ebenfalls nicht handeln, so dass sein Beitrag allein die Gesamtsituation nicht merklich verbessern würde.

Das hier beschriebene Problem kollektiven Handelns ähnelt übrigens – wie bereits angedeutet – der oben geschilderten „Tragedy of the Commons“: Ein aus individueller Sicht rationales Verhalten führt zu gesamtgesellschaftlich unerwünschten Ergebnissen.

Sicht eines der Mitglieder der durch das Kollektivgut erzeugte persönliche Gewinn die Kosten für die Bereitstellung dieses Gutes. Es gibt in solchen kleinen Gruppen daher manchmal Mitglieder, die infolge der Bereitstellung des Kollektivguts besser dastehen als zuvor, selbst wenn sie die gesamten damit verbundenen Kosten tragen müssen.[118] Ist das der Fall, so besteht eine Vermutung dafür, dass das Kollektivgut zur Verfügung gestellt wird. Daher kann in einer kleinen Gruppe, in der jedes Mitglied – einfach weil es insgesamt wenige Gruppenmitglieder gibt – einen erheblichen Anteil am Gesamtgewinn erhält, ein Kollektivgut bisweilen infolge des freiwilligen und eigennützigen Handelns der Gruppenmitglieder zur Verfügung gestellt werden. Selbst in den kleinsten Gruppen wird ein Kollektivgut aber üblicherweise nicht im optimalen Umfang produziert werden. D. h. die Mitglieder sogar dieser Gruppen werden nicht so viel von dem Kollektivgut bereitstellen, wie es an sich ihrem gemeinsamen Interesse entspräche.[119] Da jedes Mitglied nur einen Teil desjenigen Nutzens erhält, der infolge seiner Aufwendungen hergestellt wird, wird es seine Aufwendungen einstellen, bevor ein für die Gruppe als Ganzes optimaler Grad erreicht ist. Und je größer die Gruppe ist, desto weiter wird sie von einer optimalen Versorgung mit Kollektivgütern entfernt bleiben.

Dieses Ergebnis wird auch durch die Größendegression, also durch Kosteneinsparungen aufgrund der Vergrößerung von Gruppen, nicht erheblich beeinflusst. Zwar ist es zutreffend, dass Degressionseffekte bedeutsam sein können, wenn sich die Ausgaben für die Herstellung des Kollektivguts, also etwa für die Einflussnahme auf den politischen Prozess, auf niedrigem Niveau bewegen, so dass ein geringfügiges Wachstum kleiner Gruppen regelmäßig das Grenzprodukt ihrer Ausgaben erhöht. Denn in diesen Fällen wird der Nutzen einer Vergrößerung der Organisation die Kosten verstärkten Trittbrettfahrens übersteigen. Aber nach einer gewissen Expansion wird die weitere Vergrößerung zur Verringerung des Grenzprodukts führen. Denn das Problem des Trittbrettfahrens, das mit steigender Gruppengröße zunimmt, wird sich störend auswirken, und Größeneffekte werden unwichtig werden.[120] Daher sind auch Größeneffekte kein hinreichender Anlass, große Interessengruppen zu bilden.

Besonders drei Faktoren halten große Gruppen also davon ab, ihr Gruppeninteresse voranzutreiben:[121] Erstens: Je größer die Gruppe, desto kleiner ist der Anteil

118 Entscheidend ist also, dass aus Sicht des einzelnen Gruppenmitglieds der durch die Bereitstellung des Kollektivguts entstehende Nutzen die Kosten übersteigt, so dass es sich lohnt, sich zu engagieren. Hingegen hilft es nicht, wenn lediglich aus Sicht der Gruppe als ganzer der Nutzen die Kosten übersteigt. Denn selbst wenn der Nutzen für die Gesamtgruppe viel höher ist als die Kosten, bedeutet das nicht, dass sich die Gruppenmitglieder für dieses Ziel einsetzen werden. Im Gegenteil: Je besser das Kosten-Nutzen-Verhältnis ist, desto mehr könnten sie geneigt sein, darauf zu vertrauen, dass andere an ihrer Stelle aktiv werden und dass sie ohne eigenes Engagement von diesen Aktivitäten der anderen als „Free Rider" profitieren können.

119 *Olson,* The Logic of Collective Action, S. 35.

120 *Gary Becker,* Competition among Pressure Groups, S. 380, 395.

121 s. zum folgenden: *Olson,* The Logic of Collective Action, S. 48 f.

am Gesamtnutzen, den derjenige erhält, welcher im Gruppeninteresse handelt, desto geringer ist die Belohnung für gruppenorientiertes Handeln und desto weiter bleibt die Gruppe davon entfernt, sich mit einer optimalen Menge des Kollektivguts zu versorgen. Zweitens: Da mit steigender Größe der Gruppe der Anteil am Gesamtnutzen sinkt, der einem einzelnen Gruppenmitglied oder einem kleinen Teil der Gruppenmitglieder zugute kommt, verringert sich auch die Wahrscheinlichkeit, dass ein Teil der Gruppe oder gar ein einzelnes Gruppenmitglied genug Nutzen aus der Bereitstellung des Kollektivguts ziehen wird, um die Kosten auch nur einer geringfügigen Produktion dieses Guts auf sich zu nehmen. Je größer die Gruppe, desto unwahrscheinlicher ist es, dass es innerhalb der Gruppe zu derjenigen Art von oligopolistischen Wechselwirkungen kommt, mit deren Hilfe das Kollektivgut erlangt werden könnte. Drittens: Je größer die Gruppe, desto höher sind die Organisationskosten und desto höher sind die Hürden, die genommen werden müssen, bevor sich die Gruppe auch nur eine kleine Menge des Kollektivguts verschaffen kann. Daher gilt: Je größer die Gruppe, desto weiter wird sie von einer optimalen Versorgung mit einem Kollektivgut entfernt sein.[122] *Sehr große Gruppen werden sich regelmäßig überhaupt nicht mit Kollektivgütern versorgen, es sei denn, es werden Zwang oder äußere Anreize angewendet, die nicht kollektiv sind, sondern eine Differenzierung zwischen einzelne Individuen erlauben.*[123]

b) Einwände gegen dieses Erklärungsmodell

Gegen dieses Erklärungsmodell wird zum Teil eingewendet, dass es doch eine Vielzahl sehr großer Umweltgruppen gebe; wäre die soeben entwickelte Theorie richtig, dürften diese Gruppen gar nicht bestehen.[124] Indes kann die Existenz großer Umweltgruppen auch mit Hilfe der hier vertretenen Theorie erklärt werden,

---

122 „The larger a group is, the farther it will fall short of obtaining an optimal supply of any collective good, and the less likely that it will act to obtain even a small amount of such a good. In short, the larger the group, the less it will further its common interests", *Olson,* The Logic of Collective Action, S. 33–36; *Farber,* Politics and Procedure in Environmental Law, S. 43.

Diese aus ökonomischen Überlegungen abgeleiteten Hypothesen lassen sich empirisch zumindest der Tendenz nach bestätigen. Kooperation wird umso unwahrscheinlicher, je weniger intensiv die Kommunikation zwischen den Beteiligten, je höher die Differenz der Auszahlungen für einseitig unkooperatives und allseitig kooperatives Verhalten und je größer die Anonymität der individuellen Entscheidung ist. s. *Fritsch,* Ökonomische Ansätze, S. 103. Zwar sind viele Personen anfangs gewillt, zur Erzeugung eines Kollektivguts beizutragen. Wenn in der Folgezeit aber keine persönliche Kommunikation zwischen den Gruppenmitgliedern stattfindet – und gerade in großen Gruppen ist eine solche Kommunikation oft schwierig – dann sinkt die Bereitschaft rapide, zur Erzeugung des Kollektivguts einen Beitrag zu leisten. In der Endphase entsprechender Experimente leisteten 3/4 aller Teilnehmer gar keinen Beitrag mehr zur Herstellung des Kollektivguts, und die Beiträge der übrigen Teilnehmer waren nahe null. s. *Carlson,* Recycling Norms, S. 1247 ff.

123 *Olson,* The Logic of Collective Action, S. 48, 132 ff. (sog. „By-Product"-Theory).

124 *Spence,* Paradox Lost, S. 169.

wenn man nämlich annimmt, dass diese Gruppen durch selektive Vorteile zusammengehalten werden. Diese selektiven Vorteile können verschiedener Art sein: Sie können materieller Natur sein (in Form bestimmter Güter oder Dienstleistungen, die nur Mitgliedern angeboten werden; so stellt beispielsweise die amerikanische Naturschutzorganisation Sierra Club ihren Mitgliedern sehr begehrte Kalender zur Verfügung); sie können darin bestehen, dass die Gruppe in öffentlichen Debatten einen Standpunkt einnimmt, der demjenigen der Mitglieder entspricht („Expressive Benefits"), und dadurch das Verlangen der Mitglieder nach Meinungsäußerung in ihrem Sinne befriedigt; und schließlich können diese Vorteile auch solidarischer Natur sein („Solidary Benefits"), indem den Mitgliedern durch die Zusammenarbeit an einer gemeinsamen Sache das Gefühl von Zusammengehörigkeit und Geborgenheit vermittelt wird.[125] Gäbe es diese *selektiven Vorteile* nicht, so hätten sich große Umweltgruppen wohl kaum entwickelt.

Der Berufung auf die Finanzierung großer Gruppen mit Hilfe selektiver materieller Vorteile ist nun wiederum entgegengehalten worden, dass die Finanzierung kollektiver Güter durch private Nebenprodukte, deren Preis ja einen Aufschlag enthalten müsste, mit einem freien Marktzugang auf der Anbieterseite nicht zu vereinbaren sei.[126] Daher setze solch ein Vorgehen entweder spezifische Kostenvorteile oder die Beschränkung des Marktzugangs voraus. Beide Elemente lassen sich indes durchaus finden: So haben Automobilclubs entscheidende Kostenvorteile beim Kontakt mit ihren Kunden, und sie haben darüber hinaus Vorteile durch ihre Marktmacht bei den Herstellern privater Güter.[127] Daher ist die Finanzierung großer Gruppen durch private Nebenprodukte zumindest nicht ausgeschlossen.

Ein weiteres Gegenargument lautet, dass Individuen selbst in Großgruppen für kollektive Güter ohne Nutzungsausschluss gewisse Beiträge zu zahlen bereit seien. Darauf ist allerdings zu erwidern, dass diese Zahlungsbereitschaft zwar möglicherweise grundsätzlich besteht,[128] jedoch regelmäßig wesentlich unter der eigenen Nutzeneinschätzung liegen wird, d. h. die Individuen werden jedenfalls nicht bereit

[125] *Schroeder,* Political Origins, S. 53; *Seidenfeld,* Empowering Stakeholders, S. 435. Im Einzelfall ist es natürlich sehr schwer, die Unterscheidung zu treffen zwischen Personen, die sich für die Umwelt engagieren, weil es der Umwelt nützt, und Personen, die sich für die Umwelt engagieren, weil es ihnen selbst nützt, sei es, dass sie durch ihr Engagement ihr Selbstwertgefühl steigern, sei es, dass sie an sauberer Luft etc. interessiert sind. Mit Hilfe empirischer Untersuchungen lässt sich diese Trennlinie kaum auffinden. Das ist hier indes auch nicht nötig. Entscheidend ist allein zu erkennen, dass ein guter Teil des Engagements für die Umwelt zumindest auch auf Eigeninteresse beruht. Ebenso *Schroeder,* Political Origins, S. 55 f.

[126] *George J. Stigler,* Free Riders and Collective Action: An Appendix to Theories of Economic Regulation, 5 Bell Journal of Economics and Management Science 359 ff. (360) (1974).

[127] *Vieler,* Interessen, S. 98.

[128] Die bereits oben in Fn. 122 angesprochenen empirischen Studien legen allerdings nahe, dass es um diese Zahlungsbereitschaft nicht besonders gut bestellt ist: Sie besteht zwar anfänglich, nimmt in der Folgezeit aber rasch ab.

sein, so viel zu zahlen, wie es ihrem Nutzenzuwachs entspricht.[129] Kleine Gruppen haben demgegenüber nicht nur die bereits erwähnten ökonomischen Vorteile, sondern sie können auch soziale Anreize bieten, um die Bereitstellung von Kollektivgütern zu sichern. Ihre Mitglieder kennen sich gegenseitig und können für die Produktion des Kollektivguts auf sozialen Druck zurückgreifen.[130] Kleine Gruppen sind also doppelt im Vorteil.

c) Empirische Untersuchungen zur Bedeutung selektiver Vorteile

Auch die Empirie zeigt im Übrigen, dass sich große Gruppen mit der Organisation sehr schwer tun, wenn sie nicht beispielsweise auf selektive Vorteile zurückgreifen können.[131] Allen großen wirtschaftlichen Gruppen mit bedeutenden Lobbyorganisationen (also Gruppen, die sich auch die Bereitstellung eines Kollektivguts zum Ziel gesetzt haben) ist nämlich gemeinsam, dass sie zumindest auch bestehen, um einen von der Erlangung der Kollektivguts verschiedenen Zweck zu erreichen. In der Regel ist die Lobbyarbeit der großen Wirtschaftsorganisationen ein bloßes Nebenprodukt. Ihr Hauptzweck liegt in der Bereitstellung selektiver Vorteile. Und die einzigen Organisationen, die solche selektiven Vorteile zur Verfügung haben, sind Organisationen, die entweder die Befugnis und die tatsächliche Möglichkeit haben, Zwang auszuüben, oder die ein Arsenal positiver Anreize ihr Eigen nennen, welches sie großen Gruppen anbieten können.[132] So sind beispielsweise Gewerkschaften eine wichtige politische Kraft, weil sie mit den Arbeitgebern verhandeln und weil sie – zumindest in den USA – die Arbeitgeber zwingen können, nur Gewerkschaftsmitglieder zu beschäftigen; Bauernverbände erhalten ihre Mitgliedschaft vor allem mit Hilfe von Agrargenossenschaften; und

129 *Vieler,* Interessen, S. 99, 123.

130 „The groups small enough to be classified here as ‚privileged' and ‚intermediate' groups are thus twice blessed in that they have not only economic incentives, but also perhaps social incentives, that lead their members to work toward the achievement of the collective goods", *Olson,* The Logic of Collective Action, S. 63.

131 „Olson's original insights stimulated a large body of theoretical work in the logic of collective action. This body of literature ... (has) clearly demonstrated how difficult it is to organize groups whose members have nothing more in common than an idea or a cause. Associations which attempt to represent socially disadvantaged elements of the society and which depend entirely on their members for financial support in response to mainly purposive incentives typically will be short-lived," *Jack L. Walker,* The Origins and Maintenance of Interest Groups in America, 77 America Political Science Rev. 390 ff. (391) (1983). Auch nach Ansicht von *von Arnim,* Gemeinwohl, S. 161, stützen die empirischen Daten *Olsons* Theorie.

132 Vgl. *Olson,* The Logic of Collective Action, S. 132–133: „The lobbies of the large economic groups are the by-products of organizations that have the capacity to ‚mobilize' a latent group with ‚selective incentives'. The only organizations that have the ‚selective incentives' available are those that (1) have the authority and capacity to be coercive, or (2) have a source of positive inducements that they can offer the individuals in a large group."

Zusammenschlüsse der Angehörigen freier Berufe stützen sich teils auf subtile Formen des Zwangs und teils darauf, dass sie ihren Mitgliedern selektive Dienstleistungen zur Verfügung stellen.[133] Diese Dienstleistungen umfassen beispielsweise die Bereitstellung von Handelsstatistiken, von Informationen zur Kreditwürdigkeit von Kunden, Hilfe bei der Beitreibung von Forderungen sowie Forschung und Beratung auf technischem Gebiet.[134]

Verschiedene Untersuchungen haben zudem gezeigt, dass bei Gewerkschaften und großen Verbänden aus Landwirtschaft und Industrie die privaten Nebenprodukte ihrer Tätigkeit bei der Beitrittsentscheidung neuer Mitglieder in der Tat eine Schlüsselrolle spielen. Gegenüber diesen ökonomischen Gründen kommt – jedenfalls in großen Gruppen – Solidarität und gemeinsamen Werthaltungen keine große Bedeutung zu.[135] So könnte man auch in Deutschland beispielsweise für den ADAC sicherlich nachweisen, dass für die Beitrittsentscheidung hauptsächlich Nebenprodukte wie Pannenhilfe und sonstige Dienstleistungen verantwortlich sind. Die Einflussnahme auf die Verkehrspolitik als Kollektivgut ist davon weitgehend abgekoppelt.

Fehlt es an der Möglichkeit, selektive Vorteile anzubieten, so zeigt das politische Leben, dass sich nur sehr kleine Gruppen dauerhaft und wirksam organisieren lassen. Z. B. sind im Einklang mit der oben entwickelten Theorie, dass nur kleine Gruppen einen Anreiz haben, sich freiwillig zusammenzuschließen, allein um Lobbyarbeit zu leisten,[136] in der Praxis fast alle wirtschaftlichen Organisationen sehr klein, wenn ihr Hauptzweck die Beeinflussung des politischen Prozesses ist. Begünstigt wird die Lobbyarbeit der Wirtschaft dadurch, dass die gesamte Wirtschaft in eine Reihe von (in der Regel oligopolistischen) Industrien aufgeteilt ist, die jeweils nur wenige Firmen umfassen. So gab es laut Statistik in den USA in der Metall produzierenden Industrie 421 Wirtschaftvereinigungen, von denen 153 weniger als 20 Mitglieder hatten. Die mittlere Mitgliederzahl bewegte sich zwischen 24 und 50. In einer ähnlichen Größenordnung befinden sich die Mitgliederzahlen in der Holz-, Möbel- und Papierindustrie, in denen 37,3 % der Verbände Mitgliederzahlen von weniger als 20 vorzuweisen hatten und in denen die mittlere Mitgliederzahl zwischen 25 und 50 lag.[137] In Deutschland würden die entsprechenden Zahlen voraussichtlich noch kleiner ausfallen. Was die Zahl ihrer Mitglieder betrifft, sind daher nahezu alle Wirtschaftverbände so unbedeutend, dass die politische Mobilisierung der Mitglieder zum Zweck der Stimmabgabe bei Wahlen sinnlos ist; ja Wahlaufrufe durch Wirtschaftsverbände können sogar negative Effekte

---

133 *Olson,* The Logic of Collective Action, S. 135 ff.

134 *Olson,* The Logic of Collective Action, S. 145.

135 *Vieler,* Interessen, S. 98 ff. Weitere Beitrittsimpulse können allerdings von sozialen Normen ausgehen; Gruppen mit homogenen Einstellungen und ähnlichem sozialem Hintergrund werden im Allgemeinen leichter Verbände bilden als sozial inhomogene Gruppen. s. *Vieler,* Interessen, S. 123.

136 *Olson,* The Logic of Collective Action, S. 143.

137 *Schattschneider,* The Semisovereign People, S. 31 – 32.

haben.[138] Nicht wenige Wähler werden davon abgeschreckt, für einen bestimmten Kandidaten zu stimmen, wenn sie wissen, dass dieser Kandidat von gewissen Interessengruppen unterstützt wird. Zugleich ist die geringe Mitgliederzahl aber von Vorteil, wenn es darum geht, den politischen Prozess zu beeinflussen. Denn für diese Organisationen, die gemessen an ihrer Mitgliederzahl winzig sind, muss Lobbyarbeit aus den oben genannten Gründen nicht nur ein Nebenprodukt sein. Sie sind strukturell eher in der Lage, sich allein zum Zweck der Beeinflussung des politischen Prozesses zu organisieren als große Gruppen.

d) Schwierigkeiten der Verhandlungsteilnahme für Gruppen, die durch selektive Vorteile zusammengehalten werden

Und selbst wenn es großen Gruppen doch einmal gelingen sollte, sich trotz der soeben beschriebenen Probleme zu organisieren, ist für den hier interessierenden Zusammenhang der kooperativen Verwaltungsverfahren zweierlei zu bedenken: Einmal glücken diese Organisationen zu selten, als dass man sich bei der Ausgestaltung von Verwaltungsverfahren wie etwa der kooperativen Verordnungsgebung darauf verlassen könnte; d. h., man muss damit rechnen, dass jedenfalls an der Mehrzahl der zur Verhandlung von Verordnungen einberufenen Komitees keine Vertreter dieser großen Gruppen teilnehmen können. Das ist für ein Rechtssystem, das sich vernünftigerweise an typischen Fallgestaltungen orientieren sollte, unbefriedigend. Zweitens sind, selbst wenn man diese Probleme überwunden hat und Vertreter großer Gruppen an Verhandlungen teilnehmen, noch längst nicht alle Schwierigkeiten gemeistert. Es ist nämlich zu berücksichtigen, dass die hier in Rede stehenden Vereinigungen ihren Mitgliedern häufig – man denke etwa an Umweltgruppen – keine materiellen Vorteile bieten, sondern die oben erwähnten Solidaritätsvorteile und „Expressive Benefits." Das hat zur Folge, dass sich das Führungspersonal solcher Gruppen mit der Teilnahme an Verhandlungen, die zu pragmatischen Regelungen führen, besonders schwer tut. Denn es muss sich oft auf *ideologische Positionen versteifen,* um die bereits vorhandene Unterstützung für die Gruppe zu sichern und neue Unterstützung zu gewinnen.[139] Finden sich solche Gruppen in Verhandlungen mit Kompromissen ab, so unterminieren sie

---

138 „As a matter of fact, nearly all business organisations are so small that the political mobilization of their members for voting purposes is pointless. The impact of special-interest groups on party politics is further affected by the fact that they may actually have a negative effect in elections... A study... showed that endorsements by each of thirteen well-known organizations were likely to have some adverse effect on the popularity of candidates. All calculations of the influence of pressure groups in elections must take account of the unpopularity of nearly all special-interest groups", *Schattschneider,* The Semisovereign People, S. 51 f.; *Vieler,* Interessen, S. 135.

139 So auch *Benz,* Kooperative Verwaltung, S. 187, nach dessen Meinung von Vertretern von Bürgerinitiativen nur geringe Kooperationsbereitschaft zu erwarten ist, da die internen Strukturen der Bürgerinitiativen eher auf Protest gegen Verwaltungsentscheidungen als auf Kooperation mit der Verwaltung angelegt sind.

das Gefühl der Mitglieder, für sie gesprochen zu haben, und die selektiven Vorteile, ohne welche die Gruppe gar nicht bestehen könnte, gehen verloren. Zudem kann die Verbundenheit aktiver Mitglieder davon abhängen, dass sie die Gruppe als rechtschaffenen „Underdog" wahrnehmen und nicht als etablierten Mitspieler im Regulierungsprozess. Zwar könnten sich einige dieser Probleme dadurch beheben lassen, dass die Führungsspitze einer Gruppe die Basis einfach besser informiert und ständig über den Verhandlungsstand auf dem Laufenden hält. Die Kosten einer solchen Informationspolitik können aber prohibitiv sein. Daher sind Führungskräfte in sehr großen Gruppen häufig gut beraten, sich gar nicht erst auf mühsame und komplizierte Verhandlungen einzulassen, sondern zu Beginn der Debatte schlicht einen ideologischen Standpunkt einzunehmen und diesen beizubehalten.[140]

Mithin bleibt festzuhalten, dass sich diese großen Gruppen schwer tun, sich überhaupt zu organisieren. Und selbst wenn sie diese Schwierigkeiten überwunden haben und etabliert sind, sind sie möglicherweise nicht in der Lage, wichtige Beiträge zu Verhandlungen über geplante Regelungen zu leisten, da solche Beiträge ihre Existenz gefährden würden.

5. Zur Möglichkeit des Kongresses, mit Hilfe umfassender Strategieentscheidungen den Einfluss von Interessengruppen zu schwächen

Die vorstehenden Ausführungen könnten nur allzu leicht zu der Annahme verleiten, dass der Kongress und der Bundestag ausschließlich Gesetze verabschieden, die kleinen Gruppen zum Vorteil gereichen, da nur diese in der Lage sind, sich zu organisieren und Einfluss auf den Gesetzgebungsprozess zu nehmen. Indes zeigt eine auch nur flüchtige Betrachtung des Geschehens, dass dies nicht der Fall ist. *Es werden häufig Gesetze beschlossen, die diffusen und allgemeinen Interessen dienen.*

Begründen lässt sich der begrenzte Einfluss von Interessenverbänden der Wirtschaft auf der Ebene der parlamentarischen Gesetzgebung damit, dass Wirtschaftsverbände zwar normalerweise in der Lage sind, überproportionalen Einfluss auf diejenige Spezialgesetzgebung zu nehmen, die für ihre Mitgliedsunternehmen von besonderer Bedeutung ist. Das bedeutet aber nicht, dass die Wirtschaft als Ganzes überproportionalen Einfluss nehmen kann, wenn es um umfassende Fragen von nationaler Bedeutung geht. Denn die Wirtschaft als Ganzes ist jedenfalls in den USA nicht in gleicher Weise gut organisiert wie einzelne Branchen es sind. Für Zwecke kollektiven Handelns stellt die Wirtschaft als Ganzes keine kleine, privilegierte Gruppe, sondern eine große, latente Gruppe dar. Folglich hat

---

140 *Seidenfeld,* Empowering Stakeholders, S. 436, 441; *Freeman,* Collaborative Governance, S. 74–75.

sie mit den gleichen Organisationsproblemen zu kämpfen wie der Rest der Gesellschaft.[141]

In Deutschland ist die Lage zwar etwas anders, denn es gibt in Form von BDI, BDA und Deutschem Industrie- und Handelskammertag (DIHT) auch in der Wirtschaft gut ausgestattete Dachorganisationen. Allerdings verbergen sich hinter der nach außen zur Schau gestellten Einheit der unternehmerischen Interessen oft erhebliche Interessengegensätze innerhalb der Verbände.[142] Aus diesem Grund ist der Einfluss der Wirtschaft als Ganzes auch in Deutschland möglicherweise geringer, als man aufgrund der öffentlichen Verlautbarungen der Verbände annehmen sollte.

Überträgt man diese Erkenntnisse auf die kooperative Verordnungsgebung, so kommt man zu folgendem Ergebnis: Während das Parlament in der Lage ist, umfassende Entscheidungen für eine Vielzahl von Industriezweigen zu treffen und so den Organisationsvorteil kleiner Wirtschaftsverbände zumindest teilweise wettzumachen, ist diese Möglichkeit den Verhandlungskomitees verschlossen.[143] Das Parlament kann die zur Entscheidung stehenden Alternativen so formulieren, dass sie als Wahl zwischen den Wünschen der Wirtschaft auf der einen Seite und den Wünschen anderer großer Gruppen – etwa der Konsumenten oder der Opfer von Umweltverschmutzungen – auf der anderen erscheinen. So kann sich der Kongress beispielsweise bei den umfassenden Regelungen des Clean Air Act darauf berufen, dass es hier darum gehe, den Interessen der Opfer von Luftverschmutzung den Vorrang vor kurzfristigen Anliegen der Wirtschaft einzuräumen. Indem das Parlament eine *hohe Abstraktionsebene* wählt, kann es der Auseinandersetzung mit einer Unmenge kleiner Wirtschaftsverbände entgehen und die Wirtschaft als Ganzes zum Gegenspieler ausersehen. Aus den genannten Gründen wirkt sich solch ein Arrangement voraussichtlich zu Lasten der Wirtschaft und zugunsten der Umweltverbände aus.

Im Gegensatz zum Kongress verfügt ein Komitee, das eine kooperative Verordnung erstellen soll, nicht über diese Möglichkeiten. Zu Beginn der Verhandlungen

---

141 Zu den Organisationsproblemen der Wirtschaft als Ganzes vgl. *Olson,* The Logic of Collective Action, S. 145–146: „The disproportionate political power of the ‚special interests‘ or the particular business interests should not, however, lead one to suppose that the whole business community necessarily has disproportionate power in relation to organized labor, the professions, or agriculture. Although particular industries normally have disproportionate power on questions of particular importance to themselves, it does not follow that the business community had disproportionate power when dealing with broad questions of national concern. For the business community as a whole is not well organized in the sense that particular industries are. The business community as a whole is not a small privileged or intermediate group – it is definitely a large, latent group.“

142 *Weber,* Interessengruppen, S. 104 f.; *von Alemann,* Organisierte Interessen, S. 77. Letzterer berichtet besonders vom Unmut kleinerer und mittlerer Unternehmen darüber, dass die Verbandsarbeit des BDI von den Managern und Vertretern der großen Kapitalgesellschaften dominiert ist.

143 Zu beachten ist allerdings, dass es sich hierbei nur um eine *Möglichkeit* des Parlaments handelt, von der es sicherlich nicht immer Gebrauch machen wird. Oft wird es der Versuchung erliegen, konfliktträchtige Materien an die Verwaltung zu delegieren.

steht bereits fest, welche Wirtschaftsbranchen besonders betroffen sein werden, und dies werden in der Regel nur wenige sein. Das Verhandlungskomitee hat sodann nicht die Möglichkeit, die zur Entscheidung anstehenden Fragen in einer Weise zu formulieren, die den Eindruck erweckt, es gehe um umfassende Lösungsmodelle für gewichtige soziale Probleme. Vielmehr ist offensichtlich, dass relativ begrenzte Sachverhalte zu regeln sind.

Wegen der Möglichkeit des Parlaments, übergreifende Strategieentscheidungen zu treffen, ist daher der Einfluss von Wirtschaftsverbänden beim Erlass von Parlamentsgesetzen tendenziell kleiner als beim Erlass von Verordnungen. Es wäre deshalb alles andere als überraschend, wenn Interessengruppen der Wirtschaft beim Aushandeln von Verordnungen stärker Einfluss nehmen könnten als im Gesetzgebungsprozess.[144]

6. Warum der Gesetzgeber Interessen beachtet, die bei der kooperativen Verordnungsgebung vernachlässigt werden

a) Empirische Untersuchungen zur Situation in den USA

Neben der Möglichkeit des Parlaments, sich mit Hilfe allgemein gehaltener Entscheidungen dem Einfluss von Interessengruppen zu entziehen, gibt es einen weiteren Grund, warum der Einfluss von Interessengruppen auf den Gesetzgebungsprozess häufig begrenzt ist.

Dass dieser Einfluss in den USA begrenzt ist, zeigt zum einen – wie bereits oben erwähnt – der Blick auf die politische Praxis. Denn Gesetze werden nicht nur verabschiedet, wenn sie beispielsweise der Allgemeinheit zugute kommen, ohne erhebliche Kosten für eine begrenzte Gruppe oder eine klar abgrenzbare geographische Region auszulösen (man denke etwa an Programme zur Förderung medizinischer Forschung, die sehr populär sind und niemanden unmittelbar belasten). *Sondern Gesetze werden ebenfalls verabschiedet, wenn sie zwar der Allgemeinheit nützen, zugleich aber bestimmte Gruppen oder Regionen erheblich belasten.* Dies ist z. B. der Fall bei Gesetzen zum Schutz der Umwelt, zur Erhöhung der Sicherheit am Arbeitsplatz, zum Abbau der Verschuldung der öffentlichen Hand sowie bei Gesetzen zur Deregulierung des Flugverkehrs und des Telekommunikationsmarktes.[145] Hätten die Interessengruppen einen unbegrenzten Einfluss auf das par-

---

144 Ähnliche Bedenken hat das amerikanische Bundesberufungsgericht für den 7. Bezirk geäußert. Seiner Meinung nach könnte der Verordnungserlass im Verhandlungswege, wenn er nicht sorgfältig gehandhabt wird und wenn schon früh bindende Zusagen gegeben werden, zu erheblichen Problemen führen: „It sounds like an abdication of regulatory authority to the regulated, the full burgeoning of the interest-group state, and the final confirmation of the ‚capture' theory of administrative regulation", USA Group Loan Services v. Riley and US Department of Education, 83 F.3d 708 (714) (7th Cir., 1996).

145 *Arnold,* The Logic of Congressional Action, S. 4.

lamentarische Geschehen, müssten diese Gesetzgebungsvorhaben stets scheitern. Zum anderen deuten aber auch Interviews mit amerikanischen Abgeordneten auf den begrenzten Einfluss von Interessengruppen hin. Aus ihnen ergibt sich, dass Interessengruppen zwar nicht gerade den geringsten, aber sicherlich auch nicht den größten Einfluss auf die Stimmabgabe der Abgeordneten ausüben.[146] Insbesondere wenn Interessengruppen nur über eine geringe Zahl von Mitgliedern im Wahlbezirk eines Abgeordneten verfügen, tun sie sich regelmäßig schwer, auf diesen Abgeordneten Einfluss zu nehmen. In solchen Fällen sind Abgeordnete nämlich geneigt, die Tätigkeit der Interessengruppen als nicht vollständig legitim zu betrachten.[147]

(1) Interesse der amerikanischen Abgeordneten an ihrer Wiederwahl

Der Grund für den begrenzten Einfluss von Interessengruppen auf das Parlament liegt – abgesehen von der bereits genannten Möglichkeit des Parlaments, sich im Wege umfassender Strategieentscheidungen dem Einfluss kleiner Wirtschaftsverbände zu entziehen – darin, *dass sich Abgeordnete in der Regel sehr stark für ihre Wiederwahl interessieren.* Obwohl sie nicht ausschließlich auf Wiederwahl fixiert sind, ist die Wiederwahl ihr bestimmendes Ziel,[148] und beim Erreichen dieses Ziels kann es ihnen helfen, wenn sie in der öffentlichen Wahrnehmung mit Gesetzen in Zusammenhang gebracht werden, die der Allgemeinheit zugute kommen, z. B. mit Umweltschutzgesetzen.[149] Es wäre nämlich falsch anzunehmen, dass die Wähler

---

146 *Kingdon,* Congressmen's Voting Decisions, S. 146. *Kingdons* Untersuchung basiert in erster Linie auf Interviews mit Mitgliedern des Repräsentantenhauses und anderen mit dem politischen Prozess vertrauten Personen während der ersten Sitzungsperiode des 91. Kongresses im Jahr 1969. Jedes der Gespräche konzentrierte sich auf eine einzige oder eine geringe Anzahl von Gesetzesvorlagen, die gerade zur Entscheidung anstanden. *Kingdon* bemühte sich, den Entstehungsprozess dieser Entscheidungen zu schildern. s. *Kingdon,* Congressmen's Voting Decisions, S. 5, 13.

147 „... interest groups suffer from a number of disadvantages, including ... congressmen's feelings that they are not entirely legitimate unless connected with their constituencies", *Kingdon,* Congressmen's Voting Decisions, S. 157; ebenso S. 151.

148 „The theory assumes that members of Congress care intensely about reelection. Although they are not single-minded seekers of reelection, reelection is their dominant goal", *Arnold,* The Logic of Congressional Action, S. 5; ähnlich *von Arnim,* Gemeinwohl, S. 137. Auch hier soll den Ausgangspunkt also wieder die Annahme bilden, dass die maßgeblichen Akteure im Eigeninteresse handeln. Wie sogleich zu zeigen sein wird, steht diese Annahme auf einem soliden empirischen Fundament.

Interessant ist, dass viele Anhänger der public choice-Theorie den Kongress und insbesondere das Repräsentantenhaus gerade wegen der Neigung dieser Gesetzgebungsorgane kritisieren, den Wählern das zu geben, wonach sie verlangen. s. *Farina,* Consent, S. 1005.

149 *Farber,* Politics and Procedure in Environmental Law. Große Teile der amerikanischen Umweltgesetzgebung lassen sich auf den Druck der Öffentlichkeit zurückführen, dem sich die Kongressabgeordneten gebeugt haben. s. *Irma S. Russel,* The Role of Public Opinion, Public Interest Groups, and Political Parties in Creating and Implementing Environmental

staatliche Entscheidungen allein danach beurteilen, welche Auswirkungen sie für ihr eigenes Wohl haben werden. Empirische Untersuchungen zeigen vielmehr, dass die Wähler häufig Dinge schätzen, die zu ihrem eigenen wirtschaftlichen Wohlergehen nicht unmittelbar beitragen.[150] So sind beispielsweise Programme, die Blinden, Behinderten und Geisteskranken helfen, bei dem gesunden Teil der Bevölkerung durchaus beliebt. Desgleichen unterstützen viele Bürger staatliche Maßnahmen z. B. zur Rettung der Wale, obwohl sie selbst diese Tiere niemals zu Gesicht bekommen werden, zum Schutz der arktischen Wildnis, obwohl sie dieses Gebiet nie besuchen werden, und zur Bewahrung bedrohter Tierarten, von deren Existenz sie zuvor nie gehört hatten.[151] Erklären lässt sich das damit, dass viele Menschen der Meinung sind, es sei Aufgabe des Staates, benachteiligten Gesellschaftsgruppen zu helfen und bestimmte Güter zu bewahren, damit die jetzige, aber auch zukünftige Generationen sie nutzen können.[152] Daher kann es aus Sicht eines an seiner Wiederwahl interessierten Abgeordneten ratsam sein, für die Verabschiedung von Umweltgesetzen zu stimmen.

Im Einzelnen wurde *für die USA*[153] Folgendes herausgefunden: Haben Abgeordnete bei einer Abstimmung eine Entscheidung zwischen verschiedenen Alternativen zu treffen, so stellen sie sich selbst zunächst einmal die Frage, welche Alternative mehr zu ihren Wiederwahlchancen beiträgt. Sind zwischen verschiedenen Varianten insoweit Unterschiede zu verzeichnen, so wählen sie diejenige Variante, welche dem Zweck der Wiederwahl am meisten nützt. Sind die Varianten unter dem Gesichtspunkt der Wiederwahl gleichwertig, so stützen sie ihre Entscheidung auf irgendein anderes Kriterium, das ihnen erheblich erscheint – möglicherweise glauben sie, dass eine Strategie wirkungsvoller ist als eine andere, oder sie wollen sich beim Präsidenten oder bei ihrem Parteivorsitzenden beliebt machen oder sie

---

Policy, 23 ELR 10665 ff. (10665 f., 10673) (1993). Dies gilt besonders für die Umweltschutzgesetzgebung der 70er Jahre, sei es der Clean Air Act, der Clean Water Act, der Toxic Substances Control Act oder der Resource Conservation and Recovery Act: Alle diese Gesetze sind aufgrund großen öffentlichen Drucks und gegen den Willen der Wirtschaftsverbände verabschiedet worden. s. *Percival,* Environmental Legislation, S. 10–14.

150 Laut *von Arnim,* Gemeinwohl, S. 138, sind viele Wähler bereit, nicht nur eine an ihren Eigeninteressen, sondern auch eine am Gemeinwohl orientierte Politik zu honorieren.

151 Dies ist der gleiche Befund, welcher dem oben bei der Darstellung der „Contingent Valutation" angesprochenen sog. Existenzwert natürlicher Ressourcen zugrunde liegt.

152 „Some of the same citizens who voluntarily contribute $70 billion to charity each year also support federal programs that serve charitable ends. Programs that assist the blind, the physically handicapped, and the mentally ill are, in fact, quite popular among the sighted, the able-bodied, and the sane. Many citizens also support governmental programs that are designed to save whales they will never see, preserve Arctic wilderness they will never visit, and protect endangered species they never knew existed. These complications arise because many people believe that government has a duty to assist and protect less fortunate groups in society and to provide general benefits for both present and future generations", *Arnold,* The Logic of Congressional Action, S. 33.

153 Zur Situation *in Deutschland,* die empirisch weniger gut beleuchtet ist, wird im Anschluss unter b) Genaueres gesagt werden.

möchten sich für einen ihnen in der Vergangenheit erwiesenen Dienst dankbar zeigen.[154] Wenn es jedoch zum Konflikt kommt zwischen der Möglichkeit, selbst in gutem Licht dazustehen, und der Möglichkeit, die eigene Partei ins rechte Licht zu rücken, entscheiden sich die amerikanischen Abgeordneten ausnahmslos für erstere. Dies hat seinen Grund nicht etwa darin, dass die Partei für ihr Schicksal als Abgeordnete unerheblich ist, sondern beruht darauf, dass die einzelnen Abgeordneten nur in sehr begrenztem Umfang auf die Standpunkte und Handlungen ihrer Parteien Einfluss nehmen können.[155] Daher ist in erster Linie die Frage nach den Chancen der Wiederwahl der Maßstab, an dem die Abgeordneten in den USA ihr Verhalten ausrichten. Andere Überlegungen, wie beispielsweise die Frage nach der Übereinstimmung mit den Wünschen von Interessengruppen, kommen nur in Pattsituationen ins Spiel.[156]

Auch die von John Kingdon geführten Gespräche mit Mitgliedern des amerikanischen Repräsentantenhauses haben belegt, dass Abgeordnete ihr Verhalten nicht an Interessengruppen ausrichten, sondern vor allem an anderen Abgeordneten und an der Wahlbevölkerung.[157] Gelingt es beispielsweise einem Abgeord-

---

154 *Arnold,* The Logic of Congressional Action, S. 7.

155 Zu diesen Konflikten zwischen Parteiinteressen und Eigeninteressen der Abgeordneten vgl. *Arnold,* The Logic of Congressional Action, S. 64: „Wherever they turn, legislators see opportunities to make themselves look good or to make their parties look good. If there is a conflict between the two they invariably choose the former, not because the parties are irrelevant to their electoral fortunes but because as individuals they can do so little to influence where their parties stand or what their parties do."

156 Ob diese alleinige Ausrichtung an den Wiederwahlchancen wünschenswert ist, ist zumindest fraglich. Es gibt Bereiche, in denen man es vielleicht lieber sieht, wenn Abgeordneten eine Führungsrolle einnehmen, als wenn sie nur einfach vorgefundenen Meinungen folgen. Um ein Beispiel zu nehmen, das später noch eine größere Rolle spielen wird: Selbst wenn gut informierte Personen eine größere Gefahr einer kleineren vorziehen, sofern nur die größere Gefahr bekannt, freiwillig in Kauf genommen und kontrollierbar erscheint, wohingegen die kleinere sich unbekannt, unfreiwillig und unkontrollierbar ausnimmt, glauben doch nur wenige Wähler, dass diese Präferenzen informierter Bürger einen bestimmenden Einfluss auf die Regierungshandeln ausüben sollten, wenn es etwa um Dinge geht wie die Regelung krebserregender Stoffe in Nahrungsmitteln, die Kernenergie oder die Sicherheitsanforderungen, die an Personenkraftwagen zu stellen sind. s. *Farina,* Consent, S. 1006. Vielmehr sind viele der Meinung, dass die Abgeordneten in solchen Fällen entgegen der Meinung ihrer Wähler die kleinere der größeren Gefahr vorziehen sollten.

Letztlich hängt die Beantwortung der Frage, ob man es für vernünftig hält, dass die Abgeordneten den Wünschen ihrer Wähler ohne weiteres Folge leisten, davon ab, welcher Auffassung vom Wesen der Repräsentation man zuneigt: Sieht man die Abgeordneten als Treuhänder der Bevölkerung, so wird man ihnen mehr Spielraum für eigene, wohlinformierte Entscheidungen einräumen, als wenn man sie lediglich als Beauftragte derjenigen Wähler betrachtet, welche sie gewählt haben, oder als wenn man verlangt, dass die Abgeordneten ein Spiegelbild der Gesamtgesellschaft sind. s. *Eskridge u. a.,* S. 121.

157 *Kingdon,* Congressmen's Voting Decisions, S. 17. Dies ist umso bemerkenswerter, als in gewaltenteilig-dualistischen Systemen wie den USA eine stärkere Tendenz besteht, das Parlament zum Hauptadressaten des Einflusses von Interessengruppen zu machen, als beispielsweise in Deutschland, wo eher versucht wird, Einfluss auf die Exekutive zu nehmen. s. *von*

neten, die Position seiner Wählerschaft im Hinblick auf eine zur Entscheidung anstehende Frage herauszufinden, so beträgt die Wahrscheinlichkeit 76 %, dass er sich diese Position zu eigen macht; die Wahrscheinlichkeit ist also deutlich größer als eine bloß zufällige Übereinstimmung.[158] Die Übereinstimmung mit anderen Abgeordneten, die um Rat gefragt werden, ist zwar noch etwas höher. Das lässt sich aber zwanglos damit erklären, dass die Abgeordneten selbst entscheiden, wen sie um Rat fragen, weshalb sie sich in der Regel auf den Rat derjenigen Personen verlassen, die ihre Grundüberzeugungen teilen.[159]

(2) Aufmerksame Öffentlichkeit vs. Unaufmerksame Öffentlichkeit

Dass das Abstimmungsverhalten der amerikanischen Abgeordneten nicht noch stärker mit den Positionen ihrer Wählerschaft übereinstimmt, liegt sicherlich daran, dass Abgeordnete darauf achten, wie stark die Positionen ihrer Wähler ausgeprägt sind und wie leidenschaftlich sie vertreten werden: Nur selten findet man Fälle, in denen ein Abgeordneter eine Entscheidung gegen die starken Gefühle eines kleinen, aber bedeutenden Teils seiner Wählerschaft trifft, und es kommt fast gar nicht vor, dass eine Stimmabgabe gegen die starken Gefühle einer Mehrheit der Wählerschaft erfolgt.[160] Manchmal gewinnen Abgeordnete indes den Eindruck, dass zwar die Wählerschaft ihre Positionen nicht teilt, dass sie aber gleichwohl eine Entscheidung gegen ihre Wähler treffen können, ohne ernste Konsequenzen fürchten zu müssen, da die Vorlieben ihrer Wähler nicht intensiv genug sind.[161]

Auch in solchen Situationen bemühen sich die Abgeordnete aber vorherzusehen, wie bestimmte Stimmabgaben in Zukunft von politischen Gegnern verwendet werden könnten, und versuchen, ihre Stimmabgaben auf eine Art und Weise zu rechtfertigen, die zukünftigen Angriffen bereits im vorhinein den Wind aus den Segeln nimmt. Denn selbst wenn die Wählerschaft zum Zeitpunkt der Stimmabgabe noch gar keine oder allenfalls schwache Notiz nimmt, sind die Abgeordneten besorgt,

---

Beyme, Interessengruppen, S. 135, 137. Daher ist es nicht verwunderlich, dass europäische Abgeordnete die Bedeutung von Interessengruppen erst recht als nicht gerade groß einschätzen. So ergab eine Befragung schwedischer Reichstagsabgeordneter nach dem Einfluss verschiedener Faktoren auf ihr Verhalten, dass Interessengruppen erst an vierter Stelle genannt wurden. s. *von Beyme,* Interessengruppen, S. 172.

158 *Kingdon,* Congressmen's Voting Decisions, S. 21.

159 *Kingdon,* Congressmen's Voting Decisions, S. 22.

160 „The congressman does not need to vote in agreement with everything his constituents say, but only on matters about which they feel intensely. It is probably true that one rarely finds instances in which a legislator votes against the intense feelings of any significant group of constituents, and it is even rarer to find him voting against an intense majority of them. Their apparent lack of interest in him, in short, far from being testimony to their inability to control him, may in fact be testimony to his ability to discern the matters in which they feel intensely and vote according to their preferences", *Kingdon,* Congressmen's Voting Decisions, S. 41.

161 *Kingdon,* Congressmen's Voting Decisions, S. 36.

dass ihre Stimmabgabe ihnen im nächsten Wahlkampf entgegengehalten werden wird.[162] Sowohl die Herausforderer eines Abgeordneten als auch die Medien haben nämlich normalerweise einen starken Anreiz, das Abstimmungsverhalten eines Abgeordneten daraufhin unter die Lupe zu nehmen, ob es sich am Wahltag gegen den Abgeordneten verwenden lässt. Folglich müssen Abgeordnete ihr Verhalten nicht nur *tatsächlichen*, sondern auch *potentiellen* Präferenzen anpassen. Denn letztere könnten andernfalls sowohl von interessierten Dritten aktualisiert werden, die mit den Entscheidungen des Abgeordneten unzufrieden sind, als auch von zukünftigen Herausforderern, die sich auf der Suche nach geeigneten Wahlkampfthemen befinden.[163] Abgeordnete müssen daher in der Lage sein abzusehen, was die zukünftigen Präferenzen der derzeit wenig oder gar nicht interessierten Öffentlichkeit sein werden.[164]

Geht es allerdings darum, eine Balance zwischen den Interessen der von vornherein aufmerksamen und der zunächst einmal desinteressierten Öffentlichkeit zu finden, ist erstere klar im Vorteil. Ihre Aktivisten treten mit konkreten Forderungen an die Abgeordneten heran und lassen diese nicht im Zweifel, was ihr Standpunkt ist und was sie von den Abgeordneten erwarten. Hingegen verfügt die unaufmerksame Öffentlichkeit über weniger Kontrollmöglichkeiten, denn sie nimmt nur in Form der Furcht des Abgeordneten vor möglichen zukünftigen Reaktionen Einfluss. Sie gibt dem Abgeordneten keine genaue Richtschnur für sein Verhalten, sondern sie setzt seinen Entscheidungen allenfalls äußere Grenzen, die er aus Angst vor der Möglichkeit, dass derzeitige Unaufmerksamkeit in zukünftige Aufmerksamkeit und Entrüstung umschlagen kann, nicht überschreiten wird.[165] Solange sich der Abgeordnete aber innerhalb dieser Grenzen bewegt, wird niemand in der Lage sein, aus den latenten Vorlieben der Wählerschaft politisch Kapital zu schlagen. Daher werden die meisten Wähler in solchen Fällen nie erfahren, wie der Abgeordnete entschieden hat.

Ob sich ein Abgeordneter auf die Seite der aufmerksamen oder der unaufmerksamen Öffentlichkeit stellt, hängt letztlich u. a. davon ab, wie groß die jeweilige Öffentlichkeit ist und wie stark deren tatsächliche bzw. potentielle Präferenzen

---

162 *Arnold,* The Logic of Congressional Action, S. 9. Ebenso zu diesen Bedenken der Abgeordneten *Kingdon,* Congressmen's Voting Decisions, S. 60 f.: „If nobody in the district notices a vote at the time it occurs, an opponent in the next election still might pick up an unpopular vote and use it against the congressman. Even though it doesn't affect the election outcome, legislators often simply try to avoid such an embarrassing situation if they can."

163 *Arnold,* The Logic of Congressional Action, S. 9 – 10.

164 „Attentive publics may feel very strongly about issues, and they may watch their representatives very closely, which can be a bother; but at least legislators know where they stand. With inattentive publics, however, legislators must imagine what preferences might arise in the future and estimate how those preferences might affect citizens' electoral decisions", *Arnold,* The Logic of Congressional Action, S. 65.

165 *Kingdon,* Congressmen's Voting Decisions, S. 68, 289 f.; *Arnold,* The Logic of Congressional Action, S. 267 f.

ausgeprägt sind.[166] Eine ausreichende Größe der Öffentlichkeit kann häufig andere Defizite, wie z. B. die geringe Intensität der Haltung der Öffentlichkeit, wettmachen. So ist beispielsweise oft zu beobachten, dass sich Abgeordnete in öffentlichkeitswirksamen Angelegenheiten auf die Seite großer Gruppen schlagen, die nur gemäßigte Vorlieben haben, selbst wenn dadurch kleinere Gruppen mit viel intensiveren Vorlieben vor den Kopf gestoßen werden. Dieser Mechanismus ist etwa bei der *Umweltgesetzgebung* regelmäßig zu beobachten. Allerdings können kleine Gruppen ihre fehlende Größe oft dadurch kompensieren, dass sie den Abgeordneten anderes als bloß die Stimmen ihrer Mitglieder in Aussicht stellen. Für Abgeordnete kann es z. B. oft reizvoll sein, Wahlkampfspenden von sehr kleinen Gruppen einzusammeln und diese dafür zu benutzen, sich die Unterstützung breiter Wählerschichten auf anderen Gebieten als denjenigen zu sichern, welche die Interessen des Spenders berühren. [167]

Folglich hat die unaufmerksame Öffentlichkeit im parlamentarischen Verfahren zumindest einen gewissen Einfluss. In der Umweltpolitik zeigt sich das u. a. daran, dass die Abgeordneten berücksichtigen, wie ihre Wähler Ursache und Wirkung von Umweltschutzmaßnahmen einschätzen. Zwar bedenken die Abgeordneten auch die Meinung von Wissenschaftlern und sonstigen Experten. Entscheidend ist aber, wie die Wähler die kausalen Zusammenhänge sehen. R. Douglas Arnold bemerkte im Jahr 1990, dass vielleicht nirgends die Kluft zwischen den Ansichten der Ökonomen und denjenigen der Abgeordneten und ihrer Wähler größer sei als auf den Feldern der Umwelt-, Gesundheits- und Unfallverhütungspolitik.[168] Die meisten Nicht-Ökonomen bevorzugen direkte staatliche Regelungen, also beispielsweise ein Verbot des Ausstoßes bestimmter Schadstoffe, zwangsweise Inspektionen gefährlicher Anlagen und strikte Maßstäbe für die Entfernung von Asbest und die Verwendung von Pestiziden. Diese Maßnahmen nehmen die Prob-

---

166 Vgl. zu den unterschiedlichen Einflüssen von aufmerksamen und unaufmerksamen Öffentlichkeiten *Arnold,* The Logic of Congressional Action, S. 70–71: „Legislators need to respond to attentive publics and anticipate the preferences of inattentive publics, yet the advantage surely belongs to the attentive. Activists transmit precise requests for action, leaving little doubt where they stand or what they expect legislators to do. Inattentive publics have a considerably less precise form of control, for theirs is based solely on the rule of anticipated reactions. Their potential policy preferences set the outer boundaries for what policies legislators may support, but they cannot dictate exactly what legislators should advocate. As long as legislators stay within these boundaries, no instigator can transform latent preferences into politically relevant attitudes, and these citizens remain unaware of what Congress has done ... Whether a legislator sides with an attentive or inattentive public therefore depends on the size of each public, as well as the intensity of each public's preferences or potential preferences. It also depends on whether legislators are dealing with policy effects that are directly traceable to their own individual actions or whether the electoral connection involves only policy positions."

167 *Arnold,* The Logic of Congressional Action, S. 84.

168 „Perhaps nowhere is there a greater gulf between economists' notions of a good solution and legislators' and citizens' sense of what would work best than in the field of environmental, health, and safety policy", *Arnold,* The Logic of Congressional Action, S. 24.

leme unmittelbar in Angriff, die von ihnen ausgelösten Kausalketten enthalten nur wenige Glieder und sind relativ einfach zu verstehen. Sie sind daher sehr populär, wie sowohl Umfragen unter Wählern als auch Abstimmungsergebnisse im Kongress zeigen. Hingegen beklagen die meisten Ökonomen den Einsatz des Ordnungsrechts in diesen Bereichen. Stattdessen machen sie sich für Systeme stark, die auf Anreizen beruhen.[169] Nach ihrer Ansicht sollten staatliche Regelungen möglichst wenige Detailvorgaben machen und es den betroffenen Unternehmen überlassen, die Mittel auszuwählen, mit denen sie am besten beispielsweise den staatlich auferlegten Grenzwerten nachkommen können. Wenn den Unternehmen der Einsatz bestimmter Mittel der Emissionsverminderung vorgeschrieben wird, besteht die Gefahr, dass das Umweltschutzziel nur auf einem übermäßig teuren Weg erreicht wird. Es bleiben nämlich zwei Möglichkeiten der Kostenreduzierung ungenutzt: Zum einen die Möglichkeit der Innovation – denn wenn eine bestimmte Vorgehensweise vorgeschrieben ist, gibt es keinen Anlass, andere Vorgehensweisen zu erproben – und zum anderen die Möglichkeit des Handels und Tausches z. B. von Emissionsrechten zwischen Unternehmen.[170] Handel und Tausch sind insbesondere dann sinnvoll, wenn manche Unternehmen die vorgegebenen Grenzwerte zu sehr geringen Kosten einhalten, ja sogar unterschreiten können, während für andere jegliche Emissionsminderung sehr kostenintensiv ist. In solchen Fällen wäre es wünschenswert, die Emissionen dort zu senken, wo dies am kostengünstigsten möglich ist. Durch die Gestattung des Handels zwischen den betroffenen Unternehmen könnte diese Möglichkeit eröffnet werden; hingegen wird sie durch die genaue Vorgabe der Art und Weise der Emissionsreduzierung zunichte gemacht.

Die Neigung staatlicher Stellen, gleichwohl traditionelle ordnungsrechtliche Ansätze den neueren, ökonomisch orientierten Modellen vorzuziehen, kann u. a. damit erklärt werden, dass die Mehrheit der Bevölkerung Regelungen bevorzugt, die dem ersten Anschein nach einfach zu verstehen sind. Das Problem beispielsweise der Abwassergebühren ist nämlich, dass sie den Eindruck erwecken können, der Staat verkaufe an reiche Unternehmen das Recht, die Umwelt zu verschmutzen.[171] Hingegen geben Emissionsverbote Politikern Gelegenheit, sich ausdrücklich gegen Umweltverschmutzung auszusprechen und dies durch ihre Handlungen scheinbar zu untermauern.[172] Mithin lässt sich das bis vor kurzem ganz überwiegend verwendete, teilweise etwas bieder anmutende umweltrechtliche Instrumentarium zumindest auch auf die Vorlieben der Wähler zurückführen.

---

169 *Arnold,* The Logic of Congressional Action, S. 24; *Rose-Ackerman,* Consensus versus Incentives, S. 1213; *Anderson u. a.,* S. 145 ff. s. zu diesen Argumenten bereits Abschnitt C. V.

170 *Ackerman / Stewart,* S. 1341; *Spence / Gopalakrishnan,* S. 604 – 605.

171 Dazu bereits oben C. IV. 4.

172 *Arnold,* The Logic of Congressional Action, S. 79 – 80. Ein anderer Grund dafür, dass die Einführung marktwirtschaftskonformer Instrumente im Umweltrecht nur sehr schleppend vor sich geht, ist nach Meinung mancher darin zu sehen, dass die Unternehmen selbst zum Teil das traditionell ordnungsrechtliche Vorgehen bevorzugen. Mit diesem Vorgehen sind sie vertraut, es gibt Planungssicherheit und es stellt ein Hindernis für den Eintritt neuer Wettbewerber in den Markt dar. s. *Spence,* Paradox Lost, S. 177.

b) Übertragbarkeit der für die USA gewonnenen Ergebnisse auf Deutschland

Die Frage ist allerdings, ob die bisher gewonnenen Erkenntnisse, also besonders die Feststellung, dass sich Abgeordnete vor allem an ihren Wählern und nicht an Interessengruppen orientieren, auch in Deutschland gelten. Obgleich für Deutschland empirische Daten weitgehend fehlen, gibt es auch hier gute Gründe anzunehmen, dass der Einfluss von Interessengruppen im Parlament geringer ist als in Verwaltungsverfahren. So wurde bereits für die Zeit des Kaiserreiches festgestellt, dass die großen Entscheidungen unabhängig von den Verbänden fielen, dass aber Spezialgesetze wie etwa das Margarinegesetz oder das Branntwein- und Tabakmonopolgesetz wesentlich vom Einfluss der Verbände geprägt waren. Und noch größer war der Einfluss der Verbände, wenn man die reine Verordnungs- und Verwaltungstätigkeit der Regierung einbezog, bei der das Parlament nicht mitwirkte.[173]

Dieser Befund scheint nicht auf Monarchien beschränkt zu sein, sondern sich auch auf demokratische und republikanische Regierungsformen in Europa übertragen zu lassen: Sobald eine umstrittene Frage aus dem eng umgrenzten Prozess des Aushandelns mit dem zuständigen Ressort gelöst wird, lässt der Einfluss der Interessengruppen nach. Je kontroverser eine geplante Regierungsmaßnahme in der Öffentlichkeit, in den Parteien und im Parlament diskutiert wird, desto zurückhaltender muss die Verwaltung gegenüber einzelnen Interessenvertretern agieren.[174] Hingegen wächst der Einfluss von Interessengruppen auf politische Entscheidungen in dem Maße, in dem sie parteipolitisch wenig kontrovers und ideologisch unumstritten sind.[175] Und auch die Einsicht, dass nur durch in regelmäßigen Abständen stattfindende Wahlen das Organisationsdefizit großer, inhomogener Gruppen kompensiert werden kann, scheint in Deutschland zu gelten. Davon profitieren beispielsweise die Rentner, die auch ohne schlagkräftige Organisation für alle Parteien so interessant sind, dass sie zumindest in der Vergangenheit nicht selten in den Genuss von „Wahlgeschenken" kamen.[176]

Allerdings ist zu bedenken, dass das deutsche Bundestagswahlrecht sich von dem amerikanischen unterscheidet: In Deutschland gilt nicht das reine Mehrheits-

---

173 *Weber,* Interessengruppen, S. 66. Laut *Fraenkel,* Deutschland und die westlichen Demokratien, S. 63, war das wilhelminische Kaiserreich ein Eldorado der Pressure Groups.

174 *Weber,* Interessengruppen, S. 274. Dieser Gesichtspunkt spricht im Übrigen dafür, die Veröffentlichungspflicht großzügig zu handhaben. So bemerkt denn auch *Percival,* Environmental Legislation, S. 25 f.: „... the public interest generally wins when a spotlight is shining on the legislative process... Increasing the public visibility of the legislative process can help expose and ultimately kill special interest deals... Efforts to make the rulemaking process more visible to the public could be a valuable antidote to rent-seeking behaviour by the regulated community." Vgl. aber auch die kritischen Bemerkungen zur verstärkten Kontrolle durch die Öffentlichkeit am Ende dieses Abschnitts.

175 *Weber,* Interessengruppen, S. 195.

176 *Weber,* Interessengruppen, S. 217.

wahlrecht, sondern es gelten die Grundsätze einer *mit der Personenwahl verbundenen Verhältniswahl* (§ 1 I 2 BundeswahlG). Von den Abgeordneten wird daher die eine Hälfte nach Kreiswahlvorschlägen in den Wahlkreisen gewählt und die andere nach Landeswahlvorschlägen (Landeslisten) (§ 1 II BundeswahlG). Das eröffnet den Verbänden die Möglichkeit, hauptamtliche oder ehrenamtliche Funktionäre über die Landeslisten der Parteien in den Bundestag zu senden, und von dieser Möglichkeit wird offenbar auch bisweilen Gebrauch gemacht.[177] Orientiert man sich allein am Kriterium der Verbandsmitgliedschaft, so stellt man fest, dass rund 81 % aller Bundestagsabgeordneten Mitglied zumindest eines Verbandes sind und dass von diesen Abgeordneten rund jeder zweite einer Gewerkschaft angehört.[178] Indes lässt sich Verbandsmitgliedschaft nicht ohne weiteres mit Einfluss der Verbände gleichsetzen. Viele Abgeordnete sind lediglich „Papiersoldaten", die vor vielen Jahren ihr Gewerkschaftsbuch während ihrer Tätigkeit als Arbeitnehmer erhalten haben, aber kein Engagement für Gewerkschaftsbelange an den Tag legen.[179] Lässt man diese Abgeordneten außer Betracht, so bleiben aber immerhin ca. 43 % der Abgeordneten, die eine hohe Verbandsaffinität aufweisen, also tatsächlich Funktionen in einem Verband ausgeübt haben, sei es hauptamtlich oder ehrenamtlich.[180]

Gleichwohl besteht m. E. Grund zu der Annahme, dass die *Abgeordneten* den Interessengruppen weniger Einfluss einräumen werden als den Anschauungen ihrer Wähler. Denn zum einen gelangt die Hälfte der Abgeordneten über ein Direktmandat in den Bundestag. Sofern diese Abgeordneten nicht über die Landesliste ihrer Partei abgesichert sind, sind sie darauf angewiesen, bei ihren Entscheidungen große, aber schlecht organisierte Gruppen zu berücksichtigen.[181] Andernfalls droht ihnen bei der nächsten Wahl der Verlust der Mehrheit in ihrem Wahlkreis und da-

---

177 *Weber*, Interessengruppen, S. 280, 320.

178 *Weber*, Interessengruppen, S. 281.

179 *Weber*, Interessengruppen, S. 281.

180 *Weber*, Interessengruppen, S. 283.

181 Wie viele Träger eines Direktmandats zugleich über die Landesliste ihrer Partei abgesichert sind, ist nicht ganz einfach zu sagen. Denn die Sicherheit eines Listenplatzes ist davon abhängig, wie viele Direktmandate eine Partei erringt und wie viele Landeslistenbewerber deshalb überhaupt zum Zug kommen. Nimmt man die Ergebnisse der Wahl zum 15. Deutschen Bundestag in Baden-Württemberg zum Maßstab, so ergibt sich nach den Angaben des Statistischen Landesamtes folgendes Bild: Von den 7 erfolgreichen Wahlkreisbewerbern der SPD waren 3 auf den ersten 10 Listenplätzen ihrer Partei und weitere 2 auf den Listenplätzen 11 bis 20. Insgesamt zogen für die SPD 20 Abgeordnete über die Landesliste in den Bundestag ein, so dass also 5 der 7 erfolgreichen Wahlkreisbewerber über die Landesliste abgesichert waren. Bei der CDU war das Bild demgegenüber etwas anders: Von den 30 erfolgreichen Wahlkreisbewerbern waren zwar 5 auf den ersten 10 Listenplätzen und insgesamt 9 unter den ersten 20 Landeslistenbewerbern. Die restlichen 21 erfolgreichen Wahlkreisbewerber waren jedoch gar nicht auf der Landesliste vertreten und daher unbedingt auf die Mehrheit in ihren Wahlkreisen angewiesen. Mithin gab es insgesamt offenbar eine nicht ganz kleine Anzahl von gewählten Wahlkreisbewerbern, die nicht über die Landeslisten abgesichert waren.

mit der Verlust ihres Mandats. Zum anderen haben auch Abgeordnete, die über die Landesliste ihrer Partei in den Bundestag gelangt oder über die Landesliste abgesichert sind, ein Interesse daran, dass ihre Partei gut abschneidet. Denn regelmäßig sind nur wenige Plätze auf der Landesliste ganz sicher, da sich z. B. niemals im vorhinein sagen lässt, wie viele Direktmandate eine Partei erringen wird und wie viele ihrer Abgeordneten daher als Direktkandidaten und wie viele über die Landesliste in den Bundestag gelangen werden.[182]

Was die deutschen *Parteien* selbst betrifft, die dem gesellschaftlichen Bereich angehören, aber in den staatlichen Bereich hineinwirken und dadurch der Rückkoppelung zwischen Staat und Volk dienen,[183] so können sich ihre Interessen ein wenig von den Interessen der Abgeordneten unterscheiden. Zwar sind die Parteien nach der Rechtsprechung des BVerfG berufen, die Bürger freiwillig zu politischen Handlungseinheiten mit dem Ziel der Beteiligung an der Willensbildung in den Staatsorganen organisatorisch zusammenzuschließen und ihnen so Einfluss auf das staatliche Geschehen zu ermöglichen. Sie sollen politische Ziele formulieren und diese den Bürgern vermitteln sowie daran mitwirken, dass die die Gesellschaft wie auch den einzelnen Bürger betreffenden Probleme erkannt, benannt und angemessenen Lösungen zugeführt werden.[184] Den Parteien obliegt es mithin, programmatische Vorgaben zu machen und sodann deren Umsetzung anzustreben.[185] Da sie dafür die Unterstützung der Mehrheit der Wahlberechtigten brauchen, decken sich im Ausgangspunkt die Ziele der Parteien mit denjenigen ihrer Abgeordneten bzw. Wahlkreisbewerber. Zu Differenzen kann es jedoch aufgrund der Tatsache kommen, dass das Referenzgebiet aus Sicht der Parteien nicht der einzelne Wahlkreis, sondern das jeweilige Bundesland ist. Denn ihre Macht bemisst sich in erster Linie nach den für die Landeslisten abgegebenen Zweitstimmen (vgl. § 6 I BundeswahlG). Daher werden die Parteien geneigt sein, eng begrenzte regionale Vorlieben außer acht zu lassen, wenn dies für die Landesliste als Ganze vorteilhaft zu sein verspricht. Hingegen haben die Wahlkreisbewerber, sofern sie auf das Erringen eines Direktmandats angewiesen sind, zuvörderst ihren eigenen Wahlkreis im Blick. Sie können es sich nicht leisten, auf ihren Wahlkreis begrenzte, dort aber weit verbreitete Vorlieben unberücksichtigt zu lassen. Vielmehr müssen sie diese aufgreifen und in ihrem Wahlkampf beachten, selbst wenn hinter diesen Vorlieben noch keine schlagkräftigen Organisationen stehen.

---

182 Die Berechtigung einer gewissen Unsicherheit zeigen u. a. die Überhangmandate, die es in jüngster Zeit häufig gegeben hat.

183 Vgl. etwa BVerfG, Beschl. v. 17. November 1994, BVerfGE 91, 262 (268).

184 BVerfG, Beschl. v. 17. November 1994, BVerfGE 91, 262 (268 f.). Ähnlich BVerfGE 85, 264 (283 ff.).

185 Vgl. zu diesen zwei Elementen auch die Legaldefinition des § 2 I 1 PartG, nach der Parteien dadurch gekennzeichnet sind, dass sie auf die politische Willensbildung Einfluss nehmen und an der Vertretung des Volkes im Bundestag oder in einem Landtag mitwirken wollen. Diese Definition konkretisiert nach der Rechtsprechung des BVerfG den Parteienbegriff des Art. 21 GG in verfassungsmäßiger Weise. s. BVerfGE 91, 262 (266 f.).

Mithin unterscheiden sich die Blickwinkel von Wahlkreisbewerbern und Parteien nur in Nuancen. Beide werden sich bemühen, die Interessen breiter, aber schlecht organisierter Bevölkerungsschichten nicht völlig zu missachten.[186] In erster Linie werden es Abgeordnete kleiner Parteien sein, die sich über diese Interessen hinwegsetzen können. Indes sollte man auch deren Unabhängigkeit von großen Bevölkerungsgruppen nicht überschätzen. Folgendes Beispiel mag dies verdeutlichen: Bündnis 90/Die Grünen fassten vor einigen Jahren einen Parteitagsbeschluss, dem gemäß der Preis für einen Liter Benzin auf DM 5,– steigen sollte. Dieser Beschluss löste so große Empörung aus und führte zu so starken Einbußen in der Wählergunst, dass Bündnis 90/Die Grünen nicht an ihm festhalten konnten. Da man glauben sollte, dass die potentiellen Wähler der Grünen Benzinpreiserhöhungen nicht abgeneigt sind, war diese Reaktion der Öffentlichkeit überraschend. Sie zeigt, dass auch kleine Parteien es sich in der Regel nicht erlauben können, die Interessen großer Gruppen zu missachten, und zwar selbst dann nicht, wenn man annehmen sollte, dass diese Gruppen die Grundanschauungen der Parteien ohnehin nicht teilen. Daher besteht Anlass zu der Vermutung, dass sich auch die Abgeordneten des Deutschen Bundestages stark an den Wünschen ihrer Wähler und weniger an den Wünschen der Interessengruppen orientieren. Zwar erstellen die Abgeordneten in der Regel die Gesetzesentwürfe nicht selbst, sondern die Gesetzesentwürfe werden – anders als in den USA – von der Regierung beim Bundestag eingebracht (Art. 76 I GG). Das bedeutet aber nicht, dass die Abgeordneten nur geringen Einfluss auf die Gesetzgebung hätten. Denn ihre Meinungen und etwaige öffentliche Kritik werden beim Entwerfen der Gesetze berücksichtigt,[187] da die Entwürfe sonst keine Chance hätten, eine Mehrheit zu finden.

c) Anwendung der Erkenntnisse über das Verhalten von Abgeordneten auf die kooperative Verordnungsgebung

(1) Allgemeine Bemerkungen

Überträgt man die Befunde über das Verhalten der Abgeordneten auf die kooperative Verordnungsgebung, so kann man sich leicht vorstellen, dass die zur Verordnungsgebung berufenen Verhandlungskomitees andere Entscheidungen treffen werden als die Abgeordneten, wären diese vor dieselbe Aufgabe gestellt. Zudem lässt sich begründen, warum es sinnvoll sein kann, bestimmte Angelegenheiten den Abgeordneten anzuvertrauen.

Den Ausgangspunkt der folgenden Überlegungen bildet die Erkenntnis, dass die Mitglieder der Verhandlungskomitees *nicht in gleichem Maße demokratisch ver-*

---

186 *von Arnim*, Gemeinwohl, S. 393, meint, dass es sich keine Partei leisten könne, einseitig die Interessen bestimmter Gruppen zu vertreten; vielmehr müsse sich jede Volkspartei prinzipiell an alle Bevölkerungs- und Interessengruppen wenden.

187 *Schneider*, Gesetzgebung, S. 94.

antwortlich und legitimiert sind wie die Abgeordneten. Zwar haben die Vertreter der amerikanischen Bundesumweltbehörde eine gewisse demokratische Legitimation, denn die Leiter der Behörde werden vom Präsidenten ausgewählt und die Maßnahmen der Behörde werden von Gerichten und vom Kongress kontrolliert. Trotzdem sind sie aber mit demokratischen Mitteln nur schwerer zur Rechenschaft zu ziehen als Abgeordnete, denn die Kontrolle seitens des Kongresses vollzieht sich hauptsächlich in Ausschüssen und mit Hilfe der Zuteilung von Haushaltsmitteln.[188] Sie greift also immer erst nachträglich ein und kann allenfalls indirekte Vorwirkungen entfalten. Daher ist eine solche Ergebniskontrolle in der Regel schwächer als die Einflussnahme durch direkte Beteiligung an behördlichen Gestaltungsentscheidungen. Daran hat auch das Gesetz zur Überprüfung von Verwaltungsentscheidungen durch den Kongress („Congressional Review Act"), welches die Kontrollmöglichkeiten des Kongresses stärken sollte, nichts geändert. Nach diesem Gesetz kann eine Verordnung innerhalb eines Zeitraums von 60 Tagen nach ihrer Verkündung vom Kongress in einem beschleunigten Verfahren überprüft und verworfen werden. Die Beschleunigung und Erleichterung des Überprüfungsverfahrens ergeben sich u. a. daraus, dass die Missbilligung einer Verordnung in diesem Verfahren die Unterstützung von weniger Ausschussmitgliedern finden muss als üblicherweise vorgesehen ist. Wird eine Missbilligungsresolution von beiden Kammern des Kongresses gefasst und vom Präsidenten unterschrieben, so kann eine entgegenstehende Verordnung nicht in Kraft treten. Mit anderen Worten: ein solcher Missbilligungsbeschluss kommt zustande wie jedes andere Gesetz. Er wird lediglich in einem besonderen Verfahren behandelt, das eine Beschleunigung erlaubt und Schutz vor gewissen verfahrensrechtlichen Mitteln bietet, die ansonsten der Minderheit zur Verfügung stehen. Gleichwohl wurden nur sehr wenige solcher Beschlussempfehlungen in den Kongress eingebracht, und bis zum Ende des 106. Kongresses im Jahr 2000 wurde keine einzige verabschiedet. Das Gesetz zur Erleichterung der Überprüfung von Verordnungen seitens des Kongresses mag daher zwar einige indirekte Effekte haben, seine direkten Auswirkungen lassen sich aber vernachlässigen.[189]

Da also die Kontrolle durch den Kongress zumindest faktisch sehr begrenzt ist, brauchen sich die mit dem Aushandeln von Verordnungen betrauten Gremien nicht um die Vorlieben der unaufmerksamen Öffentlichkeit zu kümmern. Während Abgeordnete aus den oben genannten Gründen einen Anreiz haben, diese Vorlieben jedenfalls als äußere Grenzen ihrem Verhalten zugrunde zu legen, sind Repräsentanten in den Verhandlungsgremien keinen vergleichbaren Beschränkungen unterworfen. Da sie nicht um ihre Wiederwahl besorgt sein müssen, können sie sich

---

188 *Eric Posner,* Controlling Agencies, S. 1177; *Richard Posner,* Theories of economic regulation, S. 338. Letzterer weist darauf hin, dass für Behörden die Haushaltsausschüsse des Kongresses die gleiche Funktion erfüllen wie die Kapitalmärkte für private Unternehmen. Aus diesem Grunde dürfe man die Kontroll- und Disziplinierungsmöglichkeiten der Ausschüsse nicht unterschätzen.

189 *Eskridge u. a.,* S. 492.

ganz den Bedürfnissen und Wünschen desjenigen Teils der aufmerksamen Öffentlichkeit widmen, der am Verhandlungstisch vertreten ist. Dies werden in der Regel die gleichen Interessengruppen sein, die auch versuchen, Einfluss auf das Gesetzgebungsverfahren zu nehmen. Sofern die Mitglieder der Verhandlungsgremien nicht Repräsentanten von Bundes- oder einzelstaatlichen Behörden sind, sind sie regelmäßig Vertreter von Wirtschaftsverbänden oder – zu einem geringeren Teil – von Umweltschutzgruppen.[190] Teilweise werden sich deren gegenläufige Interessen in den Verhandlungen gegenseitig aufheben, insbesondere wenn es unmittelbar um Umweltfragen geht – wobei allerdings die bisher analysierten „Negotiated Rules" Anlass zu der Befürchtung geben, dass selbst in diesen Sachbereichen die Wirtschaftsverbände in der Lage sein werden, die besseren Verhandlungsführer unter Vertrag zu nehmen und aufgrund ihres Informationsvorsprungs einen Vorteil gegenüber den Umweltgruppen zu erlangen.

Indes wird es nie zur gegenseitigen Aufhebung gegenläufiger Interessen kommen, wenn es um Fragen der *Verteilungsgerechtigkeit* geht, denn in allen Interessengruppen sind nach den oben geschilderten Befunden die sozial schwächeren Bevölkerungsschichten unterrepräsentiert. Dies trifft offensichtlich auf die Wirtschaftsverbände zu. Es gibt aber wenig Anlass zu bezweifeln, dass dies auch für Umweltverbände gilt. Die typische Klientel der Umweltverbände besteht kaum aus der sozial schwachen Landbevölkerung oder aus Personen, die in verschmutzten Innenstadtbereichen wohnen. Vielmehr rekrutiert sich ihre Mitgliedschaft überproportional aus den gut ausgebildeten, vergleichsweise betuchten Bevölkerungsschichten.[191] Diese Personen werden ihrerseits eher geneigt sein, sich für Nationalparks stark zu machen, die von ihnen besucht werden, als für die Opfer der Luftverschmutzung in Innenstadtbezirken, in denen die Umweltschützer weder wohnen noch arbeiten. Da die Umweltbewegung in erster Linie aus der Mittelschicht angehörigen Weißen besteht,[192] ist es unwahrscheinlich, dass Umweltverbände den Standpunkt der sozial schlechter gestellten Bevölkerungsschichten kennen und ihn sich zu eigen machen. Daher sind große Teile derjenigen Öffentlichkeit, die normalerweise das politische Geschehen nur sporadisch verfolgt, in den zur Verhandlung von Verordnungen berufenen Gremien nicht vertreten, beispielsweise die in verschmutzten Gebieten wohnenden ärmeren Bevölkerungsschichten.[193] Es steht zu befürchten, dass ihre Interessen bei „Negotiated Rulemakings" nicht hin-

---

190 Auch *Gillette/Krier,* S. 1068 ff., äußern den Verdacht, dass die Industrie in der Regel eher in der Lage sein wird als andere größere Interessengruppen, sich zu organisieren und Einfluss auf Behördenentscheidungen zu nehmen.

191 Zu empirischen Belegen für die Behauptung, dass „environmental contributors are disproportionately well educated and economically well off", vgl. *Schroeder,* Political Origins, S. 46 Fn. 44.

192 *Saleem,* Overcoming Environmental Discrimination, S. 221.

193 *Susan Rose-Ackerman* benutzt eine ähnliche Argumentation nicht im Hinblick auf Fragen der Verteilungsgerechtigkeit, aber hinsichtlich Umweltbeeinträchtigungen, die verstreut wohnende Individuen betreffen. s. *Rose-Ackerman,* Consensus versus Incentives, S. 1210.

reichend Berücksichtigung finden werden. Dies gilt besonders in Fällen, in denen es – wie hier – keine gut organisierten Dritten gibt, die von Regelungen zugunsten der unaufmerksamen Teile der Öffentlichkeit profitieren würden und die daher deren mangelnde Vertretung in den Verhandlungsgremien kompensieren könnten.[194]

Hingegen kümmern sich Abgeordnete in der Tat um die Sorgen dieser großen, aber schlecht organisierten Bevölkerungskreise. Denn obgleich arme Leute häufig nicht zur Wahl gehen, ist ihr Anteil an der Gesamtbevölkerung doch so groß, dass Abgeordnete, die eine Mehrheit ihres Wahlkreises hinter sich vereinen wollen, es sich nicht leisten können, sie völlig zu vernachlässigen.

(2) Der Clean Air Act als Beleg für die Ausrichtung der Abgeordneten an den Interessen der unaufmerksamen Öffentlichkeit

Im Übrigen wäre das ermächtigende Gesetz, nämlich der Clean Air Act, nie zustande gekommen, wenn Abgeordnete nicht den oben geschilderten besonderen Anreizen unterlägen. Dieses Gesetz ist nämlich sicherlich nicht im Interesse eines großen Teils der aufmerksamen Öffentlichkeit. Viele Wirtschaftsverbände standen ihm äußerst feindselig gegenüber, da es für einige Industriezweige erhebliche Zusatzkosten bedeutete. Gleichwohl wurde das Gesetz verabschiedet, u. a. weil es großen Teilen der unaufmerksamen Öffentlichkeit in stark verschmutzten Gebieten zu helfen versprach. Während die Umweltgesetzgebung ansonsten häufig eher den Interessen der besser gestellten Bevölkerungsschichten dient (denn nur sie haben Zeit und Geld, sich an vielen der unter Schutz gestellten Annehmlichkeiten zu erfreuen), bildet der CAA eine Ausnahme. Die von ihm bezweckten Emissionsminderungen sollen vor allem den Armen und den Minderheiten zugute kommen. Da diese Gruppen traditionell häufig in der Nähe verschmutzender Industrien und in stark schadstoffbelasteten urbanen Räumen siedeln – weil dort die Lebenshaltungskosten geringer sind –, haben sie die meisten Möglichkeiten, von der Verabschiedung des CAA zu profitieren.[195] Normalerweise verfügen diese Gruppen

---

194 Dieser Gedanke sei anhand eines Beispiels aus einem anderen Bereich verdeutlicht: Wenn staatliche Zuschüsse zur Kinderbetreuung verringert werden, sind möglicherweise die Eltern eine zu große und in jedem Einzelfall zu geringfügig betroffene Gruppe, als dass sie sich wirksam zusammenschließen und protestieren könnten. Gleiches gilt aber nicht beispielsweise für die Betreiber von Kindertagesstätten. Sie sind eine viel kleinere und homogenere Gruppe. Daher wird es ihnen leichter fallen, sich zu organisieren und sich für den Erhalt des derzeitigen Zuschussniveaus stark zu machen. In diesem Fall könnten also die durch eine staatliche Regelung indirekt Begünstigten zugunsten der direkt Begünstigten handeln. Ähnliches kann sich ereignen, wenn z. B. eine umweltrechtliche Regelung der Bevölkerung im Allgemeinen, daneben aber auch einigen wenigen Herstellern bestimmter Emissionsverminderungstechniken zugute kommt. Indes ist kaum anzunehmen, dass etwas Vergleichbares geschehen wird, wenn Verordnungsverhandlungen den Verteilungsgerechtigkeitsmaßstäben des Clean Air Act zuwiderlaufen.

195 *Lazarus,* Pursuing „Environmental Justice", S. 796–800, 805. Die sog. Umweltgerechtigkeitsbewegung („environmental justice movement") hat es sich zum Ziel gesetzt, den

über keine eigenen Vertreter und Organisationen. Es gibt keine Interessengruppen, die sich ihrer Sache verschrieben haben. Daher wäre eine Regelung wie der CAA, die zugleich der Umwelt und den benachteiligten Bevölkerungsschichten hilft, wohl nie von einem zur Verhandlung von Verordnungen ins Leben gerufenen Gremium vorgeschlagen worden. Nur für den Kongress bestand der Anreiz, ein Gesetzeswerk zu verabschieden, das im Hinblick auf den Umweltschutz und im Hinblick auf Fragen der Verteilungsgerechtigkeit so gestaltet ist wie der CAA. Denn nur der Kongress hat Anlass, sich der Sorgen derjenigen anzunehmen, die in den stark verschmutzten Gebieten wohnen. Dies soll ausdrücklich nicht bedeuten, dass sich der Kongress nicht auch häufig zugunsten sehr kleiner, gut organisierter Gruppen entscheidet. Letzteres ist vielmehr ständig der Fall. Es soll lediglich heißen, dass der Kongress aus strukturellen Gründen eher geneigt sein wird, sich der Interessen derjenigen anzunehmen, die bei der Aushandlung von Verordnungen kein Gehör finden. Er wird dies zwar nicht stets tun, aber doch zuweilen.

Der CAA bestätigt zudem die andere oben gewonnene Erkenntnis, nämlich die Bevorzugung ordnungspolitischer Instrumente vor Anreizsystemen. Obgleich die einzelnen Regelungen des CAA oft sehr fein ziseliert und schwer verständlich sind, beruht doch die Grundstruktur des Gesetzes auf einem ordnungsrechtlichen Ansatz. Daher können zwar nicht die Einzelheiten, aber doch die Grundsätze des CAA vielen Wählern vermittelt werden. Jeder Wähler kann dann etwaige Verbesserungen der Luftqualität auf dieses Gesetz zurückführen und die Abgeordneten belohnen oder bestrafen, je nachdem, ob Verbesserungen eintreten und ob sie aus Sicht der Wähler die mit ihnen verbundenen Kosten rechtfertigen. Erst in jüngster Zeit hat der Kongress begonnen, bei der Umweltgesetzgebung ökonomische Anreize stärker zu betonen. Zumindest in den 70er und 80er Jahren wurden in erster Linie ordnungsrechtliche Mittel eingesetzt. Allerdings hat man mit Hilfe dieser traditionellen Mittel auch beachtliche Erfolge erzielt. So ist zwar die Umsetzung des CAA sehr teuer. Die hohen Kosten werden aber nach allgemeiner Meinung durch den noch höheren Nutzen aufgewogen, denn der Clean Air Act schneidet bei einer Kosten-Nutzen-Analyse nach allen Berechnungen gut ab. Er verursacht insgesamt Kosten von 0,5 Billionen Dollar, trägt aber zugleich zur erheblichen Verbesserung der Luftqualität und des Gesundheitsschutzes bei. Nach Schätzungen der amerikanischen Bundesumweltbehörde werden durch die Regelungen des CAA jährlich 45.000 Todesfälle, 13.000 Herzinfarkte und 7.000 Schlaganfälle verhindert. Insgesamt wird der Nutzen des CAA auf 5,6 bis 49,4 Billionen Dollar geschätzt.[196]

Wenngleich die zum Aushandeln von Verordnungen berufenen Komitees daher den umweltpolitischen Anliegen des CAA prinzipiell gerecht werden könnten – was aber auch fraglich ist, wie die oben angeführten Beispiele zeigen –, so ist es

Umweltschutz auch für Minderheiten und arme Bevölkerungsschichten zum Tragen zu bringen und ihnen eine sichere und saubere Umwelt zum Wohnen und Arbeiten zu gewährleisten. s. *Saleem,* Overcoming Environmental Discrimination, S. 215.

196 *Sunstein,* Cost-Benefit State, S. 93.

doch nahezu ausgeschlossen, dass sich Gleiches auch unter dem Gesichtspunkt der Verteilungsgerechtigkeit sagen lässt. Ihnen fehlt schlicht der Anreiz, diejenigen Bevölkerungsschichten zu berücksichtigen, deren Interessen zumindest manchmal vom Kongress beachtet werden. Daher ist das Aushandeln von Verordnungen besonders bedenklich, wenn der CAA als Ermächtigungsgrundlage dient. Während in vielen anderen Gesetzen zum Schutz der Umwelt der Gedanke der Verteilungsgerechtigkeit kaum eine Rolle spielt, ist das im Fall der CAA anders. Und gerade diese besondere Stoßrichtung des CAA droht bei der Aushandlung von Verordnungen auf seiner Grundlage konterkariert zu werden.

Die hier zu Illustrationszwecken angeführten Beispiele, also zum einen die „Grand Canyon Visibility Rule" und zum anderen die Holzofenverordnung verdeutlichen diese Probleme.

(3) Anwendung auf die „Grand Canyon Visibility Rule"

Was die „Grand Canyon Visibility Rule" betrifft, so waren die Stromkunden nicht am Verhandlungstisch vertreten, obwohl sie im Endeffekt einen großen Teil der Kosten der Neuregelung zu tragen hatten. Ihre fehlende Vertretung lässt sich – den oben skizzierten Gedankengängen folgend – darauf zurückführen, dass sie über keine Organisation verfügen. Ihre Anzahl ist groß, und die Betroffenheit des einzelnen Kunden ist gering. Sie beträgt nach den oben wiedergegebenen Berechnungen nur wenige Dollar im Monat. Daher lohnt es sich aus Sicht der Stromkunden nicht, die mit der Organisation einer schlagkräftigen Gruppe verbundenen Beschwernisse auf sich zu nehmen, zumal an etwaigen Erfolgen auch nicht-organisierte Stromkunden teilhaben könnten. Denn von günstigen Stromtarifen können nicht einzelne Kunden ausgeschlossen werden. Folglich werden erst gar keine Anstrengungen unternommen, eine Organisation auf die Beine zu stellen, und der Standpunkt der Kunden bleibt bei der Verhandlung der neuen Verordnung weitgehend unberücksichtigt.

Hingegen wären die Beratungen eines vergleichbaren Themas im Kongress aller Wahrscheinlichkeit nach anders verlaufen. Aus Sicht der Abgeordneten des betroffenen Einzelstaates sind die Stromkunden eine große Wählermasse. Daher würden die Abgeordneten versuchen, sowohl die grundsätzliche Haltung ihrer Wähler zu der neuen Verordnung als auch die Intensität dieser Haltung zu eruieren. Zwar schließt dies nicht aus, dass sich die Abgeordneten schlussendlich gegen die Interessen der Stromkunden entscheiden würden. Ausgeschlossen wäre aber, dass die Interessen der Stromkunden außerhalb des Blickfelds blieben.

Im vorliegenden Fall könnte man nun einwenden, dass die Stromkunden zwar nicht direkt am Verhandlungsprozess beteiligt waren, dass ihre Interessen aber durch die Kraftwerkbetreiber gewahrt wurden. Man könnte also meinen, dass hier ein Fall der oben[197] erwähnten Art vorlag: Zwar können die durch den bis-

---

197 Vgl. Fn. 194.

herigen Zustand unmittelbar Begünstigten aufgrund der Probleme kollektiven Handelns keine Organisation aus der Taufe heben, sie werden jedoch durch mittelbar Begünstigte, die sich leichter organisieren können, vertreten. Denn die Kraftwerksbetreiber sollten doch selbst ein Interesse an geringen Kosten haben. Selbst wenn sie Monopolisten sind, sollten sie aus den oben genannten Gründen bestrebt sein, ihre Kosten gering zu halten. Und in der Tat gingen die Verhandlungen ja zumindest auch darauf zurück, dass aus Sicht der Kraftwerkbetreiber der ursprüngliche Vorschlag der EPA schlicht zu teuer war. Sie sahen die Möglichkeit, die Kosten zu reduzieren, ohne dass es zu Abstrichen beim Umweltschutz kommen würde.

Indes wird bei der Berufung auf die Gleichgerichtetheit der Interessen von Kraftwerkbetreibern und Energieverbrauchern zweierlei verkannt: Zum einen sind die Interessen der Energieverbraucher voraussichtlich intensiver als die der Kraftwerkbetreiber, denn die Kraftwerkbetreiber bekommen nur einen kleinen Teil der gestiegenen Kosten in Form geringerer Gewinne zu spüren, wohingegen die Energieverbraucher die Hauptlast zu tragen haben.[198] Sie sind proportional stärker betroffen als die Kraftwerkbetreiber. Daher ist zu erwarten, dass die Kraftwerkbetreiber die Forderung nach Senkung der Kosten weniger vehement vertreten werden als die Energieverbraucher.

Zum anderen haben es die Kraftwerkbetreiber in der Regel schwer, sich in der Öffentlichkeit Gehör zu verschaffen. Die Schmälerung ihrer Gewinne ist nicht dazu angetan, breite Bevölkerungsschichten zu ihren Gunsten in Aufruhr zu versetzen. Auch die meisten Politiker werden sich – zumindest öffentlich – hüten, den Anliegen der Kraftwerkbetreiber das Wort zu reden. Da zahlreiche Wähler die Kraftwerkbetreiber als geldgierig und rücksichtslos gegenüber Umweltbelangen betrachten, wird es der Mehrzahl der Politiker opportun erscheinen, nicht in allzu enge Verbindung mit ihnen gebracht zu werden. Hingegen geben die Stromkunden ein viel sympathischeres Opfer ab. Sie sind Durchschnittsbürger, mit denen sich andere Leute leicht identifizieren können. Und gerade die erhöhte Belastung von Landwirten, die ohnehin schon unter einer Vielzahl umweltrechtlicher Regelungen arbeiten müssen, verbunden mit den absolut gesehen hohen Zusatzkosten von $ 10.000 pro Bauerfamilie, könnte durchaus geeignet sein, die Öffentlichkeit stärker für die Kosten der Neuregelung zu sensibilisieren.

Aus den gleichen Gründen erscheint der Hinweis auf die Repräsentation der Energieverbraucher durch die Bewässerungsbezirke nicht triftig: Zwar haben die Bewässerungsbezirke möglicherweise nicht mit Organisationsproblemen zu kämpfen, denn sie sind eine vergleichsweise kleine und homogene Gruppe, deren Mitglieder vermutlich auch über soziale Disziplinierungsmöglichkeiten verfügen. Aber abgesehen davon, dass sie gar nicht am Verhandlungstisch präsent waren, können sie – ähnlich wie die Kraftwerkbetreiber – die gestiegenen Preise zumindest teilweise an ihre Kunden weitergeben. Daher haben sie keinen Anlass, sich im

---

198 Siehe o. unter I. 1. e) (2).

gleichen Maße für niedrige Strompreise einzusetzen, wie die Stromkunden selbst dies tun würden.

Darüber hinaus ist das Schicksal der Bewässerungsbezirke – ebenso wie das der Kraftwerkbetreiber, aber im Unterschied zu dem der Durchschnittskunden – nicht geeignet, die Öffentlichkeit anzusprechen und zu bewegen. Letzteres wäre aber gerade hier besonders wichtig gewesen. Denn aus den oben genannten Gründen war im vorliegenden Fall die gesamte Diskussion stark von Emotionen und von der Symbolhaftigkeit des Grand Canyon geprägt. Dadurch geriet die tatsächliche Dimension der umweltrechtlichen Problematik in den Hintergrund, und die Öffentlichkeit war geneigt, die Kosten der Neuregelung völlig zu vernachlässigen. Wäre es gelungen, das Schicksal der Stromkunden stärker zu betonen, so hätte sich vielleicht auch die umweltpolitische Diskussion rationaler führen lassen. Wie später noch genauer gezeigt werden wird, ist es nämlich geradezu typisch für umweltrechtliche Diskussionen, dass entweder die Kosten- oder die Nutzenseite einer umweltrechtlichen Regelung gänzlich im Dunkeln bleiben. Hier hätte es helfen können, wenn ein stärkerer Akzent darauf gelegt worden wäre, wer die Kosten der Neuregelung zu tragen hat.

Weder die tatsächliche Präsenz der Kraftwerksbetreiber am Verhandlungstisch noch die fehlende Präsenz, aber vorhandene Organisationsmöglichkeit der Bewässerungsbezirke war deshalb ein geeigneter Ersatz für die Teilnahme eines Vertreters der Energieverbraucher an den Verhandlungen. Ob diese Teilnahme am Ergebnis der Verhandlungen etwas geändert hätte, ist offen. Sie wäre aber jedenfalls nötig gewesen, um die Verhandlungen fair zu gestalten. Denn aufgrund der Art und Weise, wie die Verhandlungen hier abgelaufen sind, eröffnete sich für die Teilnehmer die *Möglichkeit, einen Großteil der Nachteile der Neuregelung auf nicht am Verhandlungstisch vertretenen Dritte abzuwälzen.* Infolge der oben geschilderten Probleme kollektiven Handelns ist davon auszugehen, dass dieses Defizit keineswegs atypisch ist, sondern dass die Kosten von „Negotiated Rules" häufig auf kaum organisierbare und deshalb nicht am Verhandlungstisch anwesende Gruppen abgeschoben werden.

(4) Anwendung auf die Holzofenverordnung

Bei der Holzofenverordnung ergibt sich ein ähnliches Bild: Auch in diesem Fall war eine wichtige Gruppe von Betroffenen nicht ausreichend bei den Verhandlungen repräsentiert, nämlich die Benutzer der Holzöfen.[199] Wie bereits oben dargelegt wurde, besteht Anlass zu der Vermutung, dass Holzöfen überwiegend von der sozial schlechter gestellten Landbevölkerung verwendet werden. Diese Bevölkerungsschicht wird aber aus den ebenfalls bereits oben geschilderten Gründen von

199 Wenn hier von „Benutzern" die Rede ist, so sind damit stets auch diejenigen Personen gemeint, die ihren Holzofen erst noch erwerben oder einen bereits erworbenen Holzofen ersetzen müssen.

den Verbraucherverbänden nur unzureichend vertreten, da es kaum Schnittmengen zwischen der Klientel der Verbraucherverbände und der Gruppe der typischen Holzofenbenutzer gibt. Mithin fehlte es auch in diesem Fall an der Repräsentation eines wichtigen Teils der Betroffenen am Verhandlungstisch. Denn auch hier ist die Industrie in der Lage, aufgrund der kartellartigen Wirkung der Absprachen die Steigerung ihrer Kosten nahezu ungeschmälert an ihre Kunden weiterzugeben. Deshalb werden – ähnlich wie im Fall der „Grand Canyon Visibility Rule“ – die Interessen der Kunden nicht durch die Teilnahme der Hersteller an den Verhandlungen gewahrt. Die eigene Vertretung der Benutzer von Holzöfen in den Verhandlungen der Verordnung wäre erforderlich gewesen.

Indes ist es zu einer solchen Vertretung nicht gekommen, weil die Holzofenbenutzer über keine eigene Organisation verfügen. Und das Fehlen einer solchen Organisation lässt sich wiederum auf Probleme kollektiven Handelns zurückführen: Die Gruppe der Holzofenbenutzer ist sehr groß und wenig homogen. Der Nutzen, den der Einzelne aus einer Organisation ziehen könnte, ist begrenzt, und zudem könnte an diesem Nutzen in Form einer veränderten Verordnung auch jeder nicht organisierte Holzofenbenutzer teilhaben.[200] Denn der Geltungsbereich der neuen Verordnung lässt sich nicht auf den organisierten bzw. nicht organisierten Teil der Holzofenbenutzer begrenzen. Hinzu kommt, dass wir es hier mit einer sozial schwachen Bevölkerungsschicht zu tun haben. Wie die oben angeführten Statistiken zeigen,[201] ist diese Schicht wenig geneigt, Organisationen beizutreten. Aus diesem Grund werden die ohnehin schon nicht geringen Probleme kollektiven Handelns hier besonders groß sein. Das Fehlen einer Organisation der Holzofenbenutzer überrascht daher wenig. Gleichwohl wirft die mangelnde Vertretung dieser Gruppe am Verhandlungstisch natürlich ein schlechtes Licht auf die Ausgewogenheit der Verhandlungen. Wenn eine so wichtige Gruppe fehlt, ist es um die Legitimität – soweit sich diese aus der angemessenen Repräsentation aller betroffenen Gruppen ableitet – nicht gut bestellt.

Darüber hinaus fällt wiederum auf, dass der Abwägungsprozess im Kongress vermutlich anders verlaufen wäre. Aus Sicht der Abgeordneten hätte es auf der Hand gelegen, die Interessen der Holzofenbenutzer zu berücksichtigen. Es wäre kaum möglich gewesen, sie gänzlich unbeachtet zu lassen. Ja, man ist sogar geneigt anzunehmen, dass die Abgeordneten den Interessen der Holzofenbenutzer vielleicht zu viel Gewicht beigemessen hätten. Sie wären eventuell geneigt gewesen, lieber ganz von einer Regelung Abstand zu nehmen, als diesen potentiellen Wählern zu schaden.

Ob das klug gewesen wäre, ist zumindest zweifelhaft. Denn auch wenn das Verhandlungsverfahren, das letztlich zum Erlass der Verordnung geführt hat, mangelhaft war, so bedeutet das doch nicht zugleich, dass auch das Ergebnis des Verfah-

---

200 s. bereits oben 4.

201 s. oben 3.

rens fehlerhaft ist. Die stärkere Berücksichtigung der Interessen der Holzofenbenutzer wäre in der Tat vielleicht fehl am Platz gewesen, und zwar insbesondere aus zwei Gründen: Zum einen sind die zusätzlichen finanziellen Lasten, die von den Holzofenbenutzern zu schultern sind, nicht sehr groß. Nach den Berechnungen der EPA hilft die verbesserte Konstruktion der Holzöfen, Reinigungskosten und Brennholz zu sparen. Die Anschaffungskosten sind also höher als zuvor. Dies wird aber zumindest teilweise dadurch kompensiert, dass die Kosten für den laufenden Betrieb sinken. Insgesamt gesehen hält sich die Zusatzbelastung für die Holzofenbenutzer mithin in Grenzen.

Zum anderen könnte es sinnvoll sein, die Verordnung zu erlassen, selbst wenn die Holzofenbenutzer höhere Kosten zu tragen hätten. Es ist nämlich zweifelhaft, ob man Aspekten der Verteilungsgerechtigkeit gerade bei der Bekämpfung der Luftverschmutzung Rechnung tragen sollte. Zwar ist eine gewisse Einkommensumverteilung grundsätzlich wünschenswert.[202] Im vorliegenden Fall würde eine

---

[202] Die ökonomische Begründung für diese Aussage lässt sich mit Hilfe der Lehre vom abnehmenden Grenznutzen führen. Folgendes Beispiel mag verdeutlichen, was die Lehre vom abnehmenden Grenznutzen besagt: Hat man gar kein Geld, so nützt einem ein Euro mehr als wenn man bereits über € 1 Million verfügt und sodann einen zusätzlichen Euro erhält, denn im letztgenannten Fall wird man in der Regel seine wichtigsten Bedürfnisse bereits befriedigt haben; die Bedürfnisse, die sich bei einem Vermögen von € 1 Million durch zusätzliches Geld befriedigen lassen, sind in der Regel nicht sehr wichtig. D. h. der Grenznutzen eines Euro ist für eine arme Person größer als für eine reiche. Wenn man den gesamtgesellschaftlichen Nutzen steigern will, kann es daher sinnvoll sein, in gewissem Umfang umzuverteilen, denn dadurch sinkt der Nutzen der wohlhabenden Personen weniger, als dass der Nutzen der armen steigt. (AA allerdings *Richard Posner,* der nicht auf die Nutzenmaximierung, sondern auf die Vermögensmaximierung abstellt. Das widerspricht allerdings der ganz hM unter den Ökonomen. s. *John J. Donohue/Ian Ayres,* Posner's Symphony No. 3: Thinking About the Unthinkable, 39 Stan. L. Rev. 791 ff. [797] [1987]. Im übrigen ist hier vieles streitig, beispielsweise wie der gesamtgesellschaftliche Nutzen zu berechnen ist: Während nach ganz überwiegender Meinung die Einzelnutzen der Gesellschaftsmitglieder zu addieren sind, möchte z. B. *John Rawls* den Nutzen des am schlechtesten gestellten Gesellschaftsmitglieds zum Maßstab nehmen [vgl. *John Rawls,* A Theory of Justice, Cambridge, Mass. 1971, S. 75 ff.], und nach anderen Ansätzen sind die Individualnutzen zu multiplizieren bzw. ist ihr Durchschnitt zu berechnen. Die Multiplikation hat einen stark egalitären Effekt, da das Produkt sehr niedrig sein wird, sobald einer der Faktoren nahe null ist, wenn also auch nur ein Individuum einen sehr geringen Nutzen hat. s. zu diesen Berechnungsmöglichkeiten *Weisbach,* Legal Rules, S. 442 ff.) Zudem kann es sein, dass der Nutzen eines Individuums nicht nur von seinem eigenen Vermögen, sondern auch von der gesamtgesellschaftlichen Verteilung des Vermögens abhängt, etwa weil dieses Individuum altruistische Gefühle hat. Ist dies der Fall, so ist eine Umverteilung selbst dann sinnvoll, wenn der Grenznutzen aller Beteiligten gleich sein sollte. s. zum Ganzen *Shavell,* Foundations, 28. Kapitel, S. 1; *Weisbach,* Legal Rules, S. 440.

Bei jeder Umverteilung entsteht allerdings das Problem, dass sie einen schädlichen Einfluss auf den Anreiz haben kann, zu arbeiten und Einkommen zu erwerben. Denn diejenigen Personen, die infolge der Umverteilung Einkommen einbüßen, erhalten einen Anreiz, weniger zu arbeiten, als an sich optimal wäre; und die Empfänger umverteilter Güter werden ebenfalls dazu verleitet, weniger als optimal arbeiten, da sie ja nun eine anderweitige Unterstützung erhalten. Daher kann eine allzu bedenkenlose Umverteilung unerwünschte Auswirkungen auf die Wahl zwischen Arbeit und Freizeit haben und dadurch die Gesamtmenge des

solche an sich wünschenswerte Umverteilung aber auf Probleme stoßen. Denn da Holzöfen zwar überwiegend, aber mit Sicherheit nicht nur von armen Leuten verwendet werden, würde das Unterlassen einer Regelung auch Personen zugute kommen, zu deren Gunsten nicht umverteilt werden muss. D. h. der Kreis der von einer Nichtregelung Begünstigten wäre zu groß. Andererseits wäre er aber auch zu klein, denn es ist ja nicht etwa so, als wenn alle armen Leute mit Holzöfen heizen würden. Unter dem Gesichtspunkt der verteilenden Gerechtigkeit wäre das Unterlassen einer Regelung also ein allzu unscharfes Instrument, um die gewünschten Folgen herbeizuführen. Wenn die Regelung umweltpolitisch vernünftig ist, etwa weil sie die Benutzer von Holzöfen nicht viel kostet und weil sie in großem Umfang natürliche Ressourcen schont, sollte man dem Gesichtspunkt der Verteilungsgerechtigkeit deshalb auf andere Weise Rechnung tragen. Insoweit böte es sich an, entweder den Kauf von Holzöfen durch die armen Bevölkerungskreise zu subventionieren oder einen steuerrechtlichen Ausgleich zu schaffen. Beide Lösungen würden dazu führen, dass die umweltpolitischen Zielsetzungen der neuen Verordnung erreicht würden und dass der Gesichtspunkt der Verteilungsgerechtigkeit viel zielgenauer angegangen werden könnte. Hinzu kommt, dass es – selbst wenn sich der Kreis der zu Begünstigenden hinreichend abgrenzen ließe – im Allgemeinen nicht sinnvoll ist, Rechtsregeln zu Umverteilungszwecken zu nutzen, wenn ein Einkommensteuersystem oder sonstige Transfersysteme zur Verfügung stehen, mit deren Hilfe man diese Zwecke ebenfalls erreichen kann.[203] Vernünftig wäre die Beteiligung

---

für die Umverteilung zur Verfügung stehenden Einkommens verringern. s. *Shavell,* Foundations, 28. Kap. S. 3 – 4; *Weisbach,* Legal Rules, S. 440 f.

Hinzu kommt, dass jede Umverteilung natürlich einen nicht unerheblichen Verwaltungsaufwand mit sich bringt. So wird z. B. geschätzt, dass die Verwaltungskosten für den Vollzug des Einkommenssteuersystems ungefähr 5 % der auf diese Weise eingenommenen Steuern betragen. s. *Shavell,* Foundations, 28. Kap. S. 7; *Richard Posner,* Economic Analysis of Law, § 16.2.

Aus diesen Gründen erscheint eine allzu großzügige Umverteilung trotz der für sie sprechenden Lehre vom abnehmenden Grenznutzen nicht ratsam.

203 *Shavell,* Foundations, 28. Kap. S. 6; *Weisbach,* Legal Rules, S. 446 ff. Begründen lässt sich diese Aussage wie folgt: Sowohl die Benutzung des Rechtssystems („Rechtssystem" meint in diesen Zusammenhängen sämtliche Rechtsregeln außerhalb des Steuerrechts und sonstiger Transfersysteme) als auch die Benutzung des Einkommensteuersystems oder eines sonstigen Transfersystems für Umverteilungszwecke bringen das in der vorherigen Fußnote angesprochene Problem des verzerrenden Einflusses auf die Arbeitsanreize mit sich. Denn ob man einen Teil seines Einkommens infolge der Einkommenssteuer einbüßt oder infolge von Rechtsregeln, die umverteilend wirken, also typischerweise Bezieher hoher Einkommen belasten und Bezieher niedriger Einkommen entlasten, ist im Hinblick auf die Beeinträchtigung der Arbeitsanreize unerheblich.

Neben diesem gemeinsamen negativen Effekt beider Systeme hat die Benutzung des Rechtssystems zu Umverteilungszwecken aber einen Nachteil, den die Einkommenssteuer nicht hat: Der Einsatz des Rechtssystems für die genannten Zielsetzungen führt nämlich dazu, dass die Rechtsregeln in ihrem Anwendungsbereich nicht optimal funktionieren. Sie werden ihrer Aufgabe, das Verhalten der ihnen Unterworfenen möglichst günstig zu beeinflussen, nicht gerecht. Dies sei an einem Beispiel erläutert: Wollte man das Rechtssystem für Umverteilungszwecke nutzen, so würden nicht diejenigen Haftungsregeln gewählt werden, welche

der Holzofenbenutzer hier also vor allem deshalb gewesen, weil sie das Bewusstsein für die Kosten der Regelung und für die Notwendigkeit etwaiger Kompensationsmaßnahmen hätte schärfen können.

d) Lösungsmöglichkeiten: Publizität und Wahl von Vertretern?

Zuletzt sei noch die Frage angesprochen, ob es Möglichkeiten gibt, das Problem mangelnder Vertretung großer, heterogener Gruppen zu vermeiden. Ein häufig gemachter Vorschlag lautet, dass durch größere *Publizität* der Verwaltungsverfahren die Kontrollmöglichkeiten der Öffentlichkeit vergrößert und der Einfluss besonderer Interessengruppen verringert werden könnten. Dieser Auffassung liegt der oben dargestellte Gedanke zugrunde, dass sich Interessengruppen schwer tun, Entscheidungen zu beeinflussen, die im Brennpunkt des öffentlichen Interesses stehen und kontrovers diskutiert werden. Indes ist zu bedenken, dass solche Entscheidungen relativ selten sind. Die Mehrzahl der Verordnungsgebungsverfahren findet kaum öffentliches Interesse und wird nicht kontrovers diskutiert. Dann hilft aber auch größere Publizität nicht weiter. Im Gegenteil, sie könnte sich sogar zugunsten gut organisierter Interessengruppen auswirken.[204] Denn diese Gruppen werden aufgrund ihres organisatorischen Apparats und ihrer finanziellen Ressourcen eher als große, inhomogene Gruppen in der Lage sein, die durch größere Publizität eröffneten erweiterten Kontroll- und Einwirkungsmöglichkeiten zu nutzen. D. h. die Öffentlichkeit von Verwaltungsverfahren und -entscheidungen

---

die Summe aus den Kosten von Unfällen und aus den Kosten, die für sorgfältiges Verhalten zur Unfallvermeidung aufgewendet werden, möglichst gering halten. Stattdessen würden Regeln gewählt, welche die erwünschten Umverteilungseffekte hätten. Durch diese Regeln würden aber die genannten Kosten regelmäßig auf einem ineffizient hohen Niveau gehalten. Ebenso würde bei der Benutzung beispielsweise des Eigentumsrechts zu Umverteilungszwecken nicht die optimale Allokation von Ressourcen erreicht, sondern entweder zuviel oder zu wenig in Eigentum investiert. Mithin hat die Verwendung von allgemeinen Rechtsregeln zu Umverteilungszwecken einen zusätzlichen Nachteil, den das Einkommenssteuersystem nicht hat (sog. „double distortion"-Effekt). Sie führt nämlich zu ineffizientem Verhalten im Anwendungsbereich derjenigen Rechtsregeln, die Umverteilungszwecken zu dienen bestimmt sind. Wenn man also umverteilen will, sollte man dies mit Hilfe des Einkommenssteuersystems bewerkstelligen, da eine solche Umverteilung günstiger ist als die Umverteilung mit Hilfe allgemeiner Rechtsregeln.

Etwas anderes würde nur dann gelten, wenn die Verwaltungskosten für die Vollziehung des Einkommenssteuersystems größer wären als die Kosten, die bei der Anwendung von Rechtsregeln entstehen. Das ist zwar nicht ausgeschlossen, aber auch nicht wahrscheinlich. Denn obschon der mit der Einziehung der Einkommenssteuer verbundene Aufwand nach den oben genannten Zahlen alles andere als unerheblich ist, verursacht die Anwendung von Rechtsregeln ebenfalls ganz erhebliche Kosten, beispielsweise in Form von gerichtlichen Auseinandersetzungen und außergerichtlichen Einigungen. s. *Shavell,* Foundations, 28. Kap. S. 7.

204 Ähnliche Bedenken äußert *Elizabeth Garrett,* Interest Groups and Public Interested Regulation, 28 Fla. St. U.L. Rev. 137 ff. (139 f.) (2000).

könnte zu stärkerer Kontrolle des Verwaltungshandelns seitens der Interessengruppen führen, wohingegen schlecht organisierte Gruppen nur selten in der Lage wären, aus ihr Kapital zu schlagen. Die Mehrzahl der Verfahren würde von den großen, inhomogenen Gruppen überhaupt nicht bemerkt werden, da sie nicht über ausreichende Mittel verfügen, um das Verwaltungshandeln ständig aufmerksam zu begleiten.

Besonders problematisch kann die größere Öffentlichkeit von Verwaltungsverfahren und -entscheidungen sein, wenn sich Interessengruppen illegal verhalten und beispielsweise Amtsträger bestechen. Zwar ist man intuitiv geneigt anzunehmen, dass gerade in *Bestechungsfällen* größere Publizität das Mittel der Wahl ist. Bei genauerer Betrachtung ist das aber nicht so offensichtlich. Denn während öffentliche Verfahren dem Vorteilsgeber die Möglichkeit geben, das Verhalten des den Vorteil annehmenden Amtsträgers genau zu überprüfen und auf die Einhaltung der sog. Unrechtsvereinbarung zu achten, besteht bei nicht-öffentlichen Verfahren diese Möglichkeit nicht. Der Vorteilsgeber erfährt nur das Ergebnis der Entscheidung, und wenn dieses Ergebnis nicht seinen Erwartungen entspricht, kann sich der bestochene Amtsträger in der Regel darauf berufen, dass er sich intern nicht habe durchsetzen können, beispielsweise schlicht überstimmt worden sei. Mangels Publizität hat der Vorteilsgeber keine Möglichkeit, die Richtigkeit dieser Behauptung zu prüfen. Mithin könnten die infolge größerer Publizität gesteigerten Kontrollmöglichkeiten sogar stärkere Anreize zu illegalem Verhalten bieten. Aus diesen Gründen sollte die Erweiterung der Öffentlichkeit von Verwaltungsverfahren und -entscheidungen vorsichtig gehandhabt werden.

Der oben angestellte Vergleich mit dem Verhalten und den Motiven der Abgeordneten legt eine andere Lösung kollektiver Handlungsprobleme nahe: Warum sollte man die Angehörigen dieser großen Gruppen nicht einfach einen Vertreter *wählen* lassen? Schließlich sind Wahlen das übliche Mittel der Interessenbündelung, wenn wegen der Größe einer Gruppe nicht alle ihr angehörigen Personen unmittelbar selbst tätig werden können.

Indes wird diese Lösung voraussichtlich auf einige Probleme stoßen. Erstens wird es oft schwer fallen festzustellen, wer überhaupt zu einer Gruppe gehört. Nach dem hier vertretenen Ansatz werden Gruppen durch ihre gemeinsames Interesse bestimmt. Dieses Interesse lässt sich jedoch in der Regel nicht ganz trennscharf formulieren. So würde sich etwa im Fall der Holzofenverordnung die Frage stellen, ob sämtliche Holzofenbenutzer eine Gruppe bilden oder nur diejenigen, für welche die Neuregelung eine spürbare finanzielle Belastung bedeutet. Zudem könnte man kaum der Tatsache Rechnung tragen, dass die in erster Linie Betroffenen die zukünftigen Käufer von Holzöfen sind. Da viele Leute ihre Kaufentscheidung noch gar nicht gefasst haben werden, kann man diese Gruppe derzeit noch überhaupt nicht eingrenzen.

Zweitens müsste es eine Instanz geben, welche die Gruppenzugehörigkeit festlegt. Aufgrund des Mangels an Alternativen bietet sich insoweit die für das Aushandeln der Verordnung zuständige Behörde an.[205] Diese kann jedoch ihrerseits ein Interesse daran haben, die Gruppenzugehörigkeit in bestimmter Weise zu beschränken oder auszudehnen, um sich die Arbeit beim Aushandeln der Verordnung zu erleichtern.

Drittens bestünde das Problem, dass Gruppenvertreter üblicherweise nur für das Verhandeln einer einzigen Verordnung ausgewählt würden, denn die überwiegende Mehrheit der Verordnungen wird nach wie vor ohne Verhandlungen erlassen. Das hätte zur Folge, dass Gruppenvertreter nicht auf die Chancen ihrer Wiederwahl achten müssten. Zwar kann dies vorteilhaft sein, weil es den Gruppenvertretern die Freiheit gibt, sich allein am öffentlichen Wohl zu orientieren. Es birgt aber auch Gefahren. So könnte sich der Vertreter einer Gruppe beispielsweise aus persönlichen Gründen dafür entscheiden, die Interessen der Gruppe nicht mehr wirkungsvoll zu vertreten. Da die Gruppe über keine Sanktionsmöglichkeiten verfügt, ist das Risiko des eigenmächtigen Handelns ihrer Vertreter sicherlich nicht gering.

Und schließlich könnte es sein, dass die Angehörigen einer sehr großen Gruppe, die nur auf einem schwach ausgeprägten gemeinsamen Interesse beruht, der Wahl ihres Vertreters einfach fernbleiben würden. Ihre Betroffenheit durch das mögliche Ergebnis eines Verordnungsgebungsverfahrens könnte so gering sein, dass sie geneigt sein könnten, die mit der Wahl eines Vertreters verbundenen Kosten zu vermeiden. Zwar trifft diese Überlegung auf fast alle Wahlen zu, denn beispielsweise auch bei Parlamentswahlen sind die potentiellen Auswirkungen der Stimmabgabe und das Gewicht der einzelnen Stimme so gering, dass sich der Gang zum Wahlbüro unter ökonomischen Gesichtpunkten nicht lohnt. Der Unterschied zwischen Parlamentswahlen und den hier in Rede stehenden Wahlen eines Vertreters in Verordnungsverhandlungen besteht jedoch darin, dass bei ersteren viele Wähler die Stimmabgabe als Bürgerpflicht ansehen. Hingegen würden bei letzteren die Gruppenmitglieder sicherlich nicht durch solch ein Gefühl zur Stimmabgabe motiviert. Mithin könnte es sein, dass dieselben Mechanismen, welche Gruppenangehörige davon abhalten, sich zu organisieren, sie auch davon abhalten würden, an der Wahl eines Gruppenvertreters teilzunehmen.

Aus diesen Gründen scheint es unwahrscheinlich, dass die Wahl von Gruppenvertretern eine taugliche Lösung der geschilderten Probleme ist.

III. Ergebnis dieses Abschnitts

Bei allen Verhandlungen, welche die Vertretung verschiedener gesellschaftlicher Gruppen voraussetzen, besteht das Problem, dass einige Gruppen entweder gar nicht oder jedenfalls nur sehr selten in der Lage sein werden, sich wirksam zu organisieren. Das trifft besonders auf große, inhomogene Gruppen zu. Zwar hat

205 *Seidenfeld,* Empowering Stakeholders, S. 494.

das Parlament Anreize, die Belange dieser Gruppen zu berücksichtigen. Auf der Ebene der Behörden fehlen diese Anreize aber. Es ist daher zu befürchten, dass dort die Interessen der genannten Gruppen oft missachtet werden.

Nach den hier ausgewerteten Daten sind kollektive Handlungsprobleme überall anzutreffen. Sowohl in den USA als auch in Deutschland sind Interessengruppen, die sich die Beeinflussung des politischen Prozesses zum Ziel gesetzt haben, typischerweise klein. Und sind sie doch einmal groß, so lässt sich dies in der Regel darauf zurückführen, dass sie ihren Mitgliedern über das bloße Engagement der Interessengruppe in der Politik hinausgehende Vorteile anbieten können; oft ist die politische Tätigkeit nur ein Nebenprodukt sonstiger Aktivitäten der Interessengruppe.

Was den Gesichtspunkt der Besonderheiten parlamentarischer Willensbildung und der Berücksichtigung schlecht organisierter, aber großer Gruppen im Parlament betrifft, so lassen sich die geschilderten Eigentümlichkeiten anhand empirischer Daten belegen, die für den amerikanischen Kongress gewonnen wurden. Sie dürften sich aber auch auf das deutsche System übertragen lassen. Denn zum einen haben die in ihren Wahlkreisen direkt gewählten Bundestagsabgeordneten einen starken Anreiz, die Anliegen großer Gruppen ausreichend zu berücksichtigen, sofern Angehörige dieser Gruppen in ihrem Wahlkreis vertreten sind. Und zum anderen werden zumindest die großen Parteien ohnehin stets bemüht sein, nur wenige Entscheidungen gegen den Willen großer, aber schlecht organisierter Gruppen zu treffen. Denn andernfalls wären sie kaum in der Lage, die Mehrheit der Wähler hinter sich zu vereinen.

Zwei Schlussfolgerungen lassen sich aus diesen Erkenntnissen ziehen: Erstens ist jede Übertragung von Zuständigkeiten vom Parlament auf die Ebene der Behörden damit verbunden, dass sich der Blickwinkel der Entscheidungsträger ändert. Damit soll nun nicht gesagt sein, dass die Delegation von Aufgaben schlankweg abzulehnen wäre; das wäre schon deshalb unvernünftig, weil eine hoffnungslose Arbeitsüberlastung des Parlaments die Folge wäre.[206] Zwar kann normalerweise einer größeren Arbeitsbelastung dadurch begegnet werden, dass die Mitgliederanzahl der zuständigen Stelle erhöht wird, man denke etwa an Neueinstellungen in überlasteten Abteilungen eines Unternehmens. In diesem Fall ist die Erhöhung der Mitgliederzahl aber nicht sinnvoll, da in Gesetzgebungsorganen alle Lösungen die Zustimmung zumindest der Mehrheit der Mitglieder finden müssen und das Zu-

---

206 Laut *Lübbe-Wolff*, Verfassungsrechtliche Fragen, S. 241 ff., ist es schwer vorstellbar, wie die Arbeit der über 1000 Fachleute, die allein im kerntechnischen Ausschuss und seinen Unterausschüssen an der Konkretisierung der Anforderungen nach § 7 AtomG arbeiten, und die Arbeit tausender weiterer Fachleute, die in hunderten von Beiräten und Ausschüssen an Berechnungen vertretbarer Dimensionierungsvorgaben für Regenrückhaltebecken etc. sitzen, vom Gesetzgeber übernommen oder auch nur überprüft und auf der Grundlage einer solchen Überprüfung abgesegnet oder verworfen werden könnten. Der Normierungsbedarf gehe quantitativ weit über die Leistungsfähigkeit des Parlaments hinaus. Ebenso *Schneider*, Gesetzgebung, S. 164.

sammenstellen von Mehrheiten umso schwieriger wird, je größer die Gruppe ist. Mit anderen Worten: Gesetzgebung beruht auf Verhandlungsprozessen, und die Kosten von Verhandlungen steigen mit zunehmender Anzahl der Beteiligten überproportional an.[207] Aus diesem Grund ist die Vergrößerung des Gesetzgebungsorgans keine geeignete Reaktion auf die wachsende Arbeitsbelastung.

Hinzu kommt, dass durch die Ablehnung der Delegation vom Parlament an die Behörden die durch die Gewaltenteilung ermöglichten Spezialisierungsvorteile verloren gingen. Denn die Gewaltenteilung dient nicht nur der Machtmäßigung, sondern auch der Herbeiführung einer funktionsgerechten Organisation, welche häufig eine gewisse Spezialisierung erfordert.[208] Und schließlich wäre das Parlamentsgesetz manchmal vielleicht nicht flexibel genug, um veränderten Umständen Rechnung zu tragen,[209] zumal solche Veränderungen typischerweise die gesellschaftlichen Gruppen nicht zu mobilisieren vermögen, so dass diese auch keinen Druck auf das Parlament in Richtung Gesetzesänderung ausüben würden.[210]

---

207 *Richard Posner,* Theories of economic regulation, S. 339 f.

208 Zu den Funktionen der Gewaltenteilung, die über die Machtmäßigung hinausgehen, vgl. *Konrad Hesse,* Grundzüge des Verfassungsrechts der Bundesrepublik Deutschland, 20. Aufl., Heidelberg 1999, Rn. 475 ff. (481 f.) sowie BVerfGE 68, 1 (86): „Die dort als Grundsatz normierte organisatorische und funktionelle Unterscheidung und Trennung der Gewalten dient zumal der Verteilung von politischer Macht und Verantwortung sowie der Kontrolle der Machtträger; sie zielt auch darauf ab, dass staatliche Entscheidungen möglichst richtig, d. h. von Organen getroffen werden, die dafür nach Organisation, Zusammensetzung, Funktion und Verfahrensweise über die besten Voraussetzungen verfügen, und sie will auf Mäßigung der Staatsgewalt insgesamt hinwirken." Laut *Reinhard Mußgnug,* Zustand und Perspektiven der Gesetzgebung, in: Hermann Hill (Hrsg.), Zustand und Perspektiven der Gesetzgebung, Berlin, 1989, S. 23 ff. (47), braucht die Gesetzgebung nicht nur eine Wesentlichkeitstheorie, die ihr sagt, was sie regeln müsse, sondern auch eine Unwesentlichkeitstheorie, die den Blick dafür schärfe, dass Verwaltung und Gerichte vieles besser regeln könnten, wenn es der Gesetz- oder Verordnungsgeber ungeregelt lasse.

209 Vgl. aber auch die kritischen Anmerkungen zu den Flexibilitätsargumenten unter C. V.

210 *Cass R. Sunstein,* After the Rights Revolution, Reconceiving the Regulatory State, Cambridge, Massachusetts, 1990, S. 94; ebenso UGB-AT, ProfE, S. 463 (m. w. N.), dem gemäß die Vergesetzlichung von Entscheidungen über Standards und vergleichbare Anforderungen zum Schutz der Umwelt der Eigenart der Regelungsmaterie zuwider liefe, die durch Technizität des Rechts, fehlende Arbeitskapazität des Parlaments und fehlenden Sachverstand des Parlaments und Notwendigkeit fortwährender Anpassung an neue Gefahrenlagen, wissenschaftliche Erkenntnisse und technische Entwicklungen gekennzeichnet sei. Laut *Schmidt-Aßmann,* Allgemeines Verwaltungsrecht als Ordnungsidee, 2. Kap. Rn. 84, gehe es dem Rechtsstaat vorrangig um Berechenbarkeit, während Demokratie verlange, Möglichkeiten der „Nachsteuerung" offen zu halten und damit ein erhebliches Maß an Flexibilität voraussetze.

Obwohl das Parlamentsgesetz daher nicht stets das am besten geeignete Regelungsinstrument ist, entschied sich der amerikanische Kongress in den 60er und 70er Jahren, das Ermessen der Behörden stark einzuschränken und ihnen sehr detaillierte Vorgaben zu machen. Ein Zeugnis dieser Bestrebungen legt noch heute der CAA mit seinen viele Einzelheiten umfassenden Regelungen ab. Der Grund für dieses Vorgehen des Kongresses lag darin, dass die Behörden aus Sicht des Gesetzgebers den parlamentarischen Vorstellungen nicht hinreichend gefolgt waren.

Die Tatsache, dass sich der Blickwinkel der Entscheidungsträger infolge der Verlagerung von Zuständigkeiten vom Parlament auf Behörden verändert, bedeutet daher nicht, dass die Delegation von Entscheidungsbefugnissen zu verwerfen wäre. Sie bedeutet aber, dass man sich bei einem solchen Vorgehen mehr als bisher üblich fragen sollte, welche Gruppen von den Behördenentscheidungen betroffen sein werden. Ist zu erwarten, dass dies vielfach große, schlecht organisierte Gruppen sein werden, so spricht manches dafür, die Delegation behutsamer als sonst üblich zu handhaben, d. h. also entweder zu unterlassen oder das Ermessen der Behörden stärker zu begrenzen.

Zweitens stellt sich die Frage, wie sinnvoll im Lichte der hier gewonnenen Erkenntnisse die in vielen Gesetzen normierten Beteiligungsrechte (vgl. etwa §§ 51 BImSchG, 60 KrW-/AbfG) verschiedener Gruppen überhaupt sind. Selbst das so ausgewogene amerikanische System ist nicht in der Lage, aus Behörden „Mini-Parlamente" zu machen. Die Art und Weise, wie diffuse Interessen im Parlament berücksichtigt werden, lässt sich auf der Ebene der Behörden nicht nachbilden. Ein noch so ausgeklügeltes System der Interessenvertretung vermag nicht darüber hinwegzutäuschen, dass manchen Interessen eine Vertretung nicht möglich sein wird. Statt nach einer immer weitergehenden Interessenbeteiligung zu rufen, ist daher zu überlegen, ob man sich nicht vielleicht lieber von dem Gedanken der Interessenvertretung verabschieden sollte, soweit Verfahren auf den Erlass von Verordnungen gerichtet sind. Da die Behörden ohnehin nicht in der Lage sein werden, wie „Mini-Parlamente" zu entscheiden, könnte es sinnvoll sein, sie ganz von der Einflussnahme durch Verfahrensbeteiligte abzuschotten. Ob dies tatsächlich ratsam ist, soll hier nicht weiter diskutiert werden. Immerhin ist denkbar, dass die Behörden dann auf anderen Wegen durch gut organisierte Interessengruppen beeinflusst würden. Auch könnte es sein, dass die in den Behörden zuständigen Beamten typischerweise geneigt wären, einigen Interessen mehr Gewicht zu geben als anderen. Festzuhalten bleibt aber, *dass der Weg über immer großzügigere Beteiligungsrechte voraussichtlich nie zum Ziel der ausgewogenen Vertretung aller betroffenen Interessen führen wird.* Dieser Befund dürfte aus den genannten empirischen wie theoretischen Gründen sowohl für das amerikanische als auch für das deutsche Recht gelten.

F. Abschluss von Selbstverpflichtungen in Fällen, in denen der Staat nicht ohne weiteres handeln kann, aber die Öffentlichkeit staatliches Tätigwerden verlangt

Den Kern des folgenden Abschnitts bildet ein Thema, das vor allem dem deutschen Rechtskreis angehört, aber auch durch Beispiele aus dem amerikanischen Recht illustriert werden soll: Es soll die These entwickelt und begründet werden, dass Selbstverpflichtungen häufig dort abgeschlossen werden, wo wegen angeblich drohender Gefahren eine öffentliche Nachfrage nach staatlicher Tätigkeit besteht, diese Nachfrage aber nach der Gesetzeslage durch einseitige staatliche Tätigkeit zumindest nicht ohne weiteres befriedigt werden kann, weil für sie objektiv kein Anlass besteht.

Wie etliche Untersuchungen gezeigt haben, tun sich die meisten Menschen sehr schwer, die Größe von Gefahren und die Wahrscheinlichkeit von Schadensereignissen rational zu beurteilen. So werden beispielsweise Situationen nach einem binären Modell entweder als sicher oder als unsicher angesehen und Zwischenstufen ausgeblendet. Tätigkeiten werden entweder als risikolos und nützlich oder als risikoreich und unnütz wahrgenommen, selten jedoch als riskant und zugleich nützlich, obgleich der letztgenannte Fall in der Realität häufig ist. Zudem hängt viel davon ab, wie stark sich in der Vergangenheit liegende Schadensereignisse ins Gedächtnis eingeprägt haben: Handelte es sich bei vergangenen Schadensereignissen um besonders hervorstechende Begebenheiten, so besteht die Gefahr, dass die Wahrscheinlichkeit ihres nochmaligen Eintritts weit überschätzt wird. Aus diesen und weiteren, im Folgenden (unter I. 2. und II. 2.) genauer zu entwickelnden Gründen kommt es oft zu Situationen, in denen die Öffentlichkeit bestimmte Tätigkeiten oder Verhältnisse als sehr gefährlich ansieht und daher nach staatlichem Einschreiten verlangt, obwohl objektiv kein Anlass für staatliche Tätigkeit besteht.

In solchen Fällen zeigt sich dann zweierlei: Zum einen wird deutlich, dass viele Gesetze es nicht erlauben, diesen populistischen Stimmungen nachzugeben. Vielmehr fungieren die Gesetze als Schranke, die ein Einschreiten nur gestattet, wenn tatsächlich Gefahren abzuwehren sind (dazu unter I. 2. h) und II. 4.). Zum anderen erweisen sich Selbstverpflichtungsabkommen als geeignetes Mittel, um den öffentlichen Druck abzufedern, ohne dass deshalb sogleich die Gesetze geändert oder Verordnungen erlassen werden müssten.[1] Wie allerdings darzulegen sein wird, ist

---

[1] Ein ähnlicher Gedanke findet sich bei *Di Fabio,* Selbstverpflichtungen, S. 974: Nach seiner Meinung können Selbstverpflichtungen ein Rationalitätspuffer gegen aktionistische Politik mit ihren legislatorischen Schnellschüssen sein.

es keineswegs so, als wenn der Abschluss von Selbstverpflichtungen für die Allgemeinheit kostenlos wäre. Zwar bleibt das staatliche Rechtssystem in Takt, es ergeben sich aber möglicherweise schädliche Wirkungen in anderen Bereichen.

Zur Illustration der Ausführungen werden zwei Selbstbeschränkungsabkommen dienen, nämlich die Selbstverpflichtung der *Mobilfunkbetreiber* zur Verringerung angeblicher Gefahren, die von elektromagnetischen Feldern ausgehen (dazu unter I.), und die Selbstverpflichtung der *Bekleidungsindustrie;* mit Hilfe der letztgenannten Selbstverpflichtung ist die Bekleidungsindustrie Risiken begegnet, die durch reißfeste Kordeln an Kinderbekleidung hervorgerufen werden (dazu unter II.). Was das amerikanische Recht betrifft, so sollen (unter I. 2. d)) die verschiedenen Reaktionen auf die von Asbest ausgehenden Gefahren das Anschauungsmaterial bilden. Eine dieser Reaktionen bestand nämlich in der Durchführung einer kooperativen Verordnungsgebung.

I. Selbstverpflichtung der Mobilfunkbetreiber

1. Inhalt

Vor dem Hintergrund des geplanten Ausbaus der neuen UMTS-Mobilfunkgeneration hatte sich um die Jahrtausendwende eine Diskussion über mögliche gesundheitliche Gefährdungen durch *elektromagnetische Felder* (sog. „Elektrosmog") entwickelt.[2] Als sich die Kritik an der Errichtung neuer Mobilfunk-Sendeanlagen verstärkte, entschlossen sich die Mobilfunkbetreiber, mit einer Selbstverpflichtung zu reagieren.

Die freiwillige Selbstverpflichtung vom 6. Dezember 2001 enthält ein ganzes Bündel von Maßnahmen „zur Verbesserung von Sicherheit und Verbraucher-, Umwelt-, und Gesundheitsschutz und Information" (so der Titel der Selbstverpflichtung). So soll unter anderem die Zusammenarbeit mit den Kommunen verbessert werden, indem die Mobilfunkbetreiber die Gebietskörperschaften in regelmäßigen Abständen über den aktuellen Planungsstand neuer Sendeanlagen informieren, von der Absicht konkret geplanter Bauvorhaben unterrichten und der Kommune innerhalb einer angemessenen Frist Gelegenheit zur Stellungnahme und zur Erörterung der Baumaßnahme im Rahmen eines ergebnisoffenen Gesprächs geben. Sodann wird die betroffene Kommune über die Inbetriebnahme einer Sendeanlage zum gleichen Zeitpunkt wie die zuständige Anzeigebehörde nach dem BImSchG informiert. Zudem verpflichten sich die Mobilfunkbetreiber, ihre Netzplanung mit den jeweils betroffenen Kommunen halbjährlich zu erörtern, die Bürger und Bürgerinnen halbjährlich in Abstimmung mit den Kommunen zu unterrichten und die Kommunen in die Standortwahl einzubeziehen, indem ihnen Gelegenheit zur Stel-

2 Der Streit um den sog. „Elektrosmog" wurde offenbar erstmals zu Beginn der 90er Jahre von den Medien in die Öffentlichkeit getragen. s. *Hoppenberg u. a.,* S. 12.

lungnahme innerhalb von 8 Wochen gegeben wird. Die Betreiber wollen darüber hinaus Standorte möglichst gemeinsam nutzen, um einen schonenden Umgang mit den „Ressourcen Landschaft und Dach“ zu erreichen, vorrangig andere Standorte prüfen, um die Errichtung von Sendeanlagen bei Kindergärten und Schulen zu vermeiden, sowie zum Aufbau eines Netzes von Messstationen zur Überprüfung elektromagnetischer Felder beitragen. Mindestens einmal jährlich wird die Bundesregierung über die Erfahrungen mit der Selbstverpflichtung informiert werden.

Die Bundesregierung hatte die in der Debatte um mögliche gesundheitliche Gefährdungen durch elektromagnetische Felder zum Ausdruck gekommenen Besorgnisse ernst genommen[3] und war an der Entstehung der Absprache maßgeblich beteiligt.[4] Den Abschluss dieser Selbstverpflichtung begrüßte sie ausdrücklich. Damit sei im Interesse eines vorbeugenden Umwelt- und Gesundheitsschutzes ein wesentlicher Fortschritt erreicht worden.[5]

In ihrem ersten Jahresbericht vom 27. Februar 2003 stellten die Mobilfunkbetreiber die Ergebnisse der bisherigen Umsetzung der Selbstverpflichtung dar. Danach hat sich das Klima zwischen Kommunen und Mobilfunkbetreibern aufgrund der intensivierten Kommunikation und der stärkeren Einbindung der Kommunen bereits entscheidend verbessert. Fast alle Konflikte wurden im Verhandlungswege gelöst. Zudem wurde der Aufbau einer Standortdatenbank inzwischen auf den Weg gebracht. In dieser Datenbank sollen Informationen über die tatsächlichen Immissionen durch elektromagnetische Felder bereitgestellt und allgemein verständlich aufbereitet werden. Allerdings heben die Mobilfunkbetreiber gleichzeitig hervor, dass die Informations- und Planungsgespräche mit den Kommunen einen sehr hohen zeitlichen, personellen und administrativen Aufwand beider Seiten erfordern. Dies hat u. a. zu erheblichen zeitlichen Verzögerungen beim Netzausbau geführt. Hinzu kommt, dass aufgrund der technischen Notwendigkeit des „nutzernahen“ Ausbaus von Sendeanlagen in Wohngebieten auch in Zukunft Differenzen zwischen Kommunen und Netzwerkbetreibern zu erwarten sind. Gleiches gilt für die zugesagte alternative Standortprüfung bei Kindergärten und Schulen: Nach Angaben der Netzwerkbetreiber kann die Nutzung dieser Standorte entgegen dem Wunsch vieler Kommunen nicht völlig unterbleiben. Andernfalls wäre aufgrund der zunehmenden Kleinzelligkeit der Mobilfunknetze die flächendeckende Mobilfunkversorgung im urbanen Gebiet vielfach nicht möglich. Außerdem verfehle der grundsätzliche Ausschluss von Schulgebäuden bei der Standortwahl häufig das Ziel der Expositionsminimierung für die Bewohner dieser Gebäude, da in Gebäuden unterhalb von Dachantennen in der Regel niedrigere Expositionen auftreten als in der Nachbarschaft.

---

3 Hintergrundpapier des Bundesumweltministeriums vom 10. 12. 2001

4 So spricht der Bundesumweltminister davon, dass es erfreulich sei, dass sich Bundesregierung und Industrie auf eine Selbstverpflichtung „verständigt“ hätten. Vgl. Presseerklärung des Bundesumweltministers vom 7. 12. 2001.

5 Presseerklärung des Bundesumweltministers vom 7. 12. 2001.

Nachdem der Schwerpunkt im ersten Jahr der Umsetzung der Selbstverpflichtung auf der Information der Kommunen lag, soll in Zukunft die Information der Bürgerinnen und Bürger stärker betont werden. Als beispielhaft wird eine Postwurfaktion in München bezeichnet. Bei dieser Aktion erhielten rund 40.000 Haushalte in den Stadtteilen Schwabing und Pasing ein persönliches Anschreiben sowie Informationsblätter des Informationszentrums Mobilfunk zum Thema Gesundheit.

Gestützt auf den ersten Jahresbericht der Mobilfunkbetreiber zur Umsetzung der Selbstverpflichtung zog die Bundesregierung das Fazit, dass sich die Zusammenarbeit zwischen Mobilfunkbetreibern und Kommunen wesentlich verbessert habe, die Einbeziehung der Bürger in die Auswahl der Mobilfunkstandorte allerdings noch zu wünschen übrig lasse. Letztere sei wichtig, um mehr Akzeptanz für den Ausbau der Mobilfunktechnik in Deutschland zu erreichen. Insgesamt belege der Bericht jedoch, dass die Selbstverpflichtung erste sichtbare Früchte trage.[6]

2. Bewertung der Selbstverpflichtung der Mobilfunkbetreiber

Bei der Beurteilung der Selbstverpflichtung der Mobilfunkbetreiber und ihrer Umsetzung ist an erster Stelle zu berücksichtigen, dass in Deutschland Grenzwerte für die Immission elektromagnetischer Felder in der *26. Verordnung zum BImSchG* festgelegt sind.[7] Diese Grenzwerte sind mit den wissenschaftlich abgesicherten Empfehlungen der internationalen Strahlenschutzkommission (ICNIRP) identisch und entsprechen den Werten, die von der Weltgesundheitsorganisation (WHO) als ausreichende Sicherheitsbasis für den dauerhaften Schutz der Bevölkerung vor gesundheitlichen Beeinträchtigungen empfohlen wurden.[8] Es ist unstreitig, dass diese Grenzwerte bereits vor Unterzeichnung der Selbstverpflichtung stets eingehalten wurden. Zudem hat die deutsche Strahlenschutzkommission nach nochmaliger Untersuchung in ihrer Empfehlung vom 14. September 2001 die wissenschaftliche Tragfähigkeit der Grenzwerte bestätigt und keine Notwendigkeit gesehen, unter Vorsorgeaspekten die geltenden Grenzwerte der 26. BImSchV zu verschärfen.[9]

Es drängt sich daher der Verdacht auf, dass die Selbstverpflichtung der Mobilfunkbetreiber eine Reaktion auf die übertriebene Angst der Bevölkerung vor

6 Gemeinsame Pressemitteilung des Bundesministeriums für Umwelt mit dem Bundeswirtschaftsministerium vom 13. März 2003.

7 Genaueres zur 26. BImSchV findet sich u. a. bei *Kremser,* Rechtliche Bewertung, S. 1360 ff.

8 Vor Inkrafttreten der 26. BImSchV orientierten sich Verwaltung und Gerichte an einer DIN-Norm, die entsprechende Grenzwerte normierte. Vgl. *Determann,* Entwicklung, S. 649. Der Zweck der 26. BImSchV bestand u. a. darin, Rechts- und Investitionssicherheit für die Betreiber von Anlagen mit elektromagnetischen Feldern zu erreichen. s. *Kremser,* Rechtliche Bewertung, S. 1361.

9 Genaueres zu dieser Untersuchung sogleich unter b).

„Elektrosmog" ist.[10] Übertrieben wäre diese Angst jedenfalls dann, wenn das vom „Elektrosmog" ausgehende Risiko in der Tat objektiv sehr niedrig wäre. Eine andere Beurteilung wäre nur angezeigt, wenn sich das Risiko des „Elektrosmogs" derzeit einfach nicht mit hinreichender Sicherheit beurteilen ließe. Im Folgenden soll der Versuch unternommen werden, diese beiden Szenarien der geringen Wahrscheinlichkeit eines Schadenseintritts einerseits und der objektiven Ungewissheit andererseits voneinander abzugrenzen. Zudem sollen verschiedene Fallgruppen entwickelt und dargestellt werden, in denen sich unzutreffende Risikobeurteilungen häufig nachweisen lassen. Es wird sich sodann zeigen, dass in dem hier in Rede stehenden Fall eine nüchterne Beurteilung der vom Elektrosmog ausgehenden Gefahren kaum zu erwarten war. Vorausgeschickt sei allerdings, dass die Abgrenzung zwischen den einzelnen Fallgruppen nicht so trennscharf ist, wie sie dem ersten Anschein nach zu sein scheint. Vielmehr gehen viele Fallgruppen ineinander über. Ihre Grenzen sind fließend, weshalb die Fallgruppen nicht in einem Verhältnis gegenseitiger Ausschließlichkeit stehen, sondern nur unterschiedliche Schwerpunktsetzungen andeuten.

a) Abgrenzung geringe Wahrscheinlichkeit/objektive Ungewissheit

Zunächst sollen zwei Arten von Entscheidungen gesondert werden: Zum einen gibt es Risikoentscheidungen (*„decisions under risk"*), die dadurch gekennzeichnet sind, dass sich ihre Folgen zwar nicht genau voraussehen lassen, dass man aber sämtliche mögliche Folgen der Entscheidungen und die Wahrscheinlichkeit ihres Eintritts kennt. Zum anderen gibt es ungewisse Entscheidungen (*„decisions under uncertainty"*), bei denen sich entweder zwar die möglichen Folgen voraussehen lassen, die Wahrscheinlichkeit ihres Eintritts jedoch unbekannt ist, oder aber es sogar an Kenntnissen über die Menge möglicher Folgen fehlt.[11] Weder die Analyse der Vergangenheit noch die Untersuchung von derzeitigen Signalen, die vom Markt ausgehen, führt dann zu verlässlichen objektiv-statistischen oder subjektiv-intuitiven Hinweisen auf zukünftige Entwicklungen.[12] In den letztgenannten Situa-

---

10 Zur Situation in den USA vgl. *Stoffel,* Electromagnetic Fields, S. 551 ff., die auf S. 557 ff. einen Überblick über die damaligen amerikanischen Studien zu den gesundheitlichen Auswirkungen elektromagnetischer Felder gibt. Nach diesen Studien konnte in der Regel kein Kausalitätsnachweis geführt werden. Es konnte aber auch nicht bewiesen werden, dass elektromagnetische Felder keine gesundheitlichen Auswirkungen haben, denn: „Science cannot prove a negative." s. *Stoffel,* Electromagnetic Fields, S. 593.

11 Vgl. zu dieser Unterscheidung *Elster,* Explaining Technical Change, S. 185–186: „The operative notions here are the ones of risk and uncertainty, two forms of ignorance that differ profoundly in their implications for action. Decisions under risk are present when we can assign numerical probabilities to the various answers to the question ‚What will happen?' Decisions under uncertainty imply that we can at most list the possible answers, not estimate their probabilities." Ähnlich *Kornhauser,* On Justifying Cost-Benefit Analysis, S. 1041.

12 *Paul Davidson,* Is Probability Theory Relevant for Uncertainty? A Post Keynesian Perspective, 5 Journal of Economic Perspectives 129 ff. (130, 131, 134) (1983). Nach aA ist es

tionen ist es daher sinnvoll, so zu handeln, als wenn das schlimmste Ergebnis, das möglicherweise eintreten kann, auch tatsächlich eintreten wird.[13] Um ein Beispiel aus einem anderen Lebensbereich zu nehmen: Wenn man weiß, dass die Reifen eines Autos bei Überschreiten einer bestimmten Geschwindigkeit (bspw. 120 km/h) möglicherweise platzen, aber keinerlei Informationen hat, wie hoch die Wahrscheinlichkeit eines solchen Unfalls ist, wird man sich vernünftigerweise hüten, diese Geschwindigkeit zu überschreiten, selbst wenn der Nutzen der Geschwindigkeitsüberschreitung hoch ist. Weiß man hingegen, wie wahrscheinlich es ist, dass ein Unfall eintritt, lassen sich Kosten und Nutzen der Überschreitung der Geschwindigkeit abwägen, und die Geschwindigkeitsüberschreitung mag sinnvoll sein. Allgemein gesprochen ist es immer dann klug, einen Schadenseintritt möglichst zu vermeiden, wenn man nicht weiß, wie hoch die Wahrscheinlichkeit des Schadenseintritts ist. Denn aufgrund mangelnder Informationen kann man nicht bewusst ein geringes Risiko eines bestimmten Schadens auf sich nehmen, um höherwertige Vorteile zu erlangen (bspw. um schneller von Ort A nach Ort B zu gelangen).

b) Vernachlässigung von Wahrscheinlichkeiten

Der vorliegende Fall der elektromagnetischen Strahlen dürfte jedoch kaum in die soeben dargestellte Kategorie fallen. Die Auswirkungen dieser Strahlen sind bereits vielfach untersucht worden. So ist beispielsweise bekannt, dass die physikalische Einwirkung von elektromagnetischen Feldern zu messtechnisch nachweisbaren physikalischen Effekten führen kann (aber nicht muss), etwa zu Temperaturerhöhungen oder einer Veränderung der elektrischen Spannung über einer Zellmembran. Allerdings sind schädliche Auswirkungen bei Einhaltung der in Deutschland geltenden Grenzwerte nicht festgestellt worden. Im Gegenteil: Sämtliche bisher durchgeführte Studien hochfrequenter elektromagnetischer Felder – zu denen auch die vom Mobilfunk verursachten Felder zählen – gaben allenfalls *Hinweise* auf gesundheitliche Beeinträchtigungen, d. h. die zugrunde liegenden Untersuchungen wiesen auf Beeinträchtigungen hin, konnten aber nicht durch voneinander unabhängige Untersuchungen bestätigt werden und ließen sich auch durch das wissenschaftliche Gesamtbild nicht stützen. Der wissenschaftliche Nachweis des Zusammenhangs zwischen Gesundheitsbeeinträchtigungen und elektromagnetischen Feldern ist bisher nicht gelungen, und selbst ein wissenschaftlich begründeter Verdacht konnte bislang nicht formuliert werden. Folglich ist für Zwecke dieser Arbeit mit der ganz herrschenden Meinung unter den Strahlenschutzexperten davon auszugehen, dass bei Einhaltung der in Deutschland geltenden Grenzwerte

---

stets möglich, eine Wahrscheinlichkeitsberechnung vorzunehmen, sofern die Präferenzen der Beteiligten in sich konsistent sind. s. *Karl Henrik Borch,* The Economics of Uncertainty, Princeton 1968, S. 77–87.

13 „... to the extent that we are in a state of uncertainty, it is rational to act as if the worst that can happen, is bound to happen", *Elster,* Explaining Technical Change, S. 185, 200.

ein ausreichender Gesundheitsschutz gewährleistet ist.[14] Es handelt sich hier daher weniger um den Fall eines ungewissen Risikos als vielmehr um den Fall eines objektiv geringen Risikos, das von den Betroffenen subjektiv als sehr hoch eingeschätzt wird.

Eine solche Risikofehleinschätzung durch die Betroffenen wäre alles andere als ungewöhnlich. Während nach traditioneller, sog. konsequentialistischer Auffassung Entscheidungen auf der Basis der Abschätzung sämtlicher möglicher Folgen getroffen werden, haben neuere Studien diesen Ansatz widerlegt: Früher ging man davon aus, dass die meisten Personen bei ihren Entscheidungen sowohl die Wahrscheinlichkeit des Eintritts möglicher Folgen als auch deren Schwere bedenken. Etwaige Gefühle wurden nicht als Teil des Entscheidungsprozesses angesehen, sondern ihnen wurde nur insoweit Bedeutung beigemessen, als sie die Folgen bestimmter Entscheidungen prägen, die Gefühle also antizipiert werden können; würde beispielsweise eine Entscheidungsfolge voraussichtlich positive Gefühle auslösen, so könnte das nach dieser Ansicht die Wahl der entsprechenden Handlungsalternative beeinflussen.[15]

---

[14] Dies ist die Einschätzung, zu der die zur Beratung des Bundesumweltministeriums berufene unabhängige Strahlenschutzkommission nach umfassender Sichtung neuerer, seit 1998 publizierter Forschungsergebnisse gelangt ist. Vgl. Grenzwerte und Vorsorgemaßnahmen zum Schutz der Bevölkerung vor elektromagnetischen Feldern, Empfehlung der Strahlenschutzkommission, S. 11 ff. Auf S. 30 ff. findet sich eine ausführliche Auseinandersetzung mit neueren wissenschaftlichen Studien hochfrequenter elektromagnetischer Felder. Die gesamte Empfehlung der Strahlenschutzkommission ist im Internet abrufbar unter: http://www.ssk.de/2001/ssk0102e.pdf. Zu beachten ist, dass sich diese Untersuchung der Strahlenschutzkommission auf sämtliche Wirkungen bezieht, die von elektromagnetischen Strahlen ausgehen können, also auf thermische ebenso wie auf athermische.

Der BGH (vgl. Urteile vom 13. Februar 2004 – V ZR 217/03 und V ZR 218/03) hat sich vor kurzem der Meinung der Strahlenschutzkommission angeschlossen und entschieden, dass wissenschaftlich begründete Zweifel an der Richtigkeit der in der 26. BImSchV niedergelegten Grenzwerte und ein fundierter Verdacht einer Gesundheitsgefährdung durch elektromagnetische Felder unterhalb dieser Werte derzeit nicht bestehen. Die Indizwirkung des § 906 I 2 BGB zugunsten einer unwesentlichen Beeinträchtigung lasse sich nicht erschüttern. Das zur Entscheidung berufene Gericht ist nach Ansicht des BGH auch nicht verpflichtet, ein Sachverständigengutachten zur Frage der gesundheitlichen Auswirkungen elektromagnetischer Strahlungen einzuholen. Denn ein solches Gutachten könne nur den Stand der wissenschaftlichen Forschung widerspiegeln und sei nicht geeignet, neue Erkenntnisse zu vermitteln.

Zum früheren Stand der Forschung im Jahr 1997 vgl. etwa *Hoppenberg* u. a., S. 13 f.; *Kremser*, Rechtliche Bewertung, S. 1361 m. w. N.

[15] „... both psychologists and economists who study risky choice adhere to what could be characterized as a consequentialist perspective. We use the term consequentialist in its conventional sense to mean that people make decisions on the basis of an assessment of the consequences of possible choice alternatives ... Expected Utility-type theories posit that risky choice can be predicted by assuming that people assess the severity and likelihood of the possible outcomes of choice alternatives, albeit subjectively and possibly with bias and error, and integrate this information through some type of expectation-based calculus to arrive at a decision. Feelings triggered by the decision situation and imminent risky choice are seen as epiphenomenal – that is, not integral to the decision-making process“, *Loewenstein u. a.*, S. 267. Zu dem traditionellen Entscheidungsmodell vgl. auch *Noll/Krier*, S. 750.

Hingegen haben viele neuere Studien gezeigt, dass menschliche Entscheidungsprozesse offenbar üblicherweise anders ablaufen. So haben z. B. Unterschiede in der Wahrscheinlichkeit eines Schadenseintritts keinerlei Einfluss auf das Verhalten der meisten Leute, jedenfalls dann nicht, wenn die Wahrscheinlichkeiten gering sind. Zum Beispiel wurde festgestellt, dass die Bereitschaft zur Zahlung von Versicherungsprämien unabhängig davon ist, ob das zu versichernde Risiko 1 / 100.000, 1 / 1.000.000 oder 1 / 10.000.000 beträgt.[16] Selbst wenn Probanden verschiedene, unterschiedlich wahrscheinliche Risiken miteinander vergleichen, spielen Unterschiede in der Wahrscheinlichkeit kaum eine Rolle. Entscheidend ist in erster Linie, ob ein bestimmtes Ergebnis erwünscht oder unerwünscht ist, und wie hoch der Grad der Erwünschtheit bzw. Unerwünschtheit ist. Immer dann, wenn *intensive Gefühle* eine Rolle spielen, konzentriert man sich augenscheinlich in besonderem Maße auf die möglicherweise eintretende schlimme Folge und lässt die Wahrscheinlichkeit des Eintritts dieser Folge außer Acht (sog. *„Probability Neglect“*).[17] Mit anderen Worten: Die überwiegende Mehrheit der Bevölkerung tendiert dazu, erhebliche Unterschiede in der Wahrscheinlichkeit eines Schadenseintritts unberücksichtigt zu lassen, wenn der drohende Schaden nicht nur erheblich ist, sondern darüber hinaus starke Gefühle auslöst, beispielsweise weil man sich den schlimmsten möglichen Fall vor Augen hält.[18] Ist ein bestimmtes Ergebnis emotional besetzt, so steigt bzw. fällt die Bereitschaft, für seine Abwendung Zahlungen zu leisten, nicht linear mit der Zu- bzw. Abnahme des Risikos, sondern die Zahlungsbereitschaftskurve verläuft S-förmig. D. h., wenn ein unerwünschtes Ergebnis zu 99 % wahrscheinlich ist, ist die Zahlungsbereitschaft erheblich geringer, als wenn der Eintritt des unerwünschten Ergebnisses sicher ist. Umgekehrt verhält es sich aber im Bereich sehr kleiner Wahrscheinlichkeiten: Ist der Eintritt einer unerwünschten Folge ausgeschlossen, ist verständlicherweise keine Zahlungsbereitschaft vorhanden. Gibt es aber eine auch nur ganz geringe Wahrscheinlichkeit des Eintritts dieser Folge, so steigt die Zahlungsbereitschaft sprunghaft an.[19]

(1) Experiment zum Nachweis des Zusammenhangs zwischen Gefühlen und Wahrscheinlichkeitsbewertungen

Folgendes Experiment wurde zum Beweis dieser Thesen durchgeführt:[20] Die Probanden sollten sich vorstellen, dass sie verpflichtet seien, an einem psychologischen Experiment teilzunehmen. Einigen von ihnen wurde gesagt, dass im Verlauf des hypothetischen Experiments einige Teilnehmer einen kurzen, schmerzhaften,

---

16 *Sunstein,* Probability Neglect, S. 72. Auch *Rose,* Environmental Lessons, S. 1040, ist der Meinung, dass solche kleinen Zahlen für die meisten Leute keine Bedeutung haben.

17 *Sunstein,* Probability Neglect, S. 63.

18 *Sunstein,* Probability Neglect, S. 66.

19 *Noll / Krier,* S. 755, 758; *Rottenstreich / Hsee,* S. 185 f.

20 *Rottenstreich / Hsee,* S. 188.

aber nicht gefährlichen elektrischen Schock erhalten würden. Dem Rest wurde erklärt, dass das hypothetische Experiment zur Verhängung einer Geldstrafe in Höhe von $ 20 gegen sie führen könne. Dabei wurde unterstellt, dass der Elektroschock im Verhältnis zur Geldstrafe die stärker affektgeladene Sanktion ist.

Sodann sollten die Versuchspersonen sich vorstellen, dass die Wahrscheinlichkeit der unerwünschten Sanktion entweder 1 %, 99 % oder 100 % sei, und dass sie die Teilnahme an dem hypothetischen Experiment durch eine Geldzahlung abwenden könnten. Danach wurden sie gefragt, wie viel Geld sie zu zahlen bereit wären, um der Teilnahme an dem hypothetischen Experiment aus dem Weg zu gehen (wobei die Konstellation, dass die Verhängung einer Geldstrafe in Höhe von $ 20 gewiss ist, nicht weiter berücksichtigt wurde, da die Zahlungsbereitschaft ebenfalls $ 20 betragen würde).

Das Ergebnis dieses Experiments war, dass die Teilnehmer bereit waren, durchschnittlich $ 19,86 zu bezahlen, um den gewissen Elektroschock abzuwenden. Die Zahlungsbereitschaft war also in etwa die gleiche wie bei der Geldstrafe. Ganz unterschiedlich war das Ergebnis jedoch im Fall der 1prozentigen Wahrscheinlichkeit des Eintritts der unangenehmen Folge: Hier waren die Teilnehmer gewillt, $ 7 zu zahlen, um einen Elektroschock zu verhindern, und $ 1 zu zahlen, um die Geldstrafe abzuwenden. Das Gewicht der Wahrscheinlichkeit von 1 % war also bei der emotional besetzten Folge deutlich größer als bei der emotional nicht besetzten Folge. Umgekehrt verhielt es sich dann bei der 99prozentigen Wahrscheinlichkeit: Hier waren die Probanden bereit, $ 10 zu bezahlen, um den Elektroschocks abzuwenden, wollten aber $ 18 zahlen, um der Geldstrafe zu entgehen.

Das Experiment bestätigte mithin die These, *dass bei emotional besetzten Folgen geringe Wahrscheinlichkeiten überbewertet und hohe Wahrscheinlichkeiten unterbewertet werden.* Alle Wahrscheinlichkeiten, die größer als 0 % aber kleiner als 100 % sind, werden kaum differenziert wahrgenommen. Sobald ein emotional sehr unerwünschtes Ergebnis weder ganz sicher noch völlig ausgeschlossen ist, spielen Wahrscheinlichkeitsunterschiede nur noch eine untergeordnete Rolle.

(2) „Certainty Effect" und binäre Erklärungsmodelle

Zugleich belegt dieses Testergebnis Studien, nach denen die meisten Leute diegeringfügige Veränderung eines ohnehin geringen Risikos kaum wertschätzen, es sei denn, diese Veränderung reduziert das Risiko auf Null (sog. *„Certainty Effect"*).[21] Zum Beispiel löst die Verringerung eines Risikos von 0,04 auf 0,03 eine

---

21 *Kuran/Sunstein,* S. 707; *Noll/Krier,* S. 758; *Sunstein,* Probability Neglect, S. 76; *Loewenstein u. a.,* S. 276. *Margolis,* Dealing with Risk, S. 83, beschreibt den „Certainty Effect" folgendermaßen: „... willingness to pay for a very small increment to safety is usually near zero except when that small increment is the last increment. So a person will often be interested in an opportunity to change a risk from some very small value to zero, but probably not for that same increment if the resulting value is much greater than zero ... This is usually

viel geringere Zahlungsbereitschaft aus als die Verringerung von 0,01 auf 0,00, obgleich der Unterschied zwischen den Wahrscheinlichkeiten in beiden Fällen gleich groß ist.

Und noch ein weiterer, empirisch ebenfalls nachweisbarer Befund wird durch das Ergebnis des Elektroschock-Tests untermauert, nämlich dass die meisten Personen Situationen entweder als sicher – sei es im guten oder sei es im schlechten Sinne – oder als unsicher einstufen, Unterschieden in der Wahrscheinlichkeit von Schadenseintritten aber kaum Bedeutung beimessen.[22] Gemeinhin scheinen die Denkprozesse vieler Leute nach einem *binären Modell* zu verlaufen: Ist ein Risiko unterhalb einer gewissen Schwelle, wird es als nicht existent betrachtet, und es fehlt die Bereitschaft, sich gegen seinen Eintritt zu versichern. Übersteigt das Risiko jedoch diese Schwelle, so sind die Betroffenen sofort bereit, sich gegen seinen Eintritt zu versichern, und zwar selbst dann, wenn die Versicherungsprämien im Verhältnis zur Wahrscheinlichkeit des Schadenseintritts und der Höhe des zu erwartenden Schadens viel zu hoch sind.[23] Mithin bleiben einige Risiken schlicht unberücksichtigt, während andere Risiken, deren Verwirklichung kaum wahrscheinlicher ist, Anlass zu erheblichen Verhaltensänderungen geben. Dieses Denkmuster hat sich auch in unserem Elektroschock-Beispiel gezeigt: entweder der Elektroschock war ausgeschlossen, so dass keine Zahlungsbereitschaft bestand; oder er war mit Sicherheit zu erwarten; oder er drohte mit einer Wahrscheinlichkeit zwischen 1 und 99 %, weshalb die Probanden bereit waren, zu seiner Abwendung Zahlungen zu leisten, deren Höhe außer Verhältnis zur Wahrscheinlichkeit des Elektroschocks stand. Entscheidend war also nur, ob Sicherheit (im Hinblick auf Eintritt oder Ausbleiben des Elektroschocks) oder Unsicherheit bestand. Hingegen war der Grad der Unsicherheit relativ unwichtig.

Wendet man diese Ergebnisse auf den hier in Rede stehenden Fall der elektromagnetischen Strahlen an, so lässt sich Folgendes feststellen: *Voraussichtlich hilft es wenig, auf die äußerst geringen Risiken dieser neuen Technik hinzuweisen.* Sofern nicht jegliche Risiken ausgeschlossen werden können – was jedoch wissenschaftlich unmöglich ist, weil sich etwas Negatives nicht beweisen lässt[24] –, wird die Gefahr dieser äußerst kleinen Schadenswahrscheinlichkeiten überschätzt wer-

---

referred to as the ‚certainty' effect, since it is most stark for removing the very last element of risk."

22 *Sunstein,* Probability Neglect, S. 70.

23 *Sunstein,* Probability Neglect, S. 75. Ebenso zur Nachfrage nach Versicherungsschutz *Margolis,* Dealing with Risk, S. 82 f.: „A second indication of the propensity to dichotomous response comes from studies of insurance. Both in experiments and in the field, people reveal a bimodal response in their willingness to pay for insurance against small risks. Again, a person either treats the risk as negligible, hence is willing to pay little or nothing for insurance; or the risk is treated as significant, in which case the person is willing to pay substantially more than the expected value of the risk. Somehow, something pushes or fails to push a risk above a threshold, in patterns that often seem to leave the statistically calculable risk as irrelevant."

24 Vgl. o. Fn. 10.

den, da in der Wahrnehmung der Bevölkerung elektromagnetische Strahlen mit emotional stark besetzten Folgen (beispielsweise Krebserkrankungen) verknüpft sind. Ähnlich wie in dem Elektroschock-Experiment werden die ganz geringen, aber emotional belegten Wahrscheinlichkeiten Anlass zu überproportionalen Reaktionen geben. Letztlich wird es keine Rolle spielen, wie groß das Risiko genau ist, da die Unterschiede zwischen den hier relevanten Risiken ohnehin von Laien nicht gewürdigt werden können. Entscheidend wird allein sein, dass das Risiko nicht Null ist. Mithin gibt das soeben dargestellte Experiment Anlass zu der Befürchtung, dass man die angeblich von elektromagnetischen Strahlen ausgehenden Gefahren überschätzen und zu viele Mittel für ihre Bekämpfung aufwenden wird.

c) Rivalisierende Rationalitäten?

Dieser Kritik am Beurteilungsvermögen von Laien wird oftmals entgegengehalten, dass sie zu kurz greife. Sie stamme von Experten, die sich ihrerseits auf wenige Folgen von Risiken versteiften und andere Gesichtspunkte nicht hinreichend berücksichtigten. So ist insbesondere Paul Slovic der Meinung, dass der Laienperspektive entgegen ihrer scheinbaren Irrationalität eine eigene Vernunft inne wohne, die vielschichtiger sei als diejenige der sie beurteilenden Experten. Viele Konflikte zwischen Experten und Laien beispielsweise bei der Frage nach dem richtigen Umweltschutzniveau, den Gefahren der Kernenergie oder der Sondermülldeponien ließen sich wie folgt erklären: Während die Experten zu sehr auf messbare Folgen von Risiken abstellten (z. B. Verlust von Menschenleben), würden Laien auch anderen Aspekten Rechnung tragen (Kontrollierbarkeit des Risikos, Freiwilligkeit seiner Inkaufnahme, Vertrautheit, Verständnis der risikoverursachenden Abläufe, Auswirkungen auf Kinder etc).[25] Deswegen seien Experten manchmal mit einem Vorsorgeniveau zufrieden, das dem Normalbürger völlig unzulänglich erscheine.[26]

---

[25] *Slovic,* Perception of Risk, S. 285. Ebenso *Gillette/Krier,* S. 1073 ff. Eine von *Vincent Covello* zusammengestellte Liste von Faktoren, die für unterschiedliche Intuitionen von Experten und Laien und für Konflikte zwischen ihnen verantwortlich sind, umfasst insgesamt 19 Begriffe: „Catastrophic potential, familiarity, understanding, uncertainty, controllability (personal), voluntariness of exposure, effects on children, effects manifestation, effects on future generations, victim identity, dread, trust in institutions, media attention, accident history, equity, benefits, reversibility, personal stake, origin". s. *Margolis,* Dealing with Risk, S. 28.

[26] Neben der These von den rivalisierenden Rationalitäten werden oft folgende zwei Meinungen vertreten, wenn es gilt, Konflikte zwischen Experten und Laien zu erklären: 1. Bei diesen Konflikten gehe es in Wahrheit nicht um verschiedene Risikoeinschätzungen, sondern um Macht und Ideologie. 2. Der Konflikt rühre daher, dass die Laien das Vertrauen in die Experten verloren hätten.

Der erstgenannten Meinung ist entgegen zu halten, dass Ideologie jedenfalls keine hinreichende Erklärung für die Konflikte sein kann. Es ist nämlich nicht ersichtlich, warum Ideologen in einigen Sachbereichen äußerst erfolgreich sein sollten, während sie in anderen offenbar keinerlei Einfluss haben. Denn es lässt sich ja nicht leugnen, dass die Öffentlichkeit sehr oft dem Expertenurteil folgt und lediglich in ein paar Bereichen von ihm abweicht. Zudem sind stark ideologische Gruppen regelmäßig recht klein, so dass es zumindest nicht leicht zu

Diese Einschätzung ist indes nicht voll überzeugend. Vor allem Howard Margolis[27] hat dargelegt, dass sich das menschliche Beurteilungsvermögen aufgrund von Erfahrungen mit alltäglichen Situationen entwickelt hat. In diesen Situationen lassen sich bestimmte Folgen vielfach bestimmten ursächlichen Verhaltensweisen zuordnen, so dass sich der zunächst sehr grobmaschige Erfahrungshintergrund[28] ständig verfeinert. Eine solche Verfeinerung findet indes in zwei Bereichen nicht statt: An dem einen Ende der Skala gibt es das Gebiet der künstlichen Versuche, Gedankenspiele und Rätsel. Hier fehlen in der Regel Erfahrungen, die unsere oftmals falschen Intuitionen korrigieren könnten, weshalb uns das Lösen von Rätseln auch so große Probleme bereitet. Gleiches gilt aber auch für das andere Ende der Skala, nämlich für Entscheidungen, die nicht nur das entscheidende Individuum selbst, sondern die Gesellschaft als Ganzes betreffen. Hier lassen sich konkrete Konsequenzen von Entscheidungen ebenfalls nur vereinzelt bestimmen, so dass unsere Intuitionen kaum durch Erfahrungen unterfüttert und berichtigt werden. Folglich ist zu erwarten, dass diejenige Art von irreführenden Intuitionen, die das Lösen von Rätseln so schwierig macht, auch im Bereich gesamtgesellschaftlicher Entscheidungen auftreten und schädliche Konsequenzen haben wird, und dass die Experten auf diesen Gebieten den Laien überlegen sein werden.[29]

---

erklären ist, warum sie in der Lage sein sollten, die Bevölkerungsmehrheit in ihren Bann zu ziehen und öffentliches Handeln zu beeinflussen. Mithin erscheint es unwahrscheinlich, dass allein Ideologie für Konflikte zwischen Experten und Laien verantwortlich ist.

Die Behauptung, der Verlust von Vertrauen liege den Meinungsverschiedenheiten zwischen Experten und Laien zugrunde, ist ebenfalls problematisch. Eine andere, ebenso plausible Erklärung könnte nämlich lauten, dass die Kausalkette genau umgekehrt verläuft: Es ist nicht etwa so, dass die Bevölkerung den Experten nicht glaubt, weil sie ihnen nicht vertraut, sondern die Bevölkerung kann die Aussagen der Experten nicht mit ihren Intuitionen in Einklang bringen, und deshalb vertraut sie den Experten nicht. Der Vertrauensverlust ist also nicht Ursache, sondern Folge der Meinungsverschiedenheiten. s. *Margolis,* Dealing with Risk, S. 21 – 29.

27 *Margolis,* Dealing with Risk, S. 14 ff., 209; ebenso *Sunstein,* Cognition and Cost-Benefit Analysis, S. 1079 f.

28 In der Regel sind Intuitionen – entgegen der subjektiven Wahrnehmung – sehr einfach strukturiert und nur von wenigen Signalen abhängig. s. *Margolis,* Dealing with Risk, S. 101.

29 Diese Gesichtspunkte werden von *Margolis,* Dealing with Risk, S. 14 f., besonders betont: „Consider a spectrum of judgments stretching from the narrow and artificial context of puzzles and experiments, continuing through ordinary personal experience, and reaching finally the broad contexts of large social issues. At the narrow end, we have limited experiences in impoverished environments. At the broad end, we have judgments that far transcend individual experience, so that the consequences of acts will often be so diffuse or delayed or ambiguous that close tuning of choices to experience cannot occur. Near the middle of that spectrum, on the scale of normal human experience, we can expect reliable tuning of acts to consequences. So we can expect cognitive anomalies to be least conspicuous in the middle of the spectrum and most conspicuous at each end of the spectrum. But nothing of consequence is at stake in situations at the narrow end. Hence, it is in the realm of social judgment, which constitutes the broad end of the spectrum, that we can expect to find large consequences linked to anomalies.“

Das heißt nun keineswegs, dass sich Experten niemals irren und stets einig sind. Vielmehr wird die Einschätzung vieler Experten stark durch ihre berufliche Zugehörigkeit zu einer bestimmten Institution geprägt.[30] Zudem ist es einfach, Fälle zu benennen, in denen sich selbst ein Konsens unter Experten im Nachhinein als falsch erwiesen hat. *Indes tut man sich äußerst schwer, Fälle zu bezeichnen, in denen sich ein Konsens unter Experten auf der einen Seite und eine dem entgegengesetzte Laienauffassung auf der anderen Seite gegenüberstanden und in denen sich die Laienauffassung im Ergebnis als richtig herausgestellt hat.*[31] Ein solches Beispiel wäre aber nötig, um die Meinung zu belegen, dass der Laienperspektive eine eigene, den Experten mindestens ebenbürtige Rationalität innewohne.

Plausibler als die These von den rivalisierenden Rationalitäten ist daher die Annahme, dass die Meinungen von Laien in vielen Bereichen schlicht nicht ausreichend mit Erfahrungen gesättigt oder auf sonstige Weise geläutert sind; oft hat der Laie einfach keinen Anlass und auch keine Gelegenheit, ein verfeinertes Sensorium zu entwickeln. Es ist daher nicht überraschend, dass sich viele Konflikte zwischen Laien und Experten auf den Bereich der sehr kleinen Wahrscheinlichkeiten beziehen. Dort besteht nämlich für den Laien besonders wenig Anlass und Gelegenheit, seinen Sinnesapparat zu schulen. Wenn sich ein Risiko z. B. im Bereich von 1 / 100.000 bewegt, wird der Laie nie die Möglichkeit haben, einen hinreichend großen persönlichen Erfahrungsschatz zu sammeln. Und dieses Defizit kann sich durchaus als schädlich erweisen. Wir sind nämlich regelmäßig geneigt, unsere Intuitionen selbst dann als richtig anzusehen, wenn sie sich auf keinerlei Erfahrungsgrundlage stützen lassen.[32] Erst wenn ihre Richtigkeit in Zweifel gezogen

---

30 *Sunstein,* Laws of Fear, S. 1130. Zu beachten ist, dass mit Experten natürlich keine Elite von allumfassend informierten Personen gemeint ist. Niemand ist Experte auf mehr als ein paar Gebieten, so dass auch „Experten" auf den meisten Gebieten Laien sind. s. *Margolis,* Dealing with Risk, S. 214.

31 „Experts can be wrong: in fact, it is not hard at all to compile cases where experts have proved to be strikingly wrong, and there are ample cases where a clear consensus of an expert community proved to be wrong. But what are hard to find are the kind of cases that would be relevant here: cases in which an expert consensus is in conflict with lay intuition, and it is lay intuition which in the end proved to be right", *Margolis,* Dealing with Risk, S. 30.

32 s. zum Folgenden: *Margolis,* Dealing with Risk, S. 49 ff., insb. S. 51 f.: „We ordinarily have a powerful propensity to see a clear intuition as right. We do not, however, have much occasion to notice that. For we can notice that propensity to overconfidence in our own intuition only when things go demonstrably wrong. But it does not often happen that we have a sharp intuition that is certifiably wrong – so clearly wrong that we would eventually come to see it as wrong ourselves ... It is only when an intuition is challenged by some friend or adversary or observer ... or by something unexpected or anomalous in the situation, that we are prompted to examine our ‚second-order intuition' about the possibility that our primary intuition might be wrong ... In particular, you are likely to notice that merely providing a logically clear counterargument need not be sufficient to dispel the mistaken intuition ... Finally, we have no introspective access to what prompts our intuitions, so that some sense of things may be guiding my intuition even when I would deny that could make sense. My confident intuition about what is reasonable could reflect tacit inferences that I would regard as wholly unreasonable."

wird, untersuchen wir unsere Intuitionen genauer. Diese Untersuchung stößt aber auf mannigfaltige Schwierigkeiten: Zum einen kann man seine eigenen Intuitionen typischerweise nicht rational erklären. Könnte man es, so würde man sehen, dass sie vielfach unvernünftig sind. Und zum anderen lassen sich Intuitionen mit Hilfe rein logischer Gegenargumente häufig nicht aus den Angeln heben. Hier kommt nun wiederum der Gesichtspunkt des fehlenden Erfahrungshintergrunds ins Spiel: Wenn sich Intuitionen nicht mit logischen Argumenten korrigieren lassen und wenn es uns an Möglichkeiten fehlt, falsche Intuitionen aufgrund von eigenen Erfahrungen zu berichtigen, werden wir sehr oft dazu neigen, auf unseren falschen Intuitionen zu beharren. Nur Experten haben auf solchen Gebieten die Möglichkeit, auf Grund ihres besonderen Erfahrungsschatzes ein zuverlässiges unmittelbares Urteilsvermögen zu entwickeln.[33]

Entgegen der Lehre von den rivalisierenden Rationalitäten ist es auch nicht etwa so, als wenn den Laien diejenigen Folgen von Risiken, mit denen sich der Experte befasst, nicht interessieren würden. Vielmehr möchte auch der Laie in der Regel zunächst einmal wissen, welche Folgen in Form von Verlusten von Menschenleben, Verletzungen etc. ein bestimmtes Risiko wahrscheinlich auslösen wird. Wenn sich allerdings herausstellt, dass das Ergebnis dieser Nachfrage nicht den Intuitionen des Laien entspricht, beispielsweise weil das Risiko objektiv viel geringer ist, als er geglaubt hatte (wie im Fall der elektromagnetischen Strahlen, wo es bisher noch nicht einmal einen wissenschaftlich begründeten Verdacht auf Gesundheitsbeeinträchtigungen gibt), dann sucht der Laie nach anderen Erklärungen für sein Unbehagen oder seine Angst und verfällt vielfach auf Begründungen wie beispielsweise, dass man Experten nicht vertrauen könne, dass es darauf ankomme, ob ein Risiko freiwillig eingegangen sei und ob es sich um ein bekanntes Risiko handele, etc. Dabei gerät leicht in Vergessenheit, dass alle diese Kriterien äußerst anfechtbar sind. So wird beispielsweise als paradigmatisch freiwilliges Handeln oft das Autofahren genannt, obgleich viele Leute keine andere Wahl haben, als mit dem Auto zu fahren, etwa weil sie in Gebieten wohnen, die nicht an das öffentliche Verkehrssystem angeschlossen sind. Zudem beruhen zahlreiche der mit dem Autofahren verbundenen Risiken nicht auf freiwilliger Inkaufnahme, man denke etwa an die Gefahren, die von fahrunsicheren Verkehrsteilnehmern ausgehen.[34] Und ein weiteres Problem kommt hinzu: Für viele Personen hängt die Frage nach der Freiwilligkeit einer Tätigkeit eng damit zusammen, ob sie diese Tätigkeit gerne verrichten.[35] Wenn man gerne mit dem Flugzeug fliegt, klassifiziert man diese Tätig-

---

33 Zu diesen Vorteilen der Experten vgl. *Margolis,* Dealing with Risk, S. 103: „But if expert as well as lay judgment is subject to all the odd features stressed here, why suppose that expert judgment is any better than lay? Because on a matter where a person has a lot of experience, the anchor of intuition will be far more precise than for a person without experience, though the adjustments will be subject to the same (qualitative) kinds of variance."

34 *Margolis,* Dealing with Risk, S. 38.

35 „... we can expect a tendency, given a perception of danger but no parallel perception of opportunities that might have to be given up to avoid the risk, a person will have an

keit als freiwillig. Fliegt man hingegen ungern, so neigt man eher dazu, Fliegen als unfreiwillig zu empfinden.

Aus all diesen Gründen ist die Rede von den rivalisierenden Rationalitäten irreführend. Redlicherweise sollte man zugeben, dass die Meinung der Laien häufig einfach unvernünftig ist.

d) Informationsdefizite und einseitige Betrachtungsweisen

(1) Allgemeines

Verstärkt werden diese Probleme noch dadurch, dass die Betroffenen oft schlecht informiert sind. Teilweise sind sie sich der Gefahren einer Aktivität bewusst, blenden aber deren Nutzen aus (nach dem Motto „better safe than sorry") und befürworten daher eine aggressive staatliche Risikoregulierung. Teilweise verhält es sich aber auch genau umgekehrt, d. h. der Nutzen kommt den Betroffenen zu Bewusstsein, aber nicht die mit der Tätigkeit einhergehenden Gefahren (nach dem Motto „nothing ventured, nothing gained"); dann stehen sie einer staatlichen Regelung ablehnend gegenüber.[36] *Je nach Kontext wird eine Seite der Medaille völlig übersehen.*[37] Würden beide Seiten wahrgenommen, läge es nahe, den Rat von Experten einzuholen. Da aber eine Seite gar nicht ins Blickfeld gerät, sieht man davon ab.

Die Seite, die nicht ins Blickfeld gerät, ist regelmäßig die Nutzenseite, denn die meisten Leute achten stärker auf das Risiko von Verlusten als auf die Möglichkeit von Gewinnen.[38] Das hängt damit zusammen, dass die Mehrheit der Bevölkerung risikoscheu (*„risk averse"*), d. h. nicht willens ist, Risiken einzugehen, bei denen die Wahrscheinlichkeit von Gewinnen und Verlusten gleich groß ist. Stattdessen zieht sie den Status quo vor.[39] Das Ausblenden des Nutzens, der mit einem Risiko

---

enhanced propensity to see the activity as involuntary; and that propensity disappears if costs of precaution as well as dangers are on-screen ... If I feel comfortable flying, I am also likely to feel that flying is voluntary; if I have become worried about air traffic safety, flying starts to feel involuntary", *Margolis,* Dealing with Risk, S. 108.

36 *Sunstein,* Laws of Fear, S. 1151. *Margolis,* Dealing with Risk, S. 74.

37 Bemerkenswert ist, dass auch die meisten Sprichworte in Paaren vorkommen, d. h. es gibt je nach Kontext gegensätzliche Verhaltensanweisungen, von den Betroffenen wird aber üblicherweise nur eine von beiden gesehen. Vgl. z. B. „too many cooks spoil the broth" vs. „many hands make light work" oder im Deutschen: „Wer nichts wagt, der nichts gewinnt" vs. „Wer sich in Gefahr begibt, kommt darin um"; „Gleich und Gleich gesellt sich gern" vs. „Gegensätze ziehen sich an"; und – etwas ausgefallener – „Wem Gott ein Amt gibt, dem gibt er auch Verstand" vs. „Ein Aff bleibt ein Aff, er mag König werden oder Pfaff."

38 „The least controversial single point in the psychology of judgment is that we usually pay more attention to risk of loss than to chances of gain", *Margolis,* Dealing with Risk, S. 93. Auch *Rose,* Environmental Lessons, S. 1040, stellt fest, dass „we may hate risks that threaten the things we now have, but are comparatively complacent about risks that threaten things we can only contemplate."

verbunden ist, führt dazu, dass viele Laien einer allzu vorsichtigen und restriktiven Regelung das Wort reden und ihre Kosten vernachlässigen. Letzteres liegt besonders nahe, wenn die Kosten diffus sind und den Einzelnen nicht direkt betreffen. Regelmäßig fällt es nämlich relativ leicht, sich den Nutzen einer stärker beschränkenden staatlichen Neuregelung vorzustellen, etwa die Vermeidung von Erkrankungen (z. B. Krebserkrankungen) durch strengere Emissionswerte. Hingegen treten ihre Kosten oft weniger deutlich vor Augen, da sie entweder eine sehr große Gruppe treffen, die sich aufgrund der oben behandelten Probleme kollektiven Handelns häufig nicht wirksam wehren kann, wie beispielsweise die Steuerzahler, oder aber da die Kosten verschleiert sind, weil sie in Form von Opportunitätskosten auftreten. Opportunitätskosten sind die Kosten der alternativen Verwendung eines Produktionsfaktors.[40] Sie entstehen, weil der Einsatz von Ressourcen in einem Produktionsprozess diese einer anderen Verwendungsmöglichkeit entzieht, wo sie einen bestimmten Nutzen erbracht hätten. So können Opportunitätskosten beispielsweise darin liegen, dass einigen Betroffenen die Möglichkeit genommen wird, unter etwas gefährlicheren Umständen zu arbeiten anstatt infolge neuer Sicherheitsanforderungen an einem nunmehr zwar sicheren, dafür aber auch schlechter bezahlten Arbeitsplatz tätig werden zu müssen. Erst wenn diese Kosten unmittelbar spürbar werden, ändert sich die öffentliche Meinung. Die Bekämpfung der von Asbest ausgehenden Gefahren, die auch den Gegenstand einer im Anschluss zu erörternden „Negotiated Rule" bilden, mag diesen Mechanismus verdeutlichen.[41]

(2) Asbest in New Yorker Schulen

Im September 1993 wurden die Schulen in New York City nach den Sommerferien nicht wieder geöffnet, da man Angst vor Asbest hatte, das in einigen Schulen gefunden worden war. Diese Entscheidung wurde von den Betroffenen mit überwältigender Mehrheit unterstützt, obgleich die Experten von Anfang an der Meinung waren, dass der Nutzen dieser Maßnahme für die Schulkinder zu gering sei, als dass er eine solche Maßnahme rechtfertigen könne. Die Experten wiesen darauf hin, dass das von der Asbesteinwirkung ausgehende Risiko minimal sei. Es erhöhe die Wahrscheinlichkeit, an Krebs zu erkranken – die normalerweise 1 / 5 beträgt –, nur um 1 / 1.000.000.[42] Dem Urteil der Experten wurde jedoch nicht vertraut. Die Betrof-

39 Rational erklären lässt sich dies mit der bereits oben (vgl. E. Fn. 202) erwähnten Lehre vom abnehmenden Grenznutzen, d. h. ein Zugewinn an Gütern nützt weniger als ein ebenso großer Verlust an Gütern schadet.

40 *Siebert,* Economics, S. 161.

41 s. zum Folgenden *Margolis,* Dealing with Risk, S. 124 – 128.

42 Vielfach wird sogar vertreten, dass es gefährlicher ist, Asbest zu entfernen, als es an den vorgefundenen Orten zu belassen. Denn bei der Entfernung lösen sich Asbestfibern und gefährden die mit der Entfernung betrauten Arbeiter, die keine vollständig schützende Kleidung tragen. s. *Breyer,* Breaking the Vicious Circle, S. 12 – 13, 23.

Zudem besteht stets die Gefahr, dass Asbest durch Produkte ersetzt wird, die ihrerseits krebserzeugend sind. So entschied sich die amerikanische Bundesumweltbehörde EPA 1989

fenen verließen sich vielmehr auf ihre durch das soziale Umfeld (und nicht etwa durch eigene Erfahrung) geprägte Intuition, dass Asbest gefährlich sei.

Innerhalb eines Zeitraums von drei Wochen kippte dann jedoch die öffentliche Meinung in ihr Gegenteil um, obwohl das Asbestrisiko das gleiche geblieben war. Der Grund für den Umschwung in der öffentlichen Meinung war, dass nun auf einmal die Kosten der Schulschließung bzw. der Nutzen des Schulbesuchs trotz der mit ihm verbundenen Risiken deutlich wurden. Die Schulschließungen führten nämlich zu einer erhöhten Belastung der Eltern sowie zu der Einsicht, dass etwa das Spielen auf der Straße im Vergleich zum Aufenthalt in asbestbelasteten Schulen auch nicht risikolos ist.

Vor diesem neuen Erfahrungshintergrund wurde nun in der Öffentlichkeit aber nicht etwa argumentiert, dass Asbest zwar gefährlich sei, diese Gefahr aber angesichts der mit ihrer Vermeidung verbundenen Kosten in Kauf genommen werden müsse. Vielmehr hieß es nun auf einmal, Asbest sei ungefährlich und etwaige Vorsichtsmaßnahmen seien übertrieben. Die Situation in den Schulen sei sicher. Mithin trat an die Stelle des Ausblendens der Kosten einer Schulschließung die Ausblendung ihres Nutzens.

(3) „Negotiated Rulemaking: Asbestos containing materials in schools"

Die Regelung der von Asbest ausgehenden Gefahren war zudem Gegenstand eines „Negotiated Rulemaking". Die von der Bundesumweltbehörde EPA im Verhandlungswege erarbeitete und sodann verkündete Verordnung datiert aus dem

---

nach 10jährigen Untersuchungen, die Herstellung und den Gebrauch von Produkten, die Asbest enthalten, zu verbieten. Die entsprechende Verordnung hielt jedoch der gerichtlichen Überprüfung nicht stand. s. Corrosion Proof Fittings v. EPA, 947 F.2d 1201 (5th Cir. 1991). Das Gericht stützte sich bei der Aufhebung der Verordnung u. a. darauf, dass die Behörde es unterlassen hatte, die von Ersatzstoffen ausgehenden Gefahren zu überprüfen. Dieses Unterlassen war besonders gravierend, weil zu befürchten war, dass einige der Stoffe, die an die Stelle von Asbest treten müssten, genauso, wenn nicht gar noch gesundheitsschädlicher sind als Asbest. Zudem beanstandete das Gericht, dass der Nutzen des Verbots gewisser Verwendungsweisen von Asbest außer Verhältnis zu seinen Kosten stünde. So sei bei dem Verbot von Asbestrohren mit Kosten von bis zu $ 74 Millionen für die Rettung eines Menschenlebens zu rechnen (die Spannbreite der Beträge, die von Behörden für die Rettung eines Lebens aufgewendet werden, ist äußerst weit; sie reicht von $ 0,1 Millionen bis zu $ 125 Millionen, s. *Breyer,* Breaking the Vicious Circle, S. 22 ff.; regelmäßig bemühen sich Behörden aber, einen Wert von $ 6 Millionen für die Rettung eines Menschenlebens nicht zu überschreiten), und durch das ca. $ 250 Millionen teure Verbot der Verwendung von Asbest in Dachschindeln und zu ähnlichen Zwecken können selbst nach optimistischen Schätzungen allenfalls 6 Menschenleben in den nächsten 13 Jahren gerettet werden – eine äußerst geringe Zahl, wenn man bedenkt, dass im gleichen Zeitraum allein durch die Verwendung von Zahnstochern voraussichtlich 12 Menschen sterben werden. Angesichts dieser hohen Kosten eines Verbots und der geringen Risiken stellte Asbest nach Ansicht des Gerichts nicht das von der Ermächtigungsgrundlage vorausgesetzte unzumutbar hohe Risiko dar.

Jahr 1987 und befasst sich mit Asbest in Schulgebäuden.[43] Die EPA versuchte erst gar nicht, den Streit zwischen Experten um die Gefährlichkeit von Asbest zu lösen und genaue Grenzwerte festzusetzen, bei deren Unter- bzw. Überschreitung bestimmte Maßnahmen veranlasst wären. Vielmehr beschränkte man sich darauf, Untersuchungen der Schulgebäude vorzuschreiben, mögliche Reaktionen auf Asbestbelastungen darzustellen und im Übrigen den örtlichen Schulbehörden ein weites Ermessen einzuräumen. Dadurch sollten letztere in die Lage versetzt werden, in jedem Einzelfall die örtlichen Umstände zu berücksichtigen und den Gefahren möglichst kostengünstig zu begegnen. Rigide Vorgaben seitens der Bundesbehörde hätten ein solch flexibles Vorgehen unmöglich gemacht. Andererseits kann man sich aber natürlich auch fragen, ob ein so grobmaschiges Netz, wie es die EPA in diesem Fall geknüpft hat, überhaupt hilfreich ist, ob man also nicht auch ohne Verordnung hätte auskommen können. Im Ergebnis sind die örtlichen Behörden nämlich trotz der Verordnung doch wieder auf ihre eigene Einschätzung zurückgeworfen.

Indes blieb der EPA hier gar keine andere Wahl, als eine Verordnung zu erlassen, da die Ermächtigungsgrundlage der Bundesumweltbehörde keinerlei Normsetzungsermessen ließ, sondern die Umsetzung ziemlich detaillierter Vorgaben innerhalb Jahresfrist vorsah.[44] Angesichts dieser Vorgaben entschloss sich die EPA, rasch und etwas oberflächlich zu handeln und die Hauptentscheidungslast einfach an die örtlichen Behörden weiterzugeben. Da die EPA auf der einen Seite infolge der gesetzlichen Vorgaben eine Regelung des Asbest-Problems vornehmen musste, auf der anderen Seite jedoch innerhalb dieser knappen Zeit kein schlüssiges Konzept entwickeln konnte, war diese Vorgehensweise möglicherweise durchaus klug. Es wurde Zeit gewonnen und die örtlichen Behörden wurden in die Lage versetzt, bei ihren Entscheidungen sowohl neue wissenschaftliche Erkenntnisse über die Gefahren von Asbest als auch finanzielle Aspekte zu berücksichtigen. So betonte die EPA in der Verordnungsbegründung immer wieder, dass zwar die Entfernung von Asbest das Endziel sei, dass zuvor aber eine breite Palette anderer Maßnahmen zur Verfügung stünde, einschließlich etwaiger Reparaturen.[45] Bei der Auswahl einer konkreten Maßnahme sei nach der am wenigsten belastenden Variante zu suchen.

Das Vorgehen der EPA wurde später gerichtlich bestätigt.[46] Das zuständige Gericht unterstrich in seinem kurzen Urteil, dass die gesetzlichen Vorgaben unpräzise seien und dass der Zeitraum, welcher der Behörde eingeräumt worden sei, angesichts der Meinungsverschiedenheiten unter den Experten sehr knapp gewesen sei. Daher sei in der Verordnung lediglich ein erster Schritt auf dem Weg zur

43 52 FR 41826 (final rule); 52 FR 15820 (proposed rule). Diese Verordnung hat also einen engeren Anwendungsbereich als die in der vorherigen Fußnote erwähnte Verordnung, mit deren Hilfe die EPA Asbest umfassend verbieten wollte.

44 Toxic Substances Control Act § 203.

45 s. etwa 52 FR 15820.

46 Safe Buildings Alliance v. EPA, 846 F.2d 79 (D.C. Cir. 1988).

Regelung der Asbest-Problematik zu sehen. Als solcher sei die Verordnung aber nicht zu beanstanden, zumal die örtlichen Behörden sich bei der Auswahl einer Maßnahme aus verschiedenen theoretisch möglichen Maßnahmen von der Frage leiten lassen könnten, welche Vorgehensweise die am wenigsten belastende sei. Zudem sei zugunsten der Bundesumweltbehörde zu berücksichtigen, dass die gesetzlichen Vorgaben selbst nicht durchweg widerspruchsfrei seien.[47]

e) Weiteres zum Einfluss von Gefühlen auf Risikobewertungen

Erklären lässt sich das Ausblenden entweder der Kosten- oder der Nutzenseite damit, dass es den meisten Leuten nicht gelingt, das Risiko eines bestimmten Verhaltens oder eines Zustands von seinem Nutzen gedanklich zu trennen. Man neigt dazu zu behaupten, dass risikoreiche Aktivitäten einen geringen Nutzen haben und dass nützliche Aktivitäten geringe Risiken mit sich bringen.[48] Es kommt kaum vor, dass eine Tätigkeit sowohl als sehr nützlich als auch als sehr gefährlich, oder als wenig nützlich aber auch wenig gefährlich wahrgenommen wird. Vielmehr haben sämtliche Studien gezeigt, *dass eine negative Korrelation zwischen der Wahrnehmung des Risikos und der Wahrnehmung des Nutzens besteht.*[49] Informationen über den Nutzen verändern die Einschätzung von Risiken und Informationen über Risiken verändern die Beurteilung des Nutzens. Erfährt man, dass das Risiko gering ist, so neigt man dazu, den Nutzen hoch einzuschätzen; erfährt man, dass der Nutzen erheblich ist, neigt man dazu, das Risiko zu vernachlässigen.[50] Wird eine bestimmte Aktivität in einem negativen Licht gesehen, so tendiert man dazu, ihr ein hohes Risiko und geringen Nutzen zuzuschreiben. Wird die Aktivität hingegen positiv bewertet, so werden ihr Risiko gering und ihr Nutzen hoch eingeschätzt.[51]

---

47 Diese Beispiele aus dem Bereich der Bekämpfung von Asbestgefahren illustrieren zugleich drei Thesen, die von Laien ständig vertreten, von Experten aber allesamt für falsch gehalten werden: Erstens glauben viele Laien, dass man Risiken nach dem „Alles oder Nichts"-Prinzip beurteilen, also jede Situation entweder als gefährlich oder als sicher einordnen muss; Zwischenstufen gibt es nicht. Zweitens eignet vielen Laien eine Mentalität, nach der es sowohl möglich als auch sinnvoll ist, Risiken völlig zu eliminieren. Und drittens glauben die meisten Laien, dass menschliche Produkte und Aktivitäten generell gefährlicher sind als natürliche Prozesse. s. *Sunstein,* Laws of Fear, S. 1128 – 1129.

48 *Alhakami / Slovic,* S. 1085 ff.

49 *Alhakami / Slovic,* S. 1085 ff.; *Sunstein,* Laws of Fear, S. 1137.

50 *Alhakami / Slovic,* S. 1087; *Sunstein,* Laws of Fear, S. 1138. Die hier wiedergegebenen Ergebnisse sind eine besondere Ausprägung des sog. „Halo"-Effekts. Dieser Effekt wird von *Alhakami / Slovic,* S. 1087, wie folgt beschrieben: „Halo occurs when individuals judge objects, people, or things in terms of general attitudes toward them. For example, when a person's overall impression of another individual is favourable, then his or her perceptions of that individual's attributes (such as intelligence, ability, physical appearance etc.) tend to be favourable."

51 *Rottenstreich / Hsee,* S. 189.

Begreiflich machen lässt sich dies mit dem bereits oben bei der Darstellung der kognitiven Dissonanztheorie angesprochenen Streben nach Konsistenz: Wird eine Tätigkeit oder eine Technologie positiv eingeschätzt, so sorgt das Bedürfnis nach Konsistenz dafür, dass der Nutzen hoch und die Risiken gering veranschlagt werden.[52]

Andere Faktoren, welche neben dem Nutzen die Risikoeinschätzung erheblich beeinflussen, sind die Frage nach der Freiwilligkeit der Inkaufnahme eines Risikos (s. dazu bereits unter c)) sowie die Frage nach der Kontrollierbarkeit des Risikos. Bereits Ende der 60er Jahre wurde festgestellt, dass die Bereitschaft, Risiken aufgrund freiwilliger Aktivitäten (z. B. Skifahren) einzugehen, ungefähr 1000mal so groß ist wie die Bereitschaft, unfreiwillige Risiken auf sich zu nehmen, selbst wenn den Risiken jeweils der gleiche Nutzen gegenüber steht. Zudem neigen Laien dazu, freiwillige Risiken auch als kontrollierbar anzusehen. Je unbekannter, unkontrollierbarer und neuartiger ein Risiko erscheint, desto höher werden seine Gefahren eingeschätzt.[53] Das führt dazu, dass beispielsweise ein Unfall, der zwar viele Menschenleben kostet, aber Teil eines bekannten und verständlichen Systems ist (beispielsweise Autokarambolagen), oftmals wenig Verunsicherung in der Bevölkerung auslöst, wohingegen ein vergleichsweise kleiner Unfall in einem unbekannten und nur schwer verständlichen System (z. B. Kernreaktor oder DNA-Labor) immense soziale Auswirkungen haben kann.[54]

Für den vorliegenden Fall der elektromagnetischen Strahlung bedeutet dies Folgendes: Da die elektromagnetische Strahlung von weiten Teilen der Bevölkerung als neuartiges und kaum verständliches Phänomen angesehen wird, muss man damit rechnen, dass ihre Gefahren überschätzt werden, zumal sich die meisten Leute dieser Strahlung nicht freiwillig aussetzen. Die emotional bedingte negative Einschätzung einiger Folgen der neuen Technik, etwa die Angst vor Krebserkrankungen oder Beeinträchtigungen des menschlichen Nervensystems durch elektromagnetische Strahlen, führt dazu, dass die mit ihr verbundenen Risiken überschätzt und ihr Nutzen unterschätzt werden. Sobald die gefühlsmäßige Reaktion auf die angeblichen Folgen feststeht, wird die unabhängige Einschätzung und Abwägung des Nutzens und der Risiken äußerst unwahrscheinlich. Es gelingt den Leuten dann nicht mehr, Risiko und Nutzen dieser neuen Technik losgelöst voneinander zu betrachten. Stattdessen stellen sie sich auf den Standpunkt, dass eine Technik, die solche negativen Folgen auslösen könne, notwendigerweise auch hohe Risiken berge und nicht nützlich sei.

---

52 *Alhakami/Slovic,* S. 1095.

53 Tatsächlich werden vom Laien natürlich die meisten Risiken nicht verstanden. So würden zwar die meisten Personen behaupten, dass sie Vitamin-Tabletten, Videorekorder usw. „verstehen" und kontrollieren können, faktisch ist aber kaum jemand in der Lage, die Funktionsweise dieser Dinge zu erklären. s. *Margolis,* Dealing with Risk, S. 111.

54 *Kuran/Sunstein,* S. 708; *Slovic,* Perception of Risk, S. 282–284.

f) Sozialprozesse und ihr Einfluss auf Risikowahrnehmungen

Erhöht werden diese Schwierigkeiten durch bestimmte Sozialprozesse. Üblicherweise prüft man nämlich nicht selbständig die Wahrscheinlichkeit von Schadenseintritten nach, stellt also nicht etwa eigene Nachforschungen an, sondern man verlässt sich auf Signale, die man dem Verhalten oder den Äußerungen anderer Personen entnimmt. Folglich kann Furcht schlicht dadurch ausgelöst werden, dass andere Personen sich fürchten. Besonders wenn man sich in der Bewertung eines Risikos unsicher ist, kann es leicht vorkommen, dass man sich durch die Furcht anderer mitreißen lässt. Und selbst wenn man innerlich zu der Furcht anderer auf Distanz geht, gibt man möglicherweise gleichwohl vor, sich ebenfalls zu fürchten. Denn das eigene Ansehen kann Schaden nehmen, wenn man sich weit verbreiteten Stimmungen widersetzt.[55] Es kann also sowohl sein, dass man ungeprüft Informationen von anderen übernimmt und aufgrund dessen seine Einstellungen ändert, als auch, dass man infolge sozialen Drucks zwar seine Einstellungen beibehält, aber sein Verhalten ändert. Beide Mechanismen erzeugen „Schneeballeffekte“ und führen dazu, dass sich vorhandene Ängste verstärken, denn – wie unten noch genauer ausgeführt werden wird – je öfter eine Gefahr erwähnt wird und je leichter Informationen über sie erhältlich sind, desto größer erscheint sie (sog. Verfügbarkeitsheuristik).[56] D. h. die soeben erwähnten Sozialprozesse können die Furcht in der Bevölkerung verstärken, indem sie die Verfügbarkeit von Informationen über bestimmte Risiken erhöhen. Allerdings können sie auch in die umgekehrte Richtung wirken: Sie müssen nicht unbedingt Ängste verstärken, sondern können auch dazu führen, dass die Bevölkerung gegenüber statistisch durchaus signifikanten Risiken immer gleichgültiger wird.[57]

Zu dem Problem der durch Sozialprozesse bedingten falschen Risikowahrnehmung kommt hinzu, dass Gruppen dazu neigen, sich zu polarisieren. So ist beispielsweise erwiesen, dass Teilnehmer von Gruppenberatungen nach der Beratung regelmäßig eine Position einnehmen, die zwar dem Tenor ihrer früheren Position entspricht, aber extremer ist.[58] Das gilt besonders dann, wenn die Teilnehmer bestimmte Grundeinstellungen teilen. In solchen Situationen ist es sehr wahrscheinlich, dass die Gruppenmitglieder nach der Diskussion eines bestimmten Problems oder Risikos entweder sehr beunruhigt sind, obwohl die Beweislage dies nicht rechtfertigt, oder aber Risiken überhaupt nicht mehr als solche wahrnehmen, obgleich Anlass zur Vorsicht besteht.[59]

---

[55] *Sunstein,* Laws of Fear, S. 1132–1134. Ausführlich zu diesen Sozialprozessen und zu der Unterscheidung zwischen „Informational Cascades“ und „Reputational Cascades“: *Kuran / Sunstein,* S. 683 ff.

[56] *Kuran / Sunstein,* S. 685, 711 ff.

[57] *Sunstein,* Laws of Fear, S. 1134.

[58] *Sunstein,* Laws of Fear, S. 1135.

[59] *Sunstein,* Laws of Fear, S. 1136.

Würde man die Wahrnehmung der Risiken elektromagnetischer Strahlen genauer untersuchen, ließen sich solche Sozialprozesse sicherlich auch dort nachweisen. Dass z. B. oft ganze Gemeinden verängstigt sind, hat sicherlich auch damit zu tun, dass die Bürger keine eigenen Informationen einholen, sondern sich auf Informationen verlassen, die sie von ihren Nachbarn erhalten, und dass es skeptischen Einzelnen oft nicht opportun erscheint, allgemein für richtig gehaltenen Auffassungen zu widersprechen. Zudem könnte man in vielen Gemeinden voraussichtlich erhebliche Polarisierungsprozesse aufzeigen. Bisher fehlt es insoweit aber an empirischen Untersuchungen.

g) Warum die Aufklärung der Bevölkerung oft keinen Erfolg verspricht

Diese Sozialprozesse sowie die oben erläuterten Schwierigkeiten bei der Risikowahrnehmung haben u. a. zur Folge, dass die Aufklärung der Bevölkerung über die äußerst geringe Wahrscheinlichkeit eines bestimmten Schadenseintritts kaum Erfolg versprechend ist, wenn der Schadenseintritt als solcher große Befürchtungen auslöst.[60] Vielmehr kann die *bloße Erwähnung eines Risikos,* und sei es auch noch so gering, Anlass für verstärkte Verunsicherung der Bevölkerung sein, weil vielen Leuten erst dann bewusst wird, was alles schief gehen kann.

(1) Ergebnis einer Studie zur Wahrnehmung von Risiken aufgrund elektromagnetischer Felder

Deutlich wurde diese Gefahr in einer Studie, die sich mit der Wahrnehmung von Risiken aufgrund elektromagnetischer Felder – also genau mit dem hier relevanten Problem – befasste.[61] In dieser Studie wurde den Probanden zunächst ein Fragebogen vorgelegt, der sie nach ihrer Meinung zu Gefahren, die von elektromagnetischen Feldern ausgehen, sowie nach ihren Einstellungen zur Regulierung dieser Gefahren fragte. Sodann wurde den Versuchspersonen eine 16seitige Broschüre ausgehändigt. Sie enthielt eine allgemeine Einführung in das Thema der elektromagnetischen Felder und ihrer Gefahren, wobei versucht wurde, den derzeitigen Forschungsstand einschließlich etwaiger Meinungsverschiedenheiten unter Forschern wiederzugeben. Nach Lektüre der Informationsschrift wurde den Probanden erneut ein Fragebogen vorgelegt, der weitgehend dem ersten entsprach.

Es stellte sich heraus, dass vor Lektüre der Broschüre bei den Probanden Besorgnis über elektromagnetische Felder zwar vorhanden, aber nicht besonders groß

60 Hingegen ist *Würtenberger,* S. 259 f., sehr optimistisch im Hinblick auf die Möglichkeit, die Öffentlichkeit zu informieren und durch Informationen aufzuklären. Die folgenden Erläuterungen werden allerdings zeigen, dass empirische Untersuchungen kaum Anlass zu einem solchen Optimismus geben.

61 *MacGregor u. a.,* S. 815 ff.

war. Nach Durchlesen der Broschüre war diese Besorgnis signifikant größer als zuvor. Die Angaben der Teilnehmer veränderten sich besonders in folgende Richtungen: Erhöhte Furcht; höheres Risikoempfinden aufgrund von Quellen elektromagnetischer Strahlung als zuvor; größere Besorgnis über gerechte Verteilung von Risiken und Nutzen der neuen Technik; stärkere Bedenken im Hinblick auf die Auswirkungen elektromagnetischer Felder auf das menschliche Nervensystem, Immunsystem sowie auf das Hervorrufen von Krebs und chronischen Depressionen.

Zu diesen Veränderungen in den Angaben der Teilnehmer kam es, obgleich der Inhalt der Informationsschrift keinen Anlass zu größerer Sorge gab. Vielmehr wurde in ihr deutlich hervorgehoben, dass es nach derzeitigem wissenschaftlichen Erkenntnisstand keinen Grund gibt, von negativen gesundheitlichen Auswirkungen elektromagnetischer Felder auszugehen.[62]

Eine mögliche Erklärung für dieses Ergebnis ist, dass den Teilnehmern die Gefahren elektromagnetischer Strahlen durch die in der Broschüre enthaltenen Schilderungen deutlicher als zuvor vor Augen traten (s. dazu auch sogleich unter II. 2. a)). Dabei scheint die Tatsache, dass die Gefahren als wissenschaftlich nicht nachweisbar dargestellt wurden, kaum eine Rolle gespielt zu haben. Offenbar ist es für die meisten Personen häufig irrelevant, ob Beweise für eine Hypothese stark oder äußerst dürftig sind. Sofern Beweisstücke bereits vorhandene Auffassungen bestärken, wird ihnen eher Glauben geschenkt, als wenn sie ihnen zuwiderlaufen. Meinungsverschiedenheiten unter Experten verunsichern Leute, die ohnehin zur Besorgnis neigen, augenscheinlich zusätzlich. Darüber hinaus haben viele Probanden offensichtlich eine intuitive Vorstellung davon, wie sich elektromagnetische Strahlungen auf den menschlichen Organismus auswirken. Nach diesem Vorstellungsbild greifen elektromagnetische Strahlungen störend in das bereits im Körper vorhandene System elektrischer Strömungen ein – so wie z. B. ein Haushaltsgerät störend auf den Fernsehempfang einwirken kann. Obwohl sich diese Vorstellung als falsch erwiesen hat, gibt sie vielen Personen Anlass zu gesundheitlicher Besorgnis.[63]

Mithin sind nach dieser Studie die Möglichkeiten, die Bevölkerung aufzuklären, eher pessimistisch einzuschätzen. Es steht zu befürchten, dass viele Aufklärungsversuche fehlgehen und die Bevölkerung eher verunsichern als beruhigen werden. Dies gilt insbesondere dann, wenn unter Experten keine vollständige Einigkeit besteht und daher der Versuch unternommen wird, den Laien Meinungsverschiedenheiten unter Experten zu erklären, womöglich verbunden mit dem Hinweis auf den Bedarf weiterer Forschung. In solchen Fällen sind Aufklärungsversuche nahezu zwangsläufig zum Scheitern verurteilt.

---

62 *MacGregor u. a.*, S. 827.

63 *MacGregor u. a.*, S. 827–828.

(2) Ergebnisse anderer Studien

Allerdings bedarf dieses Ergebnis gewisser Einschränkungen. So hat sich nämlich gezeigt, dass es in einigen Bereichen durchaus möglich ist, die Risikowahrnehmung zu versachlichen.[64] Besonders die *Bereitstellung von Vergleichsmaßstäben* kann offenbar dazu führen, dass Risiken stärker ihrer tatsächlichen Größenordnung entsprechend wahrgenommen werden, als dies ohne Vergleichsmaßstäbe der Fall ist. Selbst wenn große Emotionen im Spiel sind, kann mit Hilfe von Vergleichsmaßstäben anscheinend die Wahrnehmung von Gefahren und die Bereitschaft zum Ergreifen von Gegenmaßnahmen positiv beeinflusst werden.[65] Allerdings ist bei der Bewertung dieses dem ersten Anschein nach verheißungsvollen Ergebnisses zum einen zu berücksichtigen, dass die Probanden bei der zugrunde liegenden Studie von Sandman u. a. ausdrücklich aufgefordert waren, hypothetische Situationen zu bewerten. Wahrscheinlich wurden dadurch die negativen Auswirkungen von Emotionen verringert, denn hypothetische Situationen vermögen erfahrungsgemäß keine so starken Gefühle hervorzurufen wie tatsächliche Begebenheiten.[66] Zudem verhindert die hypothetische Natur des Experiments, dass man als Forscher auf gefestigte Anschauungen stößt, die sich durch jahrelange Erfahrungen entwickelt haben. Denn im Experiment werden die Probanden in der

---

64 s. zum Folgenden: *Peter M. Sandman / Neil D. Weinstein / William K. Hallman,* Communications to Reduce Risk Underestimation and Overestimation, 3 Risk Decision and Policy 93 ff. (1998). In dieser Studie sollten sich die Probanden in die Situation von Hauseigentümern versetzen, die aus der Zeitung erfahren, dass ihr Haus radioaktiver Strahlung ausgesetzt ist. Untersucht wurde besonders, inwieweit die Reaktionen von der Größe der Gefahr und von ihrem Ursprung (natürliches Uran einerseits, radioaktiver Abfall andererseits) abhängig sind.

65 Eine andere Studie deutet in dieselbe Richtung: Wenn Probanden isolierte Urteile abgeben, erzeugen sie häufig Ergebnisse, die sie selbst ablehnen würden, wenn sie das Gesamtmuster ihrer Urteile sehen würden. Dies beruht offenbar darauf, dass man im Falle isolierter Urteile automatisch einen Vergleich mit anderen Konstellationen anstellt, die derselben Kategorie angehören. So wird z. B. bei einer vorsätzlichen Körperverletzung unwillkürlich ein Vergleich mit anderen Straftaten gegen die körperliche Unversehrtheit angestellt. Hingegen wird der Referenzrahmen selten durch das gesamte strafrechtlich oder ordnungswidrigkeitenrechtlich sanktionierte Verhalten gebildet. Wäre letzteres der Fall, so würde sich oft zeigen, dass z. B. Strafen, die isoliert betrachtet vernünftig erscheinen, bei einem Vergleich mit anderen Strafen erheblichen Bedenken begegnen – wobei dieses Problem sicherlich im amerikanischen Recht aufgrund des Geschworenensystems deutlich gravierender ist als im deutschen Recht.

Das Ergebnis einer empirischen Untersuchung, die das Urteilsvermögen von Versuchspersonen überprüft hat, hat diese Bedenken bestätigt. Es hat sich gezeigt, dass menschliches Verhalten vielfach nicht einmal den Anforderungen einer Definition von Rationalität zu genügen vermag, die normativ völlig entkernt und rein auf innere Konsistenz angelegt ist. Vielmehr tendiert es dazu, isoliert gesehen vernünftig, als Ganzes aber kaum nachvollziehbar zu sein. s. zum Ganzen *Cass R. Sunstein / Daniel Kahneman / David Schkade / Ilana Ritov,* Predictably Incoherent Judgments, 54 Stan. L. Rev. 1153 ff. (2002).

66 Vgl. zu dem noch nicht vollständig geklärten Einfluss des hypothetischen Charakters von Befragungen auf die Antworten der Betroffenen bei der kontingenten Bewertungsmethode auch *Römer,* Kontingenter Bewertungsansatz, S. 421 ff.

Regel mit Situationen konfrontiert, die ihnen neu sind. Hingegen haben sich die in der Realität von bestimmten Risiken Betroffenen häufig schon jahrelang mit einem Problem auseinandergesetzt. Dieser Unterschied ist deshalb bedeutsam, weil neues Beweismaterial vor dem Hintergrund bereits gefestigter und starker Anschauungen oftmals als unzuverlässig, falsch oder nicht repräsentativ von der Hand gewiesen wird.[67] Und schließlich ist auch der in der hier in Rede stehenden Studie vorgenommene Vergleich mit Risikowerten, denen man üblicherweise ausgesetzt ist und die deshalb als Vergleichsmaßstab herangezogen wurden, alles andere als unproblematisch. Bei einigen Gefahren können diese Hintergrundwerte nämlich so erheblich sein, dass eine auch nur geringfügige Steigerung möglichst vermieden werden sollte. Hingegen sind die Hintergrundwerte bei anderen Gefahren so gering, dass selbst eine beträchtliche Steigerung unschädlich ist. Folglich kann der Vergleich mit Hintergrundwerten auch leicht in die Irre führen. Darüber hinaus ist zu bedenken, dass solch ein Vergleich nur dann Erfolg versprechend ist, wenn die Informationen von einer neutralen Quelle stammen, der die Betroffenen Vertrauen schenken.

(3) Anwendung auf den Fall der Mobilfunkbetreiber

Im hier zur Diskussion stehenden Fall der Gefahren elektromagnetischer Strahlung scheint es zweifelhaft, ob die stärkere Aufklärung der Bevölkerung fruchtbar gewesen wäre. Es gab offenbar Aufklärungsversuche. So kann beispielsweise die erneute Überprüfung der Grenzwerte als ein solcher Aufklärungsversuch mit Expertenwissen angesehen werden. Die Aufklärungsversuche scheiterten aber möglicherweise daran, dass den Informationsquellen nicht vertraut wurde. Wenn weitere Diskussionen aus den soeben angesprochenen Gründen die Ängste eher schüren als besänftigen, gibt es nur zwei Reaktionsmöglichkeiten: Zum einen kann

---

67 *Slovic*, Perception of Risk, S. 281. Einige Studien haben gezeigt, dass sich Einstellungen auch durch neue und diesen Einstellungen widersprechende Daten nicht verändern lassen, ja oft sogar verfestigen. So wurden einer Gruppe von Befürwortern und einer Gruppe von Gegnern der Todesstrafe jeweils zwei angeblich authentische empirische Studien vorgelegt, deren eine die Position der jeweiligen Gruppe unterstützte und deren andere dieser Position entgegengesetzt war. Das Ergebnis dieser Untersuchung war zum einen, dass diejenige Studie, welche die eigene Position unterstützte, stets als überzeugender und höherwertig eingeschätzt wurde. Zum anderen – und das war das eigentlich Überraschende – ließ die Lektüre beider Studien die Einstellungen der Gruppen nicht etwa unverändert, sondern führte zu einer Polarisierung. Sobald eine Gruppe eine Studie gelesen hatte, die ihre Einstellung unterstützte, wurde diese Einstellung deutlich extremer, als sie es zuvor war. Wurde sodann eine Studie gelesen, die der Gruppeneinstellung widersprach, so wurde die zuvor eingetretene Veränderung nur teilweise rückgängig gemacht, und selbst dieser Teilerfolg ging verloren, wenn Details der Studien (insbesondere ihr methodisches Vorgehen) bekannt wurden. Viele Probanden waren nach Lektüre der Studie, die ihren Auffassungen widersprach, sogar stärker als zuvor überzeugt, dass ihre Auffassungen richtig waren. s. *Lee Ross / Craig A. Anderson*, Shortcomings in the attribution process: On the origins and maintenance of erroneous social assessments, in: Daniel Kahneman / Paul Slovic / Amos Tversky (Hrsg.), Judgment under Uncertainty: Heuristics and Biases, Cambridge 1982, S. 145.

es hilfreich sein, geringe Risiken einfach gar nicht anzusprechen und für den Fall, dass sie doch angesprochen werden, möglichst das Thema zu wechseln.[68] Zum anderen ist es in manchen Situationen nützlich, diejenigen Werte zu betonen, die durch eine bewusste Inkaufnahme eines Risikos verwirklicht werden. So beantwortete beispielsweise die amerikanische Regierung die Angst vor dem Fliegen, die nach den Anschlägen vom 11. September 2001 sehr verbreitet war, nicht etwa mit dem Hinweis darauf, dass solche Anschläge äußerst unwahrscheinlich seien und dass die Benutzung von Flugzeugen daher nach wie vor ohne größere Risiken möglich sei. Vielmehr stellte sie die Benutzung von Flugzeugen als einen patriotischen Akt dar.[69] In ähnlicher Weise haben sich die Befürworter der Kernenergie in den USA in jüngster Zeit bemüht, weniger die Sicherheit der Kernkraftwerke zu betonen, als vielmehr besonderes Gewicht auf den Nutzen der Kernenergie zu legen. Ob diese Taktik im Ergebnis erfolgreich sein wird, ist aber noch offen. Zwar ist es – wie bereits oben gezeigt wurde – richtig, dass zwischen Risiko- und Nutzenwahrnehmung eine negative Korrelation besteht. Untersuchungen legen aber nahe, dass es sehr schwierig ist, allein über die Veränderung der Wahrnehmung des Nutzens auch die Wahrnehmung des Risikos zu beeinflussen.[70]

In eine ähnliche Richtung wie die Bemühungen, den Nutzen der Inkaufnahme von Risiken vermehrt zu betonen, geht der Vorschlag, Verfahren so zu verändern, dass die *Kosten einer staatlichen Risikoregulierung,* beispielsweise zu Gunsten eines verbesserten Gesundheitsschutzes, stärker ins Bewusstsein rücken.[71] Hier handelt es sich letztlich nämlich ebenfalls darum, dass die mit der Inkaufnahme eines Risikos verbundenen Vorteile unterstrichen werden. Indes stößt auch der verstärkte Hinweis auf Kosten auf erhebliche Schwierigkeiten. Zum einen wird Befürwortern eines solchen Vorgehens oft entgegengehalten werden, dass sie bereit seien, einige Betroffene zu opfern, nur um den Geldbeutel der Bevölkerungsmehrheit zu schonen. Eine solche Methode kann also leicht als unfair oder gar zynisch gebrandmarkt werden.[72] Zum anderen ist die vorgeschlagene Strategie oft mit der Notwendigkeit verbunden, menschliches Leben (bzw. genauer: den Zugewinn an Lebenszeit) an monetären Maßstäben zu messen, und das stößt ebenfalls auf weit

68 So erklärte der Staatssekretär im Staatsministerium Baden-Württemberg, Matthias Kleinert, bei einem Podiumsgespräch, dass in Fällen großer öffentlicher Aufregung nach seiner Erfahrung Untätigkeit oft die beste Strategie sei. s. *Manfred Bulling* (Hrsg.), Verwaltung im Kräftefeld der politischen und gesellschaftlichen Institutionen, Baden-Baden 1985, S. 128.

69 *Sunstein,* Probability Neglect, S. 91.

70 *Alhakami/Slovic,* S. 1096.

71 *Margolis,* Dealing with Risk, S. 146.

72 *Margolis,* Dealing with Risk, S. 148–151, insb. S. 150 f.: „And the complication that I have been stressing is that if fairness intuitions have fallen in line with ‚better safe than sorry', as indeed will usually happen, then an appeal to balancing costs and benefits, instead of seeming obviously sensible, will easily seem intrinsically unfair and hence perverse ... it will be especially hard to promote fungibility if that effort is vulnerable to attack as just an attempt to rationalize why victims be allowed to suffer so that those who are not victims can prosper even more than they already do."

verbreitete Ablehnung.[73] Wenn man sich aus diesen Gründen scheut, eine nüchterne Kosten / Nutzen-Rechnung aufzumachen,[74] bleibt nur die Möglichkeit, wenigstens unmittelbar mit der Regelung eines Risikos zusammenhängende negative gesundheitliche Auswirkungen zu berücksichtigen (so haben beispielsweise fast alle krebserregenden Substanzen auch positive gesundheitliche Auswirkungen, sofern die Dosierung nicht zu hoch ist; d. h. es ist häufig klüger, sich diesen Substanzen in geringem Umfang auszusetzen, als sie völlig zu vermeiden). Auf diese Weise würde die oftmals als anstößig empfundene Monetarisierung sämtlicher Güter vermieden, und es müssten lediglich verschiedene Gesundheitsrisiken gegeneinander abgewogen werden.

Zwar begegnen die beiden genannten Methoden – also sowohl das Schweigen im Hinblick auf Risiken als auch die Taktik, lediglich eine Seite der Medaille zu erwähnen – Bedenken, denn sie lassen sich nur schwer mit dem Konzept vom mündigen Bürger vereinbaren. Bessere Vorgehensweisen gibt es aber derzeit nicht: Falls sich der Staat angesichts weit verbreiteter, aber unbegründeter öffentlicher Aufregung doch entschließt, regulierend tätig zu werden, kann er leicht paradoxe Effekte auslösen. Die staatliche Regulierung kann nämlich die Einstellung der Bevölkerungsmehrheit bestärken, dass die regulierte Situation tatsächlich bedenklich ist, und so nachträglich die unbegründete Aufregung rechtfertigen. Staatliche Aufklärung kann aus den genannten Gründen ebenfalls kontraproduktiv sein. Und zwar nicht nur, weil Informationen leicht missverstanden und Risiken als höher eingeschätzt werden, als sie es tatsächlich sind, sondern auch, weil zusätzliche Informationen die Bevölkerung schnell in Aufregung versetzen können, ohne in irgendeiner Weise die Kenntnisse der Adressaten zu verbessern.[75]

h) Möglichkeit staatlichen Handelns bei Angst der Bevölkerung vor elektromagnetischen Feldern

Das soeben geschilderte Dilemma lässt sich auch im vorliegenden Fall beobachten: Da sämtliche Aufklärungsversuche augenscheinlich gescheitert waren, blieben als mögliche Lösungen nur staatliche Untätigkeit, die stärkere Betonung des Nutzens derjenigen technischen Neuerungen, die elektromagnetische Strahlen aussen-

---

73 Vgl. *Margolis,* Dealing with Risk, S. 154: „And a second class of difficulty then severely aggravates matters. Almost no one but an economist feels comfortable talking about what a human life is worth, hence what it would be reasonable to pay to avoid a situation that involves a risk to human life. Since we are mortal, there is nothing we can do that would literally save (or lose) a life. We are always actually talking about a probability of extending (or avoidably shortening) life by some amount. But the usual shorthand is to talk about the value of a life. That presumably aggravates, though it does not plausibly create, the difficulty of talking about what extending or shortening a life is worth."

74 Der Gedanke der Kosten-Nutzen-Analyse wird weiter unten im Abschnitt G. IV. noch einmal ausführlich aufgegriffen werden.

75 *Sunstein,* Probability Neglect, S. 91.

den, oder staatliche Regulierung bzw. der Abschluss einer Selbstverpflichtung. Schlichte Untätigkeit war jedoch wegen verbreiteter Ängste in der Bevölkerung politisch sehr riskant. Zudem musste man befürchten, dass Teile der Bevölkerung – wenn auch aus irrationalen Gründen – dem Staat bei Untätigkeit das Vertrauen entziehen würden, und vom Vertrauen der Bevölkerung hängt die staatliche Funktionsfähigkeit faktisch ab. Und da an eine stärkere Betonung des Nutzens der neuen Techniken offenbar nicht gedacht wurde, musste der Staat entweder selbst handeln oder aber die privaten Akteure zum Handeln überreden.

Es stellt sich daher die Frage, warum in dieser Situation der Selbstverpflichtung der Vorrang vor einer staatlichen Regelung gegeben wurde. Die Antwort lässt sich dem BImSchG entnehmen. Dessen § 4 I 1 macht die Errichtung und den Betrieb von Anlagen, die aufgrund ihrer Beschaffenheit oder ihres Betriebes in besonderem Maße geeignet sind, schädliche Umwelteinwirkungen hervorzurufen oder in anderer Weise die Allgemeinheit oder die Nachbarschaft zu gefährden, erheblich zu benachteiligen oder erheblich zu belästigen, von einer Genehmigung abhängig. Die Bundesregierung wird ermächtigt, durch Rechtsverordnung die Anlagen zu bestimmen, die einer Genehmigung bedürfen (§ 4 I 3 BImSchG). Handelt es sich um nicht genehmigungsbedürftige Anlagen, so ermächtigt § 23 I die Bundesregierung, durch Rechtsverordnung vorzuschreiben, dass die Errichtung, die Beschaffenheit und der Betrieb nicht genehmigungsbedürftiger Anlagen bestimmten Anforderungen zum Schutz der Allgemeinheit und der Nachbarschaft vor schädlichen Umwelteinwirkungen sowie zur Vorsorge gegen schädliche Umwelteinwirkungen genügen müssen. Zu klären ist deshalb, ob die Bundesregierung hier aufgrund dieser gesetzlichen Grundlagen einseitig hätte tätig werden und Anforderungen hätte stellen können, die über diejenigen der 26. BImSchV hinausgehen. Bei der Beantwortung dieser Frage steht der Begriff der *schädlichen Umwelteinwirkungen,* der sich in beiden Ermächtigungsgrundlagen findet, im Mittelpunkt. Er wird legaldefiniert als Immissionen, die nach Art, Ausmaß oder Dauer geeignet sind, Gefahren, erhebliche Nachteile oder erhebliche Belästigungen für die Allgemeinheit oder die Nachbarschaft herbeizuführen (§ 3 I BImSchG).

Teilweise wird vertreten, dass es bei elektromagnetischen Strahlen bereits an einer Einwirkung fehle, denn der Begriff der Einwirkung setze vom Wortsinn her eine Wirkung, also eine messbare, physiologische Veränderung voraus. Und da sich bei elektromagnetischen Strahlen keine Wirkungen messen lassen, sofern die Vorgaben der 26. BImSchV eingehalten würden, komme es hier zu keiner Einwirkung.[76] Zudem seien elektromagnetische Strahlen nicht geeignet im Sinne des § 3 I BImSchG, Gefahren, Nachteile oder Belästigungen für Nachbarn hervorzurufen. Es sei nämlich kein Fall bekannt, in dem nachweislich Gesund-

76 *Determann,* Entwicklung, S. 649. Diese Auffassung ist allerdings nicht unproblematisch. Denn der Begriff der Einwirkung nach § 3 I BImSchG sollte richtigerweise nicht von der Einhaltung von Grenzwerten abhängen, die in einer Verordnung zum BImSchG festgelegt sind. Vielmehr sollte er unabhängig von den Maßstäben der 26. BImSchV definiert werden.

heitsbeeinträchtigungen trotz der Einhaltung von Sicherheitsabständen aufgetreten seien.[77]

Bejaht man gleichwohl das Vorliegen der Tatbestandsmerkmale Einwirkung und Eignung, so stellt sich die Frage, ob Gefahren, erhebliche Nachteile oder erhebliche Belästigungen für die Allgemeinheit oder die Nachbarschaft drohten. Eine Gefahr ist ein mit hinreichender Wahrscheinlichkeit bevorstehender Schaden für Leib oder Leben von Menschen oder andere in § 1 BImSchG genannte Rechtsgüter.[78] Notwendig für einen Gesundheitsschaden sind auf jeden Fall physiologische Effekte; Wirkungen, die nur mittels psychologischer oder sozialwissenschaftlicher Methoden zu ermitteln sind, stellen höchstens Belästigungen dar.[79] Da sämtliche Studien darauf hindeuten, dass elektromagnetische Strahlen keine negativen gesundheitlichen Auswirkungen haben, droht hier kein Schaden. Es kommen mithin allenfalls Nachteile oder Belästigungen in Betracht. Zwar sind beide Begriffe nicht scharf voneinander zu trennen, doch wird ein Nachteil regelmäßig in der Beeinträchtigung von Interessen ohne gleichzeitige Rechtsgutsbeeinträchtigung, vor allem in Fällen bloßer Vermögenseinbußen, wie bei der Wertminderung von Grundstücken zu sehen sein, während als Belästigungen herkömmlicherweise Beeinträchtigungen des körperlichen Wohlbefindens gelten, die zwar keine Gesundheitsschäden auslösen, aber auch nicht lediglich eine Interessenbeeinträchtigung darstellen.[80] Im vorliegenden Fall könnte man je nach Lage des Einzelfalls sowohl von einem Nachteil als auch von einer Belästigung sprechen. Denn es ist denkbar, dass die Grundstücke in der Nähe von Mobilfunkanlagen an Wert einbüßen, und es erscheint ebenfalls nicht ausgeschlossen, dass sich die Betroffenen subjektiv körperlich unwohl fühlen.

Allerdings sieht das Gesetz nur in *erheblichen* Belästigungen oder Nachteilen schädliche Umwelteinwirkungen. Ob die Beeinträchtigungen erheblich sind, beurteilt sich danach, ob sie das der Allgemeinheit oder den Nachbarn zumutbare Maß übersteigen.[81] Die Frage der Zumutbarkeit richtet sich dabei nicht nach dem Empfinden des individuell Betroffenen, sondern nach dem sog. normalen Durchschnittsmenschen, so dass die Auswirkungen auf überempfindliche oder besonders unempfindliche Personen unberücksichtigt bleiben.[82] Entscheidend sind Art, Ausmaß und Dauer der Immissionen (§ 3 I BImSchG). Was ihre Art angeht, so ist bei Luftverunreinigungen beispielsweise auf die chemische Zusammensetzung und auf die Toxizität abzustellen. Bei der Frage nach dem Ausmaß kommt es entscheidend auf die Intensität an.[83] Im vorliegenden Fall sind Art und Ausmaß ganz ge-

---

77 *Determann,* Entwicklung, S. 650.

78 *Jarass,* BImSchG, § 3 Rn. 26; *Schmidt,* Umweltrecht, § 3 Rn. 8.

79 *Jarass,* BImSchG, § 3 Rn. 51.

80 *Feldhaus,* Bundesimmissionsschutzrecht, § 3 Nr. 8 f.; *Jarass,* BImSchG, § 3 Rn. 27 f.; *Schmidt,* Umweltrecht, § 3 Rn. 8.

81 *Jarass,* BImSchG, § 3 Rn. 47.

82 *Jarass,* BImSchG, § 3 Rn. 53; *Schmidt,* Umweltrecht, § 3 Rn. 9.

83 *Jarass,* BImSchG, § 3 Rn. 52.

ring und oftmals kaum messbar. Dies spricht schon für sich genommen dagegen, die Erheblichkeit zu bejahen. Hinzu kommt, dass der sog. Durchschnittsmensch kein empirisches, sondern ein normatives Konstrukt ist.[84] Ein solcher Durchschnittsmensch wird jedenfalls alles das als zumutbar ansehen, was keine nachweisbaren gesundheitlichen oder sonstigen objektiv körperlich spürbaren Folgen für ihn hat, und bereit sein, geringe Vermögenseinbußen zu ertragen, die auf dem irrationalen Verhalten anderer beruhen. Denn wenn er ex ante die Wahl hätte zwischen einem System, welches irrationale Ängste berücksichtigt, und einem System, welches sie außen vor lässt, würde er sich für letzteres entscheiden. Andernfalls würden Anreize geschaffen, irrationale Ängste zu erzeugen, und es drohten kaum zu meisternde Beweisprobleme. Lässt man aus diesen Gründen irrationale Sorgen unberücksichtigt, so sind hier keine erheblichen Belästigungen oder Nachteile zu besorgen.[85]

Daher kommen die genannten Vorschriften auch nicht als Ermächtigungsgrundlage für weitergehende Verordnungen nach dem BImSchG in Betracht. Zwar ist bereits bei der 26. BImSchV fraglich, ob die Tatbestandvoraussetzungen des § 3 I BImSchG vorlagen. Sollte dies nicht der Fall gewesen sein, so lässt sich diese Verordnung aber jedenfalls auf den in § 23 I BImSchG normierten Vorsorgegrundsatz stützen. Hingegen würde selbst der Vorsorgegrundsatz weitergehende Anforderungen nicht mehr tragen. Denn auch der Vorsorgegrundsatz gestattet es nicht, Vorsorge „ins Blaue hinein" zu betreiben; es dürfen nur solche Vorsorgegrenzwerte festgelegt werden, die aufgrund einer rationalen, begründeten Risikoanalyse unter Berücksichtigung von nachvollziehbaren Schadensmöglichkeiten ermittelt wurden.[86] Die Vorsorge soll dazu dienen, eine Sicherheitszone vor der Gefahrenschwelle zu schaffen.[87] Die Größe dieser Sicherheitszone wird allerdings durch den Verhältnismäßigkeitsgrundsatz begrenzt. Aufwand und Ertrag für die Ziele des Vorsorgeprinzips müssen in einem angemessenen Verhältnis stehen. Deshalb muss die Vorsorgepflicht „nach Umfang und Ausmaß dem Risikopotential der Immissionen, die sie verhindern soll, proportional sein."[88] Da sich hier ein Gesundheitsrisiko bisher überhaupt nicht hat nachweisen lassen, könnten auch unter Berufung

[84] Ähnlich wohl *Feldhaus,* Bundesimmissionsschutzrecht, § 3 Nr. 10, nach dessen Meinung der Maßstab für die Bestimmung der Erheblichkeit das Interesse eines repräsentativen verständigen Bürgers an einem vor Umweltgefahren geschützten Lebensraum ist.

[85] In den USA haben einige Gerichte Entschädigungsansprüche bejaht, wenn Grundstücke wegen der Furcht der Bevölkerung vor elektromagnetischen Strahlen an Wert verloren hatten. Andere haben solchen Klagen nur stattgegeben, wenn die Furcht der Bevölkerung objektiv begründet war, und wieder andere Gerichte haben alle Klagen, die sich auf die Auswirkungen elektromagnetischer Strahlungen stützten, schlankweg abgewiesen. s. *Stoffel,* Electromagnetic Fields, S. 564 ff. Bei Klagen wegen Gesundheitsverletzungen ist das Bild in den USA ähnlich uneinheitlich. s. *Stoffel,* Electromagnetic Fields, S. 570 ff.

[86] *Hoppenberg u. a.,* S. 19.

[87] *Jarass,* BImSchG, § 5 Rn. 46.

[88] *Jarass,* BImSchG, § 5 Rn. 60 unter Berufung auf BVerwG, Beschl. v. 30. August 1996, NVwZ 1997, 497 (499).

auf den Vorsorgegrundsatz keine Anforderungen gestellt werden, die über das in der 26. BImSchV vorgesehene Maß hinausgingen. Andernfalls müsste man dem Verordnungsgeber zugestehen, auch rein spekulative und mit rationalen Methoden nicht nachprüfbare Risiken zu regeln. Das ist indes vom BImSchG nicht vorgesehen und wäre auch de lege ferenda wegen des grundrechtlichen Schutzes der Anlagenbetreiber bedenklich. Mithin fungiert das BImSchG als Schranke, die eine Regelung zur Abwehr irrealer Gefahren verhindert und somit die Rationalität staatlichen Handelns sichert. Auf diese Weise wird unterbunden, dass die zuständigen Stellen öffentlicher Aufregung mit allzu leichter Hand nachgeben.

Da hier deshalb der Weg versperrt war, über eine staatliche Regelung zur Eindämmung der öffentlichen Aufregung zu gelangen, blieb nur noch die Möglichkeit einer Selbstverpflichtung der Industrie. Dieser Weg wurde dann auch tatsächlich beschritten. Welche Folgen dies voraussichtlich haben wird, und ob diese Folgen erwünscht oder unerwünscht sind, soll im Folgenden diskutiert werden.

i) Auswirkungen der Selbstverpflichtung der Mobilfunkbetreiber auf das inter-kommunale Verhältnis

Eine Folge der Selbstverpflichtung ist, dass Kommunen nunmehr stärker bei der Entscheidung über die Auswahl möglicher Standorte für Sendeanlagen mitreden können.

Grundsätzlich birgt die Beteiligung von Kommunen bei der Auswahl von Standorten für umweltbelastende Anlagen durchaus Gefahren. So ist es beispielsweise denkbar, dass Kommunen den Gewinn von Arbeitsplätzen und Steuern, der mit der Ansiedlung solcher Anlagen oftmals einhergeht, höher bewerten als den Gesundheitsschutz ihrer Bürger. Auf Grund der Dezentralisierung dieser Entscheidungen könnte es zu einem Wettbewerb zwischen den Kommunen um die Ansiedlung umweltbelastender Anlagen kommen, was zur Folge hätte, dass einige Kommunen, die wirtschaftlich besonders schwach und daher in besonderem Maße auf die Ansiedlung neuer Unternehmen angewiesen sind, unter überproportionaler Verschmutzung zu leiden hätten (sog. *„race to the bottom“*).

Selbst wenn diese Bedenken grundsätzlich berechtigt sind,[89] sind sie im vorliegenden Fall allerdings aus zwei Gründen nicht ernst zu nehmen: Zum einen ist die

---

[89] Ob diese Besorgnisse tatsächlich berechtigt sind, lässt sich auf theoretischer Ebene nur schwer vorhersagen. Es könnte nämlich beispielsweise auch sein, dass viele Bürger diejenigen Kommunen verlassen würden, die sich für die Ansiedlung umweltbelastender Anlagen entscheiden. Die mit dem Umzug dieser Bürger verbundenen Nachteile könnten aus Sicht der betroffenen Kommune die mit der Ansiedlung neuer, umweltverschmutzender Industrien verbundenen Vorteile mehr als aufwiegen. Zudem könnten die Bürger die verantwortlichen kommunalen Entscheidungsträger in demokratischen Wahlen zur Rechenschaft ziehen. Deshalb ist es fraglich, ob es zwischen den Kommunen tatsächlich zu einem „race to the bottom“ kommen würde. Skeptisch im Hinblick auf die Gefahr eines stetigen Absenkens umwelt-

Ansiedlung von Mobilfunksendeanlagen aus Sicht der betroffenen Kommunen wirtschaftlich kaum attraktiv. Die Installation dieser Anlagen ist mit keinem Gewinn an Arbeitsplätzen verbunden und auch sonst wirtschaftlich nicht vorteilhaft. Zum anderen sind die Wahlmöglichkeiten der Mobilfunkbetreiber – im Unterschied etwa zu den Wahlmöglichkeiten der Betreiber von Mülldeponien – von vornherein aus technischen Gründen stark beschränkt. Die Mobilfunkbetreiber haben in der Regel nicht die Option, sich gegen eine bestimmte Kommune und für eine andere zu entscheiden. Vielmehr müssen sie in jeder Gemeinde Sendeanlagen errichten, wenn sie – wie in den Lizenzbedingungen vorgesehen – ein flächendeckendes Mobilfunknetz errichten wollen. Aus diesen Gründen ist ein ruinöser Wettbewerb zwischen den Kommunen um die Ansiedlung von Mobilfunksendeanlagen nicht zu befürchten.

j) Auswirkungen der Selbstverpflichtung auf das intra-kommunale Verhältnis

Allenfalls innerhalb der Kommunen kann es zum Wettbewerb kommen, der sich dann allerdings auf die Vermeidung bestimmter Standorte richten wird. Man kann sich leicht vorstellen, dass viele Bürger bestrebt sein werden, die Ansiedlung von Sendeanlagen in ihrer unmittelbaren Nachbarschaft zu vermeiden. Fraglich ist daher, wie sich die Selbstverpflichtung der Mobilfunkbetreiber auf diesen intrakommunalen Wettbewerb auswirken wird.

Ausgangspunkt der Überlegungen ist, dass auch dieser Wettbewerb nur in einem sehr beschränkten Rahmen stattfinden kann: Da die Mobilfunkbetreiber die *flächendeckende Versorgung* anstreben, können sie nicht ganze Stadtteile von der Ansiedlung von Sendeanlagen verschonen. Soweit es gleichwohl zum intrakommunalen Wettstreit kommt, wird die Ansiedlung vermutlich dort vermieden werden, wo der Widerstand der Bevölkerung besonders stark ist. Denn zum einen werden die Mobilfunkbetreiber bestrebt sein, ihre tatsächlichen oder auch nur potentiellen Kunden nicht gegen sich aufzubringen. Und zum anderen kann Widerstand seitens der Bürger den Preis der Installation von Sendeanlagen in die Höhe treiben, indem sich beispielsweise durch die Einleitung gerichtlicher Verfahren die Installation verzögert. Die Frage ist daher, wo der Widerstand der Bevölkerung besonders groß sein wird, wo sich also Bürgerinitiativen und Umweltgruppen besonders vehement gegen eine Ansiedlung aussprechen werden. Die bisherigen Untersuchungen legen die Vermutung nahe, dass dies insbesondere in Gebieten der Fall sein wird, wo gut ausgebildete und sozial zumindest nicht benachteiligte Einwohner zu Hause sind. Denn wie oben gezeigt wurde, haben diese Gruppen eine viel größere Neigung, Interessengruppen zu bilden, als der Rest der Bevölkerung.

---

politischer Standards ist auch *Schmelzer,* Ökonomische Aspekte, S. 211. Seiner Meinung nach gibt es keine empirischen Beweise für diese These, zumal die Effekte von geänderten Umweltstandards oft durch Lohnkostenunterschiede überlagert würden.

Sie sind zudem in bestehenden Interessengruppen regelmäßig überrepräsentiert. Man kann sich daher leicht ausmalen, dass sie in der Lage sein werden, neue Umweltgruppen zu organisieren oder bestehende Umweltgruppen für ihre Zwecke zu mobilisieren.

Allerdings bedeutet dies nicht, dass die Standortwahl notwendigerweise zu Lasten von Wohngebieten mit sozial schwächeren Einwohnern ausfallen wird. Zwar werden diese Einwohner seltener Interessengruppen bilden, und ihre Repräsentation in bestehenden Interessengruppen ist ebenfalls typischerweise gering. Sie sind aber dadurch geschützt, dass die an den Entscheidungsprozessen beteiligten Kommunalvertreter bei der nächsten Wahl auch auf ihre Stimmen angewiesen sein werden. Die Gemeindevertreter werden sich daher hüten, die mutmaßlichen Interessen dieser Bevölkerungsschichten völlig unberücksichtigt zu lassen, ähnlich wie auch Parlamentsabgeordnete es sich nicht leisten können, die Interessen großer, aber schlecht organisierter Gruppen gänzlich zu missachten.

Das wahrscheinlichste Ergebnis der Selbstverpflichtung ist daher, dass die Errichtung von Mobilfunkanlagen in Wohngebieten insgesamt unwahrscheinlicher wird. Wohlhabendere Bürger werden sowohl durch Interessengruppen als auch durch die politisch verantwortlichen kommunalen Entscheidungsträger geschützt, sozial schlechter Gestellte werden zumindest durch letztere behütet. Es ist mithin zu erwarten, dass die Installation von Sendeanlagen in Wohngebieten nur vorgenommen werden wird, wenn die Installation in Industriegebieten nicht möglich ist.

Dieses Ergebnis ist sicherlich insoweit begrüßenswert, als die Ansiedlung von Sendeanlagen in Wohngebieten, selbst wenn sie objektiv nicht gesundheitsschädlich ist, doch zur Äußerung von irrationalen Ängsten Anlass gibt, beispielsweise zu Demonstrationen oder zu Bürgerversammlungen. Energien, die auf die Verhinderung von Sendeanlagen in Wohngebieten verwendet werden, sind somit weitgehend vergeudet und wären besser an anderer Stelle zu gebrauchen gewesen.[90] Soweit die Selbstverpflichtung eine solche Verschwendung von Ressourcen verhindert, ist sie zu begrüßen. Gleiches gilt, soweit sie Angstzuständen in der Bevölkerung entgegenwirkt: Der Zustand der Angst, den manche Bürger angesichts von Mobilfunk-Sendeanlagen in ihrer Nachbarschaft empfinden, stellt gegenüber einem Zustand geistiger Ausgeglichenheit einen Verlust dar. Seine Verhinderung ist daher unabhängig davon sozial erwünscht, ob für die Äußerung der Angst Energien aufgewendet werden oder nicht.

Andererseits ist allerdings auch zu bedenken, dass die Umsetzung der Selbstverpflichtung zu zusätzlichen Kosten führt. Diese Kosten können verschiedener Art sein: Zum einen steigt der Preis für die Errichtung von Mobilfunkanlagen dadurch, dass stets – also auch, wenn die Anlage in einem Industriegebiet errichtet

---

90 Ähnlich *Sunstein*, Cognition and Cost-Benefit Analysis, S. 1087. Laut *Sunstein* verdienen einmalige Katastrophen oft nicht um ihrer selbst willen Aufmerksamkeit, sondern vor allem deshalb, weil ihre Fernwirkungen – etwa in Form des Hervorrufens irrationaler Ängste – erheblich sein können.

wird – die Abstimmung mit der Kommune erfolgen muss. Zum anderen entstehen Kosten durch die Unterrichtung der Betroffenen. Und schließlich ist Folgendes zu bedenken: Selbst wenn die Errichtung von Sendeanlagen in Wohngebieten soweit wie möglich verhindert wird, wird es doch immer wieder Fälle geben, in denen eine solche Errichtung unumgänglich ist. Und dann könnte es sein, dass der Protest gerade deshalb besonders vehement sein wird, weil die Selbstverpflichtung abgeschlossen wurde. Die Betroffenen könnten nämlich geneigt sein, die Selbstverpflichtung als Zeichen dafür zu nehmen, dass ihre irrationalen Ängste doch nicht irrational sind. So könnte die Selbstverpflichtung also unbeabsichtigt dazu beitragen, das Problem *zu verschärfen,* welches sie verhindern sollte.

Rechtfertigen lassen sich diese zusätzlichen Kosten nur, wenn sie erstens dazu beitragen, mindestens ebenso große Kosten zu verhindern, die andernfalls durch die mit der Errichtung einer Sendeanlage verbundene Aufregung ausgelöst würden, und wenn sich zweitens diese Kosten nicht günstiger vermeiden ließen, beispielsweise durch verstärkte Aufklärung der Bevölkerung. Ob ersteres der Fall ist, lässt sich abstrakt nicht sagen, wurde aber offenbar auch nie diskutiert, und ob die zusätzliche Aufklärung der Bevölkerung erfolgversprechend ist, erscheint nach den oben genannten Untersuchungen jedenfalls zweifelhaft. Daher ist eine abschließende Beurteilung dieser Selbstverpflichtung kaum möglich. Dass sie sinnvoll oder gar der vom Bundesumweltminister angekündigte „wesentliche Fortschritt" ist,[91] lässt sich angesichts der hier erzielten Ergebnisse aber jedenfalls auch nicht ohne weiteres sagen.

Beim nächsten Fall, nämlich dem Abschluss der Selbstverpflichtung der Kinderbekleidungsindustrie, scheinen ganz ähnliche Mechanismen wie bei der Selbstverpflichtung der Mobilfunkbetreiber eine Rolle gespielt zu haben. Auch hier bestand infolge großer und in Anbetracht der Art des Schadens vorhersehbarer öffentlicher Besorgnis ein Regelungsbedarf, dem in Form einer Selbstverpflichtung Rechnung getragen wurde, weil ein staatliches Vorgehen problematisch gewesen wäre.

II. Selbstverpflichtung der Kinderbekleidungsindustrie[92]

1. Inhalt

Nachdem sich ein paar schwere Verletzungen und tödliche Unfälle ereignet hatten, die dadurch hervorgerufen wurden, dass sich an Kinderbekleidung angebrachte Kordeln und Schnüre (z. B. Anorakkordeln) in Spielplatzgeräten, Rolltreppen oder Schulbustüren verhakten und den Kindern die Luft abschnürten,

---

91 Pressemitteilung vom 7. 12. 2001.

92 Diese Selbstverpflichtung ist auf den Internetseiten des Verbands der Fertigwarenimporteure (VFI) zugänglich. s. http: // www.vfi-deutschland.de / vfi_kordeln-schnuere.htm.

entschloss sich die Kinderbekleidungsindustrie nach Moderation durch das Bundeswirtschaftsministerium, eine Selbstverpflichtung einzugehen. Diese Selbstverpflichtung soll eine Ergänzung zum Produkthaftungsgesetz sein. In ihr verpflichteten sich der Bundesverband der Kinderbekleidungsindustrie, Importverbände und Verbände des Einzelhandels im Juli 2000, zur Vermeidung des Gefahrenpotentials auf den Einsatz von durchgängigen reißfesten Kordeln oder Schnüren im Halsbereich von Kinderbekleidung der Größen 0 bis mindestens 146 (Säuglings-, Kleinkind-, Kindergarten- und größtenteils Grundschulkinderbekleidung) und den Vertrieb von Bekleidung, die diesen Anforderungen nicht gerecht wird, zu verzichten. Als Ersatz sollen zum Verschließen von Kapuzen u. a. Rippengestricke, Klettverschlüsse, Druckknöpfe, Haken mit Ösen oder neue innovative Verschlusslösungen, die sich bei Zugbelastung öffnen, eingesetzt werden. Ist die Verwendung schmückender Kordeln und Schnüre im Halsbereich aus modischen Gründen erforderlich, werden nur Scheinlösungen ohne Funktion angeboten, bei denen die Länge der Kordeln oder Schnüre auf maximal 8 cm beschränkt ist. Die Verbände verpflichten sich, bei ihren Mitgliedsfirmen auf die Einhaltung dieser Selbstverpflichtung hinzuwirken. Des weiteren sagen sie zu, ab der Kollektion Herbst / Winter 2001 / 2002 auf den Einsatz von Kordeln und Schnüren im Halsbereich von Kinderbekleidung zu verzichten beziehungsweise derartige Waren ab diesem Zeitpunkt nicht mehr zu ordern. Für den Abverkauf von Bestandswaren der betroffenen Sortimente soll eine Abverkaufsfrist bis zum 30. Juni 2002 eingehalten werden.

2. Verfügbarkeitsheuristik („Availability Heuristic")

a) Beschreibung

Diese Selbstverpflichtung, deren Anlass offenbar sehr wenige, dafür aber umso dramatischere Ereignisse waren, illustriert ein weiteres häufig anzutreffendes Phänomen, nämlich *den Einfluss, der von der Verfügbarkeit von Informationen über einen Schadenseintritt auf die Beurteilung der Wahrscheinlichkeit des Schadenseintritts ausgeübt wird* (sog. Verfügbarkeitsheuristik bzw. „Availability Heuristic").[93] Wenn ein bestimmter Schaden sich aus dem Stegreif vor dem geistigen

---

93 Die Verfügbarkeitsheuristik wird von *Tversky / Kahneman*, Judgment under Uncertainty, S. 11, wie folgt beschrieben: „There are situations in which people assess the frequency of a class or the probability of an event by the ease with which instances or occurrences can be brought to mind. For example, one may assess the risk of heart attack among middle-aged people by recalling such occurrences among one's acquaintances ... This judgmental heuristic is called availability. Availability is a useful clue for assessing frequency or probability, because instances of large classes are usually reached better and faster than instances of less frequent classes. However, availability is affected by factors other than frequency and probability. Consequently, the reliance on availability leads to predictable biases."

Die meisten Personen verlassen sich auf eine geringe Anzahl von Faustformeln oder – technisch gesagt – heuristischen Prinzipien („Heuristics"), um bei einem Mangel an Informationen

Auge reproduzieren lässt, wird die Wahrscheinlichkeit seines Eintritts als viel höher angesehen, als wenn der Informationsabruf schwer fällt. Zwei Aspekten kommt bei dieser Art der Wahrscheinlichkeitsbeurteilung eine besondere Bedeutung zu, nämlich der Frage, wie vertraut die Betroffenen mit dem fraglichen Schadenseintritt sind, und der Überlegung, ob das Schadensereignis im Vergleich zu anderen hervorsticht.[94] Die Denkprozesse sehr vieler Personen laufen nämlich offenbar so ab, dass sie die Wahrscheinlichkeit eines Ereignisses allein danach beurteilen, ob ein entsprechendes Beispiel kognitiv verfügbar ist. Wird z. B. jemand gefragt, wie hoch die Scheidungsrate in seiner Heimatgemeinde ist, wird er wahr-

---

Wahrscheinlichkeiten berechnen zu können. Diese Prinzipien sind vielfach nützlich, da sie die sehr rasche Einschätzung unbekannter Situationen ermöglichen; häufig führen sie aber auch in die Irre. Zur Verdeutlichung ihrer Wirkungsweise diene ein Beispiel aus einem anderen Bereich, und zwar aus demjenigen der Wahrnehmung: Die Entfernung eines Objekts vom Betrachter wird von ihm regelmäßig u. a. daran gemessen, wie klar er das Objekt sehen kann. Je deutlicher ein Gegenstand wahrgenommen werden kann, desto näher scheint er zu sein. Diese Vorgehensweise führt häufig zu richtigen Ergebnissen, denn weiter entfernte Objekte sind unter gleich bleibenden Bedingungen unschärfer als näher gelegene. Zugleich birgt diese Vorgehensweise aber auch ein erhebliches Risiko von Fehleinschätzungen, denn wenn beispielsweise die Sicht getrübt ist, neigt man aufgrund dieses Wahrnehmungsprinzips dazu, Entfernungen zu überschätzen.

Bei der Wahrscheinlichkeitsbeurteilung werden ebenfalls typischerweise heuristische Prinzipien verwendet, die oftmals zu richtigen Ergebnissen führen, aber auch die Gefahr systematischer Fehleinschätzungen bergen. Eines dieser Prinzipien ist die Verfügbarkeitsheuristik (dazu Genaueres im Text). Ein anderes ist die sog. Repräsentativität: Wenn zu beurteilen ist, ob ein Objekt A zur Klasse der Objekte B gehört, überlegen die meisten Leute, inwiefern A repräsentativ für B ist. Die Repräsentativität wird sehr hoch eingeschätzt, wenn A der Klasse B sehr ähnelt. Dabei wird häufig vergessen zu berücksichtigen, wie hoch – unabhängig von Fragen nach der Repräsentativität – überhaupt die Wahrscheinlichkeit ist, dass A zur Klasse B gehört, wie groß die vorgegebene Stichprobe ist usw. Ein drittes heuristisches Prinzip ist der sog. Anker-Effekt: Bei Wahrscheinlichkeitsberechnungen geht man üblicherweise von einem vorgegebenen oder selbst errechneten Wert aus und passt ihn dann der jeweiligen Situation an. Diese Anpassungen sind indes in der Regel unzureichend. Die Endergebnisse enthalten eine systematische Abweichung zugunsten des Ausgangswerts. s. *Gillette/Krier,* S. 1091 ff.; *Noll/Krier,* S. 750 ff.; *Tversky/Kahneman,* Judgement under Uncertainty, S. 4–11, 14–18.

94 *Sunstein,* Probability Neglect, S. 64, 81; *Jolls u. a.,* S. 1477–1478, 1518–1519; *Loewenstein u. a.,* S. 267–286; *Breyer,* Breaking the Vicious Circle, S. 35; *Tversky/Kahneman,* Judgment under Uncertainty, S. 11. Nach letzteren ist Anknüpfungspunkt für die Verfügbarkeitsheuristik lediglich die Leichtigkeit, mit der man sich Beispiele vorstellen kann. Ähnlich wie sich die Schwierigkeit eines Rätsels abschätzen lasse, selbst wenn man das Rätsel nicht tatsächlich löse, so komme es auch hier nur darauf an, dass man sich frage, wie schwer es sein werde, sich Beispiele vorzustellen. Es sei nicht erforderlich, sich sämtliche Beispiele konkret vor Augen zu halten. s. *Tversky/Kahneman,* Availability, S. 164. Hingegen benutzen andere Autoren zum Messen der Verfügbarkeit andere Faktoren, beispielsweise die Geschwindigkeit, mit der sich Informationen abrufen lassen, oder die Menge abrufbarer Informationen. s. *Shelley E. Taylor,* The availability bias in social perception and interaction, in: Daniel Kahneman/Paul Slovic/Amos Tversky (Hrsg.), Judgment under Uncertainty: Heuristics and biases, Cambridge 1982, S. 199. Einen wichtigen Einfluss auf die Frage, ob ein Ereignis hervorsticht, hat selbstverständlich die Berichterstattung in den Medien. s. *Breyer,* Breaking the Vicious Circle, S. 35–36; *Slovic u. a.,* S. 468–469.

scheinlich versuchen sich zu erinnern, ob seine in der Gemeinde ansässigen Bekannten geschieden sind. Mithin wird im Unterschied zur oben angesprochenen Vernachlässigung von Wahrscheinlichkeiten hier die Wahrscheinlichkeit eines Schadenseintritts nicht schlicht vernachlässigt, sondern das Bemühen um die statistische Einschätzung von Risiken wird durch die Suche nach hervorstechenden Beispielen ersetzt.[95] Es tritt also eine leicht zu beantwortende Frage (An welche besonderen Schadensereignisse kann ich mich erinnern?) an die Stelle einer komplexeren Fragestellung (Wie hoch ist das statistische Risiko?).[96] So lässt sich beispielsweise die Angst vor einem schrecklichen Autounfall zumindest teilweise damit erklären, dass solche Unfälle den meisten Leuten sehr lebhaft vor Augen stehen. Mit Hilfe der Verfügbarkeitsheuristik kann man außerdem begründen, warum man dazu neigt, Situationen binär entweder als unsicher oder als sicher zu begreifen: nur diese Einschätzungen lassen sich in geistigen Bildern wiedergeben. Andere Wahrscheinlichkeiten als 0 oder 1 kann man sich nur schwer geistig vor Augen führen. Das geistige Bild eines Autounfalls ist das gleiche, genauso lebhaft und furchterregend, egal ob die Wahrscheinlichkeit des Unfalls 1 % oder 10 % beträgt.[97]

Die Verfügbarkeitsheuristik macht auch begreiflich, warum die Bereitschaft, sich gegen Naturkatastrophen zu versichern, sehr stark von aktuellen Erfahrungen beeinflusst ist.[98] Während die traditionelle konsequentialistische Theorie behauptet, dass die Nachfrage nach Versicherungen allein von der Wahrscheinlichkeit und Größe des Schadensereignisses, von den Kosten des Versicherungsschutzes und von der Risikobereitschaft des potentiellen Versicherungsnehmers abhängt,[99] haben Untersuchungen aus neuerer Zeit gezeigt, dass die Denkprozesse der meisten Personen offensichtlich weniger kognitiv-rational ablaufen. Wenn beispielsweise Überschwemmungen in der jüngsten Vergangenheit nicht vorgekommen sind, ist es viel unwahrscheinlicher, dass Personen in Überschwemmungsgebieten sich versichern, als wenn es vor kurzem Überschwemmungen gab. Des weiteren kann die Verfügbarkeitsheuristik empirische Untersuchungen erklären, nach denen die meisten Leute die Wahrscheinlichkeit dramatischer und sensationeller Ereignisse überschätzen und die Wahrscheinlichkeit von unspektakulären Ereignissen, die nur jeweils ein Opfer fordern und oftmals nicht tödlich verlaufen, in der Regel unterschätzen. So wird z. B. die Wahrscheinlichkeit eines Todes durch Wirbelstürme (Tornados) oder durch Totschlag überschätzt, und die Anzahl der Todesfälle aufgrund von Schlaganfällen und Diabetes unterschätzt. Zudem glauben die meis-

---

95 *Sunstein,* Laws of Fear, 1125, 1140, 1143.

96 *Sunstein,* Probability Neglect, S. 82.

97 *Rottenstreich/Hsee,* S. 186.

98 „... individuals forecasting flood potential ‚are strongly conditioned by their immediate past and limit their extrapolation to simplified constructs, seeing the future as a mirror of that past'. Similarly, the purchase of earthquake insurance increases sharply after a quake and then decreases steadily as memories fade", *Slovic u. a.,* S. 465; *Sunstein,* Laws of Fear, S. 1126.

99 *Loewenstein u. a.,* S. 275. Vgl. auch oben I. 2. b).

ten Leute unzutreffenderweise, dass mehr Personen durch Totschlag als durch Selbstmord sterben.[100]

Auch in diesen Fällen ist es wieder so, dass Diskussionen mit den Betroffenen in der Regel nicht helfen. Im Gegenteil: Wenn Betroffene Vorkommnisse diskutieren, die sehr unwahrscheinlich sind, nimmt ihre Besorgnis zu, selbst wenn die Diskussion hauptsächlich darin besteht, mit Hilfe zuverlässiger Informationen zu zeigen, dass die Wahrscheinlichkeit des Eintritt eines Schadens äußerst gering ist.[101] Das lässt sich zum einen damit erklären, dass infolge der Diskussionen die Verfügbarkeit von Informationen über mögliche Schäden steigt. Zum anderen scheinen die meisten Leute dazu zu neigen, Informationen über hohe Risiken mehr Gewicht beizulegen als Informationen über geringe Risiken, zumindest wenn die Informationen aus verschiedenen Quellen stammen.[102] Ein Grund für diese Wahrnehmungsasymmetrie ist offenbar, dass man sich häufig unabhängig vom Inhalt der Information auf den schlimmstmöglichen Fall konzentriert.[103]

b) Beispiel: „Worst case analysis under NEPA"

Ein Beispiel aus dem amerikanischen Recht, das die Problematik der Verfügbarkeitsheuristik verdeutlicht, ist der Streit um die sog. „Worst Case Analysis" gemäß dem National Environmental Policy Act (NEPA).[104] Nach diesem Gesetz muss jede Genehmigung oder sonstige Maßnahme einer Bundesbehörde von einer Umweltverträglichkeitsprüfung („Environmental Impact Statement") begleitet werden, sofern die Maßnahme die Umwelt erheblich berührt.[105] In dem Prüfungsbericht

---

100 *Sunstein,* Laws of Fear, S. 1127; ebenso *Slovic u. a.,* S. 466–467: „Rare causes of death were overestimated and common causes of death were underestimated. In addition to this general bias, sizable specific biases were evident. For example, accidents were judged to cause as many deaths as diseases, whereas diseases actually take about 16 times as many lives. Homicides were incorrectly judged more frequent than diabetes and stomach cancer deaths. Homicides were also judged to be about as frequent as death by stroke, although the latter actually claims about 11 times as many lives. Frequencies of death from botulism, tornadoes, and pregnancy (including childbirth and abortion) were also greatly overestimated ... In keeping with availability considerations, overestimated causes of death were dramatic and sensational, whereas underestimated causes tended to be unspectacular events, which claim one victim at a time and are common in nonfatal form."

101 *Sunstein,* Laws of Fear, S. 1141.

102 *W. Kip Viscusi,* Alarmist Decisions with Divergent Risk Information, 107 The Economic Journal 1657 ff. (1666 ff.) (1997). *Kip Viscusi* warnt deshalb auf S. 1669 vor der Verwendung von „Worst Case" Szenarien.

103 *Sunstein,* Probability Neglect, S. 82.

104 Der NEPA diente der Richtlinie über die Umweltverträglichkeitsprüfung bei bestimmten öffentlichen und privaten Projekten (85 / 337 / EWG) und dem Gesetz über die Umweltverträglichkeitsprüfung (UVPG) als Vorbild. Vgl. *Voßkuhle,* Grundkurs Umweltrecht, S. 111.

105 Der hier einschlägige Absatz (NEPA § 102 (C)) lautet: „The Congress authorizes and directs that, to the fullest extent possible: ... all agencies of the Federal Government ...

sind die Auswirkungen auf die Umwelt detailliert darzulegen und etwaige Alternativen zu der geplanten Maßnahme zu schildern. Der Zweck des Berichts besteht zum einen darin zu gewährleisten, dass die Behörde ihre Entscheidung auf der Grundlage ausreichender Informationen trifft. Zum anderen soll die Öffentlichkeit in die Lage versetzt werden, sich ein eigenes Bild von den Umweltauswirkungen eines Vorhabens zu machen.[106] Die recht allgemein gehaltenen Pflichten des NEPA werden durch Vorschriften konkretisiert, die vom Council on Environmental Quality (CEQ) erlassen wurden.[107] Danach war seit 1978 infolge einer Weisung Präsident Carters vorgesehen, dass eine Analyse des schlimmstmöglichen Falls („Worst Case Analysis") zu erstellen sowie die Wahrscheinlichkeit seines Eintritts darzulegen war, wenn sich Tatsachen, die für die Entscheidung der Behörde erheblich waren, nicht feststellen ließen.[108] Im Fall des Ausbaus eines Öltankerhafens an der texanischen Golfküste bedeutete dies, dass die Möglichkeit eines Tankerunfalls berücksichtigt werden musste. Zwar war die Wahrscheinlichkeit eines solchen Unfalls schwer zu beziffern und unstreitig sehr gering. Indes wären die Folgen eines Unfalls verheerend gewesen, weil das fragliche Gebiet als Brutstätte und Nistplatz für eine Vielzahl wild lebender Tiere diente. Da sich die Wahrscheinlichkeit eines Tankerunglücks nach damaligem Erkenntnisstand nicht genau berechnen ließ, musste die zuständige Behörde in dem Bericht zu den Umweltauswirkungen des Vorhabens diskutieren, welche Folgen sich bei einem vollständigen Ölverlust eines Tankers ergeben würden.[109] Obgleich nach den Vorgaben des CEQ zugleich deutlich zu machen war, wie wahrscheinlich ein solcher Unfall sein würde, und obschon diese Wahrscheinlichkeitsangabe nach Meinung des zuständigen Gerichts ausreichend war, um zu verhindern, dass der schlimmstmögliche Fall über Gebühr berücksichtigt würde, ist nach den vorstehenden Ausführungen klar, dass allein die Erwähnung der Möglichkeit eines Tankerunglücks bei Teilen der Bevölkerung Angst auslösen wird. Ein Hinweis auf die geringe Wahrscheinlichkeit einer Katastrophe wird dann wenig nützen, ja womöglich die Diskussion zusätzlich anheizen

---

include in every recommendation or report on proposals for legislation and other major federal actions significantly affecting the quality of the human environment, a detailed statement by the responsible official on (i) the environmental impact of the proposed action, (ii) any adverse environmental effects which cannot be avoided should the proposal be implemented, (iii) alternatives to the proposed action, (iv) the relationship between local short-term uses of man's environment and the maintenance and enhancement of long-term productivity, and (v) any irreversible and irretrievable commitment of resources which would be involved in the proposed action should it be implemented."

106 Robertson v. Methow Valley Citizens Council, 490 U.S. 332 (349) (1989).

107 Die Ermächtigungsgrundlage findet sich in NEPA § 102 (B).

108 Die CEQ-Vorschrift (40 C.F.R. § 1502.22 (1981)) lautete: „If ... the information is relevant to adverse impacts, is important to the decision and the means to obtain it are not known (e.g., the means for obtaining it are beyond the state of the art) the agency shall weigh the need for the action against the risk and severity of possible adverse impacts were the action to proceed in the face of uncertainty. If the agency proceeds, it shall include a worst case analysis and an indication of the probability or improbability of its occurrence."

109 Sierra Club v. Sigler, 695 F.2d 957 (5th Cir. 1983).

und vorhandene Ängste weiter schüren. Aus Sicht von Umweltgruppen war die „Worst Case Analysis" mithin ein probates Mittel, öffentlichen Widerstand gegen bestimmte Vorhaben zu erzeugen.

In einigen Fällen war dieser Widerstand sicherlich berechtigt. Die „Worst Case Analysis" war lediglich ein Hilfsmittel, um die Aufmerksamkeit auf tatsächliche Schwachpunkte geplanter Maßnahmen zu lenken und die Lethargie der Öffentlichkeit zu überwinden, die besonders groß zu sein pflegt, wenn es – wie hier – um öffentliche und nicht um private Güter geht.[110] D h. nach der Devise „Der Zweck heiligt die Mittel" wurde der Bericht zu den Umweltauswirkungen dazu genutzt, Widerstand gegen Projekte zu mobilisieren, deren tatsächlich problematische Aspekte sich nicht öffentlichkeitswirksam darstellen ließen. Da das materielle Recht kaum Möglichkeiten eröffnete, Projekte aus umweltrechtlichen Gründen zu Fall zu bringen, wurde das rein *verfahrensrechtliche* Mittel der „Worst Case Analysis" für diese Zwecke in Dienst genommen.[111] In anderen Fällen bestand jedoch die Gefahr, dass die Nutzung der „Worst Case Analysis" Maßnahmen unterminierte, deren Verwirklichung im öffentlichen Interesse lag, aber am manipulativ erzeugten öffentlichen Widerstand scheiterte.[112]

Aus diesem Grunde ist es nicht überraschend, dass die „Worst Case Analysis" bald auf den erheblichen Widerstand der betroffenen Industrie stieß. Offenbar scheiterten zu viele Projekte, die mit anderen rechtlichen Mitteln nicht zu Fall zu bringen waren, an dem durch die „Worst Case Analysis" erregten öffentlichen Widerstand. Zu Beginn der 80er Jahre machte sich die amerikanische Regierung unter Präsident Reagan diese Bedenken zu eigen. Die Vorschriften des CEQ wurden dahingehend geändert, dass nunmehr im Falle vernünftigerweise vorhersehbarer erheblicher Auswirkungen eines Vorhabens auf die Umwelt eine Zusammenfassung der glaubhaften wissenschaftlichen Beweise zu erstellen und eine Beurteilung anhand anerkannter wissenschaftlicher Methoden vorzunehmen war.[113] Mit anderen

---

110 *Rose,* Environmental Lessons, S. 1026.

111 Der Bericht zu den Auswirkungen eines Vorhabens auf die Umwelt im Allgemeinen sowie die „Worst Case Analysis" im Besonderen sind insoweit rein verfahrensrechtlich, als die zuständige Behörde lediglich verpflichtet ist, diesen Bericht anzufertigen und den schlimmstmöglichen Fall zu bedenken. Die Entscheidung in der Sache ist dadurch indes nicht vorgegeben. Vielmehr steht es der Behörde frei, Projekte selbst dann zu genehmigen, wenn sie katastrophale Auswirkungen haben können; Beschränkungen können sich insoweit nur aus anderen Umweltgesetzen ergeben. Die Behörde ist nach NEPA lediglich verpflichtet, sich argumentativ mit diesen Katastrophenszenarien auseinanderzusetzen. s. Strycker's Bay Neighborhood Council, Inc. v. Karlen, 444 U.S. 223 (227–228) (1980); Vermont Yankee Nuclear Power Corp. v. Natural Resources Defense Council, Inc., 435 U.S. 519 (558) (1978).

112 Auch *Carol M. Rose* sieht die Gefahr, dass das „Environmental Impact Statement" dazu benutzt werden kann, Maßnahmen zu verzögern und dadurch ihre Kosten in die Höhe zu treiben. s. *Rose,* Environmental Lessons, S. 1026.

113 Die einschlägige Vorschrift (40 C.F.R. § 1502.22 (1985)) hat folgenden Wortlaut: „In the face of unavailable information concerning a reasonably foreseeable significant environmental consequence, federal agencies have to prepare a summary of existing credible scienti-

Worten: Die Diskussion nachteiliger Auswirkungen von geplanten Maßnahmen wurde auf vernünftigerweise vorhersehbare Konsequenzen beschränkt; rein theoretisch mögliche, aber äußerst unwahrscheinliche Folgen mussten nicht mehr in Erwägung gezogen werden. Und der Maßstab für die Beurteilung dieser Folgen waren nun ausschließlich glaubhafte wissenschaftliche Beweise und anerkannte wissenschaftliche Methoden; einer besonders negativen Beurteilung unter Heranziehung neuer wissenschaftlicher Arbeitsweisen war damit ein Riegel vorgeschoben worden. Sinn und Zweck der Neuregelung war es, die öffentliche Diskussion auf tatsächlich bedeutsame Folgen zu konzentrieren und der Überbetonung rein spekulativer Konsequenzen vorzubeugen. Es hatte sich nämlich gezeigt, dass die Suche nach schlimmstmöglichen Folgen potentiell endlos ist. Zu jeder in Erwägung gezogenen schlimmstmöglichen Folge kann man durch Hinzufügen einer zusätzlichen Berechnungsgröße ein noch schlimmeres Szenario ersinnen. Da das Erfordernis der „Worst Case Analysis" mithin zu weit verbreiteter Ratlosigkeit bei den damit befassten Experten führte, fasste die Regierung Reagan den Entschluss, von dieser Analyse Abstand zu nehmen.[114]

Die Neuregelung bedeutete z. B. bei der Errichtung eines Skigebiets in einem unberührten Waldgebiet im Norden von Washington State (Okanogan National Forest), das der größten Rotwildherde des Staates als Aufenthaltsort und Migrationskorridor diente,[115] Folgendes: Die zuständige Behörde musste nicht davon ausgehen, dass der Aufbau des Skigebiets die Migrationskorridore abschneiden und die Aufenthaltsorte für das Rotwild beseitigen würde, was die Dezimierung dieser Tiere zur Folge hätte. Vielmehr konnte sie annehmen, dass sich die Auswirkungen auf wild lebende Tiere mit Hilfe von Maßnahmen zur Milderung der Umweltauswirkungen begrenzen lassen würden.[116]

Es ist offensichtlich, dass in Fällen wie dem gerade geschilderten durch die Abschaffung des Erfordernisses der „Worst Case Analysis" den interessierten Umweltgruppen ein wichtiges Instrument aus der Hand geschlagen wurde. Während die drohende Ausrottung einer großen Rotwildherde öffentliche Aufmerksamkeit sichert, wird deren bloße Verringerung – zumal wenn sie nur möglicherweise eintritt – kaum geeignet sein, ähnliche Wirkungen zu erzielen. Die gesamte Auseinandersetzung um ein Vorhaben wird durch die Abschaffung der „Worst Case Analysis" sehr technisch und Experten-lastig. Wo früher mit Hilfe drastischer Bilder an die Gefühle vieler Menschen appelliert werden konnte, ist nun auf einmal die Abschätzung abgestufter Folgen und komplizierter Wahrscheinlichkeitsberechnungen gefragt. Dadurch versachlicht sich die gesamte Diskussion sicherlich. Zu-

---

fic evidence which is relevant to evaluating the adverse impacts, and prepare an evaluation of such impacts based upon theoretical approaches or research methods generally accepted in the scientific community."

114 Robertson v. Methow Valley Citizens Council, 490 U.S. 332 (356) (1989).

115 Methow Valley Citizens Council v. Regional Forester, 833 F.2d 810 (812) (9th Cir. 1987).

116 Robertson v. Methow Valley Citizens Council, 490 U.S. 332 (354 ff.) (1989).

gleich steht aber zu befürchten, dass der Schutz von Umweltgütern einen geringeren Stellenwert einnehmen wird als zuvor. Interessierte Umweltgruppen und Bürgerinitiativen sind nun darauf angewiesen, sich für Gesetze stark zu machen, die in der Sache den Schutz von Umweltgütern, also von Kollektivgütern zum Ziel haben und nicht wie NEPA lediglich den Entscheidungsprozess der zuständigen Behörden strukturieren sollen (und wie schwer dies werden wird, haben die obigen Ausführungen zu den Problemen kollektiven Handelns gezeigt); oder aber sie müssen versuchen, auf anderem Wege öffentlichen Widerstand zu organisieren. Letzteres kann sicherlich weiterhin mit Hilfe einprägsamer Bilder von möglichen drastischen Folgen eines Vorhabens geschehen. Die Umweltgruppen werden allerdings mit dem Nachteil zu kämpfen haben, dass diese Bilder jetzt von ihnen selbst erstellt werden müssen und nicht mehr von der Behörde geliefert werden. Sie laufen daher Gefahr, dass ihren Ausführungen als solchen einer interessierten Partei von der Öffentlichkeit weniger Gewicht beigemessen wird. Nunmehr lassen sich ihre Prognosen leichter als Hirngespinste umweltrechtlicher Eiferer abtun.

3. Anwendung der Erkenntnisse der Verfügbarkeitsheuristik auf die Selbstverpflichtung der Kinderbekleidungsindustrie

Im Lichte der soeben gewonnen Erkenntnisse ist die Selbstverpflichtung der Kinderbekleidungsindustrie alles andere als überraschend. Unfälle von Kleinkindern, die beim Spielen oder beim Benutzen öffentlicher Verkehrsmittel von Kordeln an ihren Anoraks oder sonstigen Kleidungsstücken stranguliert werden, sind geradezu paradigmatisch für Schadensereignisse, die sich leicht in der menschlichen Erinnerung verankern lassen. Selbst wenn es nicht zu vielen solcher Unfälle kommt, sind sie doch so hervorstechend, dass sie sich tief ins Gedächtnis einprägen. Der Grund dafür liegt m. E. zum einen darin, dass diese Unfälle aus Laiensicht unerwartet sind. Man rechnet nicht damit, dass Kinder erheblichen Schaden nehmen, wenn sich die Kordeln ihrer Anoraks in Spielgeräten oder Bussen verfangen. Zum anderen spielt sicherlich eine Rolle, dass man in Kindern unschuldige Opfer sieht. Sie gehen nicht bewusst das Risiko ein, gefährliche Kleidung zu tragen. Vielmehr wird ihre Kleidung regelmäßig von ihren Eltern ausgewählt, und die Kinder nehmen keinen oder allenfalls geringen Einfluss auf die Kaufentscheidung. Mithin sind diese Unfälle schon von sich aus besonders einprägsam.

Hinzu kommt, dass die Medien solche Schadenereignisse natürlich gerne aufgreifen und durch ihre Schilderungen noch drastischer erscheinen lassen, als sie es ohnehin schon sind. Es fällt leicht, Mitleid mit den Opfern zu erregen und die Schuld der Bekleidungsindustrie zuzuschieben, zumal letztere ohnehin wenig Kredit genießt. Ihre Produktionsmethoden werden immer wieder mit Kinderarbeit in der Dritten Welt in Zusammenhang gebracht. Daher passt es aus Sicht vieler Leute ins Bild, wenn die Bekleidungsindustrie auch bei den Bemühungen um den Verkauf ihrer Produkte auf Kinder keine Rücksicht nimmt.

Aus diesen Gründen steht zu befürchten, dass die Öffentlichkeit die Gefahren weit überschätzt, die von Kinderbekleidung ausgehen. Liest man zum zweiten oder dritten Mal in der Zeitung von solch einem Unglück, so lassen sich die zuvor gelesenen Fälle leicht aus dem Gedächtnis abrufen, und man ist wegen der *Leichtigkeit,* mit der sich vorher Gelesenes vor dem geistigen Auge reproduzieren lässt, der Meinung, dass diese Unfälle sehr häufig vorkommen. Es nimmt denn auch kaum Wunder, dass der genauen Anzahl der hier in Rede stehenden Unfälle offenbar weder von der Öffentlichkeit noch von staatlicher Seite irgendeine Bedeutung beigemessen wurde. Nirgends findet sich eine sorgfältige Statistik. Der einzige Artikel, der Zahlen nennt, berichtet von zwei tödlichen Unfällen in Berlin seit Frühjahr 2001.[117] Es scheint nicht unwahrscheinlich, dass dieser Gesichtspunkt bei der Diskussion um die Notwendigkeit staatlichen Handelns völlig vernachlässigt wurde.

Bestärkt wird dieser Verdacht dadurch, dass die hier in Rede stehenden Schäden aus den oben genannten Gründen die Gefühle der Öffentlichkeit viel stärker ansprechen als die meisten anderen Schadensereignisse. Die Erkenntnisse zur Vernachlässigung von Wahrscheinlichkeitsberechnungen („Probability Neglect") legen es nahe anzunehmen, dass infolge der *gefühlsgeprägten* Reaktion auf Unfälle von Kindern die Wahrscheinlichkeit des Schadenseintritts und die Dringlichkeit des Problems überschätzt wurden. Faktisch ist die Gefahr, die von Kinderkordeln ausgeht, vermutlich ziemlich gering. Allein die Tatsache, dass diese Probleme zuvor nie öffentlich diskutiert wurden, stimmt den neutralen Betrachter skeptisch. Wären Kordeln an Kinderbekleidung tatsächlich eine bedeutsame Gefahrenquelle, so wäre dies doch – gerade angesichts der soeben diskutierten kognitiven Besonderheiten – sicherlich früher aufgefallen und man hätte weniger großzügige Übergangsfristen vereinbart. Daher scheint die Vermutung plausibel, dass hier Einzelfälle von den Medien aufgegriffen und so grell geschildert wurden, dass sich die betroffene Industrie und der Staat zum Handeln veranlasst sahen.

4. Ermächtigungsgrundlage für staatliches Handeln zweifelhaft (§ 7 ProdSG)[118]

Dem aufgrund des öffentlichen Drucks entstandenen Handlungsbedarf wurde auch hier in Form einer Selbstverpflichtung Rechnung getragen. Denn ähnlich wie bei den Gefahren, die von elektromagnetischen Strahlen ausgingen, waren dem Staat in diesem Fall wieder die Hände gebunden bzw. es war nicht klar, ob eine

117 Stiftung Warentest Online, 8. 10. 2002.

118 Das ProdSG wurde zwischenzeitlich mit dem GerätesicherheitsG zusammengefasst zum Geräte- und Produktsicherheitsgesetz – GPSG v. 6. Januar 2004. Dieses neue Gesetz dient insbesondere der Umsetzung der Richtlinie 2001 / 95 / EG des Europäischen Parlaments und des Rates v. 3. Dezember 2001 über die allgemeine Produktsicherheit. Dem § 7 des ProdSG entspricht nunmehr der § 8 GPSG, dem § 13 ProdSG der § 3 GPSG, und dem § 6 ProdSG der § 4 GPSG.

ausreichende Ermächtigungsgrundlage für staatliches Eingreifen vorhanden war. Das Produktsicherheitsgesetz erlaubt den zuständigen Behörden, gegen Produkte einzuschreiten, die nicht sicher sind (§ 7 I ProdSG). Beispielsweise können sie das Inverkehrbringen solcher Produkte verbieten (§ 7 II ProdSG). Zudem ermächtigt es zum Erlass von Verordnungen, die gewährleisten sollen, dass Hersteller und Händler den Verbrauchern nur sichere Produkte zur privaten Nutzung überlassen (§ 13 I iVm. § 1 Nr. 1 ProdSG). Ein Produkt ist sicher, wenn von ihm bei bestimmungsgemäßer oder zu erwartender Verwendung unter Einbeziehung der üblichen oder zu erwartenden Gebrauchsdauer keine erhebliche, mit der Art der Verwendung nicht zu vereinbarende und bei Wahrung der jeweils allgemein anerkannten Regeln der Technik nicht hinnehmbare Gefahr für die Gesundheit oder Sicherheit von Personen ausgeht (§ 6 I 1 ProdSG). Die Beurteilung der Sicherheit eines Produktes erstreckt sich insbesondere auf Verbrauchergruppen, die bei der Verwendung des Produkts einer größeren Gefahr ausgesetzt sind als andere, besonders Kinder (§ 6 II Nr. 4 ProdSG).

In einem Kommentar zum Produktsicherheitsgesetz werden diese Bestimmungen dahingehend ausgelegt, dass „unerheblich" nur Bagatellgefahren seien, und dies könnten per definitionem ohnehin keine Gefahren für das Leben, sondern nur Gefahren für die Gesundheit sein.[119] Wäre diese Auslegung richtig, so müsste man zu dem Ergebnis kommen, dass die zuständigen Behörden beispielsweise das Inverkehrbringen von Zahnstochern verbieten könnten, denn nach den oben[120] gemachten Angaben stirbt in den USA jedes Jahr durchschnittlich ein Mensch durch die Verwendung eines Zahnstochers. Ja man könnte sogar noch weiter gehen und sich auf den Standpunkt stellen, dass es sich hier um Lebensgefahren handele, weshalb das Ermessen der Behörden schrumpfe und sie zum Einschreiten verpflichtet seien.

So kann diese Vorschrift indes offenbar nicht gemeint sein. Richtigerweise kann es nicht darauf ankommen, ob eine Gefahr eine Lebens- oder eine bloße Gesundheitsgefahr ist, sondern entscheidend sollte sein, wie wahrscheinlich ein Schadenseintritt ist und wie leicht er sich vermeiden lässt. Bestätigt wird dies durch einen Blick auf die Produktsicherheitsrichtlinie,[121] die dem ProdSG zugrunde liegt und die wegen des Gebotes richtlinienkonformer Auslegung bei der Anwendung des ProdSG zu berücksichtigen ist.[122] Dort ist ein sicheres Produkt definiert als ein

119 *Thomas Klindt,* Produktsicherheitsgesetz, München 2001, § 6 Rn. 10.

120 s. Fn. 42.

121 Richtlinie 92/59/EWG des Rates über die allgemeine Produktsicherheit vom 29. Juni 1992.

122 Vgl. EuGH, Rs. C-106/89, 13. 11. 1990, Slg. 1990, I-4135, Rdnr. 8 (Marleasing). Der EuGH hat in dieser Entscheidung ausgeführt: „Wie der Gerichtshof in seinem Urteil vom 10. April 1984 in der Rechtssache 14/83 (Von Colson und Kamann, Slg. 1984, 1891, Rdnr. 26) entschieden hat, obliegen die sich aus einer Richtlinie ergebenden Verpflichtungen der Mitgliedstaaten, das in dieser Richtlinie vorgesehene Ziel zu erreichen, sowie die Pflicht der Mitgliedstaaten gem. Art. 5 EWG-Vertrag, alle zur Erfüllung dieser Verpflichtung geeig-

solches, das nur „vertretbare“ Gefahren birgt; zudem wird darauf hingewiesen, dass die Möglichkeit, einen höheren Sicherheitsgrad zu erreichen, oder die Verfügbarkeit anderer Produkte, die eine geringere Gefährdung aufweisen, kein ausreichender Grund ist, um ein Produkt als nicht sicher oder gefährlich anzusehen (Art. 2 b Produktsicherheitsrichtlinie). Diese Definition weist in die soeben angedeutete Richtung: Wenn man feststellen soll, ob eine Gefahr „vertretbar“ ist, muss man vernünftigerweise eine Abwägung vornehmen. In diese Abwägung ist die Größe der Gefahr, d. h. die Wahrscheinlichkeit ihrer Verwirklichung und die Höhe des zu erwartenden Schadens, einzubeziehen. Daneben sollte aber auch der Nutzen eines Produkts eine Rolle spielen. Hat man zwischen zwei Produkten von identischer Gefährlichkeit zu entscheiden, von denen das erste kaum nützt und das zweite viele Vorteile bietet, so wird man im zweiten Fall eher geneigt sein zu sagen, dass die Gefahren angesichts des großen Nutzens „vertretbar“ sind. Nach der Richtlinie darf bei dieser Abwägung noch nicht einmal berücksichtigt werden, welche Ersatzprodukte zur Verfügung stehen – was nicht unbedingt sinnvoll ist, aber dem eindeutigen Wortlaut der Richtlinie entspricht.

Für den vorliegenden Fall bedeutet das Folgendes: Die bloße Tatsache, dass auch von Kinderbekleidung Lebensgefahren ausgehen können, kann nicht ohne weiteres genügen, um diese Produkte als unsicher im Sinne des ProdSG einzustufen. Das Beispiel der Zahnstocher hat recht klar gezeigt, dass von sehr vielen harmlos erscheinenden Produkten in ganz vereinzelten Fällen Lebensgefahren ausgehen können. Produkte, an denen nie jemand stirbt, gibt es kaum. Nötig ist daher die Abschätzung der Größe der Gefahr sowie des Nutzens der gefährlichen Kinderbekleidung, wobei etwaige Ersatzprodukte – hier also Kinderbekleidung mit Kordeln, die bei Belastung reißen – außer Betracht bleiben müssen. Was das Ergebnis dieser Abwägung wäre, lässt sich mangels der nötigen Daten nicht sicher sagen. Was man angesichts der statistisch sehr geringen Gefahren aber mit Sicherheit sagen kann, ist, dass das ProdSG jedenfalls keine zweifelsfreie Grundlage für staatliches Einschreiten gegen Kinderbekleidung bzw. den Erlass einer Verordnung bietet. Es mag sein, dass ein solches Vorgehen gerichtlich gebilligt würde, aber gewiss ist das nicht. Aus diesem Grund war der Staat hier in einer ähnlichen Situation wie im Fall der elektromagnetischen Strahlen: Er konnte dem Ruf nach staatlichem

---

neten Maßnahmen allgemeiner oder besonderer Art zu treffen, allen Trägern öffentlicher Gewalt in den Mitgliedstaaten, und zwar im Rahmen ihrer Zuständigkeit auch den Gerichten. Daraus folgt, dass ein nationales Gericht, soweit es bei der Anwendung des nationalen Rechts – gleich, ob es sich um vor oder nach der Richtlinie erlassene Vorschriften handelt – dieses Recht auszulegen hat, seine Auslegung soweit wie möglich am Wortlaut und Zweck der Richtlinie ausrichten muss, um das mit der Richtlinie verfolgte Ziel zu erreichen und auf diese Weise Art. 189 Abs. 3 EWG-Vertrag (jetzt Art. 249 Abs. 3 EG) nachzukommen.“ Nur wenn eine gemeinschaftsrechtskonforme Auslegung des nationalen Rechts nicht möglich ist, kann sich der Vorrang des Gemeinschaftsrechts (dazu EuGH, Rs. 6/64, 15. 7. 1964, Slg. 1964, 1252 [1269 ff.] = NJW 1964, 2371 [Costa/E.N.E.L.] sowie BVerfG, Beschl. v. 8. 4. 1987, BVerfGE 75, 223 [244 f.]) dahingehend äußern, dass das nationale Recht unanwendbar ist.

Einschreiten jedenfalls nicht ohne weiteres nachkommen. Deshalb griff er zum Mittel der Selbstverpflichtung. Daneben hätten aber auch noch andere Reaktionsmöglichkeiten bestanden, von denen im Folgenden zwei diskutiert werden sollen.

5. Lösung dieses Problems mit Hilfe des BGB und des ProdHaftG?

Eine Lösungsmöglichkeit, die aber offenbar niemals in Erwägung gezogen wurde, wäre gewesen, einfach auf das Produkthaftungsgesetz und auf die Rechtsprechung zur Produzentenhaftung nach BGB zu vertrauen. Das Produkthaftungsgesetz sieht vor, dass der Hersteller eines Produktes verpflichtet ist, dem Geschädigten seinen Schaden zu ersetzen, wenn jemand durch den Fehler eines Produkts getötet, sein Körper oder seine Gesundheit verletzt oder eine Sache beschädigt wird (§ 1 I 1 ProdHaftG). Ein Produkt hat einen Fehler, wenn es nicht die Sicherheit bietet, die unter Berücksichtigung aller Umstände, insbesondere seiner Darbietung, des Gebrauchs, mit dem billigerweise gerechnet werden kann, und des Zeitpunkts, in dem es in den Verkehr gebracht wurde, berechtigterweise erwartet werden kann; es ist nicht allein deshalb fehlerhaft, weil später ein verbessertes Produkt in den Verkehr gebracht wurde (§ 3 ProdHaftG). In den Kommentierungen zum ProdHaftG werden die Fehlerkategorien genannt, die man auch aus der Produzentenhaftung des § 823 I BGB kennt,[123] wobei hier vor allem der sog. Konstruktionsfehler einschlägig sein dürfte. Von einem Konstruktionsfehler spricht man, wenn das Produkt infolge fehlerhafter technischer Konzeption oder Planung für eine gefahrlose Benützung ungeeignet ist.[124] Was die Frage danach betrifft, was man berechtigterweise erwarten kann, so wird darauf hingewiesen, dass auf einen objektiven Maßstab abzustellen sei. Es komme darauf an, was die Allgemeinheit nach der Verkehrsauffassung in dem entsprechenden Bereich für erforderlich halte. Die Allgemeinheit könne nicht von jedem Produkt in jeder Situation totale Sicherheit erwarten. Es handele sich hier um eine durch den Richter zu entscheidende Wertungsfrage.[125]

Zu welchem Ergebnis die Anwendung des ProdHaftG im vorliegenden Fall führen würde, ist unklar. Richtigerweise sollte es auch bei der Beurteilung dessen, was die Allgemeinheit berechtigterweise von einem Produkt erwarten kann, darauf ankommen, wie groß die Gefahren sind, die von einem Produkt ausgehen, wie kostspielig ihre Vermeidung ist und welcher Nutzen diesen Gefahren gegenübersteht.[126] Um das beurteilen zu können, fehlen – wie gesagt – die erforderlichen Daten. Sicher scheint aber Folgendes zu sein: Sollten von Kinderbekleidung tat-

---

123 Vgl. nur MünchKomm / *Wagner,* § 3 ProdHaftG Rn. 29 ff.

124 Palandt / *Sprau,* ProdHaftG § 3 Rn. 3.

125 Palandt / *Sprau,* ProdHaftG § 3 Rn. 8.

126 Ähnlich MünchKomm / *Wagner,* § 3 ProdHaftG Rn. 15, 31 f.

sächlich erhebliche Gefahren ausgehen, so würde sich wohl kaum ein deutsches Gericht scheuen, der Klage gegen den Hersteller stattzugeben, zumal die Berücksichtigung wirtschaftlicher Kalküle vom BGH zumindest verbal ausdrücklich abgelehnt wird.[127] In der Regel beschränkt man sich auf eine isolierte Betrachtung der Gefahren und erfasst den Nutzen allenfalls indirekt über den Preis,[128] der nach allgemeiner Meinung Einfluss auf die Sicherheitserwartung des Verkehrs hat.[129] Beim ersten Zusehen ist also nicht ganz klar, warum man sich nicht einfach auf die

127 Vgl. BGH, Urt. v. 29. November 1983, NJW 1984, 801 (802). In dem zugrunde liegenden Fall ging es um die Verkehrssicherungspflicht bei Eishockey-Bundesligaspielen. Eine Zuschauerin war bei einem solchen Spiel durch einen über die Seitenbande des Spielfelds hinausgeschleuderten Puck verletzt worden. Es stellte sich daher die Frage, ob der Veranstalter verpflichtet war, die Längsseiten des Spielfelds beispielsweise durch Plexiglasscheiben abzuschirmen, und ob der dazu erforderliche Kostenaufwand (ca. 110.000 bis 150.000 DM) berücksichtigt werden konnte. Der BGH bejahte die Pflicht zum Abschirmen des Spielfelds und führte im Hinblick auf die Kosten aus: „Die Beklagte durfte sich nicht aus wirtschaftlichen Erwägungen davon abhalten lassen, die zum Schutz der Zuschauer notwendigen Sicherungsmaßnahmen anzubringen ...; denn der Kostenfaktor ist im allgemeinen überhaupt nur dann zu berücksichtigen, wenn die finanzielle Belastung ganz außer Verhältnis zu der Gefahrensicherung steht ..." (BGH, S. 802). Anders als der BGH anzunehmen scheint, hätte sich dieses Urteil allerdings wahrscheinlich auch auf eine nüchterne wirtschaftliche Betrachtung stützen lassen (ebenso MünchKomm / *Wagner*, § 823 Rn. 250). Denn da die Geschädigte dem Puck nicht hätte ausweichen, den Schaden also nicht ihrerseits kostengünstig hätte vermeiden können, ist aus wirtschaftlicher Sicht allein auf die Perspektive des Schädigers abzustellen und zu prüfen, ob die Kosten für die Sicherungsmaßnahme geringer sind als die Schadenswahrscheinlichkeit (gemessen an der Lebensdauer der Abschirmung) multipliziert mit der voraussichtlichen Schadenshöhe. Im Urteil des BGH finden sich insoweit kaum genaue Angaben. Es wird aber festgestellt, dass der Puck angeblich häufiger über die Seitenbande fliegt. Und da bei der Berechnung der voraussichtlichen Schadenshöhe sowohl materielle als auch immaterielle Schäden zu berücksichtigen sind, dürften sich ganz erhebliche Summen ergeben, zumindest wenn man sich bei der Bemessung immaterieller Schäden an der Bereitschaft der Opfer orientiert, für die Vermeidung solcher Schäden zu zahlen. Es erscheint daher alles andere als fern liegend, auch bei einer rein wirtschaftlichen Betrachtung die Abschirmmaßnahmen für vernünftig zu halten. Zwar könnte man – dem oben (vgl. oben C. III.) dargestellten Ansatz von *Coase* folgend – auch die Ansicht vertreten, dass es nicht nötig sei, den Veranstalter von Eishockeyspielen in die Haftung zu nehmen. Denn wenn den Zuschauern Sicherungsmaßnahmen wichtig seien, würden sie den Veranstalter für ihre Errichtung bezahlen, zumal die Parteien ohnehin vertraglich verbunden seien. Dabei würde man indes verkennen, dass den Zuschauern dieser Weg wahrscheinlich durch Probleme kollektiven Handelns versperrt ist, denn jeder Zuschauer hätte einen Anreiz, mit seiner Zahlung zu zögern und auf die Zahlung der anderen zu vertrauen. Zudem ist kein Mechanismus ersichtlich, mit dessen Hilfe man auch zukünftige Zuschauer, die ja ebenfalls von etwaigen Sicherungsmaßnahmen profitieren werden, zur Zahlung heranziehen könnte. Und dass die Zuschauer dadurch Druck auf den Veranstalter ausüben könnten, dass sie den Eishockeyspielen einfach fernblieben, erscheint ebenfalls nicht lebensnah, da die Zuschauer im Regelfall keine ausreichenden Informationen über das Gefährdungspotential haben werden. Aus diesem Grunde bleibt wohl in der Tat nichts anderes übrig, als den Veranstalter mit den Mitteln des Deliktsrechts zum Handeln zu bewegen.

128 Wenn ein Produkt nur einen geringen Nutzen hat, wird auch die Nachfrage nicht groß sein, und es werden sich keine hohen Preise erzielen lassen.

129 Vgl. etwa BGH, Urt. v. 17. Oktober 1989, NJW 1990, 906 (907).

Haftung der Kinderbekleidungshersteller nach dem ProdHaftG verlassen, sondern stattdessen eine Selbstverpflichtung befürwortet hat. Ein möglicher Grund könnte sein, dass nach dem ProdHaftG kein Anspruch auf Schmerzensgeld besteht.

Vorgesehen ist solch ein Anspruch indes in § 253 II BGB. Da diese Vorschrift im Rahmen der Produzentenhaftung nach § 823 I BGB anwendbar ist und da die Haftung nach dem BGB vom ProdHaftG unberührt bleibt (§ 15 II ProdHaftG), sei hier noch ein kurzer Blick auf die deliktsrechtliche Produzentenhaftung geworfen. Nach den von der Rechtsprechung zu § 823 I BGB entwickelten Grundsätzen gilt weitgehend dasselbe wie nach dem ProdHaftG: Auch nach § 823 I BGB wird für Konstruktionsfehler gehaftet, wobei der Hersteller sich nach dem erkennbaren und ermittelbaren Stand von Wissenschaft und Technik zu richten hat.[130] Zwar handelt es sich bei § 823 I BGB um einen Fall der Verschuldens- und nicht der Gefährdungshaftung, doch spielt dieser Unterschied kaum eine Rolle, da im Hinblick auf das Verschulden eine Beweislastumkehr stattfindet.[131] Wäre Kinderbekleidung also tatsächlich falsch konstruiert, so dass immer wieder Kinder zu Schaden kämen, so würden die Hersteller auch nach dem Deliktsrecht in Anspruch genommen werden können. Etwas anderes würde allenfalls dann gelten, wenn den Herstellern die von Kinderbekleidung ausgehenden Gefahren unbekannt wären. Indes wird dieser Einwand nur in den ersten Haftungsfällen durchgreifen. Danach kann – besonders angesichts des Presseechos, das diese Fälle offenbar auslösen – sich kein Hersteller mehr darauf berufen, ihm seien die Risiken nicht bewusst gewesen.

6. Warum man sich nicht auf ProdHaftG und BGB verlassen hat

Mithin kämen Ansprüche sowohl nach dem ProdHaftG als auch nach Deliktsrecht in Betracht, wenn von Kinderbekleidung tatsächlich erhebliche Gefahren ausgehen sollten. Angesichts dessen ist nicht recht ersichtlich, warum man sich nicht einfach auf diese Mechanismen verlassen hat, also darauf, dass die Geschädigten ihre Ansprüche im Zivilrechtswege geltend machen und dadurch das Verhalten der Bekleidungshersteller beeinflussen würden. Es wäre dann Sache der Hersteller gewesen zu entscheiden, ob sie lieber das Risiko einer möglicherweise sehr kostspieligen Haftung eingehen oder ihre Produktionsprozesse umstellen wollen. Da nur die Hersteller und nicht die Kunden wissen, wie viel die Produktionsumstellung kosten wird, und da die Hersteller wahrscheinlich zudem besser in der Lage sind, Informationen über die Höhe des Haftungsrisikos zu sammeln (beispielsweise weil ihre Handelsverbände relativ leicht die nötigen Statistiken erstellen können), scheint es aus Gründen der vernünftigen Verteilung der Informationslast sinnvoll, ihnen die Entscheidung zwischen Produktionsumstellung und Haftung zu überlassen.

---

130 Palandt / *Sprau,* § 823 Rn. 169.

131 Palandt / *Sprau,* § 823 Rn. 184.

Warum das nicht geschehen ist, ist – wie gesagt – nicht ganz klar. Ein typisches Problem privatrechtlicher Haftungssysteme besteht hier nämlich nicht: Wie bereits oben unter C. III. erwähnt wurde, scheitert die Beeinflussung des Verhaltens der Schädiger mit Hilfe der privatrechtlichen Haftung oft daran, dass die Schäden sehr gering sind und sich deshalb aus Sicht der Opfer das gerichtliche Vorgehen nicht lohnt. Wer einen Schaden von lediglich ein paar Euro erleidet, wird es sich regelmäßig gut überlegen, ob er den Rechtsweg beschreitet. Denn selbst wenn er obsiegt, bekommt er zumindest für die mit dem Prozess verbundenen Mühen und Zeitaufwendungen keinen Ersatz. In dem hier in Rede stehenden Fall waren jedoch die Schäden, die für den Abschluss der Selbstverpflichtung ausschlaggebend waren, so gravierend, dass wohl kein Geschädigter unter Berufung darauf untätig geblieben wäre, dass es sich nur um einen Bagatellfall handele.

Eine andere Begründung dafür, dass man sich nicht auf die Haftung der Produzenten nach dem ProdHaftG und dem BGB verlassen wollte, könnte sein, dass die nach diesen Gesetzen zugesprochenen Schadensersatzsummen schlicht als zu gering angesehen werden, dass das Problem also in einer systematisch zu geringen Entschädigung der Opfer zu sehen ist. Obwohl man sich durchaus auf den Standpunkt stellen kann, dass gerade im Fall des Todes von Kindern die Eltern regelmäßig nicht hinreichend entschädigt werden, erscheint es unwahrscheinlich, dass in diesen Erwägungen die Motivation für den Abschluss der Selbstverpflichtung liegt. Denn das Problem zu geringer Entschädigungen durchzieht das gesamte Schadensersatzrecht. Es mag bei immateriellen Schäden besonders gravierend sein, ist aber keineswegs auf diese Fälle beschränkt. Gerade an der Produzentenhaftung wird dies deutlich: Wenn ein Produzent alle Opfer einer falschen Konstruktion seiner Erzeugnisse entschädigen muss, wird er unterm Strich stets eine zu geringe Entschädigung zahlen, denn es gibt immer Opfer, die beispielsweise die Mühen scheuen, die mit der Geltendmachung ihrer Ansprüche verbunden sind, und die sich deshalb entscheiden, den Schaden selbst zu tragen. Der Produzent wird deshalb niemals alle Opfer entschädigen, sondern nur einen Teil von ihnen. Und wenn in jedem Einzelfall der als Schadensersatz zu zahlende Betrag die Höhe des eingetretenen Schadens nicht überschreiten darf, dann wird der Produzent notwendigerweise niemals den gesamten Schaden aller Opfer ausgleichen, den er durch sein Verhalten verursacht hat, sondern nur einen Teil desselben. Lösen ließe sich dieses Problem der systematisch zu geringen Entschädigungen nur mit Hilfe eines grundlegend veränderten Schadensersatzrechts, das beispielsweise das Institut der „Punitive Damages" kennen würde.[132] Indes lagen diese Gedanken den Befürwortern einer Selbstverpflichtung vermutlich eher fern.

---

132 Andererseits kann allerdings das privatrechtliche Haftungssystem die Produzenten auch zu stark belasten, wie gerade unser Fall der Verletzung von Kindern durch reißfeste Kordeln zeigt: Hier wird es oftmals so sein, dass die Eltern – beispielsweise durch eine etwas sorgfältigere Beaufsichtigung – den Schaden kostengünstiger vermeiden können als die Hersteller der Bekleidung. Die Eltern werden also häufig die sog. „Superior Cost Avoider" sein. Merkwürdigerweise gibt das BGB ihnen aber kaum einen Anreiz, etwas für die Vermeidung

Aus ihrer Sicht war wohl die Haftung der Hersteller nach ProdHaftG und BGB einfach zu ungewiss. Weil man nicht wusste, ob die Hersteller nach den genannten Vorschriften haften würden – beispielsweise weil die Unfälle so extrem selten waren, dass man nicht von einem Konstruktionsfehler sprechen konnte – wäre der Hinweis auf diese potentielle Haftung nicht geeignet gewesen, den öffentlichen Druck zu verringern. Die Öffentlichkeit hätte sich mit dem Ratschlag, auf die Produzentenhaftung zu vertrauen, wohl nicht zufrieden gegeben. Da also weder die Industrie schlicht auf bestehende gesetzliche Normen verweisen noch der Staat ohne weiteres einseitig tätig werden konnte, blieb nur der Ausweg über die freiwillige Selbstbeschränkung der Industrie.

7. Bewertung der Selbstverpflichtung der Kinderbekleidungsindustrie

Ob diese Selbstverpflichtung sinnvoll ist, ist zumindest zweifelhaft. Zunächst einmal gilt es zu bedenken, dass die von den Kordeln ausgehenden Gefahren im Vergleich zu anderen Gefahren, denen Kinder in Deutschland täglich ausgesetzt sind, vermutlich kaum ins Gewicht fallen. So werden z. B. nach Angaben des Statistischen Bundesamtes jedes Jahr im Straßenverkehr mehr als 40.000 Kinder im Alter unter 15 Jahren verletzt und über 200 Kinder getötet. Angesichts dieser Zahlen stellt sich die Frage, ob im vorliegenden Fall überhaupt Regelungsbedarf bestand. Genaue Zahlen zu der Zahl der Opfer reißfester Kordeln werden nicht genannt. Aufgrund der Verfügbarkeitsheuristik ist aber denkbar, dass hier einem Problem große Aufmerksamkeit gewidmet wurde, welches diese Aufmerksamkeit nicht verdiente. Statt sich mit erheblichen Risiken zu beschäftigen, hat man sich möglicherweise sowohl seitens des Staates als auch seitens der Wirtschaft und der Medien intensiv einem Problem zugewandt, das man auch einfach unbeachtet hätte lassen können.

Hinzu kommt, dass die Selbstverpflichtung natürlich mit *Kosten* einhergeht. Die Industrie muss in zusätzliche Forschung investieren, ihre Produktionsprozesse umstellen, neue Materialien verwenden und das Design von Kleidungsstücken anpassen. Alle diese Veränderungen führen zu zusätzlichen Kosten, und die Frage ist, wer diese Kosten trägt. Grundsätzlich kommen folgende Möglichkeiten in Betracht: Die Kosten könnten in Form geringerer Dividenden auf die Aktionäre oder – beispielsweise durch geringere Zinszahlungen – auf sonstige Kapitalgeber abgewälzt werden oder sie könnten an die Zulieferer durch geringere Zahlungen für ihre Produkte, an die Kunden durch höhere Preise oder an die Arbeitnehmer durch

des Schadenseintritts zu tun. Denn wenn das geschädigte Kind Schadensersatz vom Produzenten verlangt, muss es sich ein Mitverschulden seiner Eltern nicht entgegenhalten lassen, da § 254 II 2 von der hM als Rechtsgrundverweisung angesehen wird. Man könnte sich daher auch auf den Standpunkt stellen, dass das BGB hier die Eltern allzu leicht aus der Verantwortung entlässt.

geringere Löhne weitergegeben werden. Welche dieser Gruppen am wohlhabendsten ist und daher unter Umverteilungsgesichtspunkten die Kosten tragen sollte, lässt sich abstrakt kaum sagen. Beispielsweise befinden sich unter den Aktionären oft Versicherungen, die auch das Geld wenig betuchter Versicherter anlegen. Da alle genannten Gruppen alternative Verwendungsmöglichkeiten für ihre Leistungen haben, also etwa die Kapitalgeber in andere Unternehmen investieren oder die Arbeitnehmer sich einen neuen Arbeitgeber suchen könnten, und da alle diese Leistungen auf freien Märkten gehandelt werden, würde normalerweise der Wettbewerb dafür sorgen, dass keine Gruppe zu stark belastet wird.

Der Abschluss der Selbstverpflichtung führt aber nun dazu, dass ein Teil des Wettbewerbs zum Erliegen kommt, nämlich ein Teil des Wettbewerbs beim Verkauf der Kinderbekleidung: Aufgrund des Abschlusses der Selbstverpflichtung muss kein Bekleidungshersteller befürchten, dass andere Produzenten weiterhin gefährlichere Produkte zu günstigeren Preisen anbieten und dadurch für Konkurrenz sorgen werden. Da alle inländischen Produzenten gezwungen sind, ihre Produktpalette umzustellen, ist diese Form des Wettbewerbs nicht möglich. Von ausländischen Produzenten droht ebenfalls keine Gefahr, da auch die Importwirtschaft von der Selbstverpflichtung erfasst wird. Die wirtschaftlichen Folgen des Abschlusses der Selbstverpflichtung werden also zweierlei sein: Der Preis für Kinderbekleidung wird steigen[133] und die Wahlmöglichkeiten der Käufer werden beschränkt. Ihnen wird die Möglichkeit genommen, sich zwischen etwas unsicherer, aber billigerer Kinderbekleidung und Produkten zu entscheiden, die ein wenig mehr Sicherheit bieten, aber auch teurer sind.

Das muss keineswegs schlecht sein. Es sind nämlich durchaus Fälle denkbar, in denen eine Selbstverpflichtung *Transaktionskosten spart,* weil sie eine generelle Regelung herbeiführt, die sonst in jedem Einzelfall zwischen Käufer und Verkäufer hätte ausgehandelt werden müssen. Um herauszufinden, ob das auch hier der Fall ist, sind zwei Fragen zu beantworten: Zum einen ist zu prüfen, ob die Transaktionskosten in diesem Fall überhaupt erheblich gewesen wären, so dass es sinnvoll ist, Transaktionskosten zu sparen. Und zum anderen ist zu untersuchen, was die Kunden im Einzelfall vereinbart hätten, wenn es keine Selbstverpflichtung gäbe.

Was die Frage nach den Transaktionskosten betrifft, so sind sie beispielsweise hoch, wenn sich die Qualität eines Produktes nur schwer feststellen lässt. Die Kunden sind dann nämlich gezwungen, aufwendige Untersuchungen anzustellen und viele Informationen einzuholen, bevor sie eine Kaufentscheidung treffen können. Beim ersten Zusehen könnte es sich hier um solch einen Fall hoher Transaktionskosten handeln, denn ob Kordeln an Kinderbekleidung reißfest sind oder nicht, kann jedenfalls der Laie nicht ohne weiteres sehen. Indes ist zu bedenken, dass die

---

133 Da es sich bei Kinderbekleidung um international gehandelte Güter handelt, deren Preise durch Nachfrageminderungen in Deutschland nicht spürbar beeinflusst werden, ist eine weitgehend vollständige Überwälzung zu erwarten. s. *Dicke/Hartung,* S. 87.

Hersteller selbst einen starken Anreiz hätten, die Kunden aufzuklären: Stellte ein Hersteller seine Produktion um und erhöhte er die Preise, so ließe er es sich sicherlich nicht nehmen, auf die positiven Auswirkungen der Umstellung hinzuweisen. Es ist kaum anzunehmen, dass Unternehmen ihre Produktion umstellen, die Preise erhöhen, aber ihre Kunden im Unklaren lassen, warum dies geschieht. Mithin hätten im Falle des Wettbewerbs zwischen sicheren und unsicheren Produkten die Hersteller selbst einen Anreiz, ihre Kunden zu informieren und die Transaktionskosten gering zu halten. Allein die Höhe der Transaktionskosten rechtfertigt daher keine Selbstverpflichtung.

Rechtfertigen ließe sich die Selbstverpflichtung deshalb nur, wenn sie vorwegnimmt, was die Kunden sonst in jedem Einzelfall vereinbart hätten, wenn also durch die Selbstverpflichtung das hypothetische Ergebnis einzelner Transaktionen herbeigeführt wird. Ob das der Fall ist, erscheint aber zumindest fraglich. Denn es ist nicht von vornherein ausgeschlossen, dass manche Kunden ein etwas unsichereres, aber billigeres Produkt einem sicheren, aber teureren vorziehen. So gibt es ja z. B. Leute, die ein Auto ohne Airbag wegen seines geringeren Preises einem Auto mit Airbag vorziehen, obwohl letzteres deutlich sicherer ist. Zwar ließe sich einwenden, dass der Kinderbekleidungsfall insoweit anomal ist, als nicht die potentiellen Opfer, also die Kinder selbst die Kaufentscheidung treffen, sondern deren Eltern. Indes erscheint dieser Einwand kaum durchgreifend. Es ist gang und gäbe, dass Eltern weitaus gravierende Entscheidungen für ihre Kinder treffen. Man denke etwa an Entscheidungen im Zusammenhang mit der Ernährung oder ärztlichen Behandlung der Kinder. Mithin hätte man auch in diesem Fall darauf vertrauen können, dass die Eltern eine verantwortliche Entscheidung für ihre Kinder fällen werden. Es bleibt daher dabei: Ob hier die Selbstverpflichtung einen Zustand schafft, den die Mehrheit der Vertragspartner im Fall von kostenlosen Transaktionen herbeigeführt hätte, ist fraglich. Das aber wäre die Voraussetzung dafür, dass die Einschränkung der Vertragsfreiheit transaktionskostenmindernd und somit effizienzsteigernd wirkt.[134] Es hätte näher gelegen, auch in diesem Fall darauf zu vertrauen, dass der Markt für hinreichende Transparenz sorgen wird und dass die Kunden vernünftige Kaufentscheidungen treffen werden.[135] Wie das Beispiel der Airbags zeigt, hat man dieses Vertrauen bei höheren Risiken durchaus.

---

134 *Dicke/Hartung,* S. 16.

135 Auch nach Meinung von *Gillette/Krier,* S. 1037 ff., kann man auf den Markt vertrauen, wenn die Konsumenten gut informiert und in der Lage sind, für höhere Sicherheitsstandards zu bezahlen, und wenn etwaige Schäden nicht erst in ganz ferner Zukunft und breit gestreut, sondern in absehbarer Zeit und in konzentrierter Form eintreten.

III. Ergebnis zu den Selbstverpflichtungen der Kinderbekleidungshersteller und der Mobilfunkbetreiber

Die Selbstverpflichtungen der Kinderbekleidungshersteller und der Mobilfunkbetreiber weisen zahlreiche Ähnlichkeiten auf: In beiden Fällen war die öffentliche Aufregung groß, obwohl bei den Mobilfunkanlagen sicherlich kein Anlass zur Aufregung bestand und auch bei der Kinderbekleidung der eingetretene Schaden vermutlich die Aufregung nicht rechtfertigte. Erklären lässt sich die Aufregung beide Male mit Hilfe von sozialpsychologischen Erkenntnissen: Die Wahrscheinlichkeit von Ereignissen, die sich leicht aus dem Gedächtnis abrufen lassen, wird überschätzt (Verfügbarkeitsheuristik); aufgrund der starken negativen Emotionen, mit denen bestimmte Folgen neuer Techniken verknüpft sind, wird das Risiko des Eintritts dieser Folgen überbewertet, der Nutzen der Inkaufnahme bestimmter Risiken wird ausgeblendet, und die Kosten staatlichen Eingreifens werden nicht gesehen.

Zudem liegen beide Fälle insoweit gleich, als der Staat selbst zur Regelung der angeblichen Gefahren zumindest nicht zweifelsfrei ermächtigt war. Gleichwohl musste der öffentliche Druck absorbiert werden, und da die Aufklärung der Bevölkerung ebenfalls nicht erfolgversprechend war, ja sogar gegenteilige Effekte hätte auslösen können, griff man zum Mittel der Selbstverpflichtung. Ob diese Selbstverpflichtungen sinnvoll waren, lässt sich mangels sorgfältiger Aufbereitung ihrer tatsächlichen Grundlagen nicht mit Sicherheit sagen. In beiden Fällen besteht aber erheblicher Anlass zu Zweifeln.

Abschließend sei noch darauf hingewiesen, dass diese beiden Selbstverpflichtungen unter dem ganz zu Anfang diskutierten Gesichtspunkt des *Wettbewerbsrechts*[136] besonders problematisch sind. Denn wenn Unternehmen sich zu einem Verhalten verpflichten, das ihnen vom Staat nicht vorgeschrieben werden könnte, lässt sich die Wettbewerbsbeschränkung nach dem hier vertretenen Ansatz kaum rechtfertigen. In diesen Fällen kann man nämlich nicht geltend machen, die Unternehmen täten nur, was ihnen der Staat ohnehin, beispielsweise im Wege der Verordnung, abverlangen könnte. Vielmehr koordinieren sie – wenngleich auf Veranlassung des Staates – ihr Verhalten in einer Weise, die das Wettbewerbsrecht nicht erlaubt und die aus den oben genannten Gründen volkswirtschaftlich schädlich ist.

Man kann sogar noch einen Schritt weiter gehen: Hätten etwa die Kinderbekleidungshersteller ein Kartell gebildet, um die Verwendung reißfester Schnüre zu unterbinden, so hätte die Wirksamkeit dieses Kartells leicht dadurch untergraben werden können, dass nicht an der Kartellabrede beteiligte Hersteller die gefährlichere Kleidung weiterhin zu günstigeren Preisen angeboten hätten. Das Kartell wäre daher – wie jedes Kartell – wahrscheinlich relativ instabil gewesen, zumal

136 Vgl. B. VI. 3.

sich oft nur schwer feststellen lässt, ob sich alle Beteiligten tatsächlich an die Absprache halten. Durch Abschluss des Selbstbeschränkungsabkommens wurden diese Probleme zwar nicht beseitigt (das wäre nur durch die gesetzliche Sanktionierung des Kartells möglich), aber doch verringert, denn nun wird auch der Staat darauf achten, ob die Absprache eingehalten wird. Mithin trat die Absprache hier an die Stelle einer wo nicht unmöglichen, so doch sehr schwierigen und deshalb unwahrscheinlichen Kartellbildung.[137] Aus diesem Grunde begegnet sie besonderen Bedenken.

137 Vgl. zu dem Gedanken, dass staatliche Regulierung gerade dort oft anzutreffen ist, wo private Kartellbildung viel kostet, *Richard Posner,* Theories of economic regulation, S. 345 f.

G. Schlussbetrachtung

Was ist nun das Ergebnis der vorstehenden Ausführungen? Lassen sie sich auf einen gemeinsamen Nenner bringen oder stehen sie unverbunden nebeneinander? In dieser Arbeit wurde der Versuch unternommen darzulegen, dass das „Negotiated Rulemaking“ und die gesetzesvertretenden Absprachen eine Fülle von Problemen aufwerfen. Einige dieser Probleme sind diesen Handlungsinstrumenten eigen (dazu unter III.), andere plagen auch den parlamentarischen Gesetzgeber (dazu unter II.). Bevor nun diese Probleme noch einmal geschildert werden und sodann (unter IV.) ein eigener Lösungsvorschlag gemacht wird, soll (unter I.) noch eine Frage zumindest kurz angesprochen werden, die für die praktische Relevanz der hier angestellten Überlegungen nicht unwichtig ist: Gäbe es in Deutschland überhaupt die Möglichkeit, ein „Negotiated Rulemaking“ nach amerikanischem Vorbild einzuführen, oder stünden dem durchgreifende verfassungsrechtliche Bedenken entgegen? Denn obgleich die vorstehenden Ausführungen gezeigt haben, dass das „Negotiated Rulemaking“ eine Fülle von Schwierigkeiten mit sich bringt und keinen Anlass zur Euphorie bietet, könnte es gleichwohl sein, dass es inhaltlich zu Ergebnissen führt, die jedenfalls nicht schlechter sind als diejenigen der traditionellen Verordnungsgebung.[1] Da es zudem im Vergleich zu den normvertretenden Absprachen das ausgewogenere Verfahren ist und sich einige seiner Probleme – wie noch zu zeigen sein wird – vielleicht durch andere Mechanismen lösen lassen, ist es jedenfalls eine Überlegung wert, ob sich solch ein Verfahren auch in Deutschland institutionalisieren ließe.

I. „Negotiated Rulemaking“ in Deutschland?

Bei der Beantwortung der Frage, ob sich ein „Negotiated Rulemaking“ nach amerikanischem Vorbild auch in Deutschland einführen ließe, soll wie folgt vorgegangen werden: Zunächst wird geprüft werden, ob die Mitwirkung nichtstaatlicher Stellen, wie sie für das „Negotiated Rulemaking“ kennzeichnend ist, in Deutschland auf grundsätzliche verfassungsrechtliche Bedenken stieße. Sodann wird es darum gehen, wie eine Ermächtigung zum „Negotiated Rulemaking“ in Deutschland beschaffen sein müsste, und schließlich steht die Frage im Mittelpunkt, wie kooperativ gesetzte Normen aus verwaltungsprozessualer Sicht zu behandeln wären.

---

1 Dazu bereits D. IV.

Was die Frage nach der grundsätzlichen Zulässigkeit der *Mitwirkung nichtstaatlicher Stellen* bei der Normgebung betrifft, ist bereits oben bei der Erörterung der rechtlichen Bewertung normvertretender Absprachen ausgeführt worden, dass die Mitwirkung gesellschaftlicher Gruppen bei der Verordnungsgebung, beispielsweise in Form der Anhörung beteiligter Kreise, in Deutschland durchaus üblich und sogar erwünscht ist, weil sie beispielsweise die Problemerkenntnis des Behörde erweitern kann.[2] Da es in diesen Fällen lediglich um Anhörungsrechte und Beratungsfunktionen geht, werden – soweit ersichtlich – keine verfassungsrechtlichen Bedenken gegen diese Art der Mitwirkung nichtstaatlicher Stellen geäußert.[3]

Etwas anderes könnte im Hinblick auf das Demokratieprinzip aber bei der Einführung eines „Negotiated Rulemaking" nach amerikanischem Vorbild gelten. Denn wie die Schilderung der amerikanischen Praxis gezeigt hat, ist hier die Mitwirkung außerhalb des Legitimationszusammenhangs des öffentlichen Dienstes befindlicher gesellschaftlicher Gruppen sehr intensiv. Ihre Einflussnahme auf den Inhalt der vereinbarten Verordnung ist keine bloße Nebenwirkung ihre Beteiligung, sondern bildet deren Kern. Es ist gerade der Sinn des Verhandlungsprozesses, das Aushandeln des Inhalts einer Verordnung gesellschaftlichen Gruppen zu überlassen. Trotzdem bestehen – zumindest nach der Rechtsprechung des BVerfG – keine durchgreifenden verfassungsrechtlichen Bedenken gegen eine solche Form der Mitwirkung. Entscheidend für die Wahrung des Demokratieprinzips ist nach Auffassung des BVerfG nämlich allein, dass das Letztentscheidungsrecht bei einer staatlichen Stelle liegt. Ob zuvor gesellschaftliche Gruppen bei der Entscheidungsfindung mitwirken und wie stark ihre Einflussnahme ausgeprägt ist, ist demgegenüber unerheblich.[4] Es kommt nur darauf an, dass ausschließlich der Verordnungsgeber die Verantwortung für die Verordnung trägt.[5] Da im amerikanischen „Negotiated Rulemaking" solch ein Letztentscheidungsrecht der staatlichen Behörden

---

2 Siehe B. VI. 4. c).

3 Vgl. nur *Ossenbühl,* Rechtsverordnung, § 64 Rn. 59 f.

4 Vgl. BVerfG, Beschl. v. 24. Februar 1970, BVerfGE 28, 66 (84): „Ausschlaggebend ist aber, dass nach § 13 Abs. 1 und 2 PostVwG auf Antrag des Ministers die Bundesregierung über Beschlüsse des Verwaltungsrates entscheidet. Diese Bestimmung kann verfassungskonform nur dahin ausgelegt werden, dass die Bundesregierung als politisches Organ bei dieser Entscheidung völlig frei ist, also nicht darauf beschränkt sein kann, die Beschlüsse des Verwaltungsrates entweder aufzuheben oder zu bestätigen; sie kann diese vielmehr auch inhaltlich umgestalten ... Da die Wirksamkeit der Beschlüsse des Verwaltungsrates letztlich immer von der Entscheidung der Bundesregierung abhängig ist, die selbst Delegatar einer Verordnungsermächtigung nach Art. 80 Abs. 1 Satz 1 GG sein kann, ist die in § 14 Satz 1 PostVwG dem Bundesminister für das Post- und Fernmeldewesen erteilte Ermächtigung, nach Maßgabe der Beschlüsse des Verwaltungsrates Rechtsverordnungen zu erlassen, verfassungsmäßig." Ebenso schon BVerwG, Urt. v. 6. Oktober 1967, BVerwGE 28, 36 (44). Kritik an dieser Entscheidung – aber nicht an ihren Entscheidungsmaßstäben – äußert z. B. *von Danwitz,* Gestaltungsfreiheit, S. 124 f.

5 So BVerwG, Urt. v. 28 März 1969, BVerwGE 31, 359 (366 f.). Vgl. dazu auch *von Danwitz,* Gestaltungsfreiheit, S. 109, 123 ff.

vorgesehen ist,[6] wäre nach diesen Vorgaben bei gleicher Ausgestaltung des Verhandlungsverfahrens die Mitwirkung gesellschaftlicher Gruppen also auch in Deutschland verfassungsrechtlich zulässig.

Es stellt sich allerdings die Frage, wie eine *Ermächtigungsgrundlage* für den Verhandlungsprozess beschaffen sein müsste. Zu berücksichtigen sind insoweit vor allem die Maßstäbe des Art. 80 I GG bzw. der entsprechenden landesverfassungsrechtlichen Vorschriften.[7] Danach muss die gesetzliche Ermächtigungsgrundlage für den Verordnungserlass Inhalt, Zweck und Ausmaß der Ermächtigung bestimmen (Art. 80 I 2 GG). Dies bedeutet nach der Rechtsprechung des BVerfG, dass

> „es jedenfalls ‚dann an der nötigen Beschränkung (fehlt), wenn die Ermächtigung so unbestimmt ist, dass nicht mehr vorausgesehen werden kann, in welchen Fällen und mit welcher Tendenz von ihr Gebrauch gemacht werden wird und welchen Inhalt die aufgrund der Ermächtigung erlassenen Verordnungen haben können' ... Der Gesetzgeber hat also selbst die Entscheidung zu treffen, dass bestimmte Fragen geregelt werden sollen; er muss die Grenzen einer solchen Regelung festsetzen und angeben, welchem Ziel sie dienen soll ... Das Gesetz muss mithin selbst schon etwas bedacht und etwas gewollt haben ... und dem Verordnunggeber ein ‚Programm' setzen, das durch die Verordnung erreicht werden soll."[8]

Bei unbefangener Betrachtung legen die Formulierungen sowohl des Art. 80 I 2 GG als auch des BVerfG es nahe anzunehmen, dass die Ermächtigungsgrundlage in erster Linie den Inhalt zukünftiger Verordnungen vorherbestimmen muss. Nicht nötig scheint hingegen zu sein, dass der Gesetzgeber auch das Entscheidungsverfahren vorprägt. Insoweit könnte man allenfalls auf allgemeine verfassungsrechtliche Grundsätze zurückgreifen, die beim Erlass von Verordnungen gelten,[9] hier aber auch nicht weiterhelfen.

Indes ist zu berücksichtigen, dass ein echtes Verhandlungsverfahren nach amerikanischem Vorbild eine Neuheit auf dem Gebiet der Verordnungsgebung wäre, die nach den vorstehenden Ausführungen geeignet wäre, den Inhalt von Verordnungen zu beeinflussen. Da zudem viele der hier in Rede stehenden Verordnungen auf umweltrechtlichem Gebiet grundrechtsrelevant sind, weil sie beispielsweise

---

6 Siehe B. II.

7 Vgl. etwa Art. 61 LVerf Baden-Württemberg.

8 BVerfG, Beschl. v. 11. Januar 1966, BVerfGE 19, 354 (361 f.). In dieser Entscheidung wurden sämtliche bisherige Aussagen des BVerfG zu den Anforderungen an die Bestimmtheit der Ermächtigung gem. Art. 80 I 2 GG zusammengefasst.

9 Vgl. BVerG, Beschl. v. 11. Oktober 1994, BVerfGE 91, 148 (165 ff.) (Umlaufverfahren), nach dessen Darlegungen es insbesondere darauf ankommt, dass das ermächtigte Organ in einer Weise tätig wird, die es erlaubt, ihm den Verordnungsbeschluss zuzurechnen. Das bedeutet nach Auffassung des BVerfG im Fall der Bundesregierung als Kollegialorgan, dass sämtliche Mitglieder von der anstehenden Entscheidung informiert werden müssen (Information), dass sich an der Entscheidung so viele beteiligen müssen, dass noch von einem Handeln des Kollegiums gesprochen werden kann (Quorum), und dass schließlich von den Beteiligten eine Mehrheit die Entscheidung befürworten muss (Majorität).

die Berufs- (Art. 12 GG) oder die Eigentumsfreiheit (Art. 14 GG) berühren, ist nach der „Wesentlichkeits“-Rechtsprechung des BVerfG eine Entscheidung des Gesetzgebers angezeigt. Denn nach der bereits oben[10] zitierten Meinung des BVerfG ist der Gesetzgeber verpflichtet, in grundlegenden normativen Bereichen, zumal im Bereich der Grundrechtsausübung, soweit diese staatlicher Regelung zugänglich ist, alle wesentlichen Entscheidungen selbst zu treffen.[11] Aus diesem Grunde wäre auch bei der Einführung eines „Negotiated Rulemaking“ in Deutschland eine Entscheidung des Gesetzgebers nötig, wobei der Streit, ob sich dies aus der allgemeinen Lehre vom Vorbehalt des Gesetzes oder aus einer Auslegung des Art. 80 I 2 GG im Lichte der Wesentlichkeitstheorie ergibt, mangels Entscheidungserheblichkeit offen bleiben kann.[12] Dabei stünden dem Gesetzgeber zwei Wege offen: Er könnte entweder – wie im amerikanischen Recht geschehen – das Verhandlungsverfahren allgemein regeln, es also „vor die Klammer“ ziehen, beispielsweise in Form eines auf generell-abstrakte Handlungsformen ausgedehnten Verwaltungsverfahrensgesetzes. Dort könnte dann auch geregelt werden, ob das Verhandlungsverfahren stets offen stehen soll oder nur bei ausdrücklicher Erlaubnis in einem Fachgesetz. Oder er könnte statt einer allgemeinen Regelung des Verhandlungsverfahrens die Regelung konkreten Fachgesetzen vorbehalten, ähnlich wie beispielsweise die Anhörung beteiligter Kreise auch nur fachgesetzlich normiert ist (vgl. etwa § 51 BImSchG iVm. §§ 4 I, 22 I BImSchG). Der zuerst genannte Ansatz hätte allerdings den Vorteil, dass er Einheitlichkeit sichern würde. Verhandlungsverfahren hätten stets die gleiche Form, so dass der Rechtsanwender sich nicht auf vielgestaltige fachgesetzliche Normierungen einstellen müsste, sondern darauf vertrauen könnte, dass Verhandlungen stets nach einem bestimmten Schema ablaufen. Dadurch würden aus Sicht des Rechtsanwenders Informationskosten gespart, und aus Sicht des Gesetzgebers ließen sich ständige Wiederholungen vermeiden, indem bestimmte Erkenntnisse einmalig „vor der Klammer“ gespeichert und dort für alle folgenden Situationen abrufbereit gehalten würden.

Abschließend sei noch auf die Frage eingegangen, welche Möglichkeiten nach dem deutschen *Verwaltungsprozessrecht* bestünden, solche vereinbarten Verordnungen vor Gericht anzugreifen. Die Betrachtung des amerikanischen Rechts hat gezeigt, dass „Negotiated Rules“ zwar ohne weiteres gerichtlich überprüft werden können,[13] dass dies jedoch in der Praxis nur selten vorkommt. Denn die klagefreudigsten Umweltverbände sind oft in den Verhandlungsprozess eingebunden und

---

10 Siehe B. VI. 4. a).

11 BVerfGE 49, 89 (126).

12 Ausführlich zu der offenbar kaum geklärten Frage, ob Art. 80 I 2 GG die allgemeine Lehre vom Parlamentsvorbehalt verdrängt oder ob Art. 80 I 2 GG lediglich die Modalitäten, also das „Wie“ einer Delegation betrifft und die Frage nach dem „Ob“ einer Verordnungsdelegation unberührt lässt, *Wolfram Cremer,* Art. 80 Abs. 1 S. 2 GG und Parlamentsvorbehalt – Dogmatische Unstimmigkeiten in der Rechtsprechung des Bundesverfassungsgerichts, AöR 122 (1997), 248 ff.; *von Danwitz,* Gestaltungsfreiheit, S. 86 ff.

13 Siehe B. II.

tun sich daher aus Gründen der kognitiven Dissonanz schwer, ein mühsam und unter Einsatz großer Mittel erreichtes Verhandlungsergebnis vor Gericht anzugreifen. Mit dem letztgenannten Problem müsste man sicherlich auch in Deutschland rechnen, wenn man ein echtes Verhandlungsverfahren einführte. Denn Probleme der kognitiven Dissonanz ließen sich natürlich auch bei deutschen Umweltverbänden nicht vermeiden. Die im Folgenden etwas genauer zu beleuchtende Frage ist allerdings, wie es aus rechtlicher Sicht um die gerichtliche Überprüfbarkeit vereinbarter Verordnungen bestellt wäre.

Insoweit ist zwischen Verordnungen zu differenzieren, die von einer Landesbehörde erlassen werden, und solchen, die eine Bundesbehörde erlässt. Die Gültigkeit ersterer kann nach der VwGO im Normenkontrollverfahren überprüft werden, wenn das Landesrecht dies – wie beispielsweise in Baden-Württemberg – zulässt (§ 47 I Nr. 2 VwGO iVm. § 4 AGVwGO BW). Probleme wird allenfalls die Antragsbefugnis (§ 47 II VwGO) bereiten. Indes ist die Lage insofern auch nicht anders als bei sonstigen landesrechtlichen Verordnungen, deren Überprüfung ebenfalls die Antragsbefugnis voraussetzt. Hingegen können bundesrechtliche Verordnungen im Verfahren des § 47 VwGO – zumindest nach ganz hM – nicht auf ihre Gültigkeit überprüft werden.[14] Es bleibt den Betroffenen dann nur die Möglichkeit, den Erlass von Einzelakten abzuwarten und auf eine Inzidentkontrolle der bundesrechtlichen Verordnungen zu vertrauen. Denn die abstrakte Normenkontrolle (Art. 93 I Nr. 2 GG iVm. §§ 13 Nr. 6, 76 ff. BVerfGG) wird in der Regel am beschränkten Kreis der möglichen Antragsteller scheitern, und die Verfassungsbeschwerde (Art. 93 I Nr. 4 a GG iVm. §§ 13 Nr. 8 a, 90 ff. BVerfGG) erfordert im Rahmen der Beschwerdebefugnis eine unmittelbare Beschwer,[15] an der es jedoch häufig fehlt, solange noch kein Vollzugsakt ergangen ist. Und wenn ein Vollzugsakt ergeht, muss zunächst der Rechtsweg erschöpft werden (§ 90 II GG). Daher werden bundesrechtliche Verordnungen in der Regel nur inzident überprüft werden können. Rechtspolitisch mag man das bedauern, da die abstrakte Normenkontrolle eher als Inzidentkontrollen in der Lage ist, Rechtseinheit zu gewährleisten. Indes sollte man bedenken, dass auch die Normenkontrolle nach § 47 VwGO Probleme mit sich bringen kann: Oftmals kommt es zu Normenkontrollen, noch bevor Einzelakte ergangen sind, und in dieser Situation lassen sich potentielle Anwendungsfälle der Norm möglicherweise nur unzureichend vorhersehen. Es besteht die Gefahr, dass sich die gerichtliche Beurteilung allzu sehr an bisher bekannt gewordene Fälle – und dabei insbesondere an denjenigen des Antragstellers – klammert und

---

[14] Vgl. nur *Schenke,* Verwaltungsprozessrecht, Rn. 883, auch mit Nachweisen zur Gegenauffassung, die eine Analogie zu § 47 VwGO befürwortet. Voraussetzungen für eine Analogie wären jedoch eine unbeabsichtigte Regelungslücke sowie die Vergleichbarkeit der geregelten und der nicht geregelten Sachverhalte. Da hier der Bundesgesetzgeber bundesrechtliche Vorschriften bewusst von § 47 VwGO ausgenommen hat, dürfte es schon an der ersten Voraussetzung fehlen. Eine Analogie ließe sich deshalb allenfalls befürworten, wenn andernfalls der von Art. 19 IV GG geforderte effektive Rechtsschutz auf dem Spiel stünde. Wie die folgenden Ausführungen zeigen werden, ist das jedoch nicht der Fall.

[15] Vgl. nur *Pieroth/Schlink,* Rn. 1146 f.

nicht die ganze Bandbreite möglicher Anwendungen der Norm erfasst. Verstärkt wird dieses Problem dadurch, dass Richter darauf spezialisiert sind, konkrete Streitfälle zu lösen. In der Regel stehen vor den Schranken des Gerichts Parteien bzw. Beteiligte mit gegenläufigen Positionen, die schon im eigenen Interesse darauf bedacht sind, den Streitgegenstand möglichst umfassend zu beleuchten. Hingegen geht es bei Normenkontrollen mitunter um abstrakte Fragen und Folgenabschätzungen. Für deren Behandlung wird jedoch der Normgeber oftmals eine höhere institutionelle Kompetenz haben als die Gerichte. Mithin hat das tastende Vorgehen im Wege der Inzidentkontrolle, bei dem die Entscheidung über die Wirksamkeit einer Norm als bloße Vorfrage nicht in Rechtskraft erwächst, durchaus seine Vorteile.

Als Ergebnis der vorstehenden Erörterungen bleibt festzuhalten, dass die Einführung eines „Negotiated Rulemaking" nach amerikanischem Vorbild in Deutschland auf keine durchgreifenden verfassungsrechtlichen Bedenken stoßen würde. Auch bei der gerichtlichen Überprüfung vereinbarter Normen würden sich – abgesehen von den stets zu gewärtigenden Problemen der kognitiven Dissonanz – im Vergleich zu sonstigen Normen keine Besonderheiten ergeben. Vor diesem Hintergrund sollen im Folgenden noch einmal die Probleme des „Negotiated Rulemaking", der normvertretenden Absprachen, aber auch der parlamentarischen Gesetzgebung rekapituliert und sodann einer möglichen Lösung zugeführt werden.

II. Probleme, die sowohl „Negotiated Rulemakings" und normvertretende Absprachen als auch den parlamentarischen Gesetzgeber betreffen

Zur Kategorie der Schwierigkeiten, die sowohl „Negotiated Rulemakings" und normvertretende Absprachen als auch das Parlament betreffen, gehört die Einflussnahme durch Interessengruppen, die immer dann besonders kräftig zu sein scheint, wenn es um das Vorschreiben der Verwendung bestimmter Technologien oder um die Festsetzung von Grenzwerten geht, die sich nur durch den Einsatz bestimmter Technologien erreichen lassen. Auf diesen Gebieten sieht sich auch der parlamentarische Gesetzgeber einer Vielzahl von Interessengruppen gegenüber, die versuchen, veraltete Technologien so lange wie möglich weiter zu verwenden, und die darauf drängen, Grenzwerte festzusetzen, die durch den Einsatz bereits verwendeter Technologien eingehalten werden können. Entkommen kann der parlamentarische Gesetzgeber dieser Einflussnahme nur, wenn er sich eines hohen Abstraktionsgrades bedient.

Wenngleich diese Einflussnahme seitens verschiedener Interessengruppen unerwünscht ist, lässt sie sich wohl kaum vermeiden. Solange ein Regelungssystem in hohem Grade darauf fußt, dass bestimmte Technologien oder bestimmte Grenzwerte vorgeschrieben werden, besteht für Interessengruppen ein starker Anreiz, auf den Prozess der Festsetzung dieser Dinge einzuwirken. Lösen ließe sich dieses Problem – zumindest teilweise – durch den Einsatz anderer Regelungssysteme.

Würde z. B. eine Regelung gewählt, nach der eine Emissionsobergrenze festgesetzt würde und es den betroffenen Unternehmen sodann freistünde, mit Emissionsrechten zu handeln, so gäbe es zwar sicherlich eine erhebliche Einflussnahme seitens der Interessengruppen, wenn es um die Festsetzung der Emissionsobergrenze ginge. Im Hinblick auf die Verwendung bestimmter Technologien entfielen diese Einwirkungsversuche aber.[16] Denn hier würde nicht der Einsatz konkreter Technologien vorgeschrieben, sondern die Festsetzung der Emissionsobergrenze würde auf der Abschätzung des Emissionsausstoßes der gesamten Industrie oder bestimmter Industriebranchen beruhen. Die Frage nach der derzeit vorwiegend eingesetzten Technologie würde dabei nur eine untergeordnete Rolle spielen. Obwohl die in den USA gemachten Erfahrungen lehren, dass die staatlich festgesetzten Emissionsobergrenzen üblicherweise nicht auf sorgfältigen Überlegungen beruhen, sondern mehr oder weniger aus der hohlen Hand bestimmt werden, indem das derzeitige Ausmaß an Emissionen einfach um einen bestimmten Prozentsatz gekürzt wird, würde solch ein System gleichwohl die Einflussnahme seitens der Interessengruppen begrenzen und auf eine Punkt konzentrieren. Zudem böte es unter demokratischen Gesichtspunkten Vorteile. Denn während sich technische Fragen wie beispielsweise diejenige, welche Technologien wie hohe Emissionsminderungen herbeiführen können, kaum für parlamentarische Debatten eignen, kann man sich Diskussionen im Parlament über den wünschenswerten Umfang der Gesamtemissionen durchaus vorstellen.[17]

III. Probleme, die nur „Negotiated Rulemaking“ und normvertretenden Absprachen eigen sind

Neben den Problemen, die sowohl das „Negotiated Rulemaking“ bzw. die normersetzenden Absprachen auf der einen Seite als auch das Parlament auf der anderen betreffen, gibt es – wie die vorstehenden Ausführungen gezeigt haben – indes auch Schwierigkeiten, die allein den erstgenannten Verfahren eigen sind.

Beim „Negotiated Rulemaking“ zählen hierzu die Missachtung gesetzlicher Vorgaben im Allgemeinen und die Bevorzugung alter Technologien gegenüber neuen (z. B. indem die Begriffe „neue Emissionsquelle“ oder „Veränderung“ allzu eng definiert werden) sowie das Verwässern von gesetzlichen Impulsen in Richtung Technologieverbesserung im Besonderen. Dieses Resultat ist aus den oben genann-

---

16 *Breyer u. a.,* S. 295. *Rose-Ackerman,* Consensus versus Incentives, S. 1215 hat darauf hingewiesen, dass der Vorteil eines solchen Systems – nicht unähnlich dem der oben angesprochenen nicht-ordnungsrechtlichen Instrumente – darin bestünde, dass die betroffenen Unternehmen ihre Entscheidungen als Reaktion auf Marktmechanismen treffen würden. Sie würden in Anbetracht der markförmigen Beschränkungen selbst entscheiden, welchen Kurs sie einschlagen wollen, und müssten nicht zwingend einer vom Staat vorgegebenen Linie folgen. Ebenso *Siebert,* Economics, S. 138 ff.

17 *Ackerman/Stewart,* S. 1353.

ten Gründen nicht allein deshalb bedenklich, weil es dem Vorrang des Gesetzes zuwider läuft, sondern auch, weil es zu einem Umweltschutzniveau führt, welches unterhalb der gesetzlichen Vorgaben bleibt. So werden beispielsweise im Gegensatz zu den Anforderungen der Ermächtigungsgrundlage Emissionsgrenzwerte nicht auf der Basis derjenigen Werte festgelegt, die von der am besten arbeitenden Anlage erzielt werden. Sondern es wird irgendein anderer gesetzesfremder Maßstab herangezogen, sei es eine Mischung derzeit eingesetzter und neuer Technologien, sei es eine schlichte Bevorzugung alter Technologien, oder seien es verschiedene Standards für neue und für alte Technologien. Zudem werden Grenzwerte so lange vor Ablauf der gesetzlichen Fristen festgelegt, dass spätere Entwicklungen nicht hinreichend berücksichtigt werden können. Unterkategorien werden entgegen der gesetzlichen Vorgabe (CAA § 113 (d)(1)) nicht offiziell gebildet, sondern stillschweigend in die Berechnung von Grenzwerten einbezogen. Und einigen Unternehmen wird eine Vorzugsbehandlung zuteil, die so nicht vom Clean Air Act vorgesehen ist. Obwohl Umweltverbände in den Prozess der kooperativen Verordnungsgebung eingebunden sind, sind sie offenbar nicht in der Lage, einen ausreichenden Schutz von Umweltgütern sicherzustellen. Dieser Befund ist bereits für sich genommen beunruhigend.

Er wird aber dadurch noch besorgniserregender, dass die am Verhandlungsprozess teilnehmenden Umweltverbände nicht einmal merken, dass die Verhandlungsergebnisse Umweltinteressen unzureichend berücksichtigen. Intuitiv ist man geneigt anzunehmen, dass die Umweltverbände darauf dringen werden, Umweltinteressen ausreichend Rechnung zu tragen, und dass sie sich andernfalls einem Konsens verweigern werden. Indes scheint dieser Mechanismus nicht zu funktionieren. Obwohl man nicht glauben sollte, dass Umweltgruppen Verordnungsentwürfen zustimmen würden, die Umweltinteressen außer Acht lassen, gibt es doch sozialpsychologische Gründe, die ein solches Verhalten und die ihm zugrunde liegende verschobene Wahrnehmung plausibel machen. Insbesondere die Lehre von der kognitiven Dissonanz bietet eine Erklärung dafür, dass die Teilnehmer an „Negotiated Rulemakings“ nicht in der Lage sind, die Verhandlungsergebnisse nüchtern zu betrachten. Da sie alle wenig Neigung verspüren werden, ihre Teilnahme an den Verhandlungen – welche oft mit erheblichen Ausgaben verbunden ist – als Verlust zu verbuchen, besteht für sie ein starker Anreiz, die Verhandlungsergebnisse äußerst positiv zu sehen. Ihre Einschätzung des Wertes einer im Verhandlungswege erarbeiteten Verordnung wird deshalb regelmäßig höchst unzuverlässig sein.

Bei den normersetzenden Absprachen führen dieselben Prozesse dazu, dass an einmal ausgehandelten Absprachen über Gebühr festgehalten wird. Es besteht Anlass zu der Befürchtung, dass sich die staatliche Seite an eine Absprache klammern wird, selbst wenn klar ist, dass die mit ihr verfolgten Ziele jedenfalls auf diesem Weg nicht erreicht werden können. Mangels entgegenstehender Anhaltspunkte ist zu besorgen, dass die Berufung auf die Flexibilität normersetzender Absprachen eine bloße Behauptung bleibt. Gleiches könnte für die immer wieder ins Feld geführten, mit diesem Instrument angeblich verbundenen Aspekte der Zeitersparnis und Innovationskraft gelten. Zwar fehlen insoweit kontrollierte Studien. Die hier aufgeführten Beispiele stimmen aber nicht gerade optimistisch. Zumindest scheint die durch keine empirischen Studien untermauerte Berufung auf diese angeblichen Vorzüge normvertretender Absprachen und ihre Gefährdung durch die Beteiligung verschiedener Interessenvertreter nicht geeignet zu sein, den Kreis der Beteiligten auf die betroffenen Unternehmen zu beschränken. Vielmehr legt dieser Teil der Untersuchung nahe, den Kreis der Beteiligten zu erweitern und auf Vertreter sämtlicher betroffener Interessen auszudehnen.

Wie allerdings die nachfolgenden Überlegungen gezeigt haben, ist auch das kein Allheilmittel. Es gibt nämlich viele Gruppen, die zu groß und zu diffus sind, als dass sie sich wirksam organisieren könnten. Diese Gruppen haben mit so großen Problemen kollektiven Handelns zu kämpfen, dass ihnen wahrscheinlich nie eine schlagkräftige Beteiligung an Verordnungsgebungsverfahren gelingen wird. Aus diesem Grunde werden selbst sehr sorgfältig zusammengesetzte Verhandlungskomitees keine umfassende Interessenrepräsentation sichern können. Nur im Parlament ist die Berücksichtigung der Interessen großer, aber diffuser Gruppen gewährleistet. Hingegen sollte man nicht glauben, dass sich eine Behörde zu einem Mini-Parlament umgestalten lässt. Zwar ist eine ausgewogene Interessenrepräsentation auf Behördenebene sicherlich wünschenswert. Man sollte sich aber im Klaren darüber sein, dass man dort kein dem parlamentarischen Prozess gleiches Verfahren einrichten kann.

Trotz dieser Bedenken kann die Lösung nun allerdings auch nicht lauten, dass dann eben der parlamentarische Gesetzgeber so viele Entscheidungen wie irgend möglich treffen soll. Zum einen stehen dem praktische Erwägungen entgegen: Die Fülle der durch untergesetzliche Vorschriften zu regelnden Lebenssachverhalte ist gerade in technischen Bereichen wie etwa dem Umweltrecht zu groß, als dass man hier das Parlament in hohem Umfang in die Pflicht nehmen könnte. Zum anderen mahnen aber auch die im letzten Abschnitt diskutierten Probleme falscher Risikowahrnehmung zur Vorsicht. Das Parlament könnte leicht geneigt sein, einem in der Bevölkerung vorhandenen Risikoempfinden allzu schnell nachzugeben und Gesetze zu erlassen, die objektiv kaum zu rechtfertigen sind. Da das Parlament mit Laien besetzt ist, bestünde die Gefahr, dass es bei Risikobewertungen ähnlichen falschen Faustregeln folgte wie sonstige Laien oder aber sich wider besseres Wissen von plebiszitären Stimmungen antreiben ließe.[18] Dieser Gesichtspunkt spricht also eher dafür, Zuständigkeiten auf Behörden zu verlagern, in deren Reihen sich eine Vielzahl von Experten findet.[19]

---

18 *Kuran/Sunstein,* S. 751 f. Auch *Gillette/Krier,* S. 1105, sind der Meinung, dass die verstärkte Einflussnahme der Betroffenen auf die Entscheidungsprozesse nicht geeignet ist, kognitiven Fehleinschätzungen entgegenzuwirken.

19 Allerdings gibt die deutsche Erfahrung mit der Setzung von Umweltstandards gerade auch durch die Exekutive eher Anlass zu Besorgnis als zu Optimismus. Denn gleichartige Risiken werden je nach Mediium und Kontext oft ganz unterschiedlich bewertet. Dieser Befund war der Anlass zur Einsetzung der ad hoc-Kommission „Neuordnung der Verfahren und

IV. Kosten-Nutzen-Analyse

Es stellt sich mithin die Frage, ob es eine Lösung gibt, die diese scheinbar *gegenläufigen* Befunde vereinen kann, also sowohl der Furcht vor übermäßiger Beeinflussung der Behörden durch gut organisierte Interessengruppen als auch den Bedenken im Hinblick auf die Beeinflussung des Parlaments durch irrationale Ängste in der Bevölkerung gerecht werden kann. Hier soll in Anlehnung an die bereits oben angeklungenen ökonomischen Überlegungen der Vorschlag gemacht werden, in den behördlichen Verfahren stärker als bisher zu versuchen, Kosten und Nutzen neuer Regelungen zu ergründen. In den USA sind – wie sogleich zu zeigen sein wird – diese Bemühungen bereits weit fortgeschritten.

1. Verwendung der Kosten-Nutzen-Analyse in Deutschland

Hingegen ist man in Deutschland über Ansätze – insbesondere bei der ökonomischen Bewertung einzelner Projekte[20] – noch nicht hinausgekommen. So beschloss z. B. die Bundesregierung am 11. Dezember 1984 eine Liste von Prüffragen, die bei neuen Gesetzesvorhaben beantwortet werden sollten. Die Liste enthielt u. a. Fragen nach Alternativen zu dem Gesetzesvorhaben sowie danach, ob Kosten und Nutzen in einem angemessenen Verhältnis standen.[21] Dieser Beschluss der Bundesregierung betraf allerdings nur Parlamentsgesetze und keine Verordnungen. Derzeit sieht die Geschäftsordnung der Bundesministerien bei Regierungsentwürfen vor, dass Alternativvorschläge darzustellen und die Gesetzesfolgen aufzuführen sind (§§ 43 I Nr. 3 u. 5, 44 GGO).[22] Allerdings wird berichtet, dass die

Strukturen der Risikobewertung und Standardsetzung im gesundheitlichen Umweltschutz der Bundesrepublik Deutschland" – kurz Risikokommission. Sie kommt in ihrem Abschlussbericht vom Juni 2003 zu dem Ergebnis, dass die Regulierung von umweltbedingten Gesundheitsrisiken in Deutschland dringend reformbedürftig ist und schlägt u. a. eine klare Trennung von Risikoabschätzung und Risikomanagement vor. Auf diese Weise möchte sie beispielsweise dem Problem begegnen, dass die Risikowahrnehmung in der Öffentlichkeit häufig nicht der tatsächlichen Bedeutung der Risiken entspricht.

20 *Marggraf/Streb,* S. 19. Statt der Kosten-Nutzen-Analyse wird bei der Bewertung der Eintrittswahrscheinlichkeit von Störfällen zuweilen die sog. Probabilistik verwendet. Sie dient der quantitativen Risikobewertung und weist die Besonderheit auf, dass die Eingangsparameter der Berechnung keine festen Werte sind, sondern nach ihrer Verteilung und Streuung erfasst werden. Dementsprechend ist das Ergebnis dann auch nicht scharf, sondern wird als Verteilung mit Mittelwert und Streuung dargestellt.

21 *Dicke/Hartung,* S. 5 f.

22 § 43 I GGO: „In der Begründung (zum Gesetzentwurf, S. S.) sind darzustellen: ... 3. ob andere Lösungsmöglichkeiten bestehen und ob eine Erledigung der Aufgabe durch Private möglich ist, gegebenenfalls welche Erwägungen zu ihrer Ablehnung geführt haben, ... 5. die Gesetzesfolgen (§ 44), ..."

§ 44 GGO: „(1) Unter Gesetzesfolgen sind die wesentlichen Auswirkungen des Gesetzes zu verstehen. Sie umfassen die beabsichtigten Wirkungen und die unbeabsichtigten Neben-

Stellungnahmen durchweg mager ausfallen. In den meisten Fällen lese man die Wendung: „Alternativen: keine." Und auch die finanziellen Auswirkungen auf die öffentlichen Haushalte, die in der Begründung zu schildern sind (§ 44 II GGO), würden in der Regel verharmlost („Mehrausgaben sind nicht erkennbar, gering oder durch anfallende Gebühreneinnahmen gedeckt").[23] Wenn es nicht gerade um Besoldung und Steuertarife gehe, so pflege von Seiten der Bundesregierung der Verwaltungsaufwand und die Höhe der laufenden Folgekosten bei den Ländern und Gemeinden ganz erheblich untertrieben zu werden.[24] Im gleichen Atemzug wird dann allerdings gesagt, dass sich eine echte Kosten-Nutzen-Analyse „freilich" kaum je bewerkstelligen lasse.[25]

---

wirkungen ... (2) Die Auswirkungen auf die Einnahmen und Ausgaben (brutto) der öffentlichen Haushalte sind einschließlich der voraussichtlichen vollzugsbedingten Auswirkungen darzustellen ... (4) Im Benehmen mit dem Bundesministerium für Wirtschaft und Technologie sind darzustellen: 1. die Kosten für die Wirtschaft, insbesondere auch für mittelständische Unternehmen, sowie 2. die Auswirkungen des Gesetzes auf Einzelpreise, das Preisniveau sowie die Auswirkungen auf die Verbraucherinnen und Verbraucher ..."

Gem. § 62 II GGO gelten §§ 43 I Nr. 5, 44 auch für Rechtsverordnungen, sofern die Folgen im Sinne des § 44 nicht bereits vollständig in der Begründung des ermächtigenden Gesetzes dargestellt wurden; hingegen ist § 43 I Nr. 3 nur auf Parlamentsgesetze anzuwenden.

23 § 44 GGO krankt ohnehin daran, dass in erster Linie die Kosten der öffentlichen Hand berücksichtigt und den Kosten für Private nur in § 44 IV GGO Rechnung getragen wird. Die im Rahmen des früheren § 40 II 2 GGO II und derzeitigen § 44 IV GGO durchgeführten Analysen fallen zudem angeblich häufig nicht umfassend genug aus. Die Quantifizierung der Gesamtkosten werde oft gar nicht erst versucht. s. *Dicke/Hartung*, S. 110.

24 *Schneider*, Gesetzgebung, S. 77. Auch die Kontrolle durch die Rechnungshöfe kann diese Mängel nicht beheben. Zwar sieht § 7 II BHO/LHO vor, dass für alle finanzwirksamen Maßnahmen angemessene Wirtschaftlichkeitsuntersuchungen durchzuführen sind. Zudem ist nach § 7 III BHO/LHO in geeigneten Bereichen eine Kosten- und Leistungsrechnung einzuführen. Zum einen werden Gesetze und Verordnungen aber typischerweise nicht als „geeignet" für eine solche Berechnung angesehen. Und zum anderen prüfen die Rechnungshöfe lediglich, ob eine staatliche Aufgabe auch mit geringerem Personalaufwand zu lösen wäre oder ob sie auf andere Weise wirksamer erfüllt werden kann (§ 90 Ziff. 4 BHO/LHO). Die Ziele selbst können die Rechnungshöfe aber nicht kontrollieren.

Die sog. Technikfolgenabschätzung (oder: Technikfolgen-Abschätzung), die in den späten 60er Jahren entwickelt wurde, ist ebenfalls nicht geeignet, den soeben genannten Defiziten entgegenzuwirken und eine sorgfältige Kosten-Nutzen-Analyse zu ersetzen. Denn zum einen geht es bei der Technikfolgenabschätzung darum, die Auswirkungen der Einführung neuer Technologien zu analysieren; konkrete Projekte oder gar geplante Verordnungen werden demgegenüber mit dieser Methode in der Regel nicht geprüft. Und zum anderen liegt der Schwerpunkt der Technikfolgenabschätzung auf den indirekten, nicht intendierten Effekten neuer Technologien, wohingegen die Kosten-Nutzen-Analyse umfassender ist, indem sie auch die direkten, beabsichtigten Effekte in den Blick nimmt. Vgl. nur *Hans-Jörg Bullinger*, Was ist Technikfolgenabschätzung?, in: Ders. (Hrsg.), Technikfolgenabschätzung, Stuttgart 1994, 3 ff. (15 f.).

25 *Schneider*, Gesetzgebung, S. 77.

2. Kosten-Nutzen-Analyse in den USA

Ein Blick auf die USA zeigt jedoch, dass diese Schlussfolgerung sich keineswegs von selbst versteht.[26] Im amerikanischen Recht wurde der Weg der Kosten-Nutzen-Analyse nämlich bereits vor längerer Zeit eingeschlagen, und er wird mittlerweile mit zunehmendem Erfolg beschritten.[27] Die Kosten-Nutzen-Analyse wird inzwischen auf allen Ebenen des Verwaltungshandelns angewendet, ist von den Gerichten anerkannt und wird nur noch im akademischen Bereich kritisiert.[28] Ihr liegt die Vorstellung zugrunde, dass die zuständige Behörde versuchen soll, soweit wie möglich die Folgen einer geplanten Regelung zu analysieren,[29] und zwar sowohl im Hinblick auf die Kosten- als auch auf die Nutzenseite. Die Kosten-Nutzen-Analyse spielt also insoweit die traditionelle Rolle der Wirtschaftswissenschaften, als sie die zuständige Behörde zwingt, den Kosten der von ihr vorgeschlagenen Handlungen ins Auge zu sehen.[30] Und auf der Nutzenseite soll sie beispielsweise dazu anhalten, die Gesundheitsschäden aufzulisten, die durch eine geplante Verordnung vermieden werden sollen. Wo genaue Angaben nicht möglich sind, sollen zumindest Bandbreiten genannt werden. Sodann sind sowohl die Kosten als auch die einzelnen Posten auf der Nutzenseite zu addieren und in einen Geldwert umzurechnen, um ihre Vergleichbarkeit herzustellen.[31]

---

26 Auch *Dicke/Hartung* machen viele Vorschläge, wie Kosten-Nutzen-Analysen bei deutschen Gesetzgebungsvorhaben durchgeführt werden könnten. Nach ihrer Ansicht sollten Probleme bei der Durchführung ökonomischer Gesetzesanalysen kein Grund sein, sie ganz zu unterlassen. s. *Dicke/Hartung,* S. 111.

27 Die sog. „cost-benefit analysis" wurde erstmals von Präsident Reagan eingeführt und dann von allen nachfolgenden Präsidenten, einschließlich Bill Clintons, beibehalten. s. zum ganzen *Sunstein,* Cost-Benefit State, passim, sowie *Pearce,* Cost-Benefit Analysis, S. 85 ff, und *Marggraf/Streb,* S. 11 ff. Einen guten Überblick über die Handhabung der Kosten-Nutzen-Analyse durch die amerikanischen Behörden bieten die Richtlinien des amerikanischen Office of Management and Budget, s. http://www.whitehouse.gov/omb/inforeg/riaguide.html. Während sich die Preistheorie, die beispielsweise oben (siehe B. VI. 3) bei der Beschäftigung mit dem Wettbewerbsrecht zugrunde gelegt wurde, mit marginalen Änderungen von Gütermengen befasst, geht es bei der Kosten-Nutzen-Analyse um die Bewertung großer Änderungen in der Güterversorgung. Vgl. *Klauer,* Nachhaltigkeit, S. 76.

28 „... as significant as the failures of cost-benefit analysis is how fashionable the technique has become at all levels of government. The theoretical objections to cost-benefit analysis ... have crumbled at the practical level – they have retreated to the academy", *Richard Posner,* Definition, Justification, and Comment, S. 1158; *Eric Posner,* Controlling Agencies, S. 1138. Auch *Farber/Hemmersbaugh,* S. 272 f., nehmen – resignierend – zur Kenntnis, dass die Kosten-Nutzen-Analyse für die absehbare Zukunft einen prägenden Einfluss auf umweltrechtliche Maßnahmen ausüben wird.

29 *Sen,* The Discipline of Cost-Benefit Analysis, S. 936.

30 *Richard Posner,* Definition, Justification, and Comment, S. 1157; der durch den Zwang zur ausdrücklichen Bezifferung der Kosten ausgelöste Rationalisierungseffekt wird auch betont von *Kuran/Sunstein,* S. 753, *Sen,* The Discipline of Cost-Benefit Analysis, S. 935, und von *Farber/Hemmersbaugh,* S. 302.

3. Kritik an der Kosten-Nutzen-Analyse

Dagegen wird vielfach das auf der Hand liegende Argument vorgebracht, dass eine große Anzahl von Dingen *inkommensurabel,* also nicht mit Hilfe eines einheitlichen Maßstabs vergleichbar sei.[32] Indes hilft dieser Einwand nicht weiter.[33] In vielen Situationen muss nämlich eine Wahl getroffen werden, beispielsweise in dem oben geschilderten Fall zwischen größeren Sichtweiten im Grand Canyon einerseits und niedrigeren Energiepreisen andererseits. In solchen Situationen ist es wenig nützlich, die Hände in den Schoß zu legen und zu verkünden, dass man keine Entscheidung treffen könne, da sich die in Rede stehenden Güter nicht vergleichen ließen. Eine Entscheidung muss in jedem Fall gefällt werden, selbst wenn sie lediglich darin besteht, bewusst nichts zu tun, sich also mit geringen Sichtweiten im Grand Canyon abzufinden. Hinzu kommt, dass die Berufung auf die Inkommensurabilität oftmals nicht ganz redlich ist. Würde es nämlich auf der

---

31 Zur Vorgehensweise der Kosten-Nutzen-Analyse vgl. auch die knappe Darstellung bei *Marggraf/Streb,* S. 104.

Abweichend von dem hier vorgeschlagenen Modell, die Kosten-Nutzen-Analyse zur Beeinflussung von Entscheidungen zu nutzen, neigt *Gary Becker* dazu, diese Methode in erster Linie deskriptiv zur Erklärung von Entscheidungen zu verwenden. Ausgehend von seinem Modell des Wettbewerbs zwischen verschiedenen Interessengruppen kommt er zu dem Ergebnis, dass die Bereitschaft von Interessengruppen, sich für eine Maßnahme stark zu machen, durch das Maß des Nutzens dieser Maßnahme für die Interessengruppe begrenzt wird. Ebenso ist ihre Bereitschaft, sich gegen eine Maßnahme zu engagieren, durch deren potentielle Kosten für die Gruppe beschränkt. Je größer daher die Unterschiede zwischen Kosten und Nutzen sind, desto größer sind auch die Unterschiede in der Aktivität der Interessengruppen und desto wahrscheinlicher ist es, dass nur Maßnahmen ergriffen werden, deren Nutzen ihre Kosten erheblich übersteigt. Sind nämlich die Kosten größer als der Nutzen, so werden sich die benachteiligten Interessengruppen stärker engagieren als diejenigen, zu deren Vorteil die Maßnahme gereichen würde. s. *Gary Becker,* Comment, S. 1151. Indes verkennt *Gary Becker* nicht, dass die Kosten-Nutzen-Analyse neben diesen deskriptiven Möglichkeiten auch die Chance eröffnet, Entscheidungen zu beeinflussen. s. *Gary Becker,* Comment, S. 1152.

32 *Sunstein,* Incommensurability, S. 796, bietet folgende Definition des Begriffs der Inkommensurabilität: „Incommensurability occurs when the relevant goods cannot be aligned along a single metric without doing violence to our considered judgments about how these goods are best characterized."

Gegen die Kosten-Nutzen-Analyse aus Gründen der Inkommensurabilität etwa *Driesen,* Societal Cost, S. 558 f. *Richardson,* Stupidity, S. 973, spricht davon, die Behandlung inkommensurabler Dinge durch die Kosten-Nutzen-Analyse sei prokrusteisch. Vgl. zum Gedanken der mangelnden Vergleichbarkeit verschiedener Güter auch *Tribe,* Policy Science, S. 95 ff., nach dessen Ansicht die Struktur mancher Güter so unterschiedlich ist, dass sie nicht gegeneinander ausgetauscht werden können.

33 So ausdrücklich *Frank,* Cost-Benefit Analysis, S. 914: „Scarcity is a simple fact of the human condition. To have more of one good thing, we must settle for less of another. Claiming that different values are incommensurable simply hinders clear thinking about difficult tradeoffs." Auch *Williams,* Cost-Benefit Analysis, S. 257 ff., ist der Ansicht, dass die Berufung auf die Inkommensurabilität durch das Alltagsverhalten der meisten Menschen widerlegt werde; man sei ständig gezwungen, zwischen angeblich inkommensurablen Gütern abzuwägen, und man sei dazu offenbar auch in der Lage.

einen Seite um eine erhebliche Anhebung der Energiepreise und auf der anderen Seite um die Beseitigung einer ganz geringfügigen Sichtbeeinträchtigung gehen, die sich z. B. nur wenige Sekunden pro Jahr auswirkt, so würde die Entscheidung zu Gunsten der geringeren Energiepreise den wenigsten Personen Kopfzerbrechen bereiten. Der Argumentationstopos der Inkommensurabilität würde vermutlich gar nicht ins Spiel gebracht werden, obwohl er von den Größenunterschieden zwischen den in Rede stehenden Gütern unabhängig sein sollte. Nähme man den Gedanken der fehlenden Vergleichbarkeit ernst, so müsste man sich auch in diesem Fall weigern, eine Entscheidung zu treffen.

Gleichwohl mag die Umrechnung aller Kosten und Nutzen in einen *Geldwert* zunächst befremdlich erscheinen. Sie basiert jedoch auf einer ganz üblichen Vorgehensweise. Da es nämlich keinen Markt für Umweltverbesserungen gibt, so dass man sich nicht an Marktpreisen orientieren kann, wird einfach gefragt, wie viel die Betroffenen bereit wären, für bestimmte Verbesserungen zu zahlen.[34] Diese Befragungen ergeben dann beispielsweise, dass dem Durchschnittsbürger die Vermeidung eines Asthmaanfalls $ 45 wert ist und dass er bereit wäre, $ 5,30 zu zahlen, um temporäre Kurzatmigkeit zu vermeiden.[35] Dies entspricht der täglichen Erfahrung, dass man nicht willens ist, große Investitionen zu tätigen, nur um kleinen Unannehmlichkeiten aus dem Weg zu gehen.[36] Es ließe sich nun einwenden, dass dies vielleicht auf weniger gravierende Erkrankungen zutreffe, jedoch nicht für die Rettung von Menschenleben gelten könne. Kein Opfer dürfe zu groß sein, um ein

---

34 Insoweit besteht eine Parallele zur oben angesprochenen „Contingent Valuation" (s. E. I. 1. b)), die in Ermangelung eines Marktes ebenfalls auf die hypothetische Zahlungsbereitschaft abstellt. Auf die dort gemachten Ausführungen sei hier verwiesen.

35 Dies sind Zahlen, welche die amerikanische Bundesumweltbehörde EPA beim Erarbeiten ihrer Ozon- und Schwebstoffverordnung ermittelt hat. s. *Sunstein,* Cost-Benefit State, Appendix A. Während bei solchen Bewertungen ursprünglich auf den durch Gesundheitsbeeinträchtigungen oder den Tod herbeigeführten Einkommensverlust abgestellt wurde, gab man diesen Ansatz in den USA bereits 1982 zugunsten der Ermittlung der Zahlungsbereitschaft auf. s. *Viscusi,* Risk Equity, S. 855. *Heinzerling,* Regulatory Costs, S. 1985, erwähnt darüber hinaus die Möglichkeit, den Wert eines Lebens dadurch zu berechnen, dass man sich an der überproportionalen Entlohnung für besonders gefährliche Tätigkeiten orientiert.

36 Vgl. *Sunstein,* Cost-Benefit State, S. 21: „At this point it might be possible to question whether a large amount of money (say, $ 400 million) would really be too much to spend to save a small number of lives (say, two). Who is to say that $ 400 million is too much? The best answer is heavily pragmatic. Each of us has limited resources, and we don't spend all of our budget on statistically low risks. We spent a certain amount, and not more, to protect against the risks associated with poor diet, motor vehicle accidents, fires, floods, and much more. In allocating our resources, we set priorities, partly to use resources to prevent the more serious safety problems and partly to use them on other things we care about, such as education, recreation, food, and entertainment. The same is true for governments, which cannot sensibly spend huge amounts on small hazards." Oder in den Worten von *Breyer,* Regulation, S. 103: „... no one wants absolute safety; some risk is inevitable in any society and cannot be eliminated at any reasonable cost." Ähnlich *Gillette/Krier,* S. 1028: „... the objective of risk management must be not the elimination of risk, but rather the minimization of all risk related costs."

Menschenleben zu retten. Ob dieser Einwand zutreffend ist oder nicht, kann hier indes offen bleiben. Denn bei den hier in Rede stehenden Fällen geht es nie um die Verhinderung andernfalls mit Sicherheit eintretender Todesfälle. Sondern zur Diskussion steht immer nur die Erhöhung bzw. Verminderung von statistischen Risiken.[37] Zwar wird bei der Kosten-Nutzen-Analyse immer wieder von dem Wert eines Menschenlebens gesprochen. Dabei handelt es sich jedoch um nichts anderes als die mathematische Umrechnung von Risikobewertungen.[38] Mit anderen Worten, die Kosten-Nutzen-Analyse setzt keinen Preis für das Leben, die Umwelt oder andere unersetzliche Güter fest, sondern dient dazu, den Wert verschiedener staatlicher Maßnahmen zu ermitteln.[39] Dies sei anhand eines Beispiels erläutert: Wenn von einer bestimmten Gefahr eine Million Personen betroffen sind und das Risiko eines Todesfalls 1 / 1.000.000 beträgt, dann spricht man im Rahmen der Kosten-Nutzen-Analyse davon, dass die Abwendung dieser Gefahr ein Menschenleben rettet. Und wenn man des weiteren feststellt, dass jede der betroffenen Personen bereit wäre, € 1 zu zahlen, um die Gefahr abzuwenden, und dass die zu ihrer Abwendung erforderliche Maßnahme € 2 Millionen kosten würde und keinen sonstigen Nutzen hätte, dann wäre das Ergebnis, dass die Kosten der Maßnahme ihren Nutzen um € 1 Million überstiegen. Anders ausgedrückt: die € 2 Millionen teure Maßnahme würde nur ein Menschenleben retten, welches € 1 Million wert ist, weshalb die Kosten der Maßnahme höher wären als ihr Nutzen.

Bestätigt werden diese theoretischen Überlegungen zur Bewertung von Todesrisiken durch die oben zitierten Befragungen der Bevölkerung. Sie zeigen nämlich, dass die Bereitschaft durchaus begrenzt ist, für Verminderungen des Todesrisikos Zahlungen zu leisten.[40] Extrapoliert man die durch Umfragen gewonnenen Zahlen,

---

37 „... the regulator must consider how to weigh risks to human life against economic or nonhealth benefits. It is sometimes argued that such a weighing is improper – that no amount of money is too great to save a human life. This argument seems less convincing, however, as soon as one considers risks to life, instead of certainty of death, and when large amounts of money become involved. Though ethical principles may require rendering vast sums to save an identified individual facing death – a trapped coal miner or astronaut – those principles do not dictate expenditures of 10 percent of the gross national product to fence in the Grand Canyon or to wrap all machines in soft plastic. Indeed, to spend huge amounts of money to lower statistical risk and thereby save a single human life (say, by putting foam rubber under the Empire State Building) would waste lives, for the same money would buy far more safety when spent elsewhere“, *Breyer,* Regulation, S. 150; ebenso *Williams,* Cost-Benefit Analysis, S. 257 ff. Hingegen wird dieser Gesichtspunkt von *Driesen,* Societal Cost, S. 558, verkannt.

38 *Farber/Hemmersbaugh,* S. 274; *Richard Posner,* Definition, Justification, and Comment, S. 1160.

39 *Kornhauser,* On Justifying Cost-Benefit Analysis, S. 1047.

40 Zu beachten ist, dass man zur Berechnung der Zahlungsbereitschaft nicht einfach auf die Zahlung von Versicherungsprämien zurückgreifen kann. Beispielsweise kann aus der Tatsache, dass ein allein lebender Junggeselle keine Lebensversicherung abschließt, nicht gefolgert werden, dass sein Leben ihm nichts wert ist. Vielmehr ist er möglicherweise durchaus bereit, hohe Zahlungen zu leisten, um sein Todesrisiko zu verringern. Dass er es unterlässt, einen Lebensversicherungsvertrag abzuschließen, bedeutet lediglich, dass ihm Geld im Fall seines Todes nichts mehr wert ist. s. *Kornhauser,* On Justifying Cost-Benefit Analysis, S. 1049.

so kommt man zu dem Ergebnis, dass die durchschnittliche Zahlungsbereitschaft für die Abwendung des Todes etwa $ 4,8 Millionen beträgt.

Es soll nicht geleugnet werden, dass die Ermittlung der erforderlichen Daten selbstverständlich eine Vielzahl von Detailproblemen birgt und sich über die Höhe der Zahlenwerte in jedem Einzelfall trefflich streiten lässt.[41] Auch ist beispielsweise sehr umstritten, ob und gegebenenfalls in welcher Höhe ein Abschlag für Gesundheitsverbesserungen vorgenommen werden soll, die erst in der Zukunft eintreten werden.[42] Zudem ist nicht ganz klar, was mit Kosten- und Nutzenberechnungen zu tun ist, deren Höhe durch irrationale Ängste, Vorurteile, fehlende Informationen oder durch Vorlieben beeinflusst ist, die sich einem bestimmten Status quo angepasst haben.[43] Klar ist nur, dass eine erhöhte Zahlungsbereitschaft beispielsweise aufgrund rassistischer Einstellungen nicht berücksichtigt werden kann, da diese Einstellungen im Widerspruch zu der geltenden Rechtsordnung stehen.[44] Weniger klar ist aber, was für andere irrationale, von der Rechtsordnung jedoch nicht missbilligte Vorlieben zu gelten hat. Indes sind diese technischen Probleme zwar komplex, aber nicht unüberwindlich. Insbesondere sollten sie nicht den Blick auf die Vorteile der Kosten-Nutzen Rechnung verstellen.

---

41 *Heinzerling,* Regulatory Costs, S. 1981 ff.

42 Dazu *Farber/Hemmersbaugh,* S. 279 ff., *Heinzerling,* Regulatory Costs, S. 2043 ff., *Klauer,* Nachhaltigkeit, S. 88 ff., sowie *Sunstein,* Cost-Benefit State, S. 83 ff.

43 Letzteres sind die sog. „Adaptive Preferences". Ihr bekanntester Beispielsfall findet sich in der Fabel von dem Fuchs, der die Trauben, welche er nicht erreichen kann, für sauer hält. Sehr ausführlich zu den mit diesen Fragen zusammenhängenden Problemen *Adler/Eric Posner,* Distorted Preferences, S. 1105 ff.; etwas konziser *Richard Posner,* Definition, Justification, and Comment, S. 1163. Nach der Ansicht von *Adler/Eric Posner* ist letztlich zwar nicht allein auf die tatsächlichen Vorlieben der Betroffenen abzustellen, denn diese Vorlieben können verzerrt sein. Andererseits kann aber auch nicht einfach der Zustand unterstellt werden, der bestehen würde, wenn die Präferenzen nicht verzerrt wären. Wenn jemand nämlich den Status quo gegenüber dem Zustand bevorzugt, der nach Durchführung einer staatlichen Maßnahme bestehen würde, und wenn er diese Meinung auch ex post angesichts der bereits durchgeführten staatlichen Maßnahme nicht ändern würde, so lässt sich nur schwerlich behaupten, dass ihm die staatliche Maßnahme nützt. Jedenfalls zu irgendeinem Zeitpunkt müsste er den aufgrund der staatlichen Maßnahme herbeigeführten Zustand gegenüber dem Status quo bevorzugen, damit man von einem Nutzen der staatlichen Maßnahme sprechen könnte. Laut *Adler/Eric Posner* besteht die Lösung darin, den Nutzen in solchen Fällen zwar nicht negativ in die Berechnung einzustellen, denn schließlich fußt er auf verzerrten Vorlieben, ihn wegen der tatsächlichen Abneigung gegen die staatliche Maßnahme aber auch nicht positiv zu bewerten, sondern stattdessen den Nutzen einfach mit Null anzusetzen. s. *Adler/Eric Posner,* Distorted Preferences, S. 1115 f., 1129.

44 „... given our constitutional system, the state may not accord positive weight to the gains that bigots obtain when a particular policy imposes ‚on balance' losses on blacks or Jews", *Markovits,* Duncan's Do Nots, S. 1174 Fn. 13; ähnlich für sadistische Vorlieben *Sunstein,* Is Cost-Benefit Analysis for Everyone?, 299 ff.

4. Vorteile der Kosten-Nutzen-Analyse

Diese Vorteile treten in den hier behandelten Bereichen besonders plastisch zu Tage: Erstens wird durch die Gegenüberstellung von Kosten und Nutzen *verhindert, dass Regelungen erlassen werden, die allein kleinen, aber gut organisierten Gruppen dienen.*[45] Ohne eine ausdrückliche Kosten-Nutzen-Analyse gelingt es diesen Gruppen oft, die Kosten einer Regelung zu verschleiern. Eine solche Strategie ist besonders dann erfolgversprechend, wenn die Kosten zwar insgesamt hoch, aber auf große Teile der Bevölkerung verteilt sind, so dass sich die Belastung in jedem Einzelfall gering ausnimmt. Hier kann die Kosten-Nutzen-Analyse dazu beitragen, ungerechtfertigte Bevorzugungen sehr kleiner Gruppen zu Lasten der Allgemeinheit zu vermeiden. Man würde also keine Verlagerung von Entscheidungen auf das Parlament brauchen, um die ausreichende Berücksichtigung großer, aber diffuser Gruppen zu sichern. Sondern man könnte dasselbe Ziel auf Behördenebene vielleicht auf ähnlich wirksame Weise durch die Kosten-Nutzen-Analyse erreichen. Eine möglichst ausgewogene Interessenvertretung auf Behördenebene könnte beibehalten bzw. – in Deutschland – eingeführt werden. Es würde aber verhindert, dass diese Vertretung zu Lasten von Gruppen geht, die sich Problemen kollektiven Handelns gegenüber sehen.

Zweitens könnte die Betrachtung von Kosten und Nutzen helfen, *die wirklich regelungsbedürftigen Probleme zu identifizieren.*[46] Es würde sich oft zeigen, dass ein angebliches Problem entweder überhaupt kein staatliches Tätigwerden rechtfertigt oder aber zumindest kein Tätigwerden, das mit erheblichen Kosten verbunden ist. Irrationale Ängste, beispielsweise vor elektromagnetischer Strahlung, könnten als solche entlarvt und staatliche Ressourcen dort gebündelt werden, wo wirklich Handlungsbedarf besteht und wo wirksame Gegenmaßnahmen möglich sind. Es würde verhindert, dass knappe Mittel für Dinge verschwendet werden, die vernünftigerweise keine Aufmerksamkeit verdienen. Andererseits würde aber auch ein Anreiz geschaffen, wirklich drängenden Problemen die ihnen gebührende Aufmerksamkeit zu sichern, selbst wenn sie von der Bevölkerung nicht als wichtig wahrgenommen werden.[47]

---

45 *Marggraf/Streb,* S. 253; *Pearce,* S. 94; *Sunstein,* Cost-Benefit State, S. 27 f.; *ders.,* Cognition and Cost-Benefit Analysis, S. 1063; *ders.,* Is Cost-Benefit Analysis for Everyone?, S. 299 ff.; auch laut *Eric Posner,* Controlling Agencies, S. 1174 f. verringert die Kosten-Nutzen-Analyse den Einfluss der Interessengruppen, indem sie ihren Informationsvorsprung mindert.

46 Auch nach *von Arnim,* Gemeinwohl, S. 193, krankt das rechtsschutzzentrierte deutsche System daran, dass wichtige Gemeinschaftsaufgaben unterlassen und überflüssige Aktionen vorgenommen werden. Allerdings möchte *von Arnim* zur Lösung dieses Problems nicht den hier vorgeschlagenen Weg gehen, sondern institutionelle Vorkehrungen treffen.

47 „When people understate the risks associated with poor diet and lack of exercise and overstate the risks associated with pesticides and air travel, it is often because the availability heuristic leads them astray. Because cost-benefit analysis gives people a more accurate sense of the level of risks, it is a natural corrective here", *Sunstein,* Cost-Benefit State, S. 9. „Cost-

Drittens würde die Kosten-Nutzen-Analyse gewährleisten, *dass vorhandene Probleme mit einem möglichst geringen Einsatz von Mitteln gelöst würden.* Es würde nicht mehr vorkommen, dass eine Behörde ein Problem zwar löst, dies aber auf eine Art und Weise tut, die mehr Ressourcen verbraucht, als an sich nötig wäre. Dass diese Gefahr durchaus real ist, wird man aufgrund des beschriebenen Einflusses von Interessengruppen auf Behördenentscheidungen kaum in Abrede stellen können.

Viertens könnte eine Kosten-Nutzen-Analyse dazu beitragen, *alle Folgen einer Regelung in den Blick zu bekommen.*[48] Die oben geschilderten Fälle haben gezeigt, dass bestimmte Folgen häufig entweder gar nicht bedacht oder doch nur unzureichend berücksichtigt werden. Dieser Tendenz zum Ausblenden entweder der Kosten- oder der Nutzenseite könnte mit Hilfe der Kosten-Nutzen-Analyse entgegengewirkt werden. Denn durch sie würde die zuständige Behörde gezwungen, sich Gedanken über möglichst alle nicht ganz fernliegenden Folgen einer Regelung zu machen.

Fünftens kann die Kosten-Nutzen-Analyse helfen, *das Verhalten von Behörden wirksam zu kontrollieren.* Auf der einen Seite wäre es nämlich nicht sinnvoll, die Behörden seitens des Parlaments und seitens der Gerichte an der ganz kurzen Leine zu halten. Denn eine allzu engmaschige Kontrolle würde dazu führen, dass die mit der Gewaltenteilung verbundenen Gewinne an Spezialisierung und Arbeitsteilung wieder verloren gingen. Zudem wirken sich die mit intensiven Kontrollen verbundenen Verzögerungen unterschiedslos auf alle Projekte aus, auf die wünschenswerten wie auf die unerwünschten. Mit anderen Worten, zusätzliche Verfahrensanforderungen würden zu einer Verfestigung des Status quo beitragen. Auf der anderen Seite besteht aber stets die Gefahr, dass Behörden sich nicht an den Zielen des Parlaments orientieren, sondern ihre eigenen Wege gehen, beispielsweise sich in ihrem Verhalten zu stark nach den Wünschen gut organisierter Interessengruppen richten.[49]

---

benefit analysis should be understood as a method for putting ‚on screen' important social facts that might otherwise escape private and public attention. Thus understood, cost-benefit analysis is a way of ensuring better priority setting and of overcoming predictable obstacles to desirable regulation ...", *Sunstein,* Cognition and Cost-Benefit Analysis, S. 1060; *ders.,* Is Cost-Benefit Analysis for Everyone?, S. 299 ff.

Das Problem bei diesem Argument ist allerdings, dass die Kosten-Nutzen-Analyse auf der Ermittlung privater Zahlungsbereitschaft fußt. Und diese Zahlungsbereitschaft wird dort hoch sein, wo starke irrationale Ängste im Spiel sind, und besonders niedrig sein, wenn ein Thema völlig aus dem Blickfeld der Öffentlichkeit verschwunden ist. Es steht daher zu befürchten, dass die Kosten-Nutzen-Analyse an dieser Stelle nur von begrenztem Wert sein wird, sofern man die Irrationalität bestimmter Präferenzen nicht bei der Berechnung von Kosten und Nutzen berücksichtigt.

48 *Pearce,* Cost-Benefit Analysis, S. 97; *Sunstein,* Cognition and Cost-Benefit Analysis, S. 1069 f.; *ders.,* Is Cost-Benefit Analysis for Everyone?, S. 299 ff.

49 *Adler/Eric Posner,* Distorted Preferences, S. 1141; *Eric Posner,* Controlling Agencies, S. 1142.

In solchen Situationen bedient sich der „Geschäftsherr“ („Principal“) – hier also das Parlament bzw. der amerikanische Präsident – in der Regel verschiedener Institutionen und Gesetze, um den „Geschäftsführer“ („Agent“) – in diesem Fall die zur Verordnungsgebung berufenen Behörden – zu überwachen und die „Geschäftsführungskosten“ („Agency Costs“) gering zu halten. Besonders deutlich zu sehen sind solche Principal / Agenten-Probleme im amerikanischen Staatsaufbau, wo es eine Vielzahl von unabhängigen Behörden gibt, die sich häufig nicht an den Vorstellungen des Präsidenten orientieren, sondern ihre eigenen Ziele verfolgen. Demgegenüber werden diese Schwierigkeiten in Deutschland aufgrund des weitgehend hierarchischen Verwaltungsaufbaus eine geringere Rolle spielen. Völlig vernachlässigen sollte man sie aber auch hierzulande nicht. Um sich ihre Bedeutung vor Augen zu führen, muss man sich nur beispielsweise klarmachen, dass es auch in Deutschland nicht ausschließlich die hierarchisch gegliederte Verwaltung, sondern daneben auch die Selbstverwaltung gibt. Zudem kann es Meinungsverschiedenheiten geben zwischen dem Bundestag als Principal auf der einen Seite, der eine gesetzliche Ermächtigungsgrundlage schafft und dabei ganz bestimmte Ausführungsbestimmungen vor Augen hat, und den Landesverwaltungen als Agenten auf der anderen, die von dieser Ermächtigungsgrundlage lieber in anderer Form Gebrauch machen wollen – sei es aus parteipolitischen Gründen, sei es, um landesspezifische Besonderheiten zu berücksichtigen. Die Kosten-Nutzen-Analyse bietet nun den Vorteil, dass sie den anderen Gewalten nützliche Informationen über das Behördenverhalten liefert, ohne dass mit ihr zugleich eine übermäßig hohe Kontrolldichte einherginge. Sofern die Behörden nämlich Kosten und Nutzen ihrer Maßnahmen nicht beziffern, fällt die Kontrolle häufig sehr schwer.

Man könnte zwar annehmen, dass die verbesserten Kontrollmöglichkeiten aufgrund der Kosten-Nutzen-Analyse zur Folge haben werden, dass die Behörden weniger Regelungen erlassen können als zuvor. Das ist jedoch nicht richtig. Denn wenn der Geschäftsherr seinen Geschäftsführer nicht überwachen kann, wird er regelmäßig nicht etwa sämtliche Handlungen des Geschäftsführers absegnen, sondern im Gegenteil darauf achten, dass der Geschäftsführer nur Projekte verfolgt, die auch aus Sicht des Geschäftsherrn unzweifelhaft eine Verbesserung gegenüber dem Status quo darstellen. Geringe Kontrollmöglichkeiten können also dazu führen, dass der Handlungsspielraum des Geschäftsführers vom Geschäftsherrn besonders eng gezogen wird. Wenn nun aber der Geschäftsführer gezwungen ist, eine Kosten-Nutzen-Analyse durchzuführen und dem Geschäftsherrn damit eine Fülle zusätzlicher, leicht vergleichbarer Informationen zur Verfügung zu stellen, so kann es sein, dass der Geschäftsherr jetzt auch Projekte absegnet, die er früher verhindert hätte, da er aufgrund mangelnder Informationen nicht sicher sein konnte, dass sie auch aus seiner Sicht – und nicht nur aus Sicht des Geschäftsführers – eine Verbesserung gegenüber der Ausgangslage darstellen.[50] Der Geschäftsherr kann seinem

---

[50] Die Vorschriften des Administrative Procedure Act, nach denen die Behörden Zweck und Folgen geplanter Verordnungen beschreiben müssen, können in ähnlicher Weise gedeutet

Geschäftsführer mehr als zuvor vertrauen. Entgegen dem ersten Eindruck kann die Kosten-Nutzen-Analyse also zur Folge haben, dass die Behörden mehr Verordnungen erlassen als zuvor, und nicht weniger. Deshalb kann die Einführung der Kosten-Nutzen-Analyse durchaus auch im Interesse von Umweltgruppen liegen.[51]

Sechstens gibt es Situationen, *in denen ohne Kosten-Nutzen-Analyse eine rationale Entscheidung wo nicht unmöglich, so doch sehr schwer ist.* So besteht z. B. bei der Festsetzung von Grenzwerten vielfach das Problem, dass strengere Grenzwerte zwar einen größeren Schutz von Umweltgütern zur Folge haben, mit diesem vergrößerten Schutz aber auch höhere Kosten einhergehen. Will man in solchen Situationen eine Grenze ziehen, so kann man natürlich eine Abgrenzung versuchen zwischen Folgen, die „erheblich" im Sinne des geltenden Rechts (beispielsweise des § 3 I BImSchG) sind, und solchen, die es nicht sind. Oft lässt sich diese Grenzziehung aber kaum rational begründen, da die „Erheblichkeit" kein feststehender Begriff ist. Es lässt sich nicht absolut sagen, ob beispielsweise das Auftreten von 10 Bronchialerkrankungen, welche sich durch strengere Emissionsgrenzwerte vermeiden ließen, ein erheblicher Nachteil ist. Vielmehr hängt die Bedeutung dieses Begriffs von den jeweiligen Umständen, etwa von der Größe der betroffenen Bevölkerung ab.[52] Sie hängt aber auch von den Kosten ab. So gibt es unzählige Stoffe, von denen nicht bekannt ist, ob sie gefährlich sind oder nicht. Die Auswahl der Stoffe, für die Grenzwerte festgesetzt werden, wird dann zum einen vom Stand

---

werden. Auch diese Verpflichtungen erleichtern die Überprüfung einer Verordnung am Maßstab des ermächtigenden Gesetzes. s. *Eric Posner,* Controlling Agencies, S. 1144.

[51] *Eric Posner,* Controlling Agencies, S. 1142 ff., insb. S. 1157 f.: „Another insight is that the introduction of cost-benefit analysis will result in more regulation but less extreme regulation. The reason is that without cost-benefit analysis President cannot trust the agency much. A President who does not trust Agency will reject low-value projects, and thus Agency has no incentive to propose them in the first place. In a moderate range, Agency will propose more aggressive projects than even it wants, as a way to signal to President that the status quo is bad. Introducing cost-benefit analysis enables President to trust Agency more, so more regulation will occur ... it should be clear that cost-benefit analysis should not necessarily be objectionable to agencies or even to pro-regulation interest groups like environmental organizations. The reason is that when the President cannot determine what an agency is doing, the likely response is not to give it free rein but, on the contrary, to rein it in."

[52] Dass die Festlegung von Grenzwerten keine Frage nur des technischen Sachverstands und der Verwaltungsdurchführung, sondern auch eine politische Entscheidung ist, ist inzwischen auch in Deutschland anerkannt. s. *Denninger,* Verfassungsrechtliche Anforderungen, S. 247, unter Hinweis auf *Weidner/Knoepfel,* Politisierung technischer Werte: Schwierigkeiten des Normbildungsprozesses an einem Beispiel (Luftreinhaltung) der Umweltpolitik, Zeitschrift für Parlamentsfragen 1979, 160, 161. Ebenso UGB-AT, ProfE, S. 464, *Hoffmann-Riem,* Reform des Verwaltungsrechts, S. 436, *Kunert,* Normkonkretisierung, S. 1022, und *Pietzcker,* Mittlergestützes Entscheiden, S. 265. Nach Ansicht von *Lübbe-Wolff,* Verfassungsrechtliche Fragen, S. 235 (m. w. N.) ist die Erkenntnis im Grundsatz unumstritten, dass es sich bei umweltrechtskonkretisierenden Vorschriften aller Art keineswegs um technische Regeln im Sinne rein technischen Verfahrenswissens oder um reine Sachverständigenaussagen im Sinne wertfreier Darlegung technischer oder naturwissenschaftlicher Gesetzmäßigkeiten handele.

der wissenschaftlichen Forschung beeinflusst, zum anderen aber auch von den – manchmal zufällig – hinter der Stoffnutzung stehenden wirtschaftlichen Interessen und der aktuellen umweltpolitischen Diskussion.[53] Hier und in anderen Fällen der Anwendung unbestimmter Rechtsbegriffe könnte die Kosten-Nutzen-Analyse zu mehr Rationalität verhelfen.

5. Weitere Einwände gegen die Kosten-Nutzen-Analyse

Es geht bei der Kosten-Nutzen Analyse also nicht – wie oft eingewendet wird – darum, staatliche Regelungen zu blockieren, sondern es geht darum zu erkennen, welche Probleme regelungsbedürftig und einer Regelung zugänglich sind und welche nicht. Ob dies unter dem Strich zu mehr oder weniger Regelungen führen wird, lässt sich im Vorhinein nicht sagen.[54] In Anbetracht der Tatsache, dass viele ganz gravierende Probleme wie etwa der Straßenverkehr, der Tabak- und Alkoholkonsum oder der Bleigehalt des Benzins entweder noch immer nicht ausreichend geregelt sind oder zumindest lange Zeit nicht geregelt waren, erscheint es aber zumindest nicht ausgeschlossen, dass es derzeit zu wenige Regelungen gibt. Zudem ist zu bedenken, dass eine ungünstige Kosten-Nutzen Analyse nicht das letzte Wort sein muss. So könnte eine Regelung trotz ihres ungünstigen Kosten-Nutzen Verhältnisses in Kraft treten, wenn beispielsweise Kinder die Hauptnutznießer dieser Regelung sind. Nur obliegt es dann der Behörde, ihre Regelung unter Berufung auf solche besonderen Umstände zu rechtfertigen.[55]

---

53 *Lamb*, Kooperative Gesetzeskonkretisierung, S. 31. Zudem beeinflussen diese Faktoren ihrerseits das wissenschaftliche Forschungsinteresse.

54 Gegen den Verdacht, die Kosten-Nutzen-Analyse stehe per se staatlichen Regelungen feindselig gegenüber, wehrt sich besonders *Sunstein*. Vgl. *Sunstein*, Cost-Benefit State, S. 7: „For far too long, the idea of cost-benefit analysis has been wrongly associated with dogmatic opposition to regulation as such. To be sure, an exploration of costs and benefits often shows that regulation cannot be justified. This remains one of the most important functions of cost-benefit analysis. But cost-benefit analysis often can show, and has shown, that government action is worthwhile – and indeed that government should do more;“ ebenso *Ackerman/Stewart*, S. 1362 f.: „It should be emphasized that analysis of costs and benefits is not, as some environmentalists too easily suppose, a code word for regulatory passivity. A stunning counterexample is the EPA's recent decision substantially to eliminate lead additives in gasoline. The key to this decision was an economic analysis ... showing that the move would achieve major health benefits at little or no net cost.“

55 Dazu *Sunstein*, Cost-Benefit State, S. 21: „... the cost-benefit state imposes a substantive requirement as well. In order to proceed, an agency should be required to conclude, in ordinary circumstances, that the benefits justify the costs, and to explain why. If, for example, a regulation is expected to save 80 lives, each valued at $ 6 million, and if it would cost $ 200 million, it is fully justified. But if regulation is expected to save four lives and cost $ 400 million, an agency should ordinarily be barred from issuing it. If an agency seeks to proceed even though the benefits do not justify the costs, it should have to explain itself – by saying, for example, that those at risk are young children, and that because they cannot protect themselves, and because a number of years of life are involved, unusual steps should be taken.“

Allgemein gesprochen bleibt es dem politischen Prozess stets unbenommen, die Ergebnisse der Kosten-Nutzen-Analyse zu übernehmen oder sich über sie hinwegzusetzen. Wenn alle Beteiligten – also die Regierung, die Steuerzahler und die Wähler – dank einer Kosten-Nutzen-Analyse wissen, dass ein bestimmtes Projekt z. B. 16 Seeotter retten wird, und zwar zum Preis von $ 1 Millionen pro Stück, und wenn sich die Regierung sodann entscheidet, das Projekt gleichwohl durchzuführen, so gibt es an diesem Vorgehen aus Sicht der Kosten-Nutzen-Analyse nichts auszusetzen.[56] Der Einwand, die Kosten-Nutzen-Analyse widerspreche demokratischen Spielregeln,[57] geht deshalb fehl. Die Kosten-Nutzen-Analyse gibt keine Entscheidung in der Sache vor, *sondern zwingt die Entscheidungsträger lediglich, sich mit den Kosten einer Entscheidung auseinanderzusetzen.*[58] Ihre Rechtfertigung beruht weniger auf übergreifenden theoretischen Erwägungen als vielmehr auf den wünschenswerten Ergebnissen, zu denen sie aus den soeben genannten Gründen führen kann,[59] d. h. ihre Begründung ist „konsequenzialistischer“ und nicht „deontologischer“ Natur.[60] Es ist in erster Linie ihre Eignung, Defiziten des politi-

56 *Richard Posner,* Definition, Justification, and Comment, S. 1158; *Sunstein,* Cognition and Cost-Benefit Analysis, S. 1074.

57 *Richardson,* Stupidity, S. 1000.

58 „Properly employed, cost-benefit analysis does no more than provide information that helps the policy evaluator assess a policy's overall desirability“, *Markovits,* Duncan's Do Nots, S. 1176. Die Vorzüge der Kosten-Nutzen-Analyse beim Sammeln von Informationen werden auch von ihren Kritikern regelmäßig anerkannt. s. *Richardson,* Stupidity, S. 973 f.

59 So vor allem *Richard Posner,* Definition, Justification, and Comment, S. 1156: „... in my view the ultimate criterion should be pragmatic; we should not worry whether cost-benefit analysis is well grounded in any theory of value. We should ask how well it serves whatever goals we have. So if we are particularly interested in the welfare of minority groups, we should ask whether cost-benefit analysis serves or disserves their interests ...“ Ähnlich *Sunstein:* „But cost-benefit analysis should not be seen as embodying a reductionist account of the good, and much less as a suggestion that everything is simply a commodity for human use. It is best taken as a pragmatic instrument, agnostic on the deep issues and designed to assist people in making complex judgments where multiple goods are involved. To put it another way, cost-benefit analysis might be assessed pragmatically, or even politically, rather than metaphysically“, *Sunstein,* Cognition and Cost-Benefit Analysis, S. 1077. „Often it is possible to resolve hard questions of law and policy without resolving deeply contested issues about justice, democracy, or the appropriate aims of the state. Often it is possible to obtain an incompletely theorized agreement on a social practice. In many areas of law and public policy, people can reach closure about what to do despite their disagreement or uncertainty about why, exactly, they ought to do it. Thus people who disagree about the purposes of criminal law can agree that rape and murder should be punished, and punished more severely than theft and trespass“, *Sunstein,* Cognition and Cost-Benefit Analysis, S. 1092; während *Sunstein* früher der Kosten-Nutzen-Analyse sehr skeptisch gegenüber stand (vgl. nur *Sunstein,* Incommensurability, S. 841 f.), hat er seine Position inzwischen revidiert. Nun befürwortet er die Kosten-Nutzen-Analyse vor allem aus pragmatischen Gründen; ähnlich *Kornhauser,* On Justifying Cost-Benefit Analysis, S. 1056.

60 Während sich konsequenzialistische Begründungen an den Folgen von Handlungen orientieren, stellen deontologische Ansätze auf unveränderliche moralische Prinzipien ab, mit deren Hilfe sich richtiges von falschem Verhalten unterscheiden lasse. Nach deontologischer Sichtweise ist beispielsweise Diebstahl verwerflich, nicht etwa weil er mehr schadet

schen Prozesses entgegenzuwirken und zu brauchbaren Ergebnissen beizutragen, die ihren häufigeren Einsatz erstrebenswert macht.

Hinzu kommt, dass es an geeigneten Alternativen fehlt. Und da die Lösung sicherlich nicht lauten kann, wichtige Entscheidungen einfach dem schlecht informierten Spiel der politischen Kräfte zu überantworten, sollte die Kosten-Nutzen-Analyse trotz ihrer Schwächen zum Einsatz kommen.[61] Auch eine moralphilosophische Kritik der Kosten-Nutzen-Analyse – so berechtigt sie beim ersten Zusehen scheinen mag – ist nicht weiterführend, weil es keine anderen Möglichkeiten gibt, mit dem in Rede stehenden Problem fertig zu werden, bzw. weil die anderen Möglichkeiten zu Ergebnissen führen würden, die auch aus moralphilosophischer Sicht schlechter sind.[62]

Ebenso wenig vermag eine Kritik der Kosten-Nutzen-Analyse unter dem Gesichtspunkt der Verteilungsgerechtigkeit im Ergebnis zu überzeugen. Diese Kritik nimmt ihren Ausgangspunkt in dem bereits oben (bei der Diskussion der „Contingent Valuation" unter E. I. 1. b)) angeführten Argument, dass die Kosten-Nutzen-Analyse infolge ihrer Orientierung an der Zahlungsbereitschaft die reichen, zahlungskräftigen Bevölkerungsschichten gegenüber den ärmeren bevorzuge, zumal erstere aufgrund der Lehre vom abnehmenden Grenznutzen der gleichen Geldsumme weniger Wert beimessen als letztere und daher nicht nur mehr Geld haben, sondern auch eher bereit sind, es für die hier in Rede stehenden Zwecke auszugeben.[63] Indes muss sich die Kosten-Nutzen-Analyse nicht notwendigerweise zu-

als nützt (das wäre die konsequenzialistische Auffassung), sondern weil er die Rechte des Opfers verletzt. s. *Frank,* Cost-Benefit Analysis, S. 929 f.

61 „Commonly, a justification of cost-benefit analysis is global rather than local; one seeks to justify cost-benefit analysis against all other possible decision criteria. Cost-benefit analysis, however, need only be better than a much smaller set of feasible alternatives", *Kornhauser,* On Justifying Cost-Benefit Analysis, S. 1054 f.; auch *Pearce,* Cost-Benefit Analysis, S. 97, betont, dass die Kosten-Nutzen-Analyse zwar nicht fehlerlos, aber doch besser als ihre Alternativen ist.

62 Vgl. *Richard Posner,* Definition, Justification, and Comment, S. 1159: „*(Kornhauser)* reinforces this point with a useful distinction between evaluating cost-benefit analysis by reference to a global moral criterion and evaluating it by reference to the feasible alternatives; the latter is surely preferable. It is not helpful to be told that cost-benefit analysis violates some moral desideratum, if there is no feasible alternative method of dealing with a problem or if the only feasible alternatives yield results that even moral philosophers would think worse." Ähnliches lässt sich auch dem Einwand *Martha Nussbaums* entgegnen, derzufolge es Probleme gebe, deren Lösung mit Hilfe einer Kosten-Nutzen-Analyse nicht möglich sei, weil jede der zur Verfügung stehenden Lösungen ein moralisches Fehlverhalten mit sich bringe (sog. „tragic questions", s. *Nussbaum,* The Costs of Tragedy, S. 1007 ff.). Solche Probleme mag es in der Tat geben. Aber zum einen werden sie in den hier in Rede stehenden Anwendungsbereichen der Kosten-Nutzen-Analyse nicht gerade zahlreich sein. Und zum anderen enthebt die Feststellung, dass keine der bereitstehenden Handlungsalternativen unbedenklich ist, nicht der Verpflichtung, eine Entscheidung zu treffen. Dabei kann dann wiederum die Kosten-Nutzen-Analyse ein nützliches Hilfsmittel sein.

63 *Richardson,* Stupidity, S. 972 f.; *Adler/Eric Posner,* Distorted Preferences, S. 1145. Laut *Adler/Eric Posner,* Distorted Preferences, S. 1139 f., 1145 sind die zuständigen Behör-

gunsten der reichen Bevölkerungsschichten auswirken. Man kann sich nämlich auch Umstände vorstellen, unter denen die höhere Zahlungsbereitschaft bestimmter Bevölkerungskreise zwar zu einem höheren Schutzniveau für sie führt, sie die Kosten dieses höheren Schutzes aber selbst zu tragen haben.[64] Man denke etwa an höhere Sicherheitsanforderungen im Luftverkehr, welche die Preise für Flugtickets ansteigen lassen. In solchen Fällen hat mithin die Berücksichtigung der höheren Zahlungsbereitschaft bestimmter Bevölkerungsgruppen keine Umverteilungseffekte.

Aber selbst wenn sich die Kosten-Nutzen-Analyse häufig zu Gunsten der reichen Bevölkerungsschichten auswirken würde, bedeutet das nicht, dass man von ihr Abstand nehmen sollte, sofern sie hilft, die Wohlfahrt der Gesamtbevölkerung zu steigern.[65] Es ist aus den bereits oben (unter E. II. 6. c) (4)) genannten Gründen nämlich nicht sinnvoll, Maßnahmen zu ergreifen, die zu einer Verschwendung knapper Ressourcen führen, nur weil sie zugleich erwünschte Umverteilungseffekte haben. Vielmehr sollte man zu Umverteilungszwecken auf das Steuersystem zurückgreifen und die Umweltpolitik möglichst von Umverteilungsgesichtspunkten freihalten.[66]

---

den daher grundsätzlich verpflichtet, bei den auf die Frage nach der Zahlungsbereitschaft genannten Summen den jeweiligen Grenznutzen des Adressaten zu berücksichtigen. Ginge man so vor, wie *Adler/Eric Posner* es vorschlagen, so würden staatliche Maßnahmen einen stärker umverteilenden Charakter annehmen. Das könnte allerdings dazu führen, dass die Anreize schwänden, Vermögen zu erwerben. Denn je mehr Vermögen jemand hätte, desto weniger käme er in den Genuss staatlicher Maßnahmen. Zudem könnte es Marktanpassungen geben. Würde beispielsweise ein Park in einem armen Stadtteil errichtet, so könnten in Zukunft die in diesem Stadtteil bisher ansässigen armen Familien durch reichere verdrängt werden. Wegen dieser Probleme gelangen *Adler/Eric Posner* trotz ihrer grundsätzlichen Sympathie für die Berücksichtigung der abnehmenden Grenznutzens und für umverteilende Maßnahmen zu dem Schluss, dass die Behörden gut beraten sind, keine Projekte zu verfolgen, die starke Umverteilungseffekte haben. Hingegen hält *Richard Posner,* Definition, Justification, and Comment, S. 1169 die Berücksichtigung des abnehmenden Grenznutzens zwar für theoretisch richtig, aber für praktisch verfehlt, weil die damit verbundenen Bemessungsprobleme unlösbar seien.

64 *Viscusi,* Risk Equity, S. 857. Deshalb glaubt z. B. *Williams,* Cost-Benefit Analysis, S. 257 ff., dass die Kosten-Nutzen-Analyse unter dem Strich auch den armen Bevölkerungsgruppen hilft.

65 „... abandoning cost-benefit analysis is a gratuitously wasteful way of trying to achieve that goal (of granting additional political power to the poor, S. S.). Rich and poor alike have an interest in making the economic pie as large as possible. Any policy that passes the cost-benefit test makes the economic pie larger. And when the pie is larger, everyone can have a larger slice", *Frank,* Cost-Benefit Analysis, S. 917.

66 Vgl. bereits Fn. 683. Ähnlich *Kornhauser,* On Justifying Cost-Benefit Analysis, S. 1054, demzufolge die Wahrnehmung von Gesichtspunkten der Verteilungsgerechtigkeit nicht den für die Ergreifung von Umweltschutzmaßnahmen zuständigen Behörden, sondern anderen Institutionen obliegt. Auch *Williams,* Cost-Benefit Analysis, S. 257 ff., plädiert dafür, etwaigen Verteilungsungerechtigkeiten nicht durch die Ablehnung der Kosten-Nutzen-Analyse, sondern durch Ausgleichszahlungen zu begegnen. Und *Sunstein,* Is Cost-Benefit Analysis for Everyone?, S. 299 ff., meint, dass man die höhere Zahlungsbereitschaft reicher Personen bei der Berechnung von Kosten und Nutzen staatlicher Maßnahmen berücksichtigen und auf diese Weise Gesichtspunkten der Verteilungsgerechtigkeit Rechnung tragen könne.

Hinzu kommt, dass empirische Befunde große Skepsis gegenüber staatlichen Handlungen nahe legen, die angeblich sowohl Risiken reduzieren als auch wünschenswerte Umverteilungseffekte haben. Offenbar sind solche Handlungen häufig in hohem Maße ineffizient, und die Berufung auf ihre Umverteilungseffekte – die sich zudem tatsächlich kaum nachweisen lassen – dient lediglich dazu, die tatsächlichen Beweggründe zu kaschieren.[67] Da nämlich fast jede staatliche Maßnahme irgendwelche Umverteilungseffekte hat – man denke etwa an Subventionen der Landwirtschaft –, ist die Gefahr besonders groß, dass die Verteilungsgerechtigkeit betont wird, wenn in Wirklichkeit ganz andere Erwägungen im Vordergrund stehen, beispielsweise die Ausrichtung staatlichen Handelns an der politischen Macht der Betroffenen.[68]

6. Ergebnis

Die Kosten-Nutzen-Analyse ist folglich kein Allheilmittel und ihre technische Handhabung ist auch nicht einfach. Gleichwohl scheint ihre stärkere Berücksichtigung wünschenswert. Denn sie kann helfen, fast alle in dieser Arbeit angesprochenen Probleme besser als bisher in den Griff zu bekommen, sei es den überproportionalen Einfluss kleiner Interessengruppen, die mangelnde Organisation großer Gruppen, die sich für Kollektivgüter stark machen, oder sei es die allzu intensive Beschäftigung mit Risiken, die keine Aufmerksamkeit verdienen. Sie kann dazu beitragen, knappe staatliche Ressourcen dort zu bündeln, wo sie den größten Nutzen versprechen, und unter mehreren geeigneten staatlichen Maßnahmen die kostengünstigste auszuwählen. Und sie kann verhindern, dass bestimmte Folgen staatlicher Regelungen oder Nicht-Regelungen überhaupt nicht ins Blickfeld kommen. Zudem sind einige der gegen die Kosten-Nutzen-Analyse vorgebrachten Bedenken, beispielsweise der Einwand, sie sei undemokratisch oder unter dem Gesichtspunkt der Verteilungsgerechtigkeit ungerecht, im Ergebnis nicht überzeugend. Aus diesen Gründen sollte man auch in Deutschland die bereits vorhandenen Ansätze, Verwaltungshandeln ökonomisch zu analysieren, ausbauen und zumindest den Versuch machen, mit Hilfe der Kosten-Nutzen-Analyse staatliche Entscheidungen rationaler zu gestalten. Dabei sollte man den theoretischen Grundlagen der Kosten-Nutzen-Analyse nicht allzu viel Aufmerksamkeit widmen, sondern die Kosten-Nutzen-Analyse lieber als pragmatisches Instrument begreifen, mit dessen Hilfe man einigen typischen Defiziten des politischen Prozesses begegnen kann.

---

67 *Viscusi,* Risk Equity, S. 845.

68 *Viscusi,* Risk Equity, S. 871.

H. Zusammenfassung

(Die Gliederung der Zusammenfassung stimmt mit derjenigen des Haupttextes überein. Ihre Funktion besteht weniger darin, die wichtigsten Gedanken der Arbeit auf einen Punkt zu bringen. Vielmehr soll sie als „erweitertes Inhaltsverzeichnis“ dienen, d. h. sie soll es dem Leser erleichtern, auf einen Blick zu erfassen, welche Gesichtspunkte in welchem Abschnitt behandelt werden.)

A. Die vorliegende Arbeit greift aus den vielfältigen Formen kooperativen Verwaltungshandelns zwei heraus, nämlich das amerikanische „Negotiated Rulemaking“ auf der einen Seite und die deutschen normvertretenden Absprachen auf der anderen. Bei dem „Negotiated Rulemaking“ handelt es sich um einen Verordnungserlass mit vorgeschaltetem Verhandlungsverfahren. Demgegenüber sind normvertretende Absprachen dadurch gekennzeichnet, dass sich einzelne Unternehmen oder Industriebranchen zu einem bestimmten Verhalten bereiterklären, wenn der Staat im Gegenzug darauf verzichtet, eine generelle Regelung – in der Regel in Form einer Verordnung – zu erlassen. Während das Verfahren des „Negotiated Rulemaking“ gesetzlich festgelegt ist und in eine verbindliche Verordnung einmündet, sind normvertretenden Absprachen zwar faktisch bedeutsam, aber bisher gesetzlich nicht geregelt und für die Beteiligten auch nicht rechtlich verbindlich. Gleichwohl sind beide Rechtsinstitute vergleichbar, denn sie stellen Reaktionen auf das gleiche Problem dar, nämlich auf den als zu schwerfällig, zeitaufwendig und unflexibel empfundenen traditionellen Prozess der Verordnungsgebung.

B. I. Das amerikanische „Negotiated Rulemaking“ geht auf die Einschätzung zurück, dass das herkömmliche Verfahren des Verordnungserlasses zu konfrontativ ist, zeitlich und finanziell zuviel Aufwand erfordert und darüber hinaus zu Verordnungen führt, die sehr häufig Gegenstand gerichtlicher Auseinandersetzungen sind. Im Gegensatz dazu sollte das insbesondere von *Philip Harter* befürwortete neue kooperative Verfahren innerhalb kürzerer Zeiträume und mit weniger Aufwand zu praxisgerechteren Lösungen führen.

II. Der 1990 in Kraft getretene „Negotiated Rulemaking Act“ nimmt diese Anregungen auf und institutionalisiert ein Verhandlungsverfahren, das auf dem Gedanken einer möglichst breiten Interessenvertretung beruht. Ist das Verhandlungsverfahren abgeschlossen, so schließt sich das herkömmliche Verordnungsgebungsverfahren an. Das Verhandlungsverfahren lässt sich also am ehesten als vorgeschalteter Beratungsprozess beschreiben. Zwar sind Behördenentscheidungen, die sich auf Einberufung, Unterstützung und Auflösung des Verhandlungskomitees beziehen, nicht gerichtlich überprüfbar. Die letztlich verkündete Verordnung ist aber voll überprüfbar.

III. Ob der „Negotiated Rulemaking Act“ die in ihn gesetzten Erwartungen erfüllt hat, ist umstritten. Nach ihren ersten Erfahrungen haben sich die Wirtschaftsverbände ernüchtert gezeigt. Die von *Cary Coglianese* durchgeführten empirischen Untersuchungen geben ebenfalls Anlass zu erheblichen Zweifeln am Erfolg des neuen Verfahrens, sind aber ihrerseits nicht ohne Kritik geblieben.

IV – V. In Deutschland werden normvertretende Absprachen eingegangen, um die Komplexität von Problemen zu reduzieren, neue Informationen zu gewinnen, schneller zu innovativen Lösungen zu gelangen, Kosten zu senken und Flexibilität bei künftigen Veränderungen zu sichern. Mithin antworten normvertretende Absprachen auf ähnliche Probleme wie das „Negotiated Rulemaking“ und verfolgen vergleichbare Ziele. Ihr Preis besteht vor allem darin, dass Abstriche an umweltpolitischen Forderungen gemacht werden müssen.

VI. 1 – 2. Normvertretende Absprachen entfalten wegen des fehlenden Erklärungswillens der Beteiligten allein politische, aber keine rechtlichen Bindungen. Allenfalls kommen bei ihrer Rechtswidrigkeit Schadensersatzansprüche aus Amtshaftung (Art. 34 GG, § 839 BGB) oder Verschulden bei Vertragsverhandlungen (§ 311 II BGB) in Betracht. Bei genauerer Betrachtung bereiten jedoch beide Anspruchsgrundlagen Schwierigkeiten, etwa weil sich die Drittgerichtetheit etwaiger Amtspflichten nur selten bejahen lässt.

3. Die private Seite normvertretender Absprachen begegnet unter dem Gesichtspunkt des Wettbewerbsrechts insoweit Bedenken, als diese Absprachen die Koordinierung des Verhaltens verschiedener Unternehmen bezwecken. Sie lenken oftmals die Nachfrage von günstigeren Produkten auf teurere um und führen auf diese Weise zu Wohlfahrtsverlusten. Rechtfertigen lassen sie sich nach der hier vertretenen Meinung nur, wenn sie vorwegnehmen, was andernfalls der Staat einseitig beispielsweise durch Verordnungen vorgeschrieben hätte.

4. Die staatliche Seite normvertretender Absprachen lässt sich als sog. unechter Normsetzungsvertrag charakterisieren. Im Gegensatz zum echten Normsetzungsvertrag, der wegen der Umgehung des Normsetzungsverfahrens von der hM für unzulässig gehalten wird, bestehen gegen den auf ein bloßes Unterlassen der Normsetzung gerichteten unechten Normsetzungsvertrag keine grundsätzlichen Bedenken.

a) Normvertretende Absprachen bedürfen insoweit einer gesetzlichen Ermächtigungsgrundlage, als es um wesentliche Entscheidungen in grundlegenden normativen Bereichen geht. Ist allerdings der Normgeber ermächtigt, eine Rechtsverordnung zu erlassen, so darf er auch einvernehmlich eine normvertretende Absprache treffen. Denn die Absprache stellt ein minus im Verhältnis zur imperativ-einseitigen Regelung dar. Dies gilt auch im Hinblick auf die Rechtsstellung Drittbetroffener.

b) Zuständig für den Abschluss normvertretender Absprachen ist diejenige Stelle, die für den Erlass der Norm zuständig wäre, an deren Stelle die Absprache tritt.

c) Die für den Verordnungserlass geltenden Verfahrensanforderungen lassen sich nach hM oft nicht auf normvertretende Absprachen übertragen. Insbesondere sei die Mitwirkung gesellschaftlicher Gruppen (vgl. etwa §§ 60 KrW-/AbfG, 51 BImSchG) bei Absprachen nicht angängig, da andernfalls die mit Absprachen verfolgten Ziele der Flexibilität und der Beschleunigung nicht erreicht werden könnten.

d) Der Wortlaut normvertretender Absprachen wird zurzeit in der Regel nicht veröffentlicht. Diese Praxis begegnet im Hinblick auf das Rechtsstaatsprinzip erheblichen Bedenken.

e) Normvertretende Absprachen sind nicht statthaft, wenn sich die Pflicht zum Erlass einer Verordnung beispielsweise aus der Ermächtigungsgrundlage ergibt.

f) Das im Verhältnismäßigkeitsprinzip wurzelnde Prinzip der Zwecktauglichkeit gebietet, nur normvertretende Absprachen zu treffen, die zur Erreichung der gesetzlichen Ziele auch tatsächlich tauglich sind.

VII. Der vorläufige Vergleich zwischen amerikanischem „Negotiated Rulemaking" und deutschen normvertretenden Absprachen zeigt, dass man in den USA viel stärker bemüht ist, eine ausgewogene Vertretung aller betroffenen Interessen zu gewährleisten als in Deutschland. Hierzulande beschränkt sich der Staat üblicherweise auf Verhandlungen mit Wirtschaftsverbänden und Unternehmen. Gerechtfertigt wird dies unter Hinweis auf den andernfalls drohenden Verlust von Zeitersparnis, Innovationsfähigkeit und Flexibilität.

C. Die in diesem Abschnitt geschilderte abfallrechtliche Absprache dient zum einen der Überprüfung der Behauptung, dass Absprachen besonders schnell, flexibel und innovativ sind, und berührt zum anderen die grundsätzliche Frage, warum es überhaupt sinnvoll ist, umweltverschmutzendes Verhalten zu regeln.

I. Im Jahr 1977 wurde eine abfallrechtliche Absprache getroffen, um die Benutzung von Einwegbehältern zu verringern. Kern der Absprache war die Zusage der Wirtschaft, dass die Zunahme von Einwegbehältnissen auf den Wachstumsanteil des Getränkemarkts beschränkt bleiben und nicht auf Kosten von Mehrwegflaschen gehen sollte. Im Gegenzug verpflichtete sich die Bundesregierung, keine entsprechende Verordnung zu erlassen. Trotz dieser Absprache stieg der Marktanteil von Einwegbehältnissen indes schon bald erheblich an, weshalb man die Absprache als gescheitert betrachten muss.

II. Mit Hilfe der Absprache sollten Probleme gelöst werden, die durch Einwegbehälter entstehen. Diese Probleme betreffen einmal die sehr energieintensive Produktion von Einwegbehältern, deren soziale Kosten sich nicht notwendigerweise in dem Preis der verwendeten Produktionsfaktoren widerspiegeln. Außerdem betreffen sie ihre Entsorgung, beispielsweise das achtlose Zurücklassen von Getränkedosen in der freien Landschaft. Die Gemeinsamkeit dieser Probleme ist darin zu sehen, dass jeweils Kosten entstehen, die von den Verursachern – etwa von denjenigen, die Behältnisse in die freie Landschaft werfen – jedenfalls nicht vollständig selbst getragen, sondern Dritten aufgebürdet werden (sog. Externalitäten). Zwar ist grundsätzlich die Marktordnung am besten in der Lage, Ressourcen sinnvoll zu verteilen. Kommt es jedoch zu solchen externen Effekten, so kann man den Dingen nicht einfach ihren Lauf lassen, sondern muss regelnd eingreifen.

III. Als Eingriffsinstrumente stehen prinzipiell sowohl privatrechtliche als auch öffentlich-rechtliche Regelungen zur Verfügung. Was die privatrechtlichen Instrumente anbelangt, so wird sich für die beispielsweise von wildem Müll Betroffenen ein zivilrechtliches Vorgehen in der Regel nicht lohnen, weil die Schäden bzw. Eigentumsbeeinträchtigungen in jedem Einzelfall sehr gering sind. Und auch die von *Ronald Coase* entwickelte Auffassung, dass sich Umweltprobleme letztlich auf zu hohe Transaktionskosten zurückführen lassen, hilft hier nicht weiter. Denn die Störer sind meist unbekannt, und die Opfer sind zum einen sehr zahlreich und haben zum anderen einen Anreiz zum Trittbrettfahren, weshalb Verhandlungen zwischen beiden Seiten nicht möglich sind.

IV. 1. Was die öffentlich-rechtlichen Instrumente betrifft, so sind Informationspflichten untauglich, denn die hier in Rede stehenden Probleme gründen nicht auf Unwissenheit, sondern auf Rücksichtslosigkeit.

2. Ein Verbot der nicht ordnungsgemäßen Entsorgung von Einwegbehältern würde ebenfalls Schwierigkeiten bereiten. Denn da die Aufklärungsquote sehr niedrig ist, müssten etwaige Bußgelder ganz empfindliche Höhen erreichen.

3. Das Verbot der Produktion bzw. des Inverkehrbringens von Einwegbehältern ist zwar grundsätzlich geeignet, optimale Resultate zu erreichen. Es setzt aber voraus, dass die zuständige Behörde über ungeheuer viele Informationen verfügt. Ansonsten besteht nämlich die Gefahr, dass die Kosten eines Verbots seinen Nutzen bei weitem übersteigen.

4. Unter dem Gesichtspunkt der informationellen Anforderungen, denen die zuständige Behörde genügen muss, haben Abgaben erhebliche Vorteile, weil sie nur Kenntnisse vom Nutzen einer Regelung, aber nicht von ihren Kosten voraussetzen. Allerdings sind auch Abgaben kein Allheilmittel. Beispielsweise helfen sie dort nicht weiter, wo die Opfer von Umweltverschmutzungen diese am günstigsten bekämpfen können.

5. Mit Hilfe des Dosenpfands lässt sich möglicherweise der Verschandelung der Landschaft durch achtlos weggeworfenen Müll begegnen. Schwierigkeiten bereitet bei diesem Regelungsinstrument vor allem die Festsetzung der richtigen Pfandhöhe.

V. Betrachtet man die abfallrechtliche Absprache unter dem Blickwinkel der soeben geschilderten Instrumentenvielfalt, so fällt zunächst einmal ihr wenig innovativer Ansatz auf. Denn sie belässt es bei dem Versuch, der mit Einwegbehältnissen einhergehenden Probleme durch eine mengenmäßige Beschränkung Herr zu werden. Ihre Verhandlungsdauer von 1 1/2 Jahren und das Festhalten an der Absprache auch noch nach ihrem Scheitern ziehen zudem die Behauptung in Zweifel, Absprachen seien zeitsparend und innovativ. Der Ausschluss sämtlicher gesellschaftlicher Gruppen mit Ausnahme der Wirtschaftsverbände von den deutschen Absprache-verhandlungen sollte deshalb nicht auf den andernfalls drohenden Verlust von Zeitersparnis, Innovationsfähigkeit und Flexibilität gestützt werden.

D. I. Gegenstand dieses Abschnitts ist die genauere Untersuchung der Interessenvertretung im amerikanischen „Negotiated Rulemaking". Im Mittelpunkt steht die Frage, ob die Beteiligung von Umweltverbänden an Verhandlungskomitees tatsächlich die Gewähr dafür bietet, dass Umweltgesichtspunkte angemessene Berücksichtigung finden, bzw. – allgemeiner gefasst – ob die Zufriedenheit aller Verhandlungsbeteiligten ein verlässliches Indiz für die Vernünftigkeit des Verhandlungsergebnisses ist. Um diese Frage beantworten zu können, werden drei „Negotiated Rules" näher betrachtet.

II. 1. An der ersten dieser drei „Negotiated Rules", nämlich an der Koksofenverordnung („Coke Oven Emissions Rule"), die Emissionsgrenzwerte für Koksöfen festsetzt, fällt auf, dass sie den Vorrang des Gesetzes missachtet, indem sie entgegen den Vorgaben des CAA (Clean Air Act) nicht die technisch größtmögliche Reduzierung des Schadstoffausstoßes zum Maßstab nimmt, sondern sich an veralteten Technologien orientiert. Zudem definiert sie den Begriff der neuen Anlage zu eng und setzt Grenzwerte, die erst ab 2010 gelten sollen, zu früh fest. Insgesamt gesehen beschränkt sich die Koksofenverordnung entgegen den gesetzlichen Bestimmungen darauf, den Status quo beizubehalten.

2. Die Holzmöbelverordnung („Standards for Hazardous Air Pollutant Emissions from Wood Furniture Manufacturing Operations") befasst sich mit Emissionen gefährlicher Schadstoffe bei der Herstellung von Möbeln. Sie verstößt insoweit gegen den Vorrang des Gesetzes, als sie sich entgegen den Geboten des CAA nicht nach den umweltschonendsten 12 % der bestehenden Angaben richtet und sich zudem auf der einen Seite weigert, Unterkategorien anzuerkennen, auf der anderen Seite dann aber bei der Berechnung von Grenzwerten stillschweigend Unterkategorien zugrunde legt.

3. Was schließlich die Holzofenverordnung („Woodstoves Rule") betrifft, die Mindestanforderungen (sog. „Standards of Performance") für Holzöfen festlegt, so missachtet sie ebenfalls in mehrfacher Hinsicht den Vorrang des Gesetzes. Sie wählt eine zu enge Definition des Begriffs der Veränderung, stellt unzulässigerweise unterschiedliche Anforderungen an Holzöfen mit und ohne Katalysator und begünstigt kleine Hersteller zu Unrecht.

III. In Anbetracht dieser Mängel der vereinbarten Verordnungen stellt sich die Frage, warum alle Verordnungen die Unterstützung der in den Verhandlungskomitees vertretenen Umweltverbände gefunden haben. Man hätte erwarten sollen, dass die Umweltverbände, aber auch die Bundesumweltbehörde EPA diesen Verordnungen ihre Zustimmung verweigern würden. Das ist indes nicht geschehen.

1. Empirische Untersuchungen von *Laura Langbein* und *Cornelius Kerwin* legen nahe, dass man Unzufriedenheit der Beteiligten auch gar nicht hätte erwarten sollen. Zeigen diese Untersuchungen doch, dass die Teilnahme an „Negotiated Rulemakings“ zwar für die meisten Beteiligten sehr aufwendig ist; so wendeten beispielsweise die Umweltverbände etwa 50 % ihrer gesamten verfügbaren Mittel für die Teilnahme an Verhandlungen auf, und auch die Bundesumweltbehörde musste ganz erhebliche Investitionen tätigen. Die überwiegende Mehrheit der Beteiligten stellte sich aber auf den Standpunkt, dass der Nutzen der Teilnahme ihre Kosten überwiege oder beide Positionen zumindest ausgeglichen seien. Insgesamt waren die Teilnehmer an „Negotiated Rulemakings“ mit den letztlich in Kraft getretenen Verordnungen deutlich zufriedener als die Teilnehmer an herkömmlichen Verordnungsverfahren, und zwar unabhängig von der Art der Verordnung, der Einschätzung des Nutzens der Verordnung und der Verbandszugehörigkeit.

2. Bei erstem Zusehen sind diese Ergebnisse überraschend. Man sollte erwarten, dass der hohe Aufwand, den die Verhandlungsverfahren offenbar erfordern, die Beteiligten gegenüber ihren Ergebnissen skeptisch stimmen würde. Doch das Gegenteil scheint der Fall zu sein. Die meisten Beteiligten sind mit den vereinbarten Verordnungen durchaus zufrieden, und zwar – wie die hier vorgestellten Beispiele zeigen – selbst dann, wenn in den Verordnungen die von ihnen vertretenen Interessen kaum berücksichtigt werden.

3. a) Die überzeugendste Erklärung für diese Befunde bietet die von *Leon Festinger* entwickelte Theorie der kognitiven Dissonanz. Diese äußerst einflussreiche Theorie beruht auf der Annahme, dass Menschen nach Konsistenz zwischen ihren Wahrnehmungen, ihren Einstellungen und ihrem Verhalten streben. Denn jede Inkonsistenz erzeugt psychisches Unbehagen.

b) Wendet man diese Theorie auf das „Negotiated Rulemaking“ an, so wird man intuitiv zu der Annahme neigen, dass die Zufriedenheit aller Teilnehmer mit den Verhandlungsergebnissen etwas damit zu tun haben muss, dass sie so viel in den Verhandlungsprozess investieren.

c) Bestätigt wird diese Einschätzung durch eine empirische Untersuchung zum Einfluss der Initiation auf die Wertschätzung einer Gruppe. Diese Untersuchung belegte, dass Personen, die sich einer belastenden Initiation unterzogen hatten, um Mitglied einer Gruppe zu werden, die Gruppe höher schätzten als Personen, deren Initiation weniger belastend war. Erklären lässt sich dies damit, dass zwischen der Erkenntnis, dass eine Gruppe gewisse Unzulänglichkeiten hat, und der Tatsache, dass man unerfreuliche Erfahrungen auf sich genommen hat, um Mitglied der Gruppe zu werden, eine Dissonanz besteht. Diese Dissonanz lässt sich u. a. dadurch reduzieren, dass man die positiven Aspekte der Gruppe übertreibt und ihre negativen ausblendet.

d) Ähnliches spielt sich augenscheinlich beim „Negotiated Rulemaking“ ab: Die Tatsache, dass fast alle Beteiligte sehr viel in die Verhandlungen investieren, verträgt sich schlecht damit, dass sie häufig nur sehr magere Ergebnisse erzielen. Die dadurch erzeugte Dissonanz ließe sich nun reduzieren, wenn man einfach leugnen könnte, viel investiert zu haben. Dem stand jedoch die offensichtliche Höhe der Investitionen entgegen. Und da sich die meisten Menschen schwer tun, Fehler einzugestehen, blieb den Beteiligten nur der Ausweg, die Verhandlungsergebnisse schönzufärben und darauf zu verweisen, bei den Verhandlungen viel gelernt zu haben. Genau diesen Weg scheinen die Beteiligten bei den hier geschilderten Verordnungsverfahren denn auch eingeschlagen zu haben.

e) Die Theorie der kognitiven Dissonanz bietet ebenfalls eine Erklärungsmöglichkeit dafür, dass in Deutschland an der abfallrechtlichen Absprache auch dann noch festgehalten wurde, als ihr Scheitern offen zu Tage lag.

4. Eine andere Erklärung für die Zufriedenheit der Umweltgruppen mit den Ergebnissen der vereinbarten Verordnungsgebung hält der sog. Hawthorne-Effekt bereit. Er besagt, dass Veränderungen des sozialen Umfelds, und zwar insbesondere Veränderungen informeller Beziehungen, beispielsweise zu den Vorgesetzten, oft für Produktivitätssteigerungen verantwortlich sind. Übertragen auf die Verordnungsgebung im Verhandlungswege bedeutet dies, dass ein Grund für die Befriedigung der Teilnehmer auch darin liegen könnte, dass in diesem neuen Verfahren hierarchische Strukturen durch kooperative ersetzt wurden.

IV. Vergleicht man das Verfahren des „Negotiated Rulemaking“ mit dem traditionellen „Notice-and-Comment Rulemaking“, so lässt sich mangels kontrollierter Studien nicht sagen, welches Verfahren besser ist. Man kann lediglich feststellen, dass das traditionelle Verfahren zwar viele Defizite haben mag, dass das neue Verfahren aber auch keine Abhilfe schafft. Das liegt u. a. daran, dass das Verhandlungsverfahren nicht nur ohnehin bestehende Einflüsse an das Licht der Öffentlichkeit zu bringen scheint, sondern zu zusätzlichen Einflussnahmen Anlass gibt. Hinzu kommt, dass die Teilnahme der Behörde am Verhandlungsverfahren und ihr Streben nach einem Konsens offenbar negative Auswirkungen auf die Beachtung des Vorrangs des Gesetzes haben.

V. Wenn man diese Ergebnisse auf das deutsche Recht überträgt, kommen einem Zweifel, ob die stärkere Einbindung von Umweltverbänden bei normvertretenden Absprachen tatsächlich zum Vorteil der von ihnen vertretenen Interessen gereichen würde. Möglicherweise sollten die Umweltverbände statt auf Beteiligung lieber auf mehr Publizität dringen.

E. In diesem Abschnitt geht es darum, dass die vereinbarte Verordnungsgebung häufig große, aber schlecht organisierte Gruppen benachteiligt. Im Mittelpunkt steht also der Schutz von Mehrheiten vor schlagkräftig organisierten Minderheiten. Zudem werden parlamentarisches Gesetzgebungsverfahren und „Negotiated Rulemaking“ einander gegenübergestellt. Zur Illustration dieser Überlegungen dienen zwei Beispiele.

I. 1. a) Die „Grand Canyon Visibility Rule“ befasst sich mit der Verbesserung der geringen Sichtweiten im Grand Canyon und beschränkt zu diesem Zweck den Schadstoffausstoß eines Kohlekraftwerks an der nordöstlichen Grenze des Canyon.

b) Um den Nutzen der Neuregelung bemessen zu können, bediente sich die Bundesumweltbehörde der sog. kontingenten Bewertungsmethode. Mit Hilfe dieser Methode kann die Zahlungsbereitschaft der Bevölkerung für Güter ermittelt werden, für die es an einem Marktwert fehlt.

c) – d) Der maßgebliche Grund dafür, dass man beim Verhandeln dieser Regel einen Kompromiss erreichen konnte, ist darin zu sehen, dass man die Bemessungsgrundlage für die Berechnung der Emissionswerte veränderte.

e) Bei der Betrachtung dieser vereinbarten Verordnung fällt zum einen auf, dass sie sich eines Problems – nämlich der Sichtweiten im Grand Canyon – annimmt, das nicht sehr dringlich ist und zu dessen Lösung die Verordnung im übrigen auch nicht viel beiträgt. Erklären lässt sich dies wohl nur mit Hilfe der sog. Verfügbarkeitsheuristik. Zum anderen fällt ins Auge, dass unter den Verhandlungsteilnehmern kein Repräsentant der Stromkunden war. Da die Kraftwerksbetreiber als Monopolisten einen erheblichen Teil der gestiegenen Kosten auf ihre Kunden überwälzen können, ist dies besonders misslich.

2. Auch beim Aushandeln der Holzofenverordnung waren Vertreter der typischen Holzofenbenutzer nicht am Verhandlungstisch zugegen.

II. Zwar könnten Verhandlungskomitees wegen ihrer Vertrautheit mit der zu regelnden Materie theoretisch in der Lage sein, besonders gute und praxisgerechte Lösungen zu finden. Hier wird aber dargelegt, warum das nicht der Fall und warum vereinbarte Verordnungen häufig nicht nur rechtswidrig (dazu bereits D. II.), sondern auch in spezifischer Weise unausgewogen sind.

1. Positiv gesehen würden die Verhandlungen der Interessengruppenvertreter in den Verhandlungskomitees zweifellos von Anhängern des Pluralismus. Denn nach Auffassung dieser – in Deutschland vor allem von *Ernst Fraenkel* vertretenen – politischen Theorie bildet sich das öffentliche Interesse im Wettbewerb der Interessengruppen heraus, wobei sich größere, dem Allgemeininteresse näher stehende Gruppen in der Regel gegenüber kleineren, nur Teilinteressen widerspiegelnden Gruppen durchsetzen würden.

2. Indes zeigt ein Blick auf die politische Realität, dass die Mehrheit gut organisierte Minderheiten nicht im Zaum halten kann. Denn große Gruppen, welche die Interessen breiter Bevölkerungsschichten vertreten, lassen sich offenbar nicht allein zu dem Zweck organisieren, den politischen Prozess zu beeinflussen. Zur Beeinflussung des politischen Prozesses schlagkräftig organisiert sind nur sehr kleine Gruppen, und hier vor allem einzelne Wirtschaftszweige.

3. Verstärkt wird das Problem der ungleichen Interessenvertretung dadurch, dass das gesamte System der Interessengruppen nicht sämtliche Bevölkerungsschichten

vereint, sondern von den Besserverdienenden geprägt ist. Die Teilnahme an Freiwilligenorganisationen korreliert eng mit gehobenem sozialen Status.

4. Die überzeugendste Erklärung für die Probleme großer Gruppen, kollektiv zu handeln, hat *Mancur Olson* geliefert. Nach seinen Ausführungen liegt das Besondere von Organisationen darin, dass sie einen generellen Nutzen, also ein Kollektivgut erzeugen. Kollektivgüter oder öffentliche Güter sind durch zwei Merkmale gekennzeichnet: Niemand kann von ihrer Nutzung ausgeschlossen werden, und der Konsum ist nicht rivalisierend, d. h. der Nutzen ist unabhängig davon, wie viele Personen das Gut in Anspruch nehmen. Folglich besteht für jeden ein Anreiz, als Trittbrettfahrer von Kollektivgütern zu profitieren, die andere hergestellt haben. Da die anderen diesen Mechanismus aber ebenfalls kennen, werden sie erst gar nicht kooperieren, es sei denn, eine potentielle Gruppe ist so klein, dass der Gewinn aus Sicht eines einzelnen oder mehrerer die Kosten für die Bereitstellung des Gutes übersteigt. Bei größeren Gruppen wird hingegen – wie sich im übrigen auch empirisch belegen lässt – die Produktion von Kollektivgütern stets unterbleiben, falls diese Gruppen nicht mit Zwang oder selektiven Vorteilen auf ihre Mitglieder einwirken können. Dass sich Bevölkerungsmehrheiten organisieren, nur um den politischen Prozess zu beeinflussen, ist mithin nicht zu erwarten.

5. Gleichwohl lehrt ein Blick auf die politische Praxis, dass häufig Gesetze beschlossen werden, die nicht den Interessen kleiner, gut organisierter Gruppen dienen, sondern der Allgemeinheit zugute kommen. Erklären lässt sich das zum einen damit, dass der Gesetzgeber ein so hohes Abstraktionsniveau wählen kann, dass nicht einzelne Industriebranchen betroffen sind, sondern die Wirtschaft als Ganzes. Und die Wirtschaft als Ganzes ist keine kleine, gut organisierte, sondern eine große, latente Gruppe.

6. a) Zum anderen zeigen empirische Untersuchungen aus den USA, dass sich die Abgeordneten in erster Linie für ihre Wiederwahl interessieren, und für die Wiederwahl ist die Meinung breiter, aber vielleicht schlecht organisierter Bevölkerungsschichten wichtiger als die Meinung kleiner, gut organisierter Interessengruppen.

b) Obschon in Deutschland die Situation aufgrund der mit der Personenwahl verbundenen Verhältniswahl (§ 1 I 2 BWahlG) eine etwas andere ist, gibt es auch hier Grund zu der Annahme, dass die meisten Abgeordneten den Interessengruppen weniger Einfluss einräumen werden als den Anschauungen ihrer Wähler.

c) (1)–(2) Überträgt man diese Ergebnisse auf die kooperative Verordnungsgebung, so kann man sich leicht vorstellen, dass die Mitglieder von Verhandlungskomitees, die ja nicht im gleichen Maße demokratisch verantwortlich sind wie Abgeordnete, die Ansichten von Interessengruppen stärker berücksichtigen werden als das Parlament. Denn für Verhandlungskomitees besteht kaum ein Anreiz, die Vorlieben schlecht organisierter und deshalb nicht am Verhandlungstisch vertretener großer Gruppen in Rechnung zu stellen.

(3) Vor diesem Hintergrund verwundert es auch nicht, dass im Fall der „Grand Canyon Visibility Rule“ eine Regelung zu Lasten der nicht bei den Verhandlungen vertretenen Stromkunden erfolgte.

(4) Ebenso wenig erstaunt es, dass bei den Verhandlungen der Holzofenverordnung die Holzofenbenutzer nicht vertreten waren. Ob die stärkere Berücksichtigung ihrer Interessen vernünftig gewesen wäre, ist allerdings eine andere Frage, zumal sich die Regelung von Problemen der Luftverschmutzung nicht anbietet, um Gesichtspunkten der Verteilungsgerechtigkeit Rechnung zu tragen. Insoweit sollte man lieber auf andere Transfersysteme zurückgreifen.

d) Es bestehen erhebliche Zweifel, ob sich die Probleme der mangelnden Vertretung großer, inhomogener Gruppen in Verhandlungskomitees durch größere Publizität oder durch die Wahl von Vertretern vermeiden lassen. Denn wenn das gemeinsame Gruppeninteresse in der Tat sehr schwach ausgeprägt ist, würden viele Angehörige großer Gruppen der Wahl ihrer Vertreter voraussichtlich einfach fernbleiben.

III. Diese Probleme kollektiven Handelns und die Besonderheiten parlamentarischer Prozesse geben Anlass, die Delegation von Aufgaben auf Behörden behutsam zu handhaben. Zudem nähren sie Zweifel, ob der Weg über immer großzügigere Beteiligungsrechte jemals zum Ziel der ausgewogenen Vertretung aller betroffenen Interessen führen kann.

F. Den Kern dieses in erster Linie dem deutschen Rechtskreis verschriebenen Abschnitts bildet die These, dass Selbstverpflichtungen häufig dort abgeschlossen werden, wo wegen angeblich drohender Gefahren eine öffentliche Nachfrage nach staatlicher Tätigkeit besteht, diese Nachfrage aber nach der Gesetzeslage durch einseitige staatliche Tätigkeit zumindest nicht ohne weiteres befriedigt werden kann, weil für sie objektiv kein Anlass besteht. Zur Illustration dienen Selbstverpflichtungen der Mobilfunkbetreiber und der Kinderbekleidungsindustrie.

I. 1. Mit der Selbstverpflichtung der Mobilfunkbetreiber reagierten letztere auf die öffentliche Besorgnis wegen elektromagnetischer Felder in der Nähe von Mobilfunksendeanlagen. Die Betreiber sicherten eine verstärkte Zusammenarbeit mit den betroffenen Bürgern und Kommunen zu.

2. Bei der Bewertung dieser Selbstverpflichtung ist zu berücksichtigen, dass in Deutschland Grenzwerte für die Emission elektromagnetischer Strahlen in der 26. BImSchV festgelegt sind und dass diese Grenzwerte von den Mobilfunkbetreibern auch vor Abschluss der Selbstverpflichtung unstreitig eingehalten wurden.

a) Es scheint daher wahrscheinlich, dass es sich hier um eine sog. „decision under risk“, also um eine Entscheidung handelt, deren mögliche schädliche Folgen sich vorhersehen lassen, und nicht um eine sog. „decision under uncertainty“ mit völlig ungewissen Folgen. Nur im letztgenannten Fall wäre es jedoch gerechtfertigt, so zu handeln, als wenn das schlimmstmögliche Ergebnis auch tatsächlich eintreten wird.

b) Hier liegt die Annahme nahe, dass die Betroffenen wegen der emotional besetzten angeblichen Folgen der neuen Technik ihr Risiko falsch einschätzen, indem sie geringe Wahrscheinlichkeiten überbewerten und hohe Wahrscheinlichkeiten unterbewerten (sog. „Probability Neglect"). Deshalb hilft es vermutlich auch wenig, auf die geringen Risiken der neuen Technik hinzuweisen.

c) Zwar wird dieser Kritik am Beurteilungsvermögen von Laien oft entgegengehalten, dass sie die der Laienperspektive eigene Rationalität verkenne. Überzeugend ist dieser Standpunkt nach hier vertretener Auffassung aber nicht. Denn er berücksichtigt zu wenig, dass gerade im Bereich sehr kleiner Wahrscheinlichkeiten den Laien in der Regel der Erfahrungshintergrund fehlt, um fundierte und rationale Einschätzungen abgeben zu können.

d) (1) Verstärkt wird dieses Problem dadurch, dass je nach Kontext entweder nur die Nutzen- oder nur die Kostenseite einer staatlichen Regelung gesehen werden und die jeweils andere Seite gar nicht ins Blickfeld rückt.

(2) Besonders deutlich zeigte sich dies, als es um die Entfernung von Asbest aus New Yorker Schulen ging: Während zunächst allein den Risiken von Asbest Aufmerksamkeit geschenkt wurde, kippte nach den ersten Schulschließungen die öffentliche Meinung in ihr Gegenteil um. Da nun die Kosten von Schulschließungen deutlich wurden, galt Asbest auf einmal als völlig ungefährlich.

(3) Als die Bundesumweltbehörde aufgerufen war, die von Asbest ausgehenden Gefahren zu regeln, sah sie wegen der Komplexität der Materie davon ab, den unteren Behörden genaue Vorgaben zu machen.

e) Eine Erklärung für das Ausblenden entweder der Kosten- oder der Nutzenseite bieten Studien, die belegen, dass die meisten Leute das Risiko eines Verhaltens oder eines Zustands nicht von seinem Nutzen trennen können. Erscheint ihnen etwas riskant (wie beispielsweise das Betreiben von Mobilfunkbasisstationen), so neigen sie dazu, seinen Nutzen zu übersehen.

f) Erhöht werden diese Schwierigkeiten durch Sozialprozesse, die z. B. dazu führen können, dass einige Menschen sich fürchten, einfach weil andere Menschen Angst haben.

g) In solchen Situationen ist auch die Aufklärung der Bevölkerung nicht viel versprechend. Wie eine Studie zeigte, die sich mit der Wahrnehmung von Risiken aufgrund elektromagnetischer Felder beschäftigte, kann nämlich schon die bloße Erwähnung eines Risikos Anlass für verstärkte Verunsicherung sein.

h) Da auch in dem hier in Rede stehenden Fall des Betreibens von Mobilfunkbasisstationen die Aufklärung der Bevölkerung offenbar fehlgeschlagen war, griff man zum Mittel der Selbstverpflichtung, zumal das BImSchG Verordnungen entgegenstand, die über die Anforderungen der 26. BImSchV hinausgingen.

i) Zwar sind von dieser Selbstverpflichtung keine schädlichen Auswirkungen auf das interkommunale Verhältnis zu erwarten.

j) Im intra-kommunalen Bereich kann sie aber zu erhöhten Kosten führen. Zudem kann sie paradoxe Effekte haben: Sie kann die Einschätzung der Bevölkerung bestärken, dass vom Mobilfunk tatsächlich erhebliche Gefahren ausgehen, und so nachträglich die unbegründete Aufregung rechtfertigen. Ob diese Selbstverpflichtung sinnvoll ist, kann man daher zumindest bezweifeln.

II. 1. Die Selbstverpflichtung der Kinderbekleidungsindustrie wurde abgeschlossen, nachdem sich ein paar schwere Verletzungen und tödliche Unfälle ereignet hatten, die dadurch hervorgerufen wurde, dass sich an Kinderbekleidung angebrachte Kordeln oder Schnüre beispielsweise in Spielplatzgeräten verhakten und den Kindern die Luft abschnürten.

2. a) Erklären lässt sich der Abschluss dieser Selbstverpflichtung mit Hilfe der vor allem von *Amos Tversky* und *Daniel Kahneman* erforschten sog. Verfügbarkeitsheuristik („Availability Heuristic"). Danach hängt die Beurteilung der Wahrscheinlichkeit eines Schadenseintritts sehr stark davon ab, wie leicht Informationen über diesen Schaden verfügbar, also z. B. aus dem Gedächtnis abrufbar sind. Zwei Aspekten kommt dabei eine besondere Bedeutung zu, nämlich den Fragen, wie vertraut die Betroffenen mit dem fraglichen Schadenseintritt sind und ob das Schadensereignis im Vergleich zu anderen hervorsticht.

b) Ein schönes Beispiel für die Wirkungsweise der Verfügbarkeitsheuristik bietet die Analyse des schlimmstmöglichen Szenarios im Rahmen der Erstellung einer Umweltverträglichkeitsprüfung nach dem National Environmental Policy Act. Diese Analyse wurde unter anderem deshalb abgeschafft, weil sie regelmäßig dazu führte, dass sich die öffentliche Diskussion auf äußerst unwahrscheinliche, aber sehr einprägsame Katastrophenszenarien konzentrierte und dabei viel näher liegende Konsequenzen aus dem Blick verlor.

3. Im Lichte dieser Erkenntnisse steht zu vermuten, dass auch der Abschluss der Selbstverpflichtung der Kinderbekleidungsindustrie maßgeblich dadurch beeinflusst war, dass die zugrunde liegenden Unfälle von Kleinkindern sehr einprägsam sind und dass daher ihre Wahrscheinlichkeit wegen ihrer leichten kognitiven Verfügbarkeit überschätzt wird.

4. Wie bei der Selbstverpflichtung der Mobilfunkbetreiber war auch hier wieder zweifelhaft, ob der Staat – auf der Grundlage des ProdSG – einseitig hätte handeln können.

5. Zwar hätte man auch auf die Steuerung des Verhaltens der Bekleidungsindustrie mit Hilfe der Haftung nach BGB und ProdHaftG vertrauen können, statt eine Selbstverpflichtung abzuschließen.

6. Unter Hinweis auf diese Haftung hätte sich der öffentliche Druck allerdings kaum absorbieren lassen.

7. Ähnlich wie bei der Selbstverpflichtung der Mobilfunkbetreiber ist auch hier wieder zweifelhaft, ob die Selbstverpflichtung sinnvoll ist. Insbesondere ist nicht ganz klar, ob durch sie Transaktionskosten gespart wurden, ob also eine generelle

Regelung herbeigeführt wurde, die sonst mit dem gleichen Inhalt in jedem Einzelfall zwischen Käufer und Verkäufer ausgehandelt worden wäre.

III. Überdies sind beide in diesem Abschnitt diskutierten Selbstverpflichtungen unter dem Gesichtspunkt des Wettbewerbsrechts bedenklich. Denn sie gehen über das hinaus, was der Staat den Unternehmen einseitig hätte vorschreiben können.

G. I. Wollte man ein „Negotiated Rulemaking" nach amerikanischem Vorbild auch in Deutschland einführen, so stünden dem keine durchgreifenden verfassungsrechtlichen Bedenken entgegen, da die Letztverantwortung stets beim Staat verbliebe. Es wäre allerdings eine gesetzliche Ermächtigungsgrundlage für das Verhandlungsverfahren erforderlich.

II. Wie diese Arbeit gezeigt hat, haben „Negotiated Rulemaking", normvertretende Absprachen und parlamentarische Gesetzgebung einige Probleme gemeinsam, beispielsweise die Einflussnahme von Interessengruppen.

III. Andere Probleme – wie etwa die unzureichende Berücksichtigung großer, aber schlecht organisierter Bevölkerungsgruppen – beschränken sich hingegen auf die Formen kooperativen Verwaltungshandelns.

IV. Eine mögliche Lösung für viele der in dieser Arbeit geschilderten Schwierigkeiten bietet die Kosten-Nutzen-Analyse.

1. Sie wird derzeit in Deutschland nur sporadisch eingesetzt.

2. Sie ist aber in den USA inzwischen auf allen Ebenen des Verwaltungshandelns fest verankert, da sie hilft, alle Folgen einer geplanten Regelung – also sowohl deren Kosten als auch deren Nutzen – in den Blick zu bekommen.

3. Kritisiert wird an der Kosten-Nutzen-Analyse insbesondere, dass sie dazu zwingt, ganz verschiedene Güter anhand eines einheitlichen Maßstabs zu beurteilen, und dass sie zu diesem Zweck die Umrechnung sämtlicher Kosten und Nutzen einschließlich etwaiger Folgen für die menschliche Gesundheit in einen Geldwert voraussetzt.

4. Diesen (abstrakten) Nachteilen stehen indes erhebliche konkrete Vorteile gegenüber: So verhindert die Kosten-Nutzen-Analyse beispielsweise Regelungen, die allein kleinen, aber gut organisierten Gruppen zugute kommen, und sie hilft, regelungsbedürftige und einer Regelung zugängliche Probleme zu identifizieren.

5. Weitere Bedenken gegen die Kosten-Nutzen-Analyse, etwa der Einwand, sie sei undemokratisch oder unter dem Gesichtspunkt der Verteilungsgerechtigkeit ungerecht, vermögen im Ergebnis nicht zu überzeugen.

6. Daher spricht vieles dafür, die Kosten-Nutzen-Analyse – wenngleich sie sicherlich kein Allheilmittel ist – in Deutschland stärker als bisher zum Einsatz zu bringen.

English Summary
(Englische Zusammenfassung)

„Negotiated Rulemaking“ in the U.S. and voluntary normative agreements (*normvertretende Absprachen*) in Germany – A comparative analysis of cooperation at the administrative level.

Lately, academic literature has given consensual approaches to regulatory problems considerable attention. In the U.S., these approaches include Project XL, the Common Sense Initiative, the Environmental Leadership Program, and negotiated rulemaking, and in Germany they comprise various forms of cooperation at individual as well as at general levels. The focus of this text is on negotiated rulemaking on the one hand, and on German voluntary normative agreements on the other. While negotiated rulemaking can best be described as a consultative process which takes place before the traditional rulemaking procedures come into play, voluntary normative agreements are remarkable for their bartering character: individual companies or entire trade associations make a pledge to voluntarily comply with certain standards if the state promises to refrain from promulgating a rule which would make those standards legally binding.

As may already be evident from this brief account, there are a couple of major differences between the two procedures: Negotiated rulemaking has been part of the Federal Administrative Procedure Act since 1990. If it is completed successfully, its result is a rule which is indistinguishable from any other rule. By way of contrast, voluntary normative agreements have significant impacts in fact, yet they are not enforceable, and their procedures are not prescribed by law. Nevertheless, both processes have something in common which makes their comparison worthwhile: they are both responses to the same problem, i.e. to the inflexibility and time consuming nature of the traditional rulemaking procedures.

This thesis places a spotlight on four questions: first, why do environmental problems arise, what are their underlying causes and how should they be addressed? Second, why is it that participants in negotiated rulemakings are almost always satisfied with their results, even when these results run counter to their interests? Third, who is likely to be hurt by negotiated rulemaking and voluntary normative agreements, in particular: are there certain interests that will not be given enough influence in negotiated rulemaking settings? And fourth, why do German voluntary normative agreements often deal with issues that could not be regulated by the state, at least not without raising severe doubts as to the lawfulness of the regulation?

In attempting to answer these questions, I proceed as following: After examining the reasons leading to the Negotiated Rulemaking Act, its statutory design, and some of the most prominent debates it has generated, and after exploring the motivation for voluntary normative agreements in Germany and assessing their position in the German legal system in part B., I devote part C. to the description and critique of one particular German voluntary normative agreement, the *abfallrechtliche Absprache* of 1977. This agreement unsuccessfully tried to put a halt to the increasing use of non-returnable bottles and cans. I use it as a stepping stone to make some larger points about environmental protection in general. The major claim in this part of the thesis is that environmental protection is best seen as an attempt to deal with externalities. While this claim is not novel, it is nevertheless worth making because it has – at least in German legal textbooks – not received as much attention as it deserves. Some alternative explanations for environmental regulation are offered as well, including the proposal (advanced by *Ronald Coase*) to perceive environmental problems as rooted in transaction costs.

The main goal of part D. is to show that satisfaction of all participants with the outcome of a negotiated rulemaking process is not a good proxy for the reasonableness of the negotiated rule. Even when concerns about adequate representation of all affected groups on a rulemaking committee (which are the subject of part E.) are put to one side, the fact that all participants agree that the negotiated rule is good from their perspective doesn't mean that the rule is actually good for them. There are reasons to believe that participants will not be in a good position to evaluate the negotiated rule with the requisite degree of objectivity. Foremost among these reasons are problems of cognitive dissonance. They arise because participants will usually invest heavily in the negotiations, making them reluctant to admit that the outcome of the negotiations runs counter to their interests. On the contrary, they will be tempted to extol the virtues of the negotiated rule and to assert that they have learned a great deal in the course of the negotiations. In addition to the theory of cognitive dissonance, the Hawthorne Effect can be used to explain the participants' satisfaction with negotiated rules.

In part E., I will try to demonstrate that regulatory negotiations systematically work to the detriment of broad, unorganized groups of people. Due to problems of collective action they are unable to band together and form organizations. Most of these collective action problems can be traced to the fact that regulations typically provide so-called public goods. Public goods have two important traits: They are non-exclusionary, i.e. if any person in a group consumes them, they cannot feasibly be withheld from the others in that group. And their consumption is non-rivalrous, i.e. there are no congestion problems. While collective action problems keep large, inhomogeneous groups of people from organizing and from receiving adequate representation on negotiating committees, the fate of these groups in parliamentary deliberations is less discouraging. Since members of parliament are usually keen on getting reelected, they have a strong incentive to heed the concerns of broad, unorganized groups. Hence the emphasis in this part of the thesis is on two things: on the explanation of the mechanics of collective action, and on the comparison between parliamentary deliberation and deliberation in rulemaking committees.

In part F., my goal is to shed some light on a finding which at first glance seems surprising: Voluntary normative agreements are sometimes reached in areas where the state could not act unilaterally, or at least where it doesn't have a clear mandate to act. My claim is that this finding can best be explained by reference to theories of cognition, most prominent among them the availability heuristic: In many circumstances, heuristics or mental shortcuts will prompt large parts of the population to overestimate certain risks. The state is in that case often barred from taking action because the risks it is asked to address are in fact miniscule. Yet a safety valve may be needed to alleviate public concerns, and voluntary normative agreements can provide just that. Thus the focus of this part will be on the workings of voluntary normative agreements as safety valves, but also on the costs this use of agreements entails.

The whole discussion is concluded in part G. by very briefly recapitulating some of the arguments advanced so far and by offering a solution to the most pressing shortcomings of the negotiating process and the legislative process. The recommendation I endorse is to give cost-benefit analysis a more prominent role in regulatory processes, especially in Germany. Even though cost-benefit analysis is easy to critique at abstract levels, its concrete outcomes are often desirable. It can help thwart proposed regulations which cater to small interest groups, and it can be useful in distinguishing between problems which deserve public attention and those that do not. Therefore, cost-benefit analysis should be seen as a pragmatic tool to overcome certain difficulties attendant on rulemaking processes. It should be justified with reference to its outcomes, and not with reference to its theoretical underpinnings.

Anhang:
Negotiated Rulemaking Act

§ 561. Purpose

The purpose of this subchapter is to establish a framework for the conduct of negotiated rulemaking, consistent with section 553 of this title, to encourage agencies to use the process when it enhances the informal rulemaking process. Nothing in this subchapter should be construed as an attempt to limit innovation and experimentation with the negotiated rulemaking process or with other innovative rulemaking procedures otherwise authorized by law.

§ 562. Definitions

For the purposes of this subchapter the term –

(1) „agency" has the same meaning as in section 551 (1) of this title;

(2) „consensus" means unanimous concurrence among the interests represented on a negotiated rulemaking committee established under this subchapter unless such committee –
   (A) agrees to define such term to mean a general but not unanimous concurrence; or
   (B) agrees upon another specified definition;

(3) „convener" means a person who impartially assists an agency in determining whether establishment of a negotiated rulemaking committee is feasible and appropriate in a particular rulemaking;

(4) „facilitator" means a person who impartially aids in the discussions and negotiations among the members of a negotiated rulemaking committee to develop a proposed rule;

(5) „interest" means, with respect to an issue or matter, multiple parties which have a similar point of view or which are likely to be affected in a similar manner;

(6) „negotiated rulemaking" means rulemaking through the use of a negotiated rulemaking committee;

(7) „negotiated rulemaking committee" or „committee" means an advisory committee established by an agency in accordance with this subchapter and the Federal Advisory Committee Act to consider and discuss issues for the purpose of reaching a consensus in the development of a proposed rule;

(8) „party" has the same meaning as in section 551 (3) of this title;

(9) „person" has the same meaning as in section 551 (2) of this title;

(10) „rule" has the same meaning as in section 551 (4) of this title; and

(11) „rulemaking" means „rule making" as that term is defined in section 551 (5) of this title.

§ 563. Determination of Need for Negotiated Rulemaking Committee

(a) **Determination of need by the agency.** An agency may establish a negotiated rulemaking committee to negotiate and develop a proposed rule, if the head of the agency determines that the use of the negotiated rulemaking procedure is in the public interest. In making such a determination, the head of the agency shall consider whether –
   (1) there is a need for a rule;
   (2) there are a limited number of identifiable interests that will be significantly affected by the rule;

(3) there is a reasonable likelihood that a committee can be convened with a balanced representation of persons who –
    (A) can adequately represent the interests identified under paragraph (2); and
    (B) are willing to negotiate in good faith to reach a consensus on the proposed rule;
(4) there is a reasonable likelihood that a committee will reach a consensus on the proposed rule within a fixed period of time;
(5) the negotiated rulemaking procedure will not unreasonably delay the notice of proposed rulemaking and the issuance of the final rule;
(6) the agency has adequate resources and is willing to commit such resources, including technical assistance, to the committee; and
(7) the agency, to the maximum extent possible consistent with the legal obligations of the agency, will use the consensus of the committee with respect to the proposed rule as the basis for the rule proposed by the agency for notice and comment.

(b) Use of convener.
(1) Purposes of conveners. An agency may use the services of a convener to assist the agency in –
    (A) identifying persons who will be significantly affected by a proposed rule, including residents of rural areas; and
    (B) conducting discussions with such persons to identify the issues of concern to such persons, and to ascertain whether the establishment of a negotiated rulemaking committee is feasible and appropriate in the particular rulemaking.
(2) Duties of conveners. The convener shall report findings and may make recommendations to the agency. Upon request of the agency, the convener shall ascertain the names of persons who are willing and qualified to represent interests that will be significantly affected by the proposed rule, including residents of rural areas. The report and any recommendations of the convener shall be made available to the public upon request.

§ 564. Publication of Notice; Applications for Membership on Committees

(a) Publication of notice. If, after considering the report of a convener or conducting its own assessment, an agency decides to establish a negotiated rulemaking committee, the agency shall publish in the *Federal Register* and, as appropriate, in trade or other specialized publications, a notice which shall include –
(1) an announcement that the agency intends to establish a negotiated rulemaking committee to negotiate and develop a proposed rule;
(2) a description of the subject and scope of the rule to be developed, and the issues to be considered;
(3) a list of the interests which are likely to be significantly affected by the rule;
(4) a list of the persons proposed to represent such interests and the person or persons proposed to represent the agency;
(5) a proposed agenda and schedule for completing the work of the committee, including a target date for publication by the agency of a proposed rule for notice and comment;
(6) a description of administrative support for the committee to be provided by the agency, including technical assistance;
(7) a solicitation for comments on the proposal to establish the committee, and the proposed membership of the negotiated rulemaking committee; and

(8) an explanation of how a person may apply or nominate another person for membership on the committee, as provided under subsection (b).

(b) Application for membership on committee. Persons who will be significantly affected by a proposed rule and who believe that their interests will not be adequately represented by any person specified in a notice under subsection (a)(4) may apply for, or nominate another person for, membership on the negotiated rulemaking committee to represent such interests with respect to the proposed rule. Each application or nomination shall include –

(1) the name of the applicant or nominee and a description of the interests such a person shall represent;

(2) evidence that the applicant or nominee is authorized to represent parties related to the interests the person proposes to represent;

(3) a written commitment that the applicant or nominee shall actively participate in good faith in the development of the rule under consideration; and

(4) the reasons that the persons specified in the notice under subsection (a)(4) do not adequately represent the interests of the person submitting the application or nomination.

(c) Period for submission of comments and applications. The agency shall provide for a period of at least 30 calendar days for the submission of comments and applications under this section.

§ 565. Establishment of Committee

(a) Establishment.

(1) Determination to establish committee. If after considering comments and applications submitted under section 564, the agency determines that a negotiated rulemaking committee can adequately represent the interests that will be significantly affected by a proposed rule and that is feasible and appropriate in the particular rulemaking, the agency may establish a negotiated rulemaking committee. In establishing and administering such a committee, the agency shall comply with the Federal Advisory Committee Act with respect to such committee, except as otherwise provided in this subchapter.

(2) Determination not to establish committee. If after considering such comments and applications, the agency decides not to establish a negotiated rulemaking committee, the agency shall promptly publish notice of such decision and the reasons therefor in the *Federal Register* and, as appropriate, in trade or other specialized publications, a copy of which shall be sent to any person who applied for, or nominated another person for membership on the negotiating rulemaking committee to represent such interests with respect to the proposed rule.

(b) Membership. The agency shall limit membership on a negotiated rulemaking committee to 25 members, unless the agency head determines that a greater number of members is necessary for the functioning of the committee or to achieve balanced membership. Each committee shall include at least one person representing the agency.

(c) Administrative support. The agency shall provide appropriate administrative support to the negotiated rulemaking committee, including technical assistance.

§ 566. Conduct of Committee Activity

(a) Duties of committee. Each negotiated rulemaking committee established under this subchapter shall consider the matter proposed by the agency for consideration and shall attempt to reach a consensus concerning a proposed rule with respect to such matter and any other matter the committee determines is relevant to the proposed rule.

(b) Representatives of agency on committee. The person or persons representing the agency on a negotiated rulemaking committee shall participate in the deliberations and activities of the committee with the same rights and responsibilities as other members of the committee, and shall be authorized to fully represent the agency in the discussions and negotiations of the committee.

(c) Selecting facilitator. Notwithstanding section 10 (e) of the Federal Advisory Committee Act, an agency may nominate either a person from the Federal Government or a person from outside the Federal Government to serve as a facilitator for the negotiations of the committee, subject to the approval of the committee by consensus. If the committee does not approve the nominee of the agency for facilitator, the agency shall submit a substitute nomination. If a committee does not approve any nominee of the agency for facilitator, the committee shall select by consensus a person to serve as facilitator. A person designated to represent the agency in substantive issues may not serve as facilitator or otherwise chair the committee.

(d) Duties of facilitator. A facilitator approved or selected by a negotiated rulemaking committee shall –

(1) chair the meetings of the committee in an impartial manner;

(2) impartially assist the members of the committee in conducting discussions and negotiations; and

(3) manage the keeping of minutes and records as required under section 10 (b) and (c) of the Federal Advisory Committee Act, except that any personal notes and materials of the facilitator or of the members of a committee shall not be subject to section 552 of this title.

(e) Committee procedures. A negotiated rulemaking committee established under this subchapter may adopt procedures for the operation of the committee. No provision of section 553 of this title shall apply to the procedures of a negotiated rulemaking committee.

(f) Report of committee. If a committee reaches a consensus on a proposed rule, at the conclusion of negotiations the committee shall transmit to the agency that established the committee a report containing the proposed rule. If the committee does not reach a consensus on a proposed rule, the committee may transmit to the agency a report specifying any areas in which the committee reached a consensus. The committee may include in a report any other information, recommendations, or materials that the committee considers appropriate. Any committee member may include as an addendum to the report additional information, recommendations, or materials.

(g) Records of committee. In addition to the report required by subsection (f), a committee shall submit to the agency the records required under section 10 (b) and (c) of the Federal Advisory Committee Act.

§ 567. Termination of Committee

A negotiated rulemaking committee shall terminate upon promulgation of the final rule under consideration, unless the committee's charter contains an earlier termination date or the agency, after consulting the committee, or the committee itself, specifies an earlier termination date.

§ 568. Services, Facilities, and Payment of Committee Member Expenses

(a) Services of conveners and facilitators.

(1) In general. An agency may employ or enter into contracts for the services of an individual or organization to serve as a convener or facilitator for a negotiated rulemaking committee under this subchapter, or may use the services of a Government employee to act as a convener or facilitator for such a committee.

(2) Determination of conflicting interests. An agency shall determine whether a person under consideration to serve as convener or facilitator of a committee under paragraph (1) has any financial or other interest that would preclude such person from serving in an impartial and independent manner.

(b) Services and facilities of other entities. For purposes of this subchapter, an agency may use the services and facilities of other Federal agencies and public and private agencies and instrumentalities with the consent of such agencies and instrumentalities, and with or without reimbursement to such agencies and instrumentalities, and may accept voluntary and uncompensated services without regard to the provisions of section 1342 of title 31. The Federal Mediation and Conciliation Service may provide services and facilities, with or without reimbursement, to assist agencies under this subchapter, including furnishing conveners, facilitators, and training in negotiated rulemaking.

(c) Expenses of committee members. Members of a negotiated rulemaking committee shall be responsible for their own expenses of participation in such committee, except that an agency may, in accordance with section 7 (d) of the Federal Advisory Committee Act, pay for a member's reasonable travel and per diem expenses, expenses to obtain technical assistance, and a reasonable rate of compensation, if –

(1) such member certifies a lack of adequate financial resources to participate in the committee; and

(2) the agency determines that such member's participation in the committee is necessary to assure an adequate representation of the member's interest.

(d) Status of member as Federal employee. A member's receipt of funds under this section or section 569 shall not conclusively determine for purposes of sections 202 through 209 of title 18 whether that member is an employee of the United States Government.

§ 569. Encouraging Negotiated Rulemaking

(a) The President shall designate an agency or designate or establish an interagency committee to facilitate and encourage agency use of negotiated rulemaking. An agency that is considering, planning, or conducting a negotiated rulemaking may consult with such agency or committee for information and assistance.

(b) To carry out the purposes of this subchapter, an agency planning or conducting a negotiated rulemaking may accept, hold, administer, and utilize gifts, devises, and bequests of property, both real and personal if that agency's acceptance and use of such gifts, devises, or bequests do not create a conflict of interest. Gifts and bequests of money and proceeds from sales of other property received as gifts, devises, and bequests shall be deposited in the Treasury and shall be disbursed upon the order of the head of such agency. Property accepted pursuant to this section, and the proceeds thereof, shall be used as nearly as possible in accordance with the terms of the gifts, devises, or bequests.

§ 570. Judicial Review

An agency action relating to establishing, assisting, or terminating a negotiated rulemaking committee under this subchapter shall not be subject to judicial review. Nothing in this section shall bar judicial review of a rule if such judicial review is otherwise provided by law. A rule which is the product of negotiated rulemaking and is subject to judicial review shall not be accorded any greater deference by a court than a rule which is the product of other rulemaking procedures.

Literaturverzeichnis

Ackerman, Bruce A. / *Hassler,* William T., Clean Air / Dirty Coal, or How the Clean Air Act Became a Multibillion-Dollar Bail-Out for High-Sulfur Coal Producers and What Should be Done about It, New Haven 1981 (zitiert: Ackerman / Hassler).

Ackerman, Bruce A. / *Stewart,* Richard B., Reforming Environmental Law, 37 Stan. L. Rev. 1333 ff. (1985) (zitiert: Ackerman / Stewart).

Adair, John G., The Hawthorne Effect: A Reconsideration of the Methodological Artifact, 69 J. of Applied Psychology 334 ff. (1984) (zitiert: Adair, Reconsideration).

– Hawthorne Effect, in: Alan E. Kadzin (Hrsg.), Encyclopedia of Psychology, Oxford 2000.

Adler, Matthew D. / *Posner,* Eric A., Implementing Cost-Benefit Analysis When Preferences are Distorted, 29 J. Legal Stud. 1105 ff. (2000) (zitiert: Adler / Eric Posner, Distorted Preferences).

Alemann, Ulrich von, Organisierte Interessen in der Bundesrepublik, Opladen 1987 (zitiert: von Alemann, Organisierte Interessen).

Alhakami, Ali Siddiq / *Slovic,* Paul, A Psychological Study of the Inverse Relationship Between Perceived Risk and Perceived Benefit, 14 Risk Analysis 1085 ff. (1994) (zitiert: Alhakami / Slovic).

Anderson, Frederick R. / *Kneese,* Allen V. / *Reed,* Phillip D. / *Stevenson,* Russell B. / *Taylor,* Serge, Environmental Improvement Through Economic Incentives, Baltimore 1977 (zitiert: Anderson u. a.).

Arndt, Hans-Wolfgang / *Fischer,* Kristian, Das Zwangspfand für Getränkeverpackungen – Vereinbarkeit mit Grundgesetz und Europäischem Gemeinschaftsrecht, BB 2001, 1909 ff. (zitiert: Arndt / Fischer).

Arnim, Hans Herbert von, Gemeinwohl und Gruppeninteressen, Frankfurt am Main 1977 (zitiert: von Arnim, Gemeinwohl).

– Der Einfluss von Interessengruppen auf die Verwaltung, in: Manfred Bulling (Hrsg.), Verwaltung im Kräftefeld der politischen und gesellschaftlichen Institutionen, Baden-Baden 1985, 79 ff. (zitiert: von Arnim, Einfluss von Interessengruppen).

Arnold, Peter, Die Arbeit mit öffentlich-rechtlichen Verträgen im Umweltschutz beim Regierungspräsidium Stuttgart, VerwArch. 80 (1989), 125 ff.

Arnold, R. Douglas, The Logic of Congressional Action, New Haven 1990 (zitiert: Arnold, The Logic of Congressional Action).

Aronson, Elliot, Dissonance, Hypocrisy, and the Self-Concept, in: Eddie Harmon-Jones / Judson Mills (Hrsg.), Cognitive Dissonance, Progress on a Pivotal Theory in Social Psychology, Washington DC 1999 (zitiert: Aronson, Dissonance, Hypocrisy, and the Self-Concept).

– Cognitive Dissonance, in: Alan E. Kadzin (Hrsg.), Encyclopedia of Psychology, Oxford 2001.

Aronson, Elliot / *Mills,* Judson, The Effect of Severity of Initiation on Liking for a Group, 59 Journal of Abnormal & Social Psychology 177 ff. (1959) (zitiert: Aronson / Mills).

Baird, Douglas G. / *Gertner,* Robert H. / *Picker,* Randal C., Game Theory and the Law, Cambridge, Mass. 1994.

Baudenbacher, Karl, Kartellrechtliche und verfassungsrechtliche Aspekte gesetzesersetzender Vereinbarungen zwischen Staat und Wirtschaft. Ein Beitrag zu den staatlich inspirierten Selbstbeschränkungsabkommen, JZ 1988, 689 ff. (zitiert: Baudenbacher, Kartellrechtliche und verfassungsrechtliche Aspekte).

Becker, Gary S., A Theory of Competition among Pressure Groups for Political Influence, 98 Quarterly J. of Economics 371 ff. (1983) (zitiert: Gary Becker, Competition among Pressure Groups).

– A Comment on the Conference on Cost-Benefit Analysis, 29 J. Legal Studies 1149 ff. (2000) (zitiert: Gary Becker, Comment).

Becker, Jürgen, Informales Verwaltungshandeln zur Steuerung wirtschaftlicher Prozesse im Zeichen der Deregulierung. Eine Herausforderung an Verwaltung und Verwaltungsrecht, DÖV 1985, 1003 ff. (zitiert: J. Becker, Informales Verwaltungshandeln).

Benkert, Wolfgang, Umweltschutz als kollektive Aufgabe – Einige Beobachtungen aus der umweltpolitischen Diskussion der letzten Jahre, NuR 1987, 337 ff.

Benson, P. G., Hawthorne Effect, in: W. Edward Craighead / Charles B. Nemeroff (Hrsg.), The Corsini Encyclopedia of Psychology and Behavioral Sciences, 3. Aufl., New York 2001 (zitiert: Benson, Hawthorne Effect).

Benz, Arthur, Verhandlungen, Verträge und Absprachen in der öffentlichen Verwaltung – Wissenschaftliche Fachtagungen in Heidelberg, Speyer und Loccum –, in: Die Verwaltung 1990, 83 ff.

– Kooperative Verwaltung, Baden-Baden 1994 (zitiert: Benz, Kooperative Verwaltung).

Bernhardt, Rudolf, Eigenheiten und Ziele der Rechtsvergleichung im öffentlichen Recht, ZaöRV 1964 (Band 24), 431 ff.

Beyme, Klaus von, Interessengruppen in der Demokratie, 5. Aufl., München 1980 (zitiert: von Beyme, Interessengruppen).

Bohm, Peter, Deposit-Refund Systems: Theory and Application to Environmental, Conservation, and Consumer Policy, Baltimore 1981 (zitiert: Bohm, Deposit-Refund Systems).

Bohne, Eberhard, Absprachen zwischen Industrie und Regierung in der Umweltpolitik, in: Volkmar Gessner / Gerd Winter (Hrsg.), Jahrbuch für Rechtssoziologie und Rechtstheorie, Band 8, Opladen 1982, 266 ff. (zitiert: Bohne, Absprachen).

– Informales Verwaltungs- und Regierungshandeln als Instrument des Umweltschutzes, VerwArch. 1984, 343 ff. (zitiert: Bohne, Informales Verwaltungshandeln).

Bonus, Holger, Öffentliche Güter: Verführung und Gefangenendilemma, List-Forum 1979 / 80, 69 ff. (zitiert: Bonus, Öffentliche Güter).

Borch, Karl Henrik, The Economics of Uncertainty, Princeton 1968.

Bork, Robert H., The Antitrust Paradox, New York 1993 (zitiert: Bork, Antitrust Paradox).

Breier, Siegfried, Umweltschutzkooperation zwischen Staat und Wirtschaft auf dem Prüfstand. Eine Untersuchung am Beispiel der Erklärung der deutschen Wirtschaft zur Klimavorsorge, Zeitschrift für Umweltpolitik und Umweltrecht 1997, 131 ff.

Breyer, Stephen, Regulation and Its Reform, Cambridge, Mass., 1982 (zitiert: Breyer, Regulation).

– Breaking the Vicious Circle: Toward Effective Risk Regulation, Cambridge, Mass. 1993 (zitiert: Breyer, Breaking the Vicious Circle).

Breyer, Stephen / *Stewart,* Richard B. / *Sunstein,* Cass R. / *Spitzer,* Matthew L., Administrative Law and Regulatory Policy, 5. Aufl., New York u. a. 2002 (zitiert: Breyer u. a., Administrative Law).

Brohm, Winfried, Rechtsgrundsätze für normersetzende Absprachen – Zur Substitution von Rechtsverordnungen, Satzungen und Gesetzen durch kooperatives Verwaltungshandeln, DÖV 1992, 1025 ff. (zitiert: Brohm, Rechtsgrundsätze).

– Alternative Steuerungsmöglichkeiten als „bessere" Gesetzgebung?, in: Hermann Hill (Hrsg.), Zustand und Perspektiven der Gesetzgebung, Berlin 1989, 217 ff.

Bulling, Manfred (Hrsg.), Verwaltung im Kräftefeld der politischen und gesellschaftlichen Institutionen, Baden-Baden 1985.

– Kooperatives Verwaltungshandeln (Vorverhandlungen, Arrangements, Agreements und Verträge) in der Verwaltungspraxis, DÖV 1989, 277 ff.

Bullinger, Hans-Jörg, Was ist Technikfolgenabschätzung?, in: Ders. (Hrsg.), Technikfolgenabschätzung, Stuttgart 1994, 3 ff.

Bundeskartellamt, Bericht über seine Tätigkeit in den Jahren 1995 / 96 sowie über die Lage und Entwicklung auf seinem Aufgabengebiet (zitiert: BKartA, TB 1995 / 96).

Bunte, Hermann-Josef, Kartellrecht, München 2003 (zitiert: Bunte, Kartellrecht).

Calabrese, Edward J. / *Baldwin,* Linda A., Toxicology rethinks its central belief. Hormesis demands a reappraisal of the way risks are assessed, 421 Nature 691 f. (2003).

Caldart, Charles C. / *Ashford,* Nicholas A., Negotiations As a Means of Developing and Implementing Environmental and Occupational Health and Safety Policy, 23 Harv. Envtl. L. Rev. 141 ff. (1999) (zitiert: Caldart / Ashford).

Carlin, Alan / *Scodari,* Paul F. / *Garner,* Don H., Environmental Investments: The Costs of Cleaning Up, 34 Environment 12 ff. (1992).

Carlson, Ann E., Recycling Norms, 89 Cal. L. Rev. 1231 ff. (2001) (zitiert: Carlson, Recycling Norms).

Coase, Ronald H., The Problem of Social Cost, 3 Journal of Law & Economics 1 ff. (1960) (zitiert: Coase, Problem of Social Cost).

Coglianese, Cary, Assessing Consensus: The Promise and Performance of Negotiated Rulemaking, 46 Duke L.J. 1255 ff. (1997) (zitiert: Coglianese, Assessing Consensus).

– Assessing the Advocacy of Negotiated Rulemaking: A Response to Philip Harter, 9 N.Y.U. Envt. L.J. 386 ff. (2001) (zitiert: Coglianese, Assessing the Advocacy of Negotiated Rulemaking).

Cooper, J. / *Carlsmith,* K. M., Cognitive Dissonance, in: Neil J. Smelzer / Paul B. Baltes (Hrsg.), International Encyclopedia of the Social & Behavioral Sciences, Amsterdam 2001 (zitiert: Cooper / Carlsmith).

Cremer, Hans-Joachim, Der Schutz vor den Auslandsfolgen aufenthaltsbeendender Maßnahmen. Zugleich ein Beitrag zur Bestimmung der Reichweite grundrechtlicher Verantwortung für die Folgewirkungen deutscher Hoheitsakte, Baden-Baden 1994.

Cremer, Wolfram, Art. 80 Abs. 1 S. 2 GG und Parlamentsvorbehalt – Dogmatische Unstimmigkeiten in der Rechtsprechung des Bundesverfassungsgerichts, AöR 122 (1997), 248 ff.

Cross, Frank B., Natural Resource Damage Valuation, 42 Vand. L. Rev. 269 ff. (1989) (zitiert: Cross, Natural Resource Damage Valuation).

Dahn, Georg / *Delbrück,* Jost / *Wolfrum,* Rüdiger, Völkerrecht, Band I / 3, 2. Aufl., Berlin 2002.

Danwitz, Thomas von, Die Gestaltungsfreiheit des Verordnungsgebers. Zur Kontrolldichte verordnungsgeberischer Entscheidungen, Berlin 1989 (zitiert: von Danwitz, Gestaltungsfreiheit).

Dauber, Gerlinde, Möglichkeiten und Grenzen kooperativen Verwaltungshandelns, in: Kathrin Becker-Schwarze / Wolfgang Köck / Thomas Kupka / Matthias von Schwanenflügel (Hrsg.), Wandel der Handlungsformen im Öffentlichen Recht, Bremen 1991, 67 ff. (zitiert: Dauber, Möglichkeiten und Grenzen).

Davidson, Paul, Is Probability Theory Relevant for Uncertainty? A Post Keynesian Perspective, 5 Journal of Economic Perspectives 129 ff. (1983).

Dempfle, Ulrich, Normvertretende Absprachen. Zugleich ein Beitrag zur Lehre vom Rechtsverhältnis, Pfaffenweiler 1994 (zitiert: Dempfle, Normvertretende Absprachen).

Denninger, Erhard, Verfassungsrechtliche Anforderungen an die Normsetzung im Umwelt- und Technikrecht, Baden-Baden 1990 (zitiert: Denninger, Verfassungsrechtliche Anforderungen).

Determann, Lothar, Entwicklung der Rechtsprechung zur Gesundheitsverträglichkeit elektromagnetischer Felder, NVwZ 1997, 647 ff. (zitiert: Determann, Entwicklung).

Dicke, Hugo / *Hartung,* Hans, Externe Kosten von Rechtsvorschriften. Möglichkeiten und Grenzen der ökonomischen Gesetzesanalyse, Tübingen 1986 (zitiert: Dicke / Hartung).

Di Fabio, Udo, Vertrag statt Gesetz? Gesetzesvertretende und gesetzesausfüllende Verwaltungsverträge im Natur- und Landschaftsschutz, DVBl. 1990, 338 ff. (zitiert: Di Fabio, Vertrag statt Gesetz?).

– System der Handlungsformen und Fehlerfolgenlehre, in: Kathrin Becker-Schwarze / Wolfgang Köck / Thomas Kupka / Matthias von Schwanenflügel (Hrsg.), Wandel der Handlungsformen im Öffentlichen Recht, Bremen 1991, 47 ff.

– Selbstverpflichtungen der Wirtschaft – Grenzgänger zwischen Freiheit und Zwang, JZ 1997, 969 ff. (zitiert: Di Fabio, Selbstverpflichtungen).

Donohue, John J. / *Ayres,* Ian, Posner's Symphony No. 3: Thinking About the Unthinkable, 39 Stan. L. Rev. 791 ff. (1987).

Driesen, David M., The Societal Cost of Environmental Regulation: Beyond Administrative Cost-Benefit Analysis, 24 Ecology L.Q. 545 ff. (1997) (zitiert: Driesen, Societal Cost).

Eisner, Neil, Regulatory Negotiations: A Real World Experience, 31 Fed. Bar News & J. 371 ff. (1984) (zitiert: Eisner, Regulatory Negotiations).

Ellwein, Thomas, Kooperatives Verwaltungshandeln im 19. Jahrhundert, in: Nicolai Dose / Rüdiger Voigt (Hrsg.), Kooperatives Recht, Baden-Baden 1995, 43 ff.

Elster, Jon, Explaining Technical Change: A Case Study in the Philosophy of Science, Cambridge 1983 (zitiert: Elster, Explaining Technical Change).

Emmerich, Volker, Kartellrecht, 8. Aufl., München 1999 (zitiert: Emmerich, Kartellrecht).

Eskridge, William N. / *Frickey,* Philip P. / *Garrett,* Elizabeth, Legislation: Statutes and the Creation of Public Policy, 3. Aufl., St. Paul 2001 (zitiert: Eskridge u. a.).

Faber, Angela, Gesellschaftliche Selbstregulierungssysteme im Umweltrecht – unter besonderer Berücksichtigung der Selbstverpflichtungen, Köln 2001 (zitiert: Faber, Gesellschaftliche Selbstregulierungssysteme).

Farber, Daniel A., Politics and Procedure in Environmental Law, 8 Journal of Law, Economics & Organization 59 ff. (1992), abgedruckt in: Roger W. Findley / Daniel A. Farber, Cases and Materials on Environmental Law, 4. Aufl., St. Paul 1995, 43 ff. (zitiert: Farber, Politics and Procedure in Environmental Law).

Farber, Daniel A. / *Hemmersbaugh,* Paul A., The Shadow of the Future: Discount Rates, Later Generations, and the Environment, 46 Vand. L. Rev. 267 ff. (1993) (zitiert: Farber / Hemmersbaugh).

Farina, Cynthia R., The Consent of the Governed: Against Simple Rules For a Complex World, 72 Chi.-Kent L. Rev. 1005 ff. (1997) (zitiert: Farina, Consent).

Fazio, Russel H. / *Zanna,* Mark P. / *Cooper,* Joel, Dissonance and Self-Perception: An Integrative View of Each Theory's Proper Domain of Application, 13 Journal of Experimental Social Psychology 464 ff. (1977).

Federalist Papers, s. Hamilton, Alexander.

Feldhaus, Gerhard, Bundesimmissionsschutzrecht, Kommentar, Stand April 2003, Heidelberg (zitiert: Feldhaus, Bundesimmissionsschutzrecht).

Festinger, Leon, A Theory of Cognitive Dissonance, Stanford 1957 (neu aufgelegt 1962) (zitiert: Festinger, Cognitive Dissonance).

Forsthoff, Ernst, Lehrbuch des Verwaltungsrechts, Allgemeiner Teil, 10. Aufl., München 1973.

Fraenkel, Ernst, Deutschland und die westlichen Demokratien, erweiterte Ausgabe, Frankfurt am Main 1991 (zitiert: Fraenkel, Deutschland und die westlichen Demokratien).

Frank, Robert H., Why is Cost-Benefit Analysis So Controversial?, 29 J. Legal Stud. 913 ff. (2000) (zitiert: Frank, Cost-Benefit Analysis).

Freeman, Jody, Collaborative Governance in the Administrative State, 45 UCLA L. Rev. 1 ff. (1997) (zitiert: Freeman, Collaborative Governance).

– The Private Role in Public Governance, 75 N.Y.U.L. Rev. 543 ff. (2000) (zitiert: Freeman, Private Role).

Freeman, Jody / *Langbein,* Laura, Regulatory Negotiation and the Legitimacy Benefit, 9 N.Y.U. Envtl. L.J. 60 ff. (2000) (zitiert: Freeman / Langbein).

Frenz, Walter; Selbstverpflichtungen der Wirtschaft, Tübingen 2001 (zitiert: Frenz, Selbstverpflichtungen).

Fritsch, Michael, Ökonomische Ansätze zur Legitimation kollektiven Handelns, Berlin 1983 (zitiert: Fritsch, Ökonomische Ansätze).

Funk, William, When Smoke Gets In Your Eyes: Regulatory Negotiations and the Public Interest – EPA's Woodstoves Standards, 18 Environmental Law 55 ff. (1987) (zitiert: Funk, When Smoke Gets In Your Eyes).

– Bargaining Toward the New Millennium: Regulatory Negotiation and the Subversion of the Public Interest, 46 Duke L.J. 1351 ff. (1997) (zitiert: Funk, Bargaining Toward the New Millennium).

Funk, William / *Seamon,* Richard, Administrative Law, New York 2001 (zitiert: Funk / Seamon).

Garrett, Elizabeth, Interest Groups and Public Interested Regulation, 28 Fla. St. U.L. Rev. 137 ff. (2000).

Giebel, Christoph, Vereinbarungen als Instrument des Umweltschutzes. Eine vergleichende Untersuchung des französischen, deutschen und europäischen Rechts, Baden-Baden 2001 (zitiert: Giebel, Vereinbarungen).

Gillette, Clayton P. / *Krier,* James E., Risk, Courts, and Agencies, 138 U. Pa. L. Rev. 1027 ff. (1990) (zitiert: Gillette / Krier).

Godush, Brett, The Hidden Value of a Dime: How a Federal Bottle Bill Can Benefit the Country, 25 Vt. L. Rev. 855 ff. (2001) (zitiert: Godush, Hidden Value).

Gottfredson, Gary D., The Hawthorne Misunderstanding (and How to Get the Hawthorne Effect in Action Research), 33 Journal of Research in Crime and Delinquency 28 ff. (1996).

Grewlich, Klaus W., Umweltschutz durch „Umweltvereinbarungen" nach nationalem Recht und Europarecht, DÖV 1998, 54 ff. (zitiert: Grewlich, Umweltschutz).

Hamilton, Alexander / *Jay,* John / *Madison,* James, The Federalist Papers, Ausgabe New York 1961 (zitiert: Federalist Papers).

Hanemann, W. Michael, Valuing the Environment Through Contingent Valuation, 8 Journal of Economic Perspectives 19 ff. (1994) (zitiert: Hanemann, Valuing the Environment).

Hardin, Garrett, The Tragedy of the Commons, 162 Science 1243 ff. (1968) (zitiert: Hardin, Tragedy of the Commons).

Harmon-Jones, Eddie / *Mills,* Judson, An Introduction to Cognitive Dissonance Theory and an Overview of Current Perspectives of the Theory, in: Eddie Harmon-Jones / Judson Mills (Hrsg.), Cognitive Dissonance. Progress on a Pivotal Theory in Social Psychology, Washington DC 1999.

Harsanyi, John C., Morality and the theory of rational behaviour, in: Amartya Sen / Bernard Williams (Hrsg.), Utilitarianism and Beyond, Cambridge u. a. 1982, S. 39 ff.

Harter, Philip J., Negotiating Regulations: A Cure for Malaise, 71 Geo. L.J. 1 ff. (1982) (zitiert: Harter, Negotiating Regulations).

– Assessing the Assessors: The Actual Performance of Negotiated Rulemaking, 9 N.Y.U. Envtl. L.J. 32 ff. (2000) (zitiert: Harter, Assessing the Assessors).

Heinzerling, Lisa; Regulatory Costs of Mythic Proportions, 107 Yale L.J. 1981 ff. (1998) (zitiert: Heinzerling, Regulatory Costs).

Helberg, Andreas, Normabwendende Selbstverpflichtungen als Instrumente des Umweltrechts: Verfassungs- und verwaltungsrechtliche Voraussetzungen und Grenzen, Sinzheim 1999 (zitiert: Helberg, Normabwendende Selbstverpflichtungen).

Hesse, Konrad, Grundzüge des Verfassungsrechts der Bundesrepublik Deutschland, 20. Aufl., Heidelberg 1999.

Hill, Hermann (Hrsg.), Zustand und Perspektiven der Gesetzgebung, Vorträge und Diskussionsbeiträge der 56. Staatswissenschaftlichen Fortbildungstagung 1988 der Hochschule für Verwaltungswissenschaften Speyer, Berlin 1989.

Hoffmann-Riem, Wolfgang, Umweltschutz zwischen staatlicher Regulierungsverantwortung und unternehmerischer Eigeninitiative – Zur amerikanischen Diskussion um die Reform der Umweltschutzinstrumente, Wirtschaft und Verwaltung 1983, 120 ff.

– Verhandlungslösungen und Mittlereinsatz im Bereich der Vewaltung; Eine rechtsvergleichende Einführung, in: Ders. / Eberhard Schmidt-Aßmann (Hrsg.), Konfliktbewältigung durch Verhandlungen, Band I, Baden-Baden 1990, 13 ff.

– Reform des allgemeinen Verwaltungsrechts als Aufgabe – Ansätze am Beispiel des Umweltschutzes, AöR 115 (1990), 400 ff. (zitiert: Hoffmann-Riem, Reform des Verwaltungsrechts).

Hoppe, Werner, Quo vadis Umweltrat?, NJW 2003, 1775 ff.

Hoppenberg, Michael / *Meiners,* Claus / *Martens,* Claus-Peter, Die Zulässigkeit von Mobilfunkbasisstationen aus bau- und immissionsschutzrechtlicher Sicht, NVwZ 1997, 12 ff. (zitiert: Hoppenberg u. a.).

Immenga / Mestmäcker, GWB Kommentar, 3. Aufl., München 2001 (zitiert: Immenga / Mestmäcker / Bearbeiter).

Jarass, Hans D., Bundes-Immissionsschutzgesetz, Kommentar, 5. Aufl., München 2002 (zitiert: Jarass, BImSchG).

Jolls, Christine / *Sunstein,* Cass R. / *Thaler,* Richard, A Behavioral Approach to Law and Economics, 50 Stan. L. Rev. 1471 ff. (1998) (zitiert: Jolls u. a.).

Kaiser, Joseph H., Vergleichung im öffentlichen Recht, ZaöRV 1964 (Band 24), 391 ff.

– Industrielle Absprachen im öffentlichen Interesse, NJW 1971, 585 ff. (zitiert: Kaiser, Industrielle Absprachen).

Kingdon, John W., Congressmen's Voting Decisions, 2. Aufl., New York 1981 (zitiert: Kingdon, Congressmen's Voting Decisions).

Kirchhof, Ferdinand, Leistungsfähigkeit und Wirkungsweise von Umweltabgaben an ausgewählten Beispielen, DÖV 1992, 233 ff. (zitiert: F. Kirchhof, Leistungsfähigkeit).

Klauer, Bernd, Nachhaltigkeit und Naturbewertung. Welchen Beitrag kann das ökonomische Konzept der Preise zur Operationalisierung von Nachhaltigkeit leisten?, Heidelberg 1998 (zitiert: Klauer, Nachhaltigkeit).

Klindt, Thomas, Produktsicherheitsgesetz, München 2001.

Kloepfer, Michael, Umweltschutz durch Abgaben, DÖV 1975, 593 ff. (zitiert: Kloepfer, Umweltschutz durch Abgaben).

– Umweltschutz als Kartellprivileg? – Kartellrechtsfragen zum Umweltschutz, JZ 1980, 781 ff. (zitiert: Kloepfer, Umweltschutz als Kartellprivileg?).

– Wesentlichkeitstheorie als Begründung oder Grenze des Gesetzesvorbehalts?, in: Hermann Hill (Hrsg.), Zustand und Perspektiven der Gesetzgebung, Berlin 1989, 187 ff.

– Zu den neuen umweltrechtlichen Handlungsformen des Staates, JZ 1991, 737 ff.

– Umweltrecht, 2. Aufl., München 1998 (zitiert: Kloepfer, Umweltrecht).

Kloepfer, Michael / *Kunig,* Philip / *Rehbinder,* Eckard / *Schmidt-Aßmann,* Eberhard, Umweltgesetzbuch, Allgemeiner Teil (Entwurf), Berlin 1991 (zitiert: UGB-AT, ProfE).

Koch, Hans-Joachim / *Reese,* Moritz, Fehlt dem Dosenpfand die Ermächtigungsgrundlage?, NVwZ 2002, 1420 ff. (zitiert: Koch / Reese).

Kopp, Ferdinand O. / *Ramsauer,* Ulrich, Verwaltungsverfahrensgesetz, 8. Aufl., München 2003 (zitiert: Kopp / Ramsauer).

Kornhauser, Lewis A., On Justifying Cost-Benefit Analysis, 29 J. Legal Stud. 1037 ff. (2000) (zitiert: Kornhauser, On Justifying Cost-Benefit Analysis).

Kremser, Holger, Die rechtliche Bewertung elektromagnetischer Strahlungen (sog. Elektrosmog) nach der Verordnung über elektromagnetische Felder, DVBl. 1997, 1360 ff. (zitiert: Kremser, Rechtliche Bewertung).

Kunert, Franz-Josef, Normkonkretisierung im Umweltrecht. Zum Verhältnis von administrativer Standardisierung und Einzelfallentscheidung, NVwZ 1989, 1018 ff. (zitiert: Kunert, Normkonkretisierung).

Kuran, Timur / *Sunstein,* Cass R., Availability Cascades and Risk Regulation, 51 Stan. L. Rev. 683 ff. (1999) (zitiert: Kuran / Sunstein).

Lamb, Irene, Kooperative Gesetzeskonkretisierung, Baden-Baden 1995 (zitiert: Lamb, Kooperative Gesetzeskonkretisierung).

Langbein, Laura / *Kerwin,* Cornelius M., Regulatory Negotiation versus Conventional Rulemaking: Claims, Counterclaims, and Empirical Evidence, 10 J. of Public Administration Research & Theory 599 ff. (2000) (zitiert: Langbein / Kerwin).

Lazarus, Richard J., Pursuing „Environmental Justice“: The Distributional Effects of Environmental Protection, 87 Nw. U.L. Rev. 787 ff. (1992) (zitiert: Lazarus, Pursuing „Environmental Justice“).

Lehman Schlozman, Kay / *Tierney,* John T., Organized Interests and American Democracy, New York 1986 (zitiert: Lehman Schlozman / Tierney).

Leitzke, Claus, Der normersetzende Vertrag – ein zukunftsfähiges Instrument im Umweltrecht?, UPR 200, 361 ff. (zitiert: Leitzke, Normersetzender Vertrag).

Loewenstein, George F. / *Weber,* Elke U. / *Hsee,* Christopher K. / *Welch,* Ned, Risk as Feelings, 127 Psychological Bulletin 267 ff. (2001) (zitiert: Loewenstein u. a.).

Lübbe-Wolff, Gertrude, Das Kooperationsprinzip im Umweltrecht – Rechtsgrundsatz oder Deckmantel des Vollzugsdefizits?, NuR 1989, 295 ff.

– Verfassungsrechtliche Fragen der Normsetzung und Normkonkretisierung im Umweltrecht, Zeitschrift für Gesetzgebung 1991, 219 ff. (zitiert: Lübbe-Wolff, Verfassungsrechtliche Fragen).

MacGregor, Donald G. / *Slovic,* Paul / *Morgan,* M. Granger, Perception of Risk From Electromagnetic Fields: A Psychometric Evaluation of a Risk-Communication Approach, 14 Risk Analysis 815 ff. (1994) (zitiert: MacGregor u. a.).

Marggraf, Rainer / *Streb,* Sabine, Ökonomische Bewertung der natürlichen Umwelt: Theorie, politische Bedeutung, ethische Diskussion, Heidelberg / Berlin 1997 (zitiert: Marggraf / Streb).

Margolis, Howard, Dealing with Risk: Why the Public and the Experts Disagree on Environmental Issues, Chicago 1996 (zitiert: Margolis, Dealing with Risk).

Markovits, Richard S., Duncan's Do Nots: Cost-Benefit Analysis and the Determination of Legal Entitlements, 36 Stan. L. Rev. 1169 ff. (1984) (zitiert: Markovits, Duncan's Do Nots).

Maurer, Hartmut, Staatshaftung im europäischen Kontext, in: Carsten Thomas Ebenroth / Dieter Hesselberger / Manfred Eberhard Rinne (Hrsg.), Verantwortung und Gestaltung, Festschrift für Karlheinz Boujong zum 65. Geburtstag, München 1996, 591 ff.

– Allgemeines Verwaltungsrecht, 13. Aufl., München 2000 (zitiert: Maurer, Allgemeines Verwaltungsrecht).

Medicus, Dieter, Bürgerliches Recht, 17. Aufl., Köln u. a. 1996 (zitiert: Medicus, Bürgerliches Recht).

– Allgemeiner Teil des BGB, 8. Aufl., Heidelberg 2002.

Michael, Lothar, Rechtsetzende Gewalt im kooperierenden Verfassungsstaat. Normprägende und normersetzende Absprachen zwischen Staat und Wirtschaft, Berlin 2002 (zitiert: Michael, Rechtsetzende Gewalt).

Münchener Kommentar zum Bürgerlichen Gesetzbuch, Kurt Rebmann / Franz Jürgen Säcker / Roland Rixecker (Hrsg.), Band 5, Besonderer Teil III, 4. Aufl., München 2004 (zitiert: MünchKomm / Bearbeiter).

Murswiek, Dietrich, Freiheit und Freiwilligkeit im Umweltrecht – Mehr Umweltschutz durch weniger Reglementierung?, JZ 1988, 985 ff. (zitiert: Murswiek, Freiheit und Freiwilligkeit).

Musielak, Hans Joachim, Grundkurs BGB, 4. Aufl., München 1994.

Mußgnug, Reinhard, Zustand und Perspektiven der Gesetzgebung, in: Hermann Hill (Hrsg.), Zustand und Perspektiven der Gesetzgebung, Berlin, 1989, 23 ff.

Nickel, Dietmar, Absprachen zwischen Staat und Wirtschaft – Die öffentlich-rechtlichen Aspekte der Selbstbeschränkungsabkommen der deutschen Industrie, Hamburg 1979.

Noll, Roger G. / *Krier,* James E., Some Implications of Cognitive Psychology for Risk Regulation, 19 J. Legal Stud. 747 ff. (1990) (zitiert: Noll / Krier).

Nussbaum, Martha C., The Costs of Tragedy: Some Moral Limits of Cost-Benefit Analysis, 29 J. Legal Stud. 1005 ff. (2000) (zitiert: Nussbaum, The Costs of Tragedy).

Oebbecke, Janbernd, Die staatliche Mitwirkung an gesetzesabwendenden Vereinbarungen, DVBl. 1986, 793 ff. (zitiert: Oebbecke, Staatliche Mitwirkung).

Olson, Mancur, The Logic of Collective Action: Public Goods and the Theory of Groups, New York 1968 (zitiert: Olson, The Logic of Collective Action).

Ossenbühl, Fritz, Rechtsverordnung, in: Josef Isensee / Paul Kirchhof (Hrsg.), Handbuch des Staatsrechts der Bundesrepublik Deutschland, Bd. III, Das Handeln des Staates, 2. Aufl., Heidelberg 1996 (zitiert: Ossenbühl, Rechtsverordnung).

– Staatshaftungsrecht, 5. Aufl., München 1998 (zitiert: Ossenbühl, Staatshaftungsrecht).

Osterloh, Lerke, „Öko-Steuern" und verfassungsrechtlicher Steuerbegriff. Alte Fragen zum staatlichen Steuererfindungsrecht – neu gestellt, NVwZ 1991, 823 ff.

Palandt, Bürgerliches Gesetzbuch, 63. Aufl., München 2004 (zitiert: Palandt / Bearbeiter).

Pawlowski, Hans-Martin, Einführung in die Juristische Methodenlehre, 2. Aufl., Heidelberg 2000.

Pearce, David, Cost-Benefit Analysis and Environmental Policy, 14 Oxford Review of Economic Policy 84 ff. (1998) (zitiert: Pearce, Cost-Benefit Analysis).

Percival, Robert V., Environmental Legislation and the Problem of Collective Action, 9 Duke Env. L & Pol'y F 9 ff. (1998) (zitiert: Percival, Environmental Legislation).

Pierce, Richard J., Administrative Law Treatise, 4. Aufl., New York u. a. 2002.

Pierce, Richard J. / *Shapiro,* Sidney A. / *Verkuil,* Paul R.: Administrative Law and Process, 3. Aufl., New York 1999.

Pieroth, Bodo / *Schlink,* Bernhard, Grundrechte Staatsrecht II, 19. Aufl., Heidelberg 2003 (zitiert: Pieroth / Schlink).

Pietzcker, Jost, Die Rechtsfigur des Grundrechtsverzichts, Der Staat 17 (1978), 527 ff. (zitiert: Pietzcker, Grundrechtsverzicht).

– Mittlergestütztes Entscheiden in anderen Zusammenhängen, so bei der Normsetzung oder bei der Lösung von wissenschaftlichen Kontroversen, in: Wolfgang Hoffmann-Riem / Eberhard Schmidt-Aßmann (Hrsg.), Konfliktbewältigung durch Verhandlungen, Baden-Baden 1990, S. 263 ff. (zitiert: Pietzcker, Mittlergestütztes Entscheiden).

Posner, Eric A., The Regulation of Groups: The Influence of Legal and Nonlegal Sanctions on Collective Action, 63 U. Chi. L. Rev. 133 ff. (1996).

– Controlling Agencies with Cost-Benefit Analysis: A Positive Political Theory Perspective, 68 U. Chi. L. Rev. 1137 ff. (2001) (zitiert: Eric Posner, Controlling Agencies).

Posner, Richard A., Theories of economic regulation, 5 Bell Journal of Economics and Management Science 335 ff. (1974) (zitiert: Richard Posner, Theories of economic regulation).

– Economic Analysis of Law, 4. Aufl., Boston 1992 (zitiert: Richard Posner, Economic Analysis of Law).

– Cost-Benefit Analysis: Definition, Justification, and Comment on Conference Papers, 29 J. Legal Studies 1153 ff. (2000) (zitiert: Richard Posner, Definition, Justification, and Comment).

– Values and Consequences: An Introduction to Economic Analysis of Law, in: Eric A. Posner (Hrsg.), Chicago Lectures in Law and Economics, New York 2000, 189 ff.

Rappoport, D. Michael / *Cooney,* John F., Visibility at the Grand Canyon: Regulatory Negotiations Under the Clean Air Act, 24 Arizona St. L.J. 627 ff. (1992) (zitiert: Rappoport / Cooney).

Rat von Sachverständigen für Umweltfragen, Umweltgutachten 1998, Stuttgart 1998 (zitiert: Umweltgutachten 1998).

– Umweltgutachten 2000, Stuttgart 2000 (zitiert: Umweltgutachten 2000).

– Umweltgutachten 2002, Stuttgart 2002 (zitiert: Umweltgutachten 2002).

Rawls, John, A Theory of Justice, Cambridge, Mass. 1971.

Rehbinder, Manfred, Rechtssoziologie, 4. Auf., München 2000 (zitiert: Rehbinder, Rechtssoziologie).

Rheinstein, Max, Einführung in die Rechtsvergleichung, 2. Aufl., München 1987.

Richardson, Henry S., The Stupidity of the Cost-Benefit Standard, 29 J. Legal Studies 971 ff. (2000) (zitiert: Richardson, Stupidity).

Robbers, Gerhard, Der Grundrechtsverzicht. Zum Grundsatz ‚volenti non fit iniuria' im Verfassungsrecht, JuS 1985, 925 ff.

Roberts, Leslie, Costs of a Clean Environment, 251 Science 1182 (1991).

Römer, Anselm U., Der kontingente Bewertungsansatz: eine geeignete Methode zur Bewertung umweltverbessernder Maßnahmen?, ZfU 1991, 411 ff. (zitiert: Römer, Kontingenter Bewertungsansatz).

Roethlisberger, F. J. / *Dickson,* William J., Management and the Worker: An Account of a Research Program Conducted by the Western Electric Company, Hawthorne Works Chicago, Cambridge, Mass. 1946 (zitiert: Roethlisberger / Dickson).

Rose, Carol M., Rethinking Environmental Controls: Management Strategies for Common Resources, 1991 Duke L.J. 1 ff. (zitiert: Rose, Rethinking Environmental Controls).

– Environmental Lessons, 27 Loy. L.A. L. Rev. 1023 ff. (1994) (zitiert: Rose, Environmental Lessons).

Rose-Ackerman, Susan, Consensus versus Incentives: A Skeptical Look at Regulatory Negotiation, 43 Duke L.J. 1206 ff. (1994) (zitiert: Rose-Ackerman, Consensus versus Incentives).

Ross, Lee / *Anderson,* Craig A., Shortcomings in the attribution process: On the origins and maintenance of erroneous social assessments, in: Daniel Kahneman / Paul Slovic / Amos Tversky (Hrsg.), Judgment under Uncertainty: Heuristics and Biases, Cambridge 1982, 129 ff.

Rossi, Jim, Bargaining in the Shadow of Administrative Procedure: The Public Interest in Rulemaking Settlement, 51 Duke L.J. 1015 ff. (2001).

Rossiter, Clinton, Introduction, in: Alexander Hamilton / John Jay / James Madison, The Federalist Papers, Ausgabe New York 1961.

Rottenstreich, Yuval / *Hsee,* Christopher K., Money, Kisses, and Electric Shocks: On the Affective Psychology of Risk, 12 Psychological Science 185 ff. (2001) (zitiert: Rottenstreich / Hsee).

Rüfner, Wolfgang, Das Recht der öffentlich-rechtlichen Schadensersatz- und Entschädigungsleistungen, in: Hans-Uwe Erichsen / Dirk Ehlers (Hrsg.), Allgemeines Verwaltungsrecht, 12. Aufl., Berlin 2002 (zitiert: Rüfner, Öffentlich-rechtliche Schadensersatzleistungen).

Russel, Irma S., The Role of Public Opinion, Public Interest Groups, and Political Parties in Creating and Implementing Environmental Policy, 23 ELR 10665 ff. (1993).

Sacksofsky, Ute, Verfolgung ökologischer und anderer öffentlicher Zwecke durch Instrumente des Abgabenrechts, NJW 2000, 2619 ff. (zitiert: Sacksofsky, Abgabenrecht).

Saleem, Omar, Overcoming Environmental Discrimination: The Need for a Disparate Impact Test and Improved Notice Requirements in Facility Siting Decisions, 19 Col. J. Envtl. L. 211 ff. (1994) (zitiert: Saleem, Overcoming Environmental Discrimination).

Sandman, Peter M. / *Weinstein,* Neil D. / *Hallman,* William K., Communications to Reduce Risk Underestimation and Overestimation, 3 Risk Decision and Policy 93 ff. (1998).

Schattschneider, E. E., The Semisovereign People: A Realist's View of Democracy in America, Wiederauflage Fort Worth 1988 (zitiert: Schattschneider, The Semisovereign People).

Schenke, Wolf-Rüdiger, Verwaltungsprozessrecht, 7. Aufl., Heidelberg 2000 (zitiert: Schenke, Verwaltungsprozessrecht).

Scherer, Joachim, Rechtsprobleme normersetzender „Absprachen" zwischen Staat und Wirtschaft am Beispiel des Umweltrechts, DÖV 1991, 1 ff. (zitiert: Scherer, Rechtsprobleme).

Schmelzer, Dirk, Ökonomische Aspekte Freiwilliger Selbstverpflichtungen in der Umweltpolitik, Zeitschrift für Energiewirtschaft 1998, 206 ff. (zitiert: Schmelzer, Ökonomische Aspekte).

Schmidt, Reiner / *Müller,* Helmut, Einführung in das Umweltrecht, 6. Aufl., München 2001 (zitiert: Schmidt, Umweltrecht).

Schmidt-Aßmann, Eberhard, Kommunalrecht, in: Ders. (Hrsg.), Besonderes Verwaltungsrecht, 10. Aufl., Berlin u. a. 1995, 1 ff.

– Das allgemeine Verwaltungsrecht als Ordnungsidee, Berlin u. a. 1998 (zitiert: Schmidt-Aßmann, Verwaltungsrecht als Ordnungsidee).

Schneider, Hans, Gesetzgebung, 3. Aufl., Heidelberg 2002 (zitiert: Schneider, Gesetzgebung).

Schroeder, Christopher H., The Political Origins of Modern Environmental Law: Rational Choice versus Republican Moment – Explanations for Environmental Laws, 1969–73, 9 Duke Env. L. & Pol'y Forum 29 ff. (1998) (zitiert: Schroeder, Political Origins).

Schulte, Martin, Schlichtes Verwaltungshandeln, Verfassungs- und verwaltungsrechtsdogmatische Strukturüberlegungen am Beispiel des Umweltrechts, Tübingen 1995 (zitiert: Schulte, Schlichtes Verwaltungshandeln).

Schulze-Fielitz, Helmuth, Kooperatives Recht im Spannungsfeld von Rechtsstaatsprinzip und Verfahrensökonomie, DVBl. 1994, S. 657 (658).

– Kooperatives Recht im Spannungsfeld von Rechtsstaatsprinzip und Verfahrensökonomie, in: Nicolai Dose / Rüdiger Voigt (Hrsg.), Kooperatives Recht, Baden-Baden 1995, 225 ff. (zitiert: Schulze-Fielitz, Kooperatives Recht).

Seidenfeld, Mark, Demystifying Deossification: Rethinking Recent Proposals to Modify Judicial Review of Notice and Comment Rulemaking, 75 Tex. L. Rev. 483 ff. (1997).

– Empowering Stakeholders: Limits on Collaboration as the Basis for Flexible Regulation, 41 Wm. & Mary L. Rev. 411 ff. (2000) (zitiert: Seidenfeld, Empowering Stakeholders).

Selmer, Peter / *Brodersen,* Carsten, Die Verfolgung ökonomischer, ökologischer und anderer öffentlicher Zwecke durch Instrumente des Abgabenrechts – Verfassungsrechtliche Grundfragen, DVBl. 2000, 1153 ff.

Sen, Amartya, The Discipline of Cost-Benefit Analysis, 29 J. Legal Stud. 931 ff. (2000) (zitiert: Sen, The Discipline of Cost-Benefit Analysis).

Shavell, Steven, Foundations of Economic Analysis of Law, Cambridge, Mass. 2003 (zitiert: Shavell, Foundations).

Siebert, Horst, Economics of the Environment, 5. Aufl., Berlin, Heidelberg u. a. 1998 (zitiert: Siebert, Economics).

Siegler, Ellen, Regulatory Negotiations and Other Rulemaking Processes: Strength and Weaknesses from an Industry Viewpoint, 46 Duke L.J. 1429 ff. (1997) (zitiert: Siegler, Regulatory Negotiations).

Slovic, Paul, Perception of Risk, 236 Science 280 ff. (1987) (zitiert: Slovic, Perception of Risk).

Slovic, Paul / *Fischoff,* Baruch / *Lichtenstein,* Sarah, Facts versus fears: Understanding perceived risk, in: Daniel Kahneman / Paul Slovic / Amos Tversky (Hrsg.), Judgment under Uncertainty: Heuristics and biases, Cambridge 1982, 463 ff. (zitiert: Slovic u. a.).

Smith, Adam, An Inquiry into the Nature and Causes of the Wealth of Nations (1776), Ausgabe London 1964, Bd. 1.

Smith, Vernon L., Rational Choice: The Contrast between Economics and Psychology, 99 Journal of Political Economy 877 ff. (1991).

Sparwasser, Reinhard / *Engel,* Rüdiger / *Voßkuhle,* Andreas, Umweltrecht. Grundzüge des öffentlichen Umweltschutzrechts, 5. Aufl., Heidelberg 2003 (zitiert: Sparwasser u. a.).

Spence, David B., Paradox Lost: Logic, Morality, and the Foundation of Environmental Law in the 21st Century, 20 Colum. J. Envtl. L. 145 ff. (1995) (zitiert: Spence, Paradox Lost).

Spence, David B. / *Gopalakrishnan,* Lekha: Bargaining Theory and Regulatory Reform: The Political Logic of Inefficient Regulation, 53 Vand. L. Rev. 599 ff. (2000) (zitiert: Spence / Gopalakrishnan).

Stewart, Richard B., The Reformation of American Administrative Law, 88 Harv. L. Rev. 1669 ff. (1975) (zitiert: Stewart, Reformation).

Stigler, George J., Free Riders and Collective Action: An Appendix to Theories of Economic Regulation, 5 Bell Journal of Economics and Management Science 359 ff. (1974).

Stoffel, Margo R., Electromagnetic Fields and Cancer: A Legitimate Cause of Action or a Result of Media-Influenced Fear?, 21 Ohio N.U.L. Rev. 551 ff. (1994) (zitiert: Stoffel, Electromagnetic Fields).

Strickland, Bonnie (Hrsg.), Gale Encyclopedia of Psychology, Detroit 2001.

Sunstein, Cass R., Interest Groups in American Public Law, 38 Stan. L. Rev. 29 ff. (1985) (zitiert: Sunstein, Interest Groups).

– Beyond the Republican Revival, 97 Yale L.J. 1539 ff. (1988).

– After the Rights Revolution: Reconceiving the Regulatory State, Cambridge, Mass. 1990.

– Incommensurability and Valuation in Law, 92 Michigan L. Rev. 779 ff. (1994) (zitiert: Sunstein, Incommensurability).

– Cognition and Cost-Benefit Analysis, 29 J. Legal Stud. 1059 ff. (2000) (zitiert: Sunstein, Cognition and Cost-Benefit Analysis).

– Is Cost-Benefit Analysis for Everyone?, 53 Admin. L. Rev. 299 ff. (2001) (zitiert: Sunstein, Is Cost-Benefit Analysis for Everyone?).

– The Cost-Benefit State: The Future of Regulatory Protection, Chicago 2002 (zitiert: Sunstein, Cost-Benefit State).

– Probability Neglect: Emotions, Worst Cases, and Law, 112 Yale Law Journal 61 ff. (2002) (zitiert: Sunstein, Probability Neglect).

– The Laws of Fear, 115 Harv. L. Rev. 1119 ff. (2002) (zitiert: Sunstein, Laws of Fear).

Sunstein, Cass R. / *Kahneman,* Daniel / *Schkade,* David / *Ritov,* Ilana, Predictably Incoherent Judgments, 54 Stan. L. Rev. 1153 ff. (2002).

Susskind, Lawrence / *McMahon,* Gerard, The Theory and Practice of Negotiated Rulemaking, 3 Yale J. on Reg. 133 ff. (1985) (zitiert: Susskind / McMahon).

Taylor, Shelley E., The availability bias in social perception and interaction, in: Daniel Kahneman / Paul Slovic / Amos Tversky (Hrsg.), Judgment under Uncertainty: Heuristics and biases, Cambridge 1982, 190 ff.

Treiber, Hubert, Kooperatives Verwaltungshandeln der Gewerbeaufsicht (Fabrikinspektion) des 19. Jahrhunderts, in: Nicolai Dose / Rüdiger Voigt (Hrsg.), Kooperatives Recht, Baden-Baden 1995, 65 ff.

Tribe, Laurence H., Policy Science: Analysis or Ideology?, 2 Philosophy and Public Affairs 66 ff. (1972) (zitiert: Tribe, Policy Science).

Tversky, Amos / *Kahneman,* Daniel, Judgment under Uncertainty: Heuristics and biases, in: Daniel Kahneman / Paul Slovic / Amos Tversky (Hrsg.), Judgment under Uncertainty: Heuristics and biases, Cambridge 1982, 4 ff. (zitiert: Tversky / Kahneman, Judgment under Uncertainty).

– Availability: A heuristic for judging frequency and probability, in: Daniel Kahneman / Paul Slovic /Amos Tversky (Hrsg.), Judgment under Uncertainty: Heuristics and biases, Cambridge 1982, 163 ff. (zitiert: Tversky / Kahneman, Availability).

UGB-AT, ProfE, siehe Kloepfer, Michael.

Umweltgutachten 1998, 2000, 2002, siehe Rat von Sachverständigen für Umweltfragen.

Versteyl, Ludger-Anselm, Die PET-Verordnung: Pfand und Rücknahmepflicht als Weg von der Entsorgung zur Vermeidung, NVwZ 1989, 126 ff. (zitiert: Versteyl, PET-Verordnung).

Vieler, Alexander, Interessen, Gruppen und Demokratie, Tübingen 1986 (zitiert: Vieler, Interessen).

Viscusi, W. Kip, Alarmist Decisions with Divergent Risk Information, 107 The Economic Journal 1657 ff. (1997).

– Risk Equity, 29 J. Legal Stud. 843 ff. (2000) (zitiert: Viscusi, Risk Equity).

Voigt, Rüdiger, Der kooperative Staat, in: Rüdiger Voigt (Hrsg.), Der kooperative Staat. Krisenbewältigung durch Verhandlung? Baden-Baden 1995, 33 ff. (zitiert: Voigt, Kooperativer Staat).

Voßkuhle, Andreas, Prinzipien und Instrumente des Umweltrechts, in: Wolfgang Kahl / Andreas Voßkuhle (Hrsg.), Grundkurs Umweltrecht, 2. Aufl., Heidelberg, Berlin 1998 (zitiert: Voßkuhle, Grundkurs Umweltrecht).

Walker, Jack L., The Origins and Maintenance of Interest Groups in America, 77 America Political Science Rev. 390 ff. (1983).

Weber, Jürgen, Interessengruppen im politischen System der Bundesrepublik Deutschland, Stuttgart u. a. 1977 (zitiert: Weber, Interessengruppen).

Weisbach, David A., Should Legal Rules Be Used to Redistribute Income, 70 U. Chi. L. Rev. 439 ff. (2003) (zitiert: Weisbach, Legal Rules).

Williams, Stephen F., Cost-Benefit Analysis Colloquy: Squaring the Vicious Circle, 53 Admin. L. Rev. 257 ff. (2001) (zitiert: Williams, Cost-Benefit Analysis).

Wolf, Rainer, Normvertretende und normvorbereitenden Diskurse: Konfliktmanagement im „hoheitsreduzierten Staat" – Aufgabenfelder für Konfliktmittler?, in: Wolfgang Hoffmann-Riem / Eberhard Schmidt-Aßmann (Hrsg.), Konfliktbewältigung durch Verhandlungen, Band II, 129 ff. (zitiert: Wolf, Normvertretende Diskurse).

Wolff, Hans J. / *Bachof,* Otto / *Stober,* Rolf / *Kluth,* Winfried, Verwaltungsrecht Band 2, 6. Aufl., München 2000 (zitiert: Wolff / Bachof / Stober / Bearbeiter).

Würtenberger, Thomas: Akzeptanz durch Verwaltungsverfahren, NJW 1991, 257 ff. (zitiert: Würtenberger, Akzeptanz durch Verwaltungsverfahren).

Zezschwitz, Friedrich von, Wirtschaftsrechtliche Lenkungstechniken: Selbstbeschränkungsabkommen, Gentlemen's Agreement, Moral Suasion, Zwangskartell, JA 1978, 497 ff. (zitiert: von Zezschwitz, Wirtschaftsrechtliche Lenkungstechniken).

Zimmermann, Horst, Öko-Steuern: Ansätze und Probleme einer „ökologischen Steuerreform", in: Horst Siebert (Hrsg.), Elemente einer rationalen Umweltpolitik. Expertisen zur umweltpolitischen Neuorientierung, Tübingen 1996, 239 ff. (zitiert: Zimmermann, Öko-Steuern).

Zitzelsberger, Heribert, Umwelt und Besteuerung, BB 1995, 1769 ff. (zitiert: Zitzelsberger, Umwelt und Besteuerung).

Zweigert, Konrad / *Kötz,* Hein, Einführung in die Rechtsvergleichung, 3. Aufl., Tübingen 1996.

Personen- und Sachregister

Exekutive Normsetzung in den Vereinigten Staaten von Amerika und der Bundesrepublik Deutschland

Eine rechtsvergleichende Untersuchung des amerikanischen *rulemaking* und des deutschen Verordnungserlasses mit Blick auf die in beiden Ländern bestehende Notwendigkeit sachgerechte und demokratisch legitimierte Normen in einem kostengünstigen und rechtsstaatlichen Grundsätzen entsprechenden Normsetzungsverfahren zu erlassen

Von

Hermann Pünder

Münsterische Beiträge zur Rechtswissenschaft, Band 95
339 S. 1995 ⟨3-428-08479-9⟩ € 68,– / sFr 117,–

Sowohl in den Vereinigten Staaten als auch in der Bundesrepublik Deutschland werden Normen zunehmend nicht durch die eigentlichen Gesetzgebungsorgane in Form von Gesetzen bzw. sondern durch die Exekutive in Form von Rechtsverordnungen bzw. erlassen. Beide Rechtsordnungen erkennen diese Durchbrechung des Gewaltenteilungsgrundsatzes bzw. das mit der exekutiven Normsetzung verbundene constitutional derangement im Grundsatz an. Allerdings schränken sie die Normsetzungsbefugnisse der Exekutive durch ein kompliziertes Regelsystem, das Recht der exekutiven Normsetzung, ein. Dabei werden in beiden Ländern unterschiedliche Wege beschritten.

Die Regelungen des Rechts der exekutiven Normsetzung werden auf ihre Modellhaftigkeit und – mit Blick auf die in beiden Ländern vorgetragene Kritik sowie die verfassungsrechtlichen und rechtskulturellen Vorgegebenheiten – auf Anregungen für die deutsche Rechtsordnung überprüft. Ein sich an amerikanische Regelungsvorstellungen und -erfahrungen anlehnender Gesetzgebungsvorschlag wird zur Diskussion gestellt.

Duncker & Humblot · Berlin